孙壮志　中国社会科学院俄罗斯东欧中亚研究所所长、研究员。

张　翼　中国社会科学院学部委员，中国社会科学院中国式现代化研究院院长、研究员。

中国社会科学院中白发展分析中心
Chinese–Belarusian Analytical Center of Development, CASS

中国与白俄罗斯
"一带一路"建设与现代化发展

孙壮志　张　翼　主编

CHINA AND BELARUS
"The Belt and Road" Initiative and
Modernization Development

图书在版编目（CIP）数据

中国与白俄罗斯："一带一路"建设与现代化发展：汉文、英文 / 孙壮志，张翼主编. -- 北京：当代中国出版社，2025.4. -- ISBN 978-7-5154-1471-3

Ⅰ. F125.551.14

中国国家版本馆 CIP 数据核字第 2024ZR3772 号

出 版 人　蔡继辉
责任编辑　乔镜蕫
责任校对　贾云华　康　莹
印刷监制　刘艳平
封面设计　宋　涛　鲁　娟
出版发行　当代中国出版社
地　　址　北京市地安门西大街旌勇里 8 号
网　　址　http://www.ddzg.net
邮政编码　100009
编 辑 部　(010) 66572744
市 场 部　(010) 66572281　66572157
印　　刷　北京中科印刷有限公司
开　　本　710 毫米×1000 毫米　1/16
印　　张　48 印张　711 千字
版　　次　2025 年 4 月第 1 版
印　　次　2025 年 4 月第 1 次印刷
定　　价　198.00 元

版权所有，翻版必究；如有印装质量问题，请拨打 (010) 66572159 联系出版部调换。

目　　录

第一篇　"一带一路"倡议与现代化发展

第一章　现代化理论视域下的欧亚民族国家构建
……………………………………………… 孙壮志（003）

第二章　城镇化、大城市化与流动人口的同城化
　　　　——以基本公共服务均等化推进市民化进程
……………………………………………… 张　翼（021）

第三章　数字时代的新社会性现象
………… 安纳托利·拉扎列维奇（A. A. Lazarevich）（033）

第四章　在实施"一带一路"倡议背景下发展中白互利经济合作
………………………… 穆哈·丹尼斯·维克托罗维奇
（Mukha Dzianis Viktorovich）（039）

第二篇　"一带一路"倡议与中白友好合作

第五章　"一带一路"在白俄罗斯建设十年：进展与前景
……………………………………………… 赵会荣（061）

第六章　中国与白俄罗斯："一带一路"倡议的建设与现代化发展
………………… 多斯坦科·叶莲娜·阿纳托利耶芙娜
（Elena Anatolievna Dostanko）

别连琴科·尼基塔·尼古拉耶维奇

（Nikita Nikolayevich Belenchenko）（080）

第七章　首脑外交与中国白俄罗斯"一带一路"合作

………………………………………………… 张　弘（087）

第八章　和平共处五项原则

——发展中华人民共和国和白俄罗斯共和国关系的

重要因素 ……… 韦尔盖奇科（S. V. Viarheichyk）（104）

第九章　中国与白俄罗斯跨区域产业合作的潜力

——以汽车产业为例 ………………………… 张艳璐（111）

第十章　作为中白多边经贸合作平台的欧亚经济联盟和

"一带一路"倡议

………… 维尔京斯卡娅·塔季扬娜·谢尔盖耶芙娜

（Vertinskaya Tatyana Sergeevna）

亚布拉姆丘克·尼娜·亚历山德罗芙娜

（Abramchuk Nina Alexandrovna）（129）

第十一章　以高水平开放合作推动中白工业园高质量发展

………………………………………………… 王　超（141）

第三篇　"一带一路"倡议与中国现代化发展

第十二章　中国消费税改革：经济效应与财力效应

………………………………………………… 娄　峰（159）

第十三章　中国农村脱贫的成功经验 ……………… 韩克庆（181）

第十四章　中国式现代化为人类现代化发展提供新机遇

………………………………………………… 马　峰（197）

第十五章　中国式现代化进程中的中国女性教育发展

………………………………………………… 卢雨菁（208）

第四篇　"一带一路"倡议与白俄罗斯现代化发展

第十六章　白俄罗斯共和国社会发展背景下的家庭政策

………… 拉扎列维奇·娜塔莉娅（Lazarevich Natalya）（221）

第十七章　新挑战背景下白俄罗斯共和国的青年政策原则

………………………… 扎哈罗娃（N. E. Zaharova）（229）

第十八章　社会视角下的现代化：高等教育对社会发展的作用

……… 德米特里·斯马立科（Dzmitry Smaliakou）（237）

第十九章　社会动态背景下的人口进程：全球和国家视角

………………… 谢列达·尤利娅（Sereda Julia）（244）

第二十章　现代挑战背景下的信息政策建设特点

…………………… 库兹涅佐娃（E. V. Kuznetsova）（260）

第二十一章　社会学视角下白俄罗斯罗姆人的数字素养：社会机会与平等之路

……… 纳塔莉亚·库图佐娃（Natalia Kutuzova）

艾丽西亚·索洛维（Alesya Solovey）（266）

第二十二章　开放科学与社会：社群参与研究的问题
　　　　　——以生物医学研究为例

…… 索科尔奇克·瓦列里娅（Sokolchik Valeriya）（282）

第二十三章　自然环境质量社会生态评价的伦理基础

…… 亚历山大·切尔文基（Alexander Chervinkiy）（300）

Contents

Part I "The Belt and Road" Initiative and the Modernization Development

Chapter 1 Construction of Eurasian Nation-States through the Lens of Modernization Theory ················ Sun Zhuangzhi (309)

Chapter 2 Urbanization, Metropolitanization and Co-Location of Mobile Populations
—Promoting the Citizenization through Equalization of Basic Public Services ······················ Zhang Yi (335)

Chapter 3 New Sociality in the Digital Age
·· A. A. Lazarevich (356)

Chapter 4 Developing Mutually Beneficial Economic Cooperation between China and Belarus in the Context of the Belt and Road Initiative ········ Mukha. Dzianis. Viktorovich (364)

Part II "The Belt and Road" Initiative and the Friendly Cooperation between China and Belarus

Chapter 5 The Belt and Road Initiative in Belarus over the Past

	Decade：Progress and Prospects ········ Zhao Huirong（395）	
Chapter 6	Belarus and China：The Construction and Modernization of the Belt and Road Initiative	
	·················· Elena. Anatolievna. Dostanko	
	Nikita. Nikolayevich. Belenchenko（426）	
Chapter 7	Summit Diplomacy and China-Belarus Belt and Road Cooperation ··························· Zhang Hong（436）	
Chapter 8	The Five Principles of Peaceful Coexistence ——A Key Factor in the Development of Relations between the People's Republic of China and the Republic of Belarus ············ S. V. Viarheichyk（466）	
Chapter 9	The Potential of China-Belarus Cross-Regional Industrial Cooperation：A Case Study of the Automotive Industry ································· Zhang Yanlu（476）	
Chapter 10	The Eurasian Economic Union and the Belt and Road Initiative：A Platform for Multilateral Economic and Trade Cooperation Between China and Belarus ············ Vertinskaya. Tatyana. Sergeevna Abramchuk. Nina. Alexandrovna（504）	
Chapter 11	Push for High-quality Development of China-Belarus Industrial Park through High-level Open Cooperation ································· Wang Chao（520）	

Part Ⅲ "The Belt and Road" Initiative and the Modernization Development of China

Chapter 12	China's Excise Tax Reform：Economic Effect and Fiscal Effect ···························· Lou Feng（547）
Chapter 13	China's Successful Experience in Rural Poverty

                    Reduction: From Widespread Poverty to Common

                    Prosperity ·· Han Keqing（578）

Chapter 14   Chinese Modernization Offers New Opportunities for

                    Human Modernization ································· Ma Feng（606）

Chapter 15   hinese Women's Education: Development in the Process

                    of Chinese Modernization ······················ Lu Yujing（624）

Part Ⅳ "The Belt and Road" Initiative and the Modernization Development of Belarus

Chapter 16   Family Policies in the Context of Social Development

                    in the Republic of Belarus ·········· Lazarevich. Natalya（641）

Chapter 17   Principles of Youth Policy in the Republic of Belarus

                    under New Challenges ···················· N. E. Zaharova（652）

Chapter 18   The Modernization in Social Perspective: The Higher

                    Education for Social Development

                    ··· Dzmitry. Smaliakou（663）

Chapter 19   Population Processes in the Context of Social Dynamics:

                    Global and National Perspectives

                    ·· Sereda. Julia（673）

Chapter 20   Characteristics of Information Policy Construction in

                    the Context of Modern Challenges

                    ··· E. V. Kuznetsova（696）

Chapter 21   Sociological Aspect: Digital Literacy of Belarusian Romani:

                    Pathway for Social Opportunity and Equality

                    ···················· Natalia. Kutuzova, Alesya. Solovey（704）

Chapter 22   Open Science and Society: Issues about Community

                    Engagement in Research（A Case Study in Biomedical

Research) ·················· Sokolchik. Valeriya（725）

Chapter 23　Ethical Basis for Socio-ecological Evaluation of Natural Environmental Quality ········ Alexander. Chervinkiy（748）

第一篇

"一带一路"倡议与现代化发展

第一章 现代化理论视域下的欧亚民族国家构建[*]

孙壮志

欧亚国家,包括脱胎于苏联的11个新独立国家,分三个地区板块:中亚五国,南高加索三国,东欧的乌克兰、白俄罗斯、摩尔多瓦三国。不同于有完整国家发展历史的俄罗斯和并入苏联的波罗的海三国,这些年轻国家的发展历程有一定的相似性,彼此间既有密切的政治经济和历史文化联系,也经历了分化、冲突甚至战争,构成了一个独特的地缘政治和地缘经济空间。独立30多年来,这些年轻国家已经拉开了明显的距离,经济实力和政治体制出现了较大的差异,但面临的问题依旧是相似的,特别是走向现代化民族国家的进程都是非常曲折的。

一、欧亚国家现代化的模式选择与制约因素

传统现代化理论认为,现代化是一个历史过程,包括从传统经济向现代经济、传统社会向现代社会、传统政治向现代政治、传统文明向现代文明的转变等。西方资本主义国家在工业革命以后处于全球领先地位,其实现现代化的方式与经验,被西方学界推崇为人类社会现代化的一般

---

[*] 本文为中国社会科学院重大创新项目"中国与中亚五国交往史研究(第一期)"(2023YZD059)的阶段性研究成果。

模式,并以此为参照形成所谓经典现代化理论。基于现代西方主要发达国家的发展经验而生的现代化发展模式,被学界称为"早发内生型现代化发展模式",与广大发展中国家所形成的"后发外生型现代化发展模式"相对应①。欧亚国家的现代化经历了较大波折,起步较晚,苏联时期初步实现工业化、城市化,文化教育事业也取得巨大进步,但独立后又出现反复,重新选择走向现代化国家的道路和模式。

(一) 传统现代化理论的深刻影响

从广义上讲,现代化是一个世界性的历史过程,指从传统农业社会向现代工业社会的全球性大转变;从狭义而言,现代化是落后国家迅速赶上先进工业国家的过程。现代化是"一种社会变迁模式",是一个系统的过程②。以色列社会学家、政治学家艾森斯塔特认为:"从历史上看,现代化是一个朝着欧美型的社会、经济和政治系统演变的过程。"③虽然西方学者也承认向现代化迈进的国家的情况千差万别,但他们普遍认为,现代化不成功和差异性只是暂时的现象,而现代化进程中的各种差异都将在现代化完成的时候消失。因此,实现了现代化的国家势必具有一些西方发达国家的特征:市场经济、经济增长、民主政治、城市化等。

美国学者阿尔蒙德也认为各国现代化进程是趋同的,他将经典现代化理论内涵概括为现代化的四个主要方面,即经济领域的工业化、政治领域的民主化、社会领域的城市化和价值观念领域的世俗化。这种观点对欧亚国家独立后的政治经济转型和现代化模式选择产生了直接影响。对欧亚地区新独立国家来说,首要任务是构建起稳定、完整的政治体系,对经济和社会的运行进行正常的管理和约束,反映和代表其具有的现代化水平④。

---

① 孙立平:《后发外生型现代化模式剖析》,载《中国社会科学》1991年第2期。
② 何传启:《第二次现代化理论:人类发展的世界前沿和科学逻辑》,科学出版社2013年版,第142页。
③ S. N. Eisenstade, Evolution and Development of Societies, London, Oxford Press, 1996, p. 1.
④ Геец В. М. Общество, Государство, Экономика: Феноменология взаимодействия и развития, М.: ЗАО Издательство "Экономика", 2014, С. 134 – 143.

1991年欧亚国家获得独立以后，走出了政治混乱，在建设现代民族国家时逐步认识到自主选择发展道路的重要性。对这些年轻国家来说，经历了初期的政治混乱和经济滑坡，特别是民众生活受到严重的冲击，需要建立起一套完整的、有别于苏联时期的现代治理体系，尽快让国家的政治经济生活走上正轨，进而找到一条适合自己的现代化之路。在冷战后全球化迅猛发展的大背景下，受经典现代化理论的影响，也是出于独立后快速融入西方主导的国际社会的考虑，欧亚国家不约而同地在体制转型和现代化模式方面接受了西方的"指导"，同时又受到自身国情的影响和制约，曾一度陷于转型困境当中。虽然在抽象的理解中，现代化就是人类社会发展出现的"新的机会和选择"，包括社会政治和经济生活以及人的观念等各个方面，但这种新的选择可能与国家的实际需要并不相符①。

（二）现代化理论与实践的明显脱节

在20世纪90年代，多数欧亚国家与俄罗斯在体制构建上基本保持同步，但某些方面更多地表现出被动性。在西方学者看来，现代民族国家的建构可以分为内源型和外源型，前者有代表性的是美国学者蒂利从欧洲早期国家的历史得出民族国家是"自主"形成的结论；② 而美国学者福山则针对发展中国家的实践提出国家建构是由外部行动者实施的，是一种"制度移植"。③ 在欧亚国家的现代化选择当中，巩固民族国家的独立和主权是最优先的任务，既看重国家能力（社会治理、经济管理、应对外部挑战等）的提升和国家权力（合法性和权威性）的强化，又希望尽快得到国际社会的承认，特别是大国的认可，因此造成一些矛盾现象，导致这些国家的现代化进程呈现出一些"非典型"特征。

---

① ［美］弗农·V. 阿斯巴图连：《马克思主义与现代化的意义》，《现代化理论研究》，华夏出版社1989年版，第97—98页。
② ［美］查尔斯·蒂利：《强制、资本和欧洲国家（公元990—1992年）》，魏洪钟译，上海世纪出版集团2007年版。
③ ［美］弗朗西斯·福山：《国家建构：21世纪的国际治理与世界秩序》，黄胜强、许铭原译，中国社会科学出版社2007年版，序言第1页。

一是政治领域的西方化与主体民族化。前者模仿甚至照搬西方的体制，建立职业议会，实行多党制；后者通过提高主体民族的地位，增强新的民族国家的凝聚力和自豪感。实际上这是两种完全难以兼容的政治取向，最终只是形式上接受西方的体制，更多的还是保留或者恢复传统的执政方式。

二是经济领域的私有化与市场化。从一系列指标来看，欧亚国家在苏联时期已经初步实现现代化，建立了较完善的社会保障体系，经济的发达程度要高于邻近的发展中国家，但结构畸形，缺少活力，管理僵化。独立后传统的经济联系中断，遭遇巨大危机，不少欧亚国家甚至出现逆工业化、逆城市化现象，大量工业企业停产、倒闭，经济转型举步维艰。

三是社会领域的重新城市化与严重的利益分化。独立后一些国家城市人口减少，农村人口比例上升，对外移民和劳务输出增多，社会流动性增大；由于贫富差距和地区差距拉大，加上中亚、南高加索国家出生率高，人口增长迅速，社会结构发生很大变化。

四是文化领域的传统宗教复兴与世俗化。中亚国家和阿塞拜疆选择恢复伊斯兰教文化，乌克兰、格鲁吉亚等国则重视提高东正教等传统教会的地位，试图借此解决意识形态真空问题。而这也给一些国家带来极端主义的新挑战，甚至影响到国家的世俗体制。

综上可以看出，欧亚国家现代化过程中普遍出现比较矛盾的现象，即同一个时间段在这些国家集中出现，会产生"现代化"和"传统化"、"现代性"和"传统性"的现实冲突。现代化是一个进步的过程，欧亚国家都无法回避这个任务，特别是在全球化背景下，但它也容易引发各种结构性的调整，造成不同利益集团之间的争斗升级，因此需要不断调整和平衡，解决不好可能发生动乱。欧亚国家具备的"现代性"是表面上的，缺少必要的支撑，苏联时期已经解决的某些问题在独立后的现代化过程中又反复出现。

（三）民族主义对现代国家构建的二律背反

民族主义思潮反映在欧亚国家社会政治生活的各个方面，被赋予了多重政治功能，受到执政当局的鼓励。它为执政者提供政治合法性，不断夯实和扩大所拥有的民众基础，借以增强国家的凝聚力。"主体民族化"带来了民族主义的兴起和发展，既为现代民族国家的构建奠定了必要基础，也为单一制国家的确立提供了依据。但民族关系的复杂性同样导致内部矛盾增多，有的国家还爆发了族际间冲突，如南高加索国家和中亚的吉尔吉斯斯坦、哈萨克斯坦等国。欧亚国家都是多民族国家，有的还在苏联时期成立了少数民族自治实体，独立后保留下来的这些实体甚至要争取更多的权利。在这种情况下要实现国家整合就不能只靠一种占据统治地位的民族主义，政权要具有中立的性质，要兼顾所有民族的利益。2022年乌兹别克斯坦酝酿宪法改革时因为要取消卡拉卡尔帕克共和国的自治权利而引发大规模抗议示威，最后不得不取消相关的修改建议①。

民族主义的快速膨胀使欧亚国家的上层建筑构建过程与民族文化的复兴形成紧密互动，一些传统的思维和习惯逐步成为主流，使各国在发展道路的选择上更注重个性，但也阻碍了国家接受更先进的政治理念。另外，民族主义也具有非理性的一面，与国家权力结合后，往往考验国家的理性或者说"现代性"。有的国家对民族主义的不当运用导致出现非理性的极端势力②，他们利用宗教口号吸引民众，成为现政权的最大内部威胁。

民族主义不仅塑造民族国家，还塑造民族国家间的关系。民族主义对国家建构的推动作用有两种表现形式：一种是创建新的民族国家；另一种是在已有国家政治框架内完成民族整合，在不同民族间形成统一的民族意识和民族认同③。从积极方面来说，"通过建立行之有效的行政管理体系、开辟统一而运作良好的市场、发展教育等方式"，民族主义有助

---

① Воробьев А. Эпоха политической определенности: как будет развиваться Узбекистан после досрочных президентских выборов, 6 июня 2023. https://russiancouncil.ru/analytics-and-comments/analytics/epokha-politicheskoy-opredelennosti-kak-budet-razvivatsya-uzbekistan-posle-dosrochnykh-prezidentskikh/?sphrase_id=113261315，访问时间：2023年10月8日。

② 参见［美］M. 列维：《现代化的社会模式（结构）和问题》，载谢立中、孙立平主编《二十世纪西方现代化理论文选》，上海三联书店2002年版，第130页。

③ 于春阳：《现代民族国家建构：理论、历史与现实》，中国社会科学出版社2016年版，第12页。

于抑制与习俗、宗教等因素相关的地方主义，为建立强有力的民族国家扫清障碍①。同时，民族主义的泛起也深刻影响国家间关系和现代化模式的选择，突出的表现是欧亚国家存在"去俄罗斯化"倾向，主要是想摆脱对俄罗斯的依赖，转而与其他外部国家建立更加密切的关系，如中亚多数国家和阿塞拜疆因为与土耳其的文化渊源更为深厚，更倾向于接受土耳其的政治和经济甚至文化管理体制。同时民族主义还导致国家间关系的复杂化，也影响了欧亚区域一体化的发展。

因此，对于欧亚国家的现代化来说，民族主义既可以是积极的、正向的推动力量，也可以起到负面作用。更多时候体现在政治上和文化上则是更趋保守，不愿意与世界接轨，而民众在心理上也接受这样的制度安排，但经济发展和对外开放则要求国家作出改变。在美国知名学者亨廷顿看来，现代性是稳定的，现代化是不稳定的②，欧亚国家形式上具备了某些"现代性"，但无论是体制转型还是选择的发展方式，都是不稳定的。

二、欧亚国家独立后的转型与现代化

独立后欧亚国家面临的紧迫任务是政治和经济转型，即走出苏联时期建立的一党执政和计划经济的旧体制。新独立国家在制度建设和路径选择上逐步拉开了明显的距离。尽管都宣布实行多党制，也出现了形形色色的政治组织，但欧亚国家大多不允许极端的反政府政治派别存在。经过30年的艰难转型，这些国家逐步认识到根据本国国情选择发展道路的重要性。欧亚各国的政治转型实际上仍有一定的相似性，彼此相互影响，遇到的困难和压力大同小异，尽管执政方式和政党体制还是有各自的特点。在经济转型方面欧亚国家引入市场机制，推动私有化和自由化，鼓励中小企业发展，"核心是促进财富和资源公平化分配，缩小贫富差距

---

① Anthony Smith, *Nationalism and Modernism：A Critical Survey of Recent Theories of Nations and Nationalism*, New York：Routledge, 1998. p. 1.
② ［美］塞缪尔·亨廷顿：《变革社会中的政治秩序》，李盛平、杨玉生等译，华夏出版社1988年版，第43页。

和改变地区发展不平衡等，落脚点是提升社会经济发展水平，改善民众福祉"①。政治和社会领域的改革步伐相对较快，很大程度上保证了国内的基本稳定，以总统为核心的权力体系运行较为有效，对社会的管控不断加强。

（一）政治经济转型的基本进程

从欧亚国家三十年政治和经济发展的基本过程来看，这些国家都经历了一些起伏，也不完全同步，而且差距越来越大。为了分析方便，可以把独立后经历的三个十年看成三个不同阶段，归纳出一些共同特点，有助于了解这个地区政治经济演进的总体脉络，得出一些规律性的认识。

1. 第一阶段（1991—2000年），政治体制的"趋同"与经济领域的私有化。

在这个时期，苏联解体带来的"余震"不断，上层不同政治集团权力之争或者说体制选择之争是欧亚各国政治的主要发展线索。多数国家出现了总统和议会围绕权力划分的激烈争斗，导致新宪法难以获得通过，立法机构与行政机关针锋相对，议会停摆甚至被解散，总统得到官僚体系和强力部门的支持，最终确立强有力的总统制，议会的权力被削弱。有的国家出现更激烈的动荡甚至是内战。乌兹别克斯坦、土库曼斯坦、阿塞拜疆等国选择了渐进的改革道路，实际上只是在政治体制上进行一些"小修小补"，保持执政体系的相对稳定，总统个人的权力不断扩大。

这一时期欧亚国家的经济转型主要是引入市场机制，但方式上有很大不同，有的国家追随俄罗斯采用"休克疗法"，全面放开价格，导致恶性通货膨胀；有的国家选择渐进的方式，注重国家调控；还有的国家甚至没有改变苏联时期的管理体制。由于传统经济联系中断，各国普遍遭遇了经济困难。俄罗斯不愿意再为其他欧亚国家提供财政支持，导致1993年卢布区解体，各国被迫发行本国货币。这个阶段欧亚各国还建立起两级银行体系，推动国有企业的私有化。

---

① 《托卡耶夫开启哈萨克斯坦改革新纪元》，http://www.news.cn/globe/2022-12/20/c_1310683568.htm，访问时间：2023年10月7日。

2. 第二阶段（2001—2010 年），总体稳定与局部动乱并存的发展时期。

在这个阶段，多数国家保持稳定，个别地区发生动乱，但烈度有所下降。值得注意的是，外部力量的政治影响在这个时期起到了推波助澜的作用。2003 年、2004 年先后在格鲁吉亚和乌克兰发生"颜色革命"，街头抗争导致权力更迭，让欧亚国家普遍承受了巨大的政治压力。吉尔吉斯斯坦 2005 年和 2010 年两次发生严重政治动乱，两任总统被迫出逃国外。在经历了一个复杂的过渡时期以后，有的国家深陷政治纷争的旋涡，而大多数国家的政治局势有所好转，总统大选或议会选举大多波澜不惊，但国内的政治对立一直难以彻底弥合。

这一时期各国政治上的变化对经济转型产生了直接影响。1997 年亚洲金融危机和 2008 年全球金融风暴严重打击了欧亚国家脆弱的金融体制，这些国家财政状况恶化，对外经济合作受到影响。虽然能源价格的持续走高给一些资源型的欧亚国家带来了较快的经济增长，但各国的经济结构调整都不成功，西方投资的逐步减少使这些国家不得不重新与俄罗斯恢复紧密的经济联系。同时，一些欧亚国家开始重视与中国、土耳其等国的经济合作。

3. 第三阶段（2011 年至今），体制上不断进行调整，各国发展逐步拉开距离。多数国家在复杂的国际环境中艰难地保持了政局的平稳。事实上这个时期挑战很多，积聚了更大的风险。俄罗斯在 2014 年乌克兰危机以后受到西方制裁，陷入经济困境。风险传导到对其经济和市场依存度很高的欧亚国家，导致这些国家也出现货币大幅贬值，民众实际收入和生活水平下降；国际能源和原材料价格下跌造成外汇收入锐减，经济增长乏力，用于民生保障的资金不足，社会领域问题频发；新冠疫情使各国经济都遭受严重冲击，民众生活受到影响，社会矛盾被持续放大。乌克兰在大国地缘政治博弈中彻底倒向西方，亚美尼亚 2018 年政局突变，政权易主；白俄罗斯领导人卢卡申科在 2020 年大选中遭遇执政以来最大政治考验；吉尔吉斯斯坦在 2020 年 10 月发生第三次"革命"，反对派再度趁乱夺权；哈萨克斯坦 2022 年发生"一月暴乱"，托卡耶夫处变不惊，从前任纳扎尔巴耶夫手中接掌全部权力。

这一时期欧亚国家的经济转型出现新的困难,外部经济环境的恶化使欧亚国家不得不调整本国经济发展战略。乌克兰危机的爆发使这些国家不得不选边站队。在一体化方向上,有的国家加入俄罗斯主导的欧亚经济联盟,有的国家希望在基础设施建设方面得到其他外部经济伙伴的帮助。乌兹别克斯坦率先实施务实战略,改善国内营商环境;哈萨克斯坦随后也提出宏大的改革计划。白俄罗斯、摩尔多瓦、亚美尼亚则陷入经济困境。

(二) 转型与现代化的进展及面临的难题

30多年来欧亚国家的政治与社会转型始终受到内外因素的制约和影响,从国内来说有政治环境、经济环境、法律环境、文化环境等方面,从国外来说有周边环境、国际环境、安全环境、舆论环境等方面。保持稳定的欧亚国家都较好地处理了内部和外部相关因素的关系;而发生过危机的欧亚国家,则是某一个或某几个领域出了问题,一旦矛盾激化,执政者应对失当,结果又会导致内外两个方面的因素共同施压,往往致使整个过程失控,出现难以预料的后果[1]。在美国学者亨廷顿看来,社会现代化和经济现代化对政治制度有"破坏性"影响,因为社会变革和经济变革必然引起许多传统社会、政治组织的解体,并动摇人们对传统权威的忠诚[2]。

相较中东欧国家和俄罗斯,欧亚国家遇到的困难更多,既有地理位置、资源禀赋、思维观念等方面的原因,也有民族国家需要建构自己的经济管理体系,包括财政、金融、税收、海关制度,还要发行本国货币,同时面临失去原有外部财政支持等方面的问题。一般来说,能够奉行较为清晰、明智的大政方针,经济发展又较为顺利的国家,政治和社会稳定的状况也更好,能够较快走出困境。这些欧亚国家的执政者经验丰富,把控局势的能力较强,国家政令较为畅通,中央和地方的关系处理得较

---

[1] 孙壮志等:《中亚五国政治社会发展30年:走势与评估》,中国社会科学出版社2020年版,第82页。
[2] [美] 塞缪尔·亨廷顿:《变革社会中的政治秩序》,第37页。

好；经济增速较为平稳，国内投资环境相对较好，政府也能关注民生；资源较为丰富，且有稳定的外部市场需求；外交方针较为稳定，奉行平衡、多元的政策；强力打击极端主义和恐怖主义，有能力应对内部的安全挑战；社会保障措施较为完善，居民的生活水平有一定保障，贫困人口的比例相对较低。

另外一些欧亚国家则问题较多：资源贫乏，经济落后，国内就业严重不足；贫困问题较为突出，收入水平低，很多家庭被迫依靠其成员在境外打工的侨汇收入生活，如塔吉克斯坦和吉尔吉斯斯坦有上百万人在俄罗斯打工，半数左右居民生活在贫困线以下；政治上不稳定，地区之间的对立和矛盾突出，有些地方不服从中央的领导；与邻国相互关系不和睦，受到国际恐怖主义和犯罪集团的困扰，极端组织发展迅速，政府的控局能力较弱，国内安全状况不佳。

联合国工业发展组织的2016年报告将塔吉克斯坦与非洲一些国家及阿富汗和朝鲜列为最落后的低收入国家，人均国民收入为1045美元或更低。吉尔吉斯斯坦、乌兹别克斯坦、乌克兰、亚美尼亚、摩尔多瓦和格鲁吉亚属于中低收入国家，人均国民收入为1046—4125美元。哈萨克斯坦、土库曼斯坦、阿塞拜疆和白俄罗斯为中高收入国家，人均国民收入为4126—12475美元[①]，因为物价虚高和货币贬值等原因，实际上也名不符实。影响治理能力和治理水平的因素还包括法治环境比较差，朝令夕改，有法不依，甚至作为基本大法的宪法也频繁修改。

（三）外部环境的复杂性和遭遇的现实挑战

经济上和安全上的对外依赖导致一些欧亚国家不得不在政治和社会领域寻求来自外部的支持。这也导致该地区的地缘政治形势非常复杂，大国的影响可以渗透到各国的政治生活当中，而这些国家也不得不谨慎地处理与俄罗斯、美国、土耳其、日本、印度、欧盟、北约的关系，加入大国主导的各种区域合作计划。在这些不同的计划背后又有着各自的

---

① 《联合国工发组织把塔吉克斯坦列为低收入国家》，http：//tj. mofcom. gov. cn/article/jmxw/201609/20160901399442. shtml。

地缘战略目标和利益，是针对其他大国的"投棋布子"。俄罗斯更是始终与西方进行着激烈的地缘政治博弈，面对北约和欧盟双东扩，战略空间不断受到挤压的现实困境，俄罗斯作出强硬反制，导致对抗不断升级。2008年全球金融风暴使欧亚国家的经济受到强烈冲击，因为这些国家对国际能源和原料市场的依赖无法改变，本国的财政金融体系也比较脆弱。而随后的乌克兰危机使俄罗斯受到西方的全面经济制裁，卢布大幅贬值，并迅速波及欧亚国家，导致这些国家的社会不稳定因素增多①。

为消除外来因素的政治影响，欧亚国家经常会出台一些政策，力图维护国内的稳定，如"颜色革命"以后加强了对非政府组织和游行示威活动的管控，出台专门的法律，关闭国内西方资助的各种基金会的办事机构，防止来自外部的政治渗透。俄罗斯利用美欧的"战略收缩"，一度大大增强地区影响力，2015年主导成立欧亚经济联盟，但不是所有的欧亚国家都支持这一组织，连一直追随俄罗斯的紧密盟友塔吉克斯坦也未加入②。哈萨克斯坦、格鲁吉亚、摩尔多瓦，特别是乌克兰加快国内文字改革，努力实现文化上"去俄罗斯化"的目标。

由于欧亚大陆的腹地分布着各种力量中心和地区安全热点，西亚地区强大的伊斯兰教政治文化及各种极端主义思潮、阿富汗的长期战乱和猖獗的毒品走私及跨国犯罪活动，都对欧亚国家造成严重的政治和社会安全挑战。近些年极端主义的传播方式发生了变化，通过网络和社交媒体进行宣传、动员，给欧亚各国的防范带来很大难度。这种情况在乌兹别克斯坦、吉尔吉斯斯坦、塔吉克斯坦三国交界的费尔干纳盆地早就有所表现，由于民族矛盾由来已久，国家关系复杂，加上宗教极端主义蔓延，问题频发，这里被称为中亚的"火药桶"。费尔干纳地区不仅人口稠密，贫困和失业率居高不下，还是走私贩毒、族际冲突、水资源争夺的聚集之地。

---

① Кортунов А. В. Три десятилетия болезненных корректировок：Россия на постсоветском пространстве. https：//russiancouncil. ru/analytics-and-comments/analytics/tri-desyatiletiya-boleznen-nykh-korrektirovok-rossiya-na-postsovetskom-prostranstve/？sphrase_id = 113252995。

② Бордачёв Т. Россия и Центральная Азия：большая мирная игра. https：//ru. valdaiclub. com/a/highlights/rossiya-i-tsentralnaya-aziya-bolshaya-mirnaya-igra/。

三、现代化改革的主要特征与政策取向

当前欧亚国家的政治体制基本趋于稳定，多数国家的政权交接也比较平稳，权力斗争得到一定程度的规范，其现代民族国家的构建取得了初步成果。但欧亚国家内部的各种矛盾仍然暗流涌动，维护政治和社会稳定的成本越来越高。为了让这种稳定能够延续下去，近年来各国都开始进行局部或者全面的调整和改革。以哈萨克斯坦的政治改革和乌兹别克斯坦等国的修宪为标志，一些欧亚国家主动求变，开始对权力结构和管理方式进行调整，并且出台中长期的发展战略，推出各个领域的配套措施，在国家体制的构建上体现出自己的鲜明特色。

（一）政治体制改革优先，现代化转型困难重重

欧亚国家的宪法体制改革，目的是保持政策的延续性和加强领导人的权力合法性。2017年1月，哈萨克斯坦首任总统纳扎尔巴耶夫通过电视演讲，宣布准备启动宪制改革，调整国家权力在总统、议会和政府部门间的配置，将原属于总统的职权部分转移让渡给政府和议会。2015年亚美尼亚启动宪法改革，决定改行议会制，但没有缓和国内的政治矛盾，2018年反对派借街头抗争成功夺权。乌兹别克斯坦米尔济约耶夫的新政也把政局稳定作为前提，推动宪法改革非常谨慎①。2021年吉尔吉斯斯坦正式回归总统制。这些小修小补虽然都未触及政治体制的根本，但带来政策的一系列新变化，也增加了国家的活力。

欧亚国家的独立具有一定的突然性和偶然性，是在苏联解体大背景下短时间内完成的。政治转型是要实行多党制，建立职业议会，改变权力结构，重新理顺中央和地方的关系，效仿西方选举总统和议员，这些转型目标的实现都要经历一个过程。这些新独立的民族国家，在推动自身的现代化改革，特别是在政治和社会领域遇到了一些不易解决的难题：

---

① Воробьев А. Узбекистан после протестов. https：//russiancouncil. ru/analytics-and-comments/analytics/uzbekistan-posle-protestov/? sphrase_ id = 113252995.

照搬西方三权分立制度与自身政治文化传统之间的矛盾，苏联后期形成的政治多元化与领导人希望保留的集中体制之间的矛盾，传统文化复兴与民族国家认同之间的矛盾，外部政治压力与维护本国主权之间的矛盾，建设单一制国家与地方主义膨胀之间的矛盾。

欧亚国家获得主权独立与推动体制构建是同步进行的，由于基础薄弱和经验缺乏，阻力和挑战非常多，造成20世纪90年代的体制转型困难重重。经过多年的调整，欧亚国家的政治体制、组织结构已经发生很大变化。体制转型也带来许多现实问题，如上层政治斗争的加剧，行政权力的扩大与腐败的蔓延；传统的社会保障方式和做法难以为继；高度集权的体制与多党制衔接不畅等。多数国家在考虑具体国情，照顾传统行政体制和政治文化的基础上，在推动体制转型时采取可控和渐进的方式，通过不断强化总统个人的权力，保证了执政体系的顺利过渡，避免了大的震荡，这一点是比较成功的。如欧亚国家的议会是最高立法机关，实现了职业化，议员由政党提名或选区直选产生，多数国家都建立了两院制议会，与西方类似，下院的议员由选举产生，以政党或选区为基础根据获得票数分配席位。实际上，政权的运行方式和管理体制还是比较传统的，即集权而不是分权，地方官员也大多是中央任命的。有些国家虽然保留了一些自治区域，但拒绝苏联时期的联邦制，宣布自己是单一制国家，如乌兹别克斯坦、阿塞拜疆等国。

由于多数欧亚国家在转型问题上态度非常谨慎，最大的问题还是体制的僵化保守倾向以及政治、经济和社会体制的相互脱节，造成的结果是改革既无法适应经济与社会发展的客观要求，又缺乏持久的社会扶持计划，从而增加了社会的不安定因素。因为社会体制的构建与政治、经济的关系非常密切，而欧亚国家恰恰在经济上遇到的问题最多，这也导致社会管理方式的严重滞后。有的国家因为政府力不从心，一度放任非政府组织的发展，导致西方价值观泛滥，甚至危及当局统治的合法性。其中，西方资助的非政府组织非常活跃，2005年前几乎每个欧亚国家至少都有数百个非政府组织，有的名义上从事帮扶弱势群体或公益活动，但却抱有明确的政治目的，以促进民主的名义资助知名的反政府人士或出版物。"颜色革命"在一些独联体国家发生后，多数欧亚国家通过严格的法令，加强了对境内非政府组织的管控，限制西方资金的注入。但在摩尔多瓦等国，受西方资助的非政府组织依然活跃，并且能够左右国家的政治进程。

欧亚国家普遍缺少法治的传统，独立后司法体系的建立出现许多问题，比如严重的腐败现象，执法不严不公等问题影响了执政当局的公信力。欧亚国家的腐败问题很大程度上是体制造成的，对权力缺少必要的监督，制度上有不少缺陷和漏洞，各级官员在营私舞弊、中饱私囊的过程中无所顾忌。"透明国际"发布的《2016年全球腐败晴雨表》显示：塔吉克斯坦的腐败指数达到惊人的50%，吉尔吉斯斯坦为38%，哈萨克斯坦、乌兹别克斯坦分别为29%和18%；而摩尔多瓦为42%，乌克兰为38%，阿塞拜疆为38%。根据2022年清廉指数排名，在180个国家和地区中，白俄罗斯和摩尔多瓦列91位，哈萨克斯坦列101位，乌克兰列116位，乌兹别克斯坦列126位，吉尔吉斯斯坦列140位，塔吉克斯坦列150位，阿塞拜疆列157位，土库曼斯坦列167位[①]。

（二）看重文化传统的特殊性，努力与现代化理念相结合

欧亚国家有着独特的历史文化传统，对它们今天的现代化进程有着很深刻的影响。国家独立后传统文化的复兴使一些成功的历史经验得到执政当局的高度重视，它们在现代化改革中越来越重视从自身国情出发，不再接受西方的指手画脚和所谓的改革建议，强调本国现代化建设的独特性，努力克服外来文化的不利影响。巩固主权和独立对欧亚国家来说是一个艰难的过程，苏联时期虽然社会经济发展较快，但很大程度上切断了和传统的联系。独立后要建设民族国家，需要突出主体民族的地位和文化，许多传统的思维和生活方式受到重视，开始逐步被唤醒和恢复，并且影响到了这些年轻国家的现代化转型。为了增强内部的凝聚力和对国家的认同感，欧亚国家积极重塑民族文化，恢复传统的风俗习惯，包括一些地区的称谓，强化主体民族的色彩。

苏联时期的社会主义改造比较彻底，但不少根深蒂固的习俗还是延

---

① 《2022年全球清廉指数排行榜发布》，https：//m. maigoo. com/news/669298. html。

续下来，独立后过去的治理经验发挥了积极作用，一些传统的做法也逐步得到恢复，如宣传本民族的优秀历史人物，重新编纂国家历史，树立主体民族的自豪感。这些方式虽然导致少数民族的不满，但客观上有助于巩固国家独立，维护国内稳定，形成一种新的社会秩序。在构建现代民族国家的过程中，欧亚各国没有抱残守缺，而是注重传统习俗与现代理念的结合。年轻人得到了更多出国学习的机会，国家努力赶上信息工业的步伐，手机和网络的普及率都比较高。同时，欧亚各国政府也感受到了来自网络失序的巨大压力，亚美尼亚、摩尔多瓦、白俄罗斯的亲西方政治力量都利用自媒体进行动员，组织大规模示威活动。面对新形势，各国相继采取措施，加强传媒网络信息管理，维护网络信息安全。

另外，过度看重传统文化复兴，对国家的现代化进程也有一些负面影响。在意识形态层面，突出的表现是宗教对政治的影响；在政治行动层面，宗教、部族、地域的认同超出对统一国家的认同，不仅影响族际关系、不同地区之间的关系，还带来尖锐的政治冲突和社会矛盾；在基层治理层面，宗法组织再趋活跃，不经政府许可的传教活动也比较猖獗。同时，传统的思维和习惯也导致欧亚国家难以很快接受新的管理方式，包括市场观念[①]。

（三）简单的制度移植带来国家与社会的对立

欧亚国家独立初期，由于要构建完整的国家管理体制，巩固来之不易的主权和独立，其经济和社会走向现代化经常会受到各种政治因素的干扰，主要体现在以下六个方面。

第一，单一制民族国家的确立根基不稳。欧亚国家都是多民族国家，苏联时期成立了民族自治实体，欧亚国家试图加以改变，结果引发了民族甚至是国家间冲突。

第二，民族建构和政治世俗化的长远目标难以平衡。提升国家认同和政权合法性、鼓励宗教文化的复兴，导致出现宗教政治组织，在中亚

---

① Тишков В. Нация, национализм и нациестроительство. Почему это важно для России. https://globalaffairs.ru/articles/nacziya-nacionalizm/.

甚至出现伊斯兰政治化问题，威胁国家的政治稳定。

第三，超级总统制带来权力交接风险。多数国家选择了强有力的总统制，领导人掌握政权后大都长期执政，有的还实现了家族世袭，引发了精英内部的争斗，存在发生大规模政治动荡的风险。

第四，政治多元带来的规则失序。一些国家既为了解决权力过于集中问题，也为了平衡不同利益群体的政治诉求，实行了议会制，有的是受到欧洲政治文化的影响，有的则是平衡各种政治势力的权宜之计。

第五，社会管理体系在重构中遭遇难题。苏联时期形成的社会保障制度和基层管理方式难以为继，于是开始实行基层自治，依靠公益组织甚至传统的村社，但这又容易造成社会管控不力，只能依靠执法机构维持治安。

第六，外部压力下维护主权安全与政权安全的任务更重。欧亚国家与俄罗斯都有千丝万缕的联系，俄罗斯希望保持自己的全方位"存在"，西方也试图借推动所谓民主化扩大影响，对这些国家不断施压，干预其选举进程和政策取向。

在这种情况下，欧亚国家一方面要完成民族国家构建的艰巨任务，另一方面又要实现植根于具体国情和文化传统的现代化。苏联时期的现代化建设是简单的制度移植，经常水土不服，不平衡、不平等的问题比较突出；在独立后建构民族国家的过程中与"现代性"背道而驰的因素越来越多，阻滞了国家的开放及融入国际体系，造成经济和社会发展相对滞后。在学界看来，构建现代民族国家的首要任务是调适好国家和社会的关系，动力更多来自内部，是一种国家和社会二元对立驱动之下的本土化民族过程[①]。欧亚国家积极克服发展上的脱节现象，强调改革的社会取向，通过重拾传统来弥合社会的分裂状态。

经过30多年的探索和努力，欧亚各国在民族国家建构过程中取得了很大的成绩，很快在政治、外交、国防等领域完成了体制的初创，成为国际大家庭中越来越自信的新成员，并且积极学习和借鉴其他国家的经

---

① 张启威、左广兵：《国家建构：理论始源与中国研究的局限》，载《领导科学》2012年第20期。

验，认识到从自身国情出发选择发展道路的重要性。但外部压力的存在导致这些国家在很多领域的改革缺乏自主性，同时社会经济发展的落后也让这些国家面临现代化模式选择的困局，反过来又动摇了构建现代民族国家的根基。

结　语

目前国际上关于现代化的标准，一般是经济或者社会标准，即人均产值、城市人口比例、受教育水平、人均寿命等，要实现这些目标，需要提升治理能力和治理水平。欧亚国家在苏联时期已经达到或者接近这些指标，但封闭和僵化的体制导致没有真正实现现代化。随着苏联解体，在新的民族国家构建过程中出现了一个回归起点的过程，从这一点上看具有"非典型"特征，随着经济、社会状况回到发展中国家的水平，也呈现出与其他发展中国家类似的特征。

对欧亚国家来说，推动现代民族国家建构，需要解决好五个方面的紧迫问题：一是国家认同，即国家利益高于地区、民族、部族、家族甚至宗教身份属性；二是政权合法，即从主权到政权，能不能得到多数民众的拥护，服从的前提是民生福祉的实现与强有力的安全保障；三是政策统一，即国家政策能否得到执行，中央和地方的关系能否稳定、规范，决定着发展的可持续性；四是民众参与，即民众行使与获得选举权、监督权、知情权的方式，要和执政者形成共存的关系；五是财富分配，即权力、财富和资源的配置是否公平、合理，能够体现出基本的正义。

对欧亚新独立国家来说，其现代民族国家的构建具有特殊性，国家独立在前，民族建构在后，两者的任务和目标不统一。苏联时期的民族认同与国家认同是错位的，因此在突然获得独立后，国家建构和民族建构带来了很多矛盾、冲突，甚至导致国家关系复杂化，这种复杂关系不仅存在于它们和俄罗斯之间，也存在于新独立国家之间。从现代化转型的视角看，这些国家已经取得了很大成就，特别是在政治和社会治理方面积累了不少成功经验，但发展并不平衡，既体现在国内不同领域的改革进展不一，也体现在各国的发展水平已经明显拉开了距离。

多数欧亚国家在国家能力和国家权力的提升和构建方面做出了积极努力，社会治理、经济运行、危机管控相对有序，族际关系较为和睦，领导人具有较高权威，广泛参与地区和国际事务，已经奠定了现代民族国家的基础。但还有改进和完善的必要以及空间，不少国家的领导人已经清醒地看到这一点。因此，这些年轻国家最需要的，不是一种可以照抄照搬的所谓现代化成功模式，而是在复杂国际和地区环境中坚持独立自主的务实态度，以及以合作谋发展、以合作促安全的坚定决心。

第二章　城镇化、大城市化与流动人口的同城化
——以基本公共服务均等化推进市民化进程

张　翼*

党的二十届三中全会作出的《中共中央关于进一步全面深化改革、推进中国式现代化的决定》（以下简称为《决定》）指出，要健全推进新型城镇化的体制机制，构建产业升级、人口集聚、城镇发展良性互动机制，推行由常住地登记户口提供基本公共服务制度，推动符合条件的农业转移人口社会保险、住房保障、随迁子女义务教育等享有同迁入地户籍人口同等权利。加快农业转移人口市民化。

要促进以人为本的新型城镇化，就必须通过城市的拉力，适应劳动参与人口人力资本结构的变化，创造更多更高质量的就业岗位，推进产业升级、人口集聚、城镇化良性互动，一方面以户籍制度改革提升户籍人口的城镇化率，另一方面则需以常住人口基本公共服务的均等化提升城镇化率，确保《决定》的各项部署落到实处，以制度改革的红利，增进民生福祉。

---

* 张翼，中国社会科学院学部委员，中国式现代化研究院院长、研究员。

一、户籍制度改革与新型城镇化的推进

在户籍制度改革与城镇化之间，长期形成两条不同的改革思路。一是开放城市的大门，通过将农村户籍人口转变为城市户籍人口而提升城镇化率——这一思路，在尊重制度的路径依赖的同时，希冀通过稳定的增量改革，逐步消解城市面临的社会服务与社会治理压力，推进城镇化进程。二是打破城乡二元结构，鼓励人口流动，以常住人口基本公共服务的均等化保障全部社会成员都能够均等享受社会服务和社会福利，淡化户籍的资源配置功能，让户籍制度回归其人口信息登记功能①。

在经历四十多年的改革开放之后，户籍制度已完成了从高度集中的计划经济向社会主义市场经济的过渡任务。基于计划经济所形成的人口增长、粮食安全与城镇化道路之间的一系列复杂关系，已经转变为基于市场经济而形成的新的逻辑关系②。应该说，如果人口的增长速度快于物质生活资料的增长速度，则在计划经济时期形成的户籍制度就有存在的必要。如果人口的增长速度慢于物质生活资料的增长速度，则限制人口流动的管理措施或者附着于户籍而配置的社会福利与社会服务制度以及基于户籍所形成的城乡二元结构等，就会阻滞经济社会的发展。

正是适应于市场经济的发展，党的十八届三中全会的改革，大大推进了农业转移人口的市民化进程，已逐步把符合条件的农业转移人口转化为城镇居民。在经济社会的迅速发展中，也在一定程度上创新了人口管理模式，加快了户籍制度改革进程，全面放开了建制镇和小城市的落户

---

① 张翼：《农民工"进城落户"意愿与中国近期城镇化道路的选择》，《中国人口科学》2011年第2期。
② 中国的户籍制度建立于1951年，以公安部颁布的《城市户口管理暂行条例》为标志，形成最初的户籍法规，统一了全国城市的户口管理制度。1955年，国务院颁布了《关于建立经常户口登记制度的指示》，规定在城市、集镇、乡村都要建立户口登记制度，统一了全国的户口登记工作。1958年，全国人大常委会通过并以国家主席令形式颁布了《中华人民共和国户口登记条例》——第一次提出了"常住人口"的概念并明确规定，"公民应当在经常居住的地方登记为常住人口，一个公民只能在一个地方登记为常住人口"。同时，该条例还专门规定：公民由农村迁往城市，必须持有城市劳动部门的录用证明，学校的录取证明，或者城市户口登记机关的准予迁入的证明，向常住地户口登记机关申请办理迁出手续。

限制，有序放开了中等城市的落户限制，合理确定了大城市的落户条件，作出了严格控制特大城市人口规模的决定。从2013年到2023年，中国人口形势发生了转折性重大变化。2013年的总人口为13.67亿，城镇化率为54.49%。2021年，总人口达到14.12亿的峰值，城镇化率为64.72%[①]。2022年总人口开始负增长，减少了85万人。2023年总人口减少了208万。与此同时，中国常住人口的城镇化率已经提升到66.2%[②]，但户籍人口的城镇化率只有48.3%。在常住人口城镇化率与户籍人口城镇化率之间，存在17.9%的差距。在总人口数量达峰之后的逐步下降过程中，少子化、老龄化与区域人口增减化的态势将更为明显。在这种情况下，户籍制度改革的主要方向，就是更好服务于更高质量的、以人为本的新型城镇化需要。

在全面建设小康社会和全面建成小康社会的过程中，镇和中小城市的户籍，对以农民工为代表的农村户籍人口产生了较强吸引力。在教育资源城镇化快于人口城镇化因素的驱动下，县城成为当地中小学的集聚中心。但在建设社会主义现代化强国的过程中，由于少儿人口逐步减少，那种简单依靠教育资源对近距离流动的农村人口的拉动所形成的城镇化模式，已处于消解状态。在县城的房地产市场不再上涨或者处于下跌态势时，县城的住房已经不再具有往昔的保值增值能力。在县域内甚至在整个中小城市内部，为了争取到优质教育资源而买房落户的农民工，已越来越少。因此，在不同时代，面对不同的劳动力流动环境，不同城市的户籍红利发生了重大变化。在定居化时代形成的城乡区隔的二元结构，在进入迁居化时代之后[③]，已失去了配置资源的逻辑价值。改革开放初期，城市政府的第一要务是"招商引资"——通过资本的注入而增加就业、繁荣经济。中国特色社会主义进入新时代以来，城市政府开始以

---

① 数据来源：2023年《中国统计年鉴》表2-1"人口数及构成"。
② 数据来源：《中华人民共和国2023年国民经济和社会发展统计公报》，https://www.stats.gov.cn/sj/zxfb/202402/t20240228_1947915.html。
③ 第七次全国人口普查结果显示，我国人户分离人口为49276万人。其中，市辖区内人户分离人口为11694万人，流动人口为37582万人。与2010年相比，人户分离人口增长88.52%，市辖区内人户分离人口增长192.66%，流动人口增长69.73%。我国经济社会的持续发展，为人口的迁移流动创造了条件，人口流动趋势更加明显，流动人口规模进一步扩大。

"筑巢引凤"而创造新的发展动力——人才与人才的集聚，成为城市的主要竞争力。进入新发展阶段以来，城市在继续重视人才的同时，面对第一次人口红利的消退，推动了一波又一波"人口竞争"战略——凡是人口净增长的地区，经济社会发展的态势就更强劲。

在这种情况下，为落实党的二十届三中全会作出的就业、社会保障、以人为本的新型城镇化等改革决定，国务院颁布了《深入实施以人为本的新型城镇化战略五年行动计划》（国发〔2024〕17号文件），进一步细化了二十届三中全会的各项相关精神，明确提出要通过进一步深化户籍制度改革、健全常住地提供基本公共服务制度、促进农业转移人口在城镇稳定就业、保障随迁子女在流入地的受教育权利、完善农业转移人口多元化住房保障体系、扩大农业转移人口社会保障覆盖面、完善农业转移人口市民化激励政策、健全进城落户农民农村权益维护政策等。预期历经五年的改革，将我国常住人口城镇化率提高到70%以上。应该说，只要今后每年GDP增长率维持在5%左右①，这个目标不但能够达到，而且能够提前达到。

世界城市化的历史说明，一个国家（即使是人口规模较大的国家）的城市化率超过30%，就会处于快速增长通道，直到提升到75%左右，才会因为各种因素的影响而降低增长率。当前，虽然国际形势复杂严峻多变，国内也存在改革发展稳定的推进压力，但只要如期完成二十届三中全会部署的300多项改革任务，则"五年行动计划"的目标就一定能够完成。这是因为：第一，我国城镇化率与世界主要发达国家城镇化率指标不同。在美国等西方国家，如某一区域单位面积人口密度超过某个规定的数值，就将该区域定义为城市②。但中国的城镇化率，则以行政区划内城镇常住人口占该行政区划常住总人口的比率定义城镇化率。在这里，常住人口指的是行政区划内户籍人口＋外来半年以上流动人口－外出半年以上户籍人口。所以，中国的城镇化率，如按美国的定义，该值

---

① 在过去的几年，中国的GDP每增长一个百分点，大约会在城镇新增就业人口240万。
② 这些国家也以人口规模区别大城市、中等城市和小城市。人口规模越小的国家，其区分大城市、中等城市和小城市的定义值就比较低。人口规模较大的国家，如果人均土地占有面积较大，则其城市化的各项指标也会较低。

会高出很多。第二，在总人口处于负增长的态势下，由于农村地区的老龄化高于城镇地区的老龄化，因而农村地区的死亡率也会高于城镇地区的死亡率。再加上城镇各个年龄段人口平均预期寿命都会长于农村人口，所以，未来的城镇化率仍然会快速增长。第三，伴随大学扩招的进行，未来新增的就业参与人口将主要是大学生——他们更偏好在城镇就业。第四，农业机械化程度的提高与土地的加速流转，会使小田变大田，小村变大村，自然村变中心村的速度趋于加快——这也会提升城镇化率。第五，在农村人口继续流入城市的大潮中，镇的人口、县城的人口以及中小城市的人口会向当地中心城市和省会城市加速流动——这会提升人口向大城市的集中程度。第六，在以上流动趋势存在的同时，由于城市群和湾区经济的快速发展，其将更加强烈地吸引大学生等新就业群体人口的流入，使长三角、大湾区、成渝经济带等地的人口数量趋于上升①。

二、人口的大城市化与同城化

如前所述，中国式现代化是人口规模巨大的现代化，会形成城镇化推进过程中的大城市趋势。理解中国城镇化的理论逻辑，不能简单套用西方已有的城市化经验。人多地少国家或人均耕地面积较小国家的城镇化，必然会走上大城市化道路。为既有效推进城镇化进程，又防止西方和拉美国家存在的"城市病"，中国曾经长期采取了稳健的城镇化战略——鼓励中小城市的发展，但却严格控制特大城市和超大城市的人口规模。2013年十八届三中全会的决定，就明确强调了这一点。

党的二十届三中全会强调要"推动形成超大特大城市智慧高效治理新体系，建立都市圈同城化发展体制机制"。在城市治理体系和治理能力的现代化过程中，如果总人口处于增长的态势，则伴随经济社会发展与人口集聚效应的释放，大城市、特大城市和超大城市就会逐步崛起。如

---

① 在世界城市化历史上，湾区和城市圈是吸引人口集聚的主要地区。比如，美国在快速城市化过程中，就形成了纽约—波士顿—费城""芝加哥—匹兹堡—克利夫兰""洛杉矶—旧金山"等都市圈。又如，日本东京湾的人口就达到3800多万，占日本总人口的比重将近三分之一。

果以省和自治区为行政区划，其首位城市和第二大城市集聚的人口占其总人口的比重，会逐步达到1/4和1/3左右。如果该省或该自治区的城市缺少聚合力，则人口会被虹吸到临近的其他省或自治区。西安就具有典型代表性，其常住人口占陕西省常住总人口的比重已达到1/3左右。

人口流动与人口集聚的结果，既迅速改变了整个国家的人口分布，也改变了特大城市和超大城市的人口结构。这给城市治理带来了新挑战——城市必须以包容性发展解决城市的新移民问题。只有形成融合发展之势，以人口的同城化解决基本公共服务需求，才能化解新移民与老居民之间的福利差距①。为保持城市发展活力，促进都市圈社会政策的同城化，就需要促进特大城市和超大城市治理体系和治理能力的现代化，维护好城市的安全。所以，超大城市与特大城市的治理创新，在未来的现代化过程中，具有举足轻重的影响意义。

第一，超大城市和特大城市户籍与非户籍人口结构变化与社会治理创新。城市越大，对流动人口的吸引力就越大。其所创造的就业岗位，会形成梯度递进的职业层级。在本地户籍人口向上流动的同时，也将大量本地市场需要但本地人却不愿做的就业岗位让渡给城市新移民。城市扩张得越快，城市对劳动力的需求就越旺盛，城市的新移民就越多。比如，2023年，上海市常住人口增长到2487.45万人，其中户籍常住人口为1480.17万人，外来常住人口达到1007.28万人②。外来常住人口主要以农民工为主，最初他们以地缘关系和业缘纽带集中居住在城市中心的各个"城中村"之中，但在级差地租和房租的压力下，这些流动人口在城市中心区的改造中，一步步呈环状向外围结构化迁居。城市内部改造力度越大，流动人口向外迁移的速度就越快，最后形成流动人口围城而居的现状。在这种情况下，超大城市和特大城市社会治理的主要任务，便在于通过制度创新形成社会整合机制，化解可能存在的新移民与原住民之间文化张力，构建共建共治共享的社会环境。第一代流动人口进城

---

① 陈云松、张翼：《城镇化的不平等效应与社会融合》，载《中国社会科学》2015年第6期。
② 数据来源：《2023年上海市国民经济和社会发展统计公报》，https：//www.askci.com/news/data/hongguan/20240328/105204271159432343150478_2.shtml。

的目的，重在经商务工——通过"暂住"方式在城市赚钱，然后回乡建构自己的未来生活。但"80后"等新生代流动人口，却缺少"回乡"的心理结构。如果他们在移入城市难以形成认同心理，则会处于"飘"的焦虑之中——年轻的他们基本没有所谓的"乡愁"。对于农民工二代或第二代流动人口来说（即流动人口的父母亲在流入地生育的子女），他们从小就在流入地上学与生活。如果城市难以给予流动人口的"第二代"以同城同待遇的制度配置，就会生产或再生产出"认同"障碍。在超大城市和特大城市的治理设计中，如果仅仅给予"第二代"以积分入户权，则可以解决部分问题，而难以解决流动人口与户籍人口之间的社会生活与文化差异问题。所以，超大城市和特大城市人口结构的变化以及流动人口与户籍人口居住区位的空间结构化重塑，会形成长期存在的治理张力，只有通过制度配置的同城化，才能实现同城同待遇诉求。

第二，超大城市和特大城市社区内部人口结构变化与社会治理创新。当前的基层治理结构，奠基于传统社区的理念。不管是借用西方社会理论建构的社区思想，还是以居委会或家属大院设计的社区理念，都假设社区各个群体会自发形成生活共同体。由农业社会的乡土血缘关系结构形成的社区，或者基于定居化社会而形成的街坊或单位制有机体，的确具有熟人社会性质。人与人之间会形成面对面的、基于情感纽带的、夹杂着各种互助性利他主义的关系结构。社区居委会或社区自治组织、单位制物业管理组织、镶嵌进社区的企业与社会组织等，会在互动中建构自我认同价值，维护一定的社会秩序，或者通过社区内部的所谓"乡贤"或"精英"形成自治体系，将社区自发产生的自治力量与基于正式组织而建构的力量结合起来，形成有序治理主体。但在人口流动频繁发生，或者在经济波动时有起伏、或者城市内部难以整合外来人口的情况下，超大城市和特大城市的社区已经陌生人化了。即使居住在同一个楼或者在同一单元对门而居的人们，也可能会"老死不相往来"。现有的治理架构，又不同程度地将同一社区的人划分为不同的类别，并配置了不同的基本公共服务权力，这就形成为陌生人社区的认同区隔。因此，超大城市和特大城市社区结构，既是互相镶嵌的多元人口主体结构，也是分割为不同物业小区与居住大院的多元利益主体结构。社区可以被划分为网格化，但却难以使同一网格内部的异质化人口形成生活共同体。在这种情况下，社区治理的重点是培养多元主体的社区认同，使陌生人具有熟人化或半熟人化的空间。在社会组织的培育中，也需要建立跨阶层与跨地域的联系纽带，形成社区凝聚力，把社会秩序的维持建立在内部成员的自我团结之上，而不是建立在外来力量的干预之上。改革开放以来，社区已经发生了重大的变化。必须认识到这些变化才能创新社会治理体系，提升社区治理能力。在社区治理的创新过程中，必须时刻问这样几个问题：谁在社区、谁在治理、谁认同这样的治理。只有赋予常住流动人口以社区治理的参与权和选举权，才能提高流动人口对流入地的认同心理，促进"社会团结"和"社会整合"结构的形成。

第三，超大城市和特大城市人口年龄结构变化与社会治理创新。中国的人口转变，一方面来自计划生育制度的规约，另一方面来自经济社会的发展。超大城市和特大城市的户籍人口，自20世纪80年代之后，就逐步步入了低生育通道。2000年之后的人口普查与历次抽样调查都表明，超大城市和特大城市户籍人口的实际生育率长期低于政策生育率，从而形成人口金字塔底部的快速老化效应。但与此同时，超大城市和特大城市的人口平均预期寿命，却在改革开放以来有了长足的延长，这形成为人口金字塔顶部的老化效应。于是我们观察到的结果是：城市越大，户籍人口的老化速度就越快。而与此同时，城市越大，流动人口就越年轻。户籍人口的快速老化与流动人口的相对年轻之间形成的这种张力，使特大城市和超大城市的任何治理制度设计，都离不开这一现实。任何不考虑这一现实而设计的制度投入，都会受到这一现实的挑战而增加治理成本。中国的人口转型，还具有极其快速转型的特质，而不像西方国家那样呈渐进转型之态势。如果说原来特大城市和超大城市可以通过对年轻流动人口的市场选择与制度选择而填补户籍人口老化所形成的庞大需求的话，那么现在，在全国人口的逐渐老化压力下，流动人口的年龄也逐渐上升。原来那种将农村、中小城市作为劳动力蓄水池的治理对策，正在经受人口老化所带来的严峻挑战。在中国式现代化建设中，超大城市和特大城市会越来越多地遭遇这种挑战。所以，如何通过人口政策的调整、如何通过科学技术创新以适应现代化建设的需要，是智慧治理和同城化治理的重大课题。

人口是社会发展的基础。基于人口结构之变化而设计的社会治理举措，在特大城市的现代化过程中，会越来越成为制度创新的核心内容。城镇化的本质，是人口从农村向城镇迁移过程引发的生产方式和生活方式的大变革。人口结构的变化促进了社会结构的变化，社会结构的变化迫使我们通过社会治理创新以适应超大城市和特大城市发展的需要。

三、农村人口的空心化与老年人口的城镇化

党的二十届三中全会的《决定》还指出，要健全基本养老、基本医疗保险筹资和待遇合理调整机制，逐步提高城乡居民基本养老保险基础养老金。应该说，在城乡居民养老保险中，基础养老金的提升问题，是当前城镇化的主要问题。在城乡居民养老保险中，绝大多数参与主体属于农村居民。虽然有研究表明，老年农民愿意在农村养老，但这种意愿基于其长期生活的熟人社会关系结构而形成，如果农村的生产生活环境发生了重大变化——农业企业与合作社等成为种养主体，农村又缺少养老资源的支持，则这种判断得以形成的社会基础就会动摇。如果老年农民的基础养老金能够保障，则其在晚年随子女进城生活的概率就会增大。在一定程度上，经济自立是老年家庭支持得以可持续进行的必要前提。如果要建构中国特色的长期照护险，就必须率先形成"老有所依和老有所养"格局。

因为，在城镇化进程中，农村转移人口的市民化一经阶段性完成，农村人口的年龄结构和维生结构都将发生重大变化。一般而言，农民的市民化过程可以分为以下几个阶段：在城镇化的第一阶段，城市对男性劳动力需求旺盛。农村人口会根据家庭决策，形成男性进城务工与女性在家务农的流动与迁移策略。进城务工的这些男性农民工，就是先行迁移者[1]。因此，在第一阶段，农民工主要以男性为主，女性人口占比相对

---

[1] 邵岑、张翼：《"八零前"与"八零后"流动人口家庭迁移行为比较研究》，《青年研究》2012年第4期。

较低。在城镇化的第二阶段，伴随城市从第二产业向第三产业的发展，女性的就业渠道就会逐步拓宽，作为先行迁移者的男性就会带动后继迁移者的女性进入城市。在这一阶段，女性农民工的占比会迅速上升。在城镇化的第三阶段，如果家庭主要成员在城市稳定就业，就会带动其子女"随迁进城"，并在城市解决随迁子女的受教育需求问题。因为城市的教育质量高于农村，所以，随迁子女的数量逐渐会超过留守子女的数量。在城镇化的第四阶段，当总人口的数量趋于停止，或者处于负增长态势，则老年农民也不得不进城养老。在第四阶段，如果农业的机械化程度迅速提高，如果土地的集约经营面积越来越大，如果三权分置能够更为稳定地保护进城务工农民工的各项权益，则农村的老龄化程度就会越来越高①。在第一阶段到第四阶段的这一完整过程中，以自然村为基础所形成的传统村庄会逐步解体，人口的空心化与产业的空心化将同时并存。

空心化问题累积到一定程度，农村就很难仅仅依靠村落社会维持其正常运行。不管是行政村还是自然村，都将在合村并镇过程中完成传统农民的终结过程。只有让现代农民取代传统小农，中国的城镇化进程才能最终形成高质量发展之势。孟德拉斯在分析第二次世界大战之后法国农民的代际变化状况后认为，现代化的浪潮必将终结传统小农，但企业化或庄园主化的农业的产量和质量却会大大提高。因此，要完成农业农村的现代化进程，就必须同时促进农民的现代化。要实现农民的现代化，就需要对农民进行职业化培训，使新农民取代传统农民而成为中国的职业农民。要保障中国的粮食安全，提升粮食品质，就需要加大职业农民的培训力度，使农民只有取得一定资质，具备现代化的种粮能力，才能获得土地承包权——这是发达国家农业现代化的必由之路。因此，如果说家庭联产承包责任制掀起了第一次农业革命，一劳永逸地解决了千百年来困扰中国发展的吃粮问题的话，那么，当前农村推行的适度规模经营——甚至有些地方发展的企业化大规模经营，则是中国式现代化掀起的

---

① 日本农民的平均年龄已超过 60 岁。即使农作物种植的年收入远远高于白领工作人员的平均收入，年轻人也不愿意种地，而愿意进城务工。即使日本长期盛行长子继承制，当前日本的农民，也缺少其子女的支持，而出现了种地难问题。

第二次农村革命。企业化经营与职业农民的发展，以及交通现代化的推进，完全可以使人口住在镇或县城，但却在必要时进入农地耕种——这会继续减少中国的行政村。只有完成这一过程，中国才能以粮食安全促进人口的城镇化。

传统农民的终结过程，必然会带动一部分自然村和行政村的终结。村庄的终结，使依靠村庄养老的老年人口必须进城养老。但目前农村还存在以下问题：

第一，农村的老龄化率大大高于城镇的老龄化率。第七次人口普查发现，农村60岁及以上老年人口占其总人口的比重达到23.81%，65岁及以上老年人口占其总人口的比重达到17.72%。相比之下，城镇60岁及以上人口占其总人口的比重为18.70%，65岁及以上人口占其总人口的比重为13.50%。从这里可以看出，在人口流动的作用之下，农村的老龄化率越来越高。如果以青年人口和成年人口计算，则绝大多数青年人口已经进城，大多数成年人口也已经进城。如果不以常住人口为标准计算老龄化率，而按照时点人口计算老龄化率，则农村的老龄化程度会更高。

第二，农村居民的基础养老金待遇较低。按照居民养老金制度设计，农村居民在达到60周岁时，可以领取到基础养老金。因为很多居民没有缴纳个人账户养老金或者以最低基数缴纳居民养老金，所以，绝大多数农村居民在退休年龄领取到的养老金待遇比较低。2024年，农村居民的基础养老金上调了20元，这使全国居民的基础养老金待遇提高到220元左右。虽然东部地区高一点[①]，中西部地区低一点，但如果仅仅依靠土地流转费和基础养老金，农村居民还难以在城市养老。

第三，在土地流转或委托合作社经营之后，老年农民每年在耕地上的劳作时间已大大降低，伴随老龄化程度的加深，其必须依靠他人才能终老。应该说，农民在60—75岁，绝大多数人的生活能够自理，或者可以依靠配偶维持生计。但在75岁之后，由于普遍存在的慢性病的困扰，老年农民就需要依靠养老服务机构的帮助才能走完最后的生命历

---

① 即使在浙江省，农村居民的养老金也在300—500元，而且达到500元左右的人占比相对比较低。

程——这时候就需要借助镇或县城的养老机构养老，或者不得不与子女一起生活而养老。因此，农村老年人口的城镇化进程极其艰难，需要依靠国家、社会和家庭的共同努力才能完成。可现实情况却不容乐观，农村地区的养老设施普遍陈旧而落后，难以建成医养结合的理想模式，很难满足农村老年人的养老需求。另外，农民的基础养老金也很难使其脱离土地而生存。那种基于农业社会而形成的养儿防老的制度安排，在人口流动过程中已很难维系。依靠配偶互相养老的做法，因为养老金低下而不得不依靠子女的经济回馈支持。一旦农民工在城市的收入有所波动，则老年人的养老资源就会马上陷于困顿。这就是说，在国内粮价已经高于或无限接近国际粮价的大背景下，在农民工的城市住房按揭还没有还清的大背景下，老年农民的养老支持体系显得十分薄弱。

自2023年开始，从1963年到1969年出生的人口，逐步开始退休或逐步退出劳动力市场。老龄化浪潮汹涌澎湃。比如说，1963年出生了2934万人，1964年出生了2721万人，1965年出生了2679万人，1966年到1969年每年出生的人口数量，都在2500万人以上①。在人口爆炸时期出生的人口，其中的绝大多数为农民（六十年代出生的人口没有享受到高等教育扩招的红利）。在农村的空心化过程中，老年农民的养老问题如果得不到解决，则城乡融合发展的格局就难以形成——要知道，基本公共服务的均等化是城乡融合发展的基本目标。农民如果不再种地而只是一种身份，则进城养老就会成为普遍存在的社会预期。

在这种情况下，要完成党在十九大报告和二十大报告设计的中国式现代化任务，在2035年基本实现现代化，在21世纪中叶建成社会主义现代化强国，就必须一方面重视农民工在城市的就业，促进进城务工人口的市民化，另一方面逐步提高城乡居民基本养老保险中的基础养老金——积极落实二十届三中全会的战略部署，重点提高农村居民的基础养老金，使农村居民能够在老年生活不能自理的情况下，有机会享受城镇的社会养老服务，借助长护险的支持安度晚年。

---

① 这一时期，特别是从1962年至1969年，中国出生人口的数量普遍较高，这主要是由于三年困难时期结束后，社会经济状况逐渐好转，人们的生育意愿和生育能力得到有效恢复。

第三章　数字时代的新社会性现象

安纳托利·拉扎列维奇

（A. A. Lazarevich）*

现代社会的发展受到许多因素的影响，其中信息化和全面数字化是关键因素。正是在这些过程的影响下，形成了一种新型的社会发展模式（新社会性现象），人们将其称为信息/数字社会。换句话说，这种新型社会性的轮廓一方面是信息和知识密集增长所带来的社会现代化的战略潜力（结果），另一方面则是生产和信息社会化（数字）技术中取得的前所未有的进步（原因）。这些流程的实施是通过一些组织和管理措施来保证的，这些措施主要包括：

——全面、系统性的信息化和数字化政策；

——制定相应的法律法规；

——高水平的物质和技术基础（如计算机化、机器人技术、人工智能等）；

——确保数字部门在整体社会发展中占据主导地位的能力、组织和管理文化；

——信息资源作为社会主体知识、能力和创造性素质来源的可用性和流动性；

---

* 安纳托利·拉扎列维奇（A. A. Lazarevich），白俄罗斯国家科学院哲学研究所所长、研究员。

——使社会分层结构和整个生活文化适应新的数字现实。

新社会性最明显的特征可以在几个层面上找到。在公共政策和管理层面，电子政府现象变得越来越重要。在社会经济层面，数字经济的影响力日益增强。在社会生活和文化层面，为公民流动和跨文化交流、社会服务（如物联网、无人驾驶交通、智能家居等）创造了新的机遇。

因此，新社会性的优先价值观逐渐成为：几乎可以不受限制地获取信息、组织各种形式的交流以及由此产生的高社会流动性、对个人能力素质和整个智力资本的需求、扩大人类的创造性发展和自我价值实现领域等。

在将技术发展的速度及其引发的社会经济和基础设施变革与现实人类生活联系起来之后，我们能够发现社会动态条件发生的质变，这表明一个新时代正在到来。

在新时代的相关不确定性中，需要特别关注以下几点：

——社会动态的随机性，制定和实施发展战略的高风险，需要考虑政治、经济和文化中的隐性因素和驱动力；

——身体和意识的技术改造为理解人类现象设定了全新框架；

——"数字鸿沟"这一社会破坏性现象，信息安全领域出现的新威胁；

——对精神和文化传统传承性丧失的合理担忧。

信息和数字部门的发展直接取决于该领域的国家政策，并从根本上影响经济、教育、文化、社会分层及其科技和社会沟通基础。在所谓的经济转型国家中，制定数字化发展政策显得尤为迫切。在大多数国家中，第一和第二社会生产部门的现代化程度较低，这就给数字化进程造成了一定程度的限制。因此，基于面向数字化信息时代优先任务和机遇的创新技术方案对这些经济部门进行再工业化的任务显得尤为紧迫。

在这方面，欧亚一体化空间国家的信息社会稳定形成趋势值得注意。例如，在白俄罗斯、俄罗斯、哈萨克斯坦和其他国家，信息化进程正在积极推进，接入世界信息空间的电信网络正在形成，通信和信息通信技术领域是最具发展活力的经济领域之一。在国家政策层面，正在制定信息社会的近期和长期综合发展战略。

在白俄罗斯共和国，白俄罗斯共和国部长会议主席团于 2015 年 2 月 10 日批准的《2030 年前国家可持续社会经济发展战略》在计划文件层面确立了这一优先事项。①

在规范白俄罗斯共和国信息社会形成进程的其他政府战略决定中，值得一提的是《2016—2022 年白俄罗斯共和国信息化发展战略》，该战略参考影响信息化发展进程的一系列因素，明确了该国信息化领域的国家政策原则，并确定了信息社会发展的主要方向。②

当时通过的《2016—2020 年数字经济和信息社会发展国家规划》也很重要。③ 该计划的实施有助于落实白俄罗斯共和国社会经济发展的优先事项之一——促进有效投资和创新经济部门的加速发展。其结果是为促进绝大多数经济活动领域在信息通信技术的作用下进行有效转型创造了有利条件，其中包括建立经济的数字化发展基础、发展信息基础设施以及改进电子政务的目标和技术能力。

这一领域的一个重要里程碑事件就是通过了《关于发展数字经济》的第 8 号法令。该文件重新定义了高科技园区活动的法律基础，其中包括制定了其监事会、行政部门的工作程序和权限范围、居民登记算法以及对其活动的要求。主要成就是建立了前所未有的高科技园区国家支持

---

① Национальная стратегия устойчивого социально-экономического развития Республики Беларусь на период до 2030 года［Электронный ресурс］. – Режим доступа：https：//economy. gov. by/uploads/files/NSUR2030/Natsionalnaja-strategija-ustojchivogo-sotsialno-ekonomicheskogo-razvitija-Respubliki-Belarus-na-period-do – 2030 – goda. pdf. – Дата доступа：03. 02. 2022.

② Стратегия развития информатизации в Республике Беларусь на 2016 – 2022 годы［Электронный ресурс］：утверждена на заседании Президиума Совета Министров от 03. 11. 2015 № 26//Научно-методическое обеспечение развития информатизации в Беларуси. – Режим доступа：http：//nmo. basnet. by/informatization. – Дата доступа：03. 02. 2022.

③ Государственная программа развития цифровой экономики и информационного общества на 2016 – 2020 годы［Электронный ресурс］：утверждено Постановлением Совета Министров Республики Беларусь 23. 03. 2016 № 235//Национальный правовой Интернет-портал Республики Беларусь. – Режим доступа：https：//pravo. by/document/? guid = 12551&p0 = C21600235&p1 = 1. – Дата доступа：03. 02. 2022.

措施以及整个国内 IT 行业的国家支持措施。①

今天,白俄罗斯共和国与世界上利用信息技术满足国家利益需要的其他国家一样,正在努力解决进入全球信息社会的战略问题。这些任务至少涉及三个基本问题:

(1) 创建信息社会的目标;

(2) 确定实现这一目标的手段和方法,旨在扩大信息技术的应用,便利获取信息,创造有利于发展国家信息技术空间的政治、经济、文化和法律条件;

(3) 信息空间主要主体与国家、社会体制结构、企业等之间的政治、经济、金融、组织角色和责任的分配。

白俄罗斯信息社会发展战略以历史悠久的教育制度为基础,该制度主要侧重于培养自然科学和技术专业的人才,为知识密集型产业服务,其中包括信息和通信领域的人才。考虑到数字化时代的优先事项,有必要迅速响应蓬勃发展的信息社会的要求以及信息化—计算机技术设备科技生产行业的要求。这方面的一项重要任务是为教育系统创建一个有效的国家信息环境,借助这个信息环境,才有可能实现教育领域所有主体的互动协作,并形成国家电子教育资源系统。

信息产业和信息化—计算机技术领域科学研究工作的优先发展领域还包括在白俄罗斯一流大学和白俄罗斯国家科学院的基础上建立前景良好的软件开发项目,开发和实施超级计算机技术和分布式计算技术,发展以出口为导向的复杂产品、工艺流程自动化设计、设计文件和技术文件制作服务行业。

在数字化转型和新时代的背景下,综合分析和预测社会动态过程所需的知识反思潜力总是不足的问题正在恶化。值得注意的是,在新时代条件下,人类适应快速变化的生活方式、形成信息文化和积极世界观价值观的时间间隔正在缩短,这使人类意识容易受到信息挑战和威胁。这

---

① О развитии цифровой экономики [Электронный ресурс]: Декрет Президента Республики Беларусь, 21 дек. 2017 г., № 8//Министерство экономики Республики Беларусь. – Режим доступа: https://www.economy.gov.by/uploads/files/sanacija-i-bankrotstvo/Dekret-Prezidenta-Respubliki-Belarus-ot – 21 – 12 – 2017 – N – 8 – O-r. pdf. – Дата доступа: 03.02.2022.

是信息社会的重大人道主义问题之一，信息社会的特点是信息呈指数级增长，与信息所定位的用户数量相比，参与信息创建和图像语义"支持"的人数要少得多，这些用户不创造，而是主要吸收所提供的含义。因此，现代教育最重要的任务是在人类中形成稳定的意识价值结构，其特点是相对不变性，并可作为选择和使用信息的文化和规范标准。

因此，信息生产和社会化技术将成为社会和国家机构关注的主要对象。今天，拥有这些技术的能力差异取决于对信息鸿沟或数字鸿沟的理解，这被视为一种新的社会分化。在全球范围内，这种差异可能导致世界上人民、国家和地区之间在最新技术开发方面出现鸿沟，这反过来将进一步加剧经济和社会的不平等，从而加剧个别国家和整个世界的不稳定局势。

为了克服这些问题，有必要为信息社会和相应生活文化的形成，首当其冲的就是为信息文化的形成创造政治、法律、科学、技术和社会经济条件。在这种情况下，信息文化至少包括逻辑和方法论文化等组成部分，它决定了信息操作的工具充分性程度；规范信息社会化过程和信息关系主体活动的法律文化、伦理文化以及作为特定信息表示形式的语言成分。这意味着作为数字时代社会发展优先事项的信息文化是一个多方面的现象，需要密切关注，因为它事关社会生活的所有关键领域。因此，利用社会上所有现有的机构，主要是教育和培养机构，有目的地形成信息文化的问题仍然十分重要并且亟待解决。

由于上述原因，并在知识型社会形成的总体意识形态背景下，科学和教育因素在新社会性及其价值优先事项的形成中占主导地位。科学塑造了社会发展的目标和优先事项，并开发了实现这些目标和落实这些优先事项的工具。白俄罗斯科学在这方面应该而且确实具有巨大的潜力。在白俄罗斯国家科学院的科学密集型开发项目中就包括：便携式超级计算机；使用 RFID 标签的货物识别和追踪系统；医疗和教育系统的 IT 技术；国产电动汽车和小型个人电动交通工具；基于自身合成的一系列高效药物；人类脱氧核糖核酸（DNA）认证；极具竞争力的无人机；具有竞争力的农业植物新品种和动物品种，全系列农业机械。

科学家们正在成功解决世界科学和教育领域计算机的国家电网问题，

该网络被集成到联盟国家的公共信息和计算空间之中以及泛欧计算机网络欧洲电网基础设施之中。已经建立了一个用于识别和追踪不同类别货物的AITS（自动化识别和追踪系统）系统，该系统与俄罗斯"水星"系统相连。

所取得的成果构成了实施一项新学术倡议——创建IT城的基础。在这一领域需要解决的问题范围非常广泛：从信息技术领域的科学研究活动和有利于白俄罗斯共和国国家安全的世界级成果，到电子政务、电子卫生保健和信息系统安全保障的各种建设、架构设计和技术概念的制定。这是白俄罗斯国家科学院继"白俄罗斯生物城"和"学术科技城"之后的第三个科技园结构。①

最后，我们需要强调的是，白俄罗斯信息/数字社会的形成进程与世界其他发达国家的类似进程有许多共同之处，这是由于最新信息和通信技术的迅速传播，以及世界信息技术市场的全球化所致。这些差异与国家的地理位置、社会文化传统、国家信息基础设施的具体发展任务以及经济发展的特点有关。与此同时，可以说，近年来在电信发展、政府和商业组织信息化以及信息立法方面取得了重大进展。这一进展表明，白俄罗斯及时地实现了信息通信、计算机和信息市场的个别领域发展政策，向旨在建设信息技术国家和融入全球信息空间的综合国家计划转变。

---

① Гусаков, В. Г. Белорусская наука на пути к новым точкам роста/В. Г. Гусаков//Наука и инновации. –2021. –№11. –С. 5–10.

第四章 在实施"一带一路"倡议背景下发展中白互利经济合作

穆哈·丹尼斯·维克托罗维奇

(Mukha Dzianis Viktorovich)*

本章分析了中国和白俄罗斯在"一带一路"倡议实施背景下的互利经济合作的发展情况。特别是研究了两国之间的信贷和投资合作、相互贸易、吸引外国直接投资、中白"巨石"工业园的发展以及中白两国在科技和创新领域的合作。制定了促进科技和创新领域相互投资的措施,包括在中国和欧亚经济联盟之间建立欧亚贸易投资局和高科技产品自由贸易区。

一、引　言

自 2013 年以来,中华人民共和国(以下简称"中国")成功实施了宏伟的"一带一路"倡议,150 多个国家和 30 个国际组织参与其中。中国在该倡议框架内的投资额已超过 1 万亿美元。[①] 与此同时,中国已成为

---

* 穆哈·丹尼斯·维克托罗维奇(Mukha Dzianis Viktorovich),白俄罗斯国家科学院经济研究所副教授、所长。

① Nedopil, C. China Belt and Road Initiative (BRI) Investment Report 2023/C. Nedopil// Griffith Asia Institute, Griffith University (Brisbane) and Green Finance & Development Center, FISF Fudan University (Shanghai) /Report. – 2024. – 27 p. – DOI:https://doi.org/10.25904/1912/5140.

世界上最大的外国直接投资者之一。因此，根据国际货币基金组织（以下简称"IMF"）的数据，中国大陆过去十年累计外商直接投资（以下简称"FDI"）增长了3.3倍（即增长了2.265万亿美元）——从2014年1月1日的6913.46亿美元增长到2024年4月1日创纪录的2.957万亿美元。[①] 考虑到中国经济的预期增长率和海外子公司收入的再投资，预计中国大陆累计外商直接投资将进一步增加。据国际货币基金组织预测，2029年中国大陆按购买力平价（以下简称"PPP"）计算的GDP将比2010年增长2.8倍，达到创纪录的46.253万亿美元（详见表1）。[②] 与此同时，2029年中国内地、中国香港、中国澳门GDP之和与美国GDP之比将升至创纪录的134.7%，而2020年的这一比值为115.5%，2010年的这一比值为84.3%（详见表4-1）。

表4-1 中国内地、中国香港、中国澳门和美国按购买力平价计算的 GDP 动态数据（单位：十亿美元）

年份	中国内地	中国香港	中国澳门	美国	中国内地、中国香港、中国澳门 GDP 之和与美国 GDP 的比值
1980	302.8	36.1	—	2857.3	11.9
1990	1108.3	104.1	—	5963.1	20.3
2000	3657.9	188.1	—	10251.0	37.5
2010	12284.7	345.6	53.6	15049.0	84.3
2020	24145.9	440.6	39.1	21322.9	115.5
2021	27386.7	490.6	50.6	23594.1	118.4
2022	30191.1	505.8	42.5	25744.1	119.4
2023	32931.4	541.1	79.6	27357.8	122.6

---

① IMF data [Electronic resource]/International Monetary Fund. – Mode of access：https：//www.imf.org/en/Data. – Date of access：25.09.2024.

② World Economic Outlook Database：April 2024 edition [Electronic resource]/International Monetary Fund. – Mode of access：https：//www.imf.org/en/Publications/WEO/weo-database/2024/April. – Date of access：25.09.2024.

续表

年份	中国内地	中国香港	中国澳门	美国	中国内地、中国香港、中国澳门 GDP 之和与美国 GDP 的比值
2024	35291.0	570.1	92.9	28781.1	124.9
2025	37381.2	596.0	103.6	29839.7	127.6
2026	39521.6	623.0	110.2	31018.8	129.8
2027	41708.4	651.2	115.7	32274.5	131.6
2028	43933.2	680.4	121.5	33582.2	133.2
2029	46252.8	711.2	127.5	34950.0	134.7

资料来源：根据国际货币基金组织数据自行编写［3］。该标记凸显了国际货币基金组织对 2024—2029 年的预测。

因此，在"一带一路"倡议成功实施的背景下，中国经济已成为世界第一大经济体，这表明中国在国际舞台上的经济和政治影响力显著增强。英国《金融时报》首席经济专栏作家马丁·沃尔夫在《民主资本主义的危机》（2023）一书中将中国 GDP 的大幅增长描述为"一个新的经济超级大国的诞生"①，并指出中国通过实施务实的经济战略并辅以大规模投资（特别是基础设施投资）、快速提升劳动力的素质技能、实施大规模城市化，从而取得了巨大的经济和技术进步②。根据沃尔夫的说法，中国拥有成功的经济、充满活力的技术部门、庞大的人口、团结一心的国家和称职的政府，现在"正在成为至少与美国旗鼓相当的一股综合力量"③。

白俄罗斯自 2013 年以来积极参与实施"一带一路"倡议。同时，2022 年 9 月 15 日，中华人民共和国主席习近平与白俄罗斯共和国总统亚历山大·卢卡申科会晤后，通过了关于建立全天候全面战略伙伴关系的

---

① Wolf, M, *The Crisis of Democratic Capitalism*/M. Wolf. - New York：Penguin Press，2023，p. 128.
② 同上，pp. 337-338。
③ 同上，p. 338。

联合声明。① 该联合声明的通过意味着中白两国建立起了双边关系史上最高水平的政治和经济合作。文件的很大一部分都是致力于在实施"一带一路"倡议的背景下发展中白互利经济合作。

2024年7月，白俄罗斯在中国的支持下加入了上海合作组织（以下简称"上合组织"），通过深化区域经济和政治一体化，为白俄罗斯与中国等上合组织成员国在上合组织框架内的互利经济合作创造了新机遇。

二、信贷和投资合作

在白俄罗斯，自2007年以来，在与中国的信贷和投资合作框架内，已在工业和基础设施领域实施了27个战略投资项目，投资总金额超过50亿美元。白俄罗斯的主要合作伙伴包括国家开发银行、中国进出口银行、亚洲基础设施投资银行、中国国际信托投资公司（CITIC）、招商局集团（CMG）、浙江吉利控股集团、中国能源建设集团有限公司（CEEC）、中国交通建设公司（CCCC）、中国机械工业集团公司（Sinomach）、中国电气进出口联营公司（CUEC）、华北电力工程公司（NCPE）、中粮工程科技有限公司等。以下是中国合作伙伴在白俄罗斯参与实施的一些投资项目：

——M-5/E271"明斯克—戈梅利"国家级公路"博布鲁伊斯克—日洛宾"和"日洛宾—戈梅利"路段改造项目；

——以下铁路段的电气化改造项目："戈梅利—日洛宾—奥西波维奇"；"日洛宾—卡林科维奇"；"莫洛杰奇诺—古多盖—国界"；

——卢克木里国营地方电站和别列佐夫国营地方电站的燃气蒸汽联合发电机组建设项目；

——西德维纳河上的维捷布斯克水电站建设项目；

——明斯克第二中央热电站、第五中央热电站的现代化改造项目；

——白俄罗斯共和国核电站建设项目：功率输出和连接本国电力

---

① 《中华人民共和国和白俄罗斯共和国关于建立全天候全面战略伙伴关系的联合声明》，中华人民共和国外交部网站。

系统；

——中白"巨石"工业园基础设施建设项目；

——明斯克州吉利汽车厂（中白合资公司——"Belgee"汽车制造厂）建设项目；

——家用电器生产项目（"美的—地平线"联合有限责任公司）；

——奥尔沙亚麻联合加工厂生产设施现代化改造项目以及长纤维加工厂建设项目；

——年产氯化钾 200 万吨的采选联合企业建设项目（"斯拉夫钾"有限责任公司）；

——全周期高科技农工生产设施建设项目（白俄罗斯国家生物技术股份公司）。

2024 年 8 月，在中华人民共和国国务院总理李强率领的中国代表团对白俄罗斯进行正式访问期间，启动了 5 个新投资项目，总投资金额约为 10 亿美元。12 个新的战略投资项目正处于审批阶段，总投资金额约为 20 亿美元。其中最重要的投资项目是：硫酸盐漂白纸浆和刨花板加工厂建设项目，现代自动化铸造厂、发动机制造厂建设项目，聚丙烯、尿素、氯酸钠、过氧化氢、纯碱工厂建设项目。

作为中国代表团此次访问的一部分，白俄罗斯经济部长尤里·切博塔尔和中国商务部部长王文涛签署了关于在中白政府间合作委员会经贸合作委员会框架内成立投资合作工作组的议定书。① 投资合作工作组将协助解决与加强两国投资合作、实施联合投资和信贷项目以及技术和经济援助项目有关的问题。

此外，白俄罗斯经济部长尤里·切博塔尔与中国国家发展和改革委员会副主任刘苏社签署了关于加强"一带一路"倡议与白俄罗斯共和国

---

① О создании Рабочей группы по инвестиционному сотрудничеству Комиссии по торгово-экономическому сотрудничеству Белорусско-Китайского межправительственного комитета по сотрудничеству [Электронный ресурс]: Протокол между Министерством экономики Республики Беларусь и Министерством коммерции Китайской Народной Республики от 22 августа 2024 г. / Национальный правовой Интернет-портал Республики Беларусь. – Режим доступа：https：// pravo. by/document/？guid = 3961&p0 = I72400030. – Дата доступа：25. 09. 2024.

社会经济可持续发展国家战略实施对接的合作计划，以发展在投资、基础设施、贸易、金融、工业、农业、数字经济、科技创新、人工智能、绿色发展、循环经济、医药卫生等领域的合作。其中，该文件涉及约60项措施和项目，包括推动中白"巨石"工业园高质量发展、支持创建高新技术企业、实施联合生产合作项目、开展中医药领域合作等。

因此，未来几年，我们可以预期中白两国之间在信贷、投资、贸易、经济、科技等领域的合作将显著扩大，造福两国人民。

三、吸引外国直接投资

在《关于建立全天候全面战略伙伴关系的联合声明》的第六条中指出，中白两国把扩大相互外国直接投资、建设联合高科技创新生产项目、发展两国经济实体之间的联合业务确定为优先合作领域。[①] 2024年8月，在中华人民共和国国务院总理李强访问白俄罗斯期间，签署了历史性的政府间服务贸易和投资协议，规定两国建立服务自由贸易区，并建立有利、自由和透明的制度，以吸引相互投资。协议的实施将进一步释放两国服务贸易、投资和商务互访领域的合作潜力，高质量推进"一带一路"建设，深化中白全天候全面战略伙伴关系。白俄罗斯是欧亚经济联盟中第一个与中国达成此类协议的国家。白方预计，通过建立透明和可预测的规则，未来五年白俄罗斯对中国的服务出口量将至少增长12%—15%，而中国对白俄罗斯的投资金额将增长30%以上。

顺便说一句，根据中国人民银行的数据，2019—2022年中国内地常驻企业在白俄罗斯累计的外国直接投资增加了1.3倍，截至2023年1月1日，这一数字达到创纪录的7.476亿美元（详见表4-2），这就证明了白俄罗斯对中国投资者的投资吸引力明显增强。与此同时，根据白俄罗斯国家银行的数据，2019—2023年中国香港常驻企业在白俄罗斯累计的外国直接投资增加了3.3倍，截至2024年1月1日，这一数字达到了

[①] 《中华人民共和国和白俄罗斯共和国关于建立全天候全面战略伙伴关系的联合声明》，中华人民共和国外交部网站。

2340万美元（详见表4-3）。根据我们的预测，考虑到白俄罗斯与中国签署的投资和服务自由贸易区协议的实施以及白俄罗斯子公司收入的再投资，中国内地和中国香港常驻企业在白俄罗斯累计的外国直接投资金额在2025年将突破10亿美元大关。

表4-2 中国内地对白俄罗斯累计外国直接投资金额动态（年初）（单位：百万美元）

年份	外国直接投资，合计	参股	债务工具	与上一年相比的绝对变化		
				外国直接投资，合计	参股	债务工具
2019	327.2	327.2	0.0	—	—	—
2020	395.7	395.7	0.0	68.5	68.5	0.0
2021	607.3	410.8	196.5	211.6	15.1	196.5
2022	646.1	410.1	236.0	38.8	-0.7	39.5
2023	747.6	488.5	259.1	101.5	78.4	23.1

资料来源：依据中国人民银行的数据，在国际货币基金组织主持下的直接投资协调调查框架内自行编写。①

表4-3 中国香港在白俄罗斯累计的外国直接投资金额动态（年初）（单位：百万美元）

年份	外国直接投资，合计	参股	债务工具	与上一年相比的绝对变化		
				外国直接投资，合计	参股	债务工具
2019	5.4	2.9	2.6	1.6	0.6	1.0
2020	8.5	8.2	0.3	3.0	5.3	-2.3
2021	6.9	6.6	0.3	-1.5	-1.5	0.0
2022	8.2	7.8	0.3	1.3	1.2	0.0
2023	23.7	21.4	2.3	15.5	13.6	2.0
2024	23.4	21.1	2.3	-0.3	-0.3	0.0

资料来源：依据白俄罗斯国家银行的数据，在国际货币基金组织主持下的直接投资协调调查框架内自行编写。②

---

① World Economic Outlook Database：April 2024 edition［Electronic resource］/International Monetary Fund. – Mode of access：https：//www.imf.org/en/Publications/WEO/weo-database/2024/April. – Date of access：25.09.2024.

② Ibid.

值得注意的是，中资参股的企业正在成为白俄罗斯经济中越来越重要的部分。例如，中白合资公司——"Belgee"汽车制造厂2023年乘用车产量比上一年增长了1.7倍，达到6.73万辆。据该公司预测，2024年的产量将增至创纪录的8万辆。总体而言，2025—2027年，考虑到中白"巨石"工业园发展的积极势头以及个别中资企业达到满负荷设计产能，预计中资企业的商品和服务出口量将大幅增长。

四、中白"巨石"工业园

在《关于建立全天候全面战略伙伴关系的联合声明》第七条中指出，白俄罗斯和中国打算集中力量将中白"巨石"工业园发展为国际产业集群和明斯克卫星城。① 作为工业园区进一步发展的驱动力，白俄罗斯和中国正在考虑：（a）增加投资（包括吸引大型制造业和高科技中国企业作为园区常驻企业）；（b）实施多式联运铁路终点站的联合建设项目；（c）发展传统和创新中医药。

因此，作为丝绸之路经济带在欧亚地区最重要的枢纽平台，中白"巨石"工业园常驻企业参与的投资项目落地将在发展中白互利经济合作中发挥重要作用。

需要强调的是，工业园区已经被赋予经济特区的地位，园区内的常驻企业及其在园区外的附属公司可以享有最惠国待遇。因此，中白"巨石"工业园投资者在注册附属公司时所享有的最惠国待遇扩展到白俄罗斯全境（20.76万平方千米）。

工业园区常驻企业投资发展先进技术，包括工业4.0技术，如大数据存储和分析、物联网、智慧城市管理系统、人机界面、生产和其他过程的自动化和机器人化系统、增材制造技术、3D建模、人工智能、机器学习、计算机视觉、无人机系统、无人驾驶车辆和工业无人机激光雷达系统、导航系统等。未来，工业园区将成为白俄罗斯首个5G移动通信试验

---

① 《中华人民共和国和白俄罗斯共和国关于建立全天候全面战略伙伴关系的联合声明》，中华人民共和国外交部网站。

区，并将引入无人驾驶。

目前，工业园区已有来自 13 个国家的 137 家常驻企业登记在册，申报投资额超过 15 亿美元，园区一半以上的常驻企业是中资企业，其中包括白俄罗斯华为技术有限公司、电信设备厂（中兴通讯）有限公司、白俄罗斯中联重科有限公司、成都新竹丝绸之路发展有限公司、招商局中白商贸物流股份有限公司、白俄罗斯国机有限公司、西吉科普—高科技有限公司、航空技术与系统有限公司、中白生物工程技术创新中心有限责任公司、泓九白俄罗斯生命科学研究院有限责任公司、中白高科技创新研究院有限责任公司等。

此外，园区常驻公司的创始人和股东名单还囊括了来自白俄罗斯、俄罗斯、美国、德国、瑞士、新加坡、奥地利、以色列、比利时、塞浦路斯、捷克共和国、拉脱维亚等国家的投资者。目前，园区常驻企业向全球 20 多个国家出口商品和服务。据白俄罗斯国家统计委员会的数据，2023 年园区常驻企业的商品出口额较上年增长 5.6%，达到创纪录的 1.358 亿美元（详见表 4-4）。①

表 4-4 中白"巨石"工业园常驻企业的主要活动指标动态

指标	2017	2019	2020	2021	2022	2023
登记的常驻企业数量（截至年末）	23	60	68	85	100	120
现有常驻企业数量（截至年末）	17	46	52	63	63	88
平均在编员工人数（人）	59	617	1115	1826	2219	2719
商品、工程和服务销售收入（百万卢布）	5.7	58.5	188.9	373.0	737.6	1135.1

---

① The main indicators of the activity of the residents of China-Belarus Industrial Park Great Stone (annual data) [Electronic resource]/National Statistical Committee of the Republic of Belarus. – Mode of access：https：//www. belstat. gov. by/en/ofitsialnaya-statistika/macroeconomy-and-environment/small-area-statistics/special-economic-zones/annual-data/. – Date of access：25. 09. 2024.

续表

指标	2017	2019	2020	2021	2022	2023
固定资产投资（百万卢布）	97.7	90.2	104.1	144.4	121.6	116.3
固定资产的外国投资（百万卢布）	88.7	66.0	73.4	114.5	82.8	64.5
净外国直接投资（百万卢布）	—	114.9	44.3	50.2	14.4	28.7
商品出口额（百万美元）	12.8	33.0	75.8	93.2	128.6	135.8
商品进口额（百万卢布）	26.9	60.6	96.5	129.0	173.7	248.5

资料来源：根据白俄罗斯国家统计委员会的数据自行编制①。所列数据不包括工业园区范围外的常驻企业的活动（外贸指标除外）。净外国直接投资——不包括直接投资者因商品、工程、服务所负债务的净外国直接投资。

值得注意的是，根据总体规划，中白"巨石"工业园还将建设现代化公寓楼、学校、学前教育机构、购物中心等基础设施，为10万人提供舒适的生活条件。②

五、相互货物贸易

在《关于建立全天候全面战略伙伴关系的联合宣言》的第六条中指出，中白两国将继续扩大双边贸易，优化贸易结构，增加白俄罗斯商品和服务对中国的出口，促进高附加值产品和高科技产品在出口额的份

---

① The main indicators of the activity of the residents of China-Belarus Industrial Park Great Stone (annual data) [Electronic resource]/National Statistical Committee of the Republic of Belarus. – Mode of access：https://www.belstat.gov.by/en/ofitsialnaya-statistika/macroeconomy-and-environment/small-area-statistics/special-economic-zones/annual-data/. – Date of access：25.09.2024.

② «Великий камень» представлен бизнес-кругам в сфере девелопмента [Электронный ресурс]/Китайско-Белорусский индустриальный парк «Великий камень». – Режим доступа：https://industrialpark.by/novosti/2024/velikij-kamen-predstavlenbiznes-krugam-v-sfere-developmenta/. – Дата доступа：25.09.2024.

额。① 据中国国家统计局的数据，2023年中国对白俄罗斯的商品出口额同比增长78.3%，达到创纪录的58.39亿美元。② 2023年白俄罗斯对中国内地的商品出口额较2022年增长44.3%，达到创纪录的26.04亿美元。同时，根据中国香港政府统计处的数据，2023年中国香港对白俄罗斯的商品出口额较2022年增长53.1%，达到了3524.6万美元。③ 2023年白俄罗斯对中国香港的商品出口额较2022年下降62.1%，降至99.4万美元。

有一个积极的趋势值得注意，根据欧洲统计局的方法，高科技产品的相互贸易量有所增加。④ 据我们依据中国国家统计局的数据所得出的计算结果，2023年中国内地对白俄罗斯的高新技术产品出口额同比增长57.4%，达到5.70733亿美元。2023年白俄罗斯对中国大陆的高新技术产品出口较2022年增长21.5%，达到603.8万美元。在表4-5和表4-6中列出了白俄罗斯与中国大陆之间某些高科技产品的相互贸易数据。

表4-5　中国内地对白俄罗斯的主要高科技产品出口额（千美元）。

商品名称	代码 SITC Rev.4	2022	2023	增幅（%）
数据自动处理设备及其组件；不属于其他类别的磁性或光学读取器、用于将数据以编码形式输入存储介质的设备和用于处理此类数据的设备	752	49502.3	155553.9	314.2
不属于其他类别的电信设备；第76项下未列入其他类别的设备零件和附件（764.93和764.99除外）	754（不含764.93，764.99）	76912.3	86243.6	112.1
不属于其他类别的光学仪器和设备	871	23722.6	57321.4	241.6

---

① 《中华人民共和国和白俄罗斯共和国关于建立全天候全面战略伙伴关系的联合声明》，中华人民共和国外交部网站。
② World Integrated Trade Solution（WITS）［Electronic resource］/World Bank. – Mode of access：https：//wits.worldbank.org/. – Date of access：25.09.2024.
③ 同上。
④ High-tech aggregation by SITC Rev.4［Electronic resource］/Eurostat. – Mode of access：https：//ec.europa.eu/eurostat/cache/metadata/Annexes/htec_esms_an_5.pdf. – Date of access：25.09.2024.

续表

商品名称	代码 SITC Rev. 4	2022	2023	增幅（%）
卧式数控车床	731.31	3095.2	55217.1	1783.9
不属于其他类别的测量、控制、分析和调节仪器和器具（874.11和874.2除外）	874（不含874.11，874.2）	18896.0	26496.7	140.2
不属于标题542项下药品类别的抗生素	541.3	19472.7	25710.7	132.0
医疗、外科、牙科或兽医用电子诊断设备和X光设备	774	15932.2	23637.5	148.4
不属于其他类别的用于执行单独功能的电机和设备；及其零部件	778.7	21217.3	22342.6	105.3
光纤、光纤束和光缆；偏振材料制成的板材；未安装的光学元件	884.19	10229.8	19263.3	188.3
装有两个及以上772.4和772.5子类设备并用于控制电路或配电的控制面盘、控制面板、控制站、控制台、控制柜和其他安装底座	772.61	15259.8	13251.0	86.8
通过利用激光或其他光束或光子束、超声波、放电、采用电化学方法、利用电子束、离子束或等离子射流去除材料来加工任何材料的机床	731.1	4530.7	11216.9	247.6
半导体载体	898.46	8476.6	10215.7	120.5
仅适用于或主要适用于752类机器的零件和附件	759.97	3915.9	7009.1	179.0
聚对苯二甲酸乙二醇酯	574.33	119.0	6062.5	5092.9
含有抗生素或其衍生物的药品	542.1	5135.6	5999.1	116.8
印刷电路板	772.2	7935.8	5959.7	75.1

续表

商品名称	代码 SITC Rev.4	2022	2023	增幅（%）
二极管、晶体管和类似的半导体器件；光敏半导体器件；发光二极管	776.3	4308.2	5512.1	127.9
杀虫剂、杀鼠剂、杀菌剂、除草剂、防止蔬菜发芽的物质、植物生长调节剂等	591	1756.6	4603.5	262.1
糖苷；腺体和其他器官及其提取物；血清、疫苗和类似产品	541.6	52485.6	4067.9	7.8
可以发出声音或视觉信号的电气设备	778.84	2935.3	3859.8	131.5
录像机和视频播放设备	763.8	1857.3	2596.1	139.8
数控折弯机、开槽机、矫直机或压扁机（包括压力机）	733.12	573.9	2275.1	396.4
能够连接到自动数据处理设备和网络的其他设备	751.95	2508.0	2115.3	84.3
不包括在其他类别中，仅适用于或主要适用于属于731和733组的机床零件和附件	735.9	797.0	1833.1	230.0
其他数控车床	731.35	—	1414.0	—
合成有机染料和染色剂及其制剂	531	1655.8	1412.8	85.3
具有两种或两种以上打印、复印或传真功能并且可连接到自动数据处理设备或网络的一体机	751.94	2336.9	1076.8	46，1
天然或合成的激素、前列腺素、血栓素和白三烯；其衍生物或结构类似物，包括链修饰的多肽，主要用作激素	541.5	841.5	870.5	103.4

资料来源：根据世界银行数据库（World Integrated Trade Solution）所载中国国家统计局数据

自行编制。① 商品按2023年出口量降序排序。在某些情况下，会给出缩写的货物名称。商品全称详见《联合国国际标准贸易分类》第四版（Standard international trade classification Revision 4，SITC Rev. 4）。②

表4-6 白俄罗斯对中国内地的高科技产品出口额（千美元）

商品名称	代码 SITC Rev. 4	2022	2023	增幅（%）
非电动的发动机和马达（属于712、713和718类的除外）；不属于其他类别的这些发动机和马达的零部件（714.89和714.99除外）	714（不含714.89，714.99）	423.4	2392.0	565.0
不属于其他类别的光学仪器和设备	871	1920.4	1571.3	81.8
不属于其他类别的测量、控制、分析和调节仪器和器具（874.11和874.2除外）	874（不含874.11，874.2）	1793.1	1355.0	75.6
光学载体	898.44	—	386.0	—
放射性材料和与之相关的材料	525	—	141.1	—
装有两个及以上772.4和772.5子类设备并用于控制电路或配电的控制面盘、控制面板、控制站、控制台、控制柜和其他安装底座	772.61	101.5	62.1	61.2
半导体载体	898.46	83.7	57.9	69.2
仅适用于或主要适用于752类机器的零件和附件	759.97	—	32.5	—

---

① World Integrated Trade Solution（WITS）[Electronic resource]/World Bank. – Mode of access：https：//wits. worldbank. org/. – Date of access：25. 09. 2024.

② UN Standard international trade classification, Revision 4（SITC Rev. 4）[Electronic resource]/United Nations Department of Economic and Social Affairs, Statistics Division. – Mode of access：https：//unstats. un. org/unsd/trade/sitcrev4. htm. – Date of access：25. 09. 2024.

续表

商品名称	代码 SITC Rev. 4	2022	2023	增幅（%）
二极管、晶体管和类似的半导体器件；光敏半导体器件；发光二极管	776.3	83.9	18.4	21.9
电子集成微电路	776.4	73.3	9.0	12.3
光纤、光纤束和光缆；偏振材料制成的板材；未安装的光学元件	884.19	88.8	3.4	3.9
数据自动处理设备及其组件；不属于其他类别的磁性或光学读取器、用于将数据以编码形式输入存储介质的设备和用于处理此类数据的设备	752	6.3	3.3	52.5
含有抗生素或其衍生物的药品	542.1	8.4	2.2	26.6
不属于其他类别的用于执行单独功能的电机和设备及其零部件	778.7	319.5	2.2	0.7
已安装的压电晶体；不属于其他类别的776类电子组件的零部件	776.8	31.8	0.7	2.2
不属于其他类别的电信设备；第76项下未列入其他类别的设备零件和附件（764.93和764.99除外）	754（不含764.93，764.99）	4.1	0.5	12.2
合成有机染料和染色剂及其制剂	531	—	0.1	—
固定、可变或可调电容器（不包括778.61、778.66和778.69）	778.6（不含778.61，778.66，778.69）	21.9	—	—

续表

商品名称	代码 SITC Rev. 4	2022	2023	增幅（%）
医疗、外科、牙科或兽医用电子诊断设备和 X 光设备	774	8.5	—	—
照相机（电影摄影机除外）	881.11	0.2	—	—

资料来源：根据世界银行数据库（World Integrated Trade Solution）所载中国国家统计局数据自行编制。① 商品按 2023 年出口量降序排序。在某些情况下，会给出缩写的货物名称。商品全称详见《联合国国际标准贸易分类》第四版（Standard international trade classification Revision 4，SITC Rev. 4）。②

据我们估计，白俄罗斯和中国在增加高科技商品、高附加值商品和高科技知识密集型服务（包括电信、计算机和信息服务，以及国际收支项目"知识产权使用费"项下的服务）的相互贸易方面具有巨大潜力。特别是，白俄罗斯常驻企业可以向中国供应以下高科技产品：用于零售并且制备或包装好的杀虫剂、杀鼠剂、杀菌剂、除草剂、防止蔬菜发芽的物质、植物生长调节剂、消毒剂和类似物质，或以制剂或单个产品的形式（SITC Rev. 4 代码 – 591）供应的此类产品；糖苷类；腺体和其他器官及其提取物；血清、疫苗和类似产品（541.6）；光缆（773.18）；微波管（776.25）；和其他产品。

六、科学、技术和创新领域的合作

在《关于建立全天候全面战略伙伴关系的联合宣言》第八条中把信息和通信技术领域的科技合作与互动协作，包括"数字丝绸之路"框架内的合作确定为首要任务。③ 同时，在上述文件中，中白双方表示愿意增

---

① World Integrated Trade Solution（WITS）［Electronic resource］/World Bank. – Mode of access：https：//wits. worldbank. org/. – Date of access：25. 09. 2024.

② UN Standard international trade classification, Revision 4（SITC Rev. 4）［Electronic resource］/United Nations Department of Economic and Social Affairs, Statistics Division. – Mode of access：https：//unstats. un. org/unsd/trade/sitcrev4. htm. – Date of access：25. 09. 2024.

③ 《中华人民共和国和白俄罗斯共和国关于建立全天候全面战略伙伴关系的联合声明》，中华人民共和国外交部网站。

加对联合科技项目的融资，扩大创新型研发的商业化及其在生产中的实际应用。

2024年8月，白俄罗斯总统亚历山大·卢卡申科在会见中华人民共和国国务院总理李强时，提议把中国技术大规模引进白俄罗斯确定为两国政府2030年之前的中期核心任务。① 作为中国代表团访问任务的一部分，双方正式宣布开展中白科技创新合作年（2024—2025年）活动，这将为两国科技创新领域的合作发展注入新动力。《中白科技创新合作年行动计划》规定实施联合科技项目、创建和发展中白合作平台等。

140个企业机构（白俄罗斯方面59个，中方81个）将参与开展该计划项下的各种活动，包括两国领先的科学中心、大型科技公司、行业部门及其下属组织。例如，该计划规定在软件开发和5G/6G技术应用方面发展信息通信领域的合作，参与该项合作的中国企业包括中兴、华为和"PhotonSpeak"公司，以及中白"巨石"工业园和高科技园区的常驻企业、白俄罗斯企业——"白俄电信"和"工业通信"公司。

此外，该计划还规定在明斯克市设立上合组织成员国中国技术转让中心项目办公室，这将有助于吸引外国先进技术落户白俄罗斯，并促进白俄罗斯海外企业机构开发项目的商业化。

同时，中华人民共和国科技部和白俄罗斯国家科学技术委员会将举办2025—2026年科技项目竞赛。在信息通信、先进制造、机械工程、新材料、生物技术和医学领域，计划在竞赛框架内选择三个大型联合项目以开发先进技术并在此基础上组建合资企业或工业技术中心。

作为中华人民共和国国务院总理李强对白俄罗斯进行正式访问的一部分，白俄罗斯国家科学院与中国西北工业大学签署了关于在中国设立白俄罗斯国家科学院分院的备忘录。该分支机构的成立将扩大双边在以下领域的合作：航空航天技术、空间科学、光学、光电子、微电子、高端装备制造、复合材料、数字智能、生物技术、药理学等领域。确立了以下合作机制：交流中白高水平专家，组织高素质科研人员培训，联合

---

① 《卢卡申科建议中国实现中国技术大量流入白俄罗斯》，Belarusian Telegraph Agency, https://chn.belta.by/president/view/-28714-2024/.

培养硕士和博士生，启动联合研发，促进先进技术和创新成果的相互引进，在"一带一路"倡议框架内建立联合实验室。

顺便说一句，2023年在白俄罗斯国家科学院下属组织机构的基础上成立了两个联合研究中心：（1）中白国际等离子体技术联合实验室（创始人——中白航天高新技术产业研发中心有限公司和雷科夫传热传质研究所）；（2）山东省科学院白俄罗斯研究中心（创始单位为山东省科学院和白俄罗斯国家科学院）。

同时，白俄罗斯国家科学院的下属组织机构与中国合作伙伴履行以下出口合同：（1）监控系统和软件的开发（国有企业"无线电技术中心"）；（2）高科技光学产品的开发和制造等（国家科技生产联合企业——"光学、光电子和激光技术"联合公司，斯捷潘诺夫物理研究所物理研究所）；（3）用于保护作物免受有害生物侵害的各类制剂的生物有效性研究（植物保护研究所）；（4）涂装、设备安装和启动调试等（机器制造联合研究所）；（5）合成碳氢化合物、薄膜生产技术的研发（物理和有机化学研究所）；（6）样品微生物分析服务、农作物疾病控制服务（国家科技生产联合企业——"化学合成和生物技术"联合公司）；（7）新材料生产技术开发（材料科学和实践中心）；（8）涂层施工系统的开发和制造（物理技术研究所）；（9）教育服务（白俄罗斯国家科学院大学、白俄罗斯文化、语言和文学研究中心、哲学研究所、经济研究所）等。

七、结　　论

中白全天候全面战略伙伴关系为在实施"一带一路"倡议的背景下进一步发展两国互利经济合作创造了广阔机遇。作为2024年8月中华人民共和国国务院总理李强率领的中国代表团对白俄罗斯进行正式访问的一部分，签署了具有重要战略意义的一揽子文件和协议，这些文件和协议的实施将进一步推动双边合作的发展，其中包括信贷和投资合作、吸引直接投资、货物和服务相互贸易、科技创新领域合作、人道主义合作等。

第四章　在实施"一带一路"倡议背景下发展中白互利经济合作

同时，我们认为，促进科技和创新领域的相互投资可以成为中白两国长期互利经济合作发展的核心驱动力。促进这种投资的可行性措施包括：

（一）在"一带一路"框架内建立高科技产品自由贸易区，包括中国与欧亚经济联盟高科技产品自由贸易区；

（二）建立一个由中国、欧亚经济联盟国家和其他国家参与的国际投资促进机构——"欧亚贸易投资局"（未来该投资局可以成为全球经济一体化的强大催化剂）；

（三）在国家投资促进和推进机构的活动中引入高质量外国直接投资的吸引机制，并根据项目对实现国家可持续发展目标的预期贡献率确定投资项目的优先次序，其优先次序评价标准如下：1. 项目具有较高的技术含量并有利于促进创新；2. 该项目有助于创造高质量的工作岗位；3. 该项目正在优先经济部门实施；4. 该项目填补了当地附加值链的空白①；

（四）从白俄罗斯企业应缴利润税中报销因联合科技研发、中国技术引进和传播、白俄罗斯企业按照中国标准进行认证、在中国获得和延期专利、在中国组织机构培训白俄罗斯工人产生的费用以及被引进的高素质中国专家的工资，并且不受此类税收抵扣（税款抵减）的期限限制；

（五）加强人力资本，包括：1. 促进对技能密集型部门的外国直接投资；2. 根据中国投资者的劳动力需求，制定技能提升和新技术运用技巧培训计划；3. 为在中国培训科技和工程人员提供资助；4. 将外国工人登记和聘请的法律制度以及在中白"巨石"工业园享受的所得税和强制性保险费优惠政策适用范围扩大到白俄罗斯常驻企业聘请的全部高素质中国专家；5. 针对白俄罗斯公民在中国组织机构发生的培训教育费用，施行从企业应缴利润税中进行抵扣报销的政策，并且不受此类税收抵扣的期限限制；

---

① The new laws of FDI attraction：How to attract，measure and sustain quality FDI［Electronic resource］/OCO Global and WAIPA，p. 13，39. – Mode of access：https：//waipa. org/waipa-content/uploads/OCO-Global-WAIPA-Innovation-Report – 2023. pdf. – Date of access：25. 09. 2024.

（六）扩大风险投资和私募股权领域的双边合作，包括：1. 协助白俄罗斯企业进入中国风险投资和私募股权市场（启动一项特别计划，让初创企业为获得风险投资做好准备，引进来自不同国家和经济部门的经验丰富的导师参与其中；促进白俄罗斯企业与中国风险投资者、商业天使网络、金融机构、众筹平台、加速器、企业孵化器和科技园区之间建立商业联系）；2. 促进国家投资和私有化局和其他政府机构吸引中国风险资本和私募股权资本进入白俄罗斯（包括对中国风险投资者在白俄罗斯赚取的利润全部免征利润税）。

第二篇

"一带一路"倡议与中白友好合作

第五章 "一带一路"在白俄罗斯建设十年：进展与前景

赵会荣[*]

白俄罗斯既是"一带一路"建设的战略支点和重要合作伙伴。"一带一路"在白俄罗斯建设10年期间，中白两国在"五通"领域的合作取得了丰硕成果。两国率先建立全天候全面战略伙伴关系，白俄罗斯成为中欧班列的枢纽，双边经贸和金融合作的水平大幅提升，教育、文化和地方合作蓬勃发展。中白两国高质量共建"一带一路"的动力主要源于国家利益契合、外交原则一致、元首外交引领、政策协调高效、传统文化相近。乌克兰危机爆发以来，白俄罗斯进一步遭受西方政治孤立和经济制裁，安全和投资环境显著恶化，给中白合作带来一定负面影响。与此同时，百年变局下大国地缘政治博弈加剧促使中国经济发展和推动共建"一带一路"面临的压力增大。在这种情况下，为贯彻落实习近平主席关于"一带一路"和中白合作的重要指示精神，中白双方宜坚定合作信心，完善合作机制，拓展合作领域，积极寻找新的合作契机，深化合作内容，继续推动中白共建"一带一路"高质量发展。

白俄罗斯对华非常友好，是中国最早确立的全天候全面战略伙伴，也是中国在联合国的"铁票仓"，被誉为中国的"铁哥们"，简称"白铁"。中国国家主席习近平高度重视中白关系，曾于2010年和2015年两

---

[*] 赵会荣，中国社会科学院俄罗斯东欧中亚研究所研究员，乌克兰室主任。

次访问白俄罗斯,多次与白总统卢卡申科举行会晤。2023 年 3 月在与卢卡申科会晤时,习近平主席强调,"中方高度赞赏白方在涉台、涉疆、涉港、人权等问题上坚定支持中方正当立场"。① 白俄罗斯是中欧班列的重要枢纽和"一带一路"建设非常积极的合作伙伴。"巨石"中白工业园是中白两国元首亲自推动的合作项目,也是目前中国参与投资开发的规划面积最大、开发建设规模最大、合作层次最高的境外经贸合作区。两国元首提出将共同致力于将中白工业园打造成"一带一路"标志性工程和双方互利合作的典范。

一、"一带一路"在白俄罗斯建设十年取得的进展

"一带一路"建设蓬勃发展的十年也是中白关系发展的"黄金十年",两国在政策沟通、设施联通、贸易畅通、资金融通、民心相通等领域开展了高水平的合作,成效显著。

(一) 两国战略伙伴关系日益巩固,政策沟通顺畅高效

在"一带一路"倡议提出前,中白关系已经构建了良好的政治基础。2005 年两国关系水平首次提升,当年 12 月 6 日签署的联合声明指出"两国关系已进入全面发展和战略合作的新阶段"。② 2013 年 7 月,白俄罗斯总统卢卡申科对中国进行国事访问,中白双方决定建立全面战略伙伴关系。

"一带一路"倡议提出后,白俄罗斯随即表示高度支持并积极参与。中白两国政策沟通全面展开,战略互信不断增强,双边合作驶入快车道。2014 年 12 月 22 日,中国商务部国际贸易谈判代表兼副部长钟山与白俄罗斯经济部部长斯诺普科夫在北京签署《中国商务部和白俄罗斯经济部关于共建"丝绸之路经济带"合作议定书》。2016 年 9 月,双方宣布建

---

① 《习近平同白俄罗斯总统卢卡申科举行会谈》,《人民日报》2023 年 3 月 2 日。
② 《中国和白俄罗斯发表联合声明》,中华人民共和国外交部网站。

立相互信任、合作共赢的全面战略伙伴关系。在两国元首见证下，中国国家发改委主任徐绍史与白俄罗斯经济部部长季诺夫斯基分别代表两国政府签署《中华人民共和国政府与白俄罗斯政府共同推进"一带一路"建设的措施清单》。2022年9月，两国元首在乌兹别克斯坦撒马尔罕举行会晤并宣布双边关系升级为全天候全面战略伙伴关系。2023年卢卡申科两次访华，成为疫情防控结束后访问中国的首批外国领导人之一。3月1日，两国元首签署《中华人民共和国和白俄罗斯共和国关于在新时代进一步发展全天候全面战略伙伴关系的联合声明》，标志着两国关系实现了历史性飞跃。双方还签署政治、经贸、金融、工业、农业、科技、体育、旅游、卫生、地方、媒体等领域共40份合作文件。

除了双边层面的政策沟通，中白双方还在联合国人权理事会等多边框架下开展高度密切的沟通与协作。中方支持白方申请加入上海合作组织，参与金砖国家机制以及中国—中东欧合作机制。白方支持推进欧亚经济联盟与"一带一路"对接合作。

（二）白俄罗斯是中欧班列重要枢纽

"一带一路"的主体框架是"六廊六路多国多港"，其中新亚欧大陆桥位列"六廊"之首，在亚欧互联互通中发挥着主导作用。白俄罗斯地处欧洲内陆，境内交通基础设施发达，自然成为新亚欧大陆桥的重要枢纽，85%以上的中欧班列过境白俄罗斯，然后经波兰、立陶宛和拉脱维亚进入其他欧洲国家。其中，经过白俄罗斯最大的集装箱码头——布列斯特—北方集装箱码头的中欧班列月均超过150列。[1] 2015—2023年中欧班列历年运量呈快速增长态势。2023年中欧班列开行1.7万列、发送190万标箱，同比分别增长6%、18%。[2] 乌克兰危机全面升级以后，欧洲邻国开始对白俄罗斯部分跨境物流通道实施限制措施，促使白方更

---

[1] Грузы идут в Китай и Европу. Железнодорожники показали работу контейнерного терминала Брест-Северный. https：//www.belta.by/regions/view/gruzy-idut-v-kitaj-i-evropu-zheleznodorozhniki-pokazali-rabotu-kontejnernogo-terminala-brest-severnyj－582017－2023/.

[2] https：//www.crexpress.cn/#/allTraffic；《2023年中欧班列开行1.7万列 铁路保障国家重大战略成效显著》，https：//baijiahao.baidu.com/s?id=1787664486791118940&wfr=spider&for=pc。

加积极地发展中白交通物流合作。2022年白俄罗斯通过铁路对华发运12万个标箱货物，同比增长6.5倍，运输的商品主要包括木材、钾肥和牛奶。① 2023年白俄罗斯对华发运超过1500辆集装箱列车，同比增长50%。②

（三）双方贸易和投资合作的水平持续提升

"一带一路"建设10年以来，中白贸易额持续增长（见表5-1）。据白方统计，2023年中白贸易额达到77亿美元，在白外贸总额中约占9.22%，其中白对华出口增长20%。③ 白俄罗斯共有200余家企业获准进入中国市场。两国贸易结构日趋多元化。白俄罗斯是中国进口钾肥的重要来源国。2022年白对华出口钾肥约9.28亿美元，在白对华出口额中的占比降至一半。除了钾肥，白俄罗斯还向中国大量出口农产品和食品。截至2023年底，白俄罗斯产品在中国电商平台上国家馆总销售额达到450万美元。④ 白俄罗斯自中国主要进口电机设备、机械器具、车辆及零件。2023年1—6月白俄罗斯自中国进口车辆及其零件达8.6亿美元，同比增长550%。⑤

---

① "БЖД увеличила объем контейнерных перевозок белорусской продукции в Китай в 6，5 раза"，https：//www.belta.by/economics/view/bzhd-uvelichila-objem-kontejnernyh-perevozok-belorusskoj-produktsii-v-kitaj-v-65-raza-543388-2023？ysclid=ll3fu5b7ye433472242.

② БЖД в 2023 году увеличила объем экспортных контейнерных перевозок почти в 1，5 раза. https：//www.alta.ru/logistics_news/107791/？ysclid=ls5utvxf78136557372.

③ Червяков：в 2023 году Беларусь и Китай установили рекордный товарооборот между странами，https：//www.sb.by/articles/chervyakov-v-2023-godu-belarus-i-kitay-ustanovili-rekordnyy-tovarooborot-mezhdu-stranami.html；Цифры и факты：товарооборот Беларуси достиг 12-летнего максимума，https：//economy.gov.by/ru/news-ru/view/tsifry-i-fakty-tovarooborot-belarusi-dostig-12-letnego-maksimuma-48693-2024/.

④ 《白俄罗斯与中国建交三十二周年》，https：//china.mfa.gov.by/zh/embassy/news/e85e9b750c1fe5f8.html。

⑤ 《中国驻白俄罗斯大使谢小用：中欧班列为中白扩大双边货物贸易注入"定心剂"》，https：//baijiahao.baidu.com/s？id=1774830457832718289&wfr=spider&for=pc。

表 5-1 2013—2023 年中国与白俄罗斯双边货物贸易额（单位：亿美元）

年份	2013	2014	2015	2016	2017	2018	2019	2020	2021	2022	2023
贸易额	32.9	30.13	31.82	26.03	31.07	36.4	44.81	44.49	49.27	57.9	77
中国出口	28.29	23.73	24.01	21.30	27.45	31.58	38.08	37.01	40.60	41.8	57.68
中国进口	4.61	6.40	7.81	4.73	3.62	4.82	6.73	7.48	8.67	16.1	19.32

资料来源：白俄罗斯国家统计委员会。

十年来，中国对白投资不断提升（见表 5-2）。2022 年中国对白投资近 2 亿美元，增长近 80%，在中国企业参与下共实施 40 多个项目。2023 年一季度，中国对白投资约 5500 万美元，双方正在研究落实 20 个前景计划。[1] 目前，白俄罗斯境内有近百家中资企业，中资项目共 50 多个，主要分布在明斯克市和明斯克州。中方在白投资项目主要包括中白工业园、吉利汽车组装项目、北京饭店、"天鹅"住宅小区房地产开发项目、美的集团小家电组装项目等。其中，吉利汽车组装、红旗汽车组装、美的集团小家电组装、成都新筑超级电容、潍柴发动机等项目填补了白俄罗斯工业领域的空白。中资企业在白大型工程项目主要包括斯拉夫钾肥公司钾矿综合开发项目、全循环高科技农工综合体项目、石头城街商业中心项目、核电输出及电力联网总承包项目、3 个超大水泥厂改造项目等。此外，中国—上海合作组织地方经贸合作示范区海洋科学与技术国际中心与白俄罗斯国家科学院签订战略合作协议，建成"中国—白俄罗斯海洋新型光电技术创新中心"。目前，白方积极探索与中方加强在医疗制药、农业机械、工业现代化、交通物流和贸易等领域的合作。随着白俄罗斯食品大量进入中国市场，白俄罗斯对华投资更趋积极。2023 年来自中白工业园的居民企业白卡门生物科技有限公司与白俄罗斯的斯卢茨克干酪联合厂签署了在中国辽宁省沈阳市成立合资企业的合作协议，未来将生产符合中国消费者口味及偏好的乳制产品。

---

[1] 《2022 年中国对白俄罗斯投资增长近 80%》，中华人民共和国商务部网站。

表5-2　2013—2022年中国对白俄罗斯直接投资情况（单位：万美元）

年份	2013	2014	2015	2016	2017	2018	2019	2020	2021	2022
年度流量	2718	6372	5421	16094	14272	6773	18175	-815	4241	-4257
年末存量	11590	25752	47589	49793	54841	50378	65180	60728	64605	74759

资料来源：中国商务部、国家统计局和国家外汇管理局《2016年度中国对外直接投资统计公报》、《2022年度中国对外直接投资统计公报》

中白工业园是中国在白最大投资项目，位于白俄罗斯明斯克州，临近明斯克国际机场，占地面积约117平方公里，规划开发面积约91.5平方公里。在习近平主席的亲切关怀下，2015年园区开始实质性开发建设。在两国政府的高度重视下，中白工业园的基础设施建设和招商引资工作持续快速推进，园区一期8.5平方公里基础设施已基本建设完成，形成515公顷经营性土地。尽管新冠疫情和乌克兰危机全面升级给中白工业园的发展造成不小冲击，导致园区部分居民企业和人才外流，经营一度陷入困境，但园区建设和发展并未停滞不前。2023年共有26家公司在园区注册，宣布投资总额达1.239亿美元，预计创造7360个新工作岗位。[1]

（四）双方积极探索并创新资金融通的方式

白俄罗斯对于中国经济和人民币国际化充满信心。早在2007年白俄罗斯就将人民币作为国际储备货币，是欧洲和独联体地区率先把人民币作为国际储备货币的国家。[2] 2022年7月15日，白俄罗斯中央银行将人民币纳入其货币篮子，权重占比为10%。根据《中白双边本币结算协议》，中白两国企业可使用两国法律允许的任何货币（包括中白两国的本币）进行交易和结算。白俄罗斯银行、白俄罗斯农工银行等商业银行可提供人民币与白卢布兑换业务。中白两国元首于2023年3月1日签署的联合声明指出，双方将在市场化、自主化、法治化的基础上开展金融领域务实合作，扩大本币在双边贸易和投融资中的使用，支持金融机构积

---

[1] 《白俄罗斯与中国建交三十二周年》，中华人民共和国外交部网站，https://china.mfa.gov.by/zh/embassy/news/e85e9b750c1fe5f8.html。

[2] 赵会荣：《白俄罗斯与"一带一路"》，《欧亚经济》2017年第4期。

极开展合作，进一步提升金融服务水平，促进双边经贸发展。白国家银行指出，人民币在白俄罗斯外贸中的地位逐渐走强。2023年下半年，俄罗斯卢布和人民币在白外汇市场的交易量超过了美元和欧元。① 目前，白方正在研究加入人民币跨境支付系统（CIPS）的适用性。

（五）人文合作和地方合作持续推进，民心相通成效显著

白俄罗斯对中国公民友好，双方人文交流日益频繁。2018年8月10日，中白两国签署互免签证协定，白俄罗斯自此成为首个与中国达成互免持普通护照人员签证协定的欧亚地区国家。两国教育合作成绩斐然。2019年，中白两国签署了相互承认高等教育学历和学位的文件。2023年，中国—白俄罗斯大学联盟正式成立。截至2024年初，中国在白留学生已超过9000人，白俄罗斯成为俄语地区仅次于俄罗斯的中国留学生第二大留学生目的地国。白俄罗斯"汉语热"持续升温。中国在白开设6所孔子学院和2所孔子课堂，有35所中小学和11所高校设立中文科目，38所学校开设中文兴趣班，中文还被列为白国家统一毕业升学考试的外语选考科目之一。2016年，中国社会科学院与白俄罗斯科学院签署合作协议，各自设立中白发展分析中心并定期举办中白人文学术论坛，翻译出版《白俄罗斯简史》。中国社会科学院中白发展分析中心还与白俄罗斯驻华使馆以及中国高校10余家白俄罗斯研究中心开展合作，每年召开白俄罗斯形势与中白关系学术研讨会。北京第二外国语学院、西安外国语大学和天津外国语大学设立了白俄罗斯语专业。2016—2017年，中白互设文化中心，此后陆续举办了"旅游年""教育年""文化日""电影周""图片展""邮票发行仪式"等特色活动。2023年11月，双方签署联合拍摄电影的协议。

两国地方合作如火如荼。2020—2022年是中白地方合作年。截至2024年初，白俄罗斯6个州和首都明斯克市与中国的40余个省市建立了

---

① В Нацбанке заявили об усилении позиций юаня во внешней торговле Беларуси, https://www.belta.by/economics/view/v-natsbanke-zajavili-ob-usilenii-pozitsij-juanja-vo-vneshnej-torgovle-belarusi-611968-2024/? ysclid=lsb2sm4fc1931545.

友好关系。其中，广东、山东、陕西、甘肃、黑龙江等省份以及北京市和重庆市对白合作尤为突出。广东省对白合作呈现出规模化发展的特点。自2014年起，华为公司、中兴公司、招商局集团、广东省照明协会以及大数据、新材料、电子通信等领域的企业相继入驻中白工业园。山东省对白合作则在龙头企业引领和园区互动方面表现突出。2017年9月13日，潍柴集团和白俄罗斯马兹集团共同签署合作协议。2018年11月，第一届中国国际进口博览会期间，中白工业园与山东省胶州市签署《中白工业园与中国—上海合作组织经贸示范合作区的合作备忘录》。2023年，白俄罗斯莫吉廖夫州、格罗德诺州和戈梅利州的州长陆续访华，以加强地方合作。

二、中白高质量共建"一带一路"的动力

白俄罗斯与中国不接壤，在地理上相隔甚远，两国在人口、面积、经济规模等方面差异较大。中白两国之所以能够在"一带一路"框架下不断深化合作并逐渐成为"铁哥们"，其动力主要源于双方国家利益契合、外交原则一致、元首外交引领、政策协调高效、传统文化相近。

（一）国家利益契合

白俄罗斯作为苏联解体后才获得独立的国家，非常珍视本国的独立、主权和领土完整。白俄罗斯因选择与俄罗斯联盟的政策而长期遭受西方国家的打压和制裁。在这种情况下，中方明确表示反对外部势力干涉白内政，支持白方为维护国家独立、主权、安全和发展所作的努力，相信在卢卡申科总统的领导下白俄罗斯将恢复稳定和社会安宁。中方强调支持白俄罗斯走符合本国国情的发展道路，希望白俄罗斯保持政局稳定和社会安宁，愿为白方经济社会发展提供力所能及的帮助。中国代表团在联合国人权理事会第46届会议对欧盟国家提交的"白俄罗斯2020年总统选举前后人权状况"决议草案投反对票。反过来，白方在香港、台湾、新疆等涉及中方核心利益问题上始终坚定地同中方站在一起，坚决反对一切外部干涉。此外，两国作为发展中国家对于国际问题也有着广泛的

共识，都主张加强联合国在建设公平的国际政治经济秩序方面的主要作用，支持建立反映当代世界多样性和考虑世界所有国家利益的多极国际关系体系。卢卡申科总统高度评价中国经济社会发展成就，支持习主席提出的全球发展倡议、全球安全倡议和全球文明倡议，表示愿与中方携手构建人类命运共同体。

除了政治领域，中白两国的利益契合还体现在经贸、抗疫等领域的利益互补和互利共赢。白俄罗斯工业基础雄厚，但部分企业因技术陈旧、产品竞争力下降亟须转型升级，中国不仅拥有较强的投资能力，而且在一些新兴产业方面拥有显著的技术优势，双方企业通过合作共同研发新技术和新产品，开拓新市场，实现了优势互补共同发展。中国倡导真正的多边主义，国内市场规模庞大，为白俄罗斯扩大出口和促进经济多元化提供了机会。新冠疫情发生后，白俄罗斯政府部门为在白中国公民提供便利、友好和非歧视性的措施。两国相互向对方提供抗疫物资并开展医疗合作。中方还多次向白方提供力所能及的援助，包括建设国际化的体育场和游泳馆、社会性住房等 15 个社会项目（总投资约 1 亿元人民币）、建设中白工业园基础设施和提供技术设备等 10 多个战略项目（总价值 6 亿元人民币），在当地产生了积极的社会反响。

（二）外交原则一致

白俄罗斯奉行独立、爱好和平的外交政策。《白俄罗斯内外政策基本方向》文件强调，白俄罗斯在公认的国际法原则和准则的基础上，与外国、国际组织和国家间实体开展全面合作，相互考虑和尊重国际社会所有成员的利益。[1]《白俄罗斯宪法》第 18 条指出，"白俄罗斯共和国对外政策的原则是国家平等，不使用武力或以武力相威胁，不破坏边界，和平调解争端，不干涉内政，以及国际法公认的其他原则和规定"。[2] 中国外交长期坚持和平共处五项原则，主张互相尊重主权和领土完整、互不

---

[1] Основные направления внутренней и внешней политики Республики Беларусь, https://pravo.by/document/?guid=3871&p0=H10500060

[2] ［白俄罗斯］A. A. 科瓦列尼亚主编，赵会荣译，王宪举校：《白俄罗斯简史》，社会科学文献出版社 2016 年版，第 293 页。

侵犯、互不干涉内政、平等互利、和平共处。白俄罗斯前副总理托济克指出，中国对白俄罗斯从来不以老大自居，而白俄罗斯也从来不充当附属的角色。①

（三）元首外交引领

中白两国的政治体制决定了国家元首在外交决策体系中发挥着核心主导作用。习近平主席高度重视中白关系发展，强调正确义利观和亲诚惠容理念，多次就中白共建"一带一路"作出重要指示。卢卡申科总统高度重视中国的政府治理和经济发展经验，为发展中白关系曾于2015年和2021年出台两项总统令，其中2021年12月9日出台的第9号总统令要求各州和明斯克市通过地方合作在2026年前各自吸引中国直接投资不少于1.5亿美元。②两国元首有着良好的私人关系，并且保持着顺畅的沟通和互动，每次会晤都会就双边关系的发展方向作出战略性规划，这对于两国合作起到重要的引领和推动作用。中白之间的重大合作机制和合作项目基本上是在两国元首的亲自指导和支持下建立的。例如，中白工业园是时任国家副主席习近平与卢卡申科总统于2010年确定的战略性合作项目。2015年习近平主席视察中白工业园时提出"两年见成效"的指示后，园区基础设施建设和招商引资工作全面展开，园区面貌日新月异，中国一批有实力的企业陆续入驻园区，为园区后续发展奠定了良好基础。

（四）政策协调高效

在两国元首的关心和支持下，两国的执行机构相互配合，促使双方的战略、规划、机制和项目实现紧密对接。其中，中白政府间合作委员会对于落实两国领导人共识、建立合作制度、制定合作规划、落实双边合作项目和解决执行过程中出现的问题发挥了关键作用。中白两国于

---

① ［白俄罗斯］托济克·阿纳托利·阿法纳西耶维奇等著：《白俄罗斯人看中国》，世界知识出版社2014年，第7—8页。
② "О развитии двусторонних отношений Республики Беларусь с Китайской Народной Республикой"，Директива № 9 от 3 декабря 2021 г.，https：//president. gov. by/ru/documents/direktiva-no-9-ot-3-dekabrya-2021-g.

2014年成立了副总理级政府间合作委员会，下设经贸、科技、安全、教育、文化、海关检验检疫6个分委会和秘书处，每两年举行一次会议，是中白两国政策沟通和协调的最重要机制。每一次政府间合作委员会召开会议都会形成会议纪要和一揽子合作文件，并指令双方相关政府部门负责具体落实，已经成为双方合作的长效机制。

（五）传统文化相近

复杂严峻的地缘环境和备受奴役的历史促使白俄罗斯民族形成了独有的生存文化，其中最典型的特征是包容性，这也是白俄罗斯民族区别于其他斯拉夫民族的独有特征。包容性指的是，认可并尊重差异性，不管他人的价值观、观点、习俗等是否与自己的一致，都保持容忍和平等的态度，并在肯定自己的文化的同时，也认可、接受和吸收其他文化的积极部分。这与中华民族传统文化中的平等、尊重和兼收并蓄是一致的。中国的传统文化倡导兼爱非攻、亲仁善邻、以和为贵、和而不同。中国先贤孔子称，"己所不欲勿施于人"。老子称，"大国以下小国，则取小国；小国以下大国，则取大国"。也就是说，无论是大国还是小国，都应该保持谦卑，才能取得其他国家的信任。

当然，信息的不对称性有时也会造成认知的差异性，在这种情况下中白双方选择坦诚相待，通过沟通和合作弥合认知分歧，进而推动合作深化。例如，白俄罗斯最初认为亚洲基础设施投资银行与作为欧洲国家的白俄罗斯无关。当白方向中方进行咨询和深入研究后很快选择加入亚投行。又如，白俄罗斯最初对于中白工业园确定了相当高的发展目标，后期在园区发展过程中发现这些目标短期内难以实现，于是在与中方反复沟通后根据客观情况屡次作出调整。截至目前，卢卡申科共两次发布关于发展中白关系的总统令，五次发布关于中白工业园的总统令，对于提升双边合作成效发挥了重要作用，也体现了中白双方实事求是、相互包容、与时俱进的精神。

三、"一带一路"建设在白俄罗斯

白俄罗斯人口不足千万,市场规模较小,其长期以来对中资企业的吸引力主要在于国内局势较稳定以及临近欧盟和欧亚经济联盟两个市场。然而,自 2020 年以来,白俄罗斯政治危机、新冠疫情以及乌克兰危机全面升级、西方对白制裁不断加码导致白俄罗斯内外形势发生剧烈变化,对中国在白投资项目以及双边经济合作产生不小冲击,加上百年变局下大国地缘政治竞争加剧给中国发展带来一定阻力,在此背景下中白共建"一带一路"的不确定性显著增多。

(一)西方对白严厉制裁致使白经济增速放缓

白俄罗斯经济有三大特点:一是由于西方国家自 1997 年起对白俄罗斯实施制裁,白方难以从国际金融机构和西方国家获得资金、技术和市场,白对外经济联系长期处于半封锁状态,较依赖俄罗斯的资金、低价能源、运输通道和独联体市场;二是白俄罗斯国有企业占 50% 以上,政府在经济管理中保留了较多的计划性因素;三是白俄罗斯经济属于出口型经济和原料型经济。国内生产总值的 60% 以上依靠出口实现,经济受外部市场行情影响较大。白俄罗斯既依赖进口油气等能源和原材料,也依赖出口钾肥、食品和农业原料型商品以及黑色金属和有色金属,而这些商品的价格主要取决于市场行情。

乌克兰危机爆发后,西方对白制裁加码,白三家银行被提出 SWIFT 国际支付系统,白俄罗斯经乌克兰、波兰和立陶宛的物流通道受到限制,出口钾肥、农产品等商品的成本上升,对主要贸易伙伴——欧盟和乌克兰的贸易额大幅萎缩,部分外资撤出。2022 年白俄罗斯 GDP(现价)为 1914 亿白卢布,约合 730.56 亿美元,同比下降 4.7%。[①] 2023 年白经济温和复苏,GDP 达 2161 亿白卢布,同比增长 3.9%。[②]

[①] 《2022 全年白俄罗斯 GDP 同比下降 4.7%》,中华人民共和国商务部网站。
[②] 《白俄罗斯 2023 年 GDP 增长 3.9%》,中华人民共和国商务部网站。

(二) 中白工业园在招商引资、拓展市场、支付、管理等方面仍面临一些困难

其一，西方对白俄罗斯进行制裁、欧美市场取消订单等原因导致园区部分企业减持股份和减少投资，甚至退出园区，园区建立相关产业集群计划受挫。例如，中白工业园区开发股份有限公司唯一的第三方股东（占股0.67%）退出工业园，放弃投资园区的欧亚铁路门户项目（中欧班列在中白工业园的支线项目）。

其二，中白工业园的面积是一般中国境外经贸合作区的10倍左右，即便开发一半也需要巨额投资。自园区于2019年完成一期基础设施建设后，始终未能启动二期工程，原因之一是资金压力较大。截至目前，园区建设仍主要依靠政府投资和企业投资，园区尚未建立多元化的融资体系，难以吸引到包括国际金融机构在内的第三方资金。园区内中国部分央企和国企的投资主要源于国有银行的贷款，目前已进入还款期，但企业尚未获得利润或者利润率较低，财务压力持续增大。

其三，由于白俄罗斯国内产业配套能力较弱，园区居民企业需要从其他市场采购零配件。在欧盟对白实施制裁、封闭或限制白对外物流通道和关闭市场的情况下，园区居民企业既无法从欧盟购买设备和零配件，也无法向欧盟市场销售商品，只能寄希望于欧亚经济联盟市场，但碍于白俄罗斯主要银行被限制在SWIFT国际支付系统之外，企业进行跨境银行支付的路径并不顺畅。

其四，中白工业园的三级管理架构仿效苏州工业园建立，第三级中白工业园区开发股份有限公司由中工国际工程股份有限公司、白俄罗斯明斯克州执委会、白俄罗斯地平线公司发起，中国机械工业集团有限公司、招商局集团、哈尔滨投资集团有限责任公司、明斯克市执委会等陆续加入，负责园区土地开发、招商引资和经营管理，决策过程相对复杂。随着园区从建设转入经营阶段，园区定位和产业集群方向有待进一步明确，管理效率有待进一步提升。

(三) 中国推进"一带一路"的阻力有所增大

世界百年未有之大变局加速演进，大国地缘政治博弈的激烈化促使中国面临的地缘政治压力和周边安全压力显著上升，经济发展的外部环境日益严峻。在乌克兰危机的冲击下，全球经济增速放缓，能源和资源价格上涨，通胀上升，导致中国进口能源和资源的成本上升，能源安全和粮食安全脆弱性凸显，加上国内人口、房地产和地方债务等问题短期内难以解决，经济增长压力显著增大，外界开始更多关注中国对外投资能力的变化和"一带一路"的可持续性。2022年中国经济增长3%。2023年中国GDP超126万亿元，同比增长5.2%。中国全行业对外直接投资10418.5亿元，增长5.7%，其中，对外非金融类直接投资9169.9亿元，增长16.7%。中国企业在"一带一路"共建国家非金融类直接投资2240.9亿元，增长28.4%。[①]

四、"一带一路"在白俄罗斯的前景

习近平主席指出："当今世界不确定不稳定因素增多，我国发展面临的机遇和挑战并存。我们要准确把握国际形势变化的规律，既认清中国和世界发展大势，又看到前进道路上面临的风险挑战，未雨绸缪、妥善应对，切实做好工作。当前和今后一个时期，要深化外交布局，落实重大外交活动规划，增强风险意识，坚定维护国家主权、安全、发展利益。"[②] 世界进入新的动荡变革期。我们必须增强忧患意识，坚持底线思维，做到居安思危、未雨绸缪，准备经受风高浪急甚至惊涛骇浪的重大考验。[③] 在与卢卡申科总统会谈时，习近平主席强调，中白友谊牢不可

---

① 《2023年全行业对外直接投资同比增长5.7%》，http://ex.chinadaily.com.cn/exchange/partners/82/rss/channel/cn/columns/j3u3t6/stories/WS65c03802a31026469ab17851.html.
② 《习近平谈治国理政》第三卷，外文出版社2020年版，第424页。
③ 习近平：《高举中国特色社会主义伟大旗帜 为全面建设社会主义现代化国家而团结奋斗——在中国共产党第二十次全国代表大会上的报告（2022年10月16日）》，人民出版社2022年版，第26页。

破,双方要不断增进政治互信,始终不渝做彼此的真朋友和好伙伴……要充分发挥两国政府间合作委员会作用,扩大经贸合作,建设好中白工业园,以共建"一带一路"为主线,推进中欧班列等互联互通建设合作。要深化医疗卫生合作,拓展地方合作,密切人文交流,让中白友好更加深入人心。① 要推动"一带一路"在白俄罗斯高质量发展,必须坚持以习近平新时代中国特色社会主义思想为指导,深入贯彻落实习近平主席关于"一带一路"和中白合作的重要指示,抓住中白合作中的有利因素,推进高水平的对外开放,积极拓展"五通"领域的合作空间,以扎实稳健的互利合作有效化解风险和挑战。

第一,"一带一路"共建国家的和平和稳定是互利合作的重要保障,因此宜对白俄罗斯形势始终保持密切关注并进行客观评估。就经济形势而言,由于白俄罗斯采取了一系列刺激经济增长的措施并扩大了与远弧国家(亚非拉国家)的经济合作,加上俄罗斯经济增长好于预期,有能力继续为白经济提供支持,白经济有望继续保持恢复性增长。世界银行预测,白俄罗斯2024年和2025年GDP增长率均为0.8%。② 就政治形势而言,面对境外反对派、非法武装和白俄罗斯公民,白政府采取两手策略,一方面对部分反对派领导人提起刑事诉讼,加强边境管理,严厉打击境内恐怖主义、极端主义和非法移民活动;另一方面为境外白俄罗斯人回国提供合法通道。2023年2月,卢卡申科签署法令,建立由30人组成的委员会,因2020年抗议潮离境的白俄罗斯人可以向该委员会提出申请回国。2024—2025年,白俄罗斯将陆续举行议会选举、地方选举和总统选举,白反对派的号召力有限,卢卡申科继续参选并获得连任的概率较高。为了使选举能够如期顺利举行,白方将继续加强安保工作,短期内白有望延续目前的弱安全和弱稳定状态。

第二,中白两国政府将继续推进共建"一带一路"的政策,因此宜对中白合作保持信心并加强战略对接和政策沟通。当前,白俄罗斯已将外交重点转向俄罗斯、欧亚经济联盟、中国和远弧国家,对于参与"一

---

① 《习近平同白俄罗斯总统卢卡申科举行会谈》,《人民日报》2023年3月2日。
② 《世界银行下调白俄罗斯经济增长预期》,中华人民共和国商务部网站。

带一路"建设态度更加积极，主要有两方面考虑：在双边层面，白方希望推动中国对白继续投资，借助"一带一路"互联互通合作扩大对华出口；在多边层面，白方希望主动参与推动形成更加公平的国际体系，在此过程中消解自身面临的挑战并占据有利位置。白俄罗斯强调，本国不存在冲突，推行和平外交政策并拥有区位优势，可以成为不同力量、机制之间对话和合作的桥梁，而"一带一路"、上海合作组织和欧亚经济联盟都是一体化机制，白方倡导"一体化的一体化"，认为不同一体化机制的对接和整合对本国有利，因此申请加入上合组织，支持金砖国家合作，推动"一带一路"与欧亚经济联盟对接走深走实，提议召开欧亚经济联盟、金砖国家和上合组织联合峰会，加快"一带一路"框架下中白合作的速度。

中国作为世界经济增长的重要引擎将继续推动"一带一路"高质量发展。国际货币基金组织预计，2024年中国经济将增长4.6%。中国企业对于投资白俄罗斯等共建"一带一路"国家仍抱有浓厚的兴趣并拥有较强的能力。中国共产党二十大报告提出，中国将推进高水平对外开放，稳步扩大规则、规制、管理、标准等制度型开放，加快建设贸易强国，推动共建"一带一路"高质量发展。2023年10月10日，国务院新闻办公室发布了《共建"一带一路"：构建人类命运共同体的重大实践》白皮书。12月27—28日召开的中央外事工作会议强调，"推动高质量共建'一带一路'，搭建了世界上范围最广、规模最大的国际合作平台"。①

在这种情况下，中白双方宜加强战略对接和政策沟通，可以考虑构建多层次、多领域和更加高效的合作机制，以增强合作的广度和深度，提升合作的水平。2023年7月9日，中白政府间合作委员会第五次会议召开，双方签署发展全天候全面战略合作的应用措施计划以及经贸、文旅、环保等领域合作文件。中国商务部部长王文涛表示，中白双方决定加快《中白服务贸易与投资协定》谈判，加强中欧班列合作，不断深化两国地方间经贸合作。未来，中白双方可以探讨在两国政府间合作委员

---

① 《新华社权威速览｜中央外事工作会议要点扫描》，http：//www.xinhuanet.com/politics/20231230/c8fc43ebe2284b9793cd942e7ba509b6/c.html。

会框架下增设新的分委会，以便及时落实政府间合作委员会制订的计划和签署的合作文件，拓展双方在航空、医疗、农业、绿色经济、数字经济、服务贸易等领域的合作。

第三，双方可以通过发展数字电商合作、简化认证流程、建立农业全产业链合作等途径扩大经贸合作。近年来，中国数字电商蓬勃发展，成为经济增长的重要推动力。数字电商可以为白俄罗斯商品开拓中国市场提供便捷、高效的交流和交易平台，在中白贸易中发挥更加重要的作用。为了促进双边贸易发展，中国国家进出口商品检验局与白俄罗斯教育与科学部标准计量认证委员会宜适时更新进出口商品质量保证协定，扩大认证商品目录，方便两国中小企业在本国获得认证证书。鉴于白俄罗斯希望扩大对华农产品出口，而中国市场潜力巨大，中白两国的商会、协会等组织宜积极发挥中介作用，帮助企业建立合作关系，而企业之间可以尝试通过上下游合作建立农业全产业链合作模式，使白俄罗斯农产品从生产加工、包装运输到消费能够更好适应中国市场和中国消费者的需要。与此同时，也要看到，白俄罗斯因西方制裁融资困难，对外偿付实力减弱，因此对白继续提供大额贷款的风险增加。在这种情况下，中国政府部门要建立健全对外投资的管理体系，及时更新双边投资保障协定等双边经贸投资合作文件，构建对外投资风险防范体系。中国企业也要提升风险意识，与政府部门和研究机构加强沟通，做好投资风险研判和风险防控。

第四，中白工业园项目具有战略性、长期性、综合性、示范性和艰巨性，双方须保持战略定力，积极寻找脱困办法。中白工业园遇到的困难在中国境外经贸合作区中具有一定代表性。这一类园区由于是双方政府先行决定建立的，在后续发展过程中往往遇到市场不认的问题。因此，需要在强调政府引导、政治保障和政策扶持的同时，不断强化园区的市场导向和商业属性，做好顶层设计，包括战略定位、发展方向、市场判断、开发主体、责任界定、制度安排等。境外经贸合作区发展方向受外方制约，发展快慢关键在外方的内在动能。外方具有园区规划权、项目审批权、优惠政策制定权、法律解释权、行政管辖权。因此必须坚持共商共建，说服不说教、指导不强求、合作不替代、支持不包办。① 在市场环境相对不利的情况下，中白工业园的优先方向宜放在经营层面，尽可能为园区现有居民企业经营和盈利提供便利条件，而不是急于继续开发建设。2023 年 6 月 1 日，卢卡申科总统发布第 161 号总统令，提出在中白工业园发展创新和传统医学，生产药品、医疗器械和设备。中白双方可以抓住契机加强医疗合作，在白俄罗斯建设辐射东欧和欧亚地区的医疗中心。中白工业园占地面积较大，既是难点，也是优势。中白工业园宜充分利用空间优势，为园区发展做好规划，彰显园区的吸引力，使之未来真正成为丝绸之路经济带上的明珠，并对中白战略伙伴关系起到重要的支撑和服务作用。

第五，中国在白企业宜审时度势，危中寻机，化危为机，加大与白俄罗斯等欧亚地区国家合作的力度。乌克兰危机全面升级虽然给中国发展带来诸多挑战，但也带来一定机遇。例如，西方对俄罗斯实施全方位制裁措施促使俄罗斯的向东转从策略转向战略，俄方加快了与中方在能源、农业等领域的双边合作以及在上合组织、金砖国家等多边框架下的合作。与此同时，俄方关于中国与欧亚地区国家合作的立场趋于积极化，而欧亚地区国家对于与中国开展经济合作的愿望更加迫切，这为双方在金融、交通、能源、贸易等领域的合作提供了有利条件，探讨 20 余年的中吉乌铁路项目提上日程即为例证。此外，自 2020 年以来，俄白联盟加速推进，双方完成了 28 个领域一体化计划的绝大多数项目，俄白两国的企业相互进入对方市场更加便利，这为中白合资企业拓展俄罗斯和独联体市场提供了有利条件。目前，中国高铁、输变电、新能源汽车、光伏、智能制造等多领域跻身世界领先产业和先进产业行列，中国企业可以推进与白俄罗斯等欧亚地区国家在上述领域的产能合作，布局欧亚市场。此外，西方国家对白制裁促使一些企业离开白俄罗斯，白俄罗斯的供应链、产业链和价值链出现断裂，中国企业可以根据市场变化适时增加产品种类，填补白市场空白和提升市场占有率。

---

① 《综研院举办纪念"一带一路"倡议十周年专题讲座，胡政讲述"从中白工业园看中国境外园区高质量发展"》，http://www.cdi.org.cn/Article/Detail?Id=19228。

第六,由于西方对白俄罗斯的制裁具有长期性,这意味着短期内白俄罗斯与欧洲之间的交通难以回归正常状态。一旦东欧地区局势继续恶化,白俄罗斯与波兰等邻国之间的交通有可能中断。因此,中方需要在继续利用新亚欧大陆桥的同时积极寻找其他替代性运输通道,包括研究开拓经过中亚、里海、南高加索到达欧洲的中间走廊等物流运输方案。此外,中国政府宜加强对中欧班列国内不同线路的统筹和协调,通过整合线路提升通道效率,降低运输成本,促使地方补贴逐步退坡。

第七,中白双方宜借鉴中国与俄罗斯、哈萨克斯坦、乌兹别克斯坦等国联合办学的经验,支持条件成熟的教育机构开展联合办学,鼓励产学研交流合作,联合建立语言和职业技能培训基地,为中白经济合作培养既懂双方语言文化又具有专业技能的复合型人才。由于俄语和白俄罗斯语同为白俄罗斯官方语言,目前白俄罗斯国内广泛使用俄语作为交际语言,白俄罗斯语的推广和使用是一个长期的过程,中国教育机构宜根据实际需求合理进行专业设置。在文化交流领域,两国媒体宜加强合作,深入报道地方民俗文化和风土人情,以便促进两国民众之间相互了解。鉴于白俄罗斯社会对于中国传统文化、体育、中医药的兴趣和认可度日益增高,可以鼓励中国相关机构借鉴四川省自贡灯会和黑龙江省绥芬河人民医院对俄罗斯提供医疗旅游服务等经验针对白俄罗斯开展出口服务,推动民心相通可持续发展。

总之,白俄罗斯为推动"一带一路"建设起到了重要的支撑和示范作用,中白关系也因此成为新型国家间关系的典范。尽管百年变局下中白合作面临的不确定、不稳定和不可预测性因素显著增多,但中白双方决定共同努力应对风险和挑战,携手推动"一带一路"高质量发展,未来两国合作前景看好。

第六章 中国与白俄罗斯:"一带一路"倡议的建设与现代化发展

多斯坦科·叶莲娜·阿纳托利耶芙娜

(Elena Anatolievna Dostanko)[*]

别连琴科·尼基塔·尼古拉耶维奇

(Nikita Nikolayevich Belenchenko)[**]

对白俄罗斯共和国而言,与中华人民共和国的关系是其外交政策的优先领域之一。白俄罗斯共和国总统亚历山大·格里戈里耶维奇·卢卡申科签署的两项总统令——第5号令(2015年8月31日)和第9号令(2021年12月3日)《关于发展白俄罗斯共和国与中华人民共和国的双边关系》,正是这一事实的最佳证明。

2013年,白俄罗斯和中国签署了关于建立全面战略伙伴关系的声明,2016年,两国元首达成协议,确立互信互利的全面战略伙伴。2022年9月,中白两国决定将双边关系提升为全天候全面战略伙伴关系。

此外,白俄罗斯共和国坚定不移地支持中方提出的"一带一路"倡议,成为该地区倡议实施的重要支点。这一项目不仅关乎经济伙伴关系,最重要的是它蕴含了关于国际合作、互联互通、贸易与共同繁荣的深层

---

[*] 多斯坦科·叶莲娜·阿纳托利耶芙娜(Elena Anatolievna Dostanko),白俄罗斯国立大学国际关系学院副教授、院长。

[**] 别连琴科·尼基塔·尼古拉耶维奇(Nikita Nikolayevich Belenchenko),白俄罗斯国立大学国际关系学院国际研究中心主任。

理念。

"一带一路"倡议的实施要求实现跨境运输和物流、能源和电信基础设施的综合发展，同时采取措施协调宏观经济政策，消除贸易和投资领域的壁垒，转向使用本国货币进行贸易，通过增加各国人民之间的接触来扩大国家间关系的社会基础。从本质上讲，"一带一路"倡议就是中国与规划路线上的各国共同构建联合发展区域的一个多边长期战略。

一、"一带一路"倡议诞生史

丝绸之路始于公元前2世纪，已有两千多年历史，是古代中国扩大影响力、加强与欧亚非国家经济文化联系的最重要平台，也是现代中国"一带一路"倡议的雏形。学术上，丝绸之路的诞生年份被认为是公元前138年，当时中国使者张骞奉汉武帝之命出长城前往西方。正是它的发展促进了中国与亚洲国家之间经济联系的建立，这些贸易路线成为中国经济发展的重要组成部分。

在20世纪末，国际社会对丝绸之路的兴趣在很大程度上归功于中国改革开放政策的实施。1988年，联合国教科文组织启动了"丝绸之路综合研究——对话之路"项目，旨在研究东西方文明之间的交流互动。随后，在2014年联合国教科文组织世界遗产委员会第38届会议上，丝绸之路被列入联合国教科文组织世界遗产名录，这再次证实了这条贸易路线的文化和历史价值。

2013年9月，中国国家主席习近平在访问哈萨克斯坦纳扎尔巴耶夫大学时宣布启动丝绸之路经济带建设，同年10月，习近平主席在印度尼西亚提出了建设21世纪海上丝绸之路的想法。随后，这两个概念被整合并命名为"一带一路"倡议。到2024年，"一带一路"倡议已成为中国创立的富有成效的成功的国际合作典范。

"一带一路"倡议提出后，这一倡议立即在概念和方案上进行了转变，努力适应当前的国际议程，并把其规划路线上的地缘政治、贸易和经济变化考虑在内。因此，"一带一路"倡议形成了重要、全新的机制和阶段。"一带一路"倡议的主要官方目标内容有五点：

——政策沟通；

——设施联通；

——贸易畅通；

——资金融通；

——民心相通。

显然，在这一倡议的最初实施阶段，优先考虑各国在该倡议框架内开展互动的经济领域。然而，到目前为止，对其功能内容的重新思考已经变得显而易见。

加强该倡议参与国之间的政治协调与举办三次"一带一路"国际合作高峰论坛有关。第一届论坛于2017年举行，总结了各国经济合作的中期成果，并明确指出了参会国希望展开政治磋商和协调外交政策的愿望。2019年，第二届"一带一路"国际合作高峰论坛成功举办，参会国数量大幅增加。2023年，第三届论坛在北京举办，吸引了151个国家和41个国际组织的代表参加。论坛讨论了建立新合作机制的问题，重点是需要团结参会国克服全球挑战。第三届论坛最重要的方面是中华人民共和国对构建人类命运共同体表达出的明确态度，并阐明了人类命运共同体与中国其他倡议，主要是"一带一路"倡议之间关系的合理性。

"一带一路"倡议提出10多年来，给世界带来了显著而深刻的变化，成为人类历史上的一个重要里程碑。"一带一路"倡议是二十一世纪长期、跨国、系统性的全球性项目，已经迈出了漫长道路上的第一步。在这个新起点上继续前进，"一带一路"将展现出更大的创造力和生命力，将会变得更加开放，为中国和世界创造新的机遇。

2023年9月发布的《人类命运共同体：中国的倡议与行动》文件确立了"一带一路"倡议的切实可行性，成为进一步推进中国外交政策根本思想——人类命运共同体的基础。

此外，2023年11月发布的文件《坚定不移推进共建"一带一路"高质量发展走深走实的愿景与行动——共建"一带一路"未来十年发展展望》为该倡议的未来发展提供了战略指导。这可以被视为中国对国际社会的官方呼吁，旨在加强已经建立的关系并吸引新的参与者加入中国的"一带一路"倡议。

二、"一带一路"框架下的中国与白俄罗斯

白俄罗斯共和国和中华人民共和国的双边关系稳定，双方彼此相互信任。自1992年1月20日建交以来，两国坚定不移地深化各个方面的双边合作。中白两国关系加强和多样化的催化剂是中方提出的"一带一路"全球倡议，白俄罗斯在该倡议中被寄予了厚望。作为一个位于亚洲和欧洲贸易路线交汇处的国家，白俄罗斯已成为中国实施"一带一路"倡议的支点。

值得注意的是，白俄罗斯参与"一带一路"倡议已正式载入《白俄罗斯共和国和中华人民共和国关于建立全天候全面战略伙伴关系的联合声明》。该《联合声明》是于2022年9月15日在卢卡申科总统与习近平主席会晤之后共同发表。

白俄罗斯和中国将彼此视为战略伙伴，定期举行首脑会议和签署许多双边协议证实了这一点，这些双边协议主要涉及政治、人道主义、信贷和投资领域。

明斯克和北京之间的政治伙伴关系建立在相互尊重、支持主权和领土完整的原则基础上。其发展前景充满了希望，进一步互动的方向之一可能是加强多边外交和国际组织框架内的立场协调。此外，白俄罗斯和中国可以继续深化在"智能"外交和数字安全领域的合作，这将使他们能够更有效地应对现代世界的挑战。从长远来看，这种伙伴关系可以改变该地区的力量平衡，并加强白俄罗斯作为中国在欧洲的关键盟友之一的地位。

至于经贸领域，需要强调的是，经济互动是中白两国关系的主要方向。自1992年以来，白俄罗斯与中国的贸易额增长了140多倍，这使中国成为白俄罗斯第二大贸易伙伴。2022年，两国的贸易额达到创纪录的58亿美元，白俄罗斯对华出口增长76.5%，达16亿美元。今年的动态数据表明，到年底，白俄罗斯对中国的出口量将至少增长20%。

中白"巨石"工业园已成为经济合作框架内的标志性项目之一。中华人民共和国主席习近平称之为"丝绸之路的明珠"。基于中国和新加坡

在发展特殊综合区方面的最佳经验,建立了一个独特的平台,在这里各个企业和国家共同为人们创造舒适的工作和生活条件。

今天,来自世界18个国家的115家企业已经在园区登记注册,在其基础上实施的投资项目完全契合发展"明天"高科技产业的任务:电子和电信、机械工程、新材料、生物技术、制药、大数据存储和处理、科技研发。

鉴于经济带货物通过"中国—欧洲—中国"路线流向欧洲的方向现在是该地区最具经济吸引力的方向之一,白俄罗斯积极参与"一带一路"沿线的铁路运输业务。

2017年5月,在"一带一路"论坛上,白俄罗斯和中国政府签署了关于发展国际货运和合作落实丝绸之路经济带建设理念的协议。2019年4月,在第二届论坛框架内签署了《国际公路客货运输协定》,这一协定目前正在顺利实施。

正在开展联合工作,以减少货物跨境流动的监管障碍,并与外国伙伴一起更新基础设施,以发展运输业务。白俄罗斯各地正在建立现代物流中心,从而使过境白俄罗斯的货物运输更具吸引力和效率。"白俄罗斯国家物流系统发展计划"的成功实施使得在该国建立29个这样的物流中心成为可能。中白"巨石"工业园正在建设"欧亚铁路门户"国际物流码头,这将确保优化这条路线上的货物运输。

在中白合作和白俄罗斯参与"一带一路"倡议的框架内,上述这些领域可以被称为传统领域,或者已经是"经典领域"。在未来几年,这种互动很有可能进一步深化。一个有前途的领域可能是高科技开发领域,白俄罗斯可以成为中国创新成果落户欧洲的平台。

根据目前的趋势,除了已经成为共同利益的"经典"领域,白俄罗斯参与"一带一路"倡议最有前途的领域如下所述。

三、绿色丝绸之路

白俄罗斯参与绿色能源开发的主要具体例子是白俄罗斯核电站项目的实施。似乎有可能加强与中国在这一领域的合作,包括通过白俄罗斯共和国能源部和白俄罗斯国立大学交流专家和组织实习。白俄罗斯国立大学是白俄罗斯核电站"核物理与技术""高能化学""核与辐射安全"专业人员的主要培训机构。还可以说,"绿色"主题可以与确保优质食品供应和确保粮食总体安全联系在一起,白俄罗斯在这方面使用了最现代和"清洁"的技术。

四、健康丝绸之路

第一,在我们这个时代,白俄罗斯和中国在医学领域的合作不断加强,无论是在高科技领域,还是在中国传统医学领域。这些领域在白俄罗斯的推广得到了中国的特别支持,并在不同层面上进行了多次声明。白俄罗斯共和国总统卢卡申科颁布的旨在发展创新和传统医学以及在中白"巨石"工业园实施制药、医疗器械和设备生产项目的总统令必将大力推动"健康丝绸之路"的发展。

第二,在这种情况下,在"一带一路"倡议框架内加强体育交流可能很有趣,特别是在西方和国际奥委会对白俄罗斯运动员采取非法政策的背景下。

第三,自2014年以来,白俄罗斯定期互派儿童团体到白俄罗斯和中国疗养胜地度假,这不仅为儿童提供了舒适的休闲、交流、教育环境和氛围,也使新一代的道德价值观得以形成。事实上,这种合作可以被描述为"未来的丝绸之路"。

五、数字丝绸之路

白俄罗斯参与实施该倡议的重点领域是数字经济和贸易、人工智能、云技术和神经网络、区块链技术。白俄罗斯国立大学可以为创建"教育—科学—生产"链中的实际 IT 集群作出重要贡献,因为该大学的专家就是从事上述领域的研究工作。

作为不结盟一体化的典范,"一带一路"倡议是共建全球文明的关键要素之一。它在 2013 年的推出非常及时。它为全球大多数人提供了加速发展的机会，不包含针对任何国家的任何对抗因素，无论是欧盟，还是美国。相反，它向西方伸出了友谊之手并提供了诚信、平等的合作机会。

白俄罗斯参与"一带一路"倡议，已成为深化中白关系的重要推动力。中白两国之间的关系以互利互尊、寻求稳定和发展的战略伙伴关系为基础，成为合作蓬勃发展的典范。两国在经济、政治、文化和军事领域开展的系统性战略合作，为进一步互动奠定了坚实基础，使两国更加紧密地联系在一起，并为两国人民带来了新的发展机遇。

"一带一路"倡议对白俄罗斯发展的影响深远，意义非凡。该项目为白俄罗斯经济增长和现代化开辟了新的前景，将助力其融入全球经济，成为东西方之间的重要过境枢纽。这种合作是一个典范，展示了基于信任和互利原则的战略伙伴关系如何推动更加公正和平衡的世界秩序的建立。

显然，白俄罗斯与中国有着深入且富有成效的合作潜力，尤其是在全球经济形势不断变化的背景下，中白两国关系的未来充满希望。

第七章　首脑外交与中国白俄罗斯"一带一路"合作

张　弘[*]

首脑外交是由国家元首或政府首脑以直接方式参与的外交实践，在国际政治和世界经济合作中发挥着特殊作用[①]。在处理国与国关系时，领导人之间的直接对话和信任有助于双方在事关两国利益的重大决策中避免误判、提高互动效率以及快速建立合作关系；在国家首脑之间达成共识，有助于加强政策执行效率和稳定性。笔者认为，在中国外交研究领域，首脑外交与元首外交在概念上具有高度的一致性，都是特指国家首脑或国家元首主导的外交行为，是国家外交的最高形式。关于首脑的级别，有人认为"当外交超出部长级而达到最高一级时就被认为是首脑外交了"，"首脑"这个词一般指行政首脑，包括国家元首与政府首脑，但在某些特定情况下也可以包括某些级别高于部长的其他官员[②]。首脑外交是中国外交的重要组成部分，中国宪法规定，国家主席在中国政治中居

---

[*] 张弘，中国社会科学院俄罗斯东欧中亚研究所研究员。

[①] 多数学者认为，首脑外交是一个古老现象，并不是20世纪的产物。现代意义上的首脑外交特指国家元首的外交实践。首脑外交作为一种外交实践，不仅是大国政治首脑参与的最高层次的个人外交，也是所有国家及国家集团（也包括正处于国家整合过程中的国家组织，如欧盟）的政治首脑们为商谈和解决双边、多边关系与重大国际事务而以正式身份公开、直接参加的个人外交，包括双边、多边会议或会晤。详见潘德昌：《论日欧首脑外交》，载《外国问题研究》2002年第1期。

[②] ［英］R.P.巴斯顿：《现代外交》，赵怀普等译，世界知识出版社2002年版，第5页。

独特地位,在外交决策和外交活动中发挥核心主导作用①。随着"冷战"的结束,中国外交逐渐恢复活跃,积极参与多边组织和地区外交活动,中国领导人越来越走到外交活动的前台,外交形式逐渐多样化和全球化。自20世纪90年代起,中国学者开始重视"首脑外交"的研究,对中国20世纪80年代以来的首脑外交做了深入的分析,发表大量研究成果。中国共产党十九大以后,随着习近平外交思想确立及实践的展开,首脑外交进一步成为中国外交研究的重要内容②。习近平主席对白俄罗斯的首脑外交在双边经济合作中发挥了关键作用,为我们研究中国首脑外交提供了新鲜的案例。

一、新时代中国外交特点与首脑外交

党的十八大以来,中国确立了以习近平同志为核心的新一代党中央领导集体,习近平主席作为新时期中国特色大国外交的总设计师,是中国新时期外交的领导核心。习近平主席指出,外交是国家意志的集中体现,必须坚持外交大权在党中央③。他提出了一系列富有中国特色、体现时代精神、引领人类发展进步潮流的新理念新主张新倡议,形成了习近平新时代中国特色社会主义外交思想即习近平外交思想。

(一) 强调中国共产党对外交工作的领导地位

自1949年中华人民共和国成立以来,宪法就赋予中国共产党对国家

---

① 根据2018年3月11日第十三届全国人民代表大会第一次会议通过的《中华人民共和国宪法修正案》第八十一条:中华人民共和国主席代表中华人民共和国,进行国事活动,接受外国使节;根据全国人民代表大会常务委员会的决定,派遣和召回驻外全权代表,批准和废除同外国缔结的条约和重要协定。引自全国人民代表大会网,http://www.npc.gov.cn/npc/c505/201803/e87e5cd7c1ce46ef866f4ec8e2d709ea.shtml。

② 2018年6月22—23日,中央外事工作会议正式确立了习近平外交思想的指导地位。中共中央政治局委员、中央外事工作委员会办公室主任杨洁篪在总结讲话中指出,会议最重要的成果是确立了习近平外交思想的指导地位。习近平外交思想是习近平新时代中国特色社会主义思想的重要组成部分,是以习近平同志为核心的党中央治国理政思想在外交领域的重大理论成果,是新时代我国对外工作的根本遵循和行动指南。

③ 杨洁篪:《以习近平外交思想为指导 深入推进新时代对外工作》,《求是》2018年第15期。

外交的领导权，党的总书记同时也是国家大政方针的主要责任人。在2013年3月十二届全国人大一次会议第四次全体会议上，习近平当选中华人民共和国主席、中华人民共和国中央军事委员会主席。除了担任中国共产党和中央政府的领导，习近平任职以来还成立了一系列的领导小组，集中全面管理国家大政方针。2013年11月，十八届三中全会审议通过了《中共中央关于全面深化改革若干重大问题的决定》。全会决定提出，中央成立全面深化改革领导小组，负责改革总体设计、统筹协调、整体推进、督促落实。截至2015年7月，中共中央成立的各类领导小组已达22个。这些领导小组可分为六大门类：组织人事类，中央人才工作协调小组；宣传文教类，中央宣传思想工作领导小组；政治法律类，中央西藏工作协调小组、中央新疆工作协调小组；财经类，中央财经领导小组、中央农村工作领导小组；外事类，中央外事工作领导小组（中央国家安全领导小组）；党建类，中央党的建设工作领导小组、中央巡视工作领导小组、中央党的群众路线教育实践活动领导小组等。其中习近平总书记直接领导的领导小组有4个，分别是中央全面深化改革领导小组、中央网络安全和信息化领导小组、中央财经领导小组、中央外事工作领导小组[①]。2018年3月，中国共产党第十九届中央委员会第三次全体会议通过《深化党和国家机构改革方案》，将上述4个小组改组为工作委员会。习近平总书记在中央外交工作领导小组第一次会议上特别强调：坚持以维护党中央权威为统领加强党对对外工作的集中统一领导[②]。强调中国共产党对外交工作的领导地位也体现在十九大报告中，习近平总书记在报告中特别强调："坚持党对一切工作的领导。党政军民学，东西南北中，党是领导一切的。"中央外交工作领导小组的成立从制度上确立了中国外交统一领导机制，增强不同部门对外交流的协调性。习近平总书记多次强调，维护党中央的领导权威，坚持对外工作的统一性，强调党中央对国家外交工作的领导权。中央领导小组制度的完善进一步加强了中共中央在外交工作中的领导地位，将过去分属于中共中央的党际外交职

---

① 王姝：《今年中央多次释放统战工作"升格"信号》，《新京报》2015年7月31日。
② 杨洁篪：《以习近平外交思想为指导 深入推进新时代对外工作》。

能及国务院下属的外交部、商务部、发展改革委、文化部、教育部、公安部等多个政府部门的对外职能,以及公共外交统一协调起来,强调外交工作的整体性、协调性和战略性。

(二) 强调维护外交工作中的核心意识

在中共十八大和十二届全国人大一次会议第四次全体会议之后,习近平在党和国家的领导地位得以确立。2016年1月29日,在中共中央政治局会议上,习近平同志首次公开提出"增强政治意识、大局意识、核心意识、看齐意识"[1]。中共十八届六中全会提出:全党同志紧密团结在以习近平同志为核心的党中央周围,全面深入贯彻本次全会精神,牢固树立政治意识、大局意识、核心意识、看齐意识[2]。在2017年的中共十九大上,又把增强"四个意识""坚定维护以习近平同志为核心的党中央权威和统一领导"写入党章,标志着管党治党进入一个新阶段,深刻地影响中国的政治格局。

核心意识的提出将首脑外交的重要性提到战略层面。这对于新时期的中国外交而言具有特殊意义,尤其强调了习近平在外交工作中的核心领导地位。习近平主席对于"一带一路"倡议的政策指示自然也成为中国外交工作的重要内容,中国外交工作围绕着国家首脑的战略指示有序展开。

增强核心意识,还表现为强调落实。习近平总书记多次强调,"一分部署,九分落实"。各部门、各地方要根据职责分工,发挥主动性创造性,加强分工协作、相互配合,不折不扣贯彻落实党中央对外大政方针和决策部署[3]。坚持把对党绝对忠诚作为根本政治要求和最重要的政治纪律,要求外交工作始终在思想上政治上行动上同以习近平同志为核心的党中央保持高度一致。2015年6月中共中央印发了《中国共产党党组工作条例(试行)》,该条例对推进党组工作制度化、规范化、程序化发挥

---

[1] 《中共中央政治局召开会议 中共中央总书记习近平主持会议》,《人民日报》2016年1月30日。
[2] 《习近平谈治国理政》第二卷,外文出版社2017年版,第181页。
[3] 杨洁篪:《以习近平外交思想为指导 深入推进新时代对外工作》。

了重要作用。之后，中共中央又先后制定、修订了《关于新形势下党内政治生活的若干准则》《中国共产党党内监督条例》等重要党内法规，党的十九大对党章进行了适当修改。实际上，核心意识就是要强调党的纪律。在外交工作中，强调职能部门对领导人的重大决策不仅要积极响应，还应当及时落实和坚决执行。

（三）习近平外交思想形成促进中国首脑外交的发展

首脑外交的兴起还与习近平外交思想有着密切联系。党的十八大以来，在习近平总书记的领导下，为了应对国内和国外两个形势的变化，中国外交思想不断创新发展。从"一带一路"倡议到人类命运共同体思想的提出，都体现了中国外交的新变化。

习近平总书记对于中国外交思想的发展表现在"一带一路"合作中坚持正确义利观和真实亲诚理念。中国在实施"一带一路"合作过程中，不仅要走出去，还要请进来，欢迎发展中国家分享中国发展机遇。2015年11月7日，习近平在新加坡国立大学发表演讲时强调，中国愿意把自身发展同周边国家发展更紧密地结合起来，欢迎周边国家搭乘中国发展"快车""便车"，让中国发展成果更多惠及周边，让大家一起过上好日子①。

坚持正确的义利观是中国外交的优良传统，特别是在与广大发展中国家打交道的过程中，中国一直坚持提供力所能及的帮助。在中华人民共和国刚刚成立不久，我们在自身经济十分困难的情况下，仍然坚持向亚非拉广大第三世界国家提供力所能及的帮助。在经历了几十年的改革开放之后，中国自身的经济实力得到长足进步，综合国力有了大幅提高，中国比过去更加积极地开展对外援助、承担国际责任。2013年10月，习近平总书记在首次周边外交工作座谈会上强调，要找到利益的共同点和交汇点，坚持正确义利观，有原则、讲情谊、讲道义，多向发展中

---

① 《深化合作伙伴关系　共建亚洲美好家园》，《人民日报》2015年11月8日。

家提供力所能及的帮助①。习近平强调:"对周边和发展中国家,一定要坚持正确义利观。只有坚持正确义利观,才能把工作做好、做到人的心里去。……对那些长期对华友好而自身发展任务艰巨的周边和发展中国家,要更多考虑对方利益,不要损人利己、以邻为壑。"②

根据《中国的对外援助(2014)》白皮书,2010—2012年,中国对外援助金额为893.4亿元人民币,约合137.16亿美元,平均每年为45.72亿美元。在"一带一路"倡议提出以后,在与共建国家合作过程中,更是将经济合作和互利共赢紧密结合起来,坚持正确的义利观和合作共赢的发展观。据中国政府公开数据统计,自2013年"一带一路"倡议提出到2016年末,中国对外援助金额超过了2013年之前的十年之和③。

中国与共建"一带一路"国家的经济合作,既坚持市场原则,按照市场规律和国际经济准则开展基础设施和产业合作,同时启动了很多针对对象国的发展援助和民生工程。习近平主席多次强调,"中国梦是和平、发展、合作、共赢之梦,我们追求的是中国人民的福祉,也是各国人民共同的福祉"④。外交部长王毅形象地指出,"一带一路"不是中国一家的"独奏曲",而是各国共同参与的"交响乐"⑤。2017年5月,习近平主席在第一届"一带一路"国际合作高峰论坛开幕式致辞中郑重承诺,中国将在未来三年向参与"一带一路"建设的发展中国家和国际组织提供600亿元人民币援助,建设更多民生项目;将向"一带一路"沿线发展中国家提供20亿元人民币紧急粮食援助,向南南合作援助基金增资10亿美元,在沿线国家实施100个"幸福家园"、100个"爱心助困"、100个"康复助医"等项目;将向有关国际组织提供10亿美元落

---

① 《习近平在周边外交工作座谈会上发表重要讲话强调 为我国发展争取良好周边环境 推动我国发展更多惠及周边国家》,《人民日报》2013年10月26日。
② 王毅:《坚持正确义利观 积极发挥负责任大国作用》,《人民日报》2013年9月10日。
③ 胡鞍钢、张君忆、高宇宁:《对外援助与国家软实力:中国的现状与对策》,《武汉大学学报(人文科学版)》2017年第3期。
④ 《中央外事工作会议在京举行》,《人民日报》2014年11月30日。
⑤ 王毅:《"一带一路"是各国共同参与的"交响乐"》,新华网2015年2月2日,http://news.xinhuanet.com/world/2015-02/03/c_1114226105.htm。

实一批惠及沿线国家的合作项目①。在2018年4月博鳌亚洲论坛上,习近平称:"共建'一带一路'倡议源于中国,但机会和成果属于世界,中国不打地缘博弈小算盘,不搞封闭排他小圈子,……把'一带一路'打造成为顺应经济全球化潮流的最广泛国际合作平台,让共建'一带一路'更好造福各国人民。"② 这说明,中国提出的"一带一路"倡议目的在于希望与广大共建国家共同致力于美好的发展愿景,表明我们的倡议不是绑架地区国家的经济发展,而是为共建国家的经济发展提供中国方案,体现了我们新的发展观、义利观、安全观和全球治理观。

二、首脑外交与中白合作

自白俄罗斯独立以来,中白两国政治关系发展平稳。2013年9月,中国提出了建设丝绸之路经济带倡议,白俄罗斯抓住了中国外交政策变化的机遇,积极参与"一带一路"合作。通过习近平主席与卢卡申科总统的政治推动,两国关系进入发展的快车道。2013年7月,中白宣布建立全面战略伙伴关系,开创了两国关系发展新时代。2015年5月10日,双方签订《中华人民共和国和白俄罗斯共和国友好合作条约》,为两国关系进一步发展奠定了坚实的法律基础。中国与白俄罗斯全面战略伙伴关系的建立,使得两国政治互信达到前所未有的高度,双方不仅在外交立场上相近,而且还在"一带一路"合作方面取得重大突破。2014年1月,两国政府宣布实施《中白全面战略伙伴关系发展规划(2014—2018年)》,建立中白副总理级政府间合作委员会。随着中白工业园项目的不断推进,两国政治互信在经贸领域开花结果。白俄罗斯总统卢卡申科称:中国是可信赖的合作伙伴,一直都为白俄罗斯提供可靠的支持,我们也

---

① 习近平:《携手推进"一带一路"建设——在"一带一路"国际合作高峰论坛开幕式上的演讲》,《人民日报》2017年5月15日。
② 习近平:《开放共创繁荣 创新引领未来——在博鳌亚洲论坛2018年年会开幕式上的主旨演讲》,《人民日报》2018年4月11日。

会同样对待中国,白俄罗斯是你们的朋友①。在 2019 年 4 月 25 日访问北京期间,卢卡申科总统再次强调两国关系是真诚可靠的全天候伙伴关系②。

(一) 习近平主席高度重视中白关系的发展

党的十八大以来,习近平在对白俄罗斯关系上多次发表重要讲话,高度评价白俄罗斯支持涉及中国核心利益的立场,将中白两国关系的政治定位提高到前所未有的高度。习近平指出,中白两国互信水平高、合作成果丰硕,中白关系基础牢固、发展前景广阔③。习近平强调,中方视白俄罗斯为共建"一带一路"的重要合作伙伴,双方在涉及彼此核心利益和重大关切问题上坚定相互支持,务实合作呈现全方位、多层次发展的良好态势,在国际和地区问题上保持密切协作④。2015 年 5 月,在习近平主席访问白俄罗斯期间,高度评价中白的战略互信,高度评价白俄罗斯对"一带一路"建设的支持。习近平强调,中国视白俄罗斯为共建"一带一路"的重要合作伙伴,赞赏白方的积极参与。几年来,中白共建"一带一路"合作全面发力、多点突破、纵深推进、成果显著⑤。习近平主席的政治评价无疑为中国政府和中国企业投资白俄罗斯注入政治信心,他对于中国与白俄罗斯关系的论述和指示成为两国关系发展的最强动力。

"巨石"中白工业园是两国目前合作规模最大、层次最高的项目,是两国创新合作模式、提升合作水平、促进产业整合的一项举措。2012 年 8 月,中国和白俄罗斯两国政府共同商定并签署协议创办中白工业园,园区的建设期约为 30 年。园区发展将集中于电子、生物医药、精细化工、工程和新材料,目标市场为独联体国家和欧盟。根据白俄罗斯总统令,本园区在该国具有最大的税收豁免权。例如,根据与合资管理公司签订

---

① 《卢卡申科说中国是白俄罗斯可靠合作伙伴》,新华网 2019 年 3 月 2 日,http://www.xinhuanet.com/world/2019-03/02/c_1124183887.htm。
② 《王岐山分别会见白俄罗斯总统、印尼副总统》,《人民日报》2019 年 4 月 26 日。
③ 《习近平同白俄罗斯总统卢卡申科会谈——两国元首宣布建立中白全面战略伙伴关系》,《人民日报》2013 年 7 月 16 日。
④ 《习近平会见白俄罗斯总统卢卡申科》,《人民日报》2017 年 5 月 17 日。
⑤ 《习近平会见白俄罗斯总统卢卡申科》,《人民日报》2018 年 6 月 11 日。

劳动合同以工资形式收到的个人收入以及园区入驻者收入的个人所得税为9%。为园区入驻者减免土地税、不动产税和所得税等三种最重要的税费。另外，园区入驻者从国外进口设备免关税，同时在材料进口、关税及增值税支付上享受优惠政策。投资者可租用园区土地长达99年或购买作为私人财产。将向公众提供园区总体规划及有关园区入驻者的利益和保障信息①。

中白工业园建设项目与习近平主席有着密切的联系。在习近平主席的关注下，中国各级政府在资金、技术和政策方面给予了工业园项目特殊的支持，鼓励大型国有企业和大型科技创新型企业对工业园早期投资，在短期内取得了良好的成绩。项目始于2010年，时任国家副主席的习近平访问白俄罗斯，卢卡申科总统向习近平表达了希望中国在白俄罗斯境内建设工业园区的愿望。2011年9月，中白两国签署合作协定。2014年6月，在经过四年酝酿后项目进入具体实施阶段。2015年5月，习近平主席再次访问白俄罗斯，考察了建设中的中白工业园项目，提出要把中白工业园建设作为合作重点，发挥政府间协调机制作用，谋划好园区未来发展，将园区项目打造成丝绸之路经济带上的明珠和双方互利合作的典范②。2018年6月，习近平在青岛与卢卡申科总统会面时特意提及中白工业园项目，他提出，双方要加强战略对接和政策沟通，深化经贸、投资合作，推进中白工业园建设，确保有关合作项目取得应有经济和社会效益③。截至2018年12月，园区已吸引来自中国、白俄罗斯、俄罗斯、美国、德国、奥地利、立陶宛和以色列等国的42家企业入驻，入园企业合同投资总额已经达到11亿美元，其中中国企业投资6.3亿美元④。

(二) 卢卡申科总统推动白俄罗斯成为"一带一路"倡议的积极合作者

白俄罗斯是一个位于东欧的内陆国家，资源有限、领土面积和人口

---

① 《关于中国—白俄罗斯工业园区》，白俄罗斯共和国驻华大使馆网站，http://china.mfa.gov.by/zh/industrial_park/。
② 《习近平：把中白工业园建成合作典范》，《新京报》2015年5月12日。
③ 《习近平会见白俄罗斯总统卢卡申科》，《人民日报》2018年6月11日。
④ 廉丹：《2018年是这样度过的——中白工业园跑出"加速度"》，《经济日报》2019年1月20日。

相对不大。自获得独立以来，白俄罗斯进行了有别于其他原苏联地区国家的政治经济改革，实施了渐进式的经济改革，凭借与俄罗斯的特殊伙伴关系，获得了俄罗斯的廉价能源供应和商品出口市场，维持了国民经济稳定发展。但是，随着近年俄罗斯经济增速的放缓，特别是乌克兰危机之后国际能源价格大幅下跌，长期依赖俄罗斯支持的白俄罗斯经济陷入困境，外部市场萎缩和能源优惠规模受限使得其金融市场发生大幅波动，白俄罗斯卢布汇率持续贬值，主权债务规模不断创历史新高。2011年和2012年通货膨胀率高达53.3%和59.2%，引发社会动荡。2013年下降至18.3%，但仍处于高处；2014年、2015年压力有所缓解，但通货膨胀率仍达18.1%、13.5%，继续维持高位。国家经济增长动力消失，有限的财政收入难以继续弥补庞大低效的国有企业亏空，必须寻找新的发展模式和增长动力。但外部帮助的可选项所剩无几。中国在2013年提出的"一带一路"倡议为白俄罗斯经济多元化提供了新的选择，白俄罗斯成为该倡议的积极合作者。

进入21世纪以来，卢卡申科总统十分关注中国的发展以及中国新时期对外开放带来的市场机遇，特别重视中国共产党管理经济和对外开放取得的经验。卢卡申科说，"中国已取得巨大进步，并在多个领域成为世界领袖。我们需要向中国学习"[1]。卢卡申科总统说："中国向'一带一路'沿线国家提供贷款和先进技术，在此过程中中国表现得非常友好，不会将自己的利益强加于别国或者进行贸易扩张，这在世界上绝无仅有。"[2] 白俄罗斯驻华大使鲁德坦言，"一带一路"倡议为白俄罗斯的发展带来了机遇。依托"一带一路"倡议，白俄罗斯在商贸流通、铁路设施建设和联通方面，与其他国家建立了更为密切的联系[3]。白俄罗斯联合公民党副主席亚罗斯拉夫·罗曼丘克也认为，白俄罗斯应向中国学习，

---

[1] 《习近平将助白俄复制中国奇迹 提速打造中白工业园》，中国日报网2015年5月8日，http://www.chinanews.com/gn/2015/05-08/7261469.shtml。

[2] 《专访："一带一路"倡议将为世界经济创造新的增长点——访白俄罗斯总统卢卡申科》，新华网2017年5月4日，http://www.xinhuanet.com//world/2017-05/04/c_1120920245.htm。

[3] 《白俄罗斯总统："一带一路"倡议是新型国家间相互协作模式》，中国新闻网2018年4月25日，http://www.chinanews.com/gj/2018/04-25/8499360.shtml。

他称中国的转轨是一个发展奇迹,建设工业园将帮助白俄罗斯从中国发展中获利①。

在中白工业园项目实施的四年间,中国的政府部门、智库和大型企业与白俄罗斯合作方保持密切沟通,提出了多项改进建议,双方就工业园的税收政策、管理方式、基础设施、公共服务等多个方面进行对接。白俄罗斯积极回应中方的建议,总统卢卡申科先后签发两条总统法令,以最高立法的形式规定了入园企业在税收、土地等多方面所享有的优惠政策,吸引企业入园。2017年5月19日,卢卡申科总统第三次签发有关中白工业园发展的新版总统令,为相关企业入驻工业园提供更好的法律保障。新版总统令对中白工业园园区管委会的职权进一步予以明确,规定白俄罗斯各国家机关必须根据园区管委会需求向工业园派驻工作人员,在工业园内提供"一站式"服务,为入园企业办理各类手续提供极大便利。新版总统令还规定要在工业园设立自由贸易区,并建立园区管委会对园区各单位的监督检查协调机制;放宽入园企业的注册标准,扩展了相关投资项目的基本落实方向,并降低了需短期内完成的投资许可门槛②。

(三)中白两国共同的发展观使得双方的政治互信、经济合作迅速升温,为丝绸之路经济带倡议在白俄罗斯落地提供了良好的政治环境

习近平主席与卢卡申科总统对于发展本国经济、实现现代化有着相似的认识。中国改革开放四十年的发展道路,是学习和借鉴西方发达国家经济管理经验,在开放中提高自己,引进、消化和吸收外国高科技和资本,在开放中探索适合本国国情的发展道路的过程。在中国共产党领导下,中国经过几十年的不断探索,国家治理水平不断提高。中国的经济领域也采取的是个别实验、逐步推开的方法,坚持公有制经济在国民经济中的基础作用,鼓励民营经济和多种所有制有序发展,实现了从计

---

① 《专访:"一带一路"倡议将为世界经济创造新的增长点——访白俄罗斯总统卢卡申科》。
② 参见王超、叶天乐:《"一带一路"背景下中白工业园发展研究》,《俄罗斯学刊》2019年第6期。

划经济向社会主义市场经济的转变，实现了经济总量持续高速增长，经济结构逐步改善。

卢卡申科总统对于白俄罗斯的经济发展道路有自己的认识，他说："白俄罗斯模式证明了它的可行性，我们的主权已经获得了可靠的社会经济和法律基础。"① 他还讲过，白俄罗斯坚持独立道路，这种道路选择源自白俄罗斯的国情。"我们支持自己的企业，平稳地进行现代化，而不是简单地改变所有权。即使是西方国家也承认，白俄罗斯经济取得了不错的增长。"② 白俄罗斯在独立之初曾经试图进行激进的私有化和自由化经济改革，导致经济迅速滑坡，爆发恶性的通货膨胀，人民生活急剧下降。卢卡申科执政后，改变了经济转型方式，采取渐进式的经济改革，以稳定人民生活为改革的首要目的，通过发挥国家在国民经济中的管理职能，稳定了金融市场，恢复了工业体系的运转，逆转了独立之初的市场混乱和高通货膨胀，实现了人民生活水平的稳定，20年以来，白俄罗斯保持了较为稳定的政治局面，人民生活水平稳步提高，国家经济很快就恢复到苏联解体前的水平，国民经济保持了较高的增长水平。

中国与白俄罗斯在国家现代化方面有着广泛的共识，坚持根据本国国情自主选择发展理念和道路。中国与白俄罗斯愿意进一步交流各自发展经验，相互取长补短，分享发展机会与发展成果。中白两国共同的发展观加强了双方的政治互信和经济合作，为丝绸之路经济带倡议在白俄罗斯落地提供了良好的政治环境。在两国首脑的支持下，中国与白俄罗斯的经贸合作实现了机制化、国家化和政治化。白俄罗斯政府为工业园提出了较高的产业定位，专注于高科技产业。卢卡申科总统在接受媒体采访时强调，我们不会在这里建立一个"组装工厂"，这里必须生产面向明天的高科技产品，从开发到生产，最终进入市场销售的特定产品③。两

---

① Лукашенко: белорусская модель экономического развития успешна, БЕЛТА, https：//naviny. by/rubrics/economic/2004/07/20/ic_ news_ 113_ 251130.

② Белорусская модель доказала свою состоятельность-Лукашенко, БЕЛТА, https：//www. belta. by/president/view/belorusskaja-model-dokazala-svoju-sostojatelnost-lukashenko – 200078 – 2016/.

③ Лукашенко о Китайско-белорусском индустриальном парке: мы не создаем здесь "парк отверток", https：//news. tut. by/economics/357514. html？crnd = 15773.

国政府经济部门高级官员定期会晤、定期沟通，为工业园项目的推进提供了良好的政策支持，进驻中白工业园的企业也由国家政治层面的投资向市场导向下的经营转变，企业合作的积极性不断提高。2016年9月29日，中国国家发展和改革委员会主任徐绍史与白俄罗斯经济部长季诺夫斯基分别代表两国政府签署了《中华人民共和国政府与白俄罗斯政府共同推进"一带一路"建设的措施清单》。该措施清单涵盖交通物流、贸易投资、金融、能源、信息通信、人文等领域相关措施或项目，有利于加强两国政策协调与产业协作，既是推动中白在丝绸之路经济带框架下开展务实合作的第一份路线图，也是指导两国务实合作的重要框架性文件。在中国国家发展和改革委员会、商务部和进出口银行的支持下，中国一批具有较强国际营销实力的高科技企业来到工业园考察，帮助白俄罗斯完善和提高工业园管理水平，为白俄罗斯相关部门提供智力支持。中方不仅在招商引资、人员培训和政策设计方面为白俄罗斯提供建议和帮助，还在资金上提供各种选择方案，同白方探讨使用丝路基金、中国—欧亚经济合作基金等融资渠道。

白俄罗斯对华投资稳步增长，白俄罗斯在机械制造方面具有较强优势，在华投资项目有：白俄罗斯戈梅利农机公司在哈尔滨合资的青贮收割机等农业机械生产项目、明斯克拖拉机厂在哈尔滨和伊犁的组装项目、别拉斯—中航合资企业等①。除中白工业园项目，近年来中国对白投融资合作规模不断扩大，合作项目涉及能源电力、交通通信等基础设施和电子、化工、航天航空等产能合作领域。据中国商务部统计，截至2019年末，中国企业对白非金融类直接投资超过5亿美元②。中国企业的主要投资项目有：中国美的集团的合资家电组装生产项目；北京住总集团投资建设的五星级北京饭店项目和"天鹅"住宅小区项目；吉利汽车组装厂

---

① 《中国白俄罗斯经贸合作再上新台阶》，人民网2014年1月26日，http://finance.people.com.cn/n/2014/0126/c1004-24226798.html。
② 任飞：《白俄罗斯投资环境与中国—白俄罗斯投资合作》，经济科学出版社2017年版，第96页。

项目①。在国家开发银行及中国进出口银行、中信银行等中国金融机构的贷款支持下，双方企业成功实施了近 30 个项目，用贷规模超过 60 亿美元；利用中方贷款实施的明斯克 2 号和 5 号电站改造项目、别列佐夫电站和卢克木里电站改扩建项目、三个水泥厂生产线项目、北京饭店项目、铁路电气化改造和 M5 公路改造项目已竣工，中白工业园、斯拉夫钾肥、维捷布斯克水电站、年产 40 万吨纸浆厂和年产 20 万吨涂布白卡纸厂项目、白俄罗斯电信网络改造项目、铁路电气化和公路改造二期项目、输变电项目亦已成功启动并顺利实施。这些大项目的实施带动一批国内有实力的企业走入白俄罗斯市场，增进了两国间经济联系，促进了白俄罗斯经济发展和产业转型。

在两国首脑的关心下，两国政府部门和地方州省加快对接工作，积极探索高科技产业投资和合作新模式，积极展开招商引资和项目推介活动，将地方经贸合作培育成两国务实合作新的增长点。2015 年 5 月，在习近平主席访问白俄罗斯期间，双方举行了领导人层级的高级会晤，还举办了主题为"新机遇、新平台"的"中国—白俄罗斯地方经贸合作论坛"，这是中白建交 23 年以来举办的层次最高、规模最大的经贸活动。出席人员不仅有政府职能部门高官，还有中国大型央企、大型高科技企业以及经济发达省份领导和企业。随行出席的中国高级官员几乎是倾情投入。在两国元首的见证下，双方签订了 25 份协议和文件，包括：中白政府经济技术援助协定、教育合作协定等政府间协定，浙江省与明斯克州友好关系协议书等多份发展地方合作的文件。多家中国企业也与白方签署协议，比如，中国进出口银行与白铁路公司签署了关于三个铁路项目的进出口信贷协议，中化集团公司与白俄罗斯钾肥公司签署了 2015—2019 年合作备忘录，采购钾肥贸易总量约 400 万吨。

---

① 吉利汽车项目不在中白工业园内，而是位于白俄罗斯明斯克州鲍里索夫地区。工厂一期项目于 2016 年 8 月开工建设，2017 年 11 月正式投产运营，投资额达到 3.45 亿美元。北京饭店项目则位于明斯克市内，由北京住总集团投资、开发、建设、经营。北京住总集团还在白俄罗斯参与了其他一些建筑项目，积累了一定的市场知名度。

三、中国与白俄罗斯合作具有的普遍意义

"现代外交最明显的特点是国家或政府首脑个人外交的作用日益增强。"① 在现代民族国家体制下，首脑既是国家外交活动的领导，也是最高层级的外交实施者。外交是内政的延伸，国家政治体制的设计必然会影响外交政策的制定、实施和效果。首脑在国内政治体系中的影响力，决定着其外交影响力和执行力。首脑外交在新中国外交中一直发挥着重要的作用，主要缘于中国政治体制和外交决策机制的独特性。随着中国改革开放的不断推进，中国外交呈现多层面和多方位的转变，领导人外交和首脑外交更加频繁。

党的十八大以来，以习近平同志为核心的党中央强化了中央外事工作领导小组职能，先后召开新中国成立以来首次周边外交工作座谈会和中央外事工作会议。习近平总书记强调，坚持中国共产党领导，坚持中国特色社会主义，是对外工作管根本的一条②。习近平总书记提出了建设丝绸之路经济带和21世纪海上丝绸之路的重大倡议，把中国的发展同共建国家的发展结合起来，把中国梦同沿线各国人民的梦想结合起来，赋予古代丝绸之路以全新的时代内涵，为世界提供了一项充满东方智慧的共同繁荣发展方案③。习近平总书记提出的构建新型国际关系、构建人类命运共同体、坚持正确义利观、推动"一带一路"建设、"亲诚惠容"的周边外交理念、"真实亲诚"的对非政策理念以及新发展观、新安全观、新合作观、新文明观、新全球治理观，成为新时代中国首脑外交的理论基础。

进入21世纪，中国与白俄罗斯关系发展迅速，特别是中共十八大以来，中国领导人习近平与卢卡申科总统特别重视发展两国关系，建立了

---

① [英] R. P. 巴斯顿：《现代外交》，第5页。
② 杨洁篪：《深入学习贯彻习近平总书记外交思想 不断谱写中国特色大国外交新篇章》，载《求是》2017年第14期。
③ 王毅：《在习近平总书记外交思想指引下开拓前进》，人民网2017年9月1日，http://theory.people.com.cn/n1/2017/0901/c40531-29508376.html。

良好的工作关系和个人互信。良好的国家关系、政治关系为两国经贸合作提供强大的政治支持。白俄罗斯自独立以来形成的特殊政治经济和外交形势促使首脑外交作用在中白关系中得到一定程度的放大。得益于两国领导人和政府高层的高度政治互信，中白克服了空间距离远、产业合作不匹配的困难，在白俄罗斯首都明斯克市郊建设中白工业园。"一带一路"倡议提出后，该项目被纳入"一带一路"建设框架内，项目进展迅速。

习近平总书记2014年在中央外事工作会议上指出，"我们要坚持合作共赢，推动建立以合作共赢为核心的新型国际关系"。"坚持互利共赢的开放战略，把合作共赢理念体现到政治、经济、安全、文化等对外合作的方方面面。"[①] 中国与白俄罗斯"一带一路"框架下的经贸合作具有一定的特殊性，但中白"一带一路"合作形式却蕴含着普遍意义的合作理念。白俄罗斯在中国外交中既不属于邻国，也不是大国，应当归为发展中国家的范畴。在发展与白俄罗斯关系中，中国一直秉持正确义利观和真实亲诚理念，增进两国全方位的合作。首脑外交与政府外交在利益层面是一致的，但是在执行层面是存在差异的，对于国家关系质量和国家交流效率有着特殊的意义。正常的国家经济合作，投入和回报应该维持大致的平衡。在共建"一带一路"国家中，像白俄罗斯这样的国家，对于合作有着强烈的政治意愿，但由于其正处于困难的经济转型期，自身经济实力和市场规模都有限。中国在"一带一路"框架下发展与他们的合作，更多的是多予少取，甚至只予不取，也就是允许"搭便车"。因此，中国在白俄罗斯的"一带一路"合作是基于市场原则和国际经济准则，同时又远远高于一般意义上的经济合作，是一种基于政治互信的合作。中方建立了无偿援助、优惠贷款、商业贷款和投资基金相结合的全方位资金支持体系，用于支持中白工业园区基础设施建设和入园企业发展，破解了园区起步时面临的资金瓶颈[②]。

[①] 《中央外事工作会议在京举行》，《人民日报》2014年11月30日。
[②] 《将中白工业园建成"一带一路"上的明珠》，载中国财经报网2018年5月15日，http://www.cfen.com.cn/dzb/dzb/page_3/201805/t20180507_2886360.html。

得益于两国领导人的关注，还得益于中国与白俄罗斯高效的国家治理机制，中白工业园从零开始，克服了资金、市场、技术和政策重重难关，逐渐走上了自主发展的良性轨道。在两国领导人的大力支持下，在两国企业共同努力下，在坚持制度创新和政策改革基础上，在坚持市场运营的原则下，中白工业园项目已经走出西方质疑阴影，越来越受到世界投资者的认可。

从中白合作中我们还可以得出一个结论：因势利导和差异性的合作形式是"一带一路"建设的新特点。"一带一路"绝不仅是一条交通物流走廊，更是一种全球经济合作的新模式，是中国参与经济全球化的一种制度创新[①]。"一带一路"参与国的国情和发展水平各不相同，既面临着一些共同的发展难题，同时也存在较大的地区和国别差异。我们在实践"一带一路"倡议过程中同样需要从合作伙伴那里学习优秀的观念和思想，不断创新合作模式和合作领域。这样才能将中国的发展机遇转变为世界的发展机遇，将世界的机遇转化为中国的机遇，通过运用"中国智慧"、合理提出"中国方案"、正确使用"中国力量"，推动中国与世界的良性互动，共同构建人类命运共同体。中国与白俄罗斯的合作经验证明，只要我们以互利共赢为出发点和落脚点，把维护国家利益与合作发展相结合，形成差异化、多层次的经济合作模式，就有可能增强区域经济合作广度和深度，提升双方经济合作质量和效益。

"一带一路"倡议是新时期中国外交的发展主线，牵动着中国与世界的关系，反映出中国外交思想最新成果。中白"一带一路"合作离不开习近平首脑外交的支持，首脑外交促进经济合作，在形式上的确具有特殊性，但是双方合作的精神和原则却具有普遍性，中国经验与中国市场同样也可能创造新的中国机遇，为其他发展中国家参与"一带一路"带来启发。"一带一路"倡议正在为沿线国家现代化提供新的模式选择。

[①] 曲颂：《一带一路是新型的全球合作模式（一带一路·高端访谈）》，《人民日报》2017年6月18日。

第八章 和平共处五项原则

——发展中华人民共和国和白俄罗斯
共和国关系的重要因素

韦尔盖奇科（S. V. Viarheichyk）*

本章研究了1954年中国总理周恩来提出的《和平共处五项原则》在中华人民共和国和白俄罗斯共和国关系发展中的意义和作用。研究基于各种官方文件，包括两国国家元首签署的双边协议和相关政策文件，以及作者之前的研究结果，旨在揭示有助于加强新时代中白全面战略伙伴关系的因素。

2024年是《和平共处五项原则》问世70周年①。历史上，《和平共处五项原则》的提出和通过推动了客观的发展趋势，加强了其在现代国际关系体系中的地位和重要性。

---

* 韦尔盖奇科（S. V. Viarheichyk），白俄罗斯战略研究所分析师，白俄罗斯国立大学国际关系学院博士研究生。

① Пять принципов мирного сосуществования были выдвинуты в 1954 году по инициативе премьера Госсовета КНР Чжоу Эньлая, премьер-министра Индии Джавахарлала Неру и премьер-министра Мьянмы У Ну. На Бандунгской конференции в Индонезии данные принципы были признаны и одобрены большинством стран Азии и Африки. Политическим итогом Бандугской конференции, состоявшейся с 18 по 24 апреля 1955 года по инициативе Индии, Индонезии, Бирмы（Мьянма）, Пакистана и Шри-Ланки, стало объединение 29 стран Азии и Африки. Итоговый документ, включил в себя 10 принципов мирного сосуществования, среди которых- уважение прав человека, территориальной целостности, отказ от интервенции и вмешательства во внутренние дела.

第一，《和平共处五项原则》为解决边界问题、实现中国与周边国家之间的关系正常化，以及后续加强与世界其他国家的联系做出了巨大贡献。

第二，随着时间的推移，《和平共处五项原则》不仅成为国家间关系的准则，还成为不结盟运动的指导方针和全球南方国家在后殖民时代保持团结的象征。

第三，《和平共处五项原则》成为中国现代外交政策的基础，旨在加强与包括白俄罗斯共和国在内的其他国际关系参与者的互动协作。自1992年1月建立外交关系以来，《和平共处五项原则》一直是两国政治关系的基础。

1992年1月20日签署的《中华人民共和国和白俄罗斯共和国建交协议》的第一条规定了发展"友好合作关系"的基本原则，包括相互尊重主权和领土完整、互不侵犯、互不干涉内政、平等互利、和平共处。该文件是1991年12月27日中国承认年轻的白俄罗斯国家后的一份基础性双边文件。《和平共处五项原则》构成了白俄罗斯共和国和中华人民共和国后来所签署的政治文件和所有其他国家间文件的基础，其中包括2015年5月10日签订的《友好合作条约》。①

遵循《和平共处五项原则》的政策不仅有助于双边关系所有方面——政治、贸易、经济、科学、技术和人道主义方面的发展，还有助于国内经济的逐步增长。在实践中，它证明了其在抵制外来政治和经济压力方面的价值。

得益于中国一贯的政治支持，白俄罗斯共和国自独立以来在国家建设、社会经济发展和提高人民生活质量方面取得了重大成果，白俄罗斯在现代国际关系体系中发挥着重要作用。

中国和白俄罗斯两国一贯主张建立公正合理的国际政治经济新秩序。

---

① Белорусско-китайские отношения в межгосударственных, межправительственных и межведомственных документах（1992 – 2022）：сборник текстов оригинальных белорусско-китайских договоров, соглашений, меморандумов и протоколов/Министерство иностранных дел Республики Беларусь, Республиканский институт китаеведения им. Конфуция Белорусского государственного университета Минск. – ：СтройМедиаПроект, 2022г.

在关于加强二十一世纪全面合作的联合声明中，双方立场一致，主张在联合国宪章、公认的国际法准则以及《和平共处五项原则》的基础上塑造二十一世纪的国际关系，强调践行文明多样性和多元化原则。① 在该文件中列出的原则与中国总理周恩来早在1954年就提出的《和平共处五项原则》直接相互呼应。

在世界舞台上，双方一贯秉持世界体系多极化的理念，并将这一理念作为西方世界秩序模式的替代方案。这符合世界上绝大多数国家和人民的利益，有利于维护和平与稳定。事实上，该理念的基础是考虑到每个民族的特点和独特性。

2013年，两国将双边关系提升为"全面战略伙伴关系"，扩大了互动框架，"有利于地区和全球和平、稳定与发展的保障和加强事业"。②

中白全面战略伙伴关系体现了最高程度的合作，以高度的政治互信和对彼此核心利益的关切为前提。其主要内容和"基石"是在国家独立、主权、领土完整和国家安全问题上相互支持。

在中国外交政策的"新"时代，"和平共处"原则体现在创建人类命运共同体的理念中，旨在不仅加强与邻国，而且加强与遥远国家、其他大陆伙伴的睦邻关系，其中包括在国际组织框架内。构建人类命运共同体的理念实际上是建立在《和平共处五项原则》之上的，甚至有着相似的渊源。自2015年正式提出以来，这一概念已从中国倡议扩大为国际共识。

中国提出了自己的全球发展和安全愿景。这些倡议的核心原则，如持久和平、普遍安全、共同繁荣、开放和尊重，在当今复杂的全球环境中，这比以往任何时候都更加重要，是世界各国繁荣发展的关键条件。③

---

① Белорусско-китайские отношения в межгосударственных, межправительственных и межведомственных документах（1992 – 2022）：сборник текстов оригинальных белорусско-китайских договоров, соглашений, меморандумов и протоколов/Министерство иностранных дел Республики Беларусь, Республиканский институт китаеведения им. Конфуция Белорусского государственного университета Минск. – : СтройМедиаПроект, 2022г. , стр. 13.

② 同上，第28页。

③ О создании сообщества единой судьбы человечества：сборник статей Си Цзиньпина, Пекин. – : Чжунъян бяньи чубаньшэ, 2021.

2016 年白俄罗斯总统亚历山大·卢卡申科与中国国家主席习近平会晤后签署的关于建立值得信任的全面战略伙伴关系和互利合作关系的联合声明强调了发展"全天候友谊"的意愿,以及"打造利益共同体和命运共同体"的愿望。① 这一战略强调互助和支持、共同的道德标准和利益以及共同克服各种挑战。② 两国的互动协作时期以历史标准来看相当短暂,这样的例子还有很多。在中国,他们心怀感激和温暖回忆起白俄罗斯在 2020 年抗击新冠疫情中向中国提供的帮助,也就是甚至在全球大流行之前。反过来,白俄罗斯人也感谢中国人民实施了一系列技术援助项目,其中包括建设社会保障住房和世界级体育设施等重要项目。

自建立外交关系 32 年以来,中国和白俄罗斯成功地将两国关系提升到了最高水平——全天候全面战略伙伴关系③。

在全球动荡中,"铁杆兄弟情谊"和"全天候伙伴关系"等特征被赋予了特殊的内涵,意味着既不受内部问题的影响,也不受外部压力的影响。无论国际局势如何变化,两国在政治、经济、安全等方面都保持着密切关系④。

2023 年 3 月签署的《关于进一步发展新时代全天候全面战略伙伴关系的联合声明》也符合和平共处的基本原则。该文件强调,既不允许在

---

① Белорусско-китайские отношения в межгосударственных, межправительственных и межведомственных документах (1992 – 2022): сборник текстов оригинальных белорусско-китайских договоров, соглашений, меморандумов и протоколов/Министерство иностранных дел Республики Беларусь, Республиканский институт китаеведения им. Конфуция Белорусского государственного университета Минск. – : СтройМедиаПроект, 2022г., стр. 50.

② Китай предложил миру новый путь: статья посла КНР Ли Хуэя в «Российской газете» [Электронный ресурс]. – Режим доступа: https://rg.ru/2019/04/23/chislo-storonnikov-koncepcii-soobshchestva-edinoj-sudby-v-mire-rastet.html. – Дата доступа: 19.06.2024.

③ Совместная декларация Республики Беларусь и Китайской Народной Республики об установлении отношений всепогодного и всестороннего стратегического партнерства [Электронный ресурс]. – Режим доступа: https://china.mfa.gov.by/ru/embassy/news/fb2937bef6398e2d.html. – Дата доступа: 19.06.2024.

④ Вергейчик, С.В. Политика Китая в отношении Беларуси в межгосударственных документах (1992 – 2024 гг.)/С.В. Вергейчик//VII Республиканская школа молодого китаеведа: приоритетные направления исследования современного Китая и актуальные задачи формирования белорусской школы китаеведения: сб. ст. участников VII Республиканской шк. молодого китаеведа, Минск, 1 мар. 2024 г./под ред. проф. А.А. Тозика. – Минск: Изд. центр БГУ, 2024г., стр. 87.

民主和人权问题上实行双重标准，也不允许以民主和人权为借口干涉别国内政。该文件还对限制其他国家根据《联合国宪章》公认原则独立决定其政治、经济和社会发展方向之主权权利的企图表示严重关切。①

遵循"和平共处"的基本原则使中国和白俄罗斯这两个体量不可同日而语的国家能够建立平等的"模范"合作关系。

"和平共处"原则在上海合作组织、金砖国家等多边合作形式中得到了生动体现。在很大程度上，正是由于这一因素，越来越多的国家寻求成为这些权威的国家间平台的一部分，这些平台在当今多极世界中发挥的作用越来越大。

本着一贯支持合作伙伴的精神，中国公开、坚定地支持白俄罗斯参与区域一体化。因此，在中方的支持下，白俄罗斯于2010年获得上合组织对话伙伴国地位，2015年7月获得观察员地位，2024年7月获得上合组织正式成员地位（相应决议是在阿斯塔纳国家元首峰会上作出的）。在2015年担任亚洲相互协作与信任措施会议主席国期间，中国支持白俄罗斯申请观察员地位，表示希望加强合作，维护地区和平与安全。白俄罗斯参与亚洲相互协作与信任措施会议的政治机制为发展和加强接触开辟了更多的渠道，为就国际和地区议程上的热点问题交换意见提供了机会。2016年，中方支持白俄罗斯加入"16+1"多边互动模式。②

在中国的支持下，白俄罗斯于2023年申请加入金砖国家大家庭。白俄罗斯已经是"金砖+"对话形式的积极参与者。预计这一联合组织的扩大将引起致力于世界多极化的国家的更大重视，以利于和平共处。

"和平共处"原则以及以联合国为中心的世界模式是中国共建丝绸之路这一理念的基础。同时，中国顺应时代精神，扩大了"一带一路"建设的基本原则清单。保持敞开合作大门、和睦包容，包容不同文明，尊

---

① Совместное заявление Китайской Народной Республики и Республики Беларусь о дальнейшем развитии отношений всепогодного и всестороннего стратегического партнерства между двумя странами в новую эпоху ［Электронный ресурс］. - Режим доступа：http：//russian. people. com. cn/n3/2023/0302/c31521 - 10214788. html. - Дата доступа：19. 06. 2024.

② Вергейчик, С. В. Исторические условия и предпосылки участия Беларуси в формате сотрудничества Китай-ЦВЕ в качестве наблюдателя （2011 - 2016 гг. ）/C. В. Вергейчик// Беларуская думка. - 2023. - №7. C. 48 - 55.

重各国对发展道路和模式的选择，开展文明对话，求同存异、共同繁荣。中国国家主席习近平于2013年9月首次提出建设"丝绸之路经济带"的倡议，旨在建立创新型互动模式，形成区域间合作的新秩序。①

白俄罗斯是最早支持倡议的国家之一。在这样一个非常脆弱的世界中，中国领导人的倡议具有特殊价值，因为这一倡议是真正倡议在考虑各国和地区普遍根本发展利益的基础上建立世界新秩序。

习近平主席关于共同发展和安全的新理念、新倡议在白俄罗斯得到认同和全力支持。明斯克和北京在加强友谊和战略伙伴关系的同时，切实彼此相互支持，保持立场统一，协调努力克服障碍②。中国重申"愿意永远成为白俄罗斯的可靠伙伴并提供强有力的支持"③，这证明了两国关系稳如磐石和进一步亲近的前景。

在战略稳定和国际安全机构的基础遭到破坏以及欧洲大陆局势不断变化的背景下，《和平共处五项原则》比以往任何时候都更加适用于该地区。毕竟，世界从未像现在这样接近核升级的门槛。一些政客甚至认为有可能爆发第三次世界大战。

在现代条件下，中国为回答"我们应该建设一个什么样的世界以及如何建设这个世界"这一重大问题提出了自己的愿景。中国国家主席习近平在纪念《和平共处五项原则》发展70周年的主题演讲中指出，坚持主权平等原则是构建人类命运共同体的主要目标。这意味着各国在国际社会中享有平等地位，而无论其体量大小和分量如何。中国领导人将不把自己的意志强加于人、远离集团对抗称为不干涉别国内政的"黄金法则"，作为增进各国人民共同利益的机制。

---

① Концепция создания экономического пояса шелкового пути и морского шелкового пути XXI века ［Электронный ресурс］. – Режим доступа：https：//ruchina. org/china-article/china/731. html. – Дата доступа：19. 06. 2024.

② Поздравление Председателю Китайской Народной Республики Си Цзиньпину ［Электронный ресурс］. – Режим доступа：https：//president. gov. by/ru/events/pozdravlenie-predsedatelyu-kitayskoy-narodnoy-respubliki-si-czinpinu – 1655216840. – Дата доступа：19. 06. 2024.

③ 王毅会见白俄罗斯外长阿列伊尼克（Ван И встретился с министром иностранных дел Беларуси С. Алейником）［Электронный ресурс］. – Режим доступа：https：//www. fmprc. gov. cn/web/wjbzhd/202405/t20240521_11308233. shtml. – Дата доступа：19. 06. 2024.

在这种情况下，尽快改革全球治理体系被视为世界政治的紧迫任务，其基础应是"和平共处"原则，这将有助于国家间关系的健康发展。有必要通过对话、共识和寻求妥协互让来推进全球参与者的互动协作。世界命运所依赖的各个国家领导人应该彼此坦诚相对。安全对于世界上所有国家必须是平等和共同的。白俄罗斯在其历史上经历了伟大卫国战争期间的可怕考验，并呼吁其他国家以负责任的方式对待维护和平的问题。

因此，和平共处原则走在了时代的前头。在二十世纪下半叶，在冷战升级到"白热化"阶段的危险情势中，《和平共处五项原则》的一代创始人成功地维护了和平。

《和平共处五项原则》为中国和白俄罗斯共和国双边关系发展以及两国在国际组织和政府间交往框架内的互动与合作奠定了基础。

这一普遍原则在未来很长一段时间内，都将在国际关系中发挥重要作用，并将成为各国之间全新建设性互动合作模式的源泉。

在此背景下，专家对话的作用越发重要，决策者、科学家和分析家之间的持续沟通，将有助于提升相互信任和理解，推动新理念的产生，勾勒未来"和平共处"的景象。

第九章　中国与白俄罗斯跨区域产业合作的潜力

——以汽车产业为例

张艳璐[*]

在经济全球化的背景下，为适应区域经济一体化和产业转型升级的需要，中白两国在汽车产业领域拥有广阔的合作前景。通过对比分析两国汽车产业的发展现状可以发现，中白在汽车产业上拥有各自的优势和较强的互补性。其中，中国拥有庞大的市场、成熟的产业链和不断提升的创新能力，而白俄罗斯则在汽车制造、技术积累和地理位置上具有优势，特别是其作为"一带一路"建设桥头堡的地位使其在欧亚跨区域合作中占据得天独厚的优势。在此基础上，笔者进一步剖析了中国与白俄罗斯在汽车产业合作的潜力及所面临的阻碍，并有针对性地提出了政策协同、技术创新、投资合作和品牌联合等策略建议，以期形成互利共赢的产业合作模式。研究结果表明，通过深化跨区域产业合作，两国能够在汽车产业实现资源共享、技术交流和市场拓展，推动双方经济的共同发展。本章旨在为两国政府、企业以及相关利益方提供决策参考，对于推进中国与白俄罗斯间的务实合作，乃至整个欧亚地区的跨区域经济合作具有重要的理论借鉴和实践指导价值。

---

[*] 张艳璐，中国社会科学院俄罗斯东欧中亚研究所副研究员。

中国与白俄罗斯:"一带一路"建设与现代化发展

在全球化的浪潮中,随着"一带一路"倡议的持续深化,中国与白俄罗斯的跨区域产业合作正逐渐成为国际经济合作的新典范。2024年8月,中国国务院总理李强访问白俄罗斯期间,两国政府签署的联合公报不仅重申了双方在多个领域的合作共识,更明确了至2030年前的中期核心任务,即分享借鉴中国现代化建设的经验和成果,协作发展新质生产力。白方在中方支持下推进科技创新,拓展新的工业领域并推进现有产业现代化,遵循生态优先和绿色发展理念,适应世界生产关系新趋势。[①]

鉴于此,笔者选择汽车产业作为研究对象,旨在由此切入来探讨中国与白俄罗斯之间跨区域合作的潜力,进而谋求构建区域经济一体化的实践路径。在全球化的大背景下,跨区域产业合作业已成为推动经济发展的强劲动力。它通过优化资源配置、促进技术转移与创新、整合市场,有效地促进区域经济的一体化进程。这一合作模式在《里斯本条约》和《巴黎协定》等国际协议的框架下,被进一步赋予了新的使命,即在追求经济增长的同时,注重环境保护和社会公正,以实现可持续发展。

与此同时,研究中白两国在汽车产业上的跨区域合作潜力,对构建新型国际关系也具有重要意义。中国作为全球最大的汽车市场,不仅拥有庞大的消费群体和完善的产业链,并且在汽车产业的电动化、智能化、网联化等方面展现出强大的创新能力,为与白俄罗斯的产业合作提供了技术和市场的双重机遇。白俄罗斯,作为"一带一路"沿线的关键国家,凭借其在汽车制造领域的深厚积累,为两国合作奠定了坚实的基础。白俄罗斯的地理优势,使其成为连接欧洲和亚洲的重要交通枢纽,为汽车及相关产品的国际流通提供了便利。通过深化产业合作,中白双方不仅可以实现资源共享,推动汽车产业的升级和转型,还可以促进技术创新的交流与扩散,提升两国在全球汽车产业链中的地位。

因此,笔者试图通过详细梳理中国与白俄罗斯汽车产业的发展现状,比较分析双方的优势,来探索两国间跨区域合作的可能方向与突破点,并提出相关合作策略建议,以期推动两国在汽车产业领域的互利共赢,为构建人类命运共同体和推动全球治理体系的改革,提供中国与白俄罗

---

① 《中华人民共和国政府和白俄罗斯共和国政府联合公报》,新华社,2024年8月23日。

斯的实践案例。

一、研究基础

从理论基础的角度来看，全球价值链理论和区域经济一体化理论为中国与白俄罗斯汽车产业的跨区域合作问题研究提供了基本的分析框架，为相关合作的实施提供了理论支撑。

（一）全球价值链理论

全球价值链理论，由经济学家迈克尔·波特（Michael Porter）于1985年提出，为理解全球生产过程提供了一个有力的分析框架。最初，波特的价值链理论将企业视为一系列活动的集合体，每一个活动都在设计、生产、销售、发送和辅助产品的过程中创造价值。[1] 而全球价值链（Global Value Chains，GVCs）是这一概念的国际延伸，它不仅关注企业竞争力，也关注最终产品的流动，更重视跨国界的任务转移以及这些任务所产生的附加值。[2]

全球价值链理论的脉络发展经历了多个阶段。最初，它着重于分析商品链（Commodity Chains）和全球商品贸易，特别是劳动密集型和高科技产业中的治理结构。随后，研究者开始关注全球价值链中的组织碎片化和空间分散化现象，以及如何通过跨国界的贸易和投资网络实现这些分散活动的整合。近年来，全球价值链的研究逐渐从关注特定商品转向连接空间分散生产活动的价值链。[3]

---

[1] Llorente I., Odriozola M. D., Baraibar-Diez E., Global Value Chains, In: Idowu S., Schmidpeter R., Capaldi N. and eds, Encyclopedia of Sustainable Management, Springer, 2022, https://doi.org/10.1007/978-3-030-02006-4_1127-1.

[2] 同上。

[3] 以上参见：Kano L., Tsang E. W. K., Yeung H. Wc., Global value chains: A review of the multi-disciplinary literature, *J Int Bus Stud*, vol. 51, 2020, https://doi.org/10.1057/s41267-020-00304-2.

全球价值链理论的关键贡献之一是格雷菲（Gereffi G.）[①]等学者所提出的全球价值链治理结构的分类。这一分类基于交易的复杂性和可编码性以及供应链中的能力基础。此外，科（Coe N. M.）和杨（Yeung H. W. C.）[②]等学者则将其进一步发展为全球生产网络（Global Production Networks，GPNs）的概念，强调了生产活动的复杂性和网络化特性，以及这些网络如何在不同地区和国家之间导致不平衡的发展。

具体到汽车产业，这是一个高度复杂的全球协作生产领域。对其而言，全球价值链理论显得尤为重要。汽车生产涉及从设计、研发、零部件制造、组装、销售到售后服务等多个环节。不同国家和地区根据自身的比较优势和竞争优势，在产业链中扮演不同的角色。例如，发达国家往往聚焦于研发、设计和高端零部件的生产，而发展中国家则更多地参与低附加值的组装和制造环节。随着技术的进步和产业的演化，这种分工格局也在不断地发生着变化，新兴市场国家，如中国，正在价值链上迅速攀升，不仅在制造能力上独树一帜，还在创新和高端环节上展现出强劲的竞争力。

对于中国与白俄罗斯而言，全球价值链理论不仅提供了双方合作的理论框架，更为双方在汽车产业的合作提供了实践指南。两国可以在汽车价值链的不同环节上实现互补合作。中国可以依托其庞大的市场、完善的产业链，以及在新能源和智能汽车领域的创新优势，与白俄罗斯在技术积累和生产能力上形成有效对接。白俄罗斯则可以利用其在汽车制

---

① Gereffi, G., "The organization of buyer-driven global commodity chains: How U. S. retailers shape overseas production networks", In G. Gereffi and M. Korzeniewicz (Eds.), *Commodity chains and global capitalism*, 1994, pp. 95 – 122; Gereffi G., "International trade and industrial upgrading in the apparel commodity chain", in *Journal of International Economics*, 1999, Vol. 48（1）: pp. 37 – 70; Gereffi G., *Global value chains and development: Redefining the contours of 21st century capitalism*, Cambridge: Cambridge University Press, 2018; Gereffi G., "Global value chains and international development policy: Bringing firms, networks and policy-engaged scholarship back", in *Journal of International Business Policy*, 2019, vol. 2（3）: pp. 195 – 210.

② Coe N. M., Yeung H. W. C., *Global production networks: Theorizing economic development in an interconnected world*, Oxford: Oxford University Press, 2015; Coe N. M., Yeung H. W. C., "Global production networks: Mapping recent conceptual developments", in *Journal of Economic Geography*, Vol. 19（4）, 2019, pp. 775 – 801.

造领域的传统技术优势，以及其作为欧亚交通要冲的地理优势，为中国汽车产品进入俄罗斯、欧洲和中亚等市场提供便利，同时吸引中国投资，推动其汽车及相关产业的升级。

因此，在全球化的大背景下，以全球价值链理论为指导的跨区域合作，不仅能够提升两国汽车产业的竞争力，还能促进技术转移、产业升级和市场拓展，加强区域经济一体化的进程。通过政策协同、技术创新、投资合作和品牌联合，中国与白俄罗斯可以在全球化的汽车产业中构建一个更紧密、更高效的合作网络，共同面对全球化带来的挑战，实现经济的可持续发展。这种合作模式不仅有助于两国经济的互利共赢，也将为全球经济的繁荣稳定作出积极贡献。

(二) 区域经济一体化理论

区域经济一体化理论是跨区域合作研究另一个重要的理论基础。该理论探讨了国家和地区如何通过合作，减少贸易壁垒，提高市场效率，以及通过共同的政策和规则，促进经济的深度融合。[①] 区域经济一体化理论作为研究国家或地区之间通过合作实现经济融合的理论，其自20世纪中叶提出以来经历了不断发展完善的过程，最终成为分析和指导国家间经济合作的重要工具。[②] 其中，早期的区域经济一体化理论主要关注贸易自由化和经济合作的静态效应，如关税同盟理论和自由贸易区理论。到20世纪90年代，以克鲁格曼（Paul Krugman）[③] 为代表的新经济地理学派，强调了经济活动的地理集中和区域间经济联系的强化。此后，21世纪初，新区域主义理论兴起，强调区域一体化的社会、文化和政治维度，以及区域政策在促进区域发展中的作用。[④] 近年来，一些学者则又提出，区域一体化是发展中国家的一种发展战略，需要强有力的共同机构和政

---

① 朱兰、王勇、李枭剑：《新结构经济学视角下的区域经济一体化研究——以宁波如何融入长三角一体化为例》，载《经济科学》2020年第5期，第6—18页。
② 同上。
③ Krugman P., "Increasing Returns and Economic Geography", in: *Journal of Political Economy*, vol. 99 (3), 1991, pp. 483–499.
④ Stiglitz J. E., Greenwald B., *Towards a New Paradigm in Monetary Economics*, Cambridge: Cambridge University Press, 2003.

治意志来保护较不发达国家的利益。①

对于中国与白俄罗斯的跨区域产业合作，区域经济一体化理论为其提供了战略指导。首先，通过建立自由贸易区或关税同盟，两国可以降低贸易成本，提高商品与服务的流动性，这将直接刺激汽车产业的贸易流量，比如汽车零部件的进出口。其次，共同市场的建立可以促进包括资本、技术、人才在内的各要素的自由流动，这将有助于中国企业在白俄罗斯投资建厂，同时吸引白俄罗斯的先进技术向中国转移，加速两国汽车产业的技术升级。最后，经济联盟的形成可以推动更深层次的政策协调，例如在标准制定、知识产权保护、产业政策等方面的一致化，这将为汽车产业链的整合创造有利条件。例如，中白工业园的设立就是一个区域经济一体化实践的典范，它通过提供优惠政策、基础设施建设和一站式服务，吸引了众多中白企业入驻，成为两国合作的示范区。中白工业园的成功，体现了区域经济一体化理论在实践中的有效性，它不仅促进了双边贸易，还带动了双方投资和产业转移，进一步加强了两国的经济联系。

总体而言，区域经济一体化理论为分析和推进中国与白俄罗斯的跨区域汽车产业合作提供了理论支持。通过实施一系列区域经济一体化措施，两国可以深化在汽车领域的合作，实现优势互补，共同应对全球化带来的挑战，从而推动区域经济的繁荣和发展，为构建人类命运共同体和推动全球治理体系改革提供实践经验。

二、中国与白俄罗斯汽车产业的比较分析

（一）中国汽车产业发展概况

中国汽车产业自第一汽车制造厂建立起，经历了起步、成长、全面发展和转型升级等四个阶段。其中，1953—1977 年是中国汽车产业的起步阶段。在此期间，第一辆解放牌卡车于 1956 年下线；第一辆东风牌轿

---

① O'Brien R., Williams M., *Global Political Economy: Evolution and Dynamics*, London: Palgrave Macmillan, 2016.

车和第一辆中国高级轿车——红旗牌轿车于1958年出厂。[1] 改革开放后，中国汽车产业于1978—1999年进入成长阶段，开始快速发展。先是上海汽车与德国大众汽车于1984年合资成立上海大众汽车有限公司，这是中国汽车工业史上的第一家合资企业。此后，多家合资企业如一汽大众、东风雪铁龙等相继成立。

2000年，中国加入世界贸易组织后，中国汽车工业迎来了10年的全面发展。2009年，中国汽车的总产销量更是首次超过美国，成为全球最大的汽车市场。[2] 2010年至今，市场持续增长、自主品牌迅速崛起的中国汽车产业进入了转型升级阶段，开始向电动化、智能化、网联化的方向转型。2023年，中国汽车工业继续保持增长。其中，新能源汽车产业在国家政策支持下快速发展，其产量和销量同比增长均超过50%，成为推动行业增长的主要动力。目前，中国已成为全球最大的新能源汽车市场。同时，中国汽车产业在技术创新方面实现了突破，不仅混合动力专用发动机热效率突破45%，360Wh/kg混合固液动力电池实现小规模量产；更普及了车桩协同大功率超充技术，实现了铝合金免热处理一体化压铸技术应用规模的增长。此外，中国汽车产业链近年来不断完善，从整车制造向上下游延伸，包括新能源电池、车载芯片等关键领域的突破。[3]

总体而言，中国汽车产业在过去几十年中取得了显著的成就，从早期的引进技术和模仿生产，到如今的自主研发和创新引领，其发展历程充分体现了全球价值链理论中的产业升级路径。中国从一个汽车消费大国逐渐成长为全球最大的汽车市场，不仅拥有庞大的消费群体，还构建了覆盖从零部件生产到整车制造的完整产业链。中国本土汽车制造商如吉利、比亚迪和长城等，通过技术引进、消化吸收和自主创新，逐步提升了产品竞争力，尤其在新能源汽车领域展现出强大的创新能力。中国政府的政策支持，如补贴政策、基础设施建设以及对清洁能源汽车的鼓

---

[1] 桑田：《中国汽车70年 | 五个改变历史的关键节点》，https://new.qq.com/rain/a/20230725A07EBO00。

[2] 《2024年汽车行业研究报告》，https://m.21jingji.com/article/20240725/herald/928eab4ea1027676a17c44fd096a69b6.html。

[3] 同上。

励,为国内汽车制造商提供了有利的市场环境。此外,中国政府还积极推动汽车产业的对外开放,鼓励国际合作,这为中白汽车产业合作提供了政策空间。但中国汽车产业也面临着激烈的国际竞争和挑战。全球汽车巨头如特斯拉、大众和丰田等,以及新兴的电动汽车企业,都在争夺市场份额。在这样的背景下,中国本土汽车企业需要不断提升核心竞争力,包括电动汽车技术、智能网联汽车技术以及绿色制造技术。同时,中国汽车企业也在积极寻求海外市场,尤其是共建"一带一路"国家,以实现全球化布局。

在与白俄罗斯的汽车产业合作中,中国可以充分利用其市场优势和产业链完整性,为白俄罗斯的汽车制造提供广阔的市场准入,同时通过技术转移和资本输入,帮助白俄罗斯提升汽车制造能力和产业链的现代化。这种合作模式不仅有助于白俄罗斯汽车产业的升级,还能进一步巩固中国在全球汽车产业中的地位,实现两国的互利共赢。通过全球价值链理论的指导,中国与白俄罗斯可以发掘在汽车设计、研发、制造和销售等环节的协同效应,共同应对全球汽车产业的变革和挑战。

(二) 白俄罗斯汽车产业发展概况

一直以来,对于白俄罗斯等以构建"超级工厂"为结构政策定位的国家来说,机械制造综合体都在经济发展中发挥着根本性的作用。[①] 作为机械制造领域的核心组成部分,汽车产业在白俄罗斯工业发展史中占据重要地位,是国家经济发展的主要支柱和动力之一。

白俄罗斯的汽车产业最早可以追溯至19世纪末。当时,白俄罗斯明斯克、博布鲁伊斯克、维捷布斯克、利达等大城市启动了首批相关工厂。"二战"后,苏联政府决定在白俄罗斯苏维埃社会主义共和国建立汽车厂和拖拉机厂,而首批 MAZ-205 自卸卡车于 1947 年下线,并于 1950 年开始研制、生产系列拖拉机。截至 20 世纪 80 年代,白俄罗斯工业生产规

---

① Солодовников С. Ю., Новая структурная политика и изменение институциональной динамики наноиндустрии, в Ресурсы Европейского Севера. Технологии и экономика освоения, 2018г., No 1 (11), стр. 5–10.

模持续增长,并成为苏联工业产量最高的加盟共和国之一。① 1990 年,仅明斯克汽车厂的卡车年产量就达 4 万辆。此外,在鲍里索夫、奥西波维奇、斯莫尔贡、鲁登斯克等城市还建立了多个与汽车和拖拉机生产相关的配套工厂。② 但苏联解体对白俄罗斯的汽车工业造成了严重打击。尽管白俄罗斯的汽车制造商及时开始重新组建产业链,搭建对外联系网络,但直至 2000 年才将工业生产水平恢复到 1990 年的水平,并自 2005 年起实现生产规模的稳定增长。③

当前,白俄罗斯的汽车工业以货车、公交车、特种车辆、农用机械的生产制造见长,特别是在重型汽车、客车和军用车辆制造方面积累了深厚的经验和技术。其中,白俄罗斯生产的矿用载重自卸卡车和联合收割机在国际市场的占比分别达 30% 和 17%。④ 自苏联时期起,白俄罗斯的汽车工业便以其稳定的生产能力和技术实力著称,是东欧地区重要的汽车生产国之一,拥有多家世界级的制造厂商。例如,明斯克汽车厂(MAZ)是白俄罗斯的代表性汽车制造厂商,以其生产的 MAZ 牌卡车在全球享有盛誉。这些卡车以其高承载力、耐用性和适应严苛环境的能力而闻名,广泛应用于全球的物流和运输行业。白俄罗斯汽车厂(BelAZ)则专注于生产重型矿山设备和特殊用途车辆,是世界上最大的矿用自卸车制造商之一。此外,明斯克拖拉机厂是世界第八大轮式拖拉机制造厂商。总体而言,白俄罗斯的汽车工业基础雄厚,拥有较为完善的产业链,包括冲压、焊接、涂装和总装等关键环节,以及配套的零部件供应商网络。

---

① Машиностроение Беларуси,http://factories.by/news/mashinostroenie-belarusi?ysclid=m1vkboq62803459150.

② Автомобильная промышленность Белоруссии,https://ru.wikipedia.org/wiki/%D0%90%D0%B2%D1%82%D0%BE%D0%BC%D0%BE%D0%B1%D0%B8%D0%BB%D1%8C%D0%BD%D0%B0%D1%8F_%D0%BF%D1%80%D0%BE%D0%BC%D1%8B%D1%88%D0%BB%D0%B5%D0%BD%D0%BD%D0%BE%D1%81%D1%82%D1%8C_%D0%91%D0%B5%D0%BB%D0%BE%D1%80%D1%83%D1%81%D1%81%D0%B8%D0%B8.

③ Машиностроение Беларуси,http://factories.by/news/mashinostroenie-belarusi?ysclid=m1vkboq62803459150.

④ 同上。

表9-1　白俄罗斯主要汽车制造厂商一览

企业名称	企业地点	成立时间	企业性质	主要业务	备注
莫吉廖夫汽车厂（МоАЗ）	莫吉廖夫市	1935	国有	采石及矿场用车辆、特种车辆	2006年并入白俄罗斯汽车厂
明斯克汽车厂（ОАО МАЗ）	明斯克市	1944	国有	货车、公交车、无轨电车、拖车设备	
白俄罗斯汽车厂（ОАО БелАЗ）	若季诺市	1948	国有	矿用自卸卡车、特种车辆	
明斯克轮式牵引车厂（МЗКТ）	明斯克市	1954	国有	轮式汽车牵引车、特种车辆	1991年脱离明斯克汽车厂，成为独立公司
白俄罗斯交通运输车辆控股管理公司（УКХ БКМ）	明斯克市	1973	国有	无轨电车、电动公交车、有轨电车车厢	
涅曼汽车组装厂	利达	1984	国有	大、小容量公交车	2015年，并入明斯克轮式牵引车厂
布列斯特汽车厂（ОАО Брестман）	布列斯特	1986	国有	商用车	明斯克汽车厂的子公司，2018年成为汽车组装厂
尤尼松股份有限责任公司（ЗАО Юнисон）	明斯克区	1996	合资	轻型汽车、商用车改装	
马兹—曼恩股份有限责任公司（СП МАЗ-МАН）	明斯克市	1997	合资	货车、特种车辆	白俄罗斯与德国合资企业
白俄罗斯吉利汽车有限责任公司（СЗАО БелДжи）	明斯克州	2011	合资	吉利和BelGeep牌轻型汽车	设计年产量12万辆

然而，白俄罗斯汽车产业在面对全球化竞争和技术创新的挑战时，也暴露出一些问题。首先，产品线相对较窄，主要集中于重型和特殊车辆领域，缺乏对乘用车市场的深度开发。其次，技术更新相对较慢，特别是在电动汽车和智能汽车等新兴领域，与国际先进水平存在差距。此外，白俄罗斯汽车产业国际化的程度相对较低，市场主要集中在原苏联国家和部分发展中国家，缺乏全球市场的深度渗透。

为应对这些挑战，白俄罗斯政府采取了一系列措施，鼓励汽车产业的现代化和升级，包括引进外资、推动技术创新和鼓励国际合作。例如，吉利（白俄罗斯）汽车有限公司的成立，标志着中国与白俄罗斯在汽车产业的深度合作，该项目不仅提升了白俄罗斯的汽车制造能力，还为白俄罗斯的汽车产业带来了先进的管理经验和市场开拓策略。白俄罗斯汽车产业以其传统优势和深厚的制造基础，在重型汽车和特殊车辆制造领域具有不可忽视的地位。然而，面对全球化和技术进步的挑战，白俄罗斯需要通过与中国等国家的合作，引入先进技术和管理经验，以期在新能源汽车、智能网联汽车等新兴领域实现技术升级和市场拓展。通过与中国的跨区域产业合作，白俄罗斯有望实现汽车产业的转型升级，进一步提升其在全球汽车产业中的竞争力。

（三）中白汽车产业的比较优势分析

中国与白俄罗斯汽车产业的发展情况为两国在该领域的合作建立了较为坚实的基础，并在多个关键方面展现出深厚的潜力和比较优势。具体来说，这一合作主要体现在技术互补、市场潜力、政策支持以及基础设施建设这四个核心领域。

首先，技术上的互补为中白汽车产业的合作构成了坚实的基石。中国在汽车电子技术、新能源汽车以及智能网联汽车等前沿领域拥有显著的创新能力和技术优势。与此同时，白俄罗斯在传统汽车制造特别是重型车辆和特殊车辆技术方面积累了宝贵的经验。这种技术对接不仅提升了整个产业链的附加值，还促进了技术转移和创新成果的共享。一个生动的例子是吉利（白俄罗斯）汽车有限公司的成立，这标志着中国新能源汽车技术与白俄罗斯汽车制造专长的完美结合，不仅提升了白俄罗斯汽车产品的技术水平,也为中国品牌在全球市场上赢得了新的增长点。

其次,巨大的市场潜力是推动中白两国深化汽车产业合作的重要动力。中国作为全球最大的汽车市场,拥有庞大的消费潜力和市场需求。而白俄罗斯,凭借其地处欧亚大陆中心的地理优势,成为连接欧洲和亚洲市场的关键桥梁。通过双方的紧密合作,可以共享市场资源,共同探索和拓展欧洲及中亚市场的无限可能。中国企业在白俄罗斯的积极参与,不仅助力白俄罗斯汽车产品进入中国市场,同时也利用白俄罗斯的地理优势,为中国汽车品牌进入俄罗斯、欧洲、中亚等市场提供了便捷的通道。

再次,政策支持为中白汽车产业合作提供了坚实的基础。中国政府对汽车产业的开放政策,以及对共建"一带一路"倡议的积极推动态度,为两国汽车产业的合作创造了有利的政策环境。白俄罗斯政府也通过提供低息贷款、税收优惠和市场推广等激励措施,鼓励与中国的产业合作。此外,中白工业园的建立,为两国企业提供了优惠政策和优良设施支持的平台,有效加速了产业转移和合作项目的实施。

最后,基础设施建设在深化中白合作中扮演着至关重要的角色。中欧班列的开通,不仅加强了两国间的物流联系,还显著降低了运输成本,使得汽车及零部件的运输更加高效。随着白俄罗斯加入上海合作组织,两国在交通、通信等基础设施方面的合作将进一步加深。而这将为汽车产业的深度融合和长远发展奠定坚实的基础。

总体而言,中国与白俄罗斯在汽车产业上的合作基础坚实,潜力巨大。通过技术互补、深入挖掘市场潜力、强化政策支持以及完善基础设施建设,双方有望在汽车产业领域实现更深层次的合作。这不仅将为两国经济的共同发展注入新动力,也将为全球汽车产业的整合和创新提供宝贵的实践样本和经验。随着合作的不断深化,中白两国在汽车产业的合作前景将更加广阔,共同开启互利共赢的新篇章。

三、中白汽车产业跨区域合作的潜力与阻碍

在当今快速变化的世界中,全球化不仅是一种趋势,更是一种必然。

它推动着不同国家和地区之间的经济合作与文化交流，为各国带来了前所未有的发展机遇。在此背景下，中国与白俄罗斯在汽车产业的跨区域合作，正逐渐成为两国经济合作的新亮点。这一合作不仅能够促进两国经济的共同繁荣，还能在全球汽车产业的变革中发挥重要作用，展现出巨大的潜力。然而，任何合作的道路都不会一帆风顺。中白两国在汽车产业领域的合作虽然前景广阔，但也不可避免地会面临一系列挑战，这些挑战需要双方共同面对和解决。

（一）两国汽车产业跨区域合作的潜力

在全球化的大背景下，中国与白俄罗斯在汽车产业的跨区域合作展现出巨大的潜力，这种合作不仅能够促进两国经济的共同繁荣，还能在全球汽车产业的变革中发挥重要作用。这种合作潜力主要体现在以下几个方面：

1. 为汽车制造领域的技术创新开拓了更多的可能性。作为合作的核心动力，技术创新是推动两国汽车产业合作的关键。中国在新能源汽车、智能网联汽车以及绿色制造技术方面已经走在了世界前列，这些技术的发展不仅能够减少对环境的影响，还能提高汽车的性能和效率。与此同时，白俄罗斯在传统汽车制造，尤其是重型汽车和特殊车辆技术方面拥有深厚的积累。通过技术交流和合作研发，两国可以共同推进汽车行业的技术创新，特别是在电动化、智能化和网联化方面的升级。这不仅能提升两国汽车产品的技术含量，也有助于在全球汽车产业的变革中占据有利位置，共同塑造未来汽车产业的发展格局。

2. 市场交融、整合在降低共同市场竞争的同时，增强了国际市场的竞争力，构成了两国汽车产业合作的直接推动力。中国庞大的汽车消费市场为全球汽车产业提供了巨大的增长潜力，而白俄罗斯独特的地理位置使其成为连接欧洲和亚洲的天然门户，这为两国的市场融合提供了天然的条件。通过市场准入、品牌联合和销售渠道拓展等方面的合作，中国品牌能够更便捷地进入原苏联地区和欧洲市场，同时白俄罗斯的汽车产品也能借助中国的市场网络，实现全球市场的扩张。这种市场融合不仅能够为两国汽车产业带来新的增长点，还能促进双方品牌的国际化，增强在全球市场的竞争力。

3. 政策协同的持续增强为中白汽车产业的合作提供了坚实的保障。中国政府的共建"一带一路"倡议为中白合作提供了战略指引，这一倡议旨在促进共建国家的基础设施建设、贸易和投资，加强互联互通。白俄罗斯政府的开放政策以及为应对制裁而积极推动的进口替代和出口再定位政策为合作创造了有利环境。双方可以通过深化政策对话，例如在标准制定、知识产权保护和产业政策上的一致化，以及共同参与国际汽车标准体系的建设，降低合作的制度壁垒，促进资源的优化配置。这种政策协同不仅能够为两国汽车产业的合作提供稳定的政策环境，还能促进双方在更广泛的领域内实现互利共赢。

4. 基础设施共享与联通为两国汽车产业的合作奠定良好的物质基础。随着中欧班列的开通和白俄罗斯基础设施的不断改善，两国之间的物流联系日益紧密。这不仅为汽车及零部件的高效运输提供了保障，降低了物流成本，同时也为未来可能的生产与组装合作创造了条件。基础设施的共享不仅能够提高两国汽车产业的运营效率，还能促进双方在供应链管理、物流配送等方面的合作，增强两国汽车产业的全球竞争力。

综上所述，中国与白俄罗斯在汽车产业的合作潜力巨大，这种合作不仅能够提升各自汽车产业的竞争力，还能在全球汽车产业的变革中携手前行，共同推进区域经济一体化，为构建人类命运共同体贡献力量。随着合作的不断深化，两国汽车产业的互补性将得到进一步发挥，形成互利共赢的产业合作模式。这不仅能够推动双方经济的共同发展，为两国人民带来实实在在的利益，也为全球汽车产业的整合和创新提供了新的实践样本，展现了两国合作的广阔前景和深远影响。

（二）两国汽车产业跨区域合作所面临的问题

未来，中白两国在汽车产业领域的合作虽然前景广阔，但也不可避免地会面临一系列挑战，这些挑战需要双方共同面对和解决：

1. 市场适应性与供应链稳定性的挑战。中国汽车品牌在进入白俄罗斯市场时，必须深入了解并适应当地市场的需求和消费者的偏好。这不仅涉及产品的设计和功能，还包括定价策略和市场推广方式。中国品牌在白俄罗斯的知名度和影响力还有很大的提升空间，需要通过有效的品牌建设和营销策略来增强。此外，全球供应链受到多种因素的影响，如自然灾害、政治冲突、经济波动等，这些都可能对汽车产业的原材料供应和生产造成影响。因此，保持供应链的稳定性对于中白两国汽车产业合作至关重要，需要双方共同努力，优化供应链管理，降低潜在风险。

2. 产业和市场保护政策与竞争压力。伴随白俄罗斯政府的政策调整，中国企业在白市场的业务开展可能将面临提高进口车的报废税率等保护性措施的挑战。这可能会增加中国汽车的出口成本，影响竞争力。同时，白俄罗斯政府对本土汽车品牌 BELGEE 给予政策上的支持和市场保护，这可能会对中国汽车品牌构成一定的市场准入壁垒。同时，随着其他国家的汽车品牌也在积极拓展白俄罗斯市场，中国汽车品牌将面临更加激烈的市场竞争。这要求中国车企不断提升产品质量、技术创新和品牌影响力，以在竞争中保持优势。

3. 技术转移与本地化生产及售后服务保障。为了深化合作，白俄罗斯政府强调与中国在汽车领域开展合作的重要性，并特别强调汽车生产本地化的必要性。这意味着中国车企需要在技术转让、本地化生产和供应链管理方面付出更多努力，以满足当地市场的需求。此外，为了提高消费者对中国品牌汽车的信任度，中国汽车品牌需要在白俄罗斯市场上进一步完善售后服务和保养体系。这包括建立更多的服务网点、提供专业的维修服务和配件供应，以及制订有效的客户关怀计划。

4. 国际政治经济环境变化。全球政治经济环境的不确定性，如贸易政策的变动、经济制裁等，可能会影响中白两国的经贸合作，包括汽车产业的合作。因此，双方需要密切关注国际形势的变化，并制定灵活的应对策略。

5. 技术创新与可持续发展。汽车产业正在经历电动化、智能化的变革，这对中白汽车产业合作提出了新的挑战。双方需要在技术创新和可持续发展方面不断探索和投入，以适应行业发展趋势，满足市场对环保和高效能汽车的需求。

总之，中白两国在汽车产业领域的合作虽然充满机遇，但也面临着不少挑战。只有通过加强沟通、深化合作、不断创新和适应市场变化，才能克服这些挑战，实现互利共赢的合作目标。

四、中白汽车产业合作的策略建议

在全球化的浪潮中，中国与白俄罗斯在汽车产业的合作机遇日益凸显，两国在这一领域的深度融合与互利共赢已成为推动经济发展的重要动力。为了充分挖掘这一潜力，本文提出了以下策略建议，以促进两国产业的紧密合作，进而实现双方的共同繁荣。

第一，两国政府应加强政策层面的沟通与协调，共同制定长远的汽车产业合作战略。这其中包括参与国际汽车标准体系的建设，推动技术标准和检验认证的互认，为两国汽车产品的国际贸易铺平道路。同时，应优化投资环境，简化行政审批程序，降低企业合作的门槛。争取世界贸易组织（WTO）、国际汽车制造商协会（OICA）等国际组织的支持，提升合作的国际影响力，为两国汽车产业的合作提供坚实的政策基础和良好的外部环境。

第二，鼓励两国企业建立研发联盟，共同探索新能源、智能网联汽车等关键技术的研发。通过设立联合研发基金，支持具有前瞻性的技术创新项目，如自动驾驶、电池技术、充电基础设施等，加速科技成果的商业化应用。技术转让、专利共享等方式，将促进技术成果的快速转化，增强两国汽车产业的核心竞争力。

第三，进一步深化产能合作，加强投资布局。可考虑促进中国企业在白俄罗斯设立汽车制造基地。这不仅可以利用白俄罗斯的低成本优势，还可以借助其作为欧亚交通枢纽的地位，辐射更广阔的欧洲市场。同时，引导白俄罗斯企业参与中国新能源汽车产业链，如电池、电控系统等关键零部件的生产，通过产业链的延伸和互补，实现产能共享和协同效应，提升整体产业的竞争力。

第四，推动两国汽车品牌的联合，提升国际影响力。通过共同的品牌营销策略，打造"中白制造"的品牌形象，吸引全球消费者。利用中白工业园等平台，联合举办国际汽车展，提升双方汽车产品的知名度，拓展更广阔的市场空间。

第五，支持两国高校和研究机构在汽车工程教育和科研方面的交流，培养具有国际视野的汽车产业人才。进一步推动校企间的合作，并设立联合培训中心，以为白俄罗斯和中国汽车产业的升级提供技术知识和管理经验的转移，为两国汽车产业的长远发展提供人才保障。

第六，鼓励金融机构创新产品和服务，为两国汽车产业合作提供定制化的金融解决方案。可考虑设立专项基金，以为中白产业合作项目提供低息贷款和风险担保，降低企业投资风险。同时，探索利用多边开发银行和国际金融组织的资金支持，为两国汽车产业合作提供稳定的资金来源。

第七，推动建立独立的质量管控标准体系及相关标准的互认。着力推动建立两国汽车产品标准互认体系，确保产品质量和安全，消除贸易壁垒。同时，致力于设立联合检验认证机构，提高产品在国际市场上的竞争力，为两国汽车产品的国际贸易提供便利。

第八，推动基础设施与物流网络的建设，进一步提升中欧班列的运输效率，优化物流路线，降低运输成本。推动中白两国间的公路、铁路、航空等交通运输网络的对接，形成欧亚大陆的高效物流通道，为汽车产业的便捷运输奠定基础，提升整体产业的运营效率。

通过实施上述政策措施，中国与白俄罗斯在汽车产业的合作将能够实现优势互补，共享技术进步的红利，共同应对全球化带来的挑战。这不仅有利于推动两国经济的可持续发展，还将为全球汽车产业的创新与整合提供新的实践案例，为构建人类命运共同体和推动全球治理体系改革注入新的活力。同时，两国间的合作也将成为全球汽车产业合作的典范，为其他国家提供宝贵的经验和启示。

五、结　　语

在持续推进共建"一带一路"的背景下，中国与白俄罗斯之间的跨区域汽车产业合作正绽放出无限生机与广阔前景。两国在汽车制造技艺、精密零部件生产以及代表未来方向的新能源汽车等领域的天然互补性，为双边合作的持续深化奠定了坚如磐石的基础。

通过全球价值链理论的深刻洞察得以揭示，在汽车产业链的各个关键环节中，中国与白俄罗斯可以实现资源共享、技术转移与市场整合的宏伟蓝图，这不仅将共同提升双方的竞争力，更将为全球汽车产业的发展注入新的动力。区域经济一体化理论则确立了中白汽车产业合作的长期目标与实施路径。从自由贸易区到关税同盟，再到经济联盟，逐层深化的合作将实现中白两国经济的深度融合。

与此同时，技术创新和联合研发是推动合作前行的关键驱动力。中国在新能源和智能网联汽车领域的领先地位，与白俄罗斯在传统汽车制造技术上的深厚积淀相结合，将共同推动全球汽车产业的创新升级，引领产业变革的潮流。市场融合策略则巧妙地将中国庞大的市场潜力与白俄罗斯的地理优势相融合，通过品牌联合和全球市场的共同拓展，实现双方利益的最大化。

此外，在政策协同、产能合作和金融服务方面，优化投资环境，降低交易成本等措施政策的实施为两国汽车产业的合作提供坚实的保障，助力构建一个互利共赢的产业合作模式，推动两国汽车产业的转型升级，同时为欧亚地区乃至全球的经济合作树立新的典范。随着未来合作的不断深化，中国与白俄罗斯将在汽车产业乃至更广泛的领域形成更为紧密的伙伴关系，共同为构建人类命运共同体作出积极贡献，携手开启全球产业合作的新篇章。

第十章　作为中白多边经贸合作平台的欧亚经济联盟和"一带一路"倡议

维尔京斯卡娅·塔季扬娜·谢尔盖耶芙娜
(Vertinskaya Tatyana Sergeevna)*
亚布拉姆丘克·尼娜·亚历山德罗芙娜
(Abramchuk Nina Alexandrovna)**

在世界经济形势动荡不安和西方施加制裁压力的背景下，白俄罗斯共和国面临着为产品寻找新市场、调整物流路线和确保社会经济稳定发展的任务。因此，加强白俄罗斯和中国之间的经济合作不仅可以被视为保障白俄罗斯国家经济安全的一个重要因素，也是一种确保白俄罗斯在全球经济中保持稳定局面的一个手段，这与中国经济的稳步可持续发展，以及中国在现代政治和世界经济关系中日益增长的国际影响力和威望密切相关。

中华人民共和国与白俄罗斯共和国的合作已达到较高水平，在深化两国经济互动的过程中，欧亚一体化的潜力也得到了充分发挥。同时，

---

* 维尔京斯卡娅·塔季扬娜·谢尔盖耶芙娜（Vertinskaya Tatyana Sergeevna），白俄罗斯国家科学院经济研究所副教授，世界经济中心主任。

** 亚布拉姆丘克·尼娜·亚历山德罗芙娜（Abramchuk Nina Alexandrovna），白俄罗斯国家科学院经济研究所外国贸易学科负责人。

中白经贸合作在欧亚经济联盟和中国"一带一路"倡议平台上的发展前景取决于一系列先决条件。

第一,"一带一路"倡议涉及白俄罗斯参与的欧亚一体化地区联合体(包括白俄罗斯和俄罗斯联盟、欧亚经济联盟、独联体)成员国的经济。在欧亚一体化地区联合体中形成的体制框架,为促进白俄罗斯和中国在"一带一路"框架内和欧亚经济联盟国家之间的多边合作创造了更多的机会。

第二,世界经济形势动荡不安,经济增长放缓,大宗商品和股票市场波动幅度加大,外部经济环境的不确定性不断增加,并且积累已久的政治和经济矛盾不断加剧,这就导致来自欧盟和美国的制裁压力不断加大,正在给白俄罗斯和欧亚经济联盟国家带来新的经济和社会风险、挑战和威胁,在一定程度上也给中国带来新的挑战和威胁。显然,在目前的国际环境中,各国越来越需要在一体化协会的基础上进行建设性互动协作和相互支持。

第三,当代中国对外经济政策的核心是按照多极化、和平发展、协调和政治对话的原则,通过积极参与超国家和跨国一体化联合体,形成新的经济增长点。遵循这一政策,中国不仅以双边形式,还在地区联合体层面积极与欧亚经济联盟成员国的互动协作。

第四,作为中国"一带一路"倡议的一个枢纽平台,在现代条件下,中白"巨石"工业园的活动在很大程度上面向欧亚大市场,可以成为加强中国、白俄罗斯和欧亚经济联盟成员国展开经济互动协作的纽带。

第五,对有关国家来说,经济利益一致是一个重要的一体化因素。其中包括:共同解决与西方集团制裁相关的关键进口替代问题;通过建立联合工业、农业和其他企业发展双边和多边合作关系;创建一个独立于西方的全新的地区和全球物流体系架构,确保欧亚经济联盟实现进一步的全面发展;形成基于自有数字技术并确保以本国货币进行相互结算的替代支付系统;共同努力发展包括科学、教育、文化、体育等在内的人文领域合作。

同时,必须注意那些可能限制白俄罗斯和中国在欧亚经济联盟和"一带一路"平台上展开经济合作的因素。

第十章 作为中白多边经贸合作平台的欧亚经济联盟和"一带一路"倡议

多边经济互动协作形式带来了国家之间的竞争风险,主要是白俄罗斯共和国、俄罗斯和其他欧亚经济联盟国家在中国市场上的竞争风险。由于社会经济发展模式各不相同并且相互之间的贸易和经济关系发展水平也不尽相同,各国之间旨在实施联合经济项目的管理行动的协调和统一机制变得更加复杂。

所有这些都要求解决这样一个科学问题,即在多边基础上研究现有的合作潜力,并为发展白俄罗斯和中国之间的全新贸易和经济关系形式制定切实可行的措施。

一、欧亚经济联盟成员国对中国商品市场出口潜力的比较评估方法基础

在欧亚经济联盟运作的背景下,白俄罗斯与中国有前景的贸易合作领域是基于白俄罗斯在中国市场与其他欧亚经济联盟成员国在中国市场的出口潜力对比结果而确立的。

所提出的方法基于这样一种假设,即两国之间的贸易与商品的供求水平呈正相关,与以关税和地理距离形式呈现的商品销售时的贸易限制条件呈负相关[①]。

因此,假设一种商品的潜在出口量直接依赖于欧亚经济联盟成员国的这种商品供应量、中国这种商品的需求以及中国方面对相关欧亚经济联盟成员国提供的这种商品的有利贸易条件。第 j 个欧亚经济联盟成员国对中国的潜在商品出口量 k($PExp_{EAEUj\_CHNk}$)可按照以下形式来表示:

$$PExp_{EAEUj\_CHNk} = Supply_{EAEUjk} \times Demand_{EAEUjCHNk} \times T_{EAEUj\_CHN}, \quad (1)$$

式(1)中,$PExp_{EAEUj\_CHNk}$——第 j 个欧亚经济联盟成员国对中国的潜在商品出口量 k;

$Supply_{EAEUjk}$——第 j 个欧亚经济联盟成员国的出口商品供应量 k;

[①] 1. Decreux, Y., Spies, J. Export Potential Assessments-a methodology to identify export opportunities for developing countries. [Electronic resource]. – URL:https://exportpotential.intracen.org/media/1089/epa-methodology_141216.pdf(дата обращения 01.10.2024).

$Demand_{EAEUj\_CHNk}$——中国对第 j 个欧亚经济联盟成员国出口商品的需求量 k；

T_{EAEUj_CHN}——第 j 个欧亚经济联盟成员国与中国开展贸易的便利度。

第 j 个欧亚经济联盟成员国对出口商品 k 的供应量（$Supply_{EAEUjk}$）是根据商品 k 的现有出口量计算的，在计算过程中还会考虑该国未来五年的预期经济增幅以及该国与该商品其他出口国相比在商品 k 贸易中的关税优势。

$$Supply_{EAEUjk} = ProjectedS_{EAEUjk} \times GTA_{EAEUjk}, \quad (2)$$

式（2）中，

$$ProjectedS_{EAEUjk} = \frac{exp_{EAEUjk} \times \Delta GDP_{EAEUj}}{\sum (exp_{EAEUjk} \times \Delta GDP_{EAEUj})};$$

$$GTA_{EAEUjk} = \left(\frac{1 + avtariff_k}{1 + avtariff_{EAEUjk}}\right)^{\sigma_k},$$

式（2）中，exp_{EAEUjk}——最近三年报告期内第 j 个欧亚经济联盟成员国商品 k 的出口总额平均值；

ΔGDP_{EAEUj}——上一报告年度第 j 个欧亚经济联盟成员国 GDP 增长率预测值与第 j 个欧亚经济联盟成员国 GDP 增长率实际值之差；

imp_{EAEUjk}——最近三年报告期内第 j 个欧亚经济联盟成员国商品 k 的进口总额平均值；

$avtariff_k$——适用于商品 k 贸易的加权平均进口关税；

$avtariff_{EAEUjk}$——适用于第 j 个欧亚经济联盟成员国商品 k 贸易的加权平均进口关税；

$\sigma_k > 0$——商品价格弹性系数 k。

计算中国对第 j 个欧亚经济联盟成员国出口产品 k 的需求量需要（$Demand_{EAEUj\_CHNk}$）考虑以下因素：该国未来五年的预期人口增长率和人均 GDP 增长率；与对中国出口该产品的其他出口商相比，本国在产品 k 贸易中的关税优势；货物 k 运送到国家的平均运输距离：

$$Demand_{EAEUj\_CHNk} = ProjectedIM_{CHNk} \times MTA_{EAEUj\_CHNk} \times Dist_{EAEUj\_CHNk}, \quad (3)$$

式（3）中，

$$ProjectedIM_{CHNk} = imp_{CHNk} \times \left(\frac{\Delta GDP_{CHN}}{\Delta Pop_{CHN}}\right)^{e_{imp\ CHN}^{GDP}} \times \Delta Pop_{CHN};$$

$$MTA_{EAEUj\_CHNk} = \left(\frac{1 + avtariff_{CHNk}}{1 + avtariff_{EAEUj\_CHNk}}\right)^{\sigma_k};$$

$$Dist_{EAEUj\_CHNk} = e^{-|\log avdist_{CHNk} - \log dist_{EAEUj\_CHN}|},$$

式（3）中，imp_{CHNk}——最近五年报告期内中国进口商品 K 的进口总额平均价值；

ΔGDP_{CHN}——中国 GDP 增长率预测值与上一报告年度中国 GDP 增长率实际值之差；

ΔPop_{CHN}——中国人口增长率预测值与上一报告年度中国人口增长率实际值之差；

$e_{imp\ CHN}^{GDP}$——中国人均 GDP 对应的进口需求弹性；

$avtariff_{CHNk}$——中国对商品 k 贸易适用的加权平均进口关税；

$avtariff_{EAEUj\_CHNk}$——中国对第 j 个欧亚经济联盟成员国在商品 k 贸易中适用的加权平均进口关税；

$dist_{EAEUj\_CHN}$——第 j 个欧亚经济联盟成员国向中国出口商品的运输距离；

$avdist_{CHNk}$——中国进口商品 k 的平均运输距离。

第 j 个欧亚经济联盟成员国与中国的贸易系数计算是基于第 j 个欧亚经济联盟成员国对中国市场的实际出口量，并且还需要考虑其假设贸易的潜力，前提是第 j 个欧亚经济联盟成员国在中国市场的份额与其在世界市场的平均份额相对应：

$$T_{EAEUj\_CHN} = \frac{exp_{EAEUj\_CHN}}{\sum_k (Supply_{EAEUjk} \times Demand_{CHNk})}. \tag{4}$$

计算工作的统计基础是：贸易统计。国际贸易中心、世贸组织、联合国、贸易和发展大会①；欧亚经济联盟成员国对外贸易统计②；白俄罗

---

① 2. Trade statistics. International Trade Centre World Trade Organization and the United Nations Conference on Trade and Development ［Electronic resource］. - URL：https：//www. trademap. org/Index. aspx（дата обращения 01. 10. 2024）.

② 3. Статистика ЕАЭС. Сайт Евразийской экономической комиссии.［Электронный ресурс］. - URL：http：//www. eurasiancommission. org/ru/act/integr_i_makroec/dep_stat/union_stat/Pages/default. aspx（дата обращения 01. 10. 2024）.

斯共和国对外贸易统计①；中国的进口关税②。

上述统计基础的应用使得在欧亚经济联盟对外经济活动统一商品目录六位数代码级别为每个欧亚经济联盟成员国确定其在中国市场出口潜力最大的商品成为可能。

亚美尼亚共和国对中国市场最具出口潜力的产品如下（排名前十位的产品）：

——通过蒸馏葡萄酒或葡萄汁制取的酒精酊剂；

——厚度不超过0.2毫米的无底轧制铝箔；

——其他非工业钻石，裸钻或未固定的钻石；

——化纤制女式或女童大衣、半大衣、无袖外衣、外套、夹克、风衣、冲锋衣及类似产品；

——电能；

——其他葡萄酒；通过在容量不超过2升的容器中添加酒精而阻止或停止发酵的葡萄汁；

——化纤制男式或男童大衣、半大衣、无袖外衣、外套、夹克、风衣、冲锋衣及类似物品，品目6203的物品除外；

——其他贵金属制珠宝及其饰物，不论是否有镀层、包覆或未包覆贵金属；

——钼铁；

——零售药品。

白俄罗斯共和国对中国市场最具出口潜力的产品包括：

——钾肥；

——纵锯木材；

——菜籽油；

---

① 4. Статистика внешней торговли Республики Беларусь. Сайт Национального статистического комитета Республики Беларусь. ［Электронный ресурс］. – URL：http://www.belstat.gov.by/ofitsialnaya-statistika/makroekonomika-i-okruzhayushchaya-sreda/vneshnyaya-torgovlya_2/（дата обращения 01.10.2024）.

② 5. Customs Tariffs ［Electronic resource］. – URL：https://www.macmap.org/en/query/customs-duties（дата обращения 01.10.2024）.

——含有氮、磷和钾三种营养元素的矿物或化学肥料；

——去骨、冷冻的牛羊肉；

——由针叶树制成的未漂白（苏打或硫酸盐）化学木浆（可溶性品种除外）；

——聚酰胺-6、-11、-12、-6.6、-6.9、-6.10或6.12；

——比重小于0.94的初级形式聚乙烯；

——刨花板；

——含有从沥青岩中提取的原油或油品的润滑油添加剂。

俄罗斯联邦对中国市场最具出口潜力的产品包括：

——精铜、粗铜制成的阴极和阴极分段；

——锯开/劈开、切割/去皮的针叶树木材；

——其他整条、冷冻的鱼产品；

——钾肥；

——新鲜的或冰鲜的、干燥、盐腌、烟熏或盐水浸制的螃蟹；

——含碳重量低于0.25%、横截面为矩形的铁或非合金钢制半成品；

——非合金粗镍；

——未加工的针叶树；

——冷冻鳕鱼；

——含碳重量低于0.25%、横截面为矩形的铁或未锻钢制半成品。

哈萨克斯坦共和国对中国市场最具出口潜力的产品包括：

——精铜、粗铜制成的阴极和阴极分段；

——天然铀及其化合物；含有天然铀或天然铀化合物的合金、分散体（包括金属陶瓷）、陶瓷产品和混合物；

——含碳量超过4%的铬铁；

——品位在99.99%及以上的非合金粗锌；

——破碎或未破碎的亚麻籽；

——大麦；

——含碳重量低于0.25%、横截面为矩形的铁或非合金钢制半成品；

——非合金粗铝；

——人造刚玉以外的氧化铝；

——粗铜，电解精炼用铜阳极。

吉尔吉斯共和国对中国市场最具出口潜力的产品包括：

——非用于铸造钱币的其他半加工形式的黄金；

——非钢化玻璃；

——牛皮的鞣制皮革或皮革外壳；

——铝废料；

——未精梳的棉纤维；

——通过蒸馏葡萄酒或葡萄汁制取的酒精酊剂；

——普通干豆；

——黑色金属废料；

——干果；

——面包和面粉糖果。

遵循"出口潜力越大，出口前景越好"的标准，将白俄罗斯对中国市场的出口潜力与欧亚经济联盟其他成员国对该目标市场的出口潜力进行比较，就可以在欧亚经济联盟框架内确定白俄罗斯最有前景的出口商品在中国市场上的竞争力水平。

如果白俄罗斯产品被列入任何其他欧亚经济联盟成员国对中国市场最具出口潜力的前30位产品名单，那么在欧亚经济联盟框架内，这些产品在中国市场上具有很高的竞争水平。否则，该产品在中国市场的竞争力水平较低。

因此，白俄罗斯对中国市场具有良好前景的出口领域如下：

与欧亚经济联盟其他成员国（竞争对手）竞争激烈的领域：钾肥（俄罗斯）；纵锯木材（俄罗斯）；菜籽油（俄罗斯和哈萨克斯坦）；含有氮、磷和钾三种营养元素的矿物或化学肥料（俄罗斯）；由针叶树制取的未漂白（苏打或硫酸盐）化学木浆（可溶性品种除外）（俄罗斯）；零售包装药品（俄罗斯）；未加工木材（俄罗斯）；奶油（哈萨克斯坦、俄罗斯和吉尔吉斯斯坦）；铁或非合金钢制半成品（俄罗斯和哈萨克斯坦）；

与欧亚经济联盟其他成员国（竞争对手）竞争烈度较低的领域（根据前景水平降低幅度）：其他切割、去骨的冰冻牛羊肉；聚酰胺－6、－11、－12、－6.6、－6.9、－6.10或6.12；比重小于0.94的初级形式聚乙烯；刨花板；含有从沥青岩等中制取的原油或油品的润滑油添加剂；浓缩和未浓缩的牛奶和奶油；液晶设备的零件和附件；木制品；粗铜和锌基合金；水果和坚果；化妆品；木制家具；铁或非合金钢棒；盐；冷冻的家禽肉及其内脏；乳清；电导体；管道、锅炉、储罐、槽罐、储箱或类似容器的配件；油菜籽饼和其他固体废料。

因此，尽管欧亚经济联盟成员国的出口篮子中存在类似的商品项目，但白俄罗斯共和国还是有机会扩大对中国市场的商品出口。

二、在欧亚经济联盟和"一带一路"倡议平台上提升中白经贸合作潜力的方向

要想落实所提出的中白两国合作形式，这就要求采取相应的管理和经济组织保障措施。对于在欧亚经济联盟和"一带一路"倡议平台上促进中白经贸合作的合作机制，作者认为其最重要的合作领域如下：

第一，在数字技术的基础上创建专门的信息分析数据库。该系统旨在确保有针对性和系统地跟踪、收集、积累、分析和评估有关中国和欧亚经济联盟国家对外战略状况和当前变化以及伙伴国家市场准入条件的统计数据。

为此，有必要成立一个联合委员会（欧亚经济联盟中国）来监测工作条件并制定进一步发展欧亚经济联盟境内联合工业公司活动的建议，定期举行专家对话以深化该地区经济实体的互动协作。

第二，确保增加中白两国相互货物贸易量的组织措施有：

在对白俄罗斯产品需求增加的中国区域市场发展白俄罗斯制造商的行业和地区商品分销网络，扩大其在收集有关各种商品市场容量、主要趋势、价格、当前商品质量水平要求等信息方面的职能；

更广泛地使用所声明的货物进出口组织方法，特别是对于白俄罗斯的木工产品、化工产品、食品和农业原材料、黑色金属和有色金属、机

械和设备；

为白俄罗斯制造商创造机会，保证其可以在没有中介商的情况下与中国商会、协会和企业合作，从中国采购必要的技术设备；

在白俄罗斯境内建立实验室和认证中心，以便认证白俄罗斯产品是否符合中国标准，签发许可该产品出口到中国的合格证书；

引入通过电子交易所出口某些类型木工产品的销售要求；

确保落实双边电子商务领域合作谅解备忘录，积极开展数字经济领域的合作，促进电子商务的发展；

充分发挥中白政府间合作委员会的统筹协调作用，推动深化中白贸易合作。

第三，在经贸合作的金融支持领域，建议如下：

制订专门的跨地区联合出口融资、信贷和保险计划，旨在为中国和白俄罗斯的中小型出口企业提供支持，提高中小型企业对出口刺激工具的认识；

白俄罗斯商业实体使用新的金融产品支持对华出口（如租赁、保理、出口前贷款、海外项目融资）；

建立在外贸交易相互结算中使用本国货币的机制，以降低制裁风险；

吸引丝路基金、中国—欧亚基金、中白投资基金等机构的资金在基础设施、交通、能源、工业、信息通信等优先领域实施联合开发项目，重点发展相互出口；

为白俄罗斯银行机构与中国国家开发银行、中国进出口银行的全面互动协作构建法律基础。

第四，为在欧亚经济联盟和"一带一路"平台上以多边合作形式发展中白两国之间的经贸关系提供运输和物流支持，包括以下领域①：

在欧亚经济联盟编制的规范性法律文件中明确并建设"中国—欧亚经济联盟"合作框架范围内的交通基础设施；并将其作为欧亚一体化的

---

① Новые форматы белорусско-китайского экономического сотрудничества как фактор обеспечения национальной безопасности/Т. С. Вертинская и др.；науч. ред. Т. С. Вертинская；Нац. акад. навук Беларуси, Ин-т экономики. - Минск：Беларуская навука, 2024. - 432 с.

第十章　作为中白多边经贸合作平台的欧亚经济联盟和"一带一路"倡议

关键领域之一；

在"中国—欧亚经济联盟"合作框架内，加快建设与发展交通基础设施有关的联合投资项目，确保实现货物的"门到门"交付；

在规划交通基础设施发展措施的时候，改进货物周转量预测工具，这是因为在制定有前途的全新联合投资项目的过程中其实际能力和设计能力之间存在差距；

对在欧亚经济联盟框架内在"中国—欧亚经济联盟"合作领域建立交通基础设施建设风险统一分析和管控系统（类似于欧亚经济联盟海关机构所使用的风险管控系统）的可行性进行研究；

在欧亚经济联盟框架内建立运输、物流和配送中心，提供全周期的现代物流服务，主要侧重于从中国到欧盟国家的过境货物转运等；

建立"中国—西欧"全程物流信息统一平台；

完善"中国—西欧"运输线路的通关程序，通过协调和创建统一的海关工作流程来提高海关检查站的货物吞吐量；减少进出口业务的运输许可证数量；

发展中国与白俄罗斯这一欧亚经济联盟成员国在物流和海关服务数字化领域的合作，协调各类系统并实施中国与欧亚经济联盟之间的联合数字化建设项目。

第五，在科技园区结构的基础上加强中白两国之间的经济合作①：

在组建中国和欧亚经济联盟国家工业园区联盟的基础上加强两国各个地区在创新领域的经济互动，交流最佳实践经验，或白俄罗斯加入科技园区、丝绸之路高科技园区联盟（SRSPA）；

作为中白两国社会经济政策对接措施的一部分，确定具有较高科技潜力的试点地区作为创新增长点和区域间创新联系的"火车头"，在此基础上开发区域创新合作新模式，包括基于科技园区结构的创新合作模式；

确保不断向来自中国的潜在投资者宣传和告知白俄罗斯自由经济区

---

① Гао Юань Концептуальные основы развития Китасйко_Белорусского индустриального парка «Великий камень» как центра роста белорусской экономики/Юань Гао, под науч. ред. Т. С. Вертинской; Институт экономики НАН Беларуси. – Минск: Право и экономика, 2022. – 140 с. (Серия «мировая экономика»).

和技术园区经济活动的优势和机会；

保证把关于建立中白国际技术转让中心的协议以及白俄罗斯与中国创新基础设施主体之间的三项战略合作协议落到实处；

最大限度地利用中白"巨石"工业园的各项能力，组织白俄罗斯和中国青年科学家有针对性地提出创新性建议，实施初创项目，并传播专业科技园区结构的创建经验；

参考白俄罗斯和中国科技园区在类型和运作机制方面存在的现有差异，制定中白联合工业园区（科技园区）标准，其内容包括创建工业园区的统一要求和文件清单；

制定和实施一系列措施，确保白俄罗斯经济实体准备好与位于中国各省的工业园区常驻企业展开密切互动协作，并在未来作为常驻企业参与工业和技术园区的活动。

第六，在欧亚一体化和对接"一带一路"倡议的背景下，中白两国在开展科技合作的过程中，需要在以下领域进一步付出努力：

中白两国政府机构需要协同工作，以确保创新人才的跨国和跨地区流动；

组织中白两国的科学家开展国际交流和实习，同时，白俄罗斯主要科学和教育机构应与积极参与知识产权创造和注册活动的中国组织签订合作协议；

加大创建项目联合体、未来前沿研究中心、科学和实践中心、联合实验室和其他形式的合资企业，以实施独特的科技项目，并在现有生产条件下对其进行验证；

白俄罗斯和俄罗斯作为中国各项倡议的共同执行者，在"一带一路"参与国国际合作形式规定的科技计划和项目框架内共同实施这些倡议；

推动"中国—欧亚经济联盟—欧盟"互利数字化合作迈上新台阶，包括中白"巨石"工业园这一平台。

上述措施的实施将有助于实现中白两国经贸合作未来发展的新模式。

第十一章　以高水平开放合作推动中白工业园高质量发展

王　超[*]

　　白俄罗斯是"一带一路"在欧亚地区的重要共建国家，是连接欧亚大陆的天然枢纽。中白工业园是两国合作的标志性工程和命运共同体构建的桥梁纽带，是目前中国参与投资开发的规划面积最大、开发建设规模最大、合作层次最高的海外经贸合作区，由中国和白俄罗斯两国元首亲自倡导，两国政府大力支持推动，中国机械工业集团有限公司和招商局集团两大央企主导开发运营。中白两国政府为工业园的建设发展明确了规划，指明了方向，重点打造产能合作平台和两国经贸合作平台，致力于将园区打造成一座产城融合，集生态、宜居、兴业、活力、创新五位于一体的国际产业新城。为当今世界各国开放合作树立了新的标杆，造就了新的典范。虽然当前国际形势复杂多变，中白工业园区建设面临诸多的外部风险和挑战，但中白两国政府和人民在复杂的外部环境下，直面风险挑战，团结一致，主动作为，努力化解各种风险，在危机中育新机，于变局中开新局。2023年，中白工业园的主要业绩指标较2022年有所增长，取得来之不易成绩的根本在于，中白两国始终积极践行习近平主席提出的全球安全倡议，始终维护和平发展大局，持续深化经济合作，以高水平、可持续、惠民生为战略目标，携手推动中白工业园乘风

---

[*] 王超，中国社会科学院俄罗斯东欧中亚研究所助理研究员。

破浪走向高质量发展新阶段。

一、中白工业园发展现状

中白两国克服了空间距离远、产业合作条件不佳的困难，在白俄罗斯首都明斯克市郊建设中白工业园①，经过近十年的发展，中白工业园建设取得一系列成绩。

目前，园区一期8.5平方千米基础设施建设已全面完成，土地达到了"七通一平"建设标准。2024年第一季度中白工业园的主要业绩指标较2023年同期大幅增长。园区居民企业的工业总产值同比增长57%，达1.98亿白卢布；货物、工程、服务的销售收入同比增长27%，达2.826亿白卢布，其中白俄罗斯共和国外销售收入同比增长达71%，达1.096亿白卢布。园区企业总体净利润达1530万白卢布②。园区共有来自13个国家的134家居民企业，其中中国企业58家，协议投资额达14.7亿美元。居民企业员工达3008人。居民企业的产品出口额为9760万美元。机械制造是目前园区最活跃的产业集群，在建的20个相关居民企业中有9个已经投产。在中国潍柴、陕西法士特和中联重科等企业参与下，园区已建立起生产欧5和欧6生态级内燃机，以及为中型和大型车辆生产6速、9速、12速和16速变速箱的工厂③。

从优惠政策方面来看，工业园的发展不仅得益于得天独厚的交通区位优势以及完善的基础设施建设，更重要的是得到白俄罗斯国家层面优惠政策的扶持。在税收方面，入驻企业利润税10年免收，10年后至2062年6月5日以前减半征收。对园区内居民企业土地税、不动产税、环境补

---

① 张弘：《习近平首脑外交与中国白俄罗斯"一带一路"合作》，《俄罗斯学刊》2020年第1期。

② Национальный статистический комитет Республики Беларусь. Валовой внутренний продукт и валовая добавленная стоимость по основным видам экономической деятельности в 2023 г. https: //www. belstat. gov. by/ofitsialnaya-statistika/ssrd-mvf _ 2/natsionalnaya stranitsa-svodnyh-dannyh/vvp-rasschitannyi-metodom-ispolzovaniya-dohodov/2023 – god/.

③ 《中白工业园："丝绸之路经济带上的明珠"》，载百家号北京日报官网官方帐号2023年3月2日。

偿费用、园区范围内建设用产品及原材料质量证书费等税费实行免除或者有条件免除的优惠政策。在投资成本方面，园区土地租赁价格（租赁99年）为30美元/平方米，若购为私有则为40美元/平方米，标准厂房租赁价格为4—4.5美元/平方米，办公室租赁价格为17.51—26.38美元/平方米。园区的天然气价格为0.51白俄罗斯卢布/立方米，电费为0.26白俄罗斯卢布/度，供水价格为2.01白俄罗斯卢布/立方米，排水（污水）费用为2.01白俄罗斯卢布/立方米[1]。目前，园区管委会已经开设"一站式"政务服务，统一办理企业登记相关手续，为企业提供公司注册项目、准入土地过户、建设许可、工程验收等业务，同时还开设了中俄英三种语言官方网站，对外提供全面资讯和信息，并设置多语种服务，方便全球各国企业咨询了解入园信息（见表11-1）。

最重要的是，白俄罗斯先后颁布了三次总统令（2017年第166号总统令、2021年第215号总统令、2023年第161号总统令），以白俄罗斯最高法令形式推动工业园快速、健康、高质量发展。2021年6月11日《关于对白俄罗斯共和国若干总统令进行修改的白俄罗斯共和国总统令》第215号总统令针对园区的主体组成，园区管委会职权、土地关系、建筑活动、纳税及会计、税务核算、劳动关系及出入境、海关、医疗、广告等领域进行了进一步制度性优化。其中，园区主体组成引入了两类在园区实施投资项目的主体，一是园区创新活动主体，二是实施重大投资项目的园区居民企业。在土地关系上，也进行了进一步优惠调整。新的总统令规定，如果地下管网（天然气管道、石油管道、输电线路、通信及其他管线）施工期限不超过1.5年，则无须办理地块使用事先审批手续所需的地籍文件。此类施工根据开发公司和土地使用者出具的技术条件文件即可进行，可为入驻居民企业前期投资节省较大的成本[2]。此外，还针对相关法律制度、投资环境、园区管委会更多自主权、园区经营范围等方面进行了调整。2023年6月1日，卢卡申科总统签署关于中白工业区

---

[1] 此部分数据来源为"巨石"中白工业园网站，https：//www.zbgyy.cn/cn/zcjd/list_29.aspx。

[2] 《关于对白俄罗斯共和国若干总统令进行修改的白俄罗斯共和国总统令》，https：//www.zbgyy.cn/uploadfil es/2021/06/20210617181341280.pdf。

的新版总统令（第161号总统令），第161号总统令更加注重市场竞争力建设，鼓励通过借鉴中国和其他国家的最佳实践经验，扩大特色产业发展。例如，总统令要求修改外资在园区开展医疗服务的注册程序，园区进一步减少对药品、医疗器械、治疗方法等的限制，并将在园区内开展的相关医疗服务纳入白俄罗斯自愿医疗保险范围，客观上促进了中药制剂在白俄罗斯的普及和使用。按照新程序完成相关手续后，在中国注册生产的生物活性食品添加剂就可以在白俄罗斯销售。

表11-1 中白工业园经营性物业租售情况

项目名称	编号	建筑面积（平方米）	可租售面积（平方米）	累计租赁面积（平方米）	剩余可租售面积（平方米）	租售率（%）
标准化通用厂房	A1	7695.4	7151.22	7151.22	0	100
	A2	10808.2	9151.98	9151.98	0	100
	A3	10707.1	8956.90	8956.90	0	100
	A4	6411.4	6411.40	6411.40（出售）	0	100
	B1	5524.7	5524.70	450	5074.70	8
	B2	10825.3	9570.80	0	9570.80	0
	B3	10817.5	9524.80	2719.50	6805.30	71.44
	B4	10851.2	9601.90	7897.80	1704.10	82.25
	B5	10874	9611.80	4502.40	5109.40	46.84
	B11	5494	5494	5494	0	100
综合办公楼、科创中心（援建）	—	21927.85	21927.85	9905.05	12022.83	45.13
住宅楼（援建）	—	13470.5	156套	136套	20套	87

资料来源：中白工业园区开发股份有限公司，《中国—白俄罗斯工业园2022年度报告》，2023年3月。

从国际环境影响来看，虽然当前全球经济形势不容乐观，世界经济增长分化加剧，呈现双速增长格局，发达经济体经济增速放缓，新兴市场与发展中经济体经济增速保持稳定增长态势。国际货币基金组织（IMF）预计，未来5年新兴市场与发展中经济体的经济增速在4%左右，比发达经济体增速高出至少2个百分点。中白工业园区因受到外部环境的影响，招商引资面临困难，入园企业减少，国际市场竞争压力增大，一些企业面临经营成本上升、融资付款渠道不畅、物流受阻等压力，但通过不懈努力中白工业园取得了不俗成绩，据白俄罗斯国家统计委员会公布数据①，2023年园区居民企业的工业总产值同比增长56.1%，达到7.445亿白俄卢布，净利润同比增长近一倍，达到6920万白俄卢布，外商直接投资额（不含商品、工程、服务债务）2870万美元，同比增长99.1%，居民企业缴纳税费、费用等1.489亿白俄卢布，较2022年增长79.2%。截至2023年底，园区共有来自14个国家的120家居民企业，有26家新居民企业注册，居民企业员工达2719人。居民企业的产品出口额为1.358亿美元，出口增长5.6%。入驻企业涵盖物流、电子商务、精细化工、医药、生物技术、仪器仪表以及研发等领域，协议投资总额达14.4亿美元。

从自我提升方面来看，美西方国家对白俄罗斯实施的制裁措施，不仅严重阻碍了白俄罗斯经济健康发展，也给中白工业园的生产和生活带来一连串困难和挑战。为消除或减轻制裁影响，中白两国政府和园区采取了一系列办法。例如，白俄罗斯政府强调维护和平是当前的重要任务，2022年3月17日白俄罗斯共和国安全会议国务秘书亚历山大·沃尔福维奇前往中白工业园考察。他就当前周边安全问题与园区负责人进行了深入交流，并强调维护地区和平，发展经济是当前的重要任务。他还表示，中白工业园是中白两国间重要的经贸合作平台，园区的发展将有效地促进白俄罗斯经济发展，也将为巩固中白双边关系、维护地区和平发挥作用。同时，工业园也积极自主采取保障生产、优化运营、建立风险防控机制等措施：园区先后与中国中小企业协会、甘肃（兰州）国际陆港等国内机构和组织交流互动并签署了一系列合作框架协议，旨在通过拓展

---

① Ключевые показатели деятельности «Великого камня» за 2023 год. https://industrialpark.by/novosti/2024/klyuchevye-pokazateli-deyatelnosti-velikogo-kamnya-za-2023-god/.

合作伙伴和途径来提高园区抵抗风险的能力。另外，中白工业园区踊跃引入属地企业来帮扶园区渡过难关，2022年5月11日AF综合物流公司入驻园区，为园区内企业提供全方位的物流云系统服务，助力园区及白俄罗斯的物流企业，极大缓解了工业园的物资运输压力。2023年6月，我国对中白工业园的第二栋援建住宅楼正式签约。再比如，我国支持白俄罗斯优质产品进入中国市场。2023年7月，白俄罗斯第一副总理斯诺普科夫访华推动中白双边合作，期间来自园区的居民企业白卡门生物科技有限公司与白俄罗斯的斯卢茨克干酪联合厂签署了在沈阳市成立合资企业的合作协议，该合资企业将生产符合中国消费者口味及偏好的乳制产品。

另外，强化自身建设保障生产运营。中白工业园陆续开展了一系列培训、比赛活动提升员工技能及工作效率。例如，针对两国对接标准、"一站式"服务问题进行培训。刚开始白方认为所谓"一站式"服务只是开设一个站点，由工作人员代为办理相关业务，类似中介服务。经过培训之后，白方工作人员逐渐弄懂弄通"一站式"服务的真正内涵和意义。此外，尽管市场环境有所恶化，但园区始终秉持保护生态发展理念，坚持响应国家"碳达峰""碳中和"要求，注重对属地森林和绿地的保护，着力打造可持续发展的生态化产业新城，园区连续多年获得来自多个国际标准化组织颁发的ISO环境管理体系认证与再认证。作为中国在海外的重要投资项目，工业园还积极发挥社会服务职能，先后举办了科技翻译大赛，积极参与地区商业推介、经济论坛、学术讨论等活动、还接待多国政府、商业、科研院所代表团及当地高校学生等参观调研，为提升地区影响力，增进中白两国经济文化交流与合作做出贡献。

二、中白工业园面临的主要问题

中白工业园经过近10年的发展，已经取得了较好的成绩。2015年至2020年属于高速发展期，顺利完成了预期建设目标。2020年之后国际形势发生深刻变化，工业园建设面临较大困难，但中白两国迎难而上，整体稳中有进。综观世界上顶级的产业园，均是在市场体制高度发达的国家和地区，其精准的产业定位、优惠政策的实施以及完善的配套服务都堪称世界一流的管理运营案例。同时，和平稳定的经济环境更是产业园高速发展的重要因素之一。自新冠疫情暴发后，世界百年未有之大变局加速演进，欧亚地区国际关系深度调整，园区既定的欧亚经济联盟市场和欧盟市场开发难度大幅提升，欧美国家对白俄罗斯连续性制裁，致使工业园建设面临建园以来最大的挑战。其面临的问题主要从白俄罗斯自身和外部的国际环境两方面来看。

（一）白俄罗斯方面

中白工业园高质量发展离不开白俄罗斯自身拥有的先进、成熟、符合国际市场要求的营商环境。但不得不承认，一些情况一定程度上制约着中白工业园高质量发展。

第一，白俄罗斯面临复杂的周边环境。由于白俄罗斯自身市场狭小的原因，中白工业园建设初便将目光投向周边的欧盟和欧亚经济联盟两大区域，因此白俄罗斯周边市场环境对中白工业园发展至关重要。但自2020年以后，新冠疫情全球大流行，地区安全形势陡然加剧，欧盟国家对白俄罗斯实施制裁，欧亚经济联盟发展趋缓等问题接连而至，白俄罗斯的周边政治安全环境恶化，经济环境低迷。白俄罗斯政府在外交关系中选择了坚定地站在俄罗斯这一边，致使欧美国家对其不友好。因此，中白工业园在复杂的周边安全环境中发展必然也会受其影响，预期拓展欧洲市场的目标更加艰难，国际投资者对其投资将更加谨慎。

第二，白俄罗斯经济体制缺乏市场灵活性。白俄罗斯独立至今，一直在经济转轨道路上探索，30余年形成了自己所谓的社会主义市场经济体制，但实际上计划经济色彩依旧十分浓厚，经济效率低下，产品缺乏国际竞争力，再加之资源能源短缺，经济发展严重依赖外部市场和俄罗斯的能源供给，受国际市场价格波动影响较大。随着国际形势持续恶化，由于国际油价暴跌及俄罗斯经济减速的影响，白俄罗斯经济遭受较大冲击。2015年习近平主席访问白俄罗斯，共建"一带一路"倡议为白俄罗斯带来历史机遇，中白两国决定共建中白工业园，白方希望通过与中国的全方位合作，在工业园中大力发展高、精、尖科技产业，以摆脱国家经济困难,然而由于白俄罗斯经济体制缺乏市场灵活性,给来白投资兴业的投资者们增加了更多的投资压力。

(二)美西方对白俄罗斯实施持续性制裁

美西方国家对白俄罗斯的制裁始于 2006 年,之后持续加码,2021 年,欧盟以欧洲航班迫降白俄罗斯事件和边境难民危机为由,对白俄罗斯实施了又一轮制裁,主要包括禁止向白俄罗斯出口任何可能被用来"从事监听活动"的通信设备、军民两用物资和技术,禁止欧盟投资商交易白俄罗斯证券和购买白俄罗斯短期债券,欧洲投资银行停止向白俄罗斯发放新贷款,限制与白俄罗斯进行石油相关产品、钾肥以及烟草产品贸易。2022 年初,欧盟以白俄罗斯支持俄罗斯,对其实施了进一步制裁。制裁措施主要是禁止白俄罗斯的木材、钢材和钾肥等产品出口至欧盟国家。2024 年美西方对白俄罗斯制裁再次升级。同年 6 月,欧盟理事会对白俄罗斯实行了新一揽子制裁,新的限制措施中扩大了对公路货物运输的限制,包括在白俄罗斯注册的拖车和半拖车。禁止欧盟从白俄罗斯进口黄金、钻石、氦、煤炭和矿产品、原油,也禁止军民两用产品和技术经由白俄罗斯过境。此外还对 28 名个人采取限制性措施,理由是因为他们在白俄罗斯持续内部镇压和侵犯人权行为中扮演了重要角色。目前,欧盟对白俄罗斯 261 名个人和 37 个组织实施制裁。同年 8 月,从美财政部发表的声明得知,美将对白俄罗斯的 19 名个人和 14 个实体实施新一轮制裁,理由是这些制裁对象通过生产和运输军需物资支持俄罗斯的军事行动。美财政部还对白俄罗斯总统卢卡申科使用的一架"豪华飞机"进行制裁。

由于西方国家对白俄罗斯制裁层层加码,严重阻碍了白社会经济正常发展。中白工业园与白俄罗斯是唇亡齿寒的关系,西方国家对白俄罗斯实施高强度制裁,势必对中白工业园的建设进度,对园区居民企业的生产运营造成负面影响。其影响主要表现在以下几个方面。

第一,数字化交易平台替代方案发展困难。在美西方国家制裁下,白俄罗斯的金融企业大多数被剔除出环球同业银行金融电信协会国际结算系统(SWIFT)。数字化交易平台的缺失,直接导致白境内金融机构无法有效地完成国际金融结算业务，给工业园带来外汇资金结算困扰。白工业体系不完整，园区内的企业通常要与欧洲其他国家企业进行商贸合作，来满足自身的原材料和设备采购需求，而突然遭遇金融结算问题，导致园区企业面临无法在合同期内支付费用而供应中断或者违约的风险，在资金回笼方面也存在压力。一些西方企业打造的数字交易平台纷纷停止了在白俄罗斯的服务，大大降低工业园入驻企业参与国际贸易的能力。数字化交易平台的缺失使得工业园陷入无法获取国际市场信息、实现产品宣传和销售的窘境，进而可能会逐渐丧失国际市场客户。面对上述情况，白俄罗斯已开始着手发展自己的电子交易平台系统，白俄罗斯根据本国经济特点开发了进口替代电子交易平台，并于 2022 年 5 月投入使用，该电子平台由白俄罗斯大宗产品交易所负责运营，投入使用当日总成交额达 54.5 万白俄罗斯卢布①，虽然在一定程度上弥了白俄罗斯在数字交易平台方面的缺陷，开启一个新的窗口，但经过近两年的实际运营使用，并未达到理想中的替代作用。因此，受限于白俄罗斯数字技术的发展状况以及其国内市场规模，白俄罗斯的数字化交易平台的建设和发展，在短期内恐怕难以填补西方国家数字化交易平台撤离白俄罗斯造成的巨大空缺。

第二，汇率波动虽有改善但总体走低态势难改。自 2022 年 3 月以来，白俄罗斯卢布对美元汇率暴跌，在之后的一段时间白俄罗斯虽然竭尽全力应对，但是 2022 年白俄罗斯卢布对美元的汇率难挽颓势，2023 年白俄罗斯卢布对美元汇率仍然走低，2024 年上半年略有回升态势，但总体走低态势难以扭转。鉴于中白工业园企业的债务和货款结算基本以美元进行，而经营收入往往以白俄罗斯卢布结算，白俄罗斯卢布对美元汇率的大幅下跌造成了园区企业偿还债务和对外支付成本急剧上升。汇率剧烈波动大大增加了白俄罗斯经济和社会发展的不确定性，加大了中白工业园企业的投资风险，对园区的发展产生负面影响，一方面白国内企业对

---

① Первые сделки заключены на площадке импортозамещения БУТБ. https：//www.belta.by/economics/view/pervye-sdelki-zakljucheny-na-ploschadke-importozameschenija-butb – 504885 – 2022/?ysclid = lj6gug414i185659502.

工业园的投资热情下降；另一方面工业园现有企业因白俄罗斯卢布贬值收益下降，这些原因皆导致企业难以再用自有资金追加投资。为了稳定国内汇率，白政府动用外汇储备稳定白俄罗斯卢布币值。自 2022 年 3 月起，白俄罗斯官方外汇储备开始大幅缩减，从 1 月的 39.93 亿美元降至 6 月的 29.96 亿美元，这将大大减弱白政府外债偿还能力。白政府还采取提高存款利率的举措防止资金外流，但这也导致了消费和投资需求的降低。2023 年白政府进一步完善了相关机制和救市措施，并取得了一些成绩。截至 2023 年 12 月，白外汇储备约为 81.27 亿美元；截至 2024 年 1 月，白外债为 366 亿美元，同比减少 29 亿美元[①]。

第三，通货膨胀水平渐趋稳定但改善空间仍然较大。2022 年前三个季度白通胀率分别飙升为 15.9%、17.6%、17.4%，2022 年白俄罗斯雇员名义应计平均工资有所上涨，但居民的实际可支配收入同比下降 3.6%，高通胀引起白政府的高度重视，白俄罗斯先后发布了限制价格上涨的法令，规定境内商品的年度价格上涨幅度不得超过 30%，并逐渐扩大至禁止所有商品价格上涨。2022 年的限价政策对白俄罗斯的商业经营者的影响不小，尤其是产品供应商随时可能从成本和利润方面考虑，在销售价格无法满足盈利目标或无法维持运营成本的情况下，企业可能会停业或者中断供应，而中白工业园为了维持正常的生产运营，就会面临频繁地更换供应商和供应渠道的问题，这将导致企业的运营成本和保障生产的难度增加。经过白政府的一系列市场调控政策，2023 年通胀渐趋稳定发展，2023 年白平均月度名义工资为 1902 白卢布（约合 634 美元），同比增长 16.7%。当年 12 月，消费者价格指数为 5.8%，全年指数为 5.1%。2023 年白共有就业人口 414 万人，劳动适龄人口就业率达 84%；第四季度失业率为 3.5%。白俄罗斯通过政府干预手段影响市场，市场本身的潜力并没得到释放，改善的空间仍然较大。

第四，物流不畅导致生产建设供应短缺，园区建设放缓。由于欧盟和白俄罗斯互相实行贸易禁运措施，2022 年白俄罗斯与欧盟国家的货物运输量急骤下降，据白俄罗斯边境委员会统计，仅 2022 年 12 月，在白俄

---

① 驻白俄罗斯共和国大使馆经济商务处：《2023 年白俄罗斯全年经济运营简况》。

罗斯与欧盟边境就有近1300辆货车被扣留。从立陶宛方向进入白俄罗斯的货车只有30%获准通行，白俄罗斯与波兰边境的6个过境点中只有3个在运行。2024年波兰和白俄罗斯边境物流受阻，中欧班列在波兰段面临的风险增大，2022年仅剩下的3个在运行的过境点将面临切断的风险。众所周知，白俄罗斯的许多生产部门对于进口原料、技术以及设备的依赖度很高，受国内市场容量的限制，其GDP的60%以上需要依靠进口实现①。白俄罗斯产品进口依赖性过强，进口渠道又受阻，国内市场受外部市场波动影响较大。中白工业园从基础设施建设到企业生产运营也大多依靠进口，需要有发达的物流系统来实现，如今白俄罗斯物流遭遇困境，工业园的建设和企业产品进出口也受到较大影响。工业园虽然完成了第一期基础设施建设，但是由于物流不畅，原材料和机械设备进场困难，工业园二期建设或将迟滞，势必影响到园区企业未来的高质量发展。

第五，欧亚市场发展空间有限，欧盟市场正在逐渐丢失。随着国际形势的恶化，近年来欧亚经济联盟发展迟缓，尤其在经济领域难以取得实际成绩。白俄罗斯自身国内市场狭小，欧亚经济联盟除了俄罗斯和哈萨克斯坦外，其余成员国的经济市场同样狭小，然而哈萨克斯坦相聚白俄罗斯较远，如此白俄罗斯真正的市场只有俄罗斯。其次，欧盟自2006年起就开始对白俄罗斯实施经济制裁，目前对白俄罗斯的制裁措施是在欧盟《2006年5月18日理事会条例（EC）No 765/2006》基础上持续加码的。2022年乌克兰危机爆发后，欧盟对白俄罗斯的商品进行了进一步的限制，且制裁范围正在逐步扩大到白境内生产的所有产品，其中也包括白俄罗斯与其他国家合资企业生产的产品，中白工业园中许多企业受到制裁限制，丢失了大量的欧美市场份额。以欧盟对白境内生产的木材及其制品、水泥及其制品、黑色金属及其制品、新型充气橡胶轮胎方面的限制为例，这些产品若存在以下情况将被欧盟禁止："1. 如果货物原产于白俄罗斯或从白俄罗斯出口，直接或间接进口到欧盟；2. 直接或间接购买位于或原产于白俄罗斯的商品；3. 运输原产于白俄罗斯或从白俄罗

---

① 商务部国际贸易经济合作研究院、中国驻白俄罗斯大使馆经济商务处、商务部对外投资和经济合作司：《对外投资合作国别（地区）指南白俄罗斯（2021年版）》，第25页。

斯出口到任何其他国家的货物；4. 直接或间接提供技术援助、经纪、融资或金融援助，包括金融衍生品以及与这些禁令相关的保险和再保险"[1]。白国家统计委员会数据显示，2022 年白俄罗斯对外贸易额为 769 亿美元，同比下降 6%。其中出口商品 383 亿美元，同比下降 4.2%[2]。这是受欧盟制裁的影响。2023 年白外贸态势趋向好转，主要原因是俄罗斯对其市场的大力支持。白国家统计委员会数据显示，2023 年白外贸总额达 952.6 亿美元，同比增长 6.8%。其中，白出口达 478.7 亿美元，同比增长 2.1%，进口达 473.9 亿美元，同比增长 12.1%。白货物贸易总额达 810.9 亿美元，服务贸易总额达 141.7 亿美元。白俄罗斯的经济受外部影响较大，俄罗斯由于同样遭受美西方的经济制裁，白俄罗斯对其除了经济之外，更重要的是政治和军事上的伙伴关系，但是这种关系并不能成为经济健康持续增长的长久依靠。鉴于当前形势，白俄罗斯除了维护好俄罗斯市场之外，将进一步扩大与中国的经济合作，欲通过中白工业园内的中国企业与中国国内的行业商会和协会合作，目前已有超过 40 家白俄罗斯大型企业就 190 多种商品项目与中国企业建立了积极的合作关系。对于中白工业园企业而言，这既可以有效地转移由商品销售市场缩小带来的运营压力，也能够在一定程度上满足白国内市场的需求。但是，不得不承认，无论是从规模还是从消费能力角度看，工业园企业的最佳贸易对象依然是欧美国家，如何保证在经济制裁下失去欧美市场后依然能够实现利润增长，这是今后中白工业园亟待解决的最大难题。

三、推动中白工业园高质量发展建议

中白双边关系在两国元首的战略引领下，始终保持高水平运行，务实合作稳步推进，国际协作富有成效，中白工业园建设稳中有进持续发展。在面对当前日益复杂的国际形势下，中白双方将以两国元首共识为

---

[1] Постоянное представительство Беларуси при ЕС. Санкции ЕС в отношении Беларуси. https：//belgium.mfa.gov.by/ru/exportby/eu_sanctions/.
[2] Внешняя торговля Республики Беларусь, 2022. https：//www.belstat.gov.by/ofitsialnaya-statistika/publications/izdania/public_brochures/index_57413/.

根本遵循，始终坚持和平发展，坚持开放合作，坚持互利共赢，携手推进中白工业高质量发展再上新台阶。

第一，提高大局意识，持续深化经济合作。在百年未有之大变局下，大国博弈将更加激烈，地区矛盾将更加突出，阵营对立将更加明显。白俄罗斯是欧亚地区重要平衡者，是欧亚地缘关系的敏感地带，同时也是我国政治上坚定的支持者和拥护者。我们要积极践行习近平主席提出的全球安全倡议，努力维护世界和平。没有稳定的政治环境，中白工业园建设就难以推进。我们要始终坚持中白全天候全面战略伙伴关系不动摇，坚持建好中白工业园的信心不动摇。一是加强国际舆论宣传，树立园区优秀案例，做好舆情风险防范；二是创新合作模式，积极寻求新的经济增长点，加强数字化领域合作；三是鼓励第三方市场合作，深化与多边组织合作，欢迎更多国家的企业入园，释放经济活力，发挥市场优势，把中白工业园建设成为一个区域性开放的经贸合作平台。

第二，抓住历史机遇，加强中小企业合作。自2022年以来，白俄罗斯加强了对中小企业的扶持力度，促进企业尽快成长，实现进口替代的长远规划以化解当前危机，该政策的出台已经取得了一定的成效。同时，由于美西方对白俄罗斯的封锁，导致西方国家与白俄罗斯的市场和技术合作出现真空，白政府迫切需要拓展新的国际合作伙伴，开拓新的国际市场，这为中白进一步高质量合作释放了潜力和空间。如果中白双方能够抓住合作机遇，利用好双方的资本和技术优势，在西方国家封闭市场的情况下，充分挖掘属地市场空间，在工业园内扩大与属地企业的合作范围和深度，不仅能够减小西方国家制裁的影响，又能获得白方更多的政策支持，同时还能帮助白国内企业渡过难关。目前，中白工业园主要是由大型央国企牵头，中小企业的合作空间仍然非常大。白方应该进一步整合资源，创造更加优越的营商环境，鼓励和支持一些具有发展潜力的小而美的合作项目，尤其是要建立起一套服务中小企业发展的投融资体系，为中小企业发展提供良好的经营空间。

第三，加强创新和区域合作，推动优势产业发展。首先，是加强数字技术合作，降低金融市场风险。白俄罗斯经济中服务业是实现数字化转型最为快捷有效的行业部门，我国在快速发展数字经济和相关产业方面具有一定优势,因此中国与白俄罗斯两国在数字技术领域的合作具有一定的契合度。数字技术是当前白俄罗斯发展中小企业推动进口替代政策所急需的。中白工业园应该加大与白俄罗斯在数字技术领域的合作广度和深度,充分利用我国企业在数字技术上的优势,助力白俄罗斯数字技术腾飞,这对于传统产业基础相对薄弱、亟待实现进口替代的白俄罗斯而言十分重要,同时也为中白工业园高质量发展筑牢基础。其次,加强医疗领域的合作。主要包括医疗科技、生物科技、中医合作等领域。白俄罗斯基础医疗良好,我国拥有世界先进的医疗技术和科技,中医逐渐在国际上产生广泛影响,越来越被国际社会所接受。再次,强化区域合作,白俄罗斯国家小,人口少;中国国家大,人口多,两国资源禀赋差异较大。如果在两国合作中处处以国对国,讲究对等的国际惯例,那么推动高质量有效率的合作并非理智的选择。如果选择加强区域合作,地区合作,例如推动白俄罗斯与粤港澳大湾区的合作,推动白俄罗斯与中国西部合作,就会将合作目标更为聚焦,从而更具效率。目前,白俄罗斯与广东省、黑龙江省、甘肃省等地方合作,已经取得了一定的成绩。

第四,拓展物流渠道,拓宽市场和保障物资供应。由于受国际形势影响,白俄罗斯与欧盟国家物流受阻。拓展物流渠道,拓宽市场以及物资供应渠道,强化和利用好中欧班列的运输能力是当前的重要工作。中欧班列拥有较强的运输能力、较高的稳定性,工业园可以在中欧班列沿线进行产业链布局,充分利用沿线各国的资源优势发展配套产业,扩大原材料和设备供应渠道,最大限度地降低政治风险和跨境经营难度,还可以帮助中白工业园扩展新的消费市场,消化掉由于丢失欧美市场而产生的相对过剩的产能,保证中白工业园企业在不降低产能的情况下实现利润的增长。白方应该谋篇布局,主动作为,可探索在园区建立起大型物流仓储园区,并修建铁路进入园区,推动中欧班列直接入园,并通过园区中转至其他国家和地区。白俄罗斯已经加入上合组织,上合组织在成员国经济合作领域取得积极成效,应该要充分利用好上合优势。上合组织示范区立足打造"一带一路"国际合作新平台,该项目在拓展国际物流、现代贸易、双向投资、商旅文化交流等领域积极促进"一带一路"新亚欧大陆桥经济走廊建设和海上合作。上海合作组织包含欧亚经济联盟组织的部分成员国，中白工业园与上合组织示范区在开展国际物流和经贸往来方面已经具备一定的合作基础和经验。2023 年，中白工业园与上合组织示范区成功举办了交流活动，这标志着中白工业园与上海合作组织示范区开始进入"平台链接"的新阶段，标志着中白在新的合作平台上将会迎来更为广阔的市场和合作空间，这也为中白工业园未来的发展创造了良好的契机。

四、结　　语

世界百年未有之大变局正在加速演进，全球范围内各种不确定、不稳定、不安全因素正在急剧增多。国际局势动荡的持续性，必定对白俄罗斯及中白工业园造成巨大的影响，这种影响不会是暂时性的，将会持续相当一段时期。因此，寒冬已来，御寒为主。需要我们保持良好心态迎接挑战，不畏惧挑战。同时更需要我们坚持稳中求进，将求稳放在第一位，不能盲目求进，更不能盲目追求业绩。最重要的是，我们要保持信心，坚信眼前的困难是暂时的，我们应该看见，在严峻的国际形势下，中白两国在互利互信的道路上坚定前行，中白工业园将作为双方合作的重要纽带和平台，为两国不断深化全天候全面战略伙伴关系，为推动区域经济健康和快速发展，为维护地区和平与安全发挥积极的重要作用。

第三篇

"一带一路"倡议与中国现代化发展

第十二章　中国消费税改革：经济效应与财力效应

娄　峰[*]

消费税作为我国的主要税种，在增加财政收入、调节经济发展方面具有重要作用。调整优化消费税征收范围和税率，推进征收环节后移并稳步下划地方是"十四五"时期我国税制改革的重要议题。本章基于 2020 年国家投入产出表等数据，构建了细分中央政府和地方政府的多部门财税 CGE 模型，从调整征收范围、后移征收环节、央地共享等视角，模拟分析了不同消费税改革方案下的经济效应和财力效应。研究结果表明，三种消费税改革方案对实际 GDP、投资、产出、进口、出口均产生了负面影响，但变化幅度较小。此外，三种改革方案均提升了地方政府整体财政收入水平。最后，为了更好地发挥消费税改革的经济效应和财力效应，应适时提高烟酒类商品消费税税率和后移征收环节，统筹协调推进消费税税收收入归属改革。同时，构建消费税税收收入区域财力均衡协调机制。

一、引　言

伴随着"营改增"政策的全面实施，营业税逐渐退出历史舞台，导

---

[*] 娄峰，中国社会科学院数量经济与技术经济研究所研究员，经济预测分析研究室主任。

致地方政府主体税种缺失，再加上近年来减税降费措施的不断推进，造成地方政府财政收入大幅度减少，进而导致地方政府财权与事权不匹配的弊端日趋严峻。在此背景下，2019年国务院印发《实施更大规模减税降费后调整中央与地方收入划分改革推进方案》明确指出："后移消费税征收环节并稳步下划地方，拓展地方收入来源。"2020年党的十九届五中全会出台的《中共中央关于制定国民经济和社会发展第十四个五年规划和二〇三五年远景目标的建议》再次强调"调整优化消费税征收范围和税率，推进征收环节后移并稳步下划地方"。2022年党的二十大报告指出，"高质量发展是全面建设社会主义现代化国家的首要任务"。消费税改革作为我国未来税制改革的重要事项，将会在促进高质量发展方面实现进一步突破。

面对新冠疫情的突然冲击，市场陷入持续低迷，为盘活市场资源，激发市场主体活力，我国实施了更大规模的减税降费措施。同时，为快速提振市场活力，稳定市场信心，各类新基建项目强势开启，在恢复经济的同时，也加重了地方政府的财政负担。2022年，地方一般公共预算支出225039亿元，地方一般公共预算本级收入108818亿元，地方财政收支缺口日益严峻，亟需缓解。考虑到当前形势下征收房地产税存在重重困难，只能对现行税种进行优化完善，再加上中央文件多次提及不断优化和完善消费税税制结构，因此，推进消费税改革将成为未来一段时期我国财税领域的重要议题。

二、文献综述

鉴于笔者从经济效应和财力效应角度出发，分析消费税税制改革的作用效果，接下来将主要从这两个方面作简要的文献回顾。

消费税的经济效应是消费者的消费行为和生产者的生产行为在现行消费税制度调整下所做出的反应，并通过价格或收入等中间变量，对宏微观经济产生一系列影响。关于消费税改革的经济效应研究，有从单类产品消费税改革的角度展开分析，如赖明勇等认为燃油税在生产环节征收对经济的损害较大，在零售环节征收对经济的损害较小，在批发环节征收对经济的损害介于两者之间。① 尹音频等认为提高成品油消费税的税率，短期内对成品油的供给有明显抑制作用，但长期作用不明显。② 进一步研究表明，成品油消费税改革对我国经济整体影响较小，③ 但在一定程度上可以解决我国能源和环境问题，促进我国能源产业转型升级。④ 苏国灿等认为烟酒和成品油消费税税率和征收环节改革有助于纠正负外部性。⑤ 朱军等认为高档消费品消费税率"横向"变动对 GDP 的影响不明显，而较高的电力消费税对 GDP 产生明显的负向影响，此外，在保持烟草消费税税收收入不变的前提下，取消批发环节消费税，提高生产环节消费税，对 GDP 的影响较小。⑥ 也有学者从消费税整体改革的视角展开分析，如王晖等认为随着消费税税率的提高，农村居民整体消费需求降低，城镇居民整体消费需求上升。⑦ Khieu 和 Nguyen 认为，从长远来看，提高累进税率的下限和上限可以减少财富和消费不平等。⑧ Nakajima 和 Takahashi 认为消费税作为抵御风险的保险的效果较弱。⑨ 李升研究分析了消费税的经济效应，研究结果表明，由于消费税存在消费效应，使消费税的功能受到一定的限制，行业调节效应和收入分配功能不明显。⑩

---

① 赖明勇、肖皓、陈雯、祝树金：《不同环节燃油税征收的动态一般均衡分析与政策选择》，载《世界经济》2008 年第 11 期。
② 尹音频、张莹、孟莹莹：《成品油消费税改革的供求效应》，载《税务研究》2015 年第 4 期。
③ 杨德天、王丹舟：《基于中国成品油市场的税收 CGE 模型构建与应用——以成品油消费税税率上升对中国经济的影响为例》，载《税务与经济》2016 年第 4 期。姜东升：《汽车节能减排的税收对策分析——从汽车消费税调整说起》，载《经济与管理》2009 年第 3 期。
④ 黄春元：《成品油消费税经济效应的实证研究》，载《税务研究》2017 年第 7 期。
⑤ 苏国灿、童锦治、黄克珑：《我国消费税税率与征收环节的改革及其福利效应分析——以烟、酒和成品油为例》，载《财政研究》2016 年第 9 期。
⑥ 朱军、邹韬略、张敬亭：《中国未来消费税制改革的经济效应与政策选择》，载《经济与管理评论》2022 年第 3 期。
⑦ 王晖、张顺明、周睿、王彦一：《个人收入税和消费税政策分析——基于 CGE 视角》，载《系统工程理论与实践》2016 年第 1 期。
⑧ Khieu H, Van Nguyen T. "Progressive consumption tax, minimum consumption, and inequality", in *Economics Letters*, 2020, 197: 109653.
⑨ Nakajima T, Takahashi S. "The effectiveness of consumption taxes and transfers as insurance against idiosyncratic risk", in *Journal of Money, Credit and Banking*, 2020, 52 (2–3) pp. 505–530.
⑩ 李升：《消费税的经济效应研究》，载《财政科学》2022 年第 5 期。

财力是一级政府在一定时期内为履行公共职能所拥有的全部可支配财政资金,是财政资源分配的最终结果。① 消费税的财力效应是指消费税改革后对地方政府财政收支等产生的一系列影响。关于消费税改革的财力效应研究,绝大多数是从消费税改为地方税的视角分析其影响效果。研究结果表明,消费税改为地方税有助于增加地方政府财政收入,缓解地方财政压力,② 缩小地区间财力差距。③ 进一步,蒋云赟和钟媛媛在消费税归为地方税的假设下,研究分析了不同行业消费税改革对地方政府财政收入的影响。研究结果表明,消费税应该结合不同税目的具体情况,适当选择征收原则和收入归属问题。④ 此外,还有学者从征收环节视角分析了消费税改革的财力效应,研究结果表明,要更好地发挥消费税弥补地方财政收支缺口的效果,必须同时后移消费税征收环节至批发零售环节,⑤ 从而避免各地区因生产能力差异而形成的税收鸿沟,以及可能引发的地区间消费税恶性竞争现象。⑥

综上所述,既有文献为本文开展接下来的研究提供了理论基础,又为本文的研究思路和分析方法提供了良好的借鉴。以往关于消费税改革的文献更多集中于定性分析,关于消费税改革的定量分析较少。一方面可能因为"营改增"前,地方主体税种尚存;另一方面,作为地方政府

---

① 财政部干部教育中心:《现代政府间财政关系研究》,经济科学出版社2017年版。
② Jacobs J P A M, Ligthart J E, Vrijburg H, "Consumption tax competition among governments: Evidence from the United States", in *International Tax and Public Finance*, 2010, 17 pp. 271 – 294. Kimura S., "Goals and reforms of current Japanese local tax system", in *Hitotsubashi Journal of Law and Politics*, 2015, 43: pp. 17 – 48.
③ 孟莹莹:《基于地方主体税种重构的消费税改革展望》,载《经济纵横》2016年第8期。唐明、卢睿:《消费税下划地方改革的政策效应及分享方案设计——基于数值模拟》,载《财贸研究》2020年第6期。
④ 蒋云赟、钟媛媛:《消费税收入归属对地方财政收入均衡性的影响》,载《税务研究》2018年第7期。
⑤ 高培勇、汪德华:《本轮财税体制改革进程评估:2013.11—2016.10(上)》,载《财贸经济》2016年第11期。高培勇、汪德华:《本轮财税体制改革进程评估:2013.11—2016.10(下)》,载《财贸经济》2016年第12期。谷成、周子健、刘泽宇:《消费税改革再思考》,载《地方财政研究》2020年第2期。杨晓妹、唐金萍、王有兴:《消费税改革与地方财力均衡——基于后移征收环节与调整收入划分的双重视角分析》,载《财政研究》2020年第10期。
⑥ 茅孝军:《迈向地方税的消费税改革:制度基础与风险防范》,载《地方财政研究》2020年第2期。

财政收入的重要组成部分，土地出让金占地方财政收入的较大份额，地方政府财政压力较小，消费税并未引起地方政府的重视。虽然近几年关于消费税改革的定量分析逐渐丰富起来，但将消费税改革的经济效应和财力效应纳入到一般均衡框架下的量化分析较少，无法为消费税改革提供强有力的政策参考。基于此，结合最新 2020 年投入产出表等国民经济数据，构建了区分中央政府和 31 个省区市的地方政府的中国财税 CGE 模型，并内嵌了测算地方政府财力均衡模块，模拟分析了三种消费税改革方案下的经济效应和财力效应。

相比已有文献，本文的边际贡献主要如下：一是基于最新的 2020 年中国国家投入产出表，并结合分行业分税种的税收数据等国民经济核算数据，构建了细分中央政府和 31 省区市地方政府的多部门财税 CGE 模型，并设置三种消费税改革方案，对未来消费税改革进行预测模拟分析；二是通过数值模拟的方法，量化分析了消费税改革对 GDP、进出口等宏观经济指标的影响，此外，将居民按照收入水平细分，可以量化分析不同消费税改革方案对不同类型居民的结构性影响；三是在财税 CGE 模型中纳入财力均衡模块，并将各省区市按照大区进行归并，可以进一步分析消费税改革对不同区域地方政府财力均衡的影响。

三、消费税作用机制分析

按照国家"十四五"规划提出要"调整优化消费税征收范围和税率，推进征收环节后移并稳步下划地方"的改革模式。如图 12-1 所示，在征收环节不做调整的情况下，对烟酒类和高档品征收更高的消费税，在税基和税制保持不变的情况下，中央政府的财政收入增加。此外，烟酒类和高档品消费税税率的提高也会抬升相应商品的市场价格，进而通过价格渠道对宏观经济产生影响。

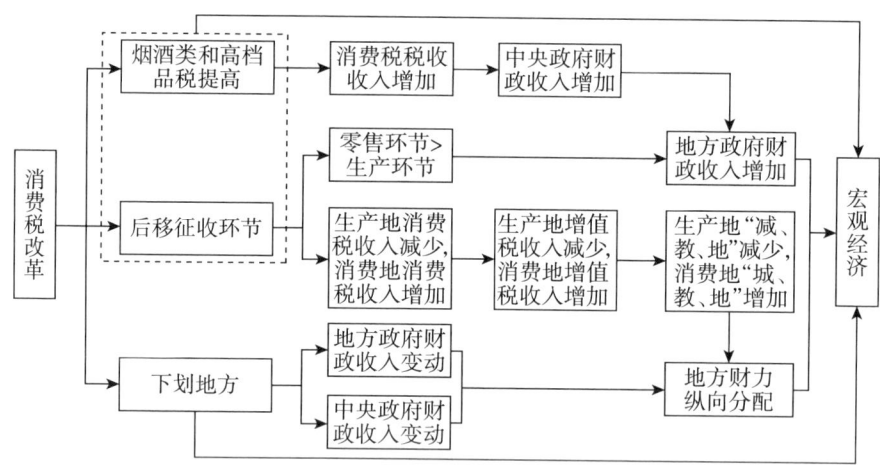

图 12-1 消费税改革作用机制①

在消费税由生产环节征收调整为零售环节征收时，在税制不做调整的情况下，零售环节的应税税基大于生产环节应税税基，中央政府消费税收入增加，考虑到中央政府对地方政府的下拨支出，从而可以产生一部分对地方政府下拨支出的增量，相应地，地方政府财政收入有所提高，财政收支压力有所缓解。与此同时，后移消费税征收环节变化会引发应税品生产地和消费地消费税、以消费税作为税基部分的增值税以及以消费税和增值税为税基的地方附加税费收入的变化，会引发地区间"看得见"的收入流入或流出的区域间财力横向分配。②此外，后移消费税征收环节将会通过商品市场的价格渠道对宏观经济产生一系列影响。

对于消费税收入下划地方，目前主要存在两种观点，一种是将消费税改为央地共享税，另一种是将消费税直接作为地方税。对于第一种观点，消费税改为央地共享税，保证了消费税改革初期中央财政格局的稳定，地方财政压力亦得到有效缓解。对于第二种观点，消费税改为地方税，虽然理论上可能使得地方政府财政收入增加，但考虑到征管可行性，可能会产生地方财力的横向分配。此外，中央政府和地方政府财政收入

---

① 图中"城、教、地"是指城市维护建设税、教育费附加和地方教育费附加。
② 唐明、凌惠馨：《消费税下划地方的财力分配效应与收入分享优化策略研究——基于数值模拟分析》，载《中央财经大学学报》2022年第2期。

的变动,将会对其支出行为产生不同程度的影响,从而通过政府支出乘数效应影响宏观经济的运行。

四、理论模型与数据来源

CGE 模型是基于一般均衡理论建立的,主要用于模拟分析经济系统中一项政策变动的具体影响效果。由于 CGE 模型不仅能考虑到部门之间投入产出的生产链关系,而且能同时考虑整个经济范围内的相互作用机制,能够将经济系统的重要特征反映在模型之中,因此是进行政策模拟分析的重要工具。

(一) CGE 模型

笔者构建的财税 CGE 模型是在第三部分分析消费税作用机制的基础上,进一步对 CGE 模型进行了拓展:(1) 考虑到本文重点分析消费税改革的经济效应和财力效应,但为了避免将其他税种加总对模型可能产生的影响,模型中除了包含消费税之外,还包含增值税、企业所得税、个人所得税、关税等 17 种税收。(2) 按照收入水平将居民细分为 5 类农村居民(农村低收入户、农村中低收入户、农村中等收入户、农村中高收入户、农村高收入户)和 5 类城镇居民(城镇低收入户、城镇中低收入户、城镇中等收入户、城镇中高收入户、城镇高收入户),其中包含了各类居民的收入和支出特征;此外,细分了中央政府和 31 省区市地方政府,并将地方政府按照大区域进行了合并。(3) 按照前文的介绍,消费税的经济效应是指消费税改革对宏微观经济产生的一系列影响,因此,为了反映出消费税改革的经济效应,本文重点选取了 GDP、产出、进口、出口、福利水平、居民收入和居民消费等经济指标,选择中央政府和地方政府的财政收入和消费支出指标以及变异系数作为反映消费税改革前后政府财力效应的变化情况。

1. 生产与消费税

在笔者构建的财税 CGE 模型中,价格均为不含税价格,因此,含税价格为不含税价格加上各类税收。在第一层嵌套函数中,增加值 QKL_i 与

中间投入 $QINT_i$ 以 CES 函数的形式进一步合成总产出 QX_i，如式（1），其中，λ_i^{qx} 为 CES 函数的规模参数，ρ_i^{qx} 为部门 i 增加值和中间投入之间的替代弹性参数，β_{kli} 和 β_{ndi} 分别为部门 i 增加值和中间投入的份额参数。在模型的第二层嵌套函数中，劳动 QL_i 和资本 QK_i 以 CES 函数的形式合成增加值 QKL_i，如式（2），其中，λ_i^{kl} 为 CES 函数的规模参数，ρ_i^{kl} 为部门 i 劳动和资本之间的替代弹性参数，β_{li} 和 β_{ki} 分别为部门 i 劳动和资本的份额参数。

$$QX_i = \lambda_i^{qx}(\beta_{kli}QKL_i^{-\rho_i^{qx}} + \beta_{ndi}QINT_i^{-\rho_i^{qx}})^{-\frac{1}{\rho_i^{qx}}} \tag{1}$$

$$QKL_i = \lambda_i^{kl}(\beta_{ki}QK_i^{-\rho_i^{kl}} + \beta_{li}QL_i^{-\rho_i^{kl}})^{-\frac{1}{\rho_i^{kl}}} \tag{2}$$

根据产出的使用流向，将产出以 CET 的函数形式分为国内使用 QD_i 和出口 QE_i，具体函数形式如式（3）和式（4），其中，λ_{exi} 为 CET 函数的规模参数，xid_i 和 xie_i 为部门 i 的国内使用份额和出口份额，σ_i^{ex} 为国内使用和出口之间的替代弹性，PX_i、PD_i 和 PE_i 分别为产品 i 的产出价格、国内销售价格以及出口价格，$rexct_i$ 为商品 i 的实际消费税有效税率，$\sum_{k}^{12} rt_{ki}$ 为除消费税外其他间接税的实际有效税率，包括资源税、城市维护建设税、房产税、印花税、城镇土地使用税、土地增值税、车辆购置税、车船税、耕地占用税、契税、环境保护税、其他间接税。

$$QD_i = \lambda_{exi}^{\sigma_i^{ex}-1}(xid_i \times (1 + rexct_i + \sum_{k}^{12} rt_{ki}) \times \frac{PX_i}{PD_i})^{\sigma_i^{ex}} \times QX_i \tag{3}$$

$$QE_i = \lambda_{exi}^{\sigma_i^{ex}-1}(xie_i \times (1 + rexct_i + \sum_{k}^{12} rt_{ki}) \times \frac{PX_i}{PE_i})^{\sigma_i^{ex}} \times QX_i \tag{4}$$

2. 居民收入和支出

在笔者构建的财税 CGE 模型中，采用扩展的线性支出系统（ELES）需求函数刻画居民的消费行为，ELES 需求函数将居民消费分为满足基本生活需求的基本需求和额外需求两部分，其中，基本需求不随消费者收入的变化而变化，而额外需求则是扣除基本需求后的再分配。本文按照收入水平将居民分为 5 类农村居民和 5 类城镇居民，收入 TYH_h 包括劳动报酬 YHL_h，资本收入 YHK_h，中央政府转移支付 $transcgth_h$ 以及地方政府转移支付 $translgth_h^{lgov}$，如式（5）。居民收入扣除所缴纳的个人所得税

$gihtax_h$ 和储蓄 sh_h 后,剩余部分用于消费,如式(6)。其中, HD_{ih} 表示居民 h 对商品 i 的消费量,$\overline{HD_{ih}}$ 为居民 h 对商品 i 的基本需求量,$conh_{ih}$ 表示居民 h 对商品 i 的消费系数。消费税改革对居民的经济效应主要体现在两方面,一是消费税改革通过影响商品市场上的商品价格,进而通过价格传导渠道影响居民收入和支出。二是消费税改革通过影响政府的财政收入,而政府财政收入与其支出行为紧密联系,进而通过政府对居民的转移支付渠道,最终影响到居民的收入和支出。

$$TYH_h = YHL_h + YHK_h + transcgth_h + \sum_{lgov} translgth_h^{lgov} \tag{5}$$

$$PQ_i \times HD_{ih} = PQ_i \times \overline{HD_{ih}} + conh_{ih} \times (TYH_h - gihtax_h - sh_h - PQ_i \times \overline{HD_{ih}}) \tag{6}$$

3. 政府收入和支出

在本文构建的财税 CGE 模型中,将政府部门细分为中央政府和地方政府,地方政府又进一步细分为 31 省区市。根据各类税收收入的归属特征,将不同类型的税收收入分别纳入中央政府和地方政府的收入方程中,如式(7)和式(8),从而可以用于分析消费税改革对政府财政收入的影响。政府的支出除了包含政府部门的消费支出外,还包括政府部门的转移支付,具体而言,包括中央政府和地方政府对各类居民的转移支付,以及中央政府下拨地方政府支出和地方政府上解中央政府支出,如式(9)和式(10)。通过(7)—(10)式,不仅可以直观地反映出消费税改革前后中央政府和地方政府财政收入变动情况,还可以反映出中央政府和地方政府支出行为的变化情况,以此来刻画消费税改革前后的政府财力效应。

$$TYCG = rgvatcg \times \sum_i gvat_i + rgexctcg \times \sum_i gexct_i + rgietcg \times gietax$$
$$+ rgrestrtcg \times \sum_i grestrt_i + rgumctcg \times \sum_i gumct_i + rgclutcg \times \sum_i gclut_i$$
$$+ rgstamptcg \times \sum_i gstampt_i + rglvitcg \times \sum_i glvit_i + rgflastcg \times \sum_i gflast_i$$
$$+ rgststcg \times \sum_i gstat_i + rgvptcg \times \sum_i gvpt_i + rgclotcg \times \sum_i gclot_i$$
$$+ rgdeedtcg \times \sum_i gdeedt_i + rgeptcg \times \sum_i gept_i + rgoitcg \times \sum_i goit_i$$
$$+ rtarifftcg \times \sum_i tariff_i + rgihtcg \times \sum_h gihtax_h + \sum_{lgov} handltcg_{lgov}$$

（7）

$$TYLG_{lgov} = rgvatlg_{lgov} \times \sum_i gvat_i + rgexctlg_{lgov} \times \sum_i gexct_i + rgietlg_{lgov} \times gietax$$
$$+ rgrestrtlg_{lgov} \times \sum_i grestrt_i + rgumctlg_{lgov} \times \sum_i gumct_i + rgclutlg_{lgov} \times \sum_i gclut_i$$
$$+ rgstamptlg_{lgov} \times \sum_i gstampt_i + rglvitlg_{lgov} \times \sum_i glvit_i + rgflastlg_{lgov} \times \sum_i gflast_i$$
$$+ rgststlg_{lgov} \times \sum_i gstat_i + rgvptlg_{lgov} \times \sum_i gvpt_i + rgclotlg_{lgov} \times \sum_i gclot_i$$
$$+ rgdeedtlg_{lgov} \times \sum_i gdeedt_i + rgeptlg_{lgov} \times \sum_i gept_i + rgoitlg_{lgov} \times \sum_i goit_i$$
$$+ rtarifftlg \times \sum_i tariff_i + rgihtlg_{lgov} \times \sum_h gihtax_h + \sum_{lgov} allocactlg_{lgov}$$

（8）

其中，$TYCG$ 为中央政府收入，$TYLG_{lgov}$ 为各省区市地方政府收入，$gvat_i$、$gexct_i$、$gietax$、$grestrt_i$、$gumct_i$、$gclut_i$、$gstampt_i$、$glvit_i$、$gflast_i$、$gstat_i$、$gvpt_i$、$gclot_i$、$gdeedt_i$、$gept_i$、$goit_i$、$tariff_i$、$gihtax$ 分别为增值税、消费税、企业所得税、资源税、城市维护建设税、房产税、印花税、城镇土地使用税、土地增值税、车辆购置税、车船税、耕地占用税、契税、环境保护税、其他各税、关税、个人所得税。各税种前的系数表示作为中央税、地方税或央地共享税的份额参数，$handltcg_{lgov}$ 为中央政府下拨地方政府支出，$allocactlg_{lgov}$ 为各省区市地方政府上解中央政府支出。

$$PQ_i \times CGD_i = concg_i \times (TYCG - \sum_h transcgth_h - \sum_{lgov} allocactlg_{lgov} - scg) \tag{9}$$

$$PQ_i \times LGD_i^{lgov} = conlg_i^{lgov} \times (TYLG_{lgov} - \sum_h translgth_h^{lgov} - \sum_{lgov} handltcg_{lgov} - slg_{lgov}) \tag{10}$$

其中，PQ_i 为商品 i 的国内需求价格，CGD_i 和 LGD_i^{lgov} 分别为中央政府和地方政府对商品 i 的消费量，$transcgth_h$ 和 $translgth_h^{lgov}$ 分别为中央政府和各省区市地方政府对居民的转移支付，scg 和 slg_{lgov} 分别为中央政府和各省区市地方政府的储蓄，$concg_i$ 和 $conlg_i^{lgov}$ 分别为中央政府和各省区市地方政府对商品 i 的消费系数。

4. 财力均衡

财力均衡是衡量地方政府财税体系是否健全的重要考量，关于财力均衡的衡量指标，学者们采用的方法也不尽相同，主要包括基尼系数、泰尔指数、变异系数等。结合本文的数据特征和模型特点，本文采用变异系数来刻画消费税改革前后地方政府财力均衡的变化，并以此作为衡量消费税改革前后政府财力效应变动的另一指标。变异系数是一组数据的标准差和均值的比值，避免了由于数据量纲不同所造成的影响，变异系数越小，表明财力越均衡，反之则越不均衡。

根据变异系数的定义，其计算公式如下：

$$CV_{lgov} = \frac{SD_{lgov}}{MN_{lgov}} \times 100\% \tag{11}$$

其中，SD_{lgov} 表示地方政府财政收入标准差，MN_{lgov} 表示地方政府财政收入均值。

（二）**数据与参数**

本文以国家统计局公布最新的 2020 年全国投入产出表为基础，结合《中国税务年鉴（2021）》中消费税等税收数据以及居民收支数据，构建了 2020 年中国社会核算矩阵（SAM），并以平衡后的 SAM 表作为财税 CGE 模型的数据集。SAM 表能够全面细致地刻画经济系统中生产创造收入、收入引致需求、需求导致生产的经济循环过程，清晰地再现了某一国家或地区特定年份的经济结构和社会结构。本文构建的 SAM 表包括活动、商品、要素、居民、企业、政府、税收、投资储蓄、存货变动、国外等共计 10 个账户，其中，活动部门细分为 19 类，由于模型假设一种活动只生产一种商品，因此，对应的有 19 种商品，要素分为劳动和资本，居民细分为 5 类农村居民和 5 类城镇居民，政府分为中央政府和地方政府，地方政府又进一步细分为 31 省区市，税收账户除了包含消费税外，还包括现行税收体系下其余 16 种税收。

本文构建的财税 CGE 模型参数主要来源于两个方面，其一，基于基准情景下的 SAM 表，通过模型校准求得，比如份额参数、规模参数、各类税收的实际有效税率、政府或居民的消费系数等；其二，通过查阅国内外相关文献，直接引用其估计值，如 CES 函数中的替代弹性、CET 函数中的替代弹性等。

（三）政策模拟方案设定

根据国家"十四五"规划提出要"调整优化消费税征收范围和税率，推进征收环节后移并稳步下划地方"的工作部署，本文设置以下三种政策模拟方案：

政策模拟方案一：现实生活中，烟酒类消费品的价格弹性较小，厂商议价能力强，商品出厂价格因消费税征收环节调整而降低的可能性较小，再加上为了更好地引导广大消费者健康消费，因此，本文参考朱军（2022）的研究，将烟酒类消费品的消费税税率在原有基础上提高 10%。同时，考虑到消费税征收环节后移，同时设定将批发零售环节的消费税税率在原有基础上提高 10%。

政策模拟方案二：关于改革消费税税收归属问题，学界和实务界建议将消费税由中央税改为央地共享税，但关于消费税在中央政府和地方政府之间的分配比例，至今尚无定论。考虑到消费税的间接税属性，本文参考我国增值税在中央和地方之间的"五五分享"比例，即中央分享增值税的 50%、地方按税收缴纳地分享增值税的 50%。设定中央分享消费税的 50%，地方分享消费税的 50%。此外，考虑到本文构建的财税

CGE 模型包含 31 省区市的地方政府,因此,对地方政府分享总消费税的 50% 的部分进行进一步细分。具体分享比例按照 2020 年全国中央级税收收入分地区分税种情况表中的消费税在各个省区市的占比确定。

政策模拟方案三:面对新冠疫情冲击,以及俄乌冲突导致的全球能源价格上涨和美国出台的芯片法案等一系列事件,全球经济陷入低迷,国内经济虽然整体向好,但经济增长速度距离经济潜在增长率仍存在不小差距,此时推进消费税改革时机尚不成熟。但考虑到地方政府财政收支缺口日益严峻,因此本文假设在保持现有消费税税制不变的情况下,将中央政府的消费税收入用于扩大对地方政府的财政转移支付,从而缓解地方政府财政压力。具体而言,根据 2020 年《中国财政年鉴》中各省区市一般公共预算收支决算总表中的"中央补助收入"确定各省区市所获得的中央补助收入占总的中央补助收入的比例,以此作为方案三的中央政府对地方政府的财政转移支付比例。

五、结果与分析

(一)对宏观经济的影响

从表 12-1 可以看出,三种政策模拟方案下,消费税改革对宏观经济指标产生了负面影响,但变动幅度有限。具体而言,在政策模拟方案一的情景下,提高烟酒类消费品和批发零售环节的消费税税率后,将直接导致国内商品销售价格提升,进而通过价格形成机制影响到整个宏观经济,导致投资下降 0.1040%,产出下降 0.0437%。国内商品销售价格也会通过价格机制影响到进口价格和出口价格,进而对商品进出口产生影响,导致进口减少 0.1091%,出口减少 0.0945%,最终导致实际 GDP 下降 0.0035%,居民福利也减少 106.2993 亿元。在政策模拟方案二的情景下,将消费税由中央税改为央地共享税之后,虽然地方政府整体财政收入在一定程度上增加,但与此同时,中央政府的财政收入也出现一定幅度的下降。政府收入的变化会直接影响其支出行为,进而影响到整体宏观经济,导致投资下降 0.3145%,产出下降 0.0540%,进口下降 0.0963%,出口下降 0.0833%,最终导致实际 GDP 下降 0.0047%,但从居民福利的变化来看，居民福利增加208.6057亿元。这可能是因为，消费税改为央地共享税之后，地方政府总体的财政收入增加，进而带动了地方政府对居民转移支付的增加。虽然中央政府也会对居民进行转移支付，且中央政府收入的减少在一定程度上会减少对居民的转移支付，但由于中央政府对居民转移支付比例较低，主要是地方政府发挥对居民的转移支付功能，因此最终提升了居民的社会福利水平。在政策模拟方案三的情景下，中央政府加大对地方政府的转移支付，会直接影响中央政府和地方政府的收支行为，最终影响整体宏观经济。导致投资减少0.1346%，产出减少0.0763%，进口减少0.0881%，出口减少0.0762%，最终导致实际GDP下降0.0014%。与方案二相比，方案三实际GDP下降幅度更小，且居民福利提高了1818.4909亿元，可见，相比于将消费税改为央地共享税，将消费税税收收入作为中央政府对地方政府的转移支付的效果更好。可能的原因是，在不改变现有消费税征收机制的条件下，仅仅将消费税税收收入作为中央政府下拨地方政府支出的增量，并未直接对商品市场上商品销售价格产生影响，只是通过收入渠道扩充了地方政府的财政收入，相比而言，对GDP的影响效果相对较弱。这一结果在一定程度上反映了在经济增长低迷时期，中央政府加大对地方政府的转移支付，不仅可以有效缓解经济增长阻力，还可以提升居民福利水平，改善居民未来消费预期，居民消费预期的改善对于整体宏观经济的发展具有重要的推动作用。此外，如果将消费税税收收入直接转移支付给居民，对提升居民社会福利水平的拉动效果可能会更大，也侧面印证了疫情防控期间鼓励加大对居民，尤其是中低收入人群转移支付力度的举措①。

表12-1 消费税改革对宏观经济指标的影响（单位:%、亿元）

	实际GDP	投资	产出	进口	出口	居民福利
方案一	-0.0035	-0.1040	-0.0437	-0.1091	-0.0945	-106.2993
方案二	-0.0047	-0.3145	-0.0540	-0.0963	-0.0833	208.6057
方案三	-0.0014	-0.1346	-0.0763	-0.0881	-0.0762	1818.4909

---

① 鉴于文章篇幅和本文的主要研究内容，关于将消费税税收收入直接转移支付给居民，并未在文中详细介绍。

(二) 对居民收入和消费的影响

由于在本文的财税 CGE 模型中，简化了农村居民和城镇居民的收入决定方程式，使政策冲击后不同收入水平的农村居民和城镇居民收入变动幅度相同，但这并不会对模拟结果形成较大影响。在政策模拟方案一的情景下，从收入端来看，农村居民收入下降 0.0533%，城镇居民收入下降 0.0560%，全国居民收入整体下降 0.0555%。从支出端来看，农村居民消费总体上呈现 U 形变化，城镇居民消费总体上呈现倒 U 形变化，农村居民总体消费下降 0.0269%，城镇居民总体消费下降 0.0279%，全国居民总体消费下降 0.0277%。这主要是因为，在政策模拟方案一的情景下，提高烟酒类商品和批发零售环节商品消费税税率，由于存在价格黏性以及不同收入水平居民消费偏好的差异，使不同收入水平的居民面对同样的政策表现出明显的差异性。

在政策模拟方案二的情景下，从收入端来看，农村居民收入增加 0.0670%，城镇居民收入增加 0.0631%，全国居民收入增加 0.0638%。从支出端来看，农村居民和城镇居民的消费均出现不同程度的上涨，且上涨幅度随着收入水平的提升逐渐增大，总体来看，农村居民总体消费增加 0.0501%，城镇居民总体消费增加 0.0555%，全国居民总体消费增加 0.0543%。这主要是因为，在政策模拟方案二的情景下，直接改革现有消费税税制结构，将消费税由中央税改为央地共享税，扩充了地方政府财政收入，地方政府财政收入的增加在一定程度上带动了地方政府对居民转移支出。鉴于我国独特的城乡二元结构，以及不同收入水平居民消费支出偏好的差异，使得不同收入水平居民的消费支出表现出差异性。

在政策模拟方案三的情景下，从收入端来看，农村居民收入增加 0.6505%，城镇居民收入增加 0.5981%，全国居民收入增加 0.6078%。从支出端来看，农村居民和城镇居民的消费均出现不同程度的上涨，且增加幅度明显高于方案二，总体来看，农村居民总体消费增加 0.4590%，城镇居民总体消费增加 0.4775%，全国居民总体消费增加 0.4736%。这主要是因为，在政策模拟方案三的情景下，将现有的消费税税收收入作为中央政府下拨地方政府支出的增量，直接增加了地方政府的财政收入。

地方政府财政收入的增加在一定程度上促进了地方政府对居民的转移支出增长，使得居民的收入最终增加。居民收入的增加促进了居民消费支出的增长，但由于不同收入水平居民消费偏好的不同，使得不同收入水平居民的消费支出存在差异。

表12-2 消费税改革对居民收支的影响（单位：%）

	收入			支出		
	方案一	方案二	方案三	方案一	方案二	方案三
农村低收入户	-0.0533	0.0670	0.6505	-0.0257	0.0399	0.3771
农村中低收入户	-0.0533	0.0670	0.6505	-0.0264	0.0438	0.4078
农村中等收入户	-0.0533	0.0670	0.6505	-0.0274	0.0476	0.4400
农村中高收入户	-0.0533	0.0670	0.6505	-0.0279	0.0515	0.4714
农村高收入户	-0.0533	0.0670	0.6505	-0.0265	0.0558	0.5032
城镇低收入户	-0.0560	0.0631	0.5981	-0.0278	0.0469	0.4098
城镇中低收入户	-0.0560	0.0631	0.5981	-0.0271	0.0502	0.4352
城镇中等收入户	-0.0560	0.0631	0.5981	-0.0273	0.0536	0.4620
城镇中高收入户	-0.0560	0.0631	0.5981	-0.0279	0.0566	0.4865
城镇高收入户	-0.0560	0.0631	0.5981	-0.0285	0.0593	0.5089
农村居民	-0.0533	0.0670	0.6505	-0.0269	0.0501	0.4590
城镇居民	-0.0560	0.0631	0.5981	-0.0279	0.0555	0.4775
全体居民	-0.0555	0.0638	0.6078	-0.0277	0.0543	0.4736

（三）对政府收入和消费的影响

从表12-3可以看出，在政策模拟方案一的情景下，由于提高了烟酒类商品的消费税税率以及批发零售环节的消费税税率，再加上消费税属于中央税，使中央政府收入增加0.5791%，中央政府收入的增加也带动消费支出的提高，中央政府消费支出增加0.6417%。与此同时，中央政府收入的增加也带动中央政府下拨地方政府支出的增加，表现为各省区市地方政府收入出现不同程度的增加，地方政府总体收入增长0.2695%。地方政府收入的提高直接带动地方政府支出的增加，表现为地方政府消费支出出现不同幅度的增加，地方政府总体消费支出增长 0.3026%。在政策模拟方案二的情景下，将消费税由中央税改为央地共享税，导致中央政府收入出现明显下降，为 -5.4271%，中央政府收入的减少直接引起消费支出的减少，为 -5.4214%。对于地方政府而言，绝大多数地方政府的收入出现不同幅度的增加，少部分地方政府的收入出现不同程度的减少，对应其消费支出也表现出同方向变化。总体而言，地方政府总体收入增加 0.8204%，消费支出增加 1.2421%。之所以出现个别省区市的地方政府收入下降，可能的原因是，虽然消费税改为央地共享税之后，地方政府的消费税收入增加，但中央政府对地方政府的下拨支出也是地方政府财政收入的重要组成部分，由于中央政府的收入减少，导致中央政府下拨地方政府的支出减少，二者综合作用后，导致地方政府收入减少，由于消费支出和收入密切相关，因此，对应地方政府的消费支出也会表现出同方向变化。这一结果也表明，在制定一项经济政策时，不能仅仅看一个指标的变化情况，要将宏观经济视为一个整体，综合考量各个经济指标。在政策模拟方案三的情景下，在保持中央政府收入基本不变的情况下，将消费税收入用于扩大对地方政府的转移支付，各省区市地方政府的收入出现明显增加，对应的各省区市地方政府的消费支出也出现明显增长，总体而言，地方政府总体收入增加 7.5901%，消费支出增加 6.9939%。由于中央政府加大了对地方政府的转移支付，在中央政府收入保持基本不变的情况下，中央政府消费支出出现大幅度减少，为 -95.1259%。

表 12-3 对政府收支的影响（单位:%）

	收入			支出		
	方案一	方案二	方案三	方案一	方案二	方案三
北　京	0.0358	0.7430	2.6777	0.1026	0.7899	2.7827
天　津	0.1237	5.5175	4.5157	0.1898	5.5751	4.6770
河　北	0.3240	-0.3593	8.5999	0.3885	-0.3175	8.6860
山　西	0.2972	-2.2630	8.0836	0.3694	-2.2190	8.2036
内蒙古	0.3485	-1.8487	9.1133	0.4171	-1.7979	9.2837

续表

	收入			支出		
	方案一	方案二	方案三	方案一	方案二	方案三
辽宁	0.3207	2.0363	9.2715	0.4003	2.0962	9.4485
吉林	0.4197	0.2763	10.6260	0.4872	0.3312	10.7993
黑龙江	0.4632	-2.0668	11.5406	0.5386	-2.0126	11.7090
上海	0.0100	6.3143	2.1561	0.0714	6.3724	2.3141
江苏	0.0603	2.5885	3.1358	0.1275	2.6405	3.2797
浙江	0.0335	3.3192	2.7762	0.0972	3.3670	2.8865
安徽	0.3309	-0.0318	8.7968	0.4014	0.0251	8.9936
福建	0.1911	1.6486	6.3534	0.2533	1.6961	6.5048
江西	0.3342	-0.7594	8.8644	0.4045	-0.7085	9.0174
山东	0.1836	1.7111	6.0629	0.2583	1.7542	6.1354
河南	0.3477	-0.7873	9.0874	0.4116	-0.7340	9.2687
湖北	0.3930	0.6235	10.0854	0.4625	0.6740	10.2479
湖南	0.3594	1.5847	9.3437	0.4354	1.6385	9.5197
广东	0.0275	3.1793	2.8303	0.0925	3.2247	2.9037
广西	0.4177	-0.9129	10.5946	0.4853	-0.8616	10.7589
海南	0.3363	-0.2866	8.8976	0.4071	-0.2281	9.0768
重庆	0.3159	-0.8683	8.4421	0.3874	-0.8131	8.5761
四川	0.3544	-1.0350	9.2632	0.4255	-0.9856	9.4096
贵州	0.4097	0.3790	10.4351	0.4840	0.4293	10.5863
云南	0.4062	3.3644	10.3645	0.4793	3.4189	10.5402
西藏	0.5321	-4.9467	13.0137	0.6058	-4.9035	13.1211
陕西	0.3295	0.6294	8.7498	0.3989	0.6825	8.9211
甘肃	0.4703	-0.8784	11.7098	0.5422	-0.8266	11.8921
青海	0.4941	-4.0176	12.2058	0.5644	-3.9824	12.2341
宁夏	0.4395	-1.1934	11.0513	0.5127	-1.1394	11.2264
新疆	0.4430	-1.6222	11.1127	0.5173	-1.5790	11.2142
中央政府	0.5791	-5.4271	0.1423	0.6417	-5.4214	-95.1259
地方政府	0.2695	0.8204	7.5901	0.3026	1.2421	6.9939

(四) 对地方财力均衡的影响

从表 12-4 可以看出，相比于基准情景，在政策模拟方案一的情景下，各省区市之间、区域之间以及区域内部（除中部地区有微弱上涨外）的变异系数均出现小幅度降低，说明提高烟酒类消费税税率以及提高批发零售环节消费税税率能够一定程度上缩小地方政府的财政收入差距，有利于地方财力均衡，但效果较小。这主要是因为，在不改变现有消费税税基的条件下，仅仅调整消费税税率，并不能有效增加政府财政收入，因此其财力均衡效应也较小。在政策模拟方案二的情景下，各省区市之间、区域之间以及区域内部的变异系数出现了较为明显的上涨，将消费税改为央地共享税虽然整体上能够提升地方政府财政收入水平，缓解地方政府财政压力，但从区域之间的变异系数变化来看，消费税改为央地共享税之后，反而不利于区域之间的财力均衡。这主要是因为，将消费税由中央税改为央地共享税之后，虽然整体上增加了地方政府的财政收入，但由于区域之间生产结构和经济发展水平存在明显差异，再加上消费税自身的征管特性，使得将消费税改为央地共享税之后并不利于区域之间的财力均衡。此外，对比方案二下的区域内部的财力均衡结果，不同大区域的财力均衡的差异性更为明显，更加彰显了区域的生产结构和经济发展水平对财力均衡影响的重要性。在政策模拟方案三的情景下，将中央政府消费税收入用于扩大对地方政府的转移支付，各省区市之间、区域之间的变异系数出现明显的降低，说明该方案有利于促进地方政府财力均衡。但从区域内部来看，中部地区的变异系数相比于基准情景反而出现上升，说明该方案不利于中部地区的地方政府财力均衡，但对东部地区、西部地区以及东北地区的地方政府财力均衡发挥了积极作用。此外，还可以发现，各省区市之间和区域之间的变异系数差距不大，但区域内部的变异系数差距较大，比如东部地区变异系数最高，说明东部地区地方政府的财力不均衡问题较为突出，东北部地区的变异系数最低，说明东北地区地方政府的财力相对较为均衡。这一方面反映了东部地区经济发展较快的同时，地区间的财力差距也较大；另一方面也侧面反映了虽然东北地区政府间财力差距较小，但可能是由于东北地区经济发展整体较慢。

表 12-4 对地方财力均衡的影响①

	各省区市之间	区域之间	区域内部			
			东部	中部	西部	东北
基准情景	46.9693	46.5582	48.1969	22.0193	46.7149	17.2082
方案一	46.8700	46.4739	48.1532	22.0356	46.6851	17.1897
方案二	48.0769	47.3946	48.5081	22.4261	47.3380	17.4117
方案三	45.1769	44.9997	47.4056	22.3195	46.1517	17.0444

六、结论与建议

消费税改革既是税收体系和税制结构改革，也是国家治理现代化框架下的我国财税体制改革的重要体现，是央地收入归属和地方财政收入改革的核心内容，其实质是优化和完善现有的财税分配格局。本文通过构建一个能够反映我国消费税改革特征的财税 CGE 模型，研究分析了三种政策方案下消费税改革的经济效应和财力效应。在经济效应方面，研究结果表明，三种政策方案下，对实际 GDP、投资、产出、进口、出口均产生了负面影响，但变化幅度较小。从居民的角度来看，除方案一外，方案二和方案三情景下的居民收入出现不同程度的增加，进而带动消费支出水平的提升，并提升了居民的社会福利水平。这主要得益于地方政府收入的增长，带动了地方政府对居民的转移支付。

在财力效应方面，研究结果表明，三种政策方案下，地方政府总体收入和支出水平得到不同程度的提升，但影响机制存在差异。方案一主要是由于中央政府收入增加间接带动了地方政府收入水平的提升，方案二是消费税改为央地共享税之后，地方政府收入水平的直接上涨。方案三是由于中央政府加大了对地方政府的转移支付力度，从而提升了地方

---

① 东部地区包括河北、北京、天津、山东、江苏、上海、浙江、福建、广东、海南；中部地区包括山西、河南、安徽、湖北、江西、湖南；西部地区包括重庆、四川、陕西、云南、贵州、广西、甘肃、青海、宁夏、西藏、新疆、内蒙古；东北地区包括黑龙江、辽宁、吉林。

政府的收入水平。对于中央政府而言，三种方案下，其收入和消费支出水平表现出明显的分化，可能的原因是，其一，消费税税率的变化和消费税收入的归属调整导致中央政府收入发生变化；其二，中央政府对居民和地方政府的转移支付，以及地方政府上缴中央政府的支出也会随着政策调整而发生变化，二者的综合作用导致中央政府收支水平变化表现出明显的差异。此外，从地方财力均衡的角度来看，消费税改革方案一对地方财力均衡影响效果较小，方案二不利于地方财力均衡，方案三整体上有利于地方财力均衡。此外，对比区域内部的财力均衡指标可以发现，其地方财力均衡差异较大，可能的原因是，分省区市测算财力均衡时摊平了这种影响，当把 31 个省区市分别归为东部地区、中部地区、西部地区、东北地区之后，这种影响在一定程度上加强。结合上述研究结论，提出以下政策建议。

（一）适时提高烟酒类商品消费税税率和后移征收环节

当前形势下，直接提高烟酒类商品消费税税率会加重生产厂商或者消费者负担，不利于激发市场活力和经济持续恢复。但借鉴发达国家消费税改革经验，适当提高烟酒类商品的消费税税率不仅可以调整居民消费习惯，引导其更加健康绿色的生活方式，还可以在一定程度上增加政府税收收入，弥补政府财政收支缺口。此外，将消费税征收环节后移在一定程度上扩充了消费税税基，在有效调节市场经济运行的同时，也提升了政府财政收入水平。这也符合社会主义市场经济的发展规律，是"中国式现代化"的题中应有之义。

（二）统筹协调推进消费税税收收入归属改革

完善地方税改革的关键在于如何合理安排中央主导权和地方自主权之间的关系，使其达到相对均衡的状态。中央主导权和地方自主权是对立统一的关系，前者程度越强，地方政府自主水平就越弱，不仅会影响地方政府积极性，还会降低地方政府的治理能力和治理水平。若后者程度越强，极易形成地方政府出于自身利益考虑，形成恶性竞争，不仅影响中央统筹能力的发挥，还会对社会的整体发展水平产生负面冲击。随着土地出让金在地方财政收入中所占份额逐渐降低,再加上疫情、俄乌冲突等对经济的冲击,地方政府财政陷入困境,适时将消费税由中央税改为央地共享税不仅可以弥补地方财政缺口,还可能会产生促进经济发展的溢出效应,但与此同时,要统筹协调好中央主导权和地方自主权、地方财权与事权之间的平衡关系。

(三) 构建消费税税收收入区域财力均衡协调机制

鉴于各省区市发展水平不一,商品生产规模和消费规模也存在显著差异,在推进消费税改革的过程中,势必会打破现有地区间财力分配的相对均衡状态,可能还会引发新的地区间财力不均衡问题。因此,在推进消费税改革进程中,不仅要重视生产地和消费地之间的消费税税收收入调整问题,还要重视改革后可能出现的部分地区财政收入减少的问题。从地方政府财力均衡的角度出发,对于消费税改革后,地方财政利益受损或财政收入减少的区域,中央政府可以考虑从各地方政府上解收入中提取一部分资金作为对该类区域的中央下拨地方支出的补充,从而缓解地方财力不均衡状况。

第十三章　中国农村脱贫的成功经验

韩克庆[*]

新中国成立以来，尤其是改革开放以来，通过土地改革、脱贫攻坚和社会保障制度建设，有效缓解了农村贫困问题，彻底消除了现行标准下的农村绝对贫困。其中，土地改革改变了农村的经济生产方式和组织方式，实现了从集体经济向市场化改革的过渡，激发了农民的生产积极性，从根本上改变了农村普遍贫穷的面貌；脱贫攻坚彻底改变了农村贫困地区和贫困人口的落后状况，走出了一条独具中国特色的减贫之路；社会保障制度建设逐步缩小了城乡差距，保证了农民的公民权益，满足了农民基本生活、养老、医疗及其他方面的需要。中国减贫的成功经验在于：改革发展是消除贫困的根本路径，政策创新是消除贫困的制度保障，国家动员和社会参与是消除贫困的力量源泉，公平公正是消除贫困的价值遵循，中国特色社会主义是消除贫困的国家特征。在农村绝对贫困和普遍贫困的状况得到根本缓解之后，应当统筹城乡社会保障体系，积极发展农村医疗卫生事业，全面实现乡村振兴。

一、新中国成立初期的农村普遍贫困

一般认为，社会救助是消除贫困的重要制度安排。社会救助的意义，

---

[*] 韩克庆，中国社会科学院中国式现代化研究院党的领导与国家治理研究部主任，研究员。

简单说是对需要救助者，由国家或社会大众给予救济与扶助的意思，也就是以社会力量共同来救助无生产能力之不幸或扶助、援助那些虽有生产能力但却因一时遭遇困危的不幸者之意。它旨在对社会上特定对象，予以经济生活上最低限度之保护，或予以经济收入之安全保障（income security），所以社会救助的对象系指基于自然与人为原因不能或失去劳动收益之人，及纵能劳动生活而其收益不足以维生之人。① 作为在《贝弗里奇报告》中首次使用的概念，英国用"社会救助"涵盖基于家计调查（means-tested）的社会保障政策，尤其是收入支持（income support）、家庭抵免（family credit）和住房福利（housing benefit）三项福利。② 世界很多国家，也都普遍采用社会保障政策来满足贫困群体的基本需求，并以此构建所谓的安全网（safety net）。

中国经历了漫长的农耕文明，农业、农村、农民是中国社会的根脉。在传统农村社会中，土地具有重要的经济保障功能。因为依赖土地来生活，就以农业为本位，以"土地和人民"的衣食住合成的"社稷"观念，为人民自治的基础。③ 新中国成立以后，传统的农业社会开始向工业化和城镇化迈进。

贫困是整体社会的病态现象。近代以来，中国社会曾经长期处于战争和灾荒之中。新中国成立后，面对积贫积弱的社会现实，国家通过计划经济方式推动经济发展和社会变革，加速社会主义现代化建设，开始形成较为完整的工业体系，综合国力显著增强，某些尖端科技飞跃发展，人民生活需求和健康水平有巨大提高。在1953—1957年第一个五年计划时期，经过社会主义改造，农民走上互助合作道路，促进了农业生产的顺利发展。1957年的农业生产总值，比1949年的271.8亿元增长85.3%，平均每年增长8%。④ 然而，随后的"大跃进"和人民公社化运

---

① 江亮演：《社会救助的理论与实务》，台湾桂冠图书股份有限公司1990年版，第1—4页。
② Carol Walker, 1993, *Managing Poverty: The Limits of Social Assistance*, Routledge, p. 2.
③ [日] 长野郎：《中国土地制度的研究》，强我译，中国政法大学出版社2004年版，第1页。
④ 中华人民共和国农牧渔业部："新中国农业的三十五年"，载《光辉的成就（上册）》，人民出版社1984年版，第111页。

动,采取重工轻农的发展取向、盲目冒进的超前战略,强调阶级斗争,使得中国社会的城乡二元结构更加固化,国民经济遭到严重破坏,政治斗争严重制约了经济社会发展。"文化大革命"期间,国民经济和制度建设都遭受严重破坏,农村普遍贫困的状况没有得到根本改变。同时,随着户籍制度的建立,计划经济时期严格的城乡二元结构逐步形成。

二、从家庭联产承包责任制到土地保障

改革开放以后,中国的经济发展水平大大提高,部分地方和人口贫困的状况逐步缓解。但是,区域贫困尤其是农村贫困的问题仍旧比较突出。概括起来,中国的贫困问题既有东部、中部、西部等区域化特征,也有城乡二元化特征。从区域化特征看,中国的贫困人口主要集中在中西部;从二元化特征看,中国的贫困人口主要集中在农村。

改革开放为中国社会带来无限生机与活力。1978年召开的党的十一届三中全会,中心议题是把全党的工作重点转移到社会主义现代化建设上来,建设有中国特色的社会主义成为国家发展的基本方略。随着家庭联产承包责任制的推行和普及,以及鼓励农村劳动者家庭副业的专业化生产,农民的生产积极性、粮食产量和农业生产力急剧提高。农村改革的结果是,全国主要农产品产量有了大幅提升,创造了农业生产的奇迹。其中,粮食产量从1978年的30476.5万吨增长到1984年的40730.5万吨,棉花产量从1978年的216.7万吨增长到1984年的625.8万吨,油料产量从1978年的521.8万吨增长到1984年的1191.0万吨,茶叶产量从1978年的26.8万吨增长到1984年的41.4万吨,水果产量从1978年的657.0万吨增长到1984年的984.5万吨。[①] 另一方面,家庭联产承包责任制也使得"人民公社—生产大队—生产小队"的组织架构解体,集体经济全面走向个体经济,基础教育、卫生保健、公共服务受到严重影响。随着农村土地改革的推进,计划经济时期形成的农村社会救助和福利体

---

① 国家统计局国民经济综合统计司编:《新中国五十五年统计资料汇编》,中国统计出版社2005年版,第45页。

系趋于瓦解,社会保障在农村减贫中的功能逐步丧失。

随着农村家庭联产承包责任制的推进,城市的改革步伐也逐步加快。20世纪80年代以来,对内鼓励私营企业发展、推行劳动合同制改革,对外吸引外国投资、扩大进出口贸易,商品经济和自由市场在古老的中国大地上开始复苏。1993年党的十四届三中全会通过《中共中央关于建立社会主义市场经济体制若干问题的决定》,提出建立社会主义市场经济体制的总体规划,使市场在国家宏观调控下对资源配置起基础性作用。同时,进一步转换国有企业经营机制,建立适应市场经济要求、产权清晰、权责明确、政企分开、管理科学的现代企业制度。

经过20多年的发展,国家的经济基础越来越雄厚,居民的生活水平和物质条件有了极大改善。国家统计局的数据显示,我国的国内生产总值(GDP)由1978年的3624.1亿元增长到2002年的105172.3亿元,人均国内生产总值由1978年的379元增长到2002年的8214元;全国职工平均货币工资由1978年的每人每年615元增长到2002年的12422元;全国城镇居民家庭可支配收入由1978年的每人每年343.4元增长到2002年的7702.8元,农村居民家庭人均纯收入由1978年的每人每年133.6元增长到2002年的2475.6元;全国城乡居民储蓄存款余额从1978年的210.6亿元增长到2002年的86910.6亿元,人均储蓄存款余额从1978年的22元增长到2002年的6764元。[①] 加入世界贸易组织(WTO)后,我国GDP增长率连续多年保持在10%以上,创造了经济高速发展的奇迹。

值得一提的是,在农村生产经营方式改革和市场化转型的带动下,计划经济时期严格的城乡二元户籍制度开始松动,大批农民工从农村流动到城市,成为缓解农村贫困、推动城市经济发展的重要力量。毫无疑问,农村土地改革和家庭联产承包责任制的推行,为改变中国农村普遍贫穷的状况作出了巨大贡献,土地保障也在一定程度上起到了替代制度化的社会保障作用。但是,随着家庭联产承包责任制的普遍推进和城市经济改革的发展,土地保障的潜力基本被挖掘出来。改革开放以来,农

---

① 国家统计局国民经济综合统计司编:《新中国五十五年统计资料汇编》,中国统计出版社2005年版,第8、9、34、35页。

村—城市之间的社会流动越来越频繁,大批农村富余劳动力开始进城务工,形成浩浩荡荡的"民工潮"现象。农村社会阶层结构也进一步分化,富裕群体和贫困群体的界限越来越明显。中西部地区的经济发展滞后于东部沿海地区,也使得中西部地区的农村贫困问题更加突出。因此,建立与城市社会保障体系有机衔接的社会保障制度,有利于农村剩余劳动的城市化,消除城乡壁垒,改变农民兼业转移的现状。此外,社会保障代替家庭保障和土地保障,可以减轻家庭负担,缓解农村贫困,增加农民福利,维持社会稳定。①

计划经济时期形成的农村合作医疗制度、农村五保供养制度,部分农村由于缺失了集体经济的支撑而处于瘫痪或者瓦解状态,因病致贫、因残致贫者,成为土地改革后农村社会的普遍现象。尤其对土地贫瘠地区的农民和老、幼、病、残、鳏、寡、孤、独者来说,所谓的土地保障早已成了一个虚化的概念,成为农村社会保障制度缺失的遮羞布。

三、从农村扶贫开发到打赢脱贫攻坚战

作为农村反贫困领域的两项重要制度安排,社会救助和扶贫开发的关系,不单是实践层面需要解决的问题,也一直是学界关注的研究课题。虽然两个制度的政策对象有一定程度的重合,但在政策目标、运行机制和政策属性等方面,也有很大不同。② 总体来说,社会救助制度侧重于兜底性保障,即保障农村贫困家庭的基本生活需求;扶贫开发则不仅要帮助扶贫对象脱贫,更要促进农村贫困落后地区的经济社会发展,带有社区发展或者社会发展的政策意蕴。

农村扶贫开发战略的实施肇始于20世纪80年代,目的是针对农村贫困的现实,通过地区经济发展,消除区域性贫困,主要方式包括救济式扶贫和开发式扶贫。为此,国家设立专门议事协调机构——国务院扶贫

---

① 王国军:《浅析农村家庭保障、土地保障和社会保障的关系》,载《中州学刊》2004年第1期。

② 刘宝臣、韩克庆:《中国反贫困政策的分裂与整合:对社会救助与扶贫开发的思考》,《广东社会科学》2016年第6期。

开发领导小组办公室，具体负责农村扶贫开发的组织协调工作，出台实施了一系列中长期扶贫规划。1986年国务院农村发展研究中心提出，以人均年收入120元、人均年自产口粮200公斤作为贫困县标准。1994年制定《国家八七扶贫攻坚计划》时，重新调整了国家贫困县的标准，规定凡是1992年年人均纯收入低于400元的县全部纳入国家贫困县扶持范围，高于700元的原国家贫困县则一律退出国家扶持范围。据此标准，《国家八七扶贫攻坚计划》共确立了592个国家贫困县，分布在27个省市自治区。① 2010年，农村贫困标准调整为每人每年2300元，依据2010年贫困标准，我国2016年农村贫困人口4335.0万人，贫困发生率为4.5%。② 2018年农村贫困人口为1660万人，贫困发生率为1.7%。③

党的十八大以来，我国把精准扶贫、打赢脱贫攻坚战作为重要战略部署和政策动员。2015年《中共中央、国务院关于打赢脱贫攻坚战的决定》提出，把精准扶贫、精准脱贫作为基本方略，坚持扶贫开发与经济社会发展相互促进，坚持精准帮扶与集中连片特殊困难地区开发紧密结合，坚持扶贫开发与生态保护并重，坚持扶贫开发与社会保障有效衔接。习近平总书记强调，消除贫困、改善民生、实现共同富裕，是社会主义的本质要求，是我们党的重要使命。④ 精准扶贫，就是要对扶贫对象实行精细化管理，对扶贫资源实行精确化配置，对扶贫对象实行精准化扶持，确保扶贫资源真正用在扶贫对象身上、真正用在贫困地区。⑤ 在这一宏观背景下，脱贫攻坚成为引领性的政治任务。脱贫攻坚通过建档立卡贫困户救助、产业扶贫、小额信贷、易地搬迁、驻村帮扶等措施，稳定实现农村贫困人口"两不愁、三保障"，即不愁吃、不愁穿，义务教育、基本

---

① 孙光德、董克用主编：《社会保障概论（第五版）》，中国人民大学出版社2016年版，第256页。
② 中华人民共和国国家统计局编：《中国统计年鉴（2017）》，中国统计出版社2017年版，第196页。
③ 国家统计局住户调查办公室：《中国农村贫困监测报告2019》，中国统计出版社2019年版，第296页。
④ 《中共中央国务院关于打赢脱贫攻坚战的决定》，人民出版社2015年版，第1页。
⑤ 习近平：《在全国脱贫攻坚总结表彰大会上的讲话》，人民出版社2012年版，第15—16页。

医疗和住房安全有保障。

　　经过多年努力,贫困地区居民收入水平大幅度提高,贫困地区基础设施条件不断改善。据统计,以1984年确定的每人每年200元的贫困标准计算,农村贫困人口从1978年的25000万人减少到2007年的1479万人,农村贫困发生率从1978年的30.7%下降到2007年的1.6%,2008年以后全部脱贫;若以2010年确定的每人每年2300元的贫困标准计算,农村贫困人口从1978年的77039万人减少到2018年的1660万人,农村贫困发生率从1978年的97.5%下降到2018年的1.7%。[1] 到2020年,脱贫攻坚战取得全面胜利,现行标准下9899万农村贫困人口全部脱贫,832个贫困县全部摘帽,12.8万个贫困村全部出列,区域性整体贫困得到解决。农村贫困人口全部脱贫,为实现全面建成小康社会目标任务作出了关键性贡献。脱贫地区整体面貌发生历史性巨变,经济实力不断增强,基础设施建设突飞猛进,社会事业长足进步,行路难、吃水难、用电难、通信难、上学难、就医难等问题得到历史性解决。[2]

　　总体来看,改革开放以来,按照现行贫困标准计算,我国7.7亿农村贫困人口摆脱贫困;按照世界银行国际贫困标准,我国减贫人口占同期全球减贫人口70%以上。特别是在全球贫困状况依然严峻、一些国家贫富分化加剧的背景下,我国提前10年实现《联合国2030年可持续发展议程》减贫目标。[3] 可以说,脱贫攻坚创造了减贫治理的中国样本,为全球减贫事业作出了重大贡献。

四、中国农村社会保障制度的重构和发展

　　随着中国改革开放和社会转型的深入,农村社会发生了翻天覆地的变化。曹贵庚提出,中国农村正在经历一场深刻的社会、经济和文化变迁,在这场深刻的社会转型阶段,现行的以家庭保障为主体的农村老年

---

[1] 国家统计局住户调查办公室:《中国农村贫困监测报告2019》,中国统计出版社2019年版,第296页。
[2] 习近平:《在全国脱贫攻坚总结表彰大会上的讲话》,人民出版社2021年版,第6页。
[3] 习近平:《在全国脱贫攻坚总结表彰大会上的讲话》,人民出版社2021年版,第9页。

保障体系开始面临挑战，建立新的农村老年社会保障制度成为现实需要。① 李守经、邱泽奇认为，健全和完善农村社会保障制度是社会主义制度的内在要求，是社会主义有计划的商品经济发展的要求，是深化农村体制改革配套的要求，是农村居民生活方式变迁和需求层次上升的必然要求。② 社会保障政策的制定与实施，是解决社会矛盾、维护社会稳定、提高国民生活质量的重要举措。在这样一种制度背景下，关注农村社会保障问题，具有极其重要的理论意义和实际价值。

在计划经济时代，农村社会救助网络主要依靠集体经济下的"五保制度"③和社会救济制度。实施家庭联产承包责任制后，部分农村"五保制度"弱化了。1994年1月，国务院颁布了《农村五保供养条例》，使这项制度走上法制化的轨道。然而，相对于农村庞大的贫困的人口来说，单一的制度设计不足以担负起农村社会最后一道安全防线。

正如新生儿的分娩总是伴随阵痛一样，中国社会保障制度的改革也并非一帆风顺。改革以来，国家着力构建适应社会主义市场经济体制的社会保障制度。为了有效解决城市新型贫困问题，城市居民最低生活保障制度应运而生。1999年9月28日，国务院颁布《城市居民最低生活保障条例》，当年10月1日正式实施。在城市低保制度成功运行的基础上，2007年国务院发布《关于在全国建立农村最低生活保障制度的通知》，标志着农村最低生活保障制度正式建立。农村低保制度的覆盖对象是家庭年人均纯收入低于当地最低生活保障标准的农村居民，主要是因病残、年老体弱、丧失劳动能力以及生存条件恶劣等原因造成生活常年困难的农村居民。农村低保制度的覆盖人数，从2007年的3566.3万人，到2013年达到最大值5388.0万人，再到2019年的3455.4万人。④ 目前，

---

① 曹贵庚：《当前我国农村老年社会保障的现实基础与功能分析》，《社会学研究》1991年第2期。

② 李守经、邱泽奇：《中国农村社会保障概观》，《社会学研究》1990年第5期。

③ 农村"五保制度"建立于农业合作化时期，是我国对无法定抚养义务人抚养，无维持正常生活的劳动能力，无保障正常经济来源的老人、残疾人和孤儿实行生活照顾的一种社会救济制度。"五保"是指保吃、保穿、保烧、保教、保葬，后来又增加了保住、保医等内容。

④ 中华人民共和国民政部：《中国民政统计年鉴2019》，中国统计出版社2019年版，第55、57页。

农村低保对象占农村总人口的比例在6%—8%。如表13-1所示。实践证明,城乡居民最低生活保障制度在维护居民的生活权益、保障其基本生活安全、遏制贫困人口规模的继续扩大等方面发挥了重要的兜底作用。

表13-1 我国农村最低生活保障的覆盖范围(2007—2019年)

年份	农村低保人数	农村总人口(万人)	覆盖率(%)
2007	3566.30	71496	4.99
2008	4305.50	70399	6.12
2009	4760.00	68938	6.90
2010	5214.00	67113	7.77
2011	5305.70	65656	8.08
2012	5344.50	64222	8.32
2013	5388.00	62961	8.56
2014	5207.20	61866	8.42
2015	4903.60	60346	8.13
2016	4586.50	58973	7.78
2017	4045.20	57661	7.02
2018	3519.08	56401	6.24
2019	3455.40	55162	6.26

资料来源:《中国统计年鉴2020》第31页;《中国民政统计年鉴2019》第55页、57页。

注:根据《2019年民政事业发展统计公报》,截至2019年底,全国共有城市低保对象524.9万户、860.9万人。全国有农村低保对象1892.3万户、3455.4万人。民政部官方网站,2021年2月26日。

除低保为代表的社会救助制度外,通过整体性的社会保障制度建设和发展,解决农村居民的养老、医疗等问题,是农村反贫困长效机制的重要内容。中国是一个人伦传统浓厚的文明古国,"养儿防老"等观念在农村社会深入人心,家庭养老方式在农村具有不可替代的地位。然而,随着计划生育政策的推行,老龄人口日趋增多,单纯的家庭养老已经不能适应农村社会发展对老年人保障的需求,制度化的养老保障与家庭养老的结合不失为解决农村养老问题的有效途径。1991年,民政部曾经制定《县级农村社会养老保险基本方案》,确立了农村社会养老保险制度的一些基本原则：一是从农村生产力水平较低的实际出发，以保障老年人基本生活为目的，实行低标准起步；二是坚持资金个人交纳为主，集体补助为辅，国家予以政策扶持；三是坚持自助为主，互济为辅；四是坚持社会养老保险与家庭养老相结合；五是坚持农村务农、务工、经商等各类人员社会养老保险制度一体化的方向；六是坚持由点到面、逐步发展。到 1998 年底，全国有 2123 个县、65%的乡镇开展了农村社会养老保险，参加人数达到 8025 万人，全年收取保险基金 31.4 亿元，支出 5.4 亿元，累计积累保险基金 166.2 亿元。① 随后，新型农村养老保险制度建立，农村基本养老保险制度的建设取得重要进展。2014 年，城乡居民基本养老保险由 2009 年开始试点的新型农村社会养老保险与 2011 年开始试点的城镇居民社会养老保险合并而成，覆盖对象为不包括学生在内的 16 周岁以上、不被以上两项制度覆盖的城乡居民，个人缴费标准设为每年 100 元、200 元、300 元、400 元、500 元、600 元、700 元、800 元、900 元、1000 元、1500 元、2000 元 12 个档次，缴费计入个人账户，符合国家规定条件的，按月领取基础养老金和个人账户养老金。城乡居民基本养老保险制度建立后，参加人数逐年增加，从 2009 年新农保参加人数 7277.33 万人、参保率 10.17%，经过 10 年的发展，到 2019 年达到城乡居民基本养老保险参保人数 53266 万人、参保率高达 81.85%，见表 13 - 2 所示。同时，城乡居民基本养老保险的个人缴费标准和养老金待遇水平不断提高，从制度上解除了农民养老的经济负担。

表 13 - 2　我国城乡居民基本养老保险覆盖范围（2010—2019 年）

年份	参保人数	全国应参保人数（万人）	参保率（%）
2009	7277.33	71536.15	10.17
2010	10276.80	70889.66	14.50
2011	33182.00	70314.22	47.19
2012	48369.50	69582.02	69.51

---

① 陈佳贵主编：《中国社会保障发展报告》（1997—2001）社会科学文献出版社 2001 年版，第 252 页。

续表

年份	参保人数	全国应参保人数（万人）	参保率（%）
2013	49750.10	68985.80	72.12
2014	50107.50	68311.83	73.35
2015	50472.20	67650.86	74.61
2016	50847.10	67071.39	75.81
2017	51255.00	66310.74	77.30
2018	52391.70	65622.17	79.84
2019	53266.00	65078.43	81.85

资料来源：《中国统计年鉴2020》第33、105、678、679、784页；《中国统计年鉴2015》第111页；《中国统计年鉴2010》第96、第117、756、757页。

注1：应参保人数为全国总人口减去0—14岁人口数、普通本专科在校学生数、研究生在校学生数、机关事业单位人数、城镇在职职工人数所得。其中，机关事业单位人数由于数据缺失，根据相关信息推算为3869.7万人，其他年份数据均按照此数据计算。

注2：2009年城乡居民基本养老保险参保人数为新农保参保人数。

在计划经济时期，国家积极推行农村合作医疗制度，兴建"保健站"，培养了大批"赤脚医生"，极大地改善了农村社会的医疗卫生状况，提高了农村居民的健康水平。据统计，1980年全国农村约有90%的行政村（生产大队）实行合作医疗，成为中国医疗保障制度的三根支柱之一。[①] 改革以来，农村合作医疗制度面临解体的危险。根据1985年的调查，全国实行合作医疗的行政村由过去的90%猛降至5%；1989年统计表明，继续坚持合作医疗的行政村仅占全国的4.8%。[②] 在这种情形下，看病难成为广大农村居民的普遍问题，因病致贫也成为农村社会的普遍现象。2003年，国务院办公厅发出《国务院办公厅转发卫生部等部门关于建立新型农村合作医疗制度意见的通知》，开始建立新型农村合作医疗制度。随后，新型农村合作医疗制度建立，为保障农民身体健康、解除看病风险提供了制度保障。同时，农村大病医疗保险、长期护理保险等相关制度在多地试点实施，取得了积极的政策效果。2016年，城乡居民

---

① 王延中：《中国的劳动与社会保障问题》，经济管理出版社2004年版，第314页。
② 顾涛等：《农村医疗保险制度相关问题分析及政策建议》，载《中国卫生经济》1998年第4期。

基本医疗保险由2003年开始试点的新型农村合作医疗与2007年开始试点的城镇居民基本医疗保险合并而成，覆盖职工基本医疗保险应参保人员以外的其他所有城乡居民，实行个人缴费与政府补助相结合为主的筹资方式，鼓励集体、单位或其他社会经济组织给予扶持或资助。数据显示，我国城乡居民基本医疗保险参加人数从2007年的4291.1万人、参保率只有4.5%，经过十几年的发展，到2019年参加人数达到102482.7万人，参保率超过100%。见表13-3所示。

表13-3 我国城乡居民基本医疗保险的覆盖范围（2007—2019年）

年份	参保人数	全国应参保人数（万人）	参保率（%）
2007	4291.10	95301.90	4.50
2008	11826.00	94680.00	12.49
2009	18209.60	93973.11	19.38
2010	19528.30	93148.66	20.96
2011	22116.10	92478.22	23.91
2012	27155.70	91869.02	29.56
2013	29629.40	91314.80	32.45
2014	31450.90	90869.83	34.61
2015	37688.50	90365.86	41.71
2016	44860.00	90079.39	49.80
2017	87358.70	89658.74	97.43
2018	102777.80	89145.17	115.29
2019	102482.70	88570.43	115.71

资料来源：《中国统计年鉴2020》，第33、678、679、785页；《中国统计年鉴2015》，第111页；《中国统计年鉴2010》，第117页。

注1：应参保人数为全国总人口减去普通本专科在校学生数、研究生在校学生数、机关事业单位人数、城镇在职职工人数所得。其中，机关事业单位人数由于数据缺失，根据相关信息推算为3869.7万人，其他年份数据均按照此数据计算。

注2：医疗保险参保率超过100%，可能有几个原因：其一为重复参保，其二为参保人数中未剔除死亡人员，其三存在数据统计错误。

农村社会保障制度建设一方面取得了巨大成就：农村贫困人口和特殊群体的基本生活得到保障，看病难、看病贵的问题在一定程度上得到缓解，"养儿防老"和家庭保障、土地保障等传统观念和保障方式，逐步与现代社会保障制度相衔接，国家和社会在养老、医疗、助残、恤孤、住房、教育等事关百姓生活方面发挥的作用越来越重要。另一方面，农村社会保障制度建设中也存在覆盖面仍然过窄、保障水平低、城乡差距大、社保基金来源有限等问题，① 因此，健全农村社会保障制度，仍然是一项任重道远的任务。

五、中国农村减贫的经验总结和未来发展

梳理新中国成立以来农村减贫政策的脉络可以发现，家庭联产承包责任制改变了农村的经济生产方式和组织方式，激发了农民的生产积极性，从根本上改变了农村普遍贫穷的面貌。脱贫攻坚战略彻底改变了农村贫困地区和贫困人口的落后状况，走出了一条独具中国特色的减贫之路。社会保障制度建设逐步缩小了城乡差距，保证了农民的公民权益，满足了农民基本生活、养老、医疗及其他方面的需要。

党的十九届四中全会提出，新中国成立 70 年来，我们党领导人民创造了世所罕见的经济快速发展奇迹和社会长期稳定奇迹，中华民族迎来了从站起来、富起来到强起来的伟大飞跃。世所罕见的经济快速发展奇迹和社会长期稳定奇迹，既是中国社会从贫穷走向共同富裕，也是党和政府带领人民创造更加幸福美好生活的生动体现。概括起来，中国农村减贫的成功经验有以下几个方面。

第一，改革发展是消除贫困的根本路径。中国减贫的成功道路说明，"发展才是硬道理"。只有经济和社会发展了，才能真正摆脱贫穷，最终战胜贫穷。如果没有改革开放，没有市场化改革，没有好的富民政策，没有长期经济增长和社会发展，妄谈民生改善和消除贫困，就是痴人说梦。因此，进一步深化改革开放，促进经济发展和社会和谐稳定，是消除贫困的根本路径。

第二，政策创新是消除贫困的制度保障。在改革发展进程中，党和政

---

① 李迎生：《农村社会保障制度改革：现状与出路》，载《中国特色社会主义研究》，2013年第4期。

府面对外部环境的变化，不断进行政策创新，有效化解了贫困人口的生存和生活危机。脱贫攻坚通过精准施策，彻底改变了贫困地区的落后面貌。以最低生活保障为代表的社会保障制度建设，按照兜底线、织密网、建机制的要求，充分发挥了社会稳定器的作用，构建起消除贫困的长效机制。

第三，国家动员和社会参与是消除贫困的力量源泉。中国农村减贫的成功经验还说明，完善党委领导、政府负责、社会协同、公众参与、法制保障的社会治理体制，是打赢脱贫攻坚战的强大力量源泉。无论是精准扶贫战略的实施，还是社会保障制度的推进，一方面离不开自上而下的国家动员和公共财政支持，另一方面也离不开社会力量的广泛参与。

第四，公平公正是消除贫困的价值遵循。公正是社会的首要价值，经济社会发展的目标是普遍受益而非两极分化。消除贫困的目的是减少贫富差距，实现全体人民共同富裕。无论是消除贫困的精准扶贫战略，还是消除贫困的社会保障制度，都是紧紧抓住人民最关心最直接最现实的利益问题，通过国民收入再分配，践行公平公正的社会价值。

第五，中国特色社会主义是消除贫困的国家特征。中国特色社会主义是中国发展进步的根本方向，中国减贫道路的典型特征是坚持中国特色社会主义，这一国家特征不同于西方或其他的资本主义国家。中国特色社会主义道路是实现国家现代化、创造人民美好生活的必由之路。坚持中国共产党的领导、坚持以人民为中心、坚持社会主义核心价值体系，是中国减贫不同于西方社会的本质区别。消除贫困是中国特色社会主义的必然选择，因为贫穷不是社会主义。中国的减贫道路是中国特色扶贫开发之路，是全面建成小康社会之路，是中华民族伟大复兴之路。

综述之，无论是从农村土地改革到市场经济建立，还是从农村扶贫开发到脱贫攻坚战略，以及统筹城乡的社会保障制度建设，都体现出中国共产党"立党为公、执政为民"的执政理念，体现出建设一个公正、富强、文明的社会主义国家的基本价值遵循。相反，如果仅仅把社会保障当作"剩余"福利，认为社会保障的功能并不是分配社会的财富，政府没有责任建立一个均富及公平的社会,① 那么,所谓的"社会安全网"就会变得不再安全。

党的二十大报告擘画了以中国式现代化实现中华民族伟大复兴的宏伟蓝图,共同富裕是中国式现代化的突出特征。在中国式现代化进程中,城乡融合发展是中国式现代化的必然要求,党的二十届三中全会报告指出,完善覆盖农村人口的常态化防止返贫致贫机制,建立农村低收入人口和欠发达地区分层分类帮扶制度;健全脱贫攻坚国家投入形成资产的长效管理机制;运用"千万工程"经验,健全推动乡村全面振兴长效机制。因此,在农村绝对贫困和普遍贫困的状况得到根本缓解之后,如何从国家动员走向常态化的制度建设,如何发挥社会保障的长效机制,防止贫困人口再度返贫,并有效满足农村居民日益提升的物质文化生活需要,成为未来农村社会发展的重要问题。为此,应当统筹城乡社会保障体系,积极发展农村医疗卫生事业,全面实现乡村振兴。

第一,统筹城乡社会保障体系。随着城镇最低生活保障制度的成功实施,建立城乡一体的社会保障制度变得日益紧迫起来。近年来,国家逐步建立起多项农村社会保障制度,城乡统筹的社会保障体系基本搭建起来,城乡居民基本养老保险、城乡居民基本医疗保险制度运行良好,有的经济发达地区已经实现了城乡低保一体化。农村养老服务亟需发展,并逐步形成以居家养老为主体、以机构养老为补充,以社区养老服务为依托的城乡养老服务体系。发挥居家养老的主体作用,培育以社会化和市场化为主导的农村养老服务组织,提倡互助养老等多元化社区养老服务方式,满足农村老年人的吃饭、照料、看病等基本需求,是未来农村社会保障体系建设的重要内容。

第二,积极发展农村医疗卫生事业。因病致贫、因病返贫,早已成为大众熟知的常识和规律。虽然当前城乡居民基本医疗保险和大病保险制度已经建立,面向贫困家庭的医疗救助制度也发挥着重要的制度效能,但是农村缺少医疗卫生资源、"看病难、看病贵"的问题仍然较为突出,也是一

---

① 黄洪:《"无穷"的期盼——香港贫穷问题探析》,中华书局(香港)有限公司2013年版,第332页。

个不争的事实。为此,中央一号文件《中共中央、国务院关于全面推进乡村振兴加快农业农村现代化的意见》提出,全面推进健康乡村建设。① 未来农村,将不断提升村卫生室标准化建设和健康管理水平,提升乡镇卫生院医疗服务能力,加强妇幼、老年人、残疾人等重点人群健康服务,完善统一的城乡居民基本医疗保险制度,健全重大疾病医疗保险和救助制度,从根本上解除农民"因病致贫、因病返贫"的后顾之忧。

第三,全面实现乡村振兴。解决农村贫穷落后面貌的长远出路在于城乡融合发展。为此,国家提出乡村振兴战略,成立国家乡村振兴局,有效衔接脱贫攻坚与乡村振兴。首先,加大农村基础设施和福利机构建设。从养老保障看,社会福利机构、社区养老设施,都是制度运行和服务递送的基本要求。从医疗保障看,乡镇卫生院、乡村卫生室是农村医疗卫生事业和医疗保险制度运行的先决条件。农村公共文化服务体系建设所需要的设备设施,如有线电视、直播卫星等,也是开展群众性文化活动必不可少的物质保障。此外,农村危房改造、普及义务教育和高中教育甚至职业教育、村级道路畅通、安全饮用水、电力保障等,既是新时代乡村振兴的基本内容,也是农村经济社会发展的物质基础。其次,提升农村基层组织和信息化建设。无论是村级行政机构和基层组织,还是互联网信息技术以及公共服务信息平台建设,都是城乡统筹的制度目标下满足乡村振兴的技术条件。最后,提供专业化人才支持和人力资本投资。农村社会发展需要专业化的人员支持,如乡村医生、养老护理员、计算机专业人才等。因此,完备的人才、设备、设施建设,是乡村振兴和农村未来发展的题中应有之义。同时,教育是斩断穷根、防止贫困代际传递的根本出路,要重视农村文化教育建设,加强人力资本投资,从根本上缩小城乡差距,建设美丽乡村,最终实现农业和农村现代化的战略目标。

---

① 《中共中央、国务院关于全面推进乡村振兴加快农业农村现代化的意见》,人民出版社2021年版。

第十四章　中国式现代化为人类现代化发展提供新机遇

马　峰*

一提到现代化以及实现现代化的路径，很多人自然把它等同于"西化"，认为"现代化＝西方化"。这或许与现代化最早产生于欧洲，采用了资本主义制度，形成了西方现代化的路径，有着密切的关系。虽然现代化、工业化最早出现在西方，也最早在西方完成，但是这不必然意味着人类现代化只有一种模式，只有定于一尊的一种路径，人类社会现代化的制度只有西方资本主义现代化制度一个版本。这实际上是西方中心主义和西方优越论等西方话语霸权塑造的理论和话语谬误，是以资本主义现代化实践为基础构建的资本主义现代化知识体系所呈现的西方现代化话语霸权的表现。

一、中国式现代化提供人类现代化新图景

从历史唯物主义的视角出发来看，在人类现代化的历史维度上，西方现代化无疑曾经对促进人类社会发展，推动社会生产力进步，加强全球经济联系，产生了巨大的历史推动作用。但是，人们也清楚地看到，在西方资本主义现代化的整个过程，始终伴随着给人类社会带来的无尽

---

* 马峰，中国社会科学院中国式现代化研究院副研究员。

灾难。无论是"羊吃人"的圈地运动,还是贩卖黑奴,以及进行残酷的、血腥的殖民掠夺,都表明资本主义现代化扩张到哪里,就将侵略战争、残酷剥削与野蛮殖民带到哪里。即使进入现代社会,西方现代化页始终难以破解其与生俱来的发展难题和困境。以资本为中心、两极分化、物质主义膨胀、对外扩张掠夺,成为西方现代化的鲜明本质和特征。资本主义文明由于制度的深层矛盾必然酿成资本主义社会发展危机。西方现代化的最大弊端,就是以资本为中心而不是以人民为中心,追求资本利益最大化而不是服务绝大多数人的利益。

与之不同的是,中国共产党带领中国人民走出的中国式现代化道路,坚持以人民为中心,不仅创造了世所罕见的经济快速发展和社会长期稳定两大奇迹,而且破解了人类社会发展的诸多难题,摒弃了西方以资本为中心的现代化、两极分化的现代化、物质主义膨胀的现代化、对外扩张掠夺的现代化老路,拓展了发展中国家走向现代化的途径,为人类对更好社会制度的探索提供了中国方案。中国式现代化坚持发展为了人民、发展依靠人民、发展成果由人民共享,既要物质财富极大丰富,也要精神财富极大丰富、在思想文化上自信自强,是物质文明和精神文明相协调的现代化。中国式现代化坚持尊重自然、顺应自然、保护自然,促进人与自然和谐共生,与近代以来经历了对自然资源肆意掠夺和生态环境恶性破坏的阶段西方现代化有着本质的不同。中国式现代化坚持走和平发展道路,一方面坚持独立自主、自力更生,依靠全体人民的辛勤劳动和创新创造发展壮大自己,通过激发内生动力与和平利用外部资源相结合的方式来实现国家发展;另一方面不以任何形式压迫其他民族、掠夺他国资源财富,而是为广大发展中国家提供力所能及的支持和帮助,努力为人类和平与发展作出更大贡献。

当前,世界百年变局加速演进,进入新的动荡变革期。在此背景下举行的中国共产党二十届三中全会强调,中国式现代化是走和平发展道路的现代化。中国实现现代化是世界和平力量、发展力量的增长。我们践行共同、综合、合作、可持续的安全观,坚持以对话解争端,以协商化分歧,以合作促安全。我们坚定推进高水平、制度型对外开放,以中国式现代化新成就为世界发展提供新机遇,为人类文明进步提供不竭动能。中国式现代化打破了现代化只有西方资本主义现代化一条路径的迷思,打破了只有西方资本主义现代化才能实现现代化的神话,展示了人类现代化文明的新图景,创造了人类文明形态,指明了人类社会现代化发展的光辉前景。

二、中国式现代化提供人类社会发展新机遇

中国的现代化发展是人类发展进步的重要组成部分,是历史向前演进的必然趋势。中国是当今世界和平力量的增长、稳定因素的增强。中国式现代化提供人类社会发展新机遇。

(一) 中国式现代化激发活力、增添动力,为世界各国深化互利合作、实现共同发展提供新机遇

中国共产党二十届三中全会擘画的中国改革开放新蓝图,向世界释放了新时代中国坚定不移高举改革开放旗帜的强烈信号。全会提出300多项重要改革举措,源源不断为中国式现代化激发活力、增添动力,将为中国同世界各国发展提供更多新机遇。2024年上半年,中国经济各项宏观指标总体保持稳中有进态势:国内生产总值突破60万亿元人民币,同比增长5%;第二和第三产业分别同比增长5.8%和4.6%,对经济增长的贡献率分别达43.6%和52.6%;最终消费支出、资本形成总额、货物和服务净出口"三驾马车"对经济增长贡献率分别为60.5%、25.6%和13.9%;货物进出口总额达21.2万亿元人民币,规模创历史同期新高;全国居民人均可支配收入同比实际增长5.3%。[①] 开放是中国式现代化的鲜明标识。2024年上半年,中国进出口规模首次突破21万亿元,同比增长6.1%,部分指标增速达到两位数。中国新设立外商投资企业26870家,同比增长14.2%,制造业实际使用外资较去年同期提高2.4%。中国连续7年保持全球货物贸易第一大国地位,出口和进口国际市场份额连

---

① 数据来源:2024年7月16日外交部发言人例行记者会答记者问内容。中华人民共和国外交部网站。https://www.mfa.gov.cn/web/fyrbt_673021/202407/t20240716_11454700.shtml.

续15年保持全球第一和第二，对外投资连续11年稳居世界前三，资金流向覆盖全球155个国家和地区。① 从推进高质量共建"一带一路"，到搭建进博会、服贸会、消博会等国际经贸合作平台，一系列扩大高水平开放的重大举措，让中国的发展惠及国际社会。坚持深化改革、扩大开放，让中国大市场成为世界大机遇，在改革开放中不断推进中国式现代化，以中国式现代化为世界现代化注入强大动力。

2009年我国超越日本成为世界第二大经济体以来，国内生产总值稳居世界第二位，占世界经济总量的比重逐年上升。2013—2015年，我国国内生产总值年均增长率为7.3%，远高于世界同期2.4%（世界银行数据）的平均水平，2013—2015年对世界经济增长的贡献率平均约为26%。② 2013—2021年，我国国内生产总值年均增长6.6%，高于同期世界2.6%和发展中经济体3.7%的平均增长水平。2021年我国国内生产总值相继突破110万亿元，达114.4万亿元，按不变价计算为2012年的1.8倍。我国经济占全球份额稳步提升，国际影响力与日俱增。③ 新中国成立初期，我国经济总量占世界比重很小，至1978年也仅为1.7%，居世界第10位。改革开放以来，我国经济持续快速增长，成为世界经济增长的重要引擎和稳定力量。2023年我国经济总量占世界的比重升至17%左右，1979—2023年对世界经济增长的年均贡献率为24.8%，居世界首位。④ 中国不但成为很多国家的主要贸易伙伴，也成为很多国家，特别是很多发展中国家的主要投资来源国。作为当今世界拥有最完整产业链、供应链和完整工业体系、工业门类的大国，中国成为世界许多国家主要商品的供应商，对于广大发展中国家以极其优惠的价格购买到满足本国人民

---

① 数据来源：2024年7月19日外交部发言人例行记者会答记者问内容。中华人民共和国外交部网站。https：//www.mfa.gov.cn/web/fyrbt_673021/202407/t20240719_11456798.shtml。

② 国家统计局：《国际地位显著提高 国际影响力明显增强——十八大以来我国经济社会发展状况的国际比较》，https：//www.stats.gov.cn/sj/sjjd/202302/t20230202_1896998.html。

③ 国家统计局：《新理念引领新发展 新时代开创新局面——党的十八大以来经济社会发展成就系列报告之一》，https：//www.stats.gov.cn/xxgk/jd/sjjd2020/202209/t20220913_1888196.html。

④ 国家统计局：《七十五载长歌奋进 赓续前行再奏华章——新中国75年经济社会发展成就系列报告之一》，https：//www.stats.gov.cn/sj/sjjd/202409/t20240909_1956313.html。

需要的优质商品，打破西方国家编制的不平等的国际货物贸易体系，形成国际分工中的"剪刀差"，具有重要意义。而且，中国价廉物美商品的供应，也有助于全球对抗通货膨胀，减轻发展中国家中低收入人群生活成本支出，提高生活质量。而且，中国以自身发展推动世界共同发展，既是一贯的，也是有目共睹的，对于推动人类进步事业，具有重要国际意义。非盟委员会主席法基表示，"半个多世纪以来，中国一直坚定支持非洲反殖民、反帝、反种族歧视斗争，在基础设施、卫生、能源、产业、安全等各领域为非洲国家提供宝贵帮助，还率先支持非盟加入二十国集团，非方对此高度赞赏、衷心感谢。"①

（二）中国式现代化以创新引领未来，为世界经济发展注入强劲动力

2024世界人工智能大会暨人工智能全球治理高级别会议展出了很多中国大模型应用，这些应用充分展示了创新技术赋能各行各业的未来图景。近年来，饱含创新智慧的中国制造、中国技术丰富了国际市场供给，为全球经济绿色转型和新兴产业发展作出贡献。世界经济论坛发布的"2024年度技术先锋"榜单中，中国有11家企业上榜，数量位居世界第二。最新一批全球153座"灯塔工厂"中，62家中国企业位列其中，包含光伏、新能源汽车等高科技企业，数量位居世界第一。② 而且，中国已同100多个国家和地区开展绿色能源项目合作，打造了创新技术助力绿色发展的生动范例。中国式现代化引领的新质生产力创新发展，正成为带动广大发展中国家自主发展的主动力。面对新一轮科技革命和产业变革的重大机遇，中国与世界各国进行创新合作的"双向奔赴"，为全球发展带来新的增量。

当今时代，第四次工业革命引领的科技革命大潮已经拉开帷幕，在前三次工业革命中发展中国家实际上是处于非常被动的历史地位，最先开展工业革命的西方没有善用工业革命的成果造福全人类，反而造成了

---

① 《习近平会见非盟委员会主席法基》，《人民日报》2024年9月4日。
② 数据来源：2024年7月11日外交部发言人例行记者会答记者问内容。中华人民共和国外交部网站。https://www.fmprc.gov.cn/web/fyrbt_673021/202407/t20240711_11452358.shtml。

资本主义早期殖民扩张的人间悲剧。新质生产力作为先进生产力质态引领的第四次工业革命是广大全球南方国家能够自主掌控参与，实现赶上时代加快超越的一次工业革命。对于全球南方国家解决发展失衡问题，推动相关国家再工业化进程，中国新质生产力的发展发挥着巨大的引领作用和推动作用。党的二十届三中全会，擘画了我国新质生产力发展蓝图，加快推动我国创新发展力度。全会通过的《中共中央关于进一步全面深化改革、推进中国式现代化的决定》指出，"构建支持全面创新体制机制"，"健全因地制宜发展新质生产力体制机制。推动技术革命性突破、生产要素创新性配置、产业深度转型升级，推动劳动者、劳动资料、劳动对象优化组合和更新跃升，催生新产业、新模式、新动能，发展以高技术、高效能、高质量为特征的生产力。"[①] 俄罗斯科学院世界经济与国际关系研究所副所长亚历山大·洛马诺夫认为，"'创新'也是中国共产党二十届三中全会的关键词之一。中国高度重视创新发展，坚持把创新作为引领发展的第一动力。面对世界科技和产业发展的大潮流，中国加快培育新质生产力，达到国际先进水平的产业和企业正不断涌现。这将为中国发展提供源源不断的活力，也将为提振世界经济作出更多中国贡献。"[②] 8月23日发布的《中华人民共和国政府和白俄罗斯共和国政府联合公报》表示，"双方决定，到2030年，两国政府的中期核心任务是分享借鉴中国现代化建设的经验和成果，协作发展新质生产力。白方在中方支持下推进科技创新，拓展新的工业领域并推进现有产业现代化，遵循生态优先和绿色发展理念，适应世界生产关系新趋势。"[③]

（三）中国式现代化为人与自然和谐发展不断做出新贡献

中国式现代化坚持可持续发展，坚持节约优先、保护优先、自然恢

[①] 《中共中央关于进一步全面深化改革、推进中国式现代化的决定》，《人民日报》2024年7月22日。

[②] 亚历山大·洛马诺夫：《中国将释放更多开放合作红利》，《人民日报》2024年9月24日。

[③] 外交部：《中华人民共和国政府和白俄罗斯共和国政府联合公报》，https://www.mfa.gov.cn/web/zyxw/202408/t20240823_11478503.shtml。

复为主的方针，要牢固树立和践行绿水青山就是金山银山的理念，加快发展方式绿色转型，提升生态系统多样性、稳定性、持续性，积极稳妥推进碳达峰碳中和。以防治荒漠化为例，中国的努力加快了全球迈向更加清洁美丽世界的步伐。中国在世界范围内率先实现了土地退化零增长，荒漠化土地和沙化土地面积"双减少"，为全球实现2030年土地退化零增长目标作出重要贡献。中国森林覆盖率和森林的蓄积量连续40年保持"双增长"，是全球森林资源增长最多和人工造林面积最大的国家，贡献了全球新增绿化面积的四分之一。中国还通过中非合作论坛、中阿合作论坛等机制积极对接"非洲绿色长城""绿色中东"倡议。2013年在蒙古国揭牌的中蒙荒漠化防治合作中心正助力蒙古实施"种植十亿棵树"计划。中国与世界共建人与自然和谐共生的美丽家园，不断作出新贡献。[①] 当前，中国绿色发展方式和生活方式逐渐形成，"十一五"以来，单位GDP能耗整体呈现下降态势，累计降低43.8%，年均下降3.1%。能源加工转换效率由1980年的69.5%提升至2022年的73.2%，提升了3.7个百分点。"十三五"时期，我国已成为全球新能源汽车保有量最多的国家。2020年，新能源汽车保有量达492万辆，占汽车总量1.8%，与2015年相比，保有量和占比分别增长7.4倍和提高1.4个百分点。"十四五"时期以来，新能源汽车保有量增长迅猛。2023年，新能源汽车保有量已达2041万辆，比"十三五"期末增长3.1倍，占汽车总量的6.1%，比"十三五"期末提高4.3个百分点。这为世界范围内的绿色减排、减碳，作出了历史性贡献。[②]

（四）中国式现代化既造福中国人民，又促进世界共同发展，助力世界减贫事业

中国即使在自身依然落后的状态下，积极参与国际减贫事业与南南

[①] 数据来源：2024年6月17日外交部发言人例行记者会答记者问内容。中华人民共和国外交部网站，https://www.fmprc.gov.cn/web/fyrbt_673021/202406/t20240617_11437274.shtml。

[②] 国家统计局：《生态环境质量持续改善 美丽中国建设全面推进——新中国75年经济社会发展成就系列报告之十四》，https://www.stats.gov.cn/sj/sjjd/202409/t20240918_1956560.html。

合作，不断为人类减贫事业和文明进步作出自己的贡献。"新中国成立70多年来，中国向亚洲、非洲、拉丁美洲和加勒比地区、大洋洲和欧洲等地区160多个国家和国际组织提供多种形式的援助，减免有关国家债务，为广大发展中国家落实千年目标提供援助。"① 响动非洲，震动世界的"坦赞铁路"不但是中非七十多年友好关系的象征，也是中非人民命运与共的见证，更是南南合作的标志。中国在自身还面临发展困难的年代，毅然决定投入到铁路的建设中，为发展中国家争取民族独立和解放、促进经济社会发展提供了坚定的支持。"5万多名中国工程技术人员奔赴非洲，69名年轻工程技术人员付出了宝贵生命。"② 今天，这条铁路成为中非构建命运共同体的新典范。中国的发展具有共享性、共赢性，在国际减贫事业中，中国始终是积极的参与者和贡献者，在谋求自身发展进步的同时，促进世界各国人民一起过上好日子，这便是中国推动国际减贫合作与贡献人类减贫事业的真实写照。

中国通过扩大自主开放和对最不发达国家的单边开放，把开放的蛋糕做大，把合作的清单拉长，以自身开放促进全球共同开放，通过国际发展合作支持发展中国家能力建设，秉持授人以渔理念，切实帮助发展中国家培育"自主造血"能力，以自身发展促进全球共同发展。在中非合作，携手实现现代化的进程中，助力非洲减贫是重要方面。在"减贫惠农工程"中，中国立项实施了47个减贫和农业项目，培训了近9000人次农业人才，推广了300多项先进适用技术，惠及非洲100多万小农户。中国的杂交水稻推动非洲多国水稻产量从每公顷平均2吨提升到7.5吨，中方专家设立的水稻减贫示范村让"人人有所食、人人有储蓄"成为现实，中国企业建立的农业合作园区和农产品加工厂极大提升了当地农产品附加值，中国建立的非洲农产品输华"绿色通道"让一大批优质

---

① 中华人民共和国国务院新闻办公室:《人类减贫的中国实践》，人民出版社2021年版，第62页。

② 外交部:《王毅谈中非合作的宝贵特色和国际对非合作应形成的共识》，https://www.mfa.gov.cn/wjbzhd/202409/t20240906_11486165.shtml。

非洲农产品进入中国。① 2024年中非合作论坛峰会必将为中非携手实现现代化，助力非洲减贫事业作出新贡献。

（五）"一带一路"倡议推动全球共同发展

新中国成立75年来，中国实现了从世界体系边缘到走近世界舞台中央的历史性转变，在这一历史性转变的过程中，中国始终是国际体系和世界发展事业的重要参与者、建设者、贡献者。"特别是党的十八大以来，高质量共建'一带一路'成为深受国际欢迎的公共产品和合作平台；构建人类命运共同体由中国倡议发展为国际共识，全球发展倡议、全球安全倡议、全球文明倡议引发广泛共鸣，我国国际影响力、感召力、塑造力进一步提高。"② "一带一路"倡议提出10多年来，成为国际社会深受欢迎的国际公共产品，也成为助力发展中国家实现现代化的新选择。"一带一路"倡议的提出和实施，有力促进了全球发展事业，让各国人民获得了实实在在的获得感，在基础设施建设、工业化、人民生活品质改善、促进发展中国家自主发展能力提高方面，发挥了无可替代的作用。"10多年来，中国与各方携手，推动共建'一带一路'落地生根、蓬勃发展，成为开放包容、互利互惠、合作共赢、深受欢迎的国际公共产品和合作平台。"而且，"10多年来，共建'一带一路'合作成果亮点频频，不仅让共建国家人享其行、物畅其流，也为当地民众带来看得见、摸得着的获得感和幸福感。中国与150多个国家、30多个国际组织签署共建'一带一路'合作文件。去年，中国与共建国家货物贸易额达到19.5万亿元，增长2.8%，占进出口总额的比重达到46.6%，规模和占比均为倡议提出以来的最高水平。"③

---

① 数据来源：2024年8月26日外交部发言人例行记者会答记者问内容。外交部，https://www.mfa.gov.cn/web/fyrbt_673021/202408/t20240826_11479642.shtml。
② 国家统计局：《七十五载长歌奋进 赓续前行再奏华章——新中国75年经济社会发展成就系列报告之一》，https://www.stats.gov.cn/sj/sjjd/202409/t20240909_1956313.html。
③ 数据来源：2024年7月18日外交部发言人例行记者会答记者问内容。外交部，https://www.mfa.gov.cn/web/fyrbt_673021/202407/t20240718_11456253.shtml。

三、中国式现代化不断以自身发展贡献世界发展

在世界百年未有之大变局加速演化，2008年国际金融危机远去但余波震荡的时代背景下，全球范围内的发展鸿沟不是被缩小了，而是逐渐被拉大了。加之发达国家自2016年以特朗普为代表的民粹浪潮崛起以来，推行的不负责任的宏观政策和逆全球化政策，造成的世界范围内的经济动荡和发展纽带的断裂，给本就处于不利地位的发展中国家带来了新的发展困难和瓶颈。

在当前世界形势动荡，全球经济面临更大不确定性的背景下，中国在复杂的国际环境中持续为世界经济提供稳定动力，为全球发展带来创新动能。中国依然是全球经济增长的重要引擎。今年上半年，中国GDP同比增长5.0%。中国经济增速在世界主要经济体中都名列前茅。美中贸易全国委员会会长克雷格·艾伦表示，2024年中国将贡献全球GDP增长的30%左右，预计这种情况在2025年和2026年也会持续。[1] 中国式现代化是中国强国建设、民族复兴的康庄大道，也是中国谋求人类进步、世界大同的必由之路。中国始终把自身命运同各国人民的命运紧紧联系在一起，努力以中国式现代化新成就为世界发展提供新机遇，为人类对现代化道路的探索提供新助力。

党的二十届三中全会擘画了以进一步全面深化改革推进中国式现代化的蓝图，党的二十届三中全会指出，"中国式现代化是走和平发展道路的现代化。对外工作必须坚定奉行独立自主的和平外交政策，推动构建人类命运共同体，践行全人类共同价值，落实全球发展倡议、全球安全倡议、全球文明倡议，倡导平等有序的世界多极化、普惠包容的经济全球化"，[2] 随着中国进一步全面深化改革制度红利的释放，高水平对外开放体制机制的形成，中国将为世界的发展创造更多来自中国的机遇，创

---

[1] 新华社：《变数与变革——当前世界经济形势辨析》，http://www.news.cn/world/20240822/72a6d5814a484b11a06ad9a935728028/c.html。
[2] 《中共中央关于进一步全面深化改革、推进中国式现代化的决定》，《人民日报》2024年7月22日。

造更多发展的红利。这体现了中国"在全球经济转型中彰显大国担当"①很多参加中非合作论坛2024年北京峰会的国家领导人高度关注中共二十届三中全会释放的中国进一步全面深化改革,推进中国式现代化,对中非合作、南南合作带来的发展机遇,津巴布韦总统姆南加古瓦表示,"中国共产党二十届三中全会推出的系列重要改革举措,不仅将进一步增进中国人民福祉,也将对全球南方乃至人类的未来产生重大影响。"② 这也预示了迈向2035年基本实现现代化的征程上,中国式现代化发展新成就中不断释放新的合作潜力和动能。习近平主席特别代表、中共中央政治局委员、中华人民共和国外交部长王毅在联合国未来峰会上发表讲话,指出:"今日之中国,正在坚定不移以中国式现代化全面推进强国建设、民族复兴伟业,这将为世界和平与发展提供新机遇。我们愿同世界各国携手同行,推动构建人类命运共同体,共创更加和平美好的明天。"③ 中国将以中国的改革发展和中国式现代化建设,提供更加丰富的发展经验和发展力量,助力发展中国家实现现代化,一起赢得全球南方发展新未来,为人类现代化事业作出新贡献。

---

① [巴西]罗尼·林斯(Ronnie Lins):《在全球经济转型中彰显大国担当》,中国社会科学网,https://www.cssn.cn/skgz/bwyc/202409/t20240918_5777891.shtml。
② 《习近平同津巴布韦总统姆南加古瓦会谈》,《人民日报》2024年9月4日。
③ 王毅:《把握共同命运 共创美好未来——在联合国未来峰会上的讲话》,中华人民共和国外交部网站,https://www.mfa.gov.cn/web/wjbzhd/202409/t20240924_11495533.shtml。

第十五章　中国式现代化进程中的中国女性教育发展

卢雨菁*

中国式现代化为人类探索现代化作出新贡献，有效推动了全球化进程。女性是中国式现代化的参与者和贡献者，新时代中国女性事业的发展与时代的脉搏同频，与中国式现代化道路的指导原则共振。回顾近百年来中国女性教育发展变迁，探讨女性教育就业中依然存在的问题，可更好地展望未来，打破性别差异，创造美好未来。

一、引　言

中国古代经历了长期的男权社会，女性基本上没有接受过教育，文盲状态具有普遍性。19世纪东西方联系加强之后这种情况才得到改变，部分女子进入学堂或教会女校接受教育。20世纪后才开始兴办女校，主要集中在江苏、上海等经济、文化和交通比较发达的地区，但数量仍然较少[①]。辛亥革命后，由于在法律上确认了女子受教育的权利和社会观念的进步，也由于女性自身教育平等权的强烈要求，女子教育有了较大发

---

* 卢雨菁，兰州大学外国语学院教授。
① 段敏利：《近代中国女性教育的发展》，载《内蒙古师范大学学报（哲学社会科学版）》2007年S1期。邓雪莉：《西方传教士与近代中国女性教育》，载《改革与开放》2011年第2期。

展。民国时期,由于社会动荡和发展不平衡,女性教育发展较慢,到1949年时,女性文盲率仍高达90%[1]。新中国成立后,中国女性教育走上正轨,迅速发展。特别是改革开发40多年来,中国女性教育得到了充分发展,尤其是高等教育上发展十分喜人。目前可以说,中国女性在教育上已经完全和男性平权,达到了一个新的高度。中国女性教育的发展也带动了女性就业的相应发展和女性收入的增加,从而推动了女性社会地位的提高,中国女性已经全范围的参与了到社会、政治、经济、科学的各个方面,深刻改变了中国社会。下面将从翔实的统计数据上解读中国女性教育的发展历程。本文所用数据主要来源于中国女性社会地位调查报告[2]、中国女性发展报告[3]、中国女性发展纲要[4]、新闻报道和多种研究资料[5]。由于不同阶段数据来源可能来之多个不同文献,有些数据根据人口统计资料核算,故下面数据分析时不再具体表明出处。出现不同口径不同统计数据时采用官方发布数据。

---

[1] 刘资:《建国以来我国对女性教育的推进》,载《福建省社会主义学院学报》2012年第1期。张昭文:《中国女性扫盲教育概述》,载《中国成人教育》1995年第9期。

[2] 《中国女性社会地位调查》课题组:《中国女性社会地位调查初步分析报告》,载《女性研究论丛》1992年第1期。第二期中国女性社会地位调查课题组:《第二期中国女性社会地位抽样调查主要数据报告》,载《女性研究论丛》2001年第5期。第三期中国女性社会地位调查课题组:《第三期中国女性社会地位调查主要数据报告》,载《女性研究论丛》2011年第6期。第四期中国女性社会地位调查领导小组办公室:《第四期中国女性社会地位调查主要数据情况》,2022年2月。

[3] 王金玲:《中国女性发展报告》,社会科学文献出版社2006年版。

[4] 国家统计局:《〈中国女性发展纲要(2011—2020)〉终期统计监测报告》,2021年12月。

[5] 林丹燕:《新中国70年中国女性教育的进步与成就》,载《中国妇运》2019年第9期。史凯亮、刘云杉:《新时期中国女性教育与社会地位——基于第三期中国女性社会地位调查数据》,载《中国妇运》2014年第5期。任正英:《各级各类教育女性参与率上升》,载《中国女性报》2008年10月20日。韩廉、沈波濒:《改革开放30年来我国对女性教育的新推进》,载《中华女子学院学报》2008年第2期。孙晓梅:《中国女性教育稳步发展的十年》,载《中华女子学院学报》2005年第4期。黄晓红:《我国女子高等教育的历程及存在问题》,载《福建师范大学》2004年。韦钰:《中国女性教育的新发展》,载《女性研究论丛》2000年第3期。郭戈:《女性教育的发展和对策》,载《教育研究》1995年第9期。望春:《中国女性教育的现状与展望》,载《教育导刊》1995年第5期。孟秋丽:《中国女性受教育程度地区差异分析》,载《人口与计划生育》1994年第2期。

二、中国女性接受教育发展历程

女性教育的发展程度可以从女性文盲率、女童入学率、女生在校人数和女性平均受教育年限等指标反映出来。在校女生在各个教育阶段的占比则反映了女性相对于男性接受教育的情况,在一定程度上代表了一个社会对女性的重视程度。

在新中国成立初期,中国女性接受教育的人数十分有限。1949年时,中国女性文盲率高达90%。到1990年时,仍有32%的女性是文盲。图15-1给出了中国15岁以上女性中文盲的占比。可以看出,到2020年时,中国女性中的文盲比例已经降低到4.1%。这是一个非常了不起的成就,表明中国女性95%以上人人可以断文识字,彻底改变了中国古代男权社会中女性几乎不接受文化教育的状况。

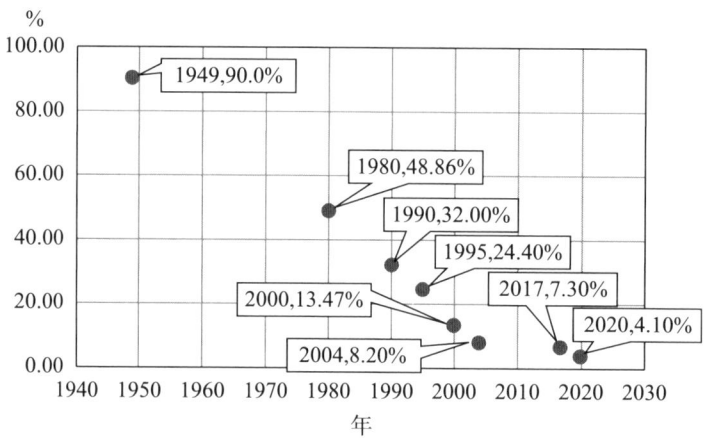

图15-1 中国女性文盲率

女性文盲率的减低主要是新中国建立以后大力提高女童入学率的结果。图15-2给出了中国适龄女童入学率的变化数据。由图15-2可以看出,随着新中国成立以后教育事业的蓬勃发展,女童入学率在新中国成立后前30年发展迅速,到1986年时,适龄女童入学率已高达93.6%。这从根本上改变了女性受歧视的状况,女性接受文化教育成为社会的共识。到2017年时,99.9%的女童都能进入学堂接受正规的文化教育,这彻底改变了女性不接收文化教育的传统观念。

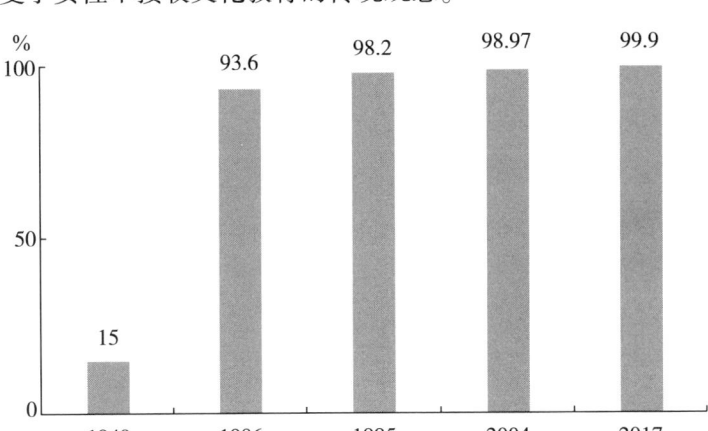

图 15-2 中国适龄女童入学率

小学生中女生占所有学生的比例反映了女性接受基础教育相对于男性的程度，图 15-3 是近 70 年来中国小学在校女生占比的历史变化情况。从图中可以看出，解放初期小学在校女生占比只有 23%，表明存在严重的教育上的性别歧视；到 20 世纪 80 年代时，小学女生占比已在 45% 以上，说明女性接受教育的程度已经得到了很大的提高；2000 年以后，小学女生占比基本都在 46% 以上，说明女生接受初等教育基本和男性一致。这里相差的几个百分点可能是男女幼童性别比不同导致的。

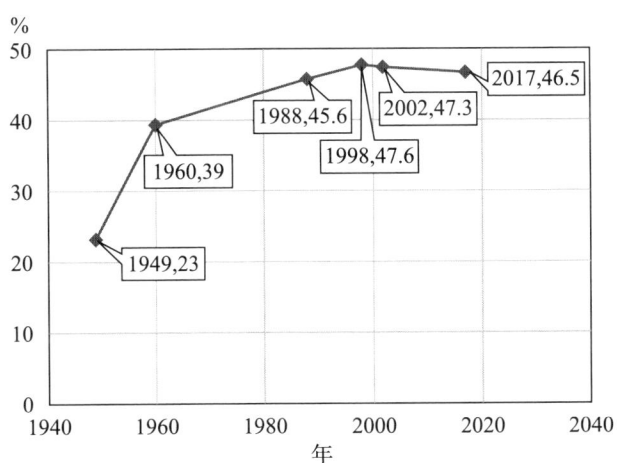

图 15-3 中国小学在校女生占全体学生比例

接受初等教育的女生是否会继续持续接受高一级的教育可以通过在普通中学女生占比和大专大学在校女生占比反映出来。在 2002 年时，我国普通中学女生占比已达 46.7%，到 2020 年时已达 50.4%。图 15-4 给出了我国多年大学大专院校在校女生占比变化情况。从图 15-4 中可以看出，新中国成立初期女生占比只有 19.8%，1978 年时为 24.1%，该阶段女性接受教育的人数相对较少，占比不到男性的四分之一。改革开放以来、特别是 2000 年以后，中国女性接受高等教育的程度大幅度提高，到 2015 年以后占比已在 52% 以上。这充分说明"女性也是半边天"已成为事实，中国女性已经彻底改变了自己的命运，真正走向了知识女性的时代。

图 15-5 是中国女性平均受教育年限发展变化情况，该指标整体上刻画了一个国家女性接受教育的程度。在 1980 年时，我国女性平均接受教育年限为 4.2 年，说明那个时候大部分女性实际上只有小学文化程度。2000 年时，平均受教育年限为 7.07 年，也就是说初中教育已经普及。到 2020 年时，该指标为 9.59 年（男性 9.66 年），说明女性教育绝大部分能完成高中教育。2020 年时，18—24 岁女性的平均受教育年限为 12.81 年。中国女性平均教育水平的提高整体提升了劳动力水平，也促进了经济社会的整体发展。

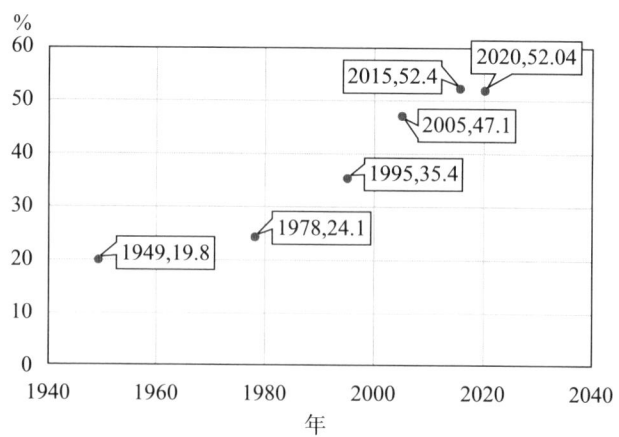

图 15-4　中国大学大专院校女生占全体学生比例

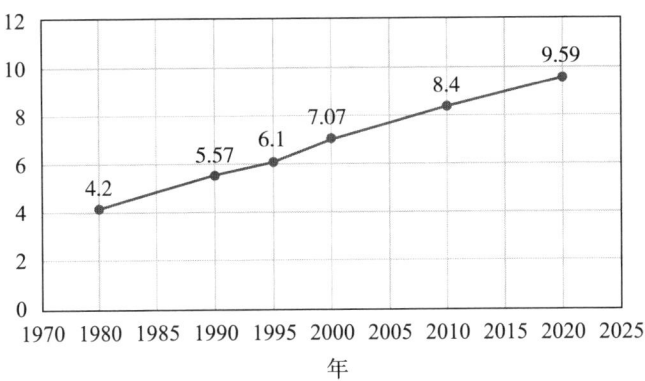

图 15-5　中国女性平均受教育年限

随着中国女性接受高等教育人数的增加，进入高级别学位学习的中国女性也越来越多。图 15-6 是中国在校硕士研究生中女生占比的变化情况。从图中可以看出，女研究生占比已由 1993 年的 26% 提高到 2020 年的 54.98%。女生接受高级别教育的人数在改革开放后发生了质的飞跃，已经超越男性人数。这一方面是女生在学习中比男生踏实用功，另一方面也是社会认可女性、包容女性的体现。中国女性已由传统的"女子无才便是德"不接受文化教育的状况发展为普及高等教育、接受高质量教育的时代。

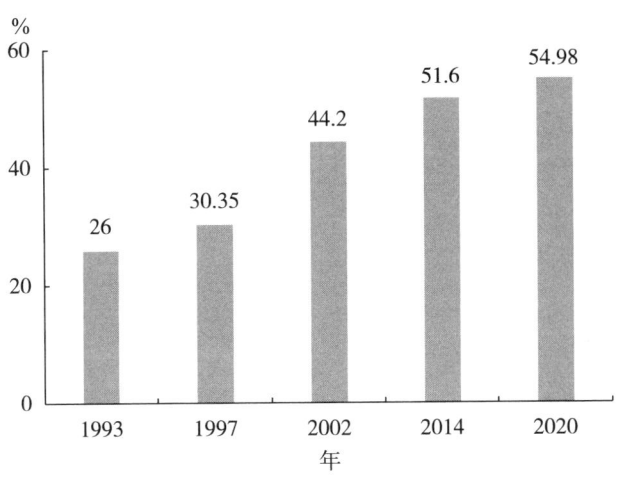

图 15-6　中国硕士研究生中多年女性人数占比

三、中国女性教育未来展望

中国女性教育的快速发展带动了中国女性在社会参与度的增加。图 15 - 7 给出了中国女性就业人数的变化情况。由图可见,中国全国女性就业人数在 1978 年时约 1.7 亿,到 1990 年时达 2.9 亿,到 2010 年时达 3.4 亿。这一方面是改革开放以来社会经济快速发展增加了就业机会的结果,也是女性教育水平增加可争取到更多就业机会的结果。图 15 - 8 给出了我国城镇女性就业人数的发展状况,该指标可以较好地反映女性在城市就业的状况。20 世纪 90 年代由于国企改制导致城镇就业减少外,2000 年后女性城镇就业人数增长较快,这也从另一方面证实了女性教育水平的提高增加了女性的就业机会。

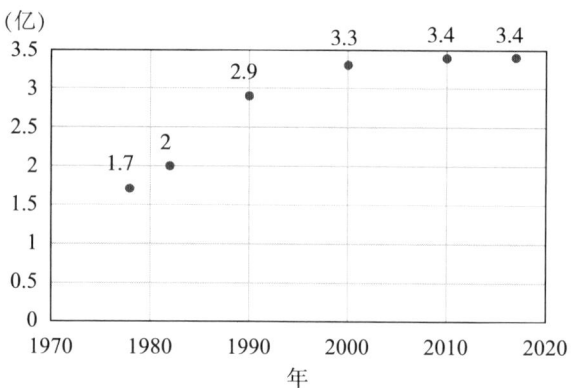

图 15 - 7　全国女性就业人数

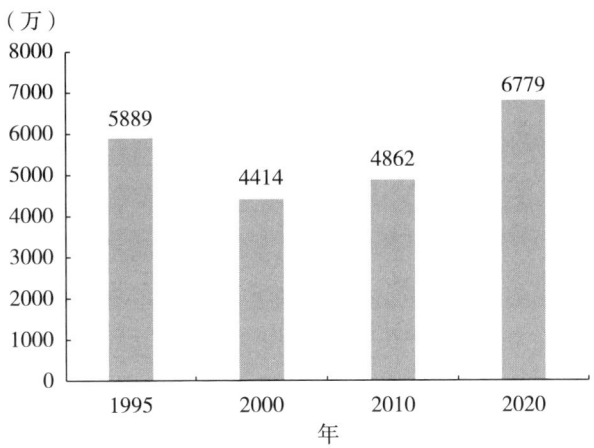

图 15-8　全国女性城镇就业人数

女性在公有经济企业事业单位专业技术人员数量可以反映女性高质量就业状况。2010 年时，公有经济女技术人员数为 1270 万，2015 年时为 1458 万，2017 年时为 1529 万。这表明随着女性接受高等教育人数的增加，女性专业技术人员也在快速发展。到 2017 年时，女性专业技术人员占比已达 48.6%，说明在技术领域女性已经和男性相当。

尽管中国女性占在校大学生的比例由 1978 年的 24.1% 提高到 2020 年的 52.04%（图 15-4），中国女性接受高等教育的比率仍然较低。2020 年时，中国接受大学专科及以上教育的女性比例为 18.0%，比男性高 1.6 个百分点；其中 18—24 岁女性这一比例为 50.9%。相比于美国 35%（2018 年）的高等教育比率，还有很大的发展空间。美国 2008 年有 72% 的高中女生能够进入大学，2020 年瑞典女性接受高等教育的比率超 50%。上述情况说明，我国女性接受高等教育的比例仍然偏低，还有较大的发展空间。

我国在校女大学生将在未来有较大的增长幅度。图 15-9 是 2004 年至 2020 年中国在校女大学生数的发展变化情况。考虑到数据基本符合线性增长，我们用线性估计预测了未来 13 年的在校女大学生数量，见表 15-1。根据预测，中国在校女大学生数量在 2033 年大约达到 2619.76 万。

另外，目前在美国成年人口中，13.1% 的人拥有硕士学位、专业硕士学位或博士学位。如果和美国对标,我国女性接受高级别高等教育的发展余地将非常大,未来有望得到飞速发展。

表 15-1　中国大学大专女生在校人数及预测

年份	在校女大学生数量	年份	在校女大学生数预测
2004	6220763	2021	16799639
2005	7352845	2022	17582804
2006	8356885	2023	18365970
2007	9258606	2024	19149135
2008	10076830	2025	19932300
2009	10914159	2026	20715465
2010	11859499	2027	21498630
2011	11805709	2028	22281795
2012	12277014	2029	23064960
2013	12769808	2030	23848125
2015	13704066	2031	24631290
2019	15776082	2032	25414455
2020	16755030	2033	26197620

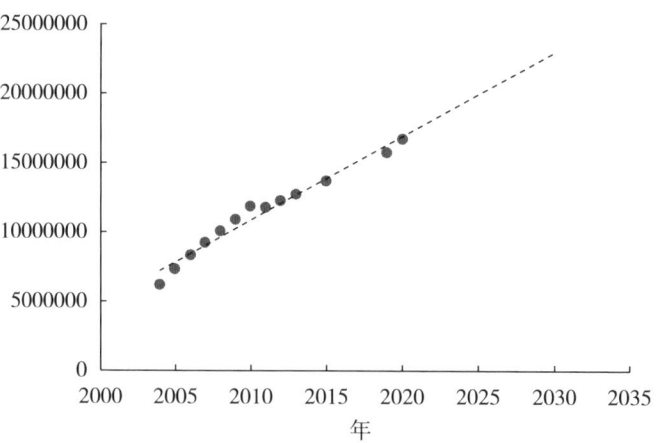

图 15-9　在校女大学生数

四、女性教育发展存在的问题和对策

新中国成立以来,中国女性教育得到了长足发展,取得了举世瞩目的成就,但女性教育仍然存在一些问题。

传统的重男轻女思想仍然存在。中国的女性平均受教育年限要小于男性平均受教育年限(2020年,女性9.59年,男性9.66年),女性文盲率要高于平均文盲率(2020年,女性4.10%,总2.9%)。在中国西部农村女性平均受教育年限仅为7.44年。这说明在中国农村地区和中国西部地区,传统的重男轻女问题导致对女性教育不重视,家长愿意花费更多的资源在男孩身上。但在中国城市,尤其是大城市,这种问题基本不再存在。随着社会经济水平的发展和家长教育水平的提高,这种情况以后有望改善。

中国女性教育在高等教育和高级别学位教育上和发达国家还存在差距。尽管我国的女大学生占比已超过52%,但总量上接受过高等教育的女性仍然较少,占女性人数的18%,远低于发达国家50%以上的比率。这说明我国高等教育,特别是女性高等教育仍有较大的发展空间。我国在校女研究生占比2020年时为50.9%,超过在读研究生人数的一半,但总量只有159.9万人,相对于巨大的女性人口基数其占比较小,发展余地较大。目前我国女性博士研究生人数占在读博士研究生的为43.23%,且基数较小,存在较大的提升空间。

随着女性受教育年限的增加和接受教育程度的提高,相应的已出现了一些次生问题。随着女性教育年限的增加会导致结婚年龄的推迟和少子化问题。教育年限的增加延迟了就业年龄,又推迟了婚育年龄。教育程度的增加也改表了中国女性的育儿理念,追求少而精的育儿策略。这种情况在发达国家前期也出现过,特别是东亚文化圈国家,婚育观念比较传统,未婚生子和单亲育子得不到社会的认可,教育延长导致的少子化现象越发严重。这个问题的解决可能是一个长期过程,需要社会各个层次的协同合作。调整大学生、研究生教育阶段落实可以结合的配套措施,如弹性学制、改变集中宿舍管理等措施也可以作为一种改善策略。

对未婚生子合法性的立法、社会认可、提高大学教育和研究生教育阶段女性生活补贴和生育关怀也有助于改善这种情况。随着女性教育程度的提高，出现的另一个问题是农村城市性别"倒挂"问题。目前出现的农村大龄男青年难找对象，而大城市女性大龄青年难嫁也和女性教育程度的增加有关。女性农村大学生毕业倾向在大城市寻找工作和安家，导致农村男青年难找对象。这种情况是城市化发展中的一个阶段性问题，将随着社会经济的发展逐步消化。

针对以上问题，各级妇联、大学、政府部门、研究机构都在通过不同形式，比如学术论文[1]、研讨会[2]等形式，从多学科视角不同角度聚焦讨论推动中国式现代化发展过程中女性的地位、作用和发展所承担的使命和任务、面临的挑战和问题以及解决方案。

总之，中国女性教育经历了从民国时期的萌芽状态到新中国以后的大力发展取得了举世瞩目的辉煌成就。新中国建立以后，中国女性走过了新中国成立初期的快速脱盲，20世纪60—70年代的普及小学教育，改革开放后的普及中学教育到21世纪的大力发展高等教育，中国女性教育已实现了男女平等，迈向真正意义上"半边天"。

---

[1] 曹文：《论中国式现代化视域下的妇女事业发展》，载《中国妇运》2024年第4期。

[2] 厦门大学：《"中国式现代化与女性发展"学术年会成功举办》，https：//xdfnjd.xmu.edu.cn/2022/1229/c2450a467350/page.htm.2022－12－29。《中国妇女报》：《中国式现代化视域下推进妇女融入全球化进程》，2023年3月13日。中国妇女网：《中国式现代化进程中，妇女事业如何实现高质量发展》，https：//www.cnwomen.com.cn/2023/11/28/99352804.html。《上海妇女理论研讨会暨"女性·教育·未来——中国式现代化进程中的女性发展和使命担当"主题报告会在同济大学举行》，https：//news.tongji.edu.cn/info/1003/86322.htm，2024年1月16日。

第四篇

"一带一路"倡议与白俄罗斯现代化发展

第十六章　白俄罗斯共和国社会发展背景下的家庭政策

拉扎列维奇·娜塔莉娅（Lazarevich Natalya）[*]

社会政策是社会政治生活中一个复杂、多元的现象，既是国家为提高社会群体生活质量和水平而采取的一系列措施，也是涉及历史、经济、政治、社会法律和社会学相关问题的研究领域。社会政策的目标是维持社会的福祉和稳定的生活。社会政策的保障原则是：社会公正、社会责任、社会伙伴关系、社会保障及其连贯性。这些原则是根据白俄罗斯共和国社会经济发展计划确定的。[①]

家庭领域的社会政策是国家内部社会政策的重要组成部分。家庭政策是社会政策中相对独立的一环，影响着作为社会机构的家庭和作为家庭成员的个人，旨在协调利益，规范国家与家庭的关系，并调节家庭内部的各类关系，从而促进社会的良性发展。因此，构建"幸福家庭"被确立为白俄罗斯共和国家庭政策的优先事项之一。

在政治和学术界的国际话语中，家庭政策的概念于20世纪70年代末

---

[*] 拉扎列维奇·娜塔莉娅（Lazarevich Natalya），副教授，白俄罗斯国家科学院哲学研究所社会生态学和生物伦理学系首席研究员。

[①] Программа социально-экономического развития Беларуси на 2021–2025 годы.［Электронный ресурс］. Режим доступа：https：//president.gov.by/ru/events/utverzhdena-programma-socialno-ekonomicheskogo-razvitiya-belarusi-na–2021–2025–gody/. Дата обращения：29.07.2022 г.

开始使用①。苏联的"家庭政策"一词直到20世纪80年代才开始在国内科学文献和公共新闻讨论中使用②。在官方文件中，该术语于1989年在制定"90年代苏联家庭政策"计划时被首次使用。③

从历史上看，在把家庭政策作为国家社会责任因素进行研究时确定了其在苏联时期的三个主要发展阶段，"这些发展阶段对家庭内部关系和家庭结构的影响各不相同"，包括不同程度的国家责任："革命后"模式、"斯大林"模式、"苏维埃社会模式"。④

第一个时期是从1917年到20世纪20年代中期。在1917年十月革命后的这些年里，家庭问题是政治斗争的主题，也是最重要的意识形态和法律话语之一。"摧毁旧世界并建设新世界"包括解构传统家庭，取而代之的是社会主义"社会细胞"——"自由个人的自由联盟"⑤。家庭道德是基于摆脱教会影响、个人性自由优先于家庭关系、自由生育选择（妇女堕胎的权利）以及在家庭和公共领域中男女平等的原则而构建的。所有这些原则都在苏维埃政权颁布的第一批"家庭"法令和法案中获得了法律依据。国家承担了保护母亲和儿童的职能，从而在一定程度上成为婚姻以及子女与父母关系的调解人。在十月革命后的第一个十年里，国家主动介入私人生活及其根除数百年家庭传统的努力在"传统"和"现代"之间产生了尖锐的矛盾：这些矛盾体现在婚姻、生育、夫妻和两性关系形式方面。

第二个时期是从1920年中期到1953年。这些年来，人们对社会主义

---

① Цинченко Г. М. Политика в отношении семьи в первые годы советской власти/Г. М. Цинченко//Вестник Нижегородского университета им. Н. И. Лобачевского. Серия: Социальные науки. 2015. № 1（37）. С. 174 – 182, с. 175.

② Ершов, В. А. Право социального обеспечения учеб. пособие./В. А. Ершов, И. А. Толмачев—М.: ГроссМедиа, 2008. 510 с, с175.

③ Ершов, В. А. Право социального обеспечения учеб. пособие./В. А. Ершов, И. А. Толмачев—М.: ГроссМедиа, 2008. 510 с, с. 12.

④ Носкова А. В. Эволюция государственной семейной политики в России: от советских к современным моделям/А. В. Носкова//М.: Вестник МГИМО Университета. 2013. Вып. 6（33）. С. 155 – 159, с 155 – 159.

⑤ Александра Коллонтай. Социальные Основы Женского Вопроса（Знание, 1909）431 с, с. 219.

社会需要什么样家庭的理解发生了转变。这一时期家庭政策的主旨是从制度上加强家庭，回归传统的家庭价值观和婚姻行为规范。家庭政策模式的变化主要是由人口决定的，是由人口再生产的需要导致的。战争年代的大量人员伤亡导致出生率大幅下降。在1926年至1959年人口普查期间，每名妇女的平均子女数（总和生育率）从大约6.8个下降到2.8个，即减少了4个子女。①

因此，出现了1936年苏联人民委员会和中央选举委员会《关于禁止堕胎，增加对分娩妇女的物质援助，为多家庭提供国家援助，扩大妇产医院、托儿所和幼儿园网络，加强对拒不支付赡养费行为的刑事处罚以及关于离婚法若干修订的法令》、1944年苏联最高苏维埃主席团《关于增加对孕妇、多子女和单身母亲的国家援助，加强对母亲和儿童提供保护的命令》这样的官方文件。设立了"英雄母亲"荣誉称号，设立了"母亲荣耀"勋章和"母性"奖章。它们很好地说明了苏联家庭政策的另一个"面孔"和公共援助有子女家庭的新做法。

因此，根据1936年的法令，首次引入了"有6个孩子的母亲在孩子出生后五年内每年为后续每个孩子提供2000卢布的国家津贴，有10个孩子的母亲在每个孩子出生时一次性获得5000卢布的国家津贴，从第二年开始，在孩子出生后的四年内每年发放3000卢布的津贴"②。1944年，为大家庭引入了每月发放子女津贴的制度，该制度一直持续到1991年。家庭在第四个孩子出生后有权获得每月津贴③。结合其他因素，这些措施产生了积极的人口效应。在1935—1939年和1948—1953年，出生率出现上涨，自然增长曲线开始攀升。

除了人口问题外，性别问题也成为家庭政策的重点。由于国家工业化，妇女加速参与社会生产，向母亲提供公共援助以便将就业与抚养子

---

① Вишневский А. Особенности российской рождаемости/А. Вишневский//Население и общество. 2006. № 100 C. 34 – 50.

② Постановление ЦИК СССР N 65, СНК СССР N 1134 от 27. 06. 1936. [Электронный ресурс]. Режим доступа: www. libussr. ru. Дата обращения: 31. 07. 2022.

③ Багдасарян, В. Э. К вопросу о формировании теории демографической вариативности как новой объяснительной модели демографических процессов/. Э. Багдасарян. [Электронный ресурс]. Режим доступа: search. rsl. ru. Дата обращения: 31. 06. 2022, с. 90.

女结合起来的问题亟待解决。发展学前和校外儿童基础设施已成为苏联在社会领域的中心任务和成就之一。对幼儿教育的投入促进了向现代双职工家庭模式的转变。

第三个时期是1953年后至1991年苏联解体这一时期。在20世纪50年代中期至20世纪60年代，家庭关系再次实现自由化。[1] 恢复了妇女的堕胎权（1955年颁布的法律），离婚程序也大大简化。与其他社会经济决定因素一起，家庭关系的自由化刺激了苏联人民婚姻和生育行为的进一步转变。在20世纪60年代，出生率再次稳步下降，离婚率迅速上升。到20世纪70年代初。俄罗斯苏维埃联邦社会主义共和国的总和生育率降至2.1以下，即下降到简单人口再生产所需的水平。[2] 生育一个或两个孩子的小家庭已经成为主流。由此，社会人口需求与公民个人生育偏好之间的矛盾暴露无遗。为了缓和这一矛盾，在20世纪80年代初，该国领导层加强了国家对有孩家庭的支持举措。[3]

在20世纪60至80年代，性别战略仍然是家庭政策的优先事项。[4] 因此，在1968年通过的《关于批准苏联和加盟共和国婚姻和家庭立法基础的法律》中规定了"男女在家庭关系中享有平等权利"，并宣布"国家保护家庭，保护和鼓励母性"。

白俄罗斯共和国在家庭政策方面的现代发展阶段特点首先是其人口政策取向。[5] 支持生育成为家庭政策的重点。国家家庭政策的主要目标是：确保改善家庭的社会经济生活条件及履行其生育、经济和教育职能；

---

[1] Жиляева С. К. Максимова А. А. Особенности реализации семейно-правовой политики в завершающий период существования советской государственности (70 – е – 1991 год)./ С. К. Жиляева А. А. Максимова//Юристъ Правоведъ. —2018. —Вып. 2 (85). —С. 21 – 26.

[2] От Российской империи до современности. Как менялась численность населения страны. [Электронный ресурс]. Режим доступа：Дата обращения：10. 06. 2022.

[3] Постановление ЦК КПСС, Совмина СССР от 22. 01. 1981 N 235. [Электронный ресурс]. Режим доступа：www. libussr. ru. Дата обращения：11. 07. 2022.

[4] Чвыкалов В. В. Гендерная политика советского государства в социальной сфере в целях защиты прав женщин/В. В. Чвыкалов//Юристъ-Правоведъ. —2011. —Вып. 3. —С. 74 – 79.

[5] Семейная политика в Республике Беларусь. [Электронный ресурс]. Режим доступа：https：//belarusfacts. by/ru/belarus/politics/domestic _ policy/social _ policy/дата доступа：01. 12. 2021/

加强家庭的道德基础，提高家庭在社会中的威望。国家对家庭的支持是国家社会政策的关键领域之一，也是人口安全保障基础之一。

根据2019年人口普查数据，白俄罗斯共和国有超过269.1万个家庭，其中抚养未成年子女的家庭有120万个，超过800万人存在家庭关系，占全国人口的86%。①

国家拥有强大的影响力去履行其职能，如国家立法、国家预算、税收和关税制度。总共有11种与生育和抚养儿童有关的福利津贴：为出生后不满两岁的儿童提供免费食物，为所有3岁以下的儿童提供免费药品；国家投资改善多子女家庭的住房条件，在教育机构中提供优惠（免费）伙食等。

在国内为有子女的家庭建立了一个行之有效的法律保障和福利制度。它包括发放与生育和抚养子女有关的津贴，为出生头两年的儿童提供免费膳食以及提供其他类型的国家定向社会援助，在两个或两个以上子女出生时的一次性发放津贴，建立养老、劳动、税收和住房立法领域的保障制度。

3岁以下儿童保育津贴按照全国平均月收入的35%—40%来设定。该津贴按照幼儿3岁之前的整个儿童保育期间（包括负责儿童保育工作的人员外出工作时）进行支付，该津贴为普惠式，无论收入水平如何、是否缴纳保险费或是否就业。一次性津贴金额：第一个孩子出生时——人均10倍最低生活预算额度；第二个及以后的孩子出生时——人均14倍最低生活预算额度。对生育两个或两个以上子女的，地方财政还给予额外补助，这一针对有子女家庭的法律保障和福利制度正在不断完善。2015年推出了一项大规模的社会福利计划——家庭资本（在出生、收养第三个或以后的孩子时，以非现金方式向家庭一次性提供10000美元的补助）。②

---

① Итоги переписи населения Республики Беларусь 2019 года．［Электронный ресурс］．Режим доступа： https：//www.belstat.gov.by/ofitsialnaya-statistika/makroekonomika-i-okruzhayushchaya-sreda/perepis-naseleniya/perepis-naseleniya–2019/．Дата доступа：05.11.2022.

② Указ от 9 декабря 2014 года № 572 «О дополнительных мерах государственной поддержки семей, воспитывающих детей».

在鼓励生育的国家年度排名中，白俄罗斯在世界179个国家中排名第25位。① 这是独联体国家中最好的指标。除了物质支持措施外，在劳动、税收和养老金立法领域从立法层面为抚养子女的家庭提供了法律保障。

改善计划生育制度的工作包括制定和实施国家计划生育模式，其中包括成立计划生育服务部门和保健服务部门。这些措施的实施巩固了出生率的积极势头，确保总和生育率从2015年的1.72提高到2020年的1.75。②

社会和宗教团体在加强家庭价值观和提高家庭声望方面发挥着重要作用。采取的所有措施都是为了提高出生率。人们认为，激励措施使得近年来生育率开始攀升，二胎和三胎的出生人数开始增加。

社会责任是一项道德原则，即为了在决策过程中履行公共义务，不仅需要考虑做出这些决策的个人或组织的利益，还需要考虑整个社会的利益。③ 社会责任是一个复杂的、集体的道德法律、哲学和伦理心理范畴，人们是从不同的角度对其进行研究。国家社会责任的核心是与家庭有关的社会政策。国家对家庭的社会责任是实施全面的公共监督，以确保及时和不折不扣地履行其社会义务，支付与生育和抚养子女有关的津贴，为出生后头两年的幼儿提供免费膳食，并提供其他类型的有针对性的国家社会援助：一次性支付生育补助，在养老金、劳动、税收和住房立法领域提供立法保障。

国家社会政策的目标是：支持有子女的家庭，加强家庭制度。基于这一目标，国家政策旨在改善对有子女家庭的社会保护形式，保护他们的健康。为了应对这一挑战，开发了儿童健康障碍的早期发现和动态监

---

① В ежегодном рейтинге стран, благоприятных для материнства, Беларусь находится на 25 месте. ［Электронный ресурс］. Режим доступа：https：//www.tvr.by/news/obshchestvo/v_reytinge_blagopriyatnykh_stran_dlya_materinstva_belarus_zanimaet_25_mesto/. БТ новости 13.10.2020. Дата доступа：05.11.2022.

② Семейная политика в Республике Беларусь. ［Электронный ресурс］. Режим доступа：https：//belarusfacts.by/ru/belarus/politics/domestic_policy/social_policy/дата доступа：01.12.2021/.

③ Зульфугарзаде Т. Э. Основы социального государства и гражданского общества：учебник для студентов учреждений высш. проф. образования. /Т. Э. Зульфугарзаде. М.：Академия, 2012. С 133—135.

测系统，以减少慢性病和降低残疾率，扩大和配备了早期干预和监测科室（部门）网络。该系统要求及时、有效地诊断先天性和遗传性疾病，对孕妇进行综合筛查。

在学前教育领域，重点是确保满足家庭对教育服务的要求，包括付费教育服务。各种所有制形式的多功能学前教育机构网络正在扩大，在学前教育和普通中等教育连贯制的基础上改进教育过程，提高教师资格水平。在普通中等教育系统中，继续优化教育机构网络，更新教育内容和教学方法，为普通中等教育机构提供现代教学手段，包括信息化手段。

发展全纳教育［译者注：全纳教育（inclusive education）是1994年6月10日在西班牙萨拉曼卡召开的《世界特殊需要教育大会》上通过的一项宣言中提出的一种新的教育理念和教育过程。全纳教育作为一种教育思潮，它容纳所有学生，反对歧视排斥，促进积极参与，注重集体合作，满足不同需求，是一种没有排斥、没有歧视、没有分类的教育。］将会成为重要方向之一。为此，规定建立一个实施全纳教育的教育机构网络、实施融合学习和教育模式的骨干教育机构以及特殊教育机构的资源中心。在2020年，全纳教育形式涵盖了80%的身心障碍儿童。当前面临的任务就是增加可以提供这种形式教育的教育机构数量。

支持年轻家庭的所有现行措施都得到保留，包括优惠住房建设。家庭支持机制：建立家庭资本，向多孩家庭提供物质援助，提供广泛的社会服务。

国家家庭政策的一个主要组成部分是通过发展信息环境来强化家庭价值观，从而在社会中塑造有子女家庭的积极形象，并采取旨在提高家庭声望和保证家庭福祉的措施。为此，举办了以下主题的统一宣传日活动：家庭与童年、负责任的父母、父母平等参与抚养子女；"年度家庭"和"强大的家庭就是强大的力量"以及"我们的孩子"、"共同捍卫生命"、"我为孩子倾心付出"主题的全国评比活动。

家庭社会责任的核心是其家庭成员社会行为规范。家庭的社会责任体现在给予尽可能多的关怀、营造良好的家庭心理氛围、开展子女的道德教育和培养各代家庭成员的团结责任心等方面。家庭需要实施家教并培养家庭成员自觉实施有益于家庭和社会之行为的意识，并教育其需要对违反社会规范的行为负责。

现代社会政策是在向新科技革命过渡阶段,以及社会价值(文化、经济、家庭、人口、环保)转变的背景下实施的。在家庭政策和家庭社会责任领域,社会政策的优化因素包括理性负责行为的文化和建立家庭价值观的动机。这一社会政策通过社会和家庭教育机构的合作,并在各级政府的参与下积极推动实施。

第十七章　新挑战背景下白俄罗斯共和国的青年政策原则

扎哈罗娃（N. E. Zaharova）*

在当今世界，青年已成为一个庞大且迅速增长的社会群体，几乎参与了现代社会发生的一切。在白俄罗斯共和国，年龄在14—30岁的青年人数约为200万人，占总人口的21%以上。① 现代白俄罗斯青年可被视为社会中的一个特殊群体，他们正在经历着内部变革，同时与社会、政治和其他社会结构各要素之间的联系日益复杂。青年问题并非独立存在，而是与社会发展本身有机交织在一起。在过去十年中，社会经济状况持续恶化、精神状态不稳定、社会文化转型，以及国家青年政策对各地区特点和需求的考量不足，都进一步加剧了这一状况。

青年问题研究已有成熟的方法论、分类体系和丰富的经验知识。主要研究方向体现在哲学、文化、社会学、社会心理学和教育学等领域的理论中，涉及文化发展背景下的个体人格形成问题、社会流动性和社会阶层划分的研究（P. 索罗金）（P. Sorokin）；文化体系功能失调和社会规范崩溃的原因（E. 涂尔干、R. 默顿）（E. Durkheim，R. Merton）；功能主义理论

---

* 扎哈罗娃（N. E. Zaharova），白俄罗斯国家科学院哲学研究所。

① Численность населения на 1 января 2020 г. В Республике Беларусь. Национальный статистический комитет － ［Электронный ресурс］. － Режим доступа：https：//www. belstat. gov. by/ofitsialnaya-statistika/publications/izdania/public _ bulletin/index _ 16754/. － Дата доступа：12. 02. 2021.

在适应社会体系方面的应用（T. 帕森斯）（T. Parsons）；集体行为的社会决定因素和和对偏差行为的社会控制理论（N. 斯梅尔策）（N. Smelzer）；对文化规范和偏差行为动态的解读（P. 沃斯利）（P. Worsley）；以及将偏差行为视为偏差青年群体稳定因素的解释（K. 埃里克森）（K. Erickson）。

由于社会安全和持续发展的任务与青年的素质有关，因此为个人发展创造一系列条件就显得尤为重要。社会文化空间的参数包括在社会、文化和教育活动的所有主体积极参加活动的情况下进行的合作、共同行动、互动协作①。小型社会团体在大社会进程中的作用越来越大。人类的内在世界不仅取决于整个社会的一般物质、政治和社会关系，而且在很大程度上取决于在这个小群体中存在的特定条件、价值体系、传统和规则。例如，在城市环境中，不同文化交织混合，没有僵化的格式化结构，非正式的、不受监管的社会关系占主导地位。在这些关系中，存在着广泛多样的交流形式和复杂的多层次联系系统，这不仅会影响到城市教育机构的工作性质和内容，而且会影响到生活在这一空间内的年轻人的个性形成和发展条件。难怪许多作者认为年轻一代自身塑造了他们自己的社会。②

一方面，不同群体和阶层，特别是青年的社会和文化创造力有所增加，他们积极参与民间社会机构的发展。通过发展青年协会、运动、俱乐部和协会，文化倡议的范围正在扩大。青年开始在社会的经济、政治和文化生活中发挥越来越大的作用，发展自己的另类文化，形成新的生活方式、思维模式，熟悉不断变化的社会空间，同时表现出在心理上准备接受在各个生活领域发生的变化。③

另一方面，并非总是概念合理的变革造成了一系列有关白俄罗斯青年所处的不利社会条件和心理健康的问题，他们违背自己的意愿，发现

---

① Маркарян, Э. С. Теория культуры и современная наука/Э. С. Маркарян. М. ,: Наука, 1983. 311 с, 4.

② Налимов, В. В. В поисках иных смыслов/В. В. Налимов. М.: Центр гуманитарных инициатив, 2013. -464 с, 4.

③ Ядов, В. А. Саморегуляция и прогнозирование социального поведения личности: Диспозиционная концепция. 2 - е изд. —М.: ЦСПиМ, 2013. —376 с.

自己成为过去的受害者和正在进行（或未能进行）的社会政治和经济变革的牺牲品。在所有社会变革的背景下，青年成为社会弱势群体。青年的社会和职业地位在下降，底层和边缘化群体的比例在上升。很大比例的年轻人从事非专业工作，大约20%的年轻人没有机会提高技能，30%的年轻人没有实际工资和职业晋升。青年环境在物质方面的急剧两极分化导致个人主义以其最尖锐的表现形式来发展。现成的观点和陈旧的观念正在被打破，法律和道德虚无主义以及个人主义正在抬头。灾难性的意识类型越来越普遍（I. M. 伊林斯基）（I. M. Ilyinsky），"此时此地"的生存哲学得到了青睐①。

几代人之间的冲突对抗正在加剧，并且这种冲突对抗超越了家庭和日常生活领域，转而进入政治和国家领域。青年往往是社会冲突的滋生土壤。②

对此有多种解释。青年亚文化的价值观、规范和行为层面的变革是由于白俄罗斯社会的危机状态所致。社会存在的重大变化导致文化开始失去社会化、社会团结和人的精神道德自决功能。由于大量人群处于困境之中，其中40%的家庭在生存边缘挣扎，这使得各代人之间的互动变得非常困难。社会化机构（家庭、学校、大众媒体、公共协会等）是分散的，在其影响传播方面处于不平等的条件下，它们有时充当相互竞争或彼此根本不相关的结构。③ 用于实现自我价值的社会空间也在缩小。社会文化活动基础设施的缩小将休闲领域变成了具有反社会和非法取向的青年亚文化形成区，变成了休闲社区负面转型的空间④。在当今不稳定的环境中，现有的社会融合概念并不总是产生预期的结果。需要制定青年社会融合的新模式，确保青年政策发挥其繁殖、创新和转化潜力。

---

① Ядов, В. А. Саморегуляция и прогнозирование социального поведения личности: Диспозиционная концепция. 2-е изд. —М.：ЦСПиМ，2013. —376 с. Рубинштейн, С. Л. Основы общей психологии/С. Л. Рубинштейн. - СПб.：Питер，2015. - 705 с.

② Налимов, В. В. В поисках иных смыслов/В. В. Налимов. М.：Центр гуманитарных инициатив，2013. - 464 с.

③ Налимов, В. В. В поисках иных смыслов/В. В. Налимов. М.：Центр гуманитарных инициатив，2013. - 464 с.

④ Кон, И. С. Психология ранней юности. —М.：Просвещение，1989. —256 с，с70.

总体而言，在研究劳动、就业、人口、公共管理领域的社会战略时，受到社会信息趋势、人工智能技术问世和作为文明发展新阶段的第六次科技革命的影响，威胁和挑战基本上占主导地位。通常，新事物被视为威胁而不是机遇，这取决于对过去的理解和解释。现在，专家们正在定义第四次工业革命、第四次城市化浪潮或第六次科技革命阶段。人工智能应用和劳动机器人化的进程正在推进中。公共通信的数字化使得可以实现普遍监控、保证公民和国家的透明度以及终结所有隐私。在人口领域、家庭生活和家庭价值体系、道德规范体系（新伦理）中也正在发生各种变化，城市生活以及工业时代所创造的生产和消费模式也正在发生变化。总的来说，这一历史时期可以称为后稀缺经济时期。后工业社会和后稀缺经济的发展催生了后劳动经济生活的出现，人类参与劳动越来越少，在不久的将来，人类的劳动将会是生产机器人，然后是用机器人生产机器人。

后工业社会的信息网络内容极大地改变了年轻一代对交流、社会性、联系、主体性水平和福利的理解。当一个人的自我感觉不那么依赖于收入时，经济现实的重要性可能会退居二线。但一个人光有食物是不够的。它是社会性的，不仅需要工作，还需要得到社会认可的工作。作为就业刺激因素的经济创造力在年轻人中非常受欢迎。

这个术语有不同的含义，有时是负面的（以新伦理为例）。R. 佛罗里达（R. Florida）写道，现代后劳动经济的主要内容是服务经济，即人们可以在娱乐、服务、教育、文化等方面为他人提供的东西。[①] 如果我们抛开偶然的伴随意义，有一点是显而易见的：那就是消费经济和服务经济。谁使它成为不可或缺，谁就成为经济增长的驱动力。服务经济和创意产业的运作涉及交流、沟通、个人参与，这尤其吸引年轻人。如果创意经济增加了在社会生产中的份额，那么就会积极吸引年轻人进入创意产业，年轻人是城市和城市群争夺的无条件经济资源。

劳动力迁移的现象变得更加明显。劳动力迁移既存在于国内，也存

---

① Флорида, Р. Креативный класс. Люди, которые создают будущее/Ричард Флорида. / Пер с англ. – М.：Издательство：Манн, Иванов и Фербер, 2016. 384 с.

第十七章 新挑战背景下白俄罗斯共和国的青年政策原则

在于国外。但即使是外部移民（侨居国外）也不再是单程票，而是具有钟摆性质。人们来回穿梭的频次很大。这得益于信息交流、各种服务、新的适应能力、帮助克服语言障碍的各种技术等。白俄罗斯最大规模和最持久的劳动力流动趋势是人们从农村地区向城市和从小城镇向大城市的流动。大城市和城市群是这个国家的一个特征，总的来说，白俄罗斯是在 20 世纪最后 30 多年中变为一个城市化国家。现在白俄罗斯共和国总人口为 945.6 万人，其中城市人口为 722 万人。①

在艾伯特基金会赞助的一项针对 Z 世代年轻人开展的问卷调查中，当被问及离开的目的时，排名第一位的答案是"找到一份新工作"，第二个答案是"希望生活在另一种文化中"。如果说前者是就业，那么后者就是寻找一个更加多元的文化环境，也就是说，精神和物质的需求在这里以一种奇异的方式交织在一起。白俄罗斯国家科学院社会学研究所对年轻科学家的调查显示，大约 25% 的年轻人（22—35 岁）希望出国工作并接受资助，因为科学在他们国家不受重视。② 政治原因是外部和内部劳动力迁移动机的一个重要特征。政治原因以各种方式呈现。他们没有安全感，看不到前景，不喜欢当局，不喜欢他们所做的事情。人们关注政府机构与民众之间的沟通方式。新一代消费者和新一代员工是在网络环境中成长起来的，他们习惯于征求意见、提供选择、定制、提供更多的多样选择、快速响应。当年轻受访者被问及他们的需求和价值观时，他们的首选是安全，包括自尊和免遭人格侮辱。其次是自我价值的实现和发展。无论这些想法来自哪里，年轻人都有这些相符。因此，我们可以谈论劳动和就业的政治因素。在分析现代移民过程时，重要的是要理解移民过程的非终结性。人们不会离开很长时间或永远离开，迁移本身也变得更容易了。许多人正在计划，当他们认为社会政治局势发生变化时，

---

① Доля городского населения Беларуси возрастет к 2030 году до 80%. Официальный сайт Республики Беларусь. [Электронный ресурс]. - Режим доступа：https：//www. belarus. by/ru/press-center/press-release/dolja-gorodskogo-naselenija-belarusi-vozrastet-k - 2030 - godu-do - 80 _ i _ 0000018657. html. Дата доступа：04. 03. 2021.

② Ворошень, О. Г. Особенности миграционных установок молодых ученых академического сектора науки/О. Г. Ворошень//Социологический альманах. Выпуск 9. - Минск：Беларуская навука, 2018. - С. 377 - 385，c383.

他们真的会回来。毕竟，移民的主要问题是社会关系和社会地位的丧失。如果社会资本不归零，就会遭受巨大的通货膨胀。

从农村地区和小城镇向国内大城市的人口迁移导致人口集中在首都明斯克、靠近欧盟边界和俄罗斯联邦边界的州首府城市。反映生活方式特征的城市属性不会消失。如果农业生产技术本身随着信息的发展而发生变化，则需要的不是从事耕种或除草工作的人，而是精确的农业生产和农产品生产过程的管理，那样一来，农业就不会受到年轻人口外流的影响。

无论人口多少，国家都能做些什么来使城市具有吸引力？人口向大城市流动的过程是相当客观的。国内的钟摆式移民现象在一定程度上被劳动力的国内化所消除，这在新冠病毒大流行中得到了很好的体现。创造与创意经济相关的新型就业机会可以使城市和小地区对生活具有吸引力。积极参与城镇或村庄的生活、归属感、积极的公民意识感、讨论社会对当地生活的需求，可以很好地将人们与家乡联系起来，并刺激当地创意产业的发展。

对于青年就业政策来说，重要的是要认识到留给人类而不是机器人的工作正变得越来越统一。一般来说，在工业社会中，可提供的职业很少。你可以当工人、农民、警察、士兵、工程师、教师、医生。有一小群科学家和艺术创作者。现在出现了 20 年前似乎根本没有报酬的新型职业。包容不是施舍，而是增长之源。多样性正是新社会现实的本体论原则。任何不能自动化的东西都必须个性化，"人"和个性化变得越来越有价值。它不能被机器、脚本和程序所取代。在思考未来成为什么样的人时，年轻人应该问自己：机器人、自动机器能做到吗？这就是为什么你不能梦想成为一名卡车司机并获得司机这一职业以作为未来的收入来源。这个职业将会消失，就像整个职业集群已经消失一样，汽车将在不久的将来实现无人驾驶。

在制造业中与人工智能的竞争可能会失败，因为人工智能将更有效地执行单调的操作，但能够获得新价值的是服务性职业。人类的参与、人类的关注和人类的双手才是新时代的黄金工作岗位。与儿童及其学习、教育、治疗、娱乐和旅行有关的一切；与老年人有关的一切（他们的休闲、健康、时尚、银发时代经济的消费）都是增长区。那些个性化正在被开发的领域是未来非常需要的领域。诚然，有一种趋势就是，一个国家在教育上的投资越多，人们就越有动力离开这个国家并且前往可以通过这种教育赚取更多钱的地方。但这并不意味着不需要投资教育。相较于非熟练工而言，它始终是获得更高薪工作的一种手段。

伴随信息化出现的第二个趋势就是——虚拟生活、社会交流、社交网络生活、意见自由、自我表达自由、言论自由。人类自由劳动的杰出纪念碑是维基百科。10多年来，每个人都使用它，有时需要核查信息，尽管有模糊的地方，有编辑文章的机会，但没有它，教学和科学生活都是不可能的。第二座这样的公共劳动纪念碑是YouTube。它的内容显示了居然有那么多人愿意无偿工作。他们想在没有任何报酬的情况下畅所欲言、展开创造、向他人展示他们的工作成果。"共享经济"——人们不是拥有，而是分享。优步、汽车共享、交换、食物共享都是"共享经济"的标志，如果没有固定的工作地点和生活方式，拥有住房就失去了意义。可能未来的人会为别人提供更多的服务，他在物质上会比我们更穷，但更快乐，他的生活质量会更高。

试图保证一定的基本收入，作为福利货币化的更合理选择，是2016—2017年在芬兰和荷兰以及2019年在德国所开展之实验的基础。事实是，我们对贫穷的许多看法继承了维多利亚时代的家长式观念，即穷人之所以贫穷是因为他们的堕落。他们必须受到控制、监管和惩罚。在芬兰进行的一项实验表明，穷人的基本收入并不是拿去花天酒地了，而是花费在食物、孩子、治疗等上，这与富裕阶层相同。与此同时，他们的社会福祉和对自身健康的评估结果出现了明显改善。人们寻找并找到了收入更高的工作，这也是为什么他们不用担心立即陷入贫困这一威胁。

物质激励的效果正在降低。英国社会学家的数据显示，"婴儿潮一代"（第二次世界大战结束后出生的一代）的工作动力不是工资，而是医疗保险或老年养老金。"80后"的"X世代"对高收入更感兴趣。千禧一代——"Z世代"也看重薪水，但金钱的刺激效果正在下降。年轻人不愿意为了赚大钱而挑起更重的担子。商品越来越便宜，健康的价值超过了获取地位的价值。"Z世代"将自我价值实现、休闲和空闲时间视为生活优先事项的重中之重。找到一个可以利用自己的爱好来赚钱的地方是一个非常现实的下班后策略。

对未来的预测，包括社会发展的前景，以及对社会政策的调整，正变得越来越困难，因为未来的变化不再是简单的退化。需要考虑众多影响因素，这些因素将对社会领域产生影响，涉及包括青年在内的各类人群的需求，例如教育、就业、休闲等方面的需求，以及相关的劳动价值观、精神生产的结构与功能。

第十八章　社会视角下的现代化：高等教育对社会发展的作用

德米特里·斯马立科（Dzmitry Smaliakou）[*]

现代化是全球发展和国家可持续发展的重要方向之一，旨在提高人们的整体生活水平，改善贫困、医疗条件不足和基础设施不完善的问题，同时提供更广泛的基本生活必需品获取途径，包括创造新的就业机会。现代化也是参与全球经济的一条特殊路径，让发展中国家能够通过解决气候变化、城市化或环境退化等问题来进一步推进可持续发展。更为重要的是，现代化可促进社会和政治的稳定，尤其对每个社会成员的世界观和生活方式产生深远影响。

社会发展对于现代化同样重要。社会发展指的是增进民生福祉，包括涉及不平等或社会排斥的医疗、教育和社会福利。社会发展也会促进社会团结，增强人们的社会责任感，这对于建设强大而成功的社区至关重要。

高等教育作为社会发展的持续推动力，在成功的现代化进程中发挥着关键作用，可从不同层面推动所谓的"传统生活方式"向现代生活方式转变，其中包括经济、政策和社会结构，尤其是在文化和社会价值观方面。高等教育为个人提供了必要的知识、技能和能力，让人们可以建

---

* 德米特里·斯马立科（Dzmitry Smaliakou），白俄罗斯国家科学院哲学研究所与岭南师范学院：中白哲学与文化研究中心高级研究员。

设和管理负责任的社区,并推动这些社区与全球同层次的社区积极协作。

目前,全球现代化进程面临诸多挑战,包括饥饿、恐怖主义、新冠疫情以及新世界大战的威胁。所有这些问题都被广泛传播,许多人声称我们正处于历史上最危险、最无法预测的时代。当前时期虽然是全球破坏最为严重的阶段,但对人类文明未来的发展来说尤为重要。

在过去的100年里,现代化的概念发生了显著变化。在20世纪初期,人们认为现代化主要与工业化和西方生活方式(这里通常特指基督教宗教)紧密相关。如今,人们对这一概念有了全新思考,认为它主要侧重社会发展。从制度上来看,联合国或世界银行等国际发展组织的成立也体现了这一转变。

在20世纪下半叶,现代化的概念因作为纯粹的经济范式而受到批评,这里主要是在殖民批判主义和去殖民化进程的框架下。A. 弗兰克(A. Frank[1])认为,全球对经济增长和西方制度的关注忽略了许多地区的历史和文化丰富性。作为对这些批评的回应,现代化的概念开始转向更加注重文化敏感性的方式。在评论现代化时,后现代批评家A. 森(A. Sen[2])和M. 努斯鲍姆(M. Nussbaum[3])强调社会发展的重要性,而A. 埃斯科巴(A. Escobar[4])则继续批判现代化的欧洲中心主义和经济中心主义。

特别是在去殖民化的背景下,出现了关于现代化的新思想和社会方法。W. W. 罗斯托(W. W. Rostow)在《经济增长的阶段》(*Stages of Economic Growth*[5])一书中提出,现代化是一个线性过程,可以分为五个阶段,每个阶段代表一个更高的经济发展水平,每个社会都可以通过采用现代技术和制度来经历这些阶段。罗斯托理论的批评者指出,这一理论没有考

---

[1] Frank, Andrew Gunder, "Mexico: the Janus faces of twentieth-century bourgeois revolution", *Monthly Review*, 14, 7, 1962, pp. 370.

[2] Sen A., *Development as Freedom*, New York: Alfred Knopf; 1999.

[3] Nussbaum, M., "Justice et développement humain", *Travail, genre et sociétés*, 2007, 17, 5 – 20. https://doi.org/10.3917/tgs.017.0005.

[4] Escobar, A., *Latin America at a Crossroads: Alternative Modernizations, Postliberalism, or Postdevelopment?* //http://sidint.net/docs/EscobarPaper.pdf.

[5] Rostow, W., *Stages of Economic Growth*, //https://doi.org/10.1111/j.1468 – 0289.1959.tb01829.x.

虑影响现代化的社会和文化因素，而教育、性别平等和医疗方面的社会政策可能比纯粹的经济增长更为重要。

D. 哈维（D. Harvey①）认为，现代化并不是一个线性过程，而是一系列矛盾和不均衡的进程，需要更具可持续性的发展形式。S. 帕斯捷尔纳克（S. Pasternak②）从殖民地历史遗留问题的框架下对现代化理论进行了批判性分析，认为现代化已成为压迫许多地方社会的工具。N. 波斯特罗（N. Postero③）探讨了现代化与玻利维亚土著运动之间的关系，强调现代化并不是一个中立的过程，而是殖民主义的工具。K. 泰伊瓦（K. Teaiwa④）批评了现代化理论在太平洋岛屿殖民化中的使用。A. 马祖里（A. Mazrui⑤）也采用了同样的去殖民化方法，他认为非洲的去殖民化进程常常受到新殖民主义形式的殖民主义遗留问题阻碍。

中国对现代化的理解在很多方面基于对现代化的去殖民化批判的后现代范式，认为现代化指的是中国自20世纪70年代末以来一直追求的经济创新与文化可持续性相结合的综合现代化方法。具有中国特色的现代化的另一个重要特征是，通过推广中国文化和价值观来促进国家统一和社会稳定。在过去的十年间，现代化已成为中国世界观政策的主要方向之一，特别是在"一带一路"倡议的框架内。朱志群⑥在中国更大规模的现代化进程中考察了"一带一路"倡议，认为这是中国经济和基础设施现代化总体战略的一部分，并且这一倡议有可能让中国和参与国家都受益。

---

① Harvey, D., *The Urbanization of Capital: Studies in the History and Theory of Capitalist Urbanization*, Baltimore: Johns Hopkins University Press. 1985. Pp. xvii, 239.

② Pasternak, S. "Assimilation and Partition: How Settler Colonialism and Racial Capitalism Co-produce the Borders of Indigenous Economies", *South Atlantic Quarterly*, April 2020119（2）: 301 – 324. DOI: 10.1215/00382876 – 8177771.

③ Postero, N., *The Indigenous State: Race, Politics, and Performance in Plurinational Bolivia*, University of California Press, 2017. 242 p.

④ Teaiwa, K., *Sweat and Salt Water: Selected Works*, University of Hawaii Press. 2021. 290 p.

⑤ Ali A. Mazrui papers, Bentley Historical Library, University of Michigan.

⑥ Zhu, Zhiqun., *China's AIIB and 'One Belt One Road': ambitions and challenges*, // https://chinadialogue.net/en/business/8231-china-s-aiib-and-one-belt-one-road-ambitions-and-challenges/

许多专家认为去殖民化是 20 世纪发生的事情，但我们仍然生活在其余波中，因为这一过程彻底改变了人类数千年来所熟知的生活方式。过去几个世纪的技术进步曾经被认为是革命性的进步，给人类的生活带来了重大变化。现在，看起来一场新的技术变革即将开始，这包括绿色技术、交通和制造自动化、生物黑客技术和量子计算。

与此同时，建立在贸易合作和劳动分工基础上的全球世界正在逐渐消失，但这并不意味着全球互联的结束。技术进步和创新的例子数不胜数，这里不再列举，但我们必须注意，资源、地理和经济方面的全球合作需求将很快变得过时，世界将通过其他方式在智能和精神层面联系在一起。

在前所未有的科技创新推动下，世界联系越加紧密，知识和思想的交流变得日益重要。这种以人与人之间的互动为优先的交流不仅为全球进步带来了巨大希望，也为全球许多欠发达地区带来了重大挑战。显而易见，在社会发展、安全、服务和卫生等方面夯实基础是开展有效全球合作的先决条件。只有在这些基本需求得到满足后，才能形成有意义的伙伴关系。

近年来，全球挑战不断，例如新冠疫情、塔利班在阿富汗的回归以及乌克兰的持续冲突等，不仅对"一带一路"共建国家的合作可持续性构成了挑战，也凸显了安全与舒适生活的重要性。越加明显的是，拥有健康、财富和教育远胜于贫困和苦难。这一观点呼应了 19 世纪德国哲学家阿图尔·叔本华（Arthur Schopenhauer[①]）的观点，对于在以强调苦难的基督教教义为基础的中世纪或早期现代欧洲世界观熏陶下的欧洲人来说，叔本华的观点模糊且难以理解。

如今，舒适生活的价值已超越个人福祉的领域，纳入了文明发展的共同目标。然而，仍有许多地区和社会秩序试图贬低人类生命的价值，认为这相比于某个统治者或统治阶级的军事伟绩显得微不足道。然而，"地缘政治"、"国家利益"和"势力范围"都是怨恨情绪的再现，殖民主义造成的历史创伤对前中心国家和前边缘国家都有影响。

---

① Schopenhauer, A., *World as Will & Idea*, Everyman Paperbacks; Abridged edition, 1995.

第十八章 社会视角下的现代化：高等教育对社会发展的作用

怨恨问题是 19 世纪的思想家索伦·克尔凯郭尔（Soren Kierkegaard）和弗里德里希·尼采（Friedrich Nietzsche）等深入探讨的哲学主题。当个人或群体感到无力并认为要拥有权力和特权时，就会产生怨恨情绪，他们会寻求复仇而非发展。例如，"全球南方"或"单极世界"的概念并非指向社会或技术现代化领域的对话，而是怨恨和复仇的体现。

对发展中国家而言，更重要的是与世界发达地区的社会和技术差距存在不平衡性。新技术或许能减少国际交往中的消费态度，但对廉价劳动力和自然资源的需求降低可能会使这些国家陷入孤立。全球将不再以消费态度为主导，而是转向精神或智能交流。然而，欠发达国家可能无法响应这种需求。

发展中地区不太注重向社会部门再分配支出，这与收益的不确定性有关。他们更加关注如何确保社会治理，这表明权力不够稳定。在这些情况下，当地人口可能对国家发展构成直接威胁，国家在制定决策时会试图将其排除在外，因此无法发展包括高等教育在内的社会部门。

在这些情况下，发达国家会更加关注本国的议程、利益、社会目标和精神需求。那些社会结构欠发达的地区，尤其是未对社会部门进行投资的地区会被视为在智能和制度上较弱，因此难以进行有效的交往。随着全球科技的转变，发达国家与发展中国家之间不仅会有财富差距，还会存在社会技术差距，特别是在支持创新的必要社会经济生态系统方面存在差距。

在过去几年里，我们亲眼目睹了现代技术如何以惊人的速度应对全球挑战。新的太空通信基础设施、人工智能技术在各个生活领域的迅速采用以及制造过程的自动化，已使人们能够迅速应对紧迫问题。然而，必须承认，只有那些具备沟通和互动能力的人才能享受这一进步带来的益处。在这一点上，我们必须认识到人与人之间的互动范式正在迅速演变。不久的将来，人力将不再被视为生产工具或财富来源。这是一场根本性的转变，在我们思想中长期占主导地位的功利主义思维将转向更加以人为本的方式，而这种方式会将个人的幸福与满足置于经济和社会体系的中心。

综观历史，人类社会一直采用权力等级结构的组织形式，由帝国和王国主导政治格局。然而，在20世纪下半叶，出现了一种新的范式，即共和国之间的全球合作。这种范式的出现得益于科技的快速进步，它强调教育和创造力的重要性，以相互沟通和合作的社区不断壮大为特点，扩展了人与人之间服务的领域，包括旅游、教育、体育或娱乐。只有那些能够提供并适应新的对话和交流基础设施的社区才能从中受益。

除此之外，这种情况还标志着我们人文主义概念的转变。这个新世界可能会带来前所未有的舒适与安全，任何会对其存在构成威胁的因素都会被迅速而果断地消除。在这方面，人文主义的概念可能会发生重大转变，甚至可能脱离其从文艺复兴到启蒙运动再到后现代的演变基础。纵观历史，人类社会常常为权力、资源和影响力而争斗。从过去的帝国到20世纪的意识形态斗争，争夺主导地位一直是许多世界冲突的动因。然而，随着全球化和互联世界的到来，这种竞争动态正在走向终结。发达社区会变得越来越自给自足，对外部支持、忠诚或参与的依赖会越来越少，传统的征服范式将不再有意义。

随着我们迈向全球互联和技术进步不断增强的未来，我们需要考虑人与人之间的互动在塑造社会的过程中发挥的作用。毫无疑问，技术、贸易和交通是全球合作的重要组成部分，但通过文化交流、教育、体育和其他形式的休闲活动，我们才能与他人建立有意义的联系。特别是，高等教育将在培养人们的沟通和互动能力方面发挥关键作用。在追求社会现代化的过程中，我们必须优先发展强大且负责任的社区，努力与其他负责任的社区进行互动和交流。

在过去的几十年里，高等教育的入学率显著增加，进入高等教育机构就读的人数超过以往任何时候。根据联合国教科文组织的数据，全球高等教育取得了显著成就，并且有质量保障确保高等教育机构达到国际卓越标准。博洛尼亚进程（Bologna Process）等项目成为改进高等教育质量的成功范例。

在过去的30年里，国际高等教育合作不断增长。从学生和教职员工流动到联合研究项目和学术合作伙伴关系，合作形式丰富多样，这不仅有助于建立一个更加多元和互联的全球学者社区，也促进了全球范围的知识交流。发展中国家在高等教育方面取得了重大进展，在扩大高等教

第十八章　社会视角下的现代化：高等教育对社会发展的作用

育机会、提高教育质量和加强国际合作方面均有显著进步。由此，现在有越来越多来自发展中国家的学生进入了高等教育机构。

不论是在全球还是在发展中国家，高等教育可以帮助个人获得必要的知识和技能，在可达性、完整性和可用性方面享受现代基础设施带来的好处，从而在促进社会发展方面发挥关键作用。特别是对发展中国家来说，必须通过推动研究与创新来实现经济多元化，向知识型产业迈进，这有助于促进社会和经济的发展。

在发展中国家，高等教育对于社会发展尤其重要。通过扩大高等教育的机会，发展中国家可以帮助解决诸如贫困、不平等和失业等问题。此外，这一制度还可以帮助提升地方机构的能力，通过创建更加包容、繁荣且可持续的现代社会和环境基础设施，支持负责任的社会和社区发展。

在未来几年，高等教育将在决定作为全球社会发展的现代化进程方面发挥关键作用。投资这些领域将有助于维持负责任的社会，而缺乏责任感将使这些社区陷入孤立。归根结底，目前有关社会组织和决策的责任属于国家或个人的选择，但在不久的将来，选择加入全球社区或是被孤立将成为一种可怕的裁决，难以逆转。在这方面，社会发展必须成为现代化进程的重点，而高等教育应被理解为投资未来成功与繁荣的关键方向。建设负责任且有决策能力的社区现代化，将为全球社区之间直接进行成功沟通提供更多空间，同时也为全球和国家层面开展有效合作提供更多的社会空间。在不久的将来，我们将会经历技术与信息大发展，在此背景下，各国需要通过有效合作来寻找新的文化、智能和劳动力发展的方向与空间。

第十九章　社会动态背景下的人口进程：全球和国家视角

谢列达·尤利娅（Sereda Julia）*

社会秩序的多方面转变及其在当前社会发展阶段的特点体现在许多因素（社会经济、政治、技术、后疫情时代、移民等因素）的明显动态相互作用上，正因如此，人口问题就显得更加突出。不得不提到一个重要的观点：在20世纪，人口研究领域的分析家和专家强调了人口危机现象，这种现象通常要么被解读为世界人口过剩现象，或者截然相反，被解读为需要地区、国家进行控制和监管的人口减少现象。在我们这个时代的现实生活中，人口动态首先在全球意义上是不可持续的，并且越来越取决于长期和中期的社会经济、政治和移民条件。此外，在这个主题范畴内，应该指出的是，导致全球人口趋势发生变化的最大因素之一是新冠肺炎疫情大流行。由于其无法挽救的后果，人口过程、其结构要素以及国家和地区监管机制正在以新的方式共同形成，并处于出生率和死亡率"自然失衡"越加不确定的状态。

事实上，目前人口动态以最一般的形式呈现，没有明确的界限，也没有划分为上述的两个过程：人口过剩和人口减少。一方面，必须知道人口轨迹的周期和速度因地区和国家发展水平而异。根据联合国人口领域的计划和框架文件，世界上大多数国家可以根据以下标准进行分类：

---

* 谢列达·尤利娅（Sereda Julia），白俄罗斯国家科学院哲学研究所研究员。

第十九章　社会动态背景下的人口进程：全球和国家视角

收入不平等、教育和医疗服务的可获得性、总体福利的改善、移民和劳动就业水平。① 另一方面，由于经济、技术和社会领域的多方面变化，现代社会作为一个整体客观上参与了新的"人口转型"进程——这就是所谓的当今人口现实大趋势。后者是一种人口转变，其时间迭代是不确定的，它破坏了社会系统的可持续性，迫使其重新调整，并寻找机会使其关键结构适应人口变化及其后果。

从概念上讲，人口转变的一般理论（第一次人口转变理论）是由人口学家弗兰克·诺特斯坦发展起来的。其基础是将人口再生产模式的历史更替解释为生物出生率和死亡率与特定地区社会经济发展水平之间的关系反映。根据这一理论，一个地区的历史道路可以大致分为四个阶段，每个阶段都有自己的主要标志和因素。后来，人口动力学研究者 R. 勒斯特格和德克·范德卡提出了"第二次人口转变"的补充假说。该假说的重点是出生率已经处于难以控制的下降趋势，并且下降到无法在百分比上抵消人口减少和基本人口再生产的水平。无论如何，人口转型理论反映了人们生活质量、预期寿命、职业和个人自我价值实现机会、价值标准范式与对家庭状况、抚养小孩和小孩数量所持态度的新关联性发生变化的复杂原因。应该指出的是，"人口转型的起点是社会对外部死亡因素（事故、伤害和中毒、传染病和寄生虫病等）的控制效率大幅提高，导致死亡原因结构得以深度重组，灭绝顺序的变化和预期寿命的巨大增长"。② 后来，人口转变理论补充了一些新的方面，这也解释了为什么人口过程作为一种社会动态现象日益受到高度重视。在这方面，考虑到 21 世纪初的社会转型。研究员 D. 科尔曼建议将移民过程作为全球性质的重要现象纳入人口现代化理论，在制定国家政策时必须考虑其影响，不仅要解决人口问题，还要制订社会经济发展计划。

现在可以确认的是，人口系统需要积极适应新的社会现实，与其他系统一样，它不可避免地面临风险和其运作过程中出现的多层面问题。

---

① "Shifting Demographics", The United Nations, https：//www.un.org/en/un75/shifting-demographics.

② Вишневский, А. Г. Демографический˘ переход. – https：//bigenc.ru/economics/text/1946892.

当然，人口现实状况正在发生变化，其基本特征和趋势表现出的新特点要求跳出有条件设置的"人口背景"范畴。人口状况的变化并不是对整个世界人口的直接威胁，但在特定区域和国家运作的条件下，这一问题透露出危机性和复杂性。这在很大程度上是由于新人口趋势的形成以及寻求稳定措施来控制这些趋势而造成的。人口现象具有国家间的特点，可以使国家/区域发展的特点更加具体化和复杂化，并成为改善和恶化局势的资源。例如，"人口变化可能导致人口过剩，或者相反，导致人口减少，人口行政和地理位置的变化——导致过度城市化和随之而来的农村地区人口减少，性别、年龄、种族构成、婚姻状况方面的人口结构变化——进而导致人口结构的相应失衡"。[1]

如果我们试图将人口趋势系统化，那么在这项研究工作范围内，关键的人口决定因素之一是人口年龄结构的转变，婴儿死亡率下降，但与此同时出生率也在下降。

当今生育行为的变化对于社会而言是越来越明显，对个别地区和国家的社会经济发展来说也是日益凸显。因此，较低的出生率使世界某些地区无法实现简单的人口再生产。因此，一方面，可以确定的是全球人口的减少进程已经开启。另一方面，根据专家预测分析，预计到2050年，世界上只有亚洲和南部非洲地区的人口会增长，具体到各个国家就是：印度、尼日利亚、巴基斯坦、刚果民主共和国、埃塞俄比亚、坦桑尼亚、印度尼西亚。[2]

欧洲国家的特点有所不同，这里的总和生育率（标志着一名妇女在整个生育期内可能生育多少个孩子）为1.4。[3] 在这种情况下，应该考虑到，为了将人口保持在目前的水平，总和生育率必须至少为2。根据实证研究结果，可以得出这样一个结论，该地区出生的儿童数量不足以取代现有人口，从长远来看，这一趋势正在扩大，并将加速整个欧洲大陆的

---

[1] Sidorenko, A., "Demographic transition and «demographic security» in post-Soviet countries", *Population and Economics*, 2019. № 3（3）：1-22. - https：//doi.org/10.3897/popecon.3.e47236.

[2] World Population Data Sheet. - https：//2023 - wpds.prb.org.

[3] World Population Data Sheet. - https：//2023 - wpds.prb.org/europe/.

人口减少进程。根据最新的统计表，保加利亚（1.8）和法国（1.8）的生育率一直很高。而西班牙（1.1）、意大利（1.2）和波兰（1.2）的生育率最低。① 应该理解的是，所获得的生殖健康指标和实际出生人数共同反映了人们根据其主观动机、生殖意图以及他们所处社会制度的现实情况所做出的选择。事实上，如果我们尝试系统地总结并分析所获得的研究数据，我们就会赞同这样的说法："出生率的大幅下降表明生殖行为不仅取决于生物因素，还取决于社会结构的组织方式。此外，占主导地位的母性意识形态以其神话化的'好母亲'形象取代了主观性和经验的多样性；并非所有从女性身体中出生的人都想成为母亲，并非所有生孩子的人都照顾孩子，并非所有母亲都是亲生母亲"。② 此外，当这种选择受到人们在生育期望数量的子女时所面临之社会经济障碍的影响时，在这种情况下，在国家支持下实施的人口政策措施必须是对称的，以满足这些需求。

至于白俄罗斯，根据白俄罗斯共和国国家统计委员会的数据，在过去几年，白俄罗斯人口呈大幅下降趋势，截至2023年1月1日，其总人口为9200617人，而白俄罗斯首都的人口自2021年以来也一直保持在不到200万居民的水平。③ 如果将获得的数据与2022年进行对比，可以发现人口减少了5万多人。据专家称，这种负面动态与人口过程的全球趋势相关，其中出生率下降、移民潮加剧以及新冠疫情大流行的惯性影响尤为突出。表19-1提供的数据使我们能够对比分析人口的总体指标，并在此基础上得出这样一个结论，那就是白俄罗斯的居民人数没有增加。此外，根据2019年出版的最新《白俄罗斯共和国人口年鉴》中提供的预估数据，预计未来几年的人口平均减少幅度不会超过4万人/年。

---

① Там же.
② Шадрина, А. Дорогие дети：сокращение рождаемости и рост «цены» материнства в XXI веке. – М.：Новое литературное обозрение，2017. C. 24.
③ 2023年白俄罗斯共和国统计年鉴。

表 19－1　2022—2023 年这一期间，白俄罗斯各州和明斯克市的人口数量对比指标①

州	2022 年的人口总数（千人）	2023 年的人口总数（千人）
布列斯特州	1324.0	1315.4
维捷布斯克州	1103.8	1091.9
戈梅利州	1357.9	1347.5
格罗德诺州	1006.6	998.6
明斯克市	1996.6	1995.5
明斯克州	1465.8	1462.0
莫吉廖夫州	1000.8	989.7

因此，根据现有数据，就相对指标而言，白俄罗斯常住人口总数下降幅度最大，在全国范围内，人口总数的下降幅度比预估的人口自然下降幅度高出一倍多。

还必须指出，生育率下降的趋势不应仅仅被定义为一种消极性和危机性趋势。从许多方面来讲，它有助于增加对人力资本的投资。小家庭往往更愿意在每个孩子的保健和教育方面投入更多的资金，而这些投资从长远来看也有助于实现可持续和包容性的经济增长。此外，抚养子女的妇女有可能逐步获得更多的职业发展机会和经济条件，因为她们可以将更多的精力和时间投入到教育（提高技能、更换职业）和有偿（非家务）工作中去。后者将使得妇女有机会扭转双重女性负担趋势，这种趋势不可避免地与母亲劳动（抚养和照顾子女）的持续社会和经济贬值做法有关。"好"母亲理想的过高标准并没有失去其在公众意识中的地位，并通过各种机构进行积极传播，从通过媒体传播的所谓"母亲幸福"言论，到医疗机构积极且往往是强加式地鼓动女性成为"正确"母亲。与此同时，与经济困难、社会和心理问题相关的母性的另一面却没有得到阐明。然而，当将市场机制与看护工作联系起来时，很明显，"母亲幸福"的言论是将数百万劳动得不到补偿或社会保障的人排除在传统经济

---

① Там же.

之外。简单地说，母亲和保姆履行着相同的看护照顾职能。但第一个是出于爱，第二个是为了工作而获得补偿。保姆的工作时间受到明确规定，如果她在"白色劳动力市场"工作，她的服务计入工龄，在不同的社会制度下，这可能意味着对未来养老金的投入也不尽相同。

同时，母亲在照顾看护孩子的时候并不一定能够得到有保障的休息，并且它不计入工龄，根本不被视为工作，因为人们认为照顾他人是女性的生理需求。[①]

最重要的是，应该指出，母亲和养育子女的制度本身正在发生重大变化。我们在这里讲的是日益明显的"儿童中心主义"，但不是表现在孩子的数量上，而是表现在抚养孩子过程本身的极高质量上，即母性模式本身正在发生转变，同时母性责任范围（包括产前责任）也在扩大。换句话说，正在形成这样一种观念，那就是需要"父母双亲照料"、情感参与和丰富的母爱/父爱以及和谐融洽的双亲关系。

综上所述，我们可以说，出生率的下降和少子女家庭比例的增加——是个人在自己生活战略框架内所需完成之各种任务和目标的优先顺序重新排列的关键标志。这是一个系统性的转变，旨在根据基本标准重新审视人口的经济和社会需求：从最低限度的生活必需品到人力资本的价值、其潜力和对不断提高的物质福利水平的需求。在这种情况下，什么样的工作才算是一份好工作变得显而易见。对于现代人来说，这样的工作可以用隐喻的方式描述为字面上的"理想工作"，不仅给个人带来物质满足，还带来精神满足和个人发展，这就会赋予生命意义和提供发挥个人潜力的机会，带来好处（对自己、社区、社会），实现自己作为一个人的价值。也就是说，今天，当我们谈论劳动就业时，我们必须考虑到作为潜在劳动者的这一主体的信念和动机发生的这种转变，工作不是为了生存，而是为了个人价值实现、自我表达、令他本人能够在其认为重要的事情上发光发热。换而言之，功利主义思维和技术官僚对个人价值和自主权所持有的敌对态度是现代社会价值标准范式发生根本转变的催化剂。

[①] Шадрина, А. Дорогие дети: сокращение рождаемости и рост «цены» материнства в XXI веке. – М.: Новое литературное обозрение, 2017. С. 9–10.

但还应指出，生育率下降不能明确解读为全球人口急剧下降的指标，因为这一进程与人口预期寿命延长和老年人口占比增加同时发生。在这种情况下，我们可以同意哲学家 M. 马亚茨基最近发表的论点，即在不久的将来，在 20—30 年后，不同的世代将处于同一时间段："不仅他们的经历会有所不同，代际和个人的经历也会有所不同，而且每个人都会经历不同的个体范式。可以谈论一个人出生、生活和去世这一个体类型的时代已经一去不复返了。今天的人，尤其是明天的人，不仅会经历与年龄相关的个体发育阶段，还会经历几种类型的个体化。到 2050 年，可以说，'系统发育'的速度将赶上'个体发育'的速度，个体化模式的变化将超过这一个体的"自然"生长。到 2050 年，平均预期寿命将会延长……这一代人的生理年龄将几乎停滞不前，而技术和其他里程碑式的社会变化将是频繁而彻底的。"① 在这种情况下，人口不稳定的一个最根本原因是老年人口占比的增加，以及随之而来的对劳动年龄人口所造成的人口压力。

通常，我们可以说，人口老龄化主要被视为一个全球性的人口过程，它从多个方面影响着社会系统的发展，似乎成了不利的、危机性社会经济条件形成和发展的驱动因素之一。目前，老年人口的占比不超过 15%，但是预计到 2050 年，这一占比将平均增加到 25%，在一些快速老龄化的欧洲国家，这一比例可能会迅速增加到 35%。② 人口显著老龄化的趋势在几十年前就开始形成，预计世界上大多数国家都将面临负自然平衡，大概只有挪威和瑞典这两个国家除外。从人口学角度来看，欧洲地区的一些东欧国家特别容易受到人口减少的影响，这些国家除了负自然平衡外，还表现出移民增加，进而又加速了人口数量的减少。根据 2023 年世界人口年鉴，世界上老龄化最严重的地区是西欧和南欧，其中 21% 的人口年

---

① Маяцкий, М. А может быть, все будет наоборот (и поразному) //Раттауз, М. Россия 2050. Утопии и прогнозы. – М. : Новое издательство, 2021. – С. 219 – 230.

② The Global Aging Institute [Electronic resource]. – https：//www. globalaginginstitute. org/about-gai/about-global-aging. html.

龄在 65 岁及以上。①

在白俄罗斯，根据联合国人口基金会分析报告中提供的数据，2023年按年龄划分的人口指标分布如下：15 岁至 64 岁的主要群体——65.3%，儿童——16.8%，65 岁以上群体——17.8%。② 今天，世界上许多国家已经认识到这一人口因素的重要性，并正在努力寻找成功应对人口老龄化的方法。2002 年，世界卫生组织提出了积极长寿框架战略。③ 这方面的倡议越来越多地涉及针对全部年龄段的人口发展多个社会的构想，也就是说在聚焦国家人口政策的同时，应当采取新办法将老年人视为积极融入社会的一部分，毕竟老年人已经不再是绝对的少数人，并正在成功地享受所谓的长寿红利。这一领域的解决办法也直接关系到"老龄化社会"如何在不显著增加劳动年龄人口的经济成本和经济责任的情况下维持老年人体面的生活水平。

至于白俄罗斯社会，人口老龄化问题和解决这一问题的诉求促使国家层面于 2020 年通过了白俄罗斯共和国国家战略《积极长寿—2030》，该战略概述了该问题背景下的优先领域和行动框架。这一举措是在实施《2016—2020 年白俄罗斯共和国人民健康和人口安全》国家计划的框架内制定和促进白俄罗斯社会发展的主要社会方向，该国家计划要实现的主要目标涉及两个人口问题：稳定人口数量和提高预期寿命。④

所批准的《积极长寿—2030》这一文件的主要目标是"为所有年龄段的人建立一个共同社会，通过系统调整国家和社会机制以适应人口老龄化，从而为最充分和有效地发挥老年公民的潜力创造条件，可持续地

---

① World Population Data Sheet. https：//www.prb.org/articles/highlights-from-the - 2023 - world-population-data-sheet/.

② United Nations Population Fund. https：//www.unfpa.org/data/world-population/BY.

③ World Health Organization. Active Ageing-A Policy Framework. A contribution of the World Health Organization to the Second United Nations World Assembly on Ageing，Madrid，Spain，April 2002. Geneva，Switzerland：World Health Organization. – 60 pp.

④ Государственная программа «Здоровье народа и демографическая безопасность Республики Беларусь» на 2016 - 2020 годы. http：//www.government.by/upload/docs/filecdf0f8a76b95e004.PDF.

提高他们的生活质量"。① 该战略框架下的工作应按照既定原则进行，其中包括以下主要工作：

（1）协调国家、社会和家庭共同努力，确保最充分和有效地将老年人纳入社会生活的所有领域；

（2）尊重老年人在社会生活所有领域的权利和合法利益、坚持性别平等；

（3）吸引老年人参与各级政府的决策工作；

（4）确保城乡老年人在生活的各个领域享有平等的权利；

（5）保持代际团结，确保最大限度地发挥老年人的潜力；

（6）在发展社会的同时，需要考虑到老年人的利益、需要和能力。②

因此，作为全球进程的一部分，白俄罗斯社会必须非常认真地对待这类问题表现出的特点，并制定相应的预防措施，以便能够对其进行监管。该战略的适用范围最初是宣示性、广泛性的，实际上涵盖了社会的所有领域，从改善老年人的工作条件、为老年人创造舒适的收入水平、提供终身学习机会到为健康生活和积极长寿创造适应老年人需求的基础设施和条件。全球老龄化潜在威胁的分析方法所表现出的特点是关注对老年人的文化、伦理和社会人类学态度范式的变化。主要思想就是从概念和理论上重新思考人类传记的各个阶段，并克服现有的忽视老年的陈旧观念和对老一辈的污名化。

一些研究人员提请注意同社会与老年人互动有关的各种社会决定因素，这些决定因素不仅涉及经济方面（将老年人排除在经济交流之外），而且涉及社会文化和心理方面（限制老年人与亲属、成年子女的互动；缩小社会关系范围；年龄歧视等）。③ 衰老并不总是等同于虚弱无力、无行为能力、无助和消极被动，这包括最大限度地发挥个人潜力的时期、实现新机会的时期、人类生活质量改善阶段。

---

① Национальная стратегия «Активное долголетие – 2030». – https：//etalonline.by/novosti/korotko-o-vazhnom/natsionalnaya-strategiya-aktivnoe-dolgoletie-2030/.

② Там же.

③ From exclusion to inclusion in old age：A global challenge/Ed. by N. Scharf, N. C. Keating. – Bristol, UK：Polity Press, 2012. p. 192.

第十九章　社会动态背景下的人口进程：全球和国家视角

在本文的框架内，还必须注意到一个重要的全球性决定因素，包括人口领域的决定因素，即移民进程的加剧和已经形成的区域移民走廊的变化。在这方面，我们将依据当前事实概述以下要点。

根据《2022年世界移民报告》，绝大多数人继续生活在他们出生的国家，每30个居民中只有一个是移民。[①] 然而，目前对世界人口流动和移民的全球评估结果是，在过去五十年中，国际移民总人数有所增加。根据2020年的最终统计指标，全球约有2.81亿国际移民，占世界人口的3.6%。总体而言，2020年居住在非出生国的人数比1990年多1.28亿，是1970年预估的此类人数的三倍多。[②] 如果我们谈论大部分移民的原籍国，那么亚洲国家（印度、中国、孟加拉国、巴基斯坦、菲律宾和阿富汗）以及墨西哥和俄罗斯占据了第一位。在全球移民浪潮中，海湾地区尤为突出。海湾地区在接收移民方面名列前茅，这是由于该地区国家（阿拉伯联合酋长国、沙特阿拉伯、卡塔尔）奉行有利的长期投资政策。例如，在过去三年中，阿联酋的国际移民劳工总数占该国总人口的88%。[③]

移民浪潮的无节制加剧是一个直接或间接影响东道国基本社会经济条件的差异化因素，因为出于各种原因抵达的人口不会自动融入新东道国现有的生活条件；它不仅要经历法律合法化的阶段，还要经历融入社会的阶段。移民也可以为原籍国的社会经济发展作出重大贡献，例如通过向家人汇款等。根据现有的专家评估结果，在美国，移民对该国的创新和创业活动贡献率极高。[④]

这一领域存在的一个问题是，国家关于移民合法化的政策通常不灵活，对与移民的社会、文化和语言背景有关的因素反应不够灵敏。例如，如果从与人口离开本国有关的另一个方面来看，应该指出的是，由于所谓的劳动力市场老龄化，年轻一代的职业化劳动力移民将会导致经济体

---

① World Migration Report 2022. – https://publications.iom.int/books/world-migration-report-2022.
② Там же.
③ Там же.
④ World Migration Report 2022. – https://publications.iom.int/books/world-migration-report-2022.

系失衡。① 此外，不同群体之间不受管制的移民浪潮助长了一些有问题的趋势形成：非法移民、移民负增长，或相反，移民过度涌入。在这方面，必须认识到，国家奉行的移民政策必须客观地努力实现安全移民的条件，并把以下要点考虑在内：第一，招募临时移民务工几乎总是导致至少部分移民者永久定居。第二，未来族裔群体的特征将受到国家在移民早期阶段所实施之行动的影响。不正视移民现实问题的政策助长了移民社会边缘化、少数群体的形成和种族主义。第三，为了应对在新社会中出现的安顿困难问题，移民及其后代需要建立自己的协会和社会关系，以及自己的语言和文化。第四，防止边缘化和社会冲突的最佳方法是给予永久移民在社会所有领域的充分权利。这意味着公民身份很容易获得，即使这会导致双重国籍。② 总的来说，可以得出这样一个结论，人口流动和移民的现代趋势与经济、社会和文化领域直接相关，这意味着在考虑到上述因素之后，旨在建立最佳平衡的后勤工作会变得更加复杂。移民者是稳定所有主要社会领域、支持和改善其前景的额外动力（其潜力不仅仅是劳动力）。

在这方面，我们可以同意国际移民专家 S. 卡斯尔、海恩·德哈斯和 M. J. 米勒（C. Castles, H. de Haas and M. J. Miller）的观点，即多民族国家的特点是密切参与人口的流动和迁徙，因此将不可避免地面临新的社会群体的形成，"作为现代社会正在经历的一个变革因素，这是对可取的公共政策进行任何有意义的审议的必要出发点。在这一领域（与其他领域一样）制定与之相适应的有效政策的关键是了解国际移民的原因和动态。基于误解的政策或仅仅是一厢情愿的政策几乎注定要遭遇失败。因此，如果各国决定接受外国劳工，它们必须从一开始就为几乎肯定会永远留下来的那部分移民提供合法定居权"。③

---

① Каслс, С., Хаас, де Х., Миллер, М. Век миграции: международное движение населения в современном мире. – Перевод с английского под научной редакцией В. С. Малахова. – Издательский дом «Дело» РАНХиГС, 2022. – 512 с.
② Там же. С. 412.
③ Каслс, С., Хаас, де Х., Миллер, М. Век миграции: международное движение населения в современном мире. – Перевод с английского под научной редакцией В. С. Малахова. – Издательский дом «Дело» РАНХиГС, 2022. – С. 445 – 446.

第十九章　社会动态背景下的人口进程：全球和国家视角

因此，人口移民和流动问题不仅是一个普遍背景问题，而且由于其规模庞大，正在给现代社会的运作方式带来重大调整，特别是那些处于移民浪潮和走廊中心的社会。

总的来说，在研究了主要的人口趋势之后，有必要在国家社会（家庭）政策的范围内解决可能出现的人口稳定前景问题。鉴于上述生育率、人口再生产和老龄化这些决定性因素，可以得出这样一个结论，那就是需要建立一个多层面的战略框架，制定一套综合方法并灵活、多阶段地实施方法。一方面，人口政策是国家系统对正在发生的（已经发现的）人口过程施加有针对性的影响。另一方面，应该考虑到人口领域不应该是一个纳入严格和直接监管的领域。事实上，如果我们对现有的专家材料进行汇总之后，那么就可以合理地指出，"扭转人口转变的尝试，包括通过刺激出生率，在今天看来似乎是没有什么希望的。

国家的可持续发展和安全将不依赖于恢复失去状态的努力，而在于成功适应内部和外部变化的措施，其中包括人口变化"。[①]

在管理实践和战略规划中，包括白俄罗斯的例子，借鉴了各种人口计划的全球制定、细化和社会运用经验，这些人口计划有助于缩小大致生育率与实际生育率之间的差距。因此，这一领域比较分析的主要部分是国际人口计划，其目的是收集、监测、有针对性的分析和统计处理反映当前人口进程的数据，以及分析人口数据来源系统、衡量人口趋势强度、全球和区域人口流动及其对人口状况的影响。旨在全面研究、监测和收集人口和移民数据的现有方案中最重要的有：

（1）联合国人口基金会；

（2）联合国人口司；

（3）人口基金会关于人口可持续性的区域计划；

（4）世界卫生组织；

（5）人口咨询处；

[①] Sidorenko, A., "Demographic transition and demographic security in post-Soviet countries", *Population and Economics*, 2019. № 3（3）：1 - 22. - https：//doi.org/10.3897/popecon.3.e47236.

（6）国家人口动态研究中心（统计中心）。

如果我们总结人口领域的各种政策文件，正在制定和实施的措施可以大致分为三大类：

（1）经济措施——这些措施可以是针对儿童的现金福利、纳税时考虑儿童人数、各种社会福利以及国家对有子女家庭的支持形式；

（2）行政和法律性质的措施——这属于立法行为，例如禁止终止妊娠、免费销售避孕药具，其中包括旨在明确母亲和父亲权利、离婚或指定监护权时未成年子女所享有之权利的法案；

（3）与社会心理和价值文化方面有关的措施——例如，构建符合国家发展利益的人口社会理想，以及努力克服在社会中业已形成的负面陈旧观念、抵制与对不同生殖行为和养育模式所持看法有关的各种污名化和攻击性做法，以及发挥母亲和父亲形象在文化中的作用。

在白俄罗斯，人口政策的主要目标是通过国家政府机构和专门社会机构的活动实现的。值得注意的是，制定家庭政策实施基本标准的基础是制定对称措施的指导方针，此类对称措施旨在实现该国居民人口再生产的数量和质量参数的平衡。应单独强调"人口安全"这一概念。根据白俄罗斯共和国 2002 年 2 月 4 日颁布第 80 号法律《白俄罗斯共和国人口安全法》第一条制定了人口安全的法律定义——"这是保护国家和社会经济发展免受人口威胁的一种状态，在这种状态下，白俄罗斯共和国的发展符合其国家人口利益"。[①] 该文件还详细介绍了人口调控最重要的领域之一——防止人口负担失衡，也就是说，保持劳动年龄组和非劳动年龄组的最佳比例。这是一个原则问题，反映了国家人口利益的优先事项。

总之，可以得出这样一个结论，在制定应对人口变化的综合措施和工具的背景下，国家家庭政策必须越来越多地转向不仅支持职业母亲，而且支持职业父亲，从而将促进性别平衡和平等的原则纳入家庭、生育和职业平衡的主流之中。因此，可以指出，真正最平衡的状态是"母亲和儿童不与社会其他人隔离，相反，他们参与社会互动。这需要其他成

---

① Концепция национальной безопасности Республики Беларусь. – https：//etalonline. by/document/？regnum = p31000575.

年人加入与护理照料和儿童社会化相关的工作"。①

需要承认的是，今天有必要彻底杜绝家长式家庭政策模式的任何表现，在这种模式中，国家承担了与生育和抚养子女有关的大部分责任，只向母亲提供支持和帮助。父亲被象征性地排除在父母责任之外，男子照顾子女或亲属的任何做法实际上都被社会和国家解读为无关紧要和非男子汉的社会角色。母亲与生育和抚养孩子有关的劳动被顽固地视作为"看不见的"和不可计算的劳动，这种劳动是一种特殊的看护照顾活动，要求无条件地接受她的"父母"角色。这一趋势今天仍在继续，在许多方面，克服这一趋势不仅将使人口政策领域得以重新调整，而且还将为在公众意识中对看护照料他人的人形成更充分，甚至更人道的态度创造机会。因为在绝大多数情况下，"负责看护照料的人很难将看护照料与个人工作结合起来，面临职业晋升的限制，缺乏休闲和自我价值实现的机会，并饱受倦怠综合征的折磨"。②

根据上述人口趋势，公共家庭政策的另一个关键方面应该是采取相应措施，以促进人们更长寿和更健康地工作和生活，并通过增加社会福利来发挥老年人的生产潜力。从这个意义上说，今天应该开始反思国家和社会对老年人的态度，从这个意义上说，有必要放弃将达到退休年龄的人仅仅视为已经失去主体性并在社会中失去发言权的照顾对象的片面看法，并转而理解他们在社会运作中发挥的积极作用。从这个意义上说，我们可以同意研究员 P. 伊万诺夫（P. Ivanov）的观点，该研究院认为，"有一种根深蒂固的刻板印象，即在老年时，您需要照顾自己和您的健康，而不是公共利益，尽管老年人是地方社会运动的核心，因为他们有足够的时间资源，可以用于组织公共工作"。③ 除其他外，人口中位年龄的增加将影响老年人的料理工作和家庭结构变化，在家庭结构中，祖父

---

① Шадрина, А. Дорогие дети: сокращение рождаемости и рост «цены» материнства в XXI веке. – М.: Новое литературное обозрение, 2017. С. 262.

② Здравомыслова, Е. А. Мужчины и женщины: старение в оптике гендерного подхода//Социодиггер. 2022. Май-Июнь. – Т. 3. Выпуск 5 – 6 (18): Старые люди-новые тренды. – С. 18.

③ Иванов, П. В. Старшие как субъект развития малых территорий: способные менять и меняться//Социодиггер. 2022. Май-Июнь. – Т. 3. Выпуск 5 – 6 (18): Старые люди-новые тренды. – С. 58.

母往往多于孙辈。在经济方面,随着很大一部分人口进入退休年龄,保持足够的储蓄和投资水平已经成为一个亟待解决的现实问题。

总的来说,国际社会现如今严重关切寻找与人口领域有关的解决办法。例如,2021年,联合国人口基金会宣布启动一项名为《人口可持续性十年计划》的国家间倡议,以采取措施制定积极的综合行动和措施,使各国适应快速发生的人口变化并减轻其可能产生的负面影响。选择加以解决的主要问题包括在养育子女方面实现性别平衡的可能性、增加和保持公民生殖健康持续时间(平均长达45岁)的方案以及制定更灵活的系统以应对有子女家庭之需求的问题。

因此,我们可以得出这样一个结论,人口因素的不稳定程度正在不断增加,这给全球议程提出了新的议题,并要求对世界各地区的可持续发展目标进行适当调整。在当前人口状况的问题领域中出现了一些新的问题,这些问题不仅涉及社会经济秩序问题(人口劳动潜力下降、养老金制度负担增加、移民浪潮监管等),而且还与价值标准范式直接相关。因此,人们可以同意这样一个观点:"创造'人口平衡'意味着在出生率降低的同时,通过教育和卫生领域的措施来改善人力资本。因此,公共政策的目标不是控制人口数量,而是培养人力资源,以保证所有公民享受到尽可能高的生活水平"。[①]

总体而言,需要注意的是,对规模变化的理解以及与全球社会经济转型(例如,人口年龄结构的变化)相关的全新人口趋势的跨学科分析,新冠疫情大流行后的人口规模和构成的变化,生殖行为模式的变化和人口老龄化,移民过程(外部和内部移民)的加剧使我们能够了解快速变化的世界并规划可预见的未来。当然,人口稳定进程与社会政策的多层次发展直接相关,首先反映了国家人口优先事项和利益。人口不稳定的主要原因是出生率下降和人口老龄化加剧,世界人口的自然减少没有被人口的自然增加所抵消。新出现的少子女家庭增加的这一趋势应被视为

---

① Sidorenko, A. Demographic transition and «demographic security» in post-Soviet countries// Population and Economics, 2019. № 3(3): 1-22. - https: //doi. org/10. 3897/popecon. 3. e47236.

在迅速变化的社会经济和政治环境中有意识做出的生育选择。父母的社会制度的运作主要与人口过程的特点及其与动态社会经济指标的相互作用有关。可以得出这样一个结论，即社会制度与人口因素的关联强度表现在职业劳动、社会经济、文化习俗以及整个人口年龄结构的转变上。

对现代人口过程作为主要过程进行的社会哲学思考使我们能够解释其基本决定性因素，这些决定性因素不仅改变了社会动态的全球指标，而且也是在国家和地区层面所出现的各种重大、矛盾变化的驱动力。在这方面，人口发展的长期预测模型应转变为主要面向社会的模型，即转而针对个人主观形式。在优化人口政策并确保其适应新挑战的过程中，这就要求更加重视人口行为的新特点，因为这与性别取向方法、提高有子女家庭生活质量、改善工作/职业活动条件、增加父母自我价值实现机会、祖辈老人融入社会的机会以及促进实现"长寿红利"潜力的想法直接相关。

最后，必须得出的结论是，不确定性和全球不稳定因素日益增加，这反过来又极大地模糊了人口安全背景下的"实际规划视野"。人口系统发展的长期情景规划的规律性可以通过某种方式进行细化：从计划发展模式到集约转型模式，即进行彻底的改变。总体而言，人口再生产过程与社会领域和制度的运作特征、某些社会关系的存在、社会流动计划的发展和实际实施直接相关，也与社会各个历史时期的特定社会规范的形成有关。

因此，为了建立可持续的人口再生产模式，必须承认，由于大规模的人口变化，未来世界人口增长的轨迹可能处于相对狭窄的范围内，特别是在中短期内。在这方面上讲，在制定人口领域的国家监管战略时，必须注意明确人口政策的新优先事项到底是什么，在不久的将来，这对社会的可持续性和包容性发展可能是最为重要的，社会既要能够利用全球老龄化的潜力，又要能够最大限度地发挥生殖行为变化和移民进程加剧的积极影响。

第二十章 现代挑战背景下的
信息政策建设特点

库兹涅佐娃（E. V. Kuznetsova）[*]

在过去几年中，发生的冲击包括新冠病毒大流行、种族间和国内武装冲突、金融和经济问题，而这些问题向我们展示了像信息政策这种能够影响公众意识的工具的重要性。现代人每天都不得不区分巨大的信息流，这些信息流是完全可控的，通过它们可以为主体提供必要的信息，形成一定的舆论，为社会的发展设定一个特定的向量。从传统意义上讲，信息政策有两个目标：信息报道的完整性、信息报道的准确性或实事求是（E. P. 普罗霍洛夫、M. S. 维尔什宁、E. V. 卡拉谢娃、E. G. 季亚科娃、G. G. 波切普佐夫、M. 卡斯特尔斯、J. 盖尔布雷特）（E. P. Prokhorov, M. S. Vershinin, E. V. Karaseva, E. G. Dyakova, G. G. Pocheptsov, M. Castels, J. Galbraith）。任何一个社会主体都可以作为交际行动的代理人来实现这些目标，但我们将注意力转向媒体活动，因为信息政策属于记者的职业利益领域。

媒体研究工作最初是在社会学框架内进行的。但随着时间的推移，新的理论正在形成，研究大众传播的整个流派也正在形成。媒体与受众互动情况的研究进程演变方式是这样的：从相信媒体对人类行为有直接、即时和有效的影响（从20世纪初到20世纪30年代），到认识到这一过

---

[*] 库兹涅佐娃（E. V. Kuznetsova），白俄罗斯国家科学院哲学研究所。

程的复杂性和多阶段性（20 世纪中叶），以及受众日益去大众化、其对大众媒体本身活动产生影响，并且此种影响日益加剧（20 世纪末至 21 世纪初）。

目前，媒体对个人意识和大众意识的影响机制是基于多个不同的理论。美国研究员 J. 布卢姆勒认为，人实际上是一个主动式信息过滤器。一个人在知道自己的需求后，他试图以各种方式满足这些需求，包括通过媒体来满足这些需求。大众传播会影响人们对任何问题的看法。这种影响是通过所谓的"大多数人"来进行的：大多数人表达自己的观点，少数人由于害怕社会排斥而对自己的观点讳莫如深。因此，当一些话题进入公众广泛讨论的领域时，而另一些话题没有进入公众广泛讨论的领域时，就会出现"默认螺旋"。媒体反映社会流行的观点并通过相应的方式将这些观点告知受众。①

美国记者和政论家 W. 李普曼形成了其中一个这样的大众传播影响理论——"形成议程"。他的理论建立在我们所想的和我们真正所想的之间的差异之上。第一个所想的与知识有关，第二个所想的与喜好、倾向有关。这一概念表明，大众媒体可以对认知水平（知识）产生重大影响，而不会对喜好产生影响。例如，如果我们以 2022 年美国国会竞选期间媒体的"形成议程"为例，我们会注意到，与媒体相对重点有关的问题构成了选民的"议程"。也就是说，对选民来说最重要/最不重要的问题反映了媒体报道的画面，而不是政治议程。结果就是通过媒体对某些人和组织的报道，激发了公众对他们的兴趣。②

V. V. 尼基塔耶夫探讨了报纸、杂志、广播和电视存在的社会文化意义。当某些空间（经济、政治、文化）的动态情况开始依赖于新闻的交流时，即帮助"了解"事件的信息时，新闻构成的第一个先决条件和条件就出现了。新闻成为一种社会机构——一种特殊的程序形式，具有独立的意义和存在，独立于通过它"流动"的内容（事件在变化，文章也在更新）。第二个前提是传统公共空间在整合和管理方面的符号资源枯

---

① Blumler J., *The Uses of Mass Communicaion*, Beverly Hills, 1974. −224c, c. 172.
② Lippmann Y., *Public Opinion*, N. Y., 1989, p. 215, c. 43.

竭。当需要引起公众的关注和理解时，就会发生这种情况。新闻的特征之一是公共性，即"信息传播"（传播是信息消费的条件和结果，信息生产是传播的条件和结果）。也就是说，"新闻"和"兴趣"是相互交换的：一方面，人们（受众）主要将他们认为或认为与他们个人相关的信息视为新闻；另一方面，新闻生产不仅以受众的兴趣为导向，还受到在政治、经济上已经明确定位的社区、团体、个人的现实利益驱动，特别是自十九世纪末新闻成为大众媒体以来。因此，个人通过大众媒体或在大众媒体中与世界（社会）进行交流。①

多年来，大众媒体被赋予了不同的功能。在20世纪40年代之前，根据学者们的说法，媒体通常具有三种功能：信息资讯功能、宣传功能和组织功能。然而，在20世纪下半叶，当媒体发生转变并以视听形式体现在艺术、教育、科学中时，需要将其定位为社会文化价值观的翻译器。因此，大众媒体也实现了教育功能和商业功能，因为在这里我们指的是广告。G. 拉苏埃尔指出了媒体的另外三种新功能，根据其本质，可以将其表述为社会控制、整合和教育功能。显然，在21世纪初，我们必须指出，媒体正在成为跨文化交流工具。②

谈到20世纪末至21世纪初媒体的发展，重要的是要注意到与引入数字化进程有关的重大转变。在21世纪，电子媒体在大众传播中占主导地位。在信息社会中，任何媒体现象都是在与政治、经济和社会文化进程密切相关的复杂社会形势下发生的。通过互联网和卫星电视进行传播是新媒体文化的主要特征，因此，当大众化被去大众化所取代时，频道数量的显著增加。"在20世纪末，在欧洲和美国诞生了一个新的未来，这是一条具有500个频道的电子高速公路，可以访问无限交互并且由消费者控制的宇宙。这个未来充满了希望和选择。"但并非该领域研究人员的所有预测听起来都那么乐观。信息社会将会带来其固有的麻烦和矛盾冲突。

---

① Никитаев В. В. Пресса и журналистика в рамках культуры/В. В. Никитаев//Вопросы философии. – 1998. – No 2. – C. 17 – 38, c. 20.

② Lasswell, H. D., *Propaganda and Communication in World History*, Honlulu：Univ. Pressot Hawaii, 1980. – 561 p, c. 204.

在这方面，美国未来学家 E. 托夫勒尔的方法似乎很有趣。[①]

在他看来，信息社会的主要特征之一是不可预测性。完全出乎意料的变化同时在社会发展的不同方向上出现，影响着整个社会和个人的命运。而这些变化，以这样或那样的方式，在大众传播的解释中得到了体现。从技术和社会文化的角度来看，对未来面貌的预测与在大众媒体发展过程中正在发生的事情有着非常明确的关系。

信息时代媒体的第二个特征是"剪辑"或"马赛克"。不断切换频道、滚动镜头的过程，证明了当代观众文化体验的碎片化。越来越多地，完整观看特定节目的过程被"快速变换频道"（"Zapping"）所取代，从而产生同时观看大量节目的效果。这在很大程度上可以说，现代观众不再能够感知内容的任何语义完整性，但同时在他的意识领域中形成了许多片段，进而形成了某种碎片化的文化体验拼贴。使用视频是为了让观众不感兴趣但在传播链中占据一席之地的片段可以轻而易举地被删除。也就是说，现代观众只与摘选内容打交道。因此，摘选内容充当了社会意识形成的"构架"、"框架"（如果我们使用 I. 霍夫曼的术语）。构架为受众提供了一个片段（文本、视觉），其中已经包含了一定的含义，受众（观众、听众）应该"捕捉"到它，以便他随后在任何行动和行为中将其再现为自己的理解。

大众媒体带来的下一个问题是速度问题，也就是转瞬即逝的问题。我们拒绝过去的价值观，否认前几代人的生活经历，忽视传统价值观。与此同时，人类需要一定程度的适应能力来开展积极的活动并发挥其创造潜力。完全拒绝、忽视过去的价值观可能会导致出现现代人的适应能力问题，会对其在新文明环境中的生存能力产生疑虑。

新时代媒体的另一个突出矛盾是它们的排他性可视化。如果说在 I. 古腾堡星系时代，智力思想依赖于符号，那么现在它依赖于图像。有时这些图像的影响性质相当具有攻击性，它们没有留下批判性思维、分

---

① Шепинская, Е. Н. Телевидение как форма культуры/Е. Н. Шепинская//Массовая культура на рубеже веков. Сб. статей. - М. - СПб：ДБ, 2005. - С. 12 - 125, с. 77. Wright, Ch., *Mass Communication A Sociological Perspective*. N. Y.：1988. - 235p, с. 113. Тоффлер, Э. Третья волна/Э. Тоффлер. - М.：АСТ, 2002. -606 с, с. 187.

析、反思的空间，使主体沉浸在被动感知的状态中。

最新的信息技术和大众媒体加剧了个人身份危机。一方面，虚拟让主体感觉自己是他想成为的人；另一方面，由于我们谈论的是某种社交游戏，因此存在生成伪身份的危险。P. S. 古列维奇谈到了"零"身份，R. 穆兹尔引入了"无属性人"的概念——一个意识和心理不发达的个体，这并非巧合。正如媒体构建主体的"虚拟"身份一样，它们创造了由大众文化模式强加的人工、合成的价值观，而不是真正的精神价值观。①②

在谈到媒体对社会影响的矛盾冲突时，人们不能不注意到所谓的信息心理战，其主要手段通常是"填充"虚假信息或"假消息"、操纵事实、屏蔽不需要的信息。大众媒体对某些事件的分析和解释可能会导致个人世界观发生结构性变化，有时会导致意识出现破坏性变化。在这种情况下，另一个危险与这样一个事实有关，即媒体因此导致了人口出现划界过程，导致媒体领域出现迷失方向的现象。在这种情况下，我们谈论的是作为宣传工具的媒体。③

必须承认，大众媒体是决定现代社会许多进程的一个因素。大众媒体定义知识结构，规范人类空间和时间感知原则，重构教育，组织资金流动。通过媒体，受众可以接触到精神价值，获得大量政治和经济知识。大众媒体可以成为受众在巨大信息空间中的某种参考点，帮助每个主体对世界上正在发生的事件快速、及时地发表自己的看法。但在宣传技术和技巧方法方面，媒体的教育和社会监管功能不再发挥作用，缺乏对形势的客观评估，而媒体领域的同质化相当严重。在这种情况下，公民对准确、完整信息的需求得不到满足，社会利益两极分化加剧。但与此同时，需要牢记，大众媒体只是报刊、互联网博主和电视节目制作商活动

---

① Гуревич, П. С. Проблема идентичности человека в философской антропологии/П. С. Гуревич//Человек в поисках идентичности. Вопросы социальной теории. Научный альманах. –2010. –Т. IV. –С. 63–87.

② Музиль, Р. Человек без свойств/Р. Музиль. –М. ：Азбука, 2015. –1088 с.

③ Кузнецова, Е. В. Структура коммуникативного процесса в современном гуманитарном знании. Место и роль средств массовой информации/Е. В. Кузнецова//Веснік Беларускага дзяржаўнага універсітэта культуры і мастацтваў. –2022. –№3（45）. –С. 19–25, с. 22.

的产物，由他们的意识形态与态度决定。因此，无论我们面对的是宣传，还是低质量的新闻，受众的任务是能够批判性地理解大众媒体所塑造的现实。大众媒体本身的任务是努力实现信息政策的目标，即最充分、最实事求是的反映正在发生的各种过程。

第二十一章 社会学视角下白俄罗斯罗姆人的数字素养：社会机会与平等之路

纳塔莉亚·库图佐娃（Natalia Kutuzova）[*]
艾丽西亚·索洛维（Alesya Solovey）[**]

一、可持续发展目标和弱势群体背景下的数字鸿沟

数字鸿沟是可持续发展和社会公正的重大障碍。在联合国制定的可持续发展目标（SDGs）框架内，获取信息和通信技术变得越来越重要。可持续发展目标包括旨在解决贫困、不平等和气候变化等全球性问题的17项目标。数字技术对于实现这些目标的重要性怎么强调都不为过：教育（可持续发展目标4）——获取在线教育和资源是提高知识和技能的关键。然而，数以百万计的人，尤其是偏远和弱势地区的人们，仍然无法获得这种机会。因此，经济增长（可持续发展目标8）也很重要：数字技术为商业和就业创造了新机遇。如果无法使用互联网和不具备数字技能，个人就无法参与数字经济，从而加剧贫困和不平等。

---

[*] 纳塔利亚·库图佐娃（Natalia Kutuzova），白俄罗斯国家科学院哲学研究所全球化、一体化研究和社会文化合作部主任，副研究员。

[**] 艾丽西亚·索洛维（Alesya Solovey），白俄罗斯国家科学院社会学研究所研究员。

第二十一章　社会学视角下白俄罗斯罗姆人的数字素养：社会机会与平等之路

克服数字鸿沟不仅是一项技术挑战，也关乎社会公正。确保包括妇女和女童在内的所有群体都能获得数字资源至关重要：在世界各地，妇女获得技术的机会往往较少，这限制了她们在教育和商业领域的机会，少数民族和移民群体可能面临更多障碍，例如语言和（或）文化方面的阻碍。发展数字基础设施、互联网的可及性、设备和电子服务（包括使用人工智能的服务）的多样性，这些是包括白俄罗斯在内的世界许多国家的主要趋势。

然而，每个国家都存在数字素养水平低和对使用数字服务有刻板印象的弱势群体。在欧洲国家以及白俄罗斯，罗姆人就是这样一个群体。许多罗姆人生活在缺乏稳定互联网的偏远和边缘化地区。例如，在保加利亚和罗马尼亚，相当一部分罗姆人居住在网络连接相当差的农村地区。罗姆人高度贫困，他们很难购买智能手机和电脑等必要设备。罗姆人受教育程度低，导致他们缺乏数字素养。根据欧盟的一项研究[①]，与其他族裔群体相比，罗姆人的文盲率最高。许多罗姆人讲方言，互联网上缺乏用他们的语言编写的内容，这限制了他们获取信息。应该指出的是，由于难以进入罗姆人社区以及信息核实方面的问题，罗姆人并不是一个很热门的研究焦点。不过，在罗马尼亚（2018年）、匈牙利（2020年）和斯洛伐克（2021年）开展了一些关于罗姆人数字鸿沟的研究。所有这些研究都表明，罗姆人的数字技能水平低以及缺乏设备阻碍了他们获取教育资源、各种服务和有效就业。

本文介绍了关于白俄罗斯罗姆人数字素养和数字基础设施使用情况研究方面的部分成果。[②]

[①] Morgan Selander, Emily Walter. "Lack of Educational Opportunities for the Roma People in Eastern Europe", https：//ballardbrief. byu. edu/issue-briefs/lack-of-educational-opportunities-for-the-roma-people-in-eastern-europe#：~：text = In% 20a% 20study% 20of% 20the, non% 2DRoma% 20living% 20close% 20by. &text = Another% 20study% 20across% 20western% 20and, Roma% 20people% 20are% 20completely% 20illiterate.

[②] This study was an initiative, carried out in 2023 with the help of the public association "Belarusian Roma Diaspora".

二、白俄罗斯罗姆人的统计概况

1999 年的人口普查显示，白俄罗斯有 9927 人自称罗姆人。在 2009 年的人口普查中，罗姆人口减少到 7079 人。① 2019 年的人口普查数据显示，罗姆人口的减少幅度更大，为 6848 人。② 总体而言，罗姆人约占白俄罗斯总人口的 0.1%。白俄罗斯罗姆人认为，人口普查数据低于实际人数，因为许多罗姆人在人口普查中表示自己是俄罗斯人。据罗姆人领袖称，白俄罗斯约有 10000 名罗姆人。罗姆人在白俄罗斯各地区（州）分布不均衡：戈梅利州 1748 名、明斯克市 1601 名、明斯克州 573 名、维捷布斯克州 1231 名、格罗德诺州 512 名、布列斯特州 904 名、莫吉廖夫州 279 名。③

现有统计数据显示出了强烈的人口动态变化。例如，2009 年只有 573 名罗姆人居住在明斯克，而到了 2019 年，该市已有 1601 名罗姆人。白俄罗斯的罗姆人主要（70%）居住在城市。同样，70% 的罗姆人认为罗姆语是他们的母语，并在家中使用。罗姆人也将白俄罗斯语和俄语列为母语。④ 罗姆人中劳动适龄人口有 57%，28% 不到劳动年龄，14.7% 超过劳动年龄。⑤ 罗姆族未成年人的数量远高于白俄罗斯其他重要民族（白俄罗斯人为 18.9%，波兰人为 15.5%，俄罗斯人为 9.1%，亚美尼亚人为

---

① Ethnic composition and citizenship//National Statistical Committee of the Republic of Belarus (Belstat) [Electronic resource, in Russian], Access mode: http://belstat.gov.by/perepis-naseleniya/perepis-naseleniya – 2009 – goda/vyhodnye-reglamentnye-tablitsy/natsionalnyi-sostav-naseleniya-grazhdanstvo/.

② Statistical bulletin "Overall population and its breakdown by age, sex, marital status, level of education, ethnicity, language, and sources of livelihood in the Republic of Belarus", Minsk, 2020 – 55 p., in Russian – P. 31.

③ Statistical bulletin "Ethnic composition of the population of the Republic of Belarus" – Minsk, 2020 – 26 p., in Russian – P. 7.

④ Statistical bulletin "Overall population and its breakdown by age, sex, marital status, level of education, ethnicity, language, and sources of livelihood in the Republic of Belarus", Minsk, 2020 – 55 p., in Russian – P. 37.

⑤ Statistical bulletin "Ethnic composition of the population of the Republic of Belarus", Minsk, 2020 – 26 p., in Russian – P. 17.

16.2%），这表明罗姆人家庭中的儿童数量更多。

罗姆人的教育水平仍然是一个严峻问题，但已出现积极趋势。2009年的人口普查显示，受过高等教育的罗姆人不超过2%，而2019年的人口普查显示这一比例有所上升，已达到8%。受过中等专业和职业教育的罗姆人保持在17%—18%。① 2009年，约80%的罗姆儿童接受了中等和初等教育，而大多数只完成了基础课程。2019年，儿童（10—14岁）和青年（15—19岁）的人数几乎与中等专业和职业教育系统的在校学生人数相吻合。因此，白俄罗斯罗姆人几乎可以说实现了儿童、青少年和青年全面参与正规教育。

三、本研究的特点

这项对白俄罗斯罗姆人数字素养的调查于2023年2月22日至3月16日进行。调查涉及286名受访者，在90%的置信水平下，抽样误差和置信区间不超过4.7%。社会学问卷包括五个专题块，反映了研究的主题—问题领域。问卷的第六部分涉及社会人口特征，以便随后分析社会人口因素对罗姆人数字能力的影响。我们使用费舍尔非参数统计检验（F）来评估我们感兴趣的两个样本之间的差异（如性别或年龄）。

为了获得更多定性信息，第二种研究方法是社会学访谈。我们的受访者有24人，其中包括14名女性和10名男性。方法学上的三角测量（定量与定性研究方法相结合）提高了所获数据的可靠性以及关于主题—问题领域结论的有效性。

四、受访者的社会人口特征

样本中女性占54.5%，男性占45.5%。我们按年龄将受访者分组，区间为"16—17岁及以下"（29.7%）、"18—29岁"（27.6%）、"30—

---

① Statistical bulletin "Ethnic composition of the population of the Republic of Belarus", Minsk, 2020 – 26 p. , in Russian – p. 25.

39岁"（17.1%）、"40—49岁"（15.7%）和"50—59岁"（9.8%）。他们的社会身份包括"工人"（42.3%）、"家庭主妇"（12.6%）、"退休人员"（11.9%）、"中小学生"和"大学生"（8.7%）、"个体经营者"（8.0%）、"失业或临时失业"（7.3%）、"专业人员"和"雇员"（3.8%）、"军人"、"执法人员"或"紧急情况部官员"（1.0%）、"经理"（0.3%）以及"其他"（3.8%）。就教育水平而言，大多数受访者表示为"基础教育/8—9年"（64.0%），每五个人中有一个（18.2%）表示为"完全中等教育/10—11年"，而表示为"中等专业/技术学院"（7.3%）、"职业技术/职业学校/职业中学"（5.9%）和"完全高等教育/大学"（4.5%）的罗姆人较少。超过一半的受访者（56.3%）已婚。四分之一（22.7%）的人正式为"单身/未婚"，其中6.6%处于未婚同居状态，6.3%已离婚，8.0%丧偶。34.6%的受访者长期居住在区镇，22.0%居住在非中心城镇或城镇型聚居地，20.6%居住在地区城市，14.3%居住在明斯克，其余8.4%以农村聚居地（如农业城）为家。大部分受访者（44.4%）与父母和长辈亲属同住，而超过一半（55.6%）的人仍然独立生活。

我们优先从懂得使用互联网的罗姆人中挑选受访者，这一点在受访者填写最初的谷歌问卷时就显现出来了。不具备这些技能的罗姆人所占比例很小，其他积极分子帮助他们填写了谷歌问卷。

五、数字消费

在我们的调查中，绝大多数受访罗姆人（96.2%）拥有手机或智能手机。拥有电视机的罗姆人略低（84.6%）。只有1/3（33.6%）的罗姆人拥有个人电脑/笔记本电脑/平板电脑。16.4%的受访者拥有收音机作为单独设备，6.3%的罗姆人拥有照相机作为独立的专用设备。

接受调查的大多数罗姆人可以随时使用手机/智能手机（95.1%）和看电视（83.6%）。1/4（24.5%）的罗姆人可以随时使用电脑/笔记本电脑/平板电脑，1/5（20.6%）的受访者可以随时收听独立收音机。只有7.0%的受访者可以在需要时单独使用照相机。在使用媒体设备方面，两性之间没有明显的统计差异。然而，我们发现了相应的与年龄有关的显著统计学差异（$p<0.01$，$p<0.001$）。18 岁以下不间断使用电视的人最少（68.2%），其次是 18—29 岁的罗姆人（88.6%），然后是 30—39 岁的罗姆人（83.7%）。40—49 岁的罗姆人中有 93.3%、50—59 岁的人群中有 100% 可以随时看电视。相反，50—59 岁的罗姆人中使用手机/智能手机的人数较少（"仅"75.0%），其次是"18 岁以下"年龄组（98.8%）。在 18—29 岁区间，手机使用率上升至最高的 100%，然后在 30—39 岁年龄段下降至 95.9%，最后在 40—49 岁人群中降至 91.1%。在使用个人电脑/笔记本电脑/平板电脑方面，50—59 岁受访者的使用率最低（7.1%），其次是"18 岁以下"受访者的 28.2%，18—29 岁受访者的 30.4%，30—39 岁受访者的 20.4%，最后是 40—49 岁受访者的 22.2%。在 40—49 岁和 50—59 岁年龄段中，照相机作为单独设备都不在使用范围内，甚至连一个使用者都没有。18 岁以下的人中有 8.2%、18—29 岁的人中有 11.4%、30—39 岁的人中有 8.2% 可以使用照相机。在必要时使用收音机方面不存在年龄差异。

研究某种或其他媒体设备的使用频率对于评估人群的数字素养是必要的。这决定了设备本身的使用情况以及与之相关的补充技能和能力。

根据经验，我们为罗姆人挑选出两种主要的（最常用的）媒体设备。大多数受访者（70.3%）每天多次使用手机/智能手机，1/4 的受访者（25.2%）几乎每天都使用。半数以上的受访者（48.6%）每天多次收看电视，少部分受访者（43.7%）几乎每天都看。36.7% 的罗姆人频繁地使用个人电脑/笔记本电脑/平板电脑或收音机（作为单独设备），例如每天使用几次（15.7%）和几乎每天使用（21.0%）。1/4（22.7%）的罗姆人使用照相机的频率不一，如每天使用几次（9.8%）或几乎每天使用（12.9%）。

受访者 1（男性，41 岁）说："每个家庭都应该有一台电视机。我们的习惯是买一台大屏幕电视机，以示家庭兴旺。我们多久看一次？我们全家围坐在餐桌旁（午餐、晚餐）看。大多数时候，我们看新闻。"

受访者 2（女性，32 岁）说："我使用平板电脑。我主要使用应用程序来求职、帮助其他妇女和阅读新闻。通常，当我们与其他妇女见面时，我们会打开一个在线教育平台,观看有关如何开店、找工作和正确着装的视频(造型师的建议)。我想要一台笔记本电脑,但没有足够的钱购买。我正在努力攒钱。我不知道怎么使用它,但我可以去培训班学习吗?!"

在从不使用任何媒体设备的受访者中,半数以上不使用独立照相机(69.2%)和单独的收音机(55.6%)。还有相当一部分受访者(42.7%)从不使用个人电脑/笔记本电脑/平板电脑。

六、数字技能

为了评估受访者的数字技能和能力,我们询问:"以下哪些是您可以自己完成的?"我们得到的答案中,排名前三的是:

- 使用复制工具复制或移动信息(64.3%)。
- 在计算机和其他设备之间传输文件(46.2%)。
- 发送带附件的电子邮件(37.4%)。

26.6%的受访者能够连接和安装新设备。每八名受访者中就有一人(12.2%)提到具备"软件搜索、下载、安装和配置"技能。较小比例的受访者表示具备"在电子表格中使用基本算术公式"(7.0%)、"使用软件创建电子演示文稿"(5.2%)以及"使用编程语言编写计算机程序"(1.4%)的技能。

我们发现,特定技能与受访者性别之间存在统计学上的显著差异。在能够独立使用复制工具复制或移动信息的受访者中,女性比例较高(女性为69.9%,男性为57.7%,$\varphi * \mathrm{emp} = 2.141$;$\rho < 0.02$)。

在50—59岁年龄段中,没有一个人会使用电子表格中的基本算术公式,也不会搜索、下载、安装和配置软件。30—39岁和50—59岁的人不知道如何使用软件制作电子演示文稿。30—59岁的人不知道如何使用编程语言编写计算机程序。

罗姆人在互联网上花费的平均时长仅在一个指标上存在差异。工作日上网不足1小时的比例要高得多。其余平均指标在工作日和周末几乎相同。

第二十一章 社会学视角下白俄罗斯罗姆人的数字素养：社会机会与平等之路

在回答"您是如何学会使用互联网的？"这一问题时，近一半的受访者（47.8%）选择了"自学"。每三名受访者中就有一人（29.9%）是由孩子指导学会的。其他选项分布如下：11.2%的受访者由朋友教授，5.2%由学校老师教授，2.2%由兄弟姐妹培训，1.5%由父母引导，0.7%由特殊课程的讲师培训，0.4%由同事介绍。其余1.1%选择"其他"，包括"孙子（女）"、"我无法访问互联网"以及"我不知道如何上网"。

受访者3（女性，44岁）说："孩子们教我如何使用互联网和智能手机。我的儿子和女儿都是学生。他们很容易就能知道在哪里找到东西或者去哪里操作。我经常犯错，但这并不可怕。孩子们总是会帮助我。"

我们对互联网活动的分析显示，首先是阅读新闻（89.2%），然后是使用搜索引擎（79.9%）、发布照片和视频（63.4%）、下载和收听在线音频或视频、管理在线银行账户（42.2%）、在网上商店订购商品或服务（39.2%）。相当大比例的人在寻找工作和上传简历（36.6%）、使用电子邮件（36.2%），以及电子支付商品或服务（35.8%）。1/3（29.1%）的人玩网络游戏。只有1/7（13.8%）的人下载/更新软件并向公共机构提交电子申请。使用云服务的人最少（8.6%）。

受访者4（女性，25岁）说："去年，我们学会了填写和提交电子报税表。这很复杂，甚至有点吓人。但去税务局更可怕，因为在那里我肯定很多东西都不懂。很可能在那里也没有人愿意帮助我。在家填写申报表时有一阵确实有点痛苦，但我把申报表发出去后，结果很好，甚至比我想象的还要好。事实证明这一点都不可怕。"

特定比例的受访者希望学习如何使用电子邮件（28.7%）和求职，包括发布电子简历（28.0%）。几乎每四个受访者中就有一个希望了解如何在网上商店订购商品或服务（27.2%）、进行网上银行操作（26.9%）以及在线支付商品或服务（26.5%）。1/4的人希望学会在网上向政府部门申诉（24.3%）以及下载和更新软件（23.1%）。1/5的人缺乏使用云服务和创建网页等技能：分别为21.6%和19.4%。1/7的人希望学习如何下载和收听在线音频或视频（14.6%）以及宣传自己的照片和视频（13.4%）。

受访者5（女性，31岁）："我有一家小企业。我是个体经营者，提供咨询服务。我的主要广告渠道是 Instagram。我知道我们许多罗姆女孩都在工作、做生意,并为在 Instagram 和社交网络上做推广向专家支付了很多费用。我现在正在学习这个,但维护一个账号、拍出好看的照片以及写出没有错误的文案是需要时间的(笑),我在这方面就有问题。不过,我正在努力学习,你会看到我的账号会变得多么有吸引力的。"

我们使用费舍尔检验进行的比较分析表明,上网活动与性别之间存在统计学上的显著差异。在发布照片的人中,女性比例更高(女性为 69.1%,男性为 56.3%,$\varphi*emp = 2.165; \rho < 0.02$)。

受访者 6(男性,45 岁)说:"我反对我女儿运营网站或博客。为什么一个女人要在网上发布自己的照片呢?有人可能会恶意利用这些照片。我们必须保护我们的女性和女儿免受这种伤害。"

在进行网上银行操作的人群中,女性比例(47.7%)也高于男性比例(35.3%)($\varphi*emp = 2.046; \rho < 0.03$);在网上商店订购商品或服务的人群中:女性为 47.7%,男性为 28.6%($\varphi*emp = 3.220; \rho < 0.001$);在在线支付商品或服务的人群中,女性为 42.3%,男性为 27.7%($\varphi*emp = 2.494; \rho < 0.01$)。然而,在使用云服务的人群中,男性比例更高(男性为 11.8%,女性为 6.0%,$\varphi*emp = 1.656; \rho < 0.05$)。

受访者 7(男性,35 岁)说:"我靠卖车养家。如今做这个,没有网上银行怎么行呢?!我妻子是家庭主妇。当然,管理银行账户不是女人的事,她更擅长烹饪。但我用电子银行向孩子们的卡上付款和转账。这非常方便。"

每三名 18 岁以下的受访者中就有 1 人想要学习如何下载和更新软件,几乎每四人中就有 1 人(27.7%)想要使用云服务,每 5 人中就有 1 人(18.1%)想要知道如何创建网页,每 6 人中就有 1 人(16.9%)想要在安全距离(在线)向政府机构申诉,每 7 人中就有 1 人(14.5%)希望发送电子邮件、进行网上购物以及在线支付商品或服务。

在 18—29 岁的人群中,1/3(29.5%)的人渴望在网上找工作并上传简历,几乎 1/4(26.9%)的人希望发送电子邮件,1/4(24.4%)的人希望进行网上购物(订购商品/服务)和网上银行操作,1/5(19.2%)

的人对创建网页和网上支付商品或服务感兴趣。

在30—39岁年龄组中，42.6%的人对使用电子邮件感兴趣，38.3%的人对网上银行感兴趣，36.2%的人对网上支付商品和服务感兴趣，34.0%的人对网上购物、求职和上传简历感兴趣。每4人中就有一人想要在线向政府部门申诉（25.5%）以及下载或收听在线音频或视频（23.4%）。5人中就有1人想要发布照片和视频（21.3%）、使用云服务（21.3%）以及下载和更新软件（19.1%）。

在40—49岁，半数以上的人希望学习、求职和投简历（52.4%）以及网上支付（50.0%）。47.6%的人希望网上购物（订购商品或服务）、网上向政府机构和服务部门申诉，45.2%的人希望使用电子邮件，38.1%的人希望使用网上银行。1/3的人希望下载或收听在线音频或视频（31.0%）以及发布照片和视频（28.6%）。1/4的人希望创建网页（26.2%）以及下载和更新软件（23.8%）。1/5（19.0%）的人想要使用云服务。

50—59岁年龄组对阅读新闻（5.6%）和玩网络游戏（11.1%）的兴趣最小。这些人仍然对其余的在线活动感兴趣。

受访者8（男性，52岁）："向政府机构甚至警方进行电子申诉是我们需要学习的。在这里申诉不会受到歧视。我确实写过并发出过申诉。电脑不会通过你的眼睛和头发颜色来判断你是罗姆人还是其他人。而且网络申诉总会有回复，因为公民的网络申诉是受到监管的。"

半数以上的受访者知道什么是假新闻（63.3%）和计算机病毒（55.9%）。半数受访者（50.3%）知道网络成瘾，近半数受访者（44.4%）可以在破坏证据方面保持警惕。1/3的人知道剽窃（31.5%）和信息战（29.0%）。1/6（16.1%）的受访者听说过信息对意识和行为的操纵，1/7（15.0%）的受访者对网络欺凌并不陌生。然而，半数以上的受访者对网络欺凌（66.4%）和意识操纵（58.4%）一无所知。许多受访者（42.0%）不知道剽窃的概念。1/3的受访者（29.4%）对信息战一无所知。

七、数字安全

　　在数据安全技能中，删除网页浏览器历史记录占据首位（57.3%）。其次是调整社交网络上自己信息对不同用户群体的可访问性（46.2%）。近1/4（27.6%）的受访者可以操作其社交网络账户的可访问性设置。1/4（25.2%）的人可以清理电脑中不需要的文件。1/5（21.0%）的人可以扫描电脑病毒。1/7（14.7%）的人知道备份自己的电脑文件。1/8（12.2%）的受访者会对电脑进行家长控制。至少有8.0%的受访者会检测互联网上的信息钓鱼，5.9%的受访者会确定互联网数据传输的保密性，5.9%的受访者会为一台电脑创建多个用户账户。每3个人中就有1人无法做到上述任何一点，以确保他们在媒体空间的数据安全。在数据安全技能方面，没有统计学上显著的性别差异。

　　掌握特定数据安全技能的受访者大多在18岁以下和18—29岁年龄组，而50—59岁的人安全意识最差。40—49岁的受访者知道如何备份电脑文件和在电脑上应用家长控制。在50—59岁的人群中，有1/4的人知道如何删除网络浏览器的历史记录；他们中的一小部分人知道如何更改计算机和在线服务中的个人密码，并能发现互联网上的信息钓鱼行为。

　　受访者9（女性，28岁）："有一次，我想通过一个热门的网络平台出售孩子们不再需要的东西，没注意进入了仿冒这个平台的诈骗网站，我输入了银行卡号，就这样，我的钱就不见了。我联系了银行，但他们能做什么呢？是我自愿提供了卡号和密码。这是我的错。我不知道那是一个诈骗网站。下次我会更加小心，或者让我丈夫帮我盯着并仔细检查。"

　　受访者10（男性，47岁）："互联网对孩子来说很危险。我不给我女儿平板电脑和手机。我想让我的女儿保持纯洁。互联网上有很多污垢，还有很多不好的东西。我控制我女儿在互联网上的所有活动。怎么能在网上学习？她们为什么要在网上学习？让他们在学校学习就好了。如果有必要，如果她想学习，就让她去参加一些培训班。网上学习会接触到不好的东西。"

近一半的罗姆人受访者指出，没有特别许可，任何人都无法访问他们的数码设备（46.9%）以及社交网络、管理器和网上银行账户（47.2%）。然而，1/3 的受访者指出，丈夫/妻子可以访问个人数字设备（29.4%的受访者）以及社交网络、管理器和网上银行账户（28.0%）。

受访者 11（女性，32 岁）："我丈夫和我都有手机，但我用的是按键手机，他用的是现代智能手机。我用我丈夫的手机登录我的脸书账户。我没有什么秘密。我们的孩子也用我丈夫的手机上网。这有什么问题呢？我们彼此信任并且会监管孩子。"

八、刻板印象

大多数家庭鼓励其成员（我们的受访者）使用媒体设备，82.2% 的受访者（包括 81.5% 的男性和 82.7% 的女性）是这种情况。与此同时，17.8% 的受访者（18.5% 的男性和 17.3% 的女性）表示他们的家庭不鼓励使用媒体设备。

我们的目的之一是研究男性和女性在能力、智力和创造力以及教育和职业态度方面的性别偏见（刻板印象）。因此，我们调查了对性别刻板印象的认同程度，这种刻板印象是数字能力和数字素养的一个阻碍因素。大多数（60.5%）罗姆人不承认存在任何偏见（刻板印象），认为妇女和女童的数字能力或数字素养不如男子和男童。

受访者 12（男性，33 岁）："我女儿参加了一个博客培训项目。我反对这件事，但她喜欢这些课程，因为她一直梦想成为一名演员或记者。对我来说，她最好能嫁个有钱人或者从事更赚钱的职业。我反对往一个女孩的脑袋里灌输舞台梦想，或者，天呐，灌输这种花哨的编程知识。反正她也学不会，为什么要浪费时间呢。"

配偶——受访者 13（女性，28 岁）和 14（男性，35 岁）："我们的女儿参加了在线培训。嗯，在培训期间，我们把她的妹妹留给她（照顾）。这有什么问题呢？！嗯，（这）有点干扰（她的培训），但没关系，因为大女孩的任务就是帮忙做家务和照顾妹妹。她的培训并没有受到很大影响。这种培训毫无意义，她需要专注于女性的家务事或者选择一个女性职业。"

九、数字鸿沟

为了验证所研究的罗姆人中数字鸿沟的实际情况,我们使用数字素养的标准指标将他们与更广泛的白俄罗斯人口进行比较。表21-1显示了在白俄罗斯人口和被调查的罗姆人中掌握特定数字技能的受访者比例。

表21-1 数字技能

(单位:%)

数字技能	白俄罗斯人口①	罗姆人(根据抽样调查)
复制和移动信息	38.9	64.3
在电脑和其他设备之间传输文件	39.3	46.2
发送带附件的电子邮件	34.3	37.4
在电子表格中使用基本算术公式	18.0	7.0
搜索、下载、安装和配置软件	20.1	12.2
连接和安装新设备	17.7	26.6
使用软件制作电子演示文稿	10.3	5.2
使用编程语言编写计算机程序	1.3	1.4

由于在所研究的罗姆人群体中,30岁以下的年轻人在数量上占多数,因此我们不能声称在"复制和移动信息""在电脑和其他设备之间传输文件""发送带附件的电子邮件"以及"连接和安装新设备"等技能方面,全国人口与罗姆人之间存在数字鸿沟。在"在电子表格中使用基本算术公式""搜索、下载、安装和配置软件"以及"使用软件制作电子演示文稿"等技能方面存在显著差异。与白俄罗斯人口相比,具备这些技能的罗姆人的比例更低。

---

① International Telecommunication Union [Electronic resource]: The ITU ICT SDG indicators. - Mode of access: https://www.itu.int/en/ITU-D/Statistics/Pages/SDGs-ITU-ICT-indicators.aspx. - Date of access: 19.04.2023.

85.1%的白俄罗斯人口使用互联网。[①] 我们的抽样研究表明，93.7%的罗姆人使用互联网，这意味着这一比例相对高于白俄罗斯的总人口，但这一高比例并不能证明罗姆人存在数字鸿沟。不使用互联网的罗姆人比例为6.3%。然而，研究中的受访者填写的谷歌问卷显示，绝大多数人都在使用互联网。与此同时，罗姆人积极分子（其他罗姆人、他们的子女）帮助这6.3%不使用互联网的人填写了调查问卷。

全国人口和所研究的罗姆人群体代表在使用移动通信方面没有显著差异。然而，在个人电脑的使用方面却存在很大差异（见表21－2）。

表21－2 一个人电脑和媒体设备的使用情况

（单位：%）

个人电脑	白俄罗斯人口	罗姆人（根据抽样调查）
使用移动通信服务	97.9	—
必要时可使用手机/智能手机	—	95.1
使用个人电脑	73.2	—
必要时可使用个人电脑/笔记本电脑/平板电脑	—	24.5

表21－3显示了所研究的罗姆人和白俄罗斯人口在使用互联网目的方面的概况。

如表21－3所示，在"信息搜索""收发电子邮件""玩电脑游戏""网上银行""与公共行政机构和国家组织互动"以及"教育"方面，罗姆人群体与更广泛的白俄罗斯人口在互联网使用方面存在显著差距。

[①] Informatsionnoye obshchestvo v Respublike Belarus［Information society in Belarus］：Statistical book－2021－p.81.

表 21-3　访问互联网的目的

（单位：%）

目的	白俄罗斯人口①	罗姆人（根据抽样调查）
信息搜索	92.6	79.9
在社交网络上交流	83.6	84.7
阅读在线报纸和期刊	63.1	89.2
收发电子邮件	62.6	36.2
玩电脑游戏	49.8	29.1
网上银行	49.7	42.2
采购或订购货物和服务	40.5	39.2
与公共行政机构和国家组织互动	27.8	13.8
教育	21.3	12.2

因此，对数字素养的主要指标（包括互联网的使用、使用目的和数字技能）进行的比较分析发现，在使用互联网和移动通信以及具体的数字技能和上网目的方面没有数字鸿沟。某些数字技能和上网目的的差异证实了数字素养方面最明显的差距。

十、结　　论

第一，本研究表明，罗姆人最常用的设备是智能手机（95%），约20%的人使用平板电脑。

第二，对罗姆人互联网活动的分析表明，他们阅读新闻（89.2%），其次是使用搜索引擎（79.9%）、上传照片和视频（63.4%）、下载或收听在线音频或视频（62.3%），网上个人银行（42.2%），以及在网上商店购买或订购商品或服务（39.2%）。相当一部分受访者寻找工作和发布简历（36.6%）、使用电子邮件（36.2%）、支付商品或服务费用

---

① Informatsionnoye obshchestvo v Respublike Belarus［Information society in Belarus］: Statistical book - 2021 - p.86.

（35.8%）。1/3 的受访者玩网络游戏（29.1%）。只有 1/7 的受访者下载和更新软件，并在网上向政府部门申诉（13.8%）。少数受访者参与在线教育（12.2%）。使用云服务的受访者最少（8.6%）。

第三，受访者希望掌握的互联网技能包括在线会计、文本编辑、揭示隐藏信息、创建和投放广告、阅读新闻和社交网络、创建演示文稿、创建账户以及在网上交易所进行交易。

第四，罗姆人认为数据安全和数字隐私很重要。然而，1/3 的人指出，他们的丈夫/妻子/其他亲属可以访问他们的媒体设备或在线账户。特别是，29.4% 的人承认，亲属可以在没有特别许可的情况下访问他们的数字设备，28.0% 的人证实，亲属可以访问他们的社交网络、聊天工具和网上银行账户。

第五，大多数受访者同意"女性的首要目的是家庭和孩子"这一性别刻板印象（61.5%）。38.5% 的人不同意。

第六，我们发现罗姆人受访者与更广泛的白俄罗斯人口在互联网使用方面不存在数字鸿沟。

第七，我们发现，相对于更广泛的人口，罗姆族在使用互联网方面存在显著差异，这体现在使用互联网的不同偏好目的上，如电子邮件、网上银行、向政府请愿和在线教育。

研究结果表明，白俄罗斯罗姆人的状况远非理想，但同时也相当不错，但仍需要进一步努力来克服边缘化问题。研究小组为"白俄罗斯罗姆人侨民"公共协会提出了几项建议。第一，由于罗姆人最常用的设备是智能手机（95%），他们需要接受安卓操作系统及其应用程序方面的培训。第二，为了提高数字素养和缩小数字鸿沟，我们建议关注以下领域：数字安全技能培训，尤其是针对妇女和青少年；在线教育和相关平台（GetCourse、Zoom、Moodle 等）；在线创业和营销方面的继续教育；网上银行、电子报税、网上向政府请愿和使用公共电子服务方面的培训。第三，为了消除性别刻板印象，我们建议在对在校学生，特别是女生进行职业定向工作时，突出信息技术和相关专业（电子营销、网络新闻、网络金融）；在青少年及其家长中开展宣传活动，提高他们对信息技术职业的兴趣。

第二十二章　开放科学与社会：社群参与研究的问题

——以生物医学研究为例

索科尔奇克·瓦列里娅（Sokolchik Valeriya）[*]

开放科学是科学知识发展的新范式，意味着社会可以开放获取科研成果及其手段（方法）和工具。开放科学也可以被视为一种社会文化运动，旨在使科学研究（包括出版物、数据、实体样本、软件等）及其成果向社会各界——业余爱好者以及专业人士传播[①]。在教科文组织的《开放科学建议书》中，"开放科学"一词被定义为"一个集各种运动和实践于一体的包容性架构，旨在实现人人皆可公开使用、获取和重复使用多种语言的科学知识，为了科学和社会的利益增进科学合作和信息共享，并向传统科学界以外的社会行为者开放科学知识的创造、评估和传播进程"[②]。

开放科学是涵盖所有方向和活动领域的科学学科，并建基于以下主要支柱之上，包括开放式科学知识、开放的科学基础设施、广泛的科学

---

[*] 索科尔奇克·瓦列里娅（Sokolchik Valeriya），白俄罗斯国家科学院哲学研究所副教授。

[①] Tennant J., et al. (2020), "Foundations for Open Scholarship Strategy Development", MetaArXiv. Available at: http://doi: 10.31222/osf.io/b4v8p. S2CID 159417649. DOI: 10.31222/osf.io/b4v8p. S2CID 159417649.

[②] Рекомендации ЮНЕСКО по открытой науке (2021). Available at: https://unesdoc.unesco.org/ark:/48223/pf0000374837_rus.

（和非科学）传播、社会行为者的开放参与以及与其他知识体系的开放式对话。开放科学范式可以被视为后非古典科学向新知识的革命性转变——从制度上封闭的知识到社会拥有的知识、社会中自由传播且人人都可以获得的知识、基于当代人文价值观的知识、研究和传播各种表现形式的生活价值观的知识。

科学新范式的形成不仅基于社会情绪，还基于著名哲学家、科学方法论者、社会学家（后实证主义哲学传统代表人物——K. 波普尔、T. 库恩、I. 拉卡托斯的思想，R. 默顿的开放社会思想①，V. S. 斯捷平的科学方法论②等）著作中表达的思想。向社会开放的知识（理论和经验）的价值、形成知识集体性的愿望（而不是对作者所有权的封闭和"迷恋"）、让社会参与思想的发展和成果的传播、免费使用出版物（和其他科学著作成果）的想法——所有这些都是20世纪中叶在哲学和社会学的框架内讨论的新科学的观念，这些成为21世纪开放科学范式的先声。

开放科学的基本原则是让个人和社群参与科学研究，并使用人工智能（AI）作为确保现代知识形成和传播的主要手段。因此，开放科学的价值与人工智能的应用前景密不可分，也通过对人工智能在社会发展中的使用界限和人文指导方针的理解来理解开放科学的概念③。

对于生物医学知识来说，开放科学范式的传播尤为重要，这在很大程度上是缘于社会医疗化进程的发展④。在分析社会对生物医学科学的传统关注时，应强调其实践导向，其成果在临床医疗（妇科、移植、外科等）中的直接应用。然而，不要忘记，实用医疗保健研究的第一阶段也涉及生物学的基本问题——例如，细胞遗传学和免疫学研究、生物信息

---

① Merton, Robert K. (1973) "The Normative Structure of Science", in Merton, Robert K. (ed.), *The Sociology of Science: Theoretical and Empirical Investigations*, Chicago: University of Chicago Press, pp. 267 – 278.

② Степин В. С. (2021) Теоретическое знание: структура, историческая эволюция. Беларуская навука, 2021 – 539с.

③ Sokolchik V. N., Razuvanov A. I., "Hierarchy of Ethical Principles for the use of Artificial Intelligence in Medicine and Healthcare", *Journal of Digital Economy Research*. 2023; 1 (4): 48 – 84. Available at: https://doi.org/10.24833/14511791 – 2023 – 4 – 48 – 84.

④ Михель Д. В (2011). Медикализация как социальный феномен. Вестник СГТУ. 2011; 4 (60), вып. 2: с. 256 – 263.

学研究、干细胞研究等（即在体外或体内实验室条件下进行的研究）。公共健康领域，以及心理、社会、教育等领域的"公共健康"和"社会健康"现代研究同样重要，关注人并研究其心理、情感、智力状态、技能和能力、对社会进程的反应等①。因此，现代生物医学知识在许多方面与社会导向型知识重叠，超越了健康实践本身。

在医学科学和新的医疗技术的帮助下，人能够掌控自己的生命以及人类的命运，这种掌控的部分"杠杆"如今掌握在医务人员手中②。医疗化的特征是社会和政治问题与医疗本身的融合③，这在新冠疫情大流行期间表现得最为明显，当时几乎所有社会存在和发展问题基本都是通过医疗保健得到解决的。在新冠疫情大流行期间，社会对生物医学知识作为一种强制性的最低社会导向型关注显著增加，广泛交流思想、观点、新的治疗和疫苗接种方法不再是缘于无聊的好奇心，而是至关重要的进程。大流行的情形直观地表明，交流热点科学知识对科学家本身和整个社会是多么重要。

因此，基于开放科学范式的现代科学知识引导科学家和研究团队不断与社会互动④是必要的，首先，因为科学知识完全是为了服务社会、改善人类生活和保护环境。其次，现代科学不能将自己封闭在自己的"内心"世界中，必须关注那些对21世纪社会有意义的价值、课题和难题，正是公共利益和需求指明了现代科学的科学研究方向，社群广泛参与研究成为社会导向型科学的有效手段。

---

① International Ethical Guidelines for Health-related Research Involving Humans（2016）. Prepared by the Council for International Organizations of Medical Sciences（CIOMS）in collaboration with the World Health Organization（WHO）. Available at：https：//cioms.ch/wp-content/uploads/2017/01/WEB-CIOMS-EthicalGuidelines.pdf.

② Тищенко П. Д.（2001）Биовласть в эпоху биотехнологий. М.：ИФ РАН, 2001 – 178с.

③ Sokolchik V. N.（2017）Medicalization of society：consequences and risks. Proceedings of the International Scientific Conference "Topical Issues of Science and Education" vol. 2 – RS Global S. Z. O. O., Warsaw, Poland, 2017. – p. 52 – 56.

④ Сокольчик В. Н（2023）. Открытая наука как новая парадигма научных исследований：проблемы и перспективы（на примере биомедицинских исследований）. Труды БГТУ. Серия 6：История, философия. 2023. №1（269）, с. 163 – 169.

一、主 要 内 容

通过社会团体发起研究、提出研究领域中最重要的社会导向型难题，以及通过相关社群参与研究的成型，通过与研究参与者的持续互动，通过讨论（包括中间讨论）获得的知识、其在社会中传播、在科学研究中进一步使用获得的数据来实现社会参与研究过程[①]。

让社群参与生物医学知识的研究尤为重要，因为生物医学知识影响到特定个人和社会群体当下的切身利益。这里广泛应用制定组织科学与社会相应互动机制和模式的生物伦理学（生物医学伦理学）战略[②]，包括防止因偏见和歧视等造成的对研究参与者和与研究相关的社会团体的不公正不平态度，在让受试者参与研究和（或）使用其数据时尊重个人的自主权，实现社会代表对研究进行监督和民主评价的伦理标准[③]。

尽管英语和俄语文献中使用了各种术语来表示社会代表参与研究，但所使用的所有术语都有其应用特点。表示社会参与科学研究的最常见术语包括英语术语"众包"和"社群参与（community engagement）"，强调了开放科学范式下社会代表与科学研究之间关系问题的不同方面。

二、众包和社群参与

众包概念最早是杰夫·豪（J. Howe）2006年在一篇文章中提出的[④]。然而，在其后五年里，这一概念也扩展到了非商业领域，特别是在科学

---

① Распространение и использование данных в открытой науке может быть обозначено термином «data visitation»（посещение данных）.

② Хельсинкская декларация Всемирной Медицинской Ассоциации «Этические принципы проведения медицинских исследований с участием людей в качестве субъектов исследования» (1964–2013). Available at: http://info.medic.today/load/wma1/1-1-0-3.

③ World Medical Association, "World Medical Association Declaration of Helsinki: Ethical Principles for Medical Research Involving Human Subjects", JAMA. 2013; 310 (20): 2191–2194. doi: 10.1001/jama.2013.281053.

④ Howe J. (2006) Crowdsourcing: A Definition. Available at: http://crowdsourcing.typepad.com/cs/2006/06/crowdsourcing_a.html.

研究领域。因此，在范·尼凯克（Van Niekerk）及其同仁的文章中①众包被定义为"利用非专业人员和网络社群的集体智慧来实现既定目标的问题解决和生产机制"。作者写道，"社会创新倡议（众包）主要旨在可持续地解决健康问题，加强这些体系的潜力"②。根据世卫组织关于众包和社区参与健康相关研究的指南③，定义了与健康领域研究活动相关的两种主要类型的众包——研究受试者参与的众包（即针对特定人——特定研究项目的受试者）和通过社群参与研究过程以达成明显有益社会的成果的众包（即相应问题相关的各种社会群体）。

社群参与（"community engagement"，以下简称"CE"）的概念在很小程度上而言是生产算法型，很大程度上是社会导向型，与其说强调人们参与的个别性，不如说强调他们作为某类相关群体（社群）的代表参与研究。在英语文献中，社群一词解释为具有共同特征或兴趣、联系、相互信任、社会凝聚力和社会关系的人群④。在这种情况下，社群代表是所指群体的集体观念、其集体价值、愿望、计划、希望、恐惧、思维定势等的"载体"，没有特定人的个人主义、实用主义的特点，后者专注解决自有问题，时而自私自利，并不总是有明确的任务（例如，参与生物医学研究的个人可能只对其参与的经济回报感兴趣，而不了解对其健康和生命质量的影响和前景预期；而相关社群的理解情况，不着眼于眼前的利益，而是明白特定人群的利益、价值和利他主义）。

这类社群——对所讨论的问题相关的正式和非正式团体和协会——可以代表宗教、政治、专业等完全不同的方向。一般来说，社群参与开放科学研究的过程可以定义为"直接或间接受研究结果和（或）研究过

---

① Van Niekerk et al.（2020）Crowdsourcing to identify social innovation initiatives in health in low-and middle-income countries. Infectious Diseases of Poverty 9：138. Available at：https：//doi. org/10. 1186/s40249-020-00751-x.

② Van Niekerk et al.（2020）(см. 15).

③ Crowdsourcing in health and health research：a practical guide（WHO，2018）. Available at https：//socialinnovationinhealth. org/wp-content/uploads/2019/02/Guide _ Crowdsourcing-in-Health-Health-Research_2018. pdf.

④ MacQueen, et al., "What is community? An evidence-based definition for participatory public health", American Journal of Public Health, 91（12），1929-1938. Available at：https：//doi. org/10. 2105/ajph. 91. 12. 1929.

程影响的问题相关的社会团体的重要参与过程"①。社群参与研究是防止歧视、侵犯研究受试者的人格自主权以及数据收集和处理的透明度、结果的传播,甚至是克服健康领域分配中可能出现的不平等的关键因素。社群参与还可以确保研究的实施符合受试者的文化特征,尊重现有的群体标准和社群新出现的需求②。

2022年,笔者参加了世界卫生组织(WHO)的国际科学项目"研究伦理委员会让社群参与东欧和中亚国家健康研究的活动:实施和传播结核病相关研究成果的社会创新模式"["绘制东欧和中亚国家社区参与健康研究的伦理委员会(IEC/IRB)实践:实施和转化结核病相关研究成果的社会创新模式"]["Mapping Ethics Committee(IEC/IRB)Practices for Engaging Communities in Health Research in Eastern Europe and Central Asian countries: social innovative models for implementation and transferring the results of TB-related research"](以下简称 CE – 2022)③。采访社会各界专家,包括 CE – 2022 项目参与国的医疗保健系统和患者,研究人员最初面临着受访者对"社群参与"一词的理解不一致,以及专家之间在社群参与研究上的目标和任务、方法和技术、障碍方面的分歧。几乎所有专家(亚美尼亚、白俄罗斯、哈萨克斯坦和吉尔吉斯斯坦总共有 50 多名专家)都指出了社群参与生物医学研究的重要性,但他们对谁、如何以及为什么参与的定义非常不同。因此,国际组织的代表指出,社群参与的目的是让相关的社会群体参与初步评估或筛选选定群体(对照群体和

---

① Valerya Sokolchik, Sarymsakova Bakhyt, Kudaibergenova Tamara, Sahakyan H. Gagik and Muradyan Mariam, "The Social Model for Research Ethics Committees Regarding to Engaging Communities in Health Research in Eastern Europe and Central Asian Countries (Based on Tb-Related Research)", *Clinical Trials and Case Studies*, 3(1); DOI: 10.31579/2835 – 835X/045. Available at: https://clinicsearchonline.org/article/the-social-model-for-research-ethics-committees-regarding-to---engaging-communities-in-health-research-in-eastern-europe-and-central-asian-countries-based-on-tb-related-research.

② Han, HR., Xu, A., Mendez, K. J. W. et al.(2021)Exploring community engaged research experiences and preferences: a multi-level qualitative investigation. Res Involv Engagem 7, 19(2021). Avaliable at: https://doi.org/10.1186/s40900 – 021 – 00261 – 6.

③ Valerya Sokolchik, Sarymsakova Bakhyt, Kudaibergenova Tamara, Sahakyan H. Gagik and Muradyan Mariam,(2023)(см. прим. 19)。

核心群体）。研究医生将 CE 视为社会团体参与，用以确定患者和医生群体的需求以及如何满足这些需求，将社群参与视为一种常规程序，而不应进一步讨论，更不应监督。有趣的是，主要是在非国家（包括国际）研究的背景下考虑社群参与的重要性，而在属于国家卫生组织集体发起的研究中，从组织资源的角度来看，社群参与通常被认为是多余和不合理的行为①。

独联体国家专家的这种反应清楚地表明了国家医学代表的家长式态度，表明国家机构做出的与健康有关的决定（在生物医学研究方面）是绝对正确的、经过初步验证的、与公众舆论相关的，不需要以生物伦理研究战略为导向。这样的立场从根本上来说是错误的，因为在开放科学范式中，人文指导和社会监督必须作为生物医学研究所有类型的一部分，人类的生命和福祉、民族的健康和国家的繁荣可能间接依赖于这些研究。否认应用生命伦理标准和研究模式的必要性意味着科学话语与后非经典科学价值的不一致，以及对科学赖以生存的人和社会的不尊重②。

社群参与生物医学研究的阻碍和障碍。社会中的阻碍和障碍使社群参与科学（包括生物医学）研究现代战略的发展变得复杂，应该指出的是，这些障碍的形成不仅与社会和科学问题直接相关，而且与科学（生物）知识的伦理支持不足有关，这就要求形成和推行现代研究伦理模式、开放科学规范，并发展科学研究的伦理和法律支持机制。

因此，社群参与（以及整个开放科学范式）战略"停滞"的深层原因是在生物医学研究中违背生物医学伦理原则及其执行不足③。即

——个人自主原则（患者和受试者的意识水平低，对问题的认知水平低，甚至隐瞒问题，有时违反研究参与者的数据保密性，其信息不安全性，签署知情同意时违规操作以及与有违伦理等）；

---

① Valerya Sokolchik, Sarymsakova Bakhyt, Kudaibergenova Tamara, Sahakyan H. Gagik and Muradyan Mariam, (2023) (См. прим. 19).
② Добровольное информированное согласие (2022) /научный редактор А. Г. Чучалин, Е. Г. Гребенщикова. М. : Вече, 2022. 288с.
③ Beauchamp T. L., Childress J. F., *Principles of Biomedical Ethics*, New York: Oxford University Press, 1994.

——公平原则（其中包括接触关键人群时遇到的某些困难①、对患有严重社会危害性疾病的患者的污名化等）；

——"行善"原则（国家和非国家组织就生物医学研究——特别是与成为公众宣传和讨论禁忌的社会危害性疾病有关的研究时，不愿意和（或）不能合作）；

——"不伤害"原则（医务人员/研究人员经常无法使用现有的快速检测和其他国际组织提供的装置、设备；卫生防疫局工作不足，研究人员与社会之间缺乏反馈等）。

当然，生物医学研究不符合生物医学伦理原则的情况要广泛得多，此外，每个社会（国家）都有其特定的障碍和特点，涉及经济和政治问题、卫生系统的发展和组织水平、研究伦理和生物伦理的地位、研究伦理委员会活动的特殊性等。

在专家访谈和对不同国家 CE（社群参与）情况的研究中发现，社群参与研究的主要阻碍和障碍可以分为经济、政治、法律、社会文化等方面，此外还有研究人员培训问题，包括缺乏生物医学研究领域的伦理和法律知识以及对开放科学范式的理解。

根据开放科学的要求开展生物医学研究时的经济和政治障碍既与国家级的研究项目资金不足有关，也与不能（不愿意）与研究领域的国际组织互动有关。由于后苏联国家的很大一部分生物医学研究（特别是与世界各地流行的社会性疾病有关的研究）是利用国际基金会的资金进行的，因此，需要国家和国际机构（和预算）之间的持续互动，防止相应研究项目因政治分歧而终止。同时，可以确定国家和国际科学项目之间

---

① Например, при изучении туберкулеза значительная часть носителей этого заболевания-заключенные, доступ к ним как к заинтересованной группе и как к субъектам исследования значительно затруднен.

缺乏联系或联系极其薄弱，国家科学项目成果实际上缺乏传播①。

接受 CE-2022 项目采访的专家还指出，社群参与科学研究还存在法律和社会文化方面的障碍。专家指出法律障碍是指生物医学研究领域包括相应标准（特别是信息保密、知情同意、患者数据库规范等）在内的立法及其执法实践不完善。专家指出社会文化障碍是最难以克服的。因此，尽管开展了广泛的教育工作，但公众舆论对患有各种疾病，特别是传染病的患者（和研究参与者）进行了或明或暗的污名化。例如，社会在意识和心理上很难转变对结核病、艾滋病毒、肝炎等的偏见。因此，让这些社群参与研究被视为对社会及其成员安全的一种威胁。再加上缺乏医学知识，这种"安全威胁"会造成歧视和污名化——实际上排除了相关社群参与讨论和传播结果的机会。

据受访的专家称，在对社会危害性疾病的研究领域存在最严重的社群参与研究的难题。同时，除了由于社会的成见和偏见以及公民对疾病的情况和特征缺乏认识而产生的对患者的社会歧视和污名化之外，还有来自周围环境甚至亲属的歧视和污名化（例如，邻居、同事和亲戚对结核病患者往往持警惕甚至敌视态度——对感染的恐惧压倒了慈善和理性行为）②。

关于社会危害性疾病，传统社会在社群参与研究方面也存在性别阻碍，例如，由于社会偏见，女性更有可能隐瞒自己的疾病，因此不太愿意在研究的形成和结果讨论阶段参与研究③。

---

① Б. Е. Сарымсакова, Т. А. Кудайбергенова, В. Н. Сокольчик（2022）. Роль этических комитетов в вовлечении сообществ в исследования по туберкулезу-Интеллектуальная культура Беларуси：проблемы интерпретации философского наследия и современные задачи гуманитарного знания：материалы Шестой междунар. науч. конф.（17–18 ноября 2022 г., г. Минск）. В 2 т. Т. 2/Ин-т философии НАН Беларуси；редкол. А. А. Лазаревич（пред.）[и др.]. - Минск：Четыре четверти, с. 262–266.

② Valerya Sokolchik, Sarymsakova Bakhyt, Kudaibergenova Tamara, Sahakyan H. Gagik and Muradyan Mariam,（2023）.（См. прим. 19）.

③ Flicker, S., Travers, R., Guta, A., McDonald, S., & Meagher, A., "Ethical dilemmas in community-based participatory research：Recommendations for institutional review boards", *Journal of Empirical Research on Human Research Ethics*,（2018）13（5），580–591. Available at：https://doi.org/10.1177/1556264618783086.

社群参与研究受阻的原因还有研究过程中的社会沟通"失败",表现为国家研究机构、主治医生和研究人员、国家和非国家卫生组织等在研究过程中缺乏沟通和互动。

此外,专家指出,缺乏关于开放科学、研究伦理的知识,缺乏(或不了解)关于生物医学研究的社会文化、伦理和法律特殊性的指导准则和建议,评审科学研究的伦理委员会成员对问题的介入不足等,都是社群参与研究的障碍。

因此,除了社群参与研究困难(或不参与)的客观原因——即政治、经济、法律、社会文化等——在现代社会中,还有许多阻碍社群参与科学研究的"主观"原因。包括:

——首先,研究人员在应用开放科学范式及其组成部分方面缺乏准备。笔者认为,这不仅需要将开放科学的讨论纳入科学话语,还需要为青年科学家——硕士生、副博士生、博士生开设开放科学/科学伦理的专门课程;

——其次,对社群参与研究的形式主义态度与社会缺乏相关的伦理和法律建议、指南、手册以及关于所研究问题的实践数量不足有关[1]。这反过来又要求生物伦理学代表、研究伦理学和法律的专家参与解决问题,并开展涉及生物医学家、哲学家、生物伦理学家、社会学家、心理学家等的跨学科项目。关于社群参与研究的现有国际建议也值得注意,这些建议不仅需要引入,而且需要适应组织和开展生物医学研究的民族文化背景[2];

——再次,关于社群参与研究的最佳国内和国际实践的辩论和讨论文化尚不成型是研究实践的发展障碍。缺乏讨论对研究团队和社群代表都有负面影响,他们既没有机会(平台)也没有能力来表达合理化他们

---

[1] Questa K. et al. (2020) Community engagement interventions for communicable disease control in low-and lower-middle-income countries: evidence from a review of systematic reviews. International journal for equity in health. 2020, Dec; 19 (1), pp. 1–20.

[2] International Ethical Guidelines for Health-related Research Involving Humans. Prepared by the Council for International Organizations of Medical Sciences (CIOMS) in collaboration with the World Health Organization (WHO, 2016). Available at: https://cioms.ch/wp-content/uploads/2017/01/WEB-CIOMS-EthicalGuidelines.pdf.

的想法和思想。解决这一问题的办法可能是建立固定的关于生物医学研究问题的真实和虚拟讨论平台（让所有相关的人参与），以及对研究人员进行辩论、论证等技能的强制性培训；

——最后，伦理委员会①（以下简称EC）可以成为许多研究伦理事宜，特别是社群参与研究的重要咨询和监管工具。该委员会根据法规具有独立地位，拥有相关知识，包含不同社群的代表，并且总体上能够成为开放科学相关想法的传播者。然而，为了实现这些想法，伦理委员会（EC）成员必须接受相应的培训②，委员会的法定组成和地位必须符合法规和关于生物医学研究伦理方面的重要国际建议，并且必须在社会上建立一个伦理委员会（EC）成员之间讨论和交流生物医学研究分析的先进经验的制度③。

同样重要的是，研究伦理委员会肯定需要扩展其在生物医学知识体系方面的实践，应包括与人类和自然研究有关的所有科学领域。

三、评价社群参与生物医学研究的伦理委员会活动模型

在CE-2022项目框架内制定了伦理委员会评价社群参与生物医学研究的活动分步模型，该模型认为需要联合研究各方——研究人员、受试者、相关的社群等的力量，以确保研究的有效性、实践导向性和人文导向性④。

伦理委员会必须能够揭示社群参与的研究，同时，在包括结果阐释

---

① В разных странах обозначаются по-разному-НЭК，REC，RIB и др.
② Flicker, S., Travers, R., Guta, A., McDonald, S., & Meagher, A. (2018), "Ethical dilemmas in community-based participatory research: Recommendations for institutional review boards", *Journal of Empirical Research on Human Research Ethics*, 13 (5), 580-591. Available at: https://doi.org/10.1177/1556264618783086.
③ Сокольчик, В. Н. Роль этических комитетов в обеспечении прав человека при проведении биомедицинских исследований и испытаний в Республике Беларусь-Труды БГТУ, сер. 6 №1, 2021 - с. 146-150.
④ Б. Е. Сарымсакова, Т. А. Кудайбергенова, В. Н. Сокольчик (2022) См. прим. 26.

第二十二章　开放科学与社会：社群参与研究的问题

和传播等研究的所有阶段监督社群参与的过程。在这种"开放"研究中，伦理问题变得更加复杂，因为明确定义的角色（例如，研究参与者）被"模糊"化——研究受试者同时成为执行者和团队成员，为了形成研究目标、方法、假设等他们不仅同意参与，还分享他们的知识和想法[1]。此外，伦理委员会采取特别行动以保护参与所有研究阶段的社群的利益，为后者提供伦理支持。为了实现这一目标，伦理委员会必须有自己的研究伦理审查策略，以及相关的标准操作程序[2]和建议[3]。

伦理委员会评价社群参与研究的活动模型含有几个连续的步骤：

伦理委员会必须采取的第一步是确定社群参与的目的或宗旨，谁应该参与，其将代表和保护谁的利益，社群在经济、政治、社会条件、规范、价值、作为一个社会群体的生存趋势以及他们（社群）对参与研究的倡议和看法等方面的具体情况。为了实施这一阶段工作，伦理委员会必须对社群有一个工作定义，并确定社群本身如何看待参与研究，其是否了解参与研究的收益和费用。

第二步是确定社群是否真正融入了研究，抑或只是在项目的不同阶段让人们参与讨论的"一次性"尝试。在这一阶段，重要的是要认识到社群的参与是有体系的，即参与的社群作为固定伙伴从提出研究问题、选择研究方法到分析、阐释和传播结果完整参与研究[4]。

第三步是确定社群参与研究特定阶段的程度、界限和合理性。通常，不让非研究团队参与高技术操作、计算、结果制定等阶段。

第四步是确定社群参与过程的伦理和咨询支持度（研究的所有阶段是否都应根据这一情况进行分析），相关社群（其代表）是否在整个研究过程中都积极参与。在这一阶段，还需要确定参与研究的所有阶段是否都必须被分析，伦理委员会也需要明确对联合研究的伦理支持的界限。

---

[1] Green, L. W., & Mercer, S. L. (2001), "Can public health researchers and agencies reconcile the push from funding bodies and the pull from communities?" *American Journal of Public Health*, 91 (12), 1926-1929. Available at：https：//doi.org/10.2105/ajph.91.12.1926.

[2] СОП-стандартная операциональная процедура.

[3] Code of Practice for Research. Promoting good practice and preventing misconduct (2023). Ukrio, Version No.：3.0, 16.06.2023. DOI：https：//doi.org/10.37672/UKRIO.2023.04.

[4] Б. Е. Сарымсакова, Т. А. Кудайбергенова, В. Н. Сокольчик (2022). (См. прим. 26).

第五步是伦理委员会对研究人员和研究参与者——其受试者和参与社群的应有咨询和监督援助。例如，伦理委员会可以监督并要求研究人员说明他们是否在研究过程的所有阶段（如果适用）与社群互动，以及拟制定的研究计划和设计是否考虑了这类互动。根据所研究的问题，社群参与可能包括与社会组织发展伙伴关系、举行社群会议、形成焦点小组以及向社群定期提供研究进展情况。

总体而言，伦理委员会必须在吸引和直接实施社群参与方面发挥关键作用，以便能够监督研究过程，为研究人员提供建议，并"发送"力量，形成人文导向和伦理正确的科学知识。通过鼓励社群参与研究，伦理委员会不仅促进开放科学的发展，而且还保障符合社会价值和利益的重要科学研究。

四、白俄罗斯的经验

总的来说，文章中提到的所有问题都与对开放科学范式缺乏理解、研究人员不完全参与其现代研究实践、缺乏社群参与科研项目（及其成果传播）的既定策略以及众包手段对科学知识的覆盖薄弱有关，也是白俄罗斯社会的特征。然而，生物医学科学相当广泛地讨论了这一议题，认识到在社群传播生物医学知识的重要性，并让社群参与制定和开展研究。

在社群参与的背景下，实现开放科学模式的重要里程碑是跨学科公共讨论、会议、科学院哲学研究所、白俄罗斯医学研究生教育学院以及教育机构白俄罗斯国立医科大学国立生物伦理学中心的教育活动[①]。

这些活动是通过具体举措实施的，包括培训和研讨会、跨学科会议和圆桌会议，积极利用学习平台、在线学习资源，组织关于生物伦理问题的学生活动和竞赛，与青年科学家合作等。

开放科学领域传统上有效的教育方式包括组织相关的培训及与青年科学家合作。比如，2017—2023 年与青年科学家就生物医学和研究伦理

---

① https：//bioethics.bsmu.by/.

问题以及开放科学范式的研究进行合作的实践发展起来。除了在所有硕、博士生课程学生必修的哲学和科学方法论课程范围内研究开放科学的热点问题外,学术教育策略还必须辅以讨论、培训和研讨会等非传统实践。因此,在"生物伦理大学"项目(2022年由白俄罗斯国立医科大学国立生物伦理学中心在联合国教科文组织的支持下组织的)的框架内,为那些希望获取免费课程的人,在白俄罗斯医学研究生教育学院在线学习平台上组织了免费的在线课程"生物医学伦理学基础",课程包括在开放科学条件下的生物医学伦理学和生物医学研究的实施。在"生物伦理大学"结业大会上进行培训成果总结和培训结业证书的颁发仪式[1]。

关于开放科学问题的研讨会和网络研讨会已成为白俄罗斯与青年科学家合作的传统——例如,2019年青年科学家培训"生物医学研究的良好实践"(与世卫组织联合举办)[2];2021年国际在线网络研讨会"生物医学领域的公共辩论"[3];2020—2023年医学人类学和生物伦理学研讨会(莫斯科)框架内的白俄罗斯国立医科大学国立生物伦理学中心关于社会意识和社群参与研究问题的圆桌会议[4];2023年青年科学家在线科学研讨会"论文伦理评审的热点问题"[5];关于开放科学的科学研讨会和网络研讨会[6]以及人工智能工具在开放科学中的使用;白俄罗斯国立医科大学国立生物伦理学中心的长期多学科在线讨论[7],出版针对青年科学家的方法

---

[1] https：//bioethics. bsmu. by/news/on-december－10－a-forum-with-international-participation-bioethical-university-was-held-at-the-hotel-belarus－(minsk).

[2] https：//bioethics. bsmu. by/news/training-for-young-scientists-the-proper-practice-of-biomedical-research.

[3] https：//bioethics. bsmu. by/news/international-online-webinar-public-debates-in-the-field-of-biomedicine.

[4] Адамович А. Ю., Сокольчик В. Н. (2022) Круглый стол «Доступ к медицинским ресурсам в период пандемии COVOD－19» и обсуждаемые проблемы, Медицинская антропология и биоэтика, № 1 (23), 2022. DOI：https：//doi. org/10. 33876/2224－9680/2022－1－23/02；https：//www. youtube. com/watch？v＝ZFQLWzh_p0c.

[5] https：//m. youtube. com/live/ShTIjV－42Y0? feature＝share&fbclid＝IwAR1BUEaW6ASEcd-zbTgMexyAHQIFklvTmQKqNkbzStk2xVxacxpmbcWXwPI#bottom-sheet.

[6] https：//bioethics. bsmu. by/news/nau4－2023.

[7] https：//www. youtube. com/@ bioethics9637.

手册①等等。

重要的是,应与青年科学家在开放科学和生物医学伦理领域(开放科学的伦理支持是其存在的先决条件,也是其人文导向的保证)进行综合合作——从论文和方法手册到特殊培训,为讨论问题创造条件,并监督执行生物医学研究实践中的伦理标准。包括开放科学范式在内的发展中的科学知识要求研究人员掌握的现代科学伦理原则和标准,并在实践中合理应用,这就能保护人,不仅关注客观的科学知识,还关注人们的世界观、对科学知识和研究人员的信任程度。

与白俄罗斯社会,特别是青年学生的生物伦理教育相关的另一项重要倡议是2018年在白俄罗斯共和国举办的"人人可知的生物伦理"大学生竞赛,由白俄罗斯共和国生物伦理委员会主办②。白俄罗斯共和国20所大学(不同专业方向)的代表参加了竞赛,通过160篇论文、140张海报和27个视频展示了他们对生物伦理问题的看法。竞赛激发了青年学生对生物伦理知识和生物医学知识领域开放科学问题的兴趣。学生们在关于生物医学具体问题的论文中谈到了辅助生育技术、人工流产、器官和组织移植的伦理问题,以及社会对残疾人的态度问题、国内和缓治疗的发展问题、对社会危害性疾病(艾滋病毒、结核病等)和精神障碍患者的态度,提出了关于安乐死、医学研究和试验的伦理支持的话题。学生在其作品中提出了对经典问题的全新洞察力以及对这些问题的创造性解决方案。但竞赛中最重要的是每个参与者都感到自己"融入"了生物伦理话语,并成为跨学科对话的一部分,总体上成为在尊重人类、社会和生命价值的背景下的科学生物医学知识的生物伦理支持的基础。

尽管其在白俄罗斯社会的覆盖面不同,实施方法也不同,但上述所有实践都旨在完成一项极其重要的任务,即让各类社会群体,尤其是年轻人参与提出、讨论和解决与开放科学相关的问题。在生物医学的背景

---

① Голобородько Н. В., Сокольчик В. Н., Александров А. А. Рекомендации по получению информированного согласия на участие в научном исследовании: учеб. - метод. пособиеМинск: БелМАПО, 2020. - 36 с.; Сокольчик В. Н., Сидоренко И. Н. Философия и методология науки. Введение (лекции) - Минск, БелМАПО, 2022 - 230 с.

② https://vimeo.com/channels/bioethicscompetition2108.

下，社会的生物伦理教育成为社群参与研究的一个极其重要的因素，因为它不仅使人们能够获得几乎所有人都关心的重要问题（健康问题和保健战略）的知识，而且使人们能够参与讨论和解决与开放科学的相关问题，对其道德导向性、人道主义价值的特权和社会导向性产生重大影响。

尽管我们在开放科学范式中为发展我国社会的教育和普及进程做出了重大努力，但必需指出现有的缺点，并说明解决白俄罗斯开放科学形成过程中的重要问题的预期前景。

首先，我国必须制定明确和周密的具体分步政策，最大限度地在白俄罗斯社会中传播对开放科学本质和方法的理解。要实现上述目标，必须：

——为所有大学专业设置开放科学和生物伦理学基础课程，包括为研究人类和自然科学的专业和青年科学家开设生物伦理学高级课程；

——在各部委、科学院和大学长期开展旨在对社会进行广泛的科学和生物伦理教育的活动，包括会议、论坛、竞赛、大师班等；

——在专业大学、科学院研究所、大型医疗机构设立生物伦理学中心，用于组织生物伦理学教育，并让社会代表参与热点生物伦理讨论；

——对伦理委员会成员设置进行长期培训及他们在讨论与开放科学伦理支持相关的热点问题时进行协作的制度；

——在人类和自然研究有关的所有科学知识领域扩展研究伦理委员会的实践；

——与科学研究组织及其子单位、青年科学家协会、科学院制定研究和测试政策和实操法，社会（社群）代表长期参与研究的设计、实施、讨论和成果传播。

五、结　论

笔者认为，如果不考虑社群（社会）参与科学研究的因素，也不考虑社会（研究人员）生物伦理学方面的教育趋势，就不可能谈论包括生物医学知识领域在内的开放科学范式的形成。只有依靠文明社会并让其参与到科学活动中，才有可能形成现代科学研究，这种科学研究不仅着眼于获得某种新成果，而且优先着眼于人类、社会和自然的保护和发展。

当下，关注开放科学范式发展的国家模式，并相应地实施让社会参与研究的战略是极其重要的。尽管关于科学对整个社会（而不仅仅是某个"封闭"科学俱乐部的代表）的价值和公众可及性的世界观正在形成，并且通过社会代表（作为研究和测试的参与者、资助科学项目的纳税人和将科学知识付诸实践的人）实施科学项目，但在日常现实中，国内科学在制度上和认知上往往与社会广泛阶层保持封闭状态。要转变这种情况，就需要在了解科学的新地位和视野、科学界的教育和发展的背景下对社会进行广泛教育，与年轻科学家合作，在社会中传播科学知识（媒体上的科普出版物、关于现代科学发现的热门话题的演讲和讨论、与社交网络的合作——组织专题小组和协会、与大科学家和发明家的会谈）等。当今，采用有助于传播知识，有助于解释其人文导向和社会价值的手段是特别重要的。

为了在社会中形成开放科学范式，必须：

——确定国家的开放科学政策，通过教育、鼓励社会不同群体参与科学项目、建立和注册开放研究数据库、推动科学普及活动等来促进科学家参与践行；

——组织对包括科学家在内的公众进行开放科学教育；

——积极形成开放科学领域的国际互动，鼓励创建相关的国际平台、项目、委员会等；

——根据开放科学原则，与研究人员和科学家一起积极吸引赞助者、专家（例如，生物医学领域的医生）、社群代表（例如，患者）、政治家和所有在社会中具有发展开放科学的相关权威者参与科学项目；

——对青年科学家进行基于开放科学范式工作原则的强制性培训和教育，促进对青年科学家的相应启蒙和教育；

——发挥伦理委员会在科学研究审查过程中对开放科学想法的推进作用，包括设立相应的致力于不同知识领域的研究伦理和开放科学问题的委员会；

——在研究和审批科学项目时，伦理委员会（或其他的科学项目审查机构）根据上述建议，需要以开放科学范式为指导，认真研究人工智能在研究中的使用问题，强调保护人权和自然的问题。

  总之，开放科学范式的形成与社会参与科学知识的发展和传播密不可分，今天需要在教育领域做出重大努力，发展科学组织的相应政策，建立发达的伦理研究委员会体系。科学发展的新范式将使得科学与整个社会之间能密切互动，为整个社会提供现代科学知识的重要人文动力和价值意义。

第二十三章　自然环境质量社会生态评价的伦理基础

亚历山大·切尔文基（Alexander Chervinkiy）*

本章分析了在社会环境管理理论与实践中构建生态文化的伦理基础问题，揭示了自然环境质量评价结果与人们对生态状况主观感受之间的关系，提出了开展自然环境质量生态评价时需要优先考虑的伦理问题。

一、引　　言

本章的主要目的是明确生态伦理在综合评价人类自然栖息地质量过程中的作用及其调节功能。研究这一问题的迫切性在于，生态环境评价本身并不是自给自足的规范设计逻辑操作，而是自然改造过程的初始阶段，其最终结果意味着被评价的生物系统内容会发生重大变化。即使在自然系统审美评价等看似中立的程序中，也隐含着未来的人为转变。例如，为建设疗养院和健康综合体改变自然景观或构建探索性的生态和教育结构等。因此，社会环境评价应始终被视为未来人为变革的开端。理解伦理假设在优化社会与自然互动中的调节作用，对于研究社会环境问题、生物伦理解决方法的学者而言，是司空见惯的，似乎是最具启发性

---

* 亚历山大·切尔文基（Alexander Chervinkiy），白俄罗斯国家科学院哲学研究所哲学副博士。

的方法论探索方向。

二、社会生态评价的伦理基础问题

评估程序的出发点在于可以明确对问题进行规范性解释的方法。同时，重要的是要将基于对社会与自然互动协作这一解释方法排除在评价程序之外，这种解释在哲学方法论中被称为"静观"。在我们的例子中，如果静观不是直接忽视社会与自然互动协作的实际性质，那么至少是对人类在其栖息地自然环境中的积极行为的规范性低估。静观方法基于对客观现实被动感知的观念，在社会生态学中，传统上侧重于对自然物体的外部和"表象"进行某种理想化的规范性描述，将物体视为不受任何影响以及人为改造的既成客观现实。在这种解释中，人作为综合评价工作的主体，以某种抽象的形式出现，被赋予了"不消费"物质自然价值的天赋，从而能够超越对自然栖息环境质量的功利性和实用性理解。

如果用哲学语言来表达，我们可以说，在这种坦率的假设情况下，对生物群落的评价可能仅限于将自然系统的质量解释为其状态，而不合理地忽视了其结构功能的确定性。这种社会生态学伦理标准的论证方法在哲学上是有缺陷的，因此在方法论上是站不住脚的。这个结论的一个鲜活论据就是对 I. 屠格涅夫（I. Turgenev）、M. 普里什温（M. Prishvin）、S. 阿克萨科夫（S. Aksakov）等俄罗斯艺术家在自然栖息环境实践中的真实行为的呼吁。这些作家是自然美景的崇拜者，同时也是热情的猎人，在这种定性的表现中，他们时刻准备着杀死野生动物，捕获受伤的飞禽走兽，相信这种自然环境中的人类行为形式是完全自然的。在这种情况下，文学描述性的静观以一种不自然的方式与承认一个人在狩猎、捕鱼、伐木和其他实际形式的社会与自然互动中所表现的残忍行为的合法性相结合。与此同时，没有理由怀疑作者们的真诚，他们积极体验并宣传对自然形态之美的情感喜悦，至少对人类在实施社会自然资源利用管理的物质和实践形式时不可避免地表现出对残忍的误解。社会自然互动的审美（实际上是静观的）和伦理方面是存在距离的，即存在它们相互概念异化的影响。

在 L. N. 托尔斯泰（L. N. Tolstoy）的自传中描述的一个奇怪案例可以作为上述静观方法论错误论点中令人信服的论据。① 在传统的傍晚散步中，作家机械地拍了拍一只落在脸颊上的蚊子。一个普通案例的奇怪之处在于，一切都发生在哲学—伦理概念"不抵抗邪恶"的作者向他的同伴概述其基本假设的那一刻。立即有人指出，他的具体实际行动是杀死一个生物，构成了以恶报恶的程序，因此违背了这一概念的基本假设。也就是说，真实的实践表明，如果在被动静观的基础上构建道德准则并非彻底失败，那么至少表明这种标准在功能上存在明显的局限性。情况的离奇之处在于，不仅人类，而且任何温血动物的血液都是雌性蚊子进行繁殖的基本条件。因此，捕食性昆虫对这一重要需求的实现超出了社会伦理态度的框架，不能用社会自然关系规范结构中的"好与坏"原则来解释。蚊子的吸血功能以及野生动物成员残忍猎食的其他表现，应该被认为是理所当然的，并在道德评价范畴之外进行研究。

然而，这一结论还没有解决社会自然关系体系环境评价中的伦理困境，这只是在环境管理实践中寻找道德基础问题的一个阶段。人类是一种生物社会生物，而且是食肉生物，因此，是否有可能形成任何规范性准则来指导评价其在自然环境中的实际活动形式、规模以及结果，这仍然是一个有争议的问题。道德要求体系的构建必须考虑到这样一个事实，即在社会自然互动的实践中，人是作为一个消费者而存在的。反过来，托尔斯泰在他的论文中阐明了问题的解决方案，即在社会关系的实践中不允许以思辨性的思想为指导，道德规范必须根据日常实践的现实进行调整。

在社会和生态环境主题的概念结构中，实用方法假设参与积极管理自然资源利用的人充当以下角色：第一，评估程序的决定性因素；第二，栖息环境质量规范性定义的实施主体；第三，优先评估向量确定过程中的实际监管机构。在这种情况下，应该记住，所需评估的自然环境结构变化规模并不重要，重要的是对影响自然新陈代谢过程中的人为干预进

---

① Л. Н. Толстой，"Записки христианина"，Дневники 1881 – 1887，Полное Собрание Сочинений，Том 49，с. 186.

行规范性描述。

可以得出这样一个结论，不考虑积极形式的社会自然资源利用管理实践的静观方法，在自然系统地位的规范性定义中不能具有任何优先权，因此，无助于证明综合社会生态环境评价伦理标准的合理性。①

在我们的例子中，承认自然改造实践优先于静观方法，似乎是对自然栖息环境质量的规范和评估解释以及生态文化基础形成的基石。

从理论上讲，这个问题与生态环境道德现象的研究有关，这是社会自然资源利用管理理论中最紧迫的问题之一，同时也是研究最少的问题之一。拥有现代生产资料的人在社会和自然关系体系中的地位特点是，他被证明是地球表面全球变化的主要决定因素之一，因此，生态环境伦理，表现在开发、论证上，最重要的是表现在自然环境的最佳影响方法上，可以作为专业成熟度的一个相当明显的指标。

基于生态文化的基本组成部分是生态素养的理念，生态素养传统上被理解为关于生物圈系统发展的基本模式及其与社会功能联系知识的总和，以及在社会自然资源利用管理过程中运用这些知识的能力，应特别注意其现实性问题。

生态素养表明，对人类周围自然系统的理论描述应说明经济意义上的最为重要的生态系统，以及对维持人类正常生物生活条件至关重要的系统。② 这种划分的主要标准可以是社会和自然联系的间接性指标。因此，用于分析工业自然资源利用管理过程的差异化方法，包括作为原料来源的自然资源之主要经营利用参数的可选择性是环境友好且同时具有社会效率的企业管理条件。这种方法更加合理，因为现代生产过程必然涉及人类对自然栖息地的影响，而社会—自然相互作用中的优先事项选择在很大程度上受到经济可行性的限制。理解情况的出发点不仅是认识

---

① Вагнер, И. В. Экологическая этика как гуманитарный компонент экологического образования//Вестник МГГУ им. М. А. Шолохова Серия 《Педагогика и психология》 №2, -М.: 2008. -121 c, с. 213.

② Урсул, А. Д. Проблема безопасности в контексте ноосферологии/Высокие технологии в структуре устойчивого развития: проблема соответствия ноосферным ценностям/Широканов Д. И., Урсул А. Д., Буслова М. К. [и др.]; Институт философии НАН Беларуси. -Минск: Право и экономика, 2009. -201 с.

到社会自然互动协作的主体——人的双重本质，而且是客体本身的双重本质，即周围的自然成分。自然环境的二元性问题在很大程度上超出了科学中承认或不承认复杂组织物体功能多样性的传统情况范畴，在科学中还没有被归为一个问题。① 如果就人类而言，生物社会二元性问题是既定的理论—方法解释对象，并且目前是自然科学（主要是医学和生物学）的兴趣课题，那么对象本身的二元性，即人类生活过程中周围生态系统的结构和功能多面性，或者典型的是技术界和自然界本身，是基于主体二元性优先于客体二元性的概念。从这个意义上说，当主体的生物内容与环境的自然方面相对应时，以及当主体的社会内容与人工成因、人为方面相对应时，人的社会生物学本质与社会自然关系的特殊性相关。根据这种观点，对人类周围自然环境的研究是以对生物圈社会消费的理论描述形式进行的，这种社会消费是通过对栖息地的技术扩张来实现的。

为了对人类自然环境结构进行综合生态环境评价，应确定对正常生命活动最重要的要素。显然，这种自然要素划分的标准可以是社会自然联系与影响客体的间接性程度，即受影响之自然成分的社会需求程度。例如，对森林湖泊进行有针对性的污染，即使其具有很大的美学价值，但此时不包括在营养社会—自然联系系统中，所以也不会产生那些可能在水系（饮用水源）中毒的情况下出现的社会经济后果。因此，必须根据不同的标准来评估对这些具有不同社会意义水系的人为影响行为。同时，在评估过程中，主要的伦理优先事项应放在反映人类在自然环境中正常生命活动条件的医学和生物学标准上。其它标准（美学、生物地质学等标准）应被解释为主要和次要环境质量指标的衍生指标。

这种基于客体质量特性层次关系原理的方法，在实践中可以作为有效的理论依据用以充分描述社会自然关系状态。

一个人的道德立场表现在他对自然环境的实际态度上，而这种道德立场的形成需要在社会中创造一定的情感氛围，而这反过来又意味着除了媒体有针对性的宣传工作之外，还需要对真正的和潜在的领导者进行

---

① Карако, П. С. Социальная экология: экологическое сознание/П. С. Карако-Минск: Экоперспектива, 2011. –216 с.

直接有针对性的培训。在这方面，按照科技工作者候选人考试模式引入某种生态学考试似乎非常有效。这种考试的方案应将关于全球层面的社会—自然对抗信息与反映生态环境状况区域方面的"当地材料"最佳地结合起来。① 在这种情况下，除了一般的博学之外，考生还必须证明对委托其管理的工业、农业、军事等设施对环境质量的影响性质有足够的了解。同样重要的是需要了解位于其管辖范围内的各种生物系统的休养机会。在环境极端地区，满足这一条件尤为重要，这些地区的环境质量问题至少不会因对自然系统结构的粗暴技术干预而加剧事故后果。

在环境质量恶化的情况下克服生态虚无主义表明，社会发展动态必然揭示社会生态学概念机制的全新应用领域，无论是在传统形式的人类生命活动中，还是在全新的、尚未广泛传播的社会自然相互作用领域中，都有足够的科学描述。

三、结　　论

研究结果是确定伦理学在形成现代人类自然栖息地环境质量综合生态评价中的作用和主要调节功能。得出的主要结论如下：

• 在道德基础上进行综合生态环境评价与在社会实践中引入最佳自然资源利用管理机制密切相关。这扩大了基于使用社会—自然动态规范描述方法的"社会—自然"系统中的功能关系优化前景；

• 生态环境文化的形成与自然环境质量保护问题有关，自然环境质量传统上被理解为这样一种自然环境状态：生物体的正常发育条件得以维持，生物圈形成的系统完整性得到保护，并确保最佳的自然资源利用管理水平；

• 在极端生态环境条件下，生态环境定位的爆炸性和"革命性"表现得尤为典型，这种情况下几乎没有必要的信息基础，在生态环境道德的形成方面前景渺茫；

---

① Андреев, М. Д. Экологическая культура как основа гармонизации отношений между обществом и природой//Успехи современного естествознания. – М., 2009. – № 7 – C. 143 – 145.

● 生态环境的最佳条件呈现一种"进化"形式，即人类与自然环境之间遗传亲和力的逐步认识阶段，这种形式是生态环境伦理学发展中的优先事项。

在自然环境质量生态评价程序中，道德标准监管潜力的概念性描述旨在促进形成相应的战略，以便向生态友好的社会自然资源利用管理形式过渡。

Part I
"The Belt and Road" Initiative and the Modernization Development

Chapter 1 Construction of Eurasian Nation-States through the Lens of Modernization Theory

Sun Zhuangzhi[*]

The article discusses 11 newly independent Eurasian countries, emergent from the Soviet Union. They are categorized into three regional groups: five Central Asian countries, three South Caucasus countries, and Eastern European countries including Ukraine, Belarus, and Moldova. These countries, different from Russia which has an extensive national development history and the three Baltic countries which have a brief affiliation to Soviet, share similarities in the development course and a complex tapestry of political, economic, historical, and cultural connections. Despite their divergent paths marked by division, conflict or even war, they have collectively carved out a distinctive geopolitical and geo-economic niche. Over the past three decades of their independence, these countries have demonstrated varying economic strengths and political structures, yet they all

---

[*] Sun Zhuangzhi, Professor, Director of the Institute of Russian, Eastern Europe and Central Asia, CASS.

confront similar challenges, particularly in their arduous journey towards becoming modern nation-states.

I. Modernization in Eurasian Countries: Mode Selection and Restrictive Factors

Traditional modernization theory holds that modernization is a historical process, encompassing the transition from traditional economy to modern economy, from traditional society to modern society, from traditional politics to modern politics, and from traditional civilization to modern civilization. Following the Industrial Revolution, Western capitalist countries have held a leading position globally. Their approaches to modernization have been lauded by Western academia as the quintessential model, giving rise to classical modernization theory. The academic community designates the modernization development model of Western developed countries as the "early endogenous modernization development model", in contrast to the "late exogenous modernization development model" of developing countries[1]. Eurasian countries' modernization, which began late, has faced numerous challenges. During the Soviet era, they witnessed initial industrialization, urbanization, and advancements in culture and education. However, after gaining independence, they have had to reassess and redefine their path toward modernity.

(1) Profound influence of traditional modernization theory

In a broad sense, modernization is the global transition from agrarian to industrial societies; in a narrow sense, modernization is a process in which backward countries quickly catch up with advanced industrial countries.

---

[1] Sun Liping, Analysis of the Model of Late Modernization from Without, *Social Sciences in China*, 1991, Issue 2.

Chapter 1   Construction of Eurasian Nation-States through the Lens of Modernization Theory

Modernization, as a model of social change, is a systematic process[①]. Israeli sociologist and political scientist Eisenstaedt holds that "historically, modernization is an evolution towards a European-American socio-economic and political construct".[②] While acknowledging the diverse modernization contexts among countries, most Western scholars regard the failures and differences as transient, asserting that all kinds of differences in the process will vanish once the modernization is completed. As a result, countries that have undergone modernization are likely to exhibit traits common to Western developed countries, such as market economies, economic growth, democratic governance, and urbanization.

American scholar Almond also perceives a convergence in the modernization trajectories of various countries. He encapsulates the essence of classical modernization theory into four primary dimensions: economic industrialization, political democratization, social urbanization, and value secularization. This perspective significantly influences the political and economic transformations and the selection of modernization models in newly independent Eurasian countries. For these countries, the immediate priority is to construct a robust and comprehensive political system that can effectively manage and direct the economy and society, thereby reflecting their modernization progress[③].

After gaining independence in 1991, Eurasian countries stepped out of political unrest at the end of the Soviet era, and started to recognize the importance of navigating their own path towards establishing modern nation-states. After experiencing initial periods of political instability and economic decline, which profoundly affected citizens' well-being, these young countries

---

[①] He Chuanqi, *The Second Modernization Theory: the World Frontier of Human Development and Scientific Logic*, Science Press, 2013, p. 142.

[②] S. N. Eisenstade, *Evolution and Development of Societies*, London, Oxford Press, 1996, P. 1.

[③] Геец, В. М. Общество, Государство, Экономика: Феноменология, взаимодействия, иразвития, М. : ЗАО, Издательство, "Экономика", 2014, С. 134 – 143.

sought to establish a complete modern governance system different from that of the Soviet era. This was essential to steer the country's political and economic life onto the right track and to subsequently identify a modernization path compatible with their own conditions. Against the backdrop of accelerating globalization in the post-Cold War era, Eurasian countries were influenced by classical modernization theory. Eager to integrate into the Western-dominated international community, they accepted Western "guidance" on system transformation and modernization models. However, due to the constraints of their national conditions, the transformation reached an impasse. Modernization is believed to offer new opportunities and choices in social development, encompassing social, political, and economic aspects, as well as shaping people's ideas. However, these choices may not always align with a country's actual needs. ①.

(2) Disconnection between the modernization theory and practice

In the 1990s, most Eurasian countries kept pace with Russia in terms of institutional construction, but showed great passivity in some areas. Western scholars posit that the modernization of nation-states can be categorized intomodernization from within and that from without. The former is "automatic", as concluded by American scholar Charles Tilly based on the observation of the development history of early European countries②,

And the latter often involves external actors, amounting to a form of "institutional transplantation", as proposed by American scholar Francis Fukuyama based on observation of the practices of developing countries③.

---

① Vernon V. Asbaturian, *Significance of Marxism and Modernization, Research on Modernization Theory,* Huaxia Publishing House, 1989, P. 97 – 98.

② Charles Tilly, *Coercion, Capital, and the European Countries (AD, 1990 – 1992)*, translated by Wei Hongzhong, Shanghai Century Publishing Group, 2007.

③ [US] Francis Fukuyama, State Construction: International Governance and World Order in the 21st Century, translated by Huang Shengqiang and Xu Mingyuan, China Social Sciences Press, 2007, Preface, p. 1.

Chapter 1 Construction of Eurasian Nation-States through the Lens of Modernization Theory

When selecting the modernization model, Eurasian countries give top priority to solidifying their independence and sovereignty. They focus on enhancing state capacity (capacity for social governance, economic management, coping with external challenges, etc.) and state power (legitimacy and authority). At the same time, they are eager to gain international recognition, particularly from global powers. These factors contribute to the atypical characteristics of their modernization course.

Politically, there's been the dichotomy between Westernization and ethnicity. The former involves adopting or replicating Western political systems, such as establishing parliaments and multi-party democracies. The latter, however, aims to fortify the cohesion and pride of the new nation-state by elevating the status of the dominant ethnic group. In fact, these represent two completely incompatible political orientations. As a result, countries often end up either formally accepting the Western system or, in essence, retaining or restoring their traditional way of governing.

Economically, there's been a push towards privatization and marketization. According to a series of indicators, despite the initial progress made during the Soviet era, which included industrialization and urbanization, and a higher starting point in economic development compared to neighboring countries, these countries now face a slew of challenges. These challenges include economic structure deformation, lack of vitality, and rigid management. After gaining independence, their traditional economic ties were severed, leading to significant crises. Some Eurasian countries even witnessed deindustrialization and deurbanization. As a result, numerous industrial enterprises shut down and went bankrupt, causing the economic transition to stall.

Socially, there's been re-urbanization and significant interest differentiation. Aftergaining independence, some countries experienced a series of interconnected changes: a decrease in urban populations, an increase in rural ones, rising emigration and labor exports, and heightened social mobility; in Central Asian and South Caucasus countries, widening wealth and regional disparities, combined with high birth rates and rapid population growth, have led to substantial social structural changes.

Culturally, there's been a resurgence of traditional religions and secularization. Some Central Asian countries and Azerbaijan chose to restore Islamic culture, while Ukraine and Georgia emphasized elevating the status of Orthodox and other traditional churches to address ideological voids. This has also introduced a new challenge of extremism in some countries, potentially undermining their secular frameworks.

In summary, the modernization process in Eurasian countries is fraught with contradictions, such asthe visible conflict between the pursuit of modernization and the preservation of traditional values, as well as the conflict between embracing modernity and adhering to traditional practices. Modernization is a trend that Eurasian countries cannot sidestep, especially amidst the tide of globalization. However, it can also lead to significant structural shifts, escalating conflicts among various interest groups. This requires ongoing adjustment and equilibrium. If not managed properly, it could result in instability.

The "modernity" of Eurasian countries is often skin-deep, lacking foundational support.

Some issues that were addressed during the Soviet era have resurfaced in the post-independence modernization process.

(3) Antinomy of nationalism to the construction of modern states

Nationalism, with its multifaceted political roles, is prevalent in the social and political spheres of Eurasian countries and is encouraged by governing authorities. It offers political legitimacy to the ruling party, solidifies and expands its popular support base, and enhances national cohesion. "Ethnicity" has spurred the rise of nationalism, laying the groundwork for modern nation-state construction and the establishment of

Chapter 1 Construction of Eurasian Nation-States through the Lens of Modernization Theory

unitary states. However, the intricacies of ethnic relations have also increased internal tensions, leading to inter-ethnic clashes in countries like the South Caucasus countries, and Kyrgyzstan, Kazakhstan and other countries in Central Asia. Eurasian countries, with their multi-ethnic compositions, established autonomous regions for minority groups during the Soviet era, many of which still exist post-independence and are advocating for greater rights. To achieve national integration, it's essential for the governing authorities to neutrally balance the interests of all ethnic groups, not just considering those of the dominant ethnic group. In 2022, Uzbekistan's constitutional reform ignited large-scale protests over the proposed abolition of Karakalpakstan's autonomous rights, leading to cancellation of amendments to the constitution[1].

The surge in nationalism has led to close interactions between the construction of superstructures and the resurgence of national cultures in Eurasian countries. As traditional thoughts and practices become the mainstream, countries are increasingly focusing on their unique development paths. However, this also impedes the adoption of more progressive political ideologies. Furthermore, nationalism has an irrational side. When intertwined with state power, it often puts the rationality or "modernity" of the country to the test. Theabuse of nationalism in some countries has given rise to irrational extremist factions[2], which exploit religious rhetoric to garner support, posing the most significant internal threat to the current regime.

Nationalism not only shapes the nation-state but also defines the interactions between such states. Its role in advancing state construction is

---

[1] Воробьев А. Эпоха политической определенности: как будет развиваться Узбекистан после досрочных президентских выборов, 6 июня 2023 года. https://russiancouncil.ru/analytics-and-comments/analytics/epokha-politicheskoy-opredelennosti-kak-budet-razvivatsya-uzbekistan-posle-dosochnykh-prezidentskih-vyborov/?phrase_id=113261315, Access time: October 8, 2023.

[2] See M., Levy, "*The Social Model of Modernization* (, Structure), and Problems", *Selected Works of Western Modernization Theories in the 20th Century*, compiled by Xie Lizhong, Sun Liping, Shanghai Sanlian Bookstore, 2002, p. 130.

manifested in two ways: firstly, establishing new nation-states, and secondly, achieving ethnic integration within the existing state's political structure, fostering a cohesive ethnic awareness and identity among diverse ethnic groups①.

On the positive side, by helping establish robust administrative systems, unified and well-functioning markets, and sound educational systems, nationalism restrains provincialism rooted in customs, religion, and other factors, thereby paving the way for the establishment of a strong nation-state②. At the same time, the upsurge of nationalism significantly influences the selection of inter-state relation and modernization models, as seen in the "de-Russianization" trend in Eurasian countries aimed at reducing reliance on Russia and forging closer ties with other countries. For instance, many Central Asian and Azerbaijani countries show a preference for Turkey's political, economic, and cultural systems due to shared cultural heritage. However, nationalism can also complicate inter-state relations and impact the progression of Eurasian regional integration.

It has the potential to act as both a positive catalyst for modernization and a negative force. Often, nationalism is characterized by political and cultural conservatism, as well asthe reluctance to integrate with global systems. The populace, on their part, tends to accept these established institutional frameworks. However, the demands of economic growth and international engagement require a change in the nation's approach According to the renowned American scholar Samuel P. Huntington, modernity brings stability, but modernization is inherently unstable③. Eurasian countries, while

---

① Yu Chunyang, *Construction of Modern Nation-State: Theory, History and Reality,* Social Sciences Press of China, 2016, p. 12.

② Anthony D. Smith, *Nationalism and Modernism: A Critical Survey of Recent Theories of Nations and Nationalism,* New York: Routledge, 1998, p. 1.

③ Samuel Huntington, *Political Order in a Changing Society,* translated by Li Shengping and Yang Yusheng, Huaxia Publishing House, 1988, p. 43.

Chapter 1 Construction of Eurasian Nation-States through the Lens of Modernization Theory

exhibiting "modernity" in form, face instability in their systemic transformation and selection of development paths.

II. Transformation and Modernization of Eurasian Countries after Gaining Independence

After gaining independence, Eurasian countries faced the urgent task of political and economic transformation, necessitating a departure from the Soviet-era one-party rule and planned economy model. These newly independent countries have started to show divergence in their system construction and path selection. Despite adopting multi-party systems and the emergence of various political organizations, most Eurasian countries prohibit the existence of extreme anti-government factions. After more than three decades of challenging transformation, these countries have come to recognize the importance of selecting a development path that aligns with their specific national conditions. Although their political transformations show similarities and mutual influences, along with common difficulties and pressures, each country's ruling style and party system still retains unique. Economically, Eurasian countries have introduced market mechanisms, fostered privatization and liberalization, and encouraged the growth of small-and medium-sized enterprises. The essence of these reforms is to advocate for the equitable distribution of wealth and resources, to bridge the gap between the rich and the poor, and to address regional development imbalances. The goal is to elevate the level of social and economic development and to enhance the welfare of the populace. ①

The political and social reform has progressed more quickly, to a large extent ensuring the country's basic stability. A power system with the

---

① Tokayev Opens a New Era of Reform in Kazakhstan, http://www.news.cn/globe/2022-12/20/c_131068568, .htm. Access time: October 7, 2023.

president as the core operates efficiently, further tightening social control.

(1) Basic process of political and economic transformation

Over the past three decades, Eurasian countries have experienced unsynchronized, fluctuating political and economic development, and the gap among them is expanding. For analytical convenience, the three decades following independence are divided into three distinct stages. The common characteristics of these countries at each stage are summarized to help comprehend the overall political and economic evolution of the region and reveal certain patterns.

1. Stage I (1991 – 2000). This stage was marked by the "convergence" of political systems and economic privatization. During this period, the "aftershocks" of the Soviet Union's dissolution persisted, with various top-level political factions vying for power.

In other words, the struggle over system selection is the main thread in the political development of Eurasian countries. In most of these countries, an intense power struggle between the president and the parliament has hindered the passage of new constitutions. Legislatures and executive authorities have been in confrontation, with parliaments being suspended or dissolved. Presidents have often found support in the bureaucratic system and powerful ministries, which has led to a weakening of parliamentary power. In some countries, this has escalated to more violent unrest and even civil war. Uzbekistan, Turkmenistan, and Azerbaijan have opted for a gradual reform approach, primarily making minor adjustments to their political systems to maintain the stability of their governance structures. Concurrently, there has been an expansion of presidential power.

During this period, Eurasian countries have seen the introduction of market mechanisms in their economic transformations, but their approaches have varied significantly. Some countries followed Russia's example by adopting 'shock therapy,' leading to comprehensive price liberalization and

Chapter 1 Construction of Eurasian Nation-States through the Lens of Modernization Theory

subsequent hyperinflation; while others chose a more gradual path, focusing on state regulation. A few have not even altered the management systems in the Soviet era. The disruption of traditional economic ties has generally led to economic hardships for these countries. Russia's reluctance to provide financial supportfor other Eurasian countries prompted the collapse of the ruble zone in 1993, compelling these countries to introduce their own currencies. At this stage, Eurasian countries also established a two-tier banking system and promoted the privatization of state-owned enterprises.

2. Stage II (2001 – 2010). This stage was marked by overall stability coupled with localized turmoil.

During this period, most countries maintained stability, with certain regions facing unrest, albeit at a reduced intensity. And the external political influences played a significant role.

Following complex transitional periods, some countries became enmeshed in political disputes, although the political landscape in most countries improved. Elections for presidency or parliament were generally peaceful, yet domestic political conflicts remained challenging to fully resolve.

During this period, political changes directly affected economic transformation. The Asian financial crisis in 1997 and the global financial turmoil in 2008 severely impacted the fragile financial systems of Eurasian countries, leading to a deterioration in their financial health and affecting foreign economic cooperation. Despite the sustained rise in energy prices bringing rapid economic growth to some resource-rich Eurasian countries, their economic restructuring efforts were largely unsuccessful. The decline in Western investment compelled these countries to reestablish close economic ties with Russia. At the same time, some Eurasian countries began to prioritize economic cooperation with China, Turkey, and other countries.

3. Stage III (2011 – the present). This stage was marked by constant adjustment of systems, with the development paths of various countries diverging.

Most countries grappled with maintaining political stability amidst a complex international landscape, facing numerous challenges and increased risks. Following the Ukraine crisis in 2014, Russia's economy faltered under Western sanctions, impacting Eurasian countries that were heavily dependent on Russia's economy and market. This led to a sharp devaluation of their currencies and a decline in people's real income and living standards. The drop in international energy and raw material prices caused a significant decrease in foreign exchange earnings, weak economic growth, and insufficient funding for social welfare, leading to frequent social issues. The COVID-19 pandemic has severely impacted the economies of all countries, affecting people's lives and exacerbating social tensions. Ukraine shifted completely towards the West amidst the geopolitical maneuverings of major powers. Armenia's political landscape underwent a dramatic transformation in 2018 with a change in government. Belarus' leader Lukashenko faced the most significant political challenge since his rise to power in the 2020 general election. Kyrgyzstan experienced a third "revolution" in October 2020, with the opposition seizing power amidst chaos, followed by the "January riots" in Kazakhstan in 2022, where Tokayev calmly assumed full power from his predecessor Nazarbayev.

During this period, new challenges emerged in the economic transformation of Eurasian countries. The deterioration of the external economic environment forced these countries to adjust their economic development strategies. The outbreak of the Ukraine crisis compelled them to take sides. Some joined the Russia-led Eurasian Economic Union, while others sought assistance from other external economic partners for infrastructure development. Uzbekistan took the lead in implementing pragmatic strategies to improve its domestic business environment. Kazakhstan followed with ambitious reform plans, while Belarus, Moldova, and Armenia fell into economic distress.

Chapter 1 Construction of Eurasian Nation-States through the Lens of Modernization Theory

(2) Progress and challenges of transformation and modernization

The transformation and modernization in Eurasian countries over the past 30 years have been consistently constrained and influenced by a combination of internal and external factors. These include political, economic, legal, and cultural environments at home, as well as surrounding and international security and public opinion environments. Eurasian countries that have maintained stability could generally manage the interplay between internal and external factors more effectively. In contrast, those that have experienced crises face problems in one or several areas. Once these problems escalate and the ruling party fails to address them effectively, a confluence of internal and external pressures can spiral the situation out of control, leading to unpredictable outcomes. [1] According to American scholar Samuel Huntington, social and economic modernization can "disrupt" the political system. The transformations in society and economy will inevitably lead to the dissolution of many traditional social and political organizations, undermining loyalty to traditional authority[2].

Compared to their Central and Eastern European and Russian counterparts, Eurasian countries face more challenges, not only because of geographical location, resource endowment, and mindset but also because they must construct their own economic management systems. It includes establishing fiscal, financial, tax, and customs systems, and issuing their own currencies. At the same time, they also face the loss of previous external financial support. Generally, countries that pursue clear and prudent major policieshave experienced relatively stable economic development and achieved better political and social stability, allowing for a quicker exit from

---

[1] Sun Zhuangzhi et al., *Political and Social Development of the Five Central Asian Countries in the Past 30 Years: Trend and Evaluation*, China Social Sciences Press, 2020, p. 82.

[2] Samuel Huntington, *Political Order in a Changing Society*, p. 37.

challenging situations. These Eurasian countries are led by those who possess extensive experience and strong capabilities to deal with various situations, which are evidenced by prudent state decrees, good central-local government relations, stable economic growth, a favorable domestic investment climate, and importance attached to public welfare. In addition, these countries have abundant resources and stable external market demand. Their strong efforts against extremism and terrorism enable them to meet internal security challenges. With relatively comprehensive social security measures, they guarantee resident living standards and reduce the proportion of impoverished citizens.

In contrast, other Eurasian countries face a multitude of issues, including poor resources, lagging economies, severe shortage of domestic job opportunities, pronounced poverty, and low income levels. Many families have to rely on remittances from family members working abroad, as seen in Tajikistan and Kyrgyzstan, where millions work in Russia. About half of the residents in these countries live below the poverty line, and political instability is rampant. Moreover, regional antagonism and contradictions are prominent, with some areas defying central government leadership. These countries lack harmonious relations with neighboring countries, and are plagued by international terrorism and criminal groups. The rapid development of extremist organizations, weak government control, and a precarious domestic security further exacerbate these challenges.

The 2016 report of the United Nations Industrial Development Organization categorized countries based on their per capita national income. Tajikistan, along with several African countries, Afghanistan, and North Korea, were classified as low-income countries, with a per capita national income of US＄1,045 or less. Kyrgyzstan, Uzbekistan, Ukraine, and Armenia were in the lower-middle-income bracket, with a per capita GNI ranging from US＄1,046 to US＄4,125. Kazakhstan, Turkmenistan, Azerbaijan, and Belarus fell into the middle-upper-income category, with a

Chapter 1 Construction of Eurasian Nation-States through the Lens of Modernization Theory

per capita GNI between US $ 4, 126 to

US $ 12, 475. ① However, due to reasons such as inflated prices and currency devaluation, these countries are actually not living up to this status. Their ability and level of governance are also hampered by a poor legal environment, frequent changes of policies, non-adherence to the law, and even frequent amendments to the Constitution as a fundamental law.

(3) Complex external environment and realistic challenges encountered

Thereliance on foreign countries for economy and security has led some Eurasian countries to seek external support in the political and social fields. This has also led to a complex geopolitical landscape in the region. Major powers' influences permeate the political lives of various countries, propelling them to navigate their relations with Russia, the United States, Turkey, Japan, India, the European Union, and NATO carefully, while participating in various regional cooperation initiatives led by these powers. These initiatives reflect a complex web of geo-strategic objectives and interests, often targeted at other major powers. Russia, in particular, has been immersed in an intense geopolitical contest with the West. Faced with the tangible challenge of NATO and the European Union's eastward expansion and the persistent compression of its strategic space, Russia has adopted tough countermeasures. This has contributed to an escalating confrontation. The 2008 global financial crisis significantly impacted Eurasian countries due to their reliance on international energy and raw material markets, as well as their fragile financial systems. The subsequent Ukrainian crisis led to comprehensive Western economic sanctions against Russia, resulting in a sharp depreciation of the ruble, which rapidly spread across Eurasia, increasing social instability in

---

① *The United Nations Industrial Development Organization Classifies Tajikistan as a Low-income Country*, http://tj. mofcom. gov. cn/article/jmxw/201609/20160901399442, access time: October 11, 2023.

these countries①.

Tomitigate external political influences, Eurasian countries implement policies to maintain domestic stability, such as strengthening control over non-governmental organizations and demonstrations following the "color revolutions", enacting special laws, and closing Western-funded foundation offices within their borders to prevent external political infiltration. Russia's strategic counteraction to the "strategic contraction" of the United States and Europe once significantly bolstered its regional influence, leading to the establishment of the Eurasian Economic Union in 2015. However, not all Eurasian countries support the organization, and even close allies like Tajikistan have not joined it yet②. Kazakhstan, Georgia, Moldova, and particularly Ukraine have accelerated efforts to reform their domestic scripts and strive for "de-Russianization" in culture.

The Eurasian hinterland is home to various power centers and regional security hotspots; West Asia is characterized by a strong Islamic political culture and various extremist ideological trends. The prolonged war in Afghanistan, rampant drug smuggling, and transnational criminal activities further exacerbate the situation, posing serious political and social security challenges to Eurasian countries.

In recent years, the methods by which extremism is spread have evolved. The Internet and social media platforms have become critical tools for propaganda and mobilization, significantly challenging the prevention efforts of Eurasian countries. This situation has long been evident in the Fergana Basin, a region at the border of Uzbekistan, Kyrgyzstan, and Tajikistan.

---

① Кортунов А. В. Три десятилетия болезненных корректировок: Россия на постсоветском пространстве. http://russiancouncil.ru/analytics-and-comments/analytics/tri-desyatiletiya-boleznennykh-korrektirovok-rossiya-na-postsovetskom-prostranstve/?phrase_id = 11325295. Access time: October 11, 2023.

② Бордачёв Т. Россия и Центральная Азия: большая мирная игра. http://ru.valdaiclub.com/a/highlights/russia-i-tsentralnaya-aziya-bolshaya-mirnaya-igra/. Access time: October 11, 2023.

Known as Central Asia's "powder keg", it is a flashpoint due to longstanding ethnic tensions, complex interstate relations, and the spread of religious extremism. The Fergana region is densely populated, with high poverty and unemployment rates. It is a hub for smuggling, drug trafficking, inter-ethnic conflicts, and water resource disputes.

III. Main Characteristics and Policy Orientation of Modernization Reform

Currently, the political systems of Eurasian countries are basically stable, with relatively stable power transfers in most countries. Power struggles have been somewhat regulated, and the construction of modern nation-states has achieved initial success. However, internal contradictions within Eurasian countries continue to escalate, driving up the costs of maintaining political and social stability. To maintain stability, all countries have initiated partial or comprehensive reforms, such as Kazakhstan's political reforms and Uzbekistan's constitutional amendments. Some Eurasian nations have proactively altered their power structures and management methods. They have introduced medium-to long-term development strategies and supporting measures in all fields that reflect unique characteristics in their national system construction.

(1) Political system reform and modernization challenges

The aim of constitutional reform in Eurasian countries is to ensure policyconsistency and enhance leaders' legitimacy. In January 2017, Kazakhstan's first president, Nursultan Nazarbayev, announced his plan to initiate constitutional reform to adjust the distribution of state power among the president, parliament, and government departments, transferring some presidential powers to the government and parliament. Armenia embarked on constitutional reform in 2015, opting for a parliamentary system, but domestic political contradictions persisted. In 2018, opposition forces seized power through street protests. Uzbekistan's new policies under President Shavkat Mirziyoyev also prioritized political stability and cautiously advanced constitutional reforms[①]. In 2021, Kyrgyzstan officially resumed the presidential system. Although these minor adjustments have not changed the fundamental structure of the political system, they have introduced new policy changes that have invigorated the nation.

Eurasian countries suddenly and accidentally achieved independence following the Soviet Union's collapse. The political transformation involves establishing a multi-party system, a professional parliament, and altering the power dynamics,

redefining the relationship between the central government and local authorities. It also includes adopting Western-style elections for presidents and parliamentarians. Achieving these transformation goals needs time. These newly independent countries have encountered difficulties in advancing their modernization reforms, particularly in political and social spheres. They face a series of contradictions, including the contradiction between adopting the Western separation of powers system and their political and cultural traditions; the contradiction between the political pluralism that emerged in the late Soviet era and the centralized system leaders wish to retain; the contradiction between the revival of traditional culture and nation-state identity; the contradiction between external political pressure and the maintenance of national sovereignty; and the contradiction between the construction of a unitary state and expanding localism.

Having gained sovereignty and independence, Eurasian countries concurrently embarked on institutional construction. However, they faced numerous obstacles and challenges due to weak foundations and inexperience.

---

① Воробьев А. Узбекистан после протестов, http://russiancouncil.ru/analytics-and-comments/analytics/uzbekistan-posle-protestov/?phrase_id = 11325295. Access time: October 11, 2023.

Chapter 1 Construction of Eurasian Nation-States through the Lens of Modernization Theory

This culminated in institutional transformation difficulties in the 1990s. After years of adjustment, Eurasian countries have witnessed significant changes in their political systems and organizational structures. However, systemic transformation has also presented practical issues. These include intensified political struggles at the upper levels, the expansion of administrative power and corruption, the challenge of sustaining traditional social security methods, and the poor integration of highly centralized systems with multi-party systems. Most countries, after taking into account their specific national conditions, traditional administrative systems, and political cultures, have chosen a controllable and gradual approach to system transformation. By consistently bolstering presidential power, they have ensured a smooth transition of the ruling system and avoided major shocks. For instance, the parliaments of Eurasian countries serve as the highest legislative bodies. Members are either nominated by political parties or directly elected by constituents, with most countries establishing bicameral systems. Similar to Western practices, members of the lower house are elected, and seats are allocated based on the votes received by political parties or constituencies In reality, the operation mode and management system of the regime are traditional, favoring centralization over decentralization. Most local officials are appointed by the central government. Although some countries retained autonomous regions, they rejected the Soviet-era federal system, declaring themselves unitary states, such as Uzbekistan and Azerbaijan.

As most Eurasian countries approach transition with caution, the most significant challenge is the rigidity and conservatism inherent in their systems, coupled with a disconnection between political, economic, and social systems. Consequently, reforms have yet to meet the objective requirements of economic and social development. Moreover, the absence of enduring social support programs further exacerbates social instability. Given that the construction of social systems is closely related to political and economic factors, and that Eurasian countries face significant economic challenges, they are severely lagging in social management. In some countries, the government's inability to act has led to the rampant growth of non-governmental organizations (NGOs). This, in turn, has resulted in the unchecked spread of Western values, endangering the legitimacy of the authorities. However, in countries like Moldova, Western-funded NGOs remain active and can influence the country's political process.

Eurasian countries generally lack a tradition of the rule of law. Since gaining independence, they have seen many issues rising in the establishment of their judicial systems, such as rampant corruption and lax, unfair law enforcement, which compromise the credibility of the ruling authorities. Corruption in Eurasian countries is basically a systemic issue, resulting from inadequate oversight of power and substantial flaws and loopholes within the system. This has led to officials at all levels partaking in fraud and self-enrichment without restraint. The 2016 Global Corruption Barometer gave a staggering corruption index of 50% to Tajikistan, 38% to Kyrgyzstan, 29% to Kazakhstan, and 18% to Uzbekistan. For Moldova, Ukraine and Azerbaijan, the indexes were 42%, 38%, and 38% respectively.

The 2022 Corruption Perceptions Index ranked Belarus and Moldova 91st, Kazakhstan 101st, Ukraine 116th, Uzbekistan 126th, Kyrgyzstan 140th, Tajikistan 150th, and Azerbaijan 157th, and Turkmenistan 167th out of 180 countries and regions[①].

(2) Integration of cultural tradition and modernization concept

Eurasian countries have unique historical and cultural traditions that profoundly impact their modernization process today. The revival of traditional culturepost-independence has led ruling authorities to place a high value on certain successful historical experiences. They are increasingly focusing on

---

① Global Corruption Perceptions Index Ranking for 2022, https://m.maigoo.com/news/669298.html, Access time: October 11, 2023.

Chapter 1 Construction of Eurasian Nation-States through the Lens of Modernization Theory

national conditions in modernization reforms, rejecting Western criticism and so-called reform proposals. They emphasize the uniqueness of their modernization efforts and strive to mitigate the adverse effects of foreign cultures. Consolidating sovereignty and independence is a challenging process. Although the social economy experienced rapid development during the Soviet era, it was largely disconnected from tradition. To build a nation-state post-independence, it is necessary to highlight the status and culture of the dominant ethnic group. This has led to the awakening and restoration of many traditional ways of thinking and life, affecting the modernization path of these young countries. To enhance internal cohesion and national identity, Eurasian countries actively reshape their national culture, restore traditional customs and habits, and rename some regions, thereby strengthening the prominence of the dominant ethnic group.

Despite the thorough socialist transformation that occurred during the Soviet era, many deep-rooted customs persisted. As a result, the past governance experience post-independence started to come into play, and traditional practices were gradually restored. These practices included publicizing the nation's outstanding historical figures, recompiling the country's history, and establishing the pride of the dominant ethnic group. Although these practices have led to discontent among minority ethnic groups, they have objectively contributed to strengthening national independence, preserving domestic stability, and establishing a new social order. In the process of constructing modern nation-states, Eurasian countries are not clinging to obsolete traditions; on the contrary, they emphasize the combination of traditional customs with contemporary ideologies. While offering young people more opportunities to study abroad, these countries also make efforts to keep pace with the information industry, as evidenced by the high penetration rates of mobile phones and the Internet. At the same time, the governments also feel pressure caused by network disorder. For instance, Pro-Western political forces in Armenia, Moldova, and Belarus have exploited the media to mobilize and organize large-scale demonstrations. In response to these challenges, these countries have implemented measures to strengthen the management of media network information and safeguard network information security.

However, an excessive focus on the revival of traditional culture has also hindered the country's modernization process, which is evident at various levels: at the ideological level, where religion exerts influence over politics; at the political action level, where religious, tribal, and regional identities often surpass national identity, leading to strained inter-ethnic and inter-regional relations, precipitating intense political strife and societal tensions; at the grassroots level, patriarchal organizations have become more active, and unauthorized missionary activities are rampant. At the same time, traditional mindsets and customs have also slowed Eurasian countries' acceptance of new management methods, including market concepts[1].

(3) Opposition between the state and society caused by simple system transplantation

During the early years of independence, Eurasian countries, striving to establish a comprehensive state management system and consolidate their hard-won sovereignty and independence, often found their economic and social modernization efforts disrupted by various political factors. This is mainly reflected in the following six aspects.

Firstly, the foundation for establishing a unitary nation-state remains unstable. As Eurasian countries are multi-ethnic, changes to national autonomous entities established during the Sovietera have led to inter-ethnic and inter-state conflicts.

Secondly, it is difficult to balance the long-term goals of nation-building

---

[1] Тишков В. Нация, национализм и нациестроительство: Почему это важно для России, https://globalaffairs.ru/articles/nacziya-naczionalizm/. Access time: October 11, 2023.

Chapter 1 Construction of Eurasian Nation-States through the Lens of Modernization Theory

and political secularization. Promoting national identity and regime legitimacy, while also encouraging the revival of religious culture, has led to the emergence of religious political organizations. This development, particularly the politicization of Islam in Central Asia, poses a threat to political stability.

Thirdly, the super-presidential systeminherently poses the risk to smooth power transfer. Most countries have adopted a strong presidential system, where leaders often remain in power for extended periods, and in some cases, even pass on their power. This practice has led to struggles among elites and poses a risk of significant political turmoil.

Fourthly, political pluralismhas brought about social disorder. To address the issue of excessive centralization of power and to balance the political demands of various interest groups, some countries have implemented parliamentary systems, either influenced by European political culture or as a temporary measure to balance different political forces.

Fifthly, thereconstruction of the social management system is challenging. The social security system and grassroots management model established during the Soviet era proved unsustainable, prompting the adoption of grassroots autonomy. However, the reliance on public welfare organizations and traditional village communities has resulted in weak social control, necessitating an increased reliance on law enforcement agencies to maintain public order.

Sixthly, under external pressure, the task of safeguarding sovereign and regime security becomes more significant. Eurasian countries are closely linked with Russia, which seeks to maintain its comprehensive influence. Meanwhile, the West, in its efforts to promote democratization, consistently exerts pressure on these countries, interfering in their electoral processes and policy orientations.

Under such circumstances, Eurasian countries face the daunting challenge of constructinga nation-state while simultaneously pursuing a modernization process that is deeply rooted in their unique national conditions and cultural traditions. The modernization efforts during the Soviet era involved a simplistic transplantation of systems, which often led to cultural and environmental incompatibility. Issues of imbalance and inequality were particularly pronounced. In the process of constructing a nation-state post-independence, these countries face increasing factors that are antithetical to modernity, which hinder their openness and integration into the international system and result in relatively lagging economic and social development. According to academic community, the primary task in constructing a modern nation-state involves adjusting the relationship between the state and society. This process is driven more by internal forces, representing a localized national endeavor propelled by the dynamic interplay between state and society[①]. Eurasian countries are proactively tackling development fragmentation. They emphasize the social orientation of reforms and aim to bridge societal divisions by revitalizing tradition.

After more than three decades of exploration and effort, Eurasian countries have made significant progress in nation-state construction. They have rapidly established systems in political, diplomatic, and national defense sectors. As a result, they are becoming increasingly confident members of the international community. They are also actively learning from others, recognizing the importance of selecting a development path tailored to their specific national conditions. However, external pressures have reduced autonomy in many areas of reform within these countries. Additionally, the underdevelopment of social and economic systems has created a dilemma for these countries in selecting a modern model, which in turn undermines the foundation of constructing a modern nation-state.

---

① Zhang Qiwei, Zuo Guangbing, State Building: Origin of Theory and Limitations of Chinese Studies, Leadership Science, 2012 Issue 20.

Chapter 1   Construction of Eurasian Nation-States through the Lens of Modernization Theory

Conclusion

Current standards for international modernization typically include economic and social metrics such as per capita GDP, urban population ratios, education levels, and life expectancy. To achieve these targets, Eurasian countries must enhance their governance capacity and proficiency. During the Soviet era, these countries reached or approached these targets but did not truly accomplish modernization because of their closed and rigid systems. With the collapse of the Soviet Union, Eurasian countries have experienced an atypical process of starting over in the construction of new nation-states. As their economic and social conditions have reverted to those of developing countries, they have also begun to exhibit similarities with other developing countries.

To advance modern nation-state construction, Eurasian countries must address five pressing issues: firstly, national identity. National interests must be prioritized over regional, ethnic, tribal, familial, and even religious affiliations; secondly, the legitimacy of the regime. Whether the sovereignty and governance are supported and obeyed by the majority of the population are predicated on the achievement of welfare and the provision of strong security guarantees; thirdly, policy consistency. Whether national policies can be implemented and whether central and local governments can maintain stable, sound relations determine the sustainability of development; fourthly, public participation. The public must be able to exercise and obtain the right to vote, the right to supervise, and the right to know in a manner that persists alongside the governing authorities; fifthly, wealth distribution. The distribution of wealth and resources must be equitable and reflect fundamental justice.

Newly independent Eurasian countries are following a unique path of constructing their modern nation-states, with national independence as the primary goal and nation-building as secondary. The two endeavors have different tasks and objectives. The mismatch of ethnic and national identities during the Soviet era resulted in numerous contradictions and conflicts post-independence, complicating relations both with Russia and among the newly independent countries themselves. In terms of modernization, these countries have achieved significant progress, particularly in political and social governance realms, but their development is uneven, as evidenced by the varying paces of domestic reforms and the pronounced development disparities among them.

Most Eurasian countries have actively and effectively built state capacity and power. They have achieved this through orderly social governance, stable economic operations, effective crisis management, harmonious ethnic relationship, authoritative leadership, and extensive involvement in regional and international affairs. These efforts have laid the groundwork for constructing modern nation-states. However, there is still room for improvement, a fact that many national leaders are keenly aware of. What these young countries need most is not a one-size-fits-all modernization model but an independent and pragmatic approach within a complex international and regional context, coupled with a steadfast commitment to seek development and security through cooperation.

Chapter 2 Urbanization, Metropolitanization and Co-Location of Mobile Populations

—Promoting thecitizenization through equalization of basic public services

Zhang Yi[*]

The *Resolution of the Central Committee of the Communist Party of China on Further Deepening Reform Comprehensively to Advance Chinese Modernization* (hereinafter referred to as the *Resolution*), made at the third plenary session of the 20th Central Committee of the Communist Party of China, points out that it is necessary to improve the institutions and mechanisms for advancing new-type urbanization. We will put in place mechanisms to foster positive interactions between the processes of industrial upgrading, population concentration, and urban development. We will implement the systems for allowing people to obtain household registration and access basic public services in their place of permanent residence. We will push to see that eligible people who have moved to cities from rural areas

---

[*] Zhang Yi, Academician, the President of National Academy of Chinese Modernization, CASS, Professor.

enjoy the same rights as registered local residents with regard to social insurance, housing support, and access to compulsory education for their children living with them. The process of granting permanent urban residency to these people will also be accelerated.

To promote the new people-centered urbanization, it is necessary to, through the pulling force of cities, adapt to the changes in the human capital structure of the labor-participating population, create more and higher-quality jobs, and promote the positive interactions among industrial upgrading, population concentration and urban development. On the one hand, reform the household registration system to increase the urbanization rate of the registered population; on the other hand, equalize the basic public services for the permanent resident population to raise the urbanization rate, ensure that all the arrangements in the Resolution are implemented in practice, and enhance people's well-being with the dividends of institutional reform.

I. Reform of the household registration system and the promotion of new-type urbanization

For a long time, there have been two different reform ideas between the reform of the household registration system and urbanization. The first is to open the doors of cities and increase the urbanization rate by converting the rural household population into the urban household population. This is an approach that, while respecting the path dependence of the system, seeks to promote urbanization through stable incremental reforms that gradually eliminate the pressure on social services and social governance faced by cities. The second is to break the urban-rural dichotomy, encourage population mobility, ensure that all members of society can enjoy social services and social welfare equally through the equalization of basic public services for the resident population, and dilute the resource allocation function of the

Chapter 2　Urbanization, Metropolitanization and Co-Location of Mobile Populations

household registration, so that the household registration system can return to its function of registering information on the population. [1].

After more than 40 years of reform and opening up, the household registration system has completed the task of transitioning from a highly centralized planned economy to a socialist market economy. A series of complex relationships between population growth, food security and urbanization paths formed based on the planned economy have been transformed into a new logical relationship formed based on the market economy[2]. It should be said that if the population growth rate is faster than the growth rate of material means of living, the household registration system formed during the planned economy is necessary. If the population grows slower than the material means of subsistence, the management measures restricting the movement of the population, or the social welfare and social service systems attached to the household registration, as well as the urban-rural dichotomy based on the household registration, will hinder the economic and social development.

It is precisely in response to the development of the market economy that

---

[1]　Zhang Yi, "Migrant Workers' Willingness to Settle in Cities and China's Recent Urbanization Path", in *Chinese Journal of Population Science*, Issue 2, 2011.

[2]　China's household registration system was established in 1951, marked by the promulgation by the Ministry of Public Security of the *Provisional Regulations on the Administration of Urban Households*, which formed the first household registration laws and unified the household management system in cities throughout the country. In 1955, the State Council promulgated the *Directives on the Establishment of a System of Registration of Regular Households*, which stipulated that a system of registration of household registration should be set up in cities, market towns and villages, thus standardizing household registration work throughout the country. In 1958, the Standing Committee of the National People's Congress (NPC) adopted and promulgated the *Regulations of the People's Republic of China on Household Registration* in the form of a decree by the President of the People's Republic of China, which for the first time put forward the concept of "permanent residents" and explicitly stipulated that "citizens shall be registered as permanent residents in the place where they habitually reside, and a citizen may be registered as a permanent resident in only one place". At the same time, the Regulations also stipulate that citizens moving from rural to urban areas must apply to the household registration office in their usual place of residence for permission to move out of their place of residence, with a certificate of employment from the city's labor department, a certificate of acceptance from a school, or a certificate of permission to move from the city's household registration office.

the reforms of the Third Plenary Session of the 18th Central Committee have greatly advanced thecitizenization for the agricultural-transferred population, which has gradually transformed eligible agricultural-transferred populations into urban residents. In the rapid economic and social development, China has made innovations in the population management model to a certain extent, accelerated the process of reforming the household registration system, comprehensively liberalized the restrictions on settling in established towns and small cities, orderly liberalized the restrictions on settling in medium-sized cities, reasonably determined the conditions for settling in large cities, and made a decision to strictly control the size of the population of megacities. From 2013 to 2023, China's population situation has undergone major and turning-point changes. In 2013, the total population of China was 1.367 billion, with an urbanization rate of 54.49%. In 2021, the total population peaked at 1.412 billion, with an urbanization rate of 64.72%[①]. In 2022, the total population began to grow negatively, with a decrease of 850,000 people. In 2023, the total population decreased by 2.08 million people. Meanwhile, the urbanization rate of China's resident population has risen to 66.2%[②], but the urbanization rate of household population is only 48.3%. There is a 17.9% gap between the urbanization rate of the resident population and that of the household population. In the gradual decline of the total population after reaching the peak, the trend of childlessness, aging, and regional population increase or decrease will become more obvious. Under these circumstances, the main direction of reform of the household registration system is to better serve the needs of a new-type, higher-quality, people-centred urbanization.

In building a moderately prosperous society, the household registrations

---

① Source: Table 2-1, "Population Size and Composition", *China Statistical Yearbook* 2023.
② Source: Statistical Bulletin on National Economic and Social Development of the People's Republic of China 2023, https://www.stats.gov.cn/sj/zxfb/202402/t20240228_1947915.html.

Chapter 2 Urbanization, Metropolitanization and Co-Location of Mobile Populations

in towns and small and medium-sized cities have strong attractions for rural-registered population represented by migrant workers. Driven by the factor that the urbanization of educational resources is faster than the urbanization of population, county towns have become the gathering centers of local primary and secondary schools. However, in the process of building a strong socialist modernized country, the urbanization model that simply relied on the pull of educational resources on the rural population moving in close proximity is in a state of dissolution due to the gradual decrease of the population of young children. As the real estate market in the county no longer rises or is in a downward trend, housing in the county no longer has the ability to hold its value as it once did. Within the county area, or even within the entire small and medium-sized cities, fewer and fewer migrant workers buy houses and register for household registration in order to obtain high-quality educational resources. As a result, in different eras and in the face of different labor mobility environments, the household registration dividends of different cities have changed significantly. The binary structure of urban-rural segregation formed in the era of sedentarization has lost its logical value in allocating resources after entering the era of relocation[①]. At the beginning of the reform and opening-up period, the first priority of city governments was to "attract investment": to increase employment and economic prosperity through the injection of capital. Since socialism with Chinese characteristics entered the new era, city governments began to create new development power by

---

① The results of the seventh national population census show that the population separated from its households in China is 492.76 million. Among them, the number of people separated from their households within municipal districts was 116.94 million, and the floating population was 375.82 million. Compared with 2010, the number of people separated from their households increased by 88.52%, the number of people separated from their households within municipal districts increased by 192.66%, and the floating population increased by 69.73%. The sustained economic and social development of China has created conditions for the migration and mobility of the population, with the trend of population mobility becoming more pronounced and the size of the floating population further expanding.

"building nests to attract phoenixes": talents and the agglomeration of talents have become the main competitiveness of cities. Since entering the new stage of development, cities have continued to emphasize talent while facing the fading of the first demographic dividend, and have pushed forward wave after wave of "demographic competition" strategies: wherever there is net population growth, the economic and social development dynamics will be stronger.

In this context, to implement the reform decisions made at the Third Plenary Session of the Twentieth Central Committee on employment, social security, and people-orientednew-type urbanization, the State Council promulgated the *Five-Year Plan of Action for the In-depth Implementation of the People-Centered New-type Urbanization Strategy* (GF (2024) No. 17), which further elaborated on all the relevant guidelines of the Third Plenary Session of the Twentieth Central Committee. It clearly proposes to further deepen the reform of the household registration system, improve the system of providing basic public services in the place of permanent residence, promote stable employment of the agricultural-transferred population in cities and towns, ensure the right of children accompanying migrants to receive education in the inflow areas, improve the diversified housing security system for the agricultural-transferred population, expand the coverage of social security for the agricultural-transferred population, improve the incentive policies for the urbanization of the agricultural-transferred population, and improve the system for maintaining the value of the rural rights and interests of farmers who have settled in cities. It is expected that after five years of reform, the urbanization rate of China's resident population will be increased to over 70%. We can expect that as long as the annual GDP growth rate is maintained at about 5% in the future[①], this goal can not only be achieved,

---

① Over the past few years, for every percentage point of GDP growth in China, about 2.4 million new jobs have been created in urban areas.

Chapter 2 Urbanization, Metropolitanization and Co-Location of Mobile Populations

but also be achieved ahead of schedule.

The history of urbanization in the world shows that a country (even one with a large population) with an urbanization rate of more than 30 per cent will be on a fast-growing path until it reaches about 75 per cent, when the growth rate will be lowered because of the impact of various factors. At present, although the international situation is complicated and severe, and there is also pressure to promote reform, development and stability at home, as long as more than 300 reform tasks deployed by the Third Plenary Session of the Twentieth Central Committee are completed on schedule, the goal of the "Five-Year Action Plan" will certainly be accomplished. This is because: First, the urbanization rate in China is different from the urbanization rate indicators of the world's major developed countries. In the United States and other Western countries, if the population density per unit area of a region exceeds a certain value, the region is defined as urban[①]. In China, however, the urbanization rate is defined as the ratio of the resident population of an administrative division to the total resident population of that division. Here, the resident population refers to the household population within the administrative division plus the floating population staying for more than half a year and minus the household population staying outside for more than half a year. Therefore, China's urbanization rate, if defined by the U.S., would be much higher. Second, with the total population in a negative growth mode, the mortality rate in rural areas will be higher than that in urban areas because the aging in rural areas is higher than that in urban areas. In addition, the average life expectancy of all age groups in urban areas is longer than that of the rural population, so the urbanization rate will continue to grow rapidly in the future. Third, along with the expansion of university enrollment, the

---

[①] These countries also differentiate between large, medium and small cities by population size. Countries with smaller population sizes have lower values for the definitions that distinguish large, medium and small cities. Countries with larger population sizes that have larger landholdings per capita also have lower indicators of urbanization.

new population of employment participants in the future will be mainly university students: they prefer to be employed in urban areas. Fourth, the increase in the mechanization of agriculture and the accelerated transfer of land will tend to accelerate the rate at which small fields become large fields, small villages become large villages, and natural villages become central villages. This will also raise the urbanization rate. Fifth, as the rural population continues to flow into the cities, the population of towns, county towns, and small and medium-sized cities will accelerate the flow to local centers and provincial capitals. This will increase the degree of concentration of the population in large cities. Sixth, while the above mobility trends exist, the rapid development of city clusters and the Bay Area economy will more strongly attract the inflow of population from college students and other new employment groups, which will tend to increase the population in the Yangtze River Delta, the Greater Bay Area, and the Chengdu-Chongqing Economic Belt[①].

II. Metropolitanization and co-location of population

As mentioned above, Chinese-style modernization is a modernization with a huge population size, which will create a trend towards large-scale cities in the urbanization. To understand the theoretical logic of China's urbanization, we cannot simply apply the existing urbanization experiences in the West. The urbanization of countries with large populations and little land,

---

① In the history of urbanization in the world, bay areas and city circles have been the main areas for attracting population agglomeration. For example, the United States, in the process of rapid urbanization, has formed metropolitan areas such as "New York-Boston-Philadelphia", "Chicago-Pittsburgh-Cleveland" and "Los Angeles-San Francisco". Another example is Tokyo Bay in Japan, which has a population of more than 38 million, accounting for nearly one third of Japan's total population.

Chapter 2 Urbanization, Metropolitanization and Co-Location of Mobile Populations

or countries with small arable land per capita, will inevitably embark on the urbanization with large cities. To effectively promote the urbanization process and prevent the "urban diseases" existing in Western and Latin American countries, China has long adopted a prudent urbanization strategy: encouraging the development of small and medium-sized cities while strictly controlling the population size of megacities and super-large cities. The Resolution of the Third Plenary Session of the 18th Central Committee in 2013 clearly emphasized this point.

The *Resolution* of the Third Plenary Session of the 20th Central Committee emphasized that "We will work to create new systems for smart and efficient governance in super-large and mega cities and establish institutions and mechanisms for the highly-integrated development of cities in metropolitan areas." In the process of modernizing the urban governance system and governance capacity, if the total population is in a growing trend, along with the economic and social development and the release of population agglomeration effect, large cities, megacities and super-large cities will gradually rise. If provinces and autonomous regions are taken as administrative divisions, the proportion of the population gathered in its first and second largest cities to its total population will gradually reach about one quarter and one third. If the cities in the province or autonomous region lack cohesion, the population will be siphoned off to neighboring provinces or autonomous regions. Xi'an is a typical example, with its resident population already accounting for about one third of the total resident population of Shaanxi Province.

Population mobility and agglomeration have resulted in both the rapid change in the distribution of population throughout the country and the change in the demographic structure of megacities and super-large cities. This has brought new challenges to urban governance: cities must address the issue of new urban migrants with inclusive development. The welfare gap between new migrants and old residents can only be resolved by creating a momentum of integrated development and addressing the demand for basic public services by co-locating the population①. To maintain the vitality of urban development and promote the unity of social policies in the metropolitan area, it is necessary to promote the modernization of the governance system and governance capacity of megacities and super-large cities, and to maintain the safety of the cities. Therefore, the innovation of governance in megacities and super-large cities is of pivotal and influential significance in the future modernization process.

First, changes in the structure of household-registered and non-household-registered populations and innovations in social governance in megacities and super-large cities. The larger the city, the greater the suction power for the floating population. The jobs it creates will form a gradient of progressive occupational tiers. While the local household-registered population moves upward, it also cedes a large number of jobs that are needed in the local market but that locals are unwilling to do to new urban migrants. The faster the city expands, the more robust the city's need for labor, and the more urban newcomers there will be. For example, in 2023, the permanent population in Shanghai increased to 24.8745 million, among which the permanent population with household registration was 14.8017 million, and the non-local permanent population reached 10.0728 million②. The non-local permanent population is mainly composed of migrant workers. Initially, they concentrated in various "urban villages" in the city center through geographical and occupational relationships. However, under the pressure of differential land rent and housing rent, these floating populations have gradually moved outward in a ring-shaped pattern during the renovation of the city center. The

---

① Chen Yunsong and Zhang Yi, *The Inequality Effect of Urbanization and Social Integration*, in *Social Science in China*, Issue 6, 2015.

② Data source: *Shanghai Municipality National Economic and Social Development Statistics Bulletin* 2023, https://www.askci.com/news/data/hongguan/20240328/10520427115943234315 0478_2.shtml.

greater the intensity of internal urban renovation, the faster the floating population migrates outward, and finally, the current situation of the floating population living around the city is formed. In this case, the main task of social governance in megacities and super-large cities lies in forming a social integration mechanism through institutional innovation, resolving the possible cultural tensions between new immigrants and native residents, and building a social environment of co-construction, co-governance and sharing. The first generation of migrants came to the city for the purpose of business and labor: to earn money in the city through "temporary residence" and then return to their hometowns to build their future lives. However, the new generation of migrants, such as the "Post 80s", lacks the psychological structure of "returning to their hometowns". If they have difficulty in forming an identity in the immigrant cities, they will be in a state of "drifting" anxiety-young as they are, they basically have no so-called "nostalgia". For the second-generation migrant workers or the second-generation floating population (that is, the children born to the parents of the floating population in the inflow areas), they have studied and lived in the inflow areas since childhood. If the city is unable to provide the "second generation" of the floating population with the institutional arrangements of equal treatment in the same city, "identity" barriers will be produced or reproduced. In the governance design of megacities and super-large cities, if the "second generation" is only given the right to obtain household registration through the points-based system, some problems can be solved, but it is difficult to solve the social life and cultural differences between the floating population and the household-registered population. Therefore, the changes in the population structure of megacities and super-large cities and the spatial restructuring of the residential locations of the floating population and the household-registered population will form long-existing governance tensions. Only through the homogenization of institutional arrangements can the demands for equal treatment in the same city be realized.

Second, demographic changes within the communities of megacities andsuper-large cities and social governance innovations. The current grassroots governance structure is based on the traditional concept of community. Whether it is the community idea constructed by borrowing Western social theories or the community concept designed with residents' committees or family-based compound courtyards, it is assumed that all groups in the community will spontaneously form a living community. Communities formed by the rural consanguinity relationship structure in agricultural society or the neighborhood or unit-based organisms formed based on a settled society do indeed have the nature of an acquaintance society. Face-to-face relationships based on emotional bonds and mixed with various mutual-aid altruism will be formed among people. Community residents' committees or community self-governance organizations, unit-based property management organizations, enterprises and social organizations embedded in the community, etc., will construct self-identity values in interaction, maintain a certain social order, or form an autonomous system through so-called "local sages" or "elites" within the community, combining the spontaneously generated autonomous forces in the community with the forces constructed based on formal organizations to form an orderly governance subject. However, in cases where population mobility occurs frequently, or there are fluctuations during economic fluctuations, or it is difficult for the city to integrate the non-local population internally, the communities of megacities and megacities have become alienated. Even people living in the same building or across the hall on the same floor may never interact with each other. Existing governance structures, to varying degrees, divide people in the same neighborhood into different categories and allocate different powers for basic public services, which creates identity segregation for communities of strangers. Therefore, the community structures in megacities and super-large cities are multi-population-subject structures that are mutually embedded and also multi-interest-subject structures divided into different property communities and residential compounds. Communities can be divided into grids, but it is difficult to make heterogeneous populations within the same grid form a living community. In this case, the focus of community governance is to cultivate the community identity of multiple subjects, giving strangers a space to become acquaintances or semi-acquaintances. In the cultivation of social organizations, there is also a need to establish cross-class and cross-territory ties to form community cohesion, and to base the maintenance of social order on the self-solidarity of internal members rather than on the intervention of external forces. Communities have undergone significant changes since the reform and opening up. It is necessary to recognize these changes in order to innovate the social governance system and enhance community governance capacity. In the process of innovation in community governance, the following questions must always be asked: who is in the community, who is governing, and who identifies with such governance. Only by giving the resident migrant population the right to participate in community governance and the right to vote can the migrant population's identification with the place of inflow be enhanced and the formation of structures of "social solidarity" and "social integration" be promoted.

Third, changes in the age structure of the population of megacities and super-large cities and social governance innovations. China's demographic transition comes from the statute of the family planning system on the one hand, and from economic and social development on the other. Since the 1980s, the household-registered population in megacities and super-large cities has gradually entered a low-fertility path. Population censuses after 2000 and previous sampling surveys all show that the actual fertility rate of the household-registered population in megacities and super-large cities has been lower than the policy fertility rate for a long time, thus forming a rapid aging effect at the bottom of the population pyramid. At the same time, however, the average life expectancy of the population in megacities and super-large cities has been significantly extended since the reform and opening up, which forms an aging effect at the top of the population pyramid. As a result, what we observe is that the larger the city is, the faster the aging speed of the household-registered population is. At the same time, the larger the city is, the younger the floating population is. The tension formed between the rapid aging of the household-registered population and the relative youth of the floating population makes any governance system design in megacities and super-large cities inseparable from this reality. Any institutional inputs that are not designed with this reality in mind will be challenged by it and increase the cost of governance. China's demographic transition also features an extremely rapid speed, unlike the gradual transition in Western countries. If originally megacities and super-large cities could fill the huge demands formed by the aging of the household-registered population through market selection and institutional selection of young floating populations, now, under the gradually increasing aging pressure of the national population, the age of the floating population is also gradually rising. The original governance countermeasures of regarding rural areas and small and medium-sized cities as labor reservoirs are facing severe challenges brought by population aging. In Chinese modernization, megacities and super-large cities will increasingly encounter such challenges. Therefore, how to adapt to the needs of modernization through population policy adjustments and scientific and technological innovations is a major issue in smart governance and co-location governance.

Population is the basis for social development. Social governance measures designed based on changes in population structure will increasingly become the core content of institutional innovation in the modernization process of megacities. The essence of urbanization is the great transformation of production and living styles caused by the process of population migration from rural areas to urban areas. Changes in population structure promote changes in social structure, and changes in social structure force us to innovate in social governance to meet the development needs of megacities and super-large cities.

Chapter 2　Urbanization, Metropolitanization and Co-Location of Mobile Populations

III. Hollowing-out of the rural population and urbanization of the elder population

The Resolution of the Third Plenary Session of the Twentieth Central Committee also pointed out the need to improve the mechanism for reasonable adjustments in the financing and treatment of basic old-age pension and basic medical insurance, and to gradually raise the basic pensions of urban and rural residents in basic old-age pension insurance. It should be said that, in urban and rural residents' pension insurance, the issue of raising the basic pension is the main issue of current urbanization. In urban and rural residents' pension insurance, the vast majority of participating subjects are rural residents. Although some studies have shown that older farmers are willing to provide for their old age in rural areas, this willingness is formed based on the structure of social relations among acquaintances in which they have lived for a long time. If there are significant changes in the rural production and living environment-agricultural enterprises and cooperatives become the main bodies of farming and breeding, and rural areas lack the support of old-age care resources, then the social foundation on which this judgment is formed will be shaken. The social foundation on which this judgment is formed will be shaken. If the basic pension of elderly farmers can be guaranteed, the probability that they will live in the city with their children in their later years will increase. To a certain extent, economic self-sufficiency is a necessary prerequisite for the sustainable support of elderly families. If we want to construct a long-term care insurance with Chinese characteristics, we must first form a pattern of "having something to rely on and being taken care of in old age".

This is because, in the process of urbanization, once the urbanization of rural-transferred population is completed at a certain stage, the age structure and livelihood structure of the rural population will change significantly.

Generally speaking, the process of farmers' urbanization can be divided into the following stages: In the first stage of urbanization, there is a strong demand for male labor in the city. The rural population will form a flow and migration strategy of male migrant workers and female farmers staying at home according to family decisions. These male migrant workers who enter the city to work are the first migrants[①]. Therefore, in the first stage, rural migrant workers are mainly male, and the proportion of female population is relatively low. In the second stage of urbanization, with the development of the city from the secondary industry to the tertiary industry, the employment channels for women will gradually widen, and the male as the first migrants will drive the female as the subsequent migrants to enter the city. At this stage, the proportion of female migrant workers will rise rapidly. In the third stage of urbanization, if the main family members are stably employed in the city, they will drive their children to move to the city with them, and solve the problem of the educational needs of their children in the city. Because the quality of education in the city is higher than that in the rural areas, the number of children who move with their parents will gradually exceed the number of left-behind children. In the fourth stage of urbanization, when the total population tends to stop growing or is in a negative growth trend, elderly farmers will also have to move to the city to provide for their old age. In the fourth stage, if the degree of mechanization of agriculture increases rapidly, if the area of intensive management of land grows larger and larger, and if the separation of three rights and interests can protect the rights and interests of migrant workers in the city more stably, the degree of aging in the rural areas

---

① Shao Cen and Zhang Yi, "A Comparative Study on the Family Migration Behavior of the Pre-80s and Post-80s Floating Population", in *Youth Studies*, Issue 4, 2012.

Chapter 2 Urbanization, Metropolitanization and Co-Location of Mobile Populations

will be higher and higher[①]. In this complete process from the first stage to the fourth stage, the traditional villages formed on the basis of natural villages will be gradually unraveled, and the hollowing-out of population and industries will co-exist simultaneously.

When the problem of hollowing out has accumulated to a certain extent, it will be difficult for the countryside to rely solely on village society to maintain its normal operation. Whether administrative villages or natural villages, the process of merging villages and towns will complete the end of the traditional peasantry. Only by replacing traditional small-scale farmers with modern farmers can China's urbanization finally form a high-quality development trend. After analyzing the intergenerational change of French farmers after World War II, Henri Mendras argued that the wave of modernization will surely end the traditional small farmers, but the output and quality of the enterprise-like or estate-owning agriculture will be greatly improved. Therefore, to complete the process of modernization of agriculture and rural areas, it is necessary to promote the modernization of farmers at the same time. To realize the modernization of farmers, it is necessary to carry out vocational training for farmers, so that new farmers can replace traditional farmers and become professional farmers in China. To ensure China's food security and improve food quality, it is necessary to strengthen the training of professional farmers, so that farmers can obtain the right to land contract only when they have obtained certain qualifications and possess modern grain-growing capabilities. This is the only way for agricultural modernization in developed countries. Therefore, if the household contract responsibility system has launched the first agricultural revolution and permanently solved the food

---

① The average age of Japanese farmers has exceeded 60 years. Even though the annual income from crop farming is much higher than the average income of white-collar workers, young people are reluctant to farm and prefer to work in the cities. Even though the system of primogeniture has long been prevalent in Japan, current Japanese farmers lack the support of their children and have difficulties in farming.

problem that has plagued China's development for thousands of years, then the moderate-scale operation currently carried out in rural areas, and even the large-scale enterprise-like operation developed in some places, is the second rural revolution in Chinese modernization. Enterprise-like operation, the development of professional farmers, and the transportation modernization can completely enable people to live in towns or county towns and enter agricultural land for farming when necessary. This will continue to reduce the number of administrative villages in China. Only by completing this process can China promote population urbanization with food security.

The process of ending traditional farmers will inevitably lead to the end of some natural and administrative villages. The end of villages makes the elderly population who rely on villages for old-age care have to move to the city for old-age care. However, the following problems still exist in rural areas at present:

First, the aging rate in rural areas is much higher than that in urban areas. The Seventh National Population Census found that the proportion of the rural population aged 60 and above in the total rural population reached 23.81%, and the proportion of the rural population aged 65 and above in the total rural population reached 17.72%. In contrast, the proportion of the urban population aged 60 and above in the total urban population was 18.70%, and the proportion of the urban population aged 65 and above in the total urban population was 13.50%. It can be seen from this that under the influence of population flow, the aging rate in rural areas is getting higher and higher. If calculated based on the youth and adult population, the vast majority of the youth population has entered the city, and most of the adult population has also entered the city. If the aging rate is calculated not according to the permanent population but according to the point-in-time population, the aging rate in rural areas will be even higher.

Second, the basic pension entitlement for rural residents is low. According to the design of the system's residents' pension system, rural

Chapter 2 Urbanization, Metropolitanization and Co-Location of Mobile Populations

residents can receive a basic pension when they reach the age of 60. Because many residents have not paid the individual account pension or have paid the residents' pension at the lowest base, the vast majority of rural residents receive relatively low pension benefits at the retirement age. In 2024, the basic pension for rural residents was raised by 20 yuan, which raised the basic pension entitlement for residents across the country to almost 220 yuan. Although it is a little higher in the eastern region[①], and a little lower in the central and western regions, if rural residents only rely on land transfer fees and basic pensions, it is still difficult for them to provide for their old age in the city.

Third, after land transfer or entrusting cooperatives to operate, the working time of elderly farmers on cultivated land has been greatly reduced. With the deepening of the aging degree, they must rely on others to end their lives. It should be said that between the ages of 60 and 75, the vast majority of farmers can take care of themselves or rely on their spouses to make a living. But after the age of 75, due to the common chronic diseases, elderly farmers need the help of old-age care service institutions to complete the last journey of life. At this time, they need to use the old-age care institutions in towns or county towns, or have to live with their children for old-age care. Therefore, the urbanization of the rural elderly population is an extremely difficult process, which can only be accomplished through the joint efforts of the State, society and the family. However, the reality is not encouraging. Old-age facilities in rural areas are generally outdated and backward, making it difficult to build the ideal model of combining medical care and nursing care, and it is difficult to meet the old-age care needs of rural elderly people. In addition, the basic pension of farmers can hardly enable them to survive without land. The institutional arrangement of raising children for old age,

---

① Even in Zhejiang Province, the pensions of rural residents range from 300 to 500 yuan, and the percentage of people who reach about 500 yuan is relatively low.

which is based on an agricultural society, has become difficult to maintain in the process of population mobility. The practice of relying on spouses to support each other in old age has to rely on the economic feedback support of children because of the low pension. Once the income of migrant workers in the city fluctuates, the old-age care resources of the elderly will immediately be in a difficult situation. That is to say, in the context that the domestic grain price is already higher than or infinitely close to the international grain price and that the mortgage of migrant workers' urban housing has not been paid off, the old-age care support system for elderly farmers appears very weak.

Since 2023, the population born from 1963 to 1969 has gradually begun to retire or gradually withdraw from the labor market. The aging wave is surging. For example, 29.34 million people were born in 1963, 27.21 million in 1964, 26.79 million in 1965, and more than 25 million in each of the years 1966 through 1969[①]. The vast majority of the people born during the population explosion period are farmers (the population born in the 1960s did not enjoy the dividend of the expansion of higher education enrollment). In the process of rural hollowing-out, if the old-age care problem of elderly farmers cannot be solved, it will be difficult to form a pattern of urban-rural integrated development. It should be known that the equalization of basic public services is the basic goal of urban-rural integrated development. If farmers no longer farm and are just a status, moving to the city for old-age care will become a common social expectation.

Under these circumstances, to complete the tasks of Chinese-style modernization designed in the reports of the 19th and 20th National Congresses of the Communist Party of China, basically realize modernization by 2035, and build China into a strong modern socialist country by the middle of 21st

---

① The generally high number of births in China during this period, especially from 1962 to 1969, was due mainly to the gradual improvement in socio-economic conditions following the end of the three-year difficult period, which effectively restored people's fertility and willingness to give birth.

century, on the one hand, we must attach importance to the employment of migrant workers in the city and promote the urbanization of the migrant population; on the other hand, we must gradually increase the basic pension in the basic old-age insurance for urban and rural residents. We must actively implement the strategic deployment of the Third Plenary Session of the 20th Central Committee of the Communist Party of China, focus on increasing the basic pension for rural residents, so that rural residents can have the opportunity to enjoy urban social old-age care services when they are unable to take care of themselves in old age, and spend their old age with the support of long-term care insurance.

Chapter 3   New Sociality in the Digital Age

A. A. Lazarevich[*]

The development of modern society is determined by many factors, among which the key ones are informatization and comprehensive digitization. It is mainly under the influence of these processes that a new type of social development modality (new sociality phenomenon) has emerged, referred to as the information/digital society. In other words, the profile of new sociality determines, on one hand, the intensive growth of information and knowledge as a strategic potential for social modernization (result), and on the other, the unprecedented progress (reason) achieved in the (digital) technologies of production and information socialization. The implementation of these processes is ensured via a set of organizational and management measures, which mainly include:

– Comprehensive and systematic policies on informatization and digitization;

– Formulation of corresponding legislation;

– High-level material and technological foundation (computerization, robotics, artificial intelligence, etc.);

– Capabilities, organization and managerial culture that ensures the

---

[*] A. A. Lazarevich, Professor, Director of the Institute of Philosophy of the National Academy of Sciences of Belarus.

dominance of the digital sector in the general social development foundation;

– Availability and fluidity of information resources as the source of knowledge, competence, and creative qualities of social entities;

– Adapting the social stratification structure and the entire life culture to the new digital reality.

The most obvious characteristics of the new sociality can be identified at several levels. At the level of public policy and management, e-government is becoming increasingly important. At the socio-economic level, the digital economy is gaining greater visibility. At the level of social life and culture, new opportunities are created for citizen mobility, cross-cultural communication, and social services (Internet of Things, autonomous transportation, smart homes, etc.).

Therefore, the priority values of the new sociality are gradually taking shape, featuring: almost unrestricted access to information, the organization of various forms of communication and the resulting high social mobility, the demand for individual competence and the entire intellectual capital, the expansion of human creativity and the realization of self-worth.

After linking the speed of technological development and the resulting socio-economic and infrastructure changes with the reality of human life, we can detect the qualitative changes in the conditions of social dynamics, indicating the dawn of a new era.

Among the uncertainties pertaining to the new era, it's relevant to draw attention to:

– The stochastic nature of social dynamics, the high risks of formulating and implementing development strategies, and the need to consider hidden factors and drivers in politics, economy, and culture;

– The fact that technological transformation of the body and consciousness has set a new framework for understanding human phenomena;

– The socially disruptive phenomenon of the "digital divide" and the new threats emerging in the field of information security;

— Reasonable concerns about the loss of spiritual and cultural traditions.

— The development of the information and digital sector depends directly on national policies in this field, with fundamental implications for the economy, education, culture, social stratification and the scientific, technological and social communication foundations. The formulation of digital development policies is particularly urgent in so-called economies in transition. In most countries, the first and second sectors of social production are less modernized, imposing certain limitations on the digitization process. This makes the task of re-industrializing these economic sectors on the basis of innovative technological solutions oriented towards the priorities and opportunities of the digital information age all the more pressing.

In this regard, the trend towards the stable formation of information societies in countries of the Eurasian integration space is worth noting. For example, in such countries as Belarus, Russia, and Kazakhstan, the process of informatization is being actively pursued, telecommunication networks connecting to the world information space are taking shape, and the field of communication and information technology stands out as one of the most dynamic economic sectors. At the national policy level, comprehensive strategies for the immediate and long-term development of the information society is being formulated.

In the Republic of Belarus, this priority is established in the planning document, the "National Strategy for Sustainable Social and Economic Development before 2030", approved by the Presidium of the Council of Ministers of the Republic of Belarus on 10 February 2015. [1]

Among other strategic government decisions regulating the process of shaping the information society in the Republic of Belarus, it is worth

---

[1] Национальная стратегия устойчивого социально-экономического развития Республики Беларусь на период до 2030 года[Электронный ресурс]. – Режим доступа: https://economy.gov.by/uploads/files/NSUR2030/Natsionalnaja-strategija-ustojchivogo-sotsialno-ekonomicheskogo-razvitija-Respubliki-Belarus-na-period-do – 2030 – goda. pdf. – Дата доступа: 03. 02. 2022.

mentioning the "Strategy for the Development of Informatization in the Republic of Belarus 2016 – 2022", which, with reference to a number of factors affecting the process of informatization, specifies the principles of the country's state policies on informatization and defines the main directions for the development of the information society. ①

"The National Plan for the Development of the Digital Economy and Information Society 2016 – 2020", adopted back then, is also important. ②The implementation of the Plan has contributed to the realization of one of the priorities for the socio-economic development of the Republic of Belarus-to facilitate effective investments and the accelerated development of innovative economic sectors. As a result, favorable conditions have been created for the effective transformation of the majority of economic activities under the influence of information and communication technologies, including the establishment of a digital foundation for the economy, the development of information infrastructure, and the improvement of the goals and technical capabilities of e-government.

A key milestone in this area is the adoption of the Decree No. 8 on the "Development of the Digital Economy". This document has redefined the legal basis for the activities of high-tech parks, including the procedures and scope of competence of their supervisory boards and administrations, the algorithm for registering residents, and the requirements for their activities. The principal achievement has been the establishment of unprecedented state

---

① Стратегия развития информатизации в Республике Беларусь на 2016 – 2022 годы [Электронный ресурс]: утверждена на заседании Президиума Совета Министров от 03. 11. 2015 № 26//Научно-методическое обеспечение развития информатизации в Беларуси. – Режим доступа: http://nmo. basnet. by/informatization. – Дата доступа: 03. 02. 2022.

② Государственная программа развития цифровой экономики и информационного общества на 2016 – 2020 годы [Электронный ресурс]: утверждено Постановлением Совета Министров Республики Беларусь 23. 03. 2016 № 235//Национальный правовой Интернет-портал Республики Беларусь. – Режим доступа: https://pravo. by/document/? guid = 12551&p0 = C21600235&p1 = 1. – Дата доступа: 03. 02. 2022.

support measures for high-tech parks and for the entire IT sector nationwide. ①

Today's Belarus, like many other countries that utilize information technologies to meet the needs of their national interests, is striving to address the strategic issues related to entering the global information society. These tasks involve at least three basic issues:

1) Defining the goal of the information society;

2) Determining the means and methods to achieve this goal, aimed at expanding the application of information technology, facilitating access to information, and fostering favorable political, economic, cultural, and legal conditions for the development of the national information technology space;

3) Allocating the political, economic, financial, and organizational roles and responsibilities between the main entities of the information space and the state, social institutions, and enterprises.

The strategy for the development of the information society in Belarus is based on a long-standing education system, which focuses primarily on cultivating talents in natural sciences and technical specializations to serve knowledge-intensive industries, including the field of information and communications. Considering the priorities of the digital age, it is necessary to quickly respond to the requirements of the booming information society and those of the IT and computer equipment manufacturing industry. A major task in this regard is to create an effective national information environment for the education system, through which it will then be possible to achieve interactive collaboration among all entities in the field of education and form a national system of electronic education resources.

The priority areas for scientific research in the information industry and informatization/computer technologies also include the establishment of

---

① О развитии цифровой экономики[Электронный ресурс]: Декрет Президента Республики Беларусь, 21 дек. 2017 г., № 8//Министерство экономики Республики Беларусь. – Режим доступа: https://www.economy.gov.by/uploads/files/sanacija-i-bankrotstvo/Dekret-Prezidenta-Respubliki-Belarus-ot – 21 – 12 – 2017 – N – 8 – O-r. pdf. – Дата доступа: 03.02.2022.

promising software development projects on the basis of top Belarusian universities and the National Academy of Sciences of Belarus, the development and implementation of supercomputer and distributed computing technologies, and the fostering of export-oriented businesses such as the automated design of complex products and processes, and the production of design and technical documents.

In the context of digital transformation and the new era, the problem of insufficient potential of knowledge reflection required for comprehensive analysis and prediction of social dynamic processes is deteriorating. It is worth noting that in the conditions of the new era, the time interval for human adaptation to rapidly changing lifestyles, the formation of information culture, and the development of positive worldviews and values is shrinking, making human consciousness vulnerable to information challenges and threats. This is one of the major humanitarian issues in the information society, which is characterized by the exponential growth of information, and a much smaller number of people involved in the creation of information and the semantic "support" of images than the number of users to whom the information is addressed. These users do not create, but mainly absorb, the meanings provided. Therefore, the overriding task of modern education is to form a stable structure of consciousness and values among human beings, characterized by relative invariability, serving as cultural and normative criteria for selecting and using information.

As a result, information production and socialization technologies will take the primary attention of societies and State institutions. Today, capacity variance in mastering these technologies depends on the understanding of information divide or digital divide, which is seen as a new form of social division. On a global scale, these differences can lead to a divide in the latest technological developments among peoples, nations, and regions around the world. This, in turn, will further exacerbate economic and social inequality, thereby intensifying the instability in individual countries and across the world.

In order to solve these problems, it is necessary to create political, legal, scientific, technologicaL, and socio-economic conditions for the formation of the information society and corresponding cultural life, first and foremost for the formation of an information culture. In this case, information culture includes at least such components as logical and methodological culture, which determines the degree of adequacy of information operations tools, legal and ethical culture that regulates the process of information socialization and the activities of information relationship subjects, as well as the linguistic components as specific forms of information representation. This means that information culture, as a priority for social development in the digital age, is a multifaceted phenomenon that requires close attention, as it concerns all key areas of social life. Therefore, it remains very important and urgent to purposefully form an information culture by utilizing all existing institutions in society, especially educational and training institutions.

For these reasons, and in the general ideological context of a knowledge-based society, scientific and educational factors play a dominant role in the formation of new sociality and its value priorities. Science shapes the goals and priorities of social development and develops tools to achieve these goals and deliver on these priorities. Science in Belarus should and does have great potential in this regard. Scientific-intensive development projects at the National Academy of Sciences of Belarus include: portable supercomputers; goods identification and tracking systems using RFID tags; IT technologies for healthcare and education systems; domestic electric cars and small personal electric vehicles; a series of highly effective drugs synthesized in-house; human deoxyribonucleic acid (DNA) authentication; ultra competitive drones; competitive agricultural plant varieties and animal breeds, and a full range of agricultural machinery.

Scientists are making progress in improving the national grid for computers in the world of science and education, which is integrated into the public information and computing space of alliance countries and the pan-

European computer network infrastructure. An Automated Identification and Tracking System (AITS) has been set up to identify and track goods of different categories, which is connected to Russia's Mercury system.

The achievements constitute the basis for launching a new academic initiative-the creation of an IT city. The range of problems to be addressed in this field is extensive: from scientific research activities in the field of information technology and world-class achievements beneficial to the national security of the Republic of Belarus, to various construction, architecture design, and technical conceptualization for e-government, e-healthcare, and information system security. This represents the third science park structure of the National Academy of Sciences of Belarus after the "Belarusian BioCity" and "Academic TechnoCity".[①]

Lastly, it should be emphasized that Belarus' process of forming the information/digital society has much in common with similar processes in other developed countries, which is due to the rapid spread of the latest information and communication technologies and the globalization of the world information technology market. Differences arise as a result of a country's geographical location, social and cultural traditions, specific development tasks of the national information infrastructure, and characteristics of its economic development. Meanwhile, it is fair to say that significant progress has been made in recent years in the development of telecommunications, informatization of government and business organizations, and information legislation. This progress indicates that Belarus has timely transformed its development policies from individual areas of information and communication, computers, and information markets to a comprehensive national plan aimed at building an information technology country and entering the global information space.

[①] Гусаков, В. Г. Белорусская наука на пути к новым точкам роста/В. Г. Гусаков//Наука и инновации. –2021. –№11. –С. 5 –10.

Chapter 4 Developing Mutually Beneficial Economic Cooperation between China and Belarus in the Context of the Belt and Road Initiative

Mukha. Dzianis. Viktorovich[*]

This chapter analyzes the development of mutually beneficial economic cooperation between China and Belarus in the context of the implementation of the Belt and Road Initiative. It particularly examines credit and investment cooperation, bilateral trade, foreign direct investment attraction, the development of the China-Belarus Great Stone Industrial Park, and cooperation in science, technology, and innovation between the two countries. Measures to promote mutual investment in science, technology, and innovation are formulated, including the establishment of the Eurasian Trade and Investment Bureau and a Free Trade Zone for High-Tech Products between China and the Eurasian Economic Union.

---

[*] Mukha. Dzianis. Viktorovich, Associate Professor, Director of the Institute of Economics, the National Academy of Sciences of Belarus.

Chapter 4 Developing Mutually Beneficial Economic Cooperation between China and Belarus in the Context of the Belt and Road Initiative

I. Introduction

Since 2013, the People's Republic of China (hereinafter referred to as "China") has successfully implemented the large-scale Belt and Road Initiative, with participation from over 150 countries and 30 international organizations. China's investment within the framework of this initiative has exceeded USD 1 trillion①Meanwhile, China has emerged as one of the largest foreign direct investors in the world. Therefore, according to the International Monetary Fund (IMF), cumulative Foreign Direct Investment (FDI) in the Chinese mainland has increased 3.3 times (i. e., by USD 2.265 trillion) over the past decade—from USD 691.346 billion on January 1, 2014, to a record high of USD 2.957 trillion on April 1, 2024. ②Considering China's projected economic growth rate and reinvestment of overseas subsidiary earnings, it is anticipated that cumulative FDI in the Chinese mainland will further increase. According to IMF projections, China's Gross Domestic Product (GDP) at Purchasing Power Parity (PPP) will increase 2.8 times compared to 2010, reaching a record high of USD 46.253 trillion in 2029 (see Table 1 for details). ③ Meanwhile, the ratio of the combined GDP of the Chinese mainland, China's Hong Kong, and China's Macao to the GDP of the United States will rise to a record high of 134.7% in 2029, compared to 115.5% in 2020 and 84.3% in 2010 (see Table 4 – 1 for details).

---

① Nedopil, C. China Belt and Road Initiative (BRI) Investment Report 2023/C. Nedopil// Griffith Asia Institute, Griffith University (Brisbane) and Green Finance & Development Center, FISF Fudan University (Shanghai) /Report. – 2024. – 27 p. – DOI: https://doi.org/10.25904/1912/5140.

② IMF data [Electronic resource]/International Monetary Fund. – Mode of access: https://www.imf.org/en/Data. – Date of access: 25.09.2024.

③ World Economic Outlook Database: April 2024 edition [Electronic resource]/International Monetary Fund. – Mode of access: https://www.imf.org/en/Publications/WEO/weo-database/2024/April. – Date of access: 25.09.2024.

Table 4 – 1 GDP Dynamics of Chinese Mainland, China's Hong Kong, China's Macao, and the United States by Purchasing Power Parity (in billions of dollars)

Year	Chinese Mainland	Hong Kong, China	Macau, China	United States	GDPs (Chinese Mainland, China's Hong Kong, and China's Macau) / GDP of USA
1980	302.8	36.1	—	2857.3	11.9
1990	1108.3	104.1	—	5963.1	20.3
2000	3657.9	188.1	—	10251.0	37.5
2010	12284.7	345.6	53.6	15049.0	84.3
2020	24145.9	440.6	39.1	21322.9	115.5
2021	27386.7	490.6	50.6	23594.1	118.4
2022	30191.1	505.8	42.5	25744.1	119.4
2023	32931.4	541.1	79.6	27357.8	122.6
2024	35291.0	570.1	92.9	28781.1	124.9
2025	37381.2	596.0	103.6	29839.7	127.6
2026	39521.6	623.0	110.2	31018.8	129.8
2027	41708.4	651.2	115.7	32274.5	131.6
2028	43933.2	680.4	121.5	33582.2	133.2
2029	46252.8	711.2	127.5	34950.0	134.7

Source: Compiled independently based on the International Monetary Fund's data[3]. The marker highlights the IMF forecasts for 2024 – 2029.

Therefore, against the backdrop of the successful implementation of the Belt and Road Initiative, the Chinese economy has become the world's largest economy, indicating a remarkable enhancement of China's economic and political influence on the international stage. Martin Wolf, a chief economic columnist for the *Financial Times*, describes China's sharp GDP growth as "the birth of a new economic superpower" in his book *The Crisis of*

Chapter 4 Developing Mutually Beneficial Economic Cooperation between China and Belarus in the Context of the Belt and Road Initiative

Democratic Capitalism (2023)[①] and points out that China has achieved tremendous economic and technological progress by implementing a pragmatic economic strategy, supplemented by large-scale investment (especially infrastructure investment), rapidly improving the quality and skills of the labor force, and implementing large-scale urbanization[②]. According to Wolff, China is now "emerging as a comprehensive force at least on par with the United States" with its successful economy, vibrant technology sector, large population, cohesive state, and competent government[③].

Belarus has been playing an active role in implementing the Belt and Road Initiative since 2013. Besides, a joint statement on establishing an all-weather comprehensive strategic partnership between the two countries was issued after President Xi Jinping of the People's Republic of China met with President Alexander Lukashenko of the Republic of Belarus on September 15, 2022.[④] This marks the highest level of political and economic cooperation in the history of bilateral relations. A large part of the statement emphasizes developing mutually beneficial economic cooperation between China and Belarus under the framework of the Belt and Road Initiative.

In July 2024, Belarus joined the Shanghai Cooperation Organization (SCO) with the support of China, creating new opportunities for mutually beneficial economic cooperation between Belarus and other member countries within the SCO framework through deepening regional economic and political integration.

---

① Wolf, M. The crisis of democratic capitalism/M. Wolf. – New York: Penguin Press, 2023, p. 128.
② Ibid., pp. 337 – 338.
③ Ibid., p. 338.
④ 《中华人民共和国和白俄罗斯共和国关于建立全天候全面战略伙伴关系的联合声明》, 中华人民共和国外交部, https：//www.mfa.gov.cn/zyxw/202209/t20220916_10766853.shtml。

II. Credit and Investment Cooperation

In Belarus, 27 strategic investment projects have been implemented in the industrial and infrastructure sectors within the framework of credit and investment cooperation with China since 2007, with a total investment amount of over 5 billion US dollars. Belarus' main partners include China Development Bank, Export-Import Bank of China, Asian Infrastructure Investment Bank, China International Trust and Investment Corporation (CITIC), China Merchants Group (CMG), Zhejiang Geely Holding Group, China Energy Engineering Group Co., Ltd. (CEEC), China Communications Construction Company (CCCC), China National Machinery Industry Corporation (Sinomach), China United Engineering Corporation (CUEC), North China Power Engineering Co., Ltd. (NCPE), COFCO Engineering & Technology Co., Ltd., etc. Below are some investment projects implemented by Chinese partners in Belarus:

– Reconstruction of the "Bobruisk-Zhlobin" and "Zhlobin-Gomel" sections of the M – 5/E271 "Minsk-Gomel" national highway;

– Electrification projects for the following railway segments: "Gomel-Zhlobin-Osipovichi", "Zhlobin-Kalinkovich", and "Mogilev-Gudogai-Border";

– Construction of gas-steam combined cycle power generation units at the Lukoml State District Power Station and the Berezov State District Power Station;

– Construction of the Vitebsk hydropower station on the Western Dvina River;

– Modernization projects for the Minsk Second Central Heating and Power Station and the Fifth Central Heating and Power Station;

– Construction of the Belarus Nuclear Power Plant: power output and connection to the national power grid;

Chapter 4 Developing Mutually Beneficial Economic Cooperation between China and Belarus in the Context of the Belt and Road Initiative

– Infrastructure construction project for the China-Belarus Great Stone Industrial Park;

– Construction of the Geely Automobile Factory in the Minsk Oblast (a China-Belarus joint venture, "Belgee" Automobile Manufacturing Factory);

– Household appliance production project (Midea-Horizon Joint Limited Liability Company);

– Modernization of production facilities at the Orsha Flax Joint Processing Plant and construction of a long-staple processing plant;

– Construction of a mining and processing complex with an annual production capacity of 2 million tons of potassium chloride (Slavpotash Limited Liability Company);

– Construction of a full-cycle high-tech agro-industrial production facility (Belarusian State Biotechnology Corporation).

In August 2024, five new investment projects were launched with a total investment of approximately $1 billion during the official visit of the Chinese delegation led by Premier Li Keqiang of the State Council of the People's Republic of China to Belarus. 12 new strategic investment projects are under approval, with a total investment of approximately $2 billion. Among them, the most important projects are the construction of the sulfate-bleached pulp and particleboard processing plant, the construction of a modern automated foundry and engine manufacturing plant, and the construction of the construction of factories for polypropylene, urea, sodium chlorate, hydrogen peroxide, and soda ash.

As part of the Chinese delegation's visit, Yuri Chebotar, the Minister of Economy of Belarus, and Wang Wentao, the Minister of Commerce of China, signed a protocol on the establishment of an investment cooperation working group within the framework of the Economic and Trade Cooperation

Committee of the China-Belarus Intergovernmental Cooperation Committee.[①] The investment cooperation working group will assist in addressing issues related to strengthening investment cooperation between the two countries, implementing joint investment and credit projects, as well as technical and economic assistance projects.

Furthermore, Yuri Chebotar, the Minister of Economy of Belarus, and Liu Sushe, the Deputy Director of the National Development and Reform Commission of China, signed a cooperation plan on enhancing the integration of the implementation of the Belt and Road Initiative with the national strategy for socio-economic sustainable development of the Republic of Belarus, aiming to develop cooperation in areas such as investment, infrastructure, trade, finance, industry, agriculture, digital economy, technological innovation, artificial intelligence, green development, circular economy, and healthcare. This document covers approximately 60 measures and projects, including promoting the high-quality development of the China-Belarus Great Stone Industrial Park, supporting the creation of high-tech enterprises, implementing joint production cooperation projects, and conducting cooperation in traditional Chinese medicine.

Therefore, cooperation between China and Belarus in areas such as credit, investment, trade, economy, and technology is expected to see remarkable expansion in the coming years, thus benefiting the people of both countries.

Ⅲ. Attracting Foreign Direct Investment

In Article 6 of the *Joint Statement on Establishing an All-Weather*

---

① О создании Рабочей группы по инвестиционному сотрудничеству Комиссии по торгово-экономическому сотрудничеству Белорусско-Китайского межправительственного комитета по сотрудничеству[Электронный ресурс]: Протокол между Министерством экономики Республики Беларусь и Министерством коммерции Китайской Народной Республики от 22 августа 2024 г. / Национальный правовой Интернет-портал Республики Беларусь. – Режим доступа: https://pravo.by/document/?guid=3961&p0=I72400030. – Дата доступа: 25.09.2024.

Chapter 4 Developing Mutually Beneficial Economic Cooperation between China and Belarus in the Context of the Belt and Road Initiative

Comprehensive Strategic Partnership, it is stated that China and Belarus prioritize cooperation in expanding mutual foreign direct investment, constructing joint high-tech innovative production projects, and developing joint businesses between economic entities of both countries.① During Premier Li Qiang's visit to Belarus in August 2024, a historic intergovernmental agreement on trade in services and investment was signed, stipulating the establishment of a free trade zone for services and the creation of a favorable, free, and transparent system to attract mutual investment. The implementation of this agreement will further unleash the potential for cooperation in the fields of service trade, investment, and business visits between the two countries, advancing the high-quality development of the "Belt and Road" initiative and deepening the all-weather comprehensive strategic partnership between the two sides. Belarus is the first country within the Eurasian Economic Union to reach such an agreement with China. Belarus expects that, by establishing transparent and predictable rules, the volume of service exports from Belarus to China will increase by at least 12 – 15% over the next five years, while the amount of investment from China to Belarus will grow by more than 30%.

By the way, according to data from the People's Bank of China, from 2019 to 2022, the cumulative FDI from Chinese mainland's resident enterprises in Belarus increased by 1.3 times, reaching a record-high of USD 747.6 million as of January 1, 2023 (see Table 4 – 2 for details). This demonstrates a significant enhancement in Belarus' investment appeal to Chinese investors. Meanwhile, according to data from the National Bank of Belarus, during the period from 2019 to 2023, the cumulative FDI from Hong Kong's resident enterprises in Belarus increased by 3.3 times, totaling USD 23.4 million as of January 1, 2024 (see Table 4 – 3 for details). Based on our projections, the cumulative FDI from Chinese mainland and Hong Kong's

---

① 《中华人民共和国和白俄罗斯共和国关于建立全天候全面战略伙伴关系的联合声明》,中华人民共和国外交部, https://www.mfa.gov.cn/zyxw/202209/t20220916_10766853.shtml。

resident enterprises in Belarus is expected to surpass the USD 1 billion mark in 2025, considering the implementation of the agreement on the investment and free trade zone in services signed between Belarus and China, as well as the reinvestment of earnings by Belarusian subsidiaries.

Table 4-2 Dynamics of Cumulative Foreign Direct Investment (FDI) from Chinese Mainland to Belarus at the Beginning of the Year (in USD millions)

Year	Total FDI	Equity participation	Debt instruments	Absolute Change Compared to Previous Year		
				Total FDI	Equity participation	Debt instruments
2019	327.2	327.2	0.0	—	—	—
2020	395.7	395.7	0.0	68.5	68.5	0.0
2021	607.3	410.8	196.5	211.6	15.1	196.5
2022	646.1	410.1	236.0	38.8	-0.7	39.5
2023	747.6	488.5	259.1	101.5	78.4	23.1

Note-Source: Compiled independently within the framework of the Coordinated Direct Investment Survey under the auspices of the International Monetary Fund, based on figures provided by the People's Bank of China.①

Table 3 Dynamics of Cumulative Foreign Direct Investment (FDI) from Hong Kong, China to Belarus at the Beginning of the Year (in USD millions)

Year	Total FDI	Equity participation	Debt instruments	Absolute Change Compared to Previous Year		
				Total FDI	Equity participation	Debt instruments
2019	5.4	2.9	2.6	1.6	0.6	1.0
2020	8.5	8.2	0.3	3.0	5.3	-2.3
2021	6.9	6.6	0.3	-1.5	-1.5	0.0

---

① World Economic Outlook Database: April 2024 edition [Electronic resource]/International Monetary Fund. – Mode of access: https://www.imf.org/en/Publications/WEO/weo-database/2024/April. – Date of access: 25.09.2024.

Chapter 4　Developing Mutually Beneficial Economic Cooperation between China and Belarus in the Context of the Belt and Road Initiative

续表

Year	Total FDI	Equity participation	Debt instruments	Absolute Change Compared to Previous Year		
				Total FDI	Equity participation	Debt instruments
2022	8.2	7.8	0.3	1.3	1.2	0.0
2023	23.7	21.4	2.3	15.5	13.6	2.0
2024	23.4	21.1	2.3	-0.3	-0.3	0.0

Note-Source: Compiled independently within the framework of the Coordinated Direct Investment Survey under the auspices of the International Monetary Fund, based on figures provided by the National Bank of Belarus. ①

It is noteworthy that enterprises with Chinese capital participation are becoming an increasingly significant part of the Belarus economy. For instance, the China-Belarus joint venture, the "Belgee" automobile manufacturing plant, witnessed a 1.7 - fold increase in passenger car production in 2023 compared to the previous year, reaching 67,300 units. According to the company's forecasts, production will rise to a record 80,000 units in 2024. Overall, considering the positive momentum of the development of the China-Belarus Great Stone Industrial Park and the achievement of full design capacity by certain Chinese-funded enterprises, it is anticipated that there will be a substantial increase in the export volume of goods and services from Chinese-funded enterprises between 2025 and 2027.

IV. China-Belarus Great Stone Industrial Park

Article 7 of the *Joint Statement on Establishing an All-Weather Comprehensive Strategic Partnership* states that Belarus and China intend to focus their efforts on developing the China-Belarus Great Stone Industrial Park

---

① Ibid.

into an international industrial cluster and a satellite city of Minsk.① As driving forces for the further development of the industrial park, Belarus and China are considering: a) increasing investments (including attracting large-scale manufacturing and high-tech Chinese enterprises as permanent residents of the park); b) implementing joint construction projects for a multimodal railway terminal; and c) developing traditional and innovative Traditional Chinese Medicine.

Therefore, as the most important hub platform for the Silk Road Economic Belt in the Eurasian region, the investment projects implemented by the resident enterprise of the China-Belarus Great Stone Industrial Park will play a significant role in developing mutually beneficial economic cooperation between the two sides.

It is worth highlighting that the industrial park has been granted the status of a special economic zone, and its resident enterprises and their affiliated companies outside the park can enjoy most-favored-nation (MFN) treatment. Consequently, the MFN treatment enjoyed by investors in the China-Belarus Great Stone Industrial Park when registering affiliated companies extends across the entire territory of Belarus (207,600 square kilometers).

The resident enterprises in the industrial park are investing in the development of advanced technologies, including Industry 4.0 technologies such as big data storage and analysis, the Internet of Things, smart city management systems, human-machine interfaces, automation and robotics systems for production and other processes, additive manufacturing, 3D modeling, artificial intelligence, machine learning, computer vision, unmanned aerial vehicle (UAV) systems, autonomous vehicles, and LiDAR systems and navigation systems for industrial UAVs. In the future, the industrial park will become Belarus's first 5G mobile communication pilot zone

---

① 《中华人民共和国和白俄罗斯共和国关于建立全天候全面战略伙伴关系的联合声明》，中华人民共和国外交部，https：//www.mfa.gov.cn/zyxw/202209/t20220916_10766853.shtml。

Chapter 4 Developing Mutually Beneficial Economic Cooperation between China and Belarus in the Context of the Belt and Road Initiative

and will introduce autonomous driving technology.

Currently, the industrial park has registered 137 resident enterprises from 13 countries with declared investments exceeding USD 1.5 billion. More than half of the resident enterprises in the park are Chinese-funded, including Huawei Belarus Technologies Ltd., ZTE Telecom Equipment Factory Co., Ltd., Zoomlion Belarus Ltd., Chengdu Xinzhu Silk Road Development Co., Ltd., China Merchants Group (Belarus) Trading and Logistics Co., Ltd., Sinomach Belarus Ltd., Xiji Kop-High-Tech Co., Ltd., Aerotech & Systems Co., Ltd., China-Belarus Biotechnology Innovation Center LLC, Hongjiu Belarus Life Science Research Institute LLC, and China-Belarus High-Tech Innovation Research Institute LLC.

Furthermore, the list of founders and shareholders of the resident companies in the park includes investors from Belarus, Russia, the United States, Germany, Switzerland, Singapore, Austria, Israel, Belgium, Cyprus, the Czech Republic, Latvia, and other countries. Currently, the resident enterprises in the park export goods and services to over 20 countries worldwide. According to the National Statistics Committee of Belarus, the export sales of goods by resident enterprises in the park increased by 5.6% compared to the previous year in 2023, reaching a record of USD 135.8 million (see Table 4 – 4 for details). [1]

---

[1] The main indicators of the activity of the residents of China-Belarus Industrial Park Great Stone (annual data) [Electronic resource]/National Statistical Committee of the Republic of Belarus. – Mode of access: https://www.belstat.gov.by/en/ofitsialnaya-statistika/macroeconomy-and-environment/small-area-statistics/special-economic-zones/annual-data/. – Date of access: 25.09.2024.

Table 4-4 Dynamics of Key Activity Indicators of Resident Enterprises in the China-Belarus Great Stone Industrial Park

Indicator	2017	2019	2020	2021	2022	2023
Number of Registered Resident Enterprises (as of end of year)	23	60	68	85	100	120
Number of Existing Resident Enterprises (as of end of year)	17	46	52	63	63	88
Average Number of Employees on Staff	59	617	1115	1826	2219	2719
Sales Revenue from Goods, Engineering, and Services (million Belarusian rubles)	5.7	58.5	188.9	373.0	737.6	1135.1
Fixed Asset Investments (million Belarusian rubles)	97.7	90.2	104.1	144.4	121.6	116.3
Foreign Investments in Fixed Assets (million Belarusian rubles)	88.7	66.0	73.4	114.5	82.8	64.5
Net Foreign Direct Investments (million Belarusian rubles)	—	114.9	44.3	50.2	14.4	28.7
Export Sales of Goods (million USD)	12.8	33.0	75.8	93.2	128.6	135.8
Import Sales of Goods (million Belarusian rubles)	26.9	60.6	96.5	129.0	173.7	248.5

Note-Source: Compiled independently based on data from the National Statistics Committee of Belarus[1]. The listed data excludes activities of resident enterprises outside the industrial park (except for foreign trade indicators). Net Foreign Direct Investments-Excludes net foreign direct investments that are not direct investor debts for goods, engineering, and services.

---

[1] Ibid.

Chapter 4 Developing Mutually Beneficial Economic Cooperation between China and Belarus in the Context of the Belt and Road Initiative

It is noteworthy that, according to the master plan, the China-Belarus Great Stone Industrial Park will also construct modern apartment buildings, schools, preschool institutions, shopping centers, and other infrastructure to provide comfortable living conditions for 100,000 people.①

V. Mutual Trade in Goods

Article 6 of the *Joint Declaration on Establishing an All-Weather Comprehensive Strategic Partnership* states that China and Belarus will continue to expand bilateral trade, optimize the trade structure, increase the export of goods and services from Belarus to China, and promote the share of high-value-added and high-tech products in export sales.② According to the National Bureau of Statistics of China, China's export sales of goods to Belarus in 2023 increased by 78.3% year-on-year, reaching a record high of USD 5.839 billion.③ In 2023, Belarus's export sales of goods to Chinese mainland increased by 44.3% compared to 2022, reaching a record high of USD 2.604 billion. Meanwhile, according to the Census and Statistics Department of the Hong Kong, China's Government, Hong Kong's export sales of goods to Belarus in 2023 increased by 53.1% compared to 2022, reaching USD 35.246 million.④ In contrast, Belarus's export sales of goods to Hong Kong, China in 2023 decreased by 62.1% compared to 2022, falling to USD 0.994 million.

---

① «Великий камень» представлен бизнес-кругам в сфере девелопмента [Электронный ресурс]/ Китайско-Белорусский индустриальный парк «Великий камень». – Режим доступа: https://industrialpark.by/novosti/2024/velikij-kamen-predstavlenbiznes-krugam-v-sfere-developmenta/. – Дата доступа: 25.09.2024.

② 《中华人民共和国和白俄罗斯共和国关于建立全天候全面战略伙伴关系的联合声明》,中华人民共和国外交部, https://www.mfa.gov.cn/zyxw/202209/t20220916_10766853.shtml。

③ World Integrated Trade Solution (WITS) [Electronic resource]/World Bank. – Mode of access: https://wits.worldbank.org/. – Date of access: 25.09.2024.

④ Ibid.

A positive trend worth noting is the increase in mutual trade volume of high-tech products based on the methodology of the Eurostat.[①]According to our calculations based on data from the National Bureau of Statistics of China, the export sales of high-tech products from Chinese mainland to Belarus in 2023 increased by 57.4% year-on-year, reaching USD 570.733 million. In 2023, Belarus's export sales of high-tech products to Chinese mainland increased by 21.5% compared to 2022, reaching USD 6.038 million. Tables 5 and 6 present the mutual trade data for certain high-tech products between Belarus and Chinese mainland.

Table 4-5 Export Sales of Major High-Tech Products from Chinese Mainland to Belarus (in thousands of USD).

Commodity	Code SITC Rev. 4	2022	2023	Growth Rate, %
Automatic data-processing machines and units thereof; magnetic or optical readers, machines for transcribing data onto data media in coded form and machines for processing such data, n.e.s.	752	49502.3	155553.9	314.2
Telecommunications equipment, n.e.s., and parts, n.e.s., and accessories of apparatus falling within division 76 (excluding 764.93 and 764.99)	754 (excluding 764.93, 764.99)	76912.3	86243.6	112.1
Optical instruments and apparatus, n.e.s	871	23722.6	57321.4	241.6

---

① High-tech aggregation by SITC Rev. 4 [Electronic resource]/Eurostat. – Mode of access: https://ec.europa.eu/eurostat/cache/metadata/Annexes/htec_esms_an_5.pdf. – Date of access: 25.09.2024.

续表

Commodity	Code SITC Rev. 4	2022	2023	Growth Rate, %
Horizontal lathes, numerically controlled	731.31	3095.2	55217.1	1783.9
Measuring, checking, analyzing, and controlling instruments and apparatus, n. e. s. (excluding 874.11 and 874.2)	874 (excluding 874.11, 874.2)	18896.0	26496.7	140.2
Antibiotics, not put up as medicaments of group 542	541.3	19472.7	25710.7	132.0
Electrodiagnostic apparatus for medical, surgical, dental or veterinary purposes, and radiological apparatus	774	15932.2	23637.5	148.4
Electrical machines and apparatus, having individual functions, n. e. s.; parts thereof	778.7	21217.3	22342.6	105.3
Optical fibres and optical fibre bundles and cables; sheets and plates of polarizing material; unmounted optical elements, n. e. s.	884.19	10229.8	19263.3	188.3
Boards, panels, consoles, desks, cabinets, and other bases, equipped with two or more apparatus of subgroup 772.4 or 772.5, for electrical control or the distribution of electricity	772.61	15259.8	13251.0	86.8

续表

Commodity	Code SITC Rev. 4	2022	2023	Growth Rate, %
Machine tools for working any material by removal of material, by laser or other light or photon beam, ultrasonic, electro-discharge, electro-chemical, electron beam, ionic beam or plasma-arc processes	731.1	4530.7	11216.9	247.6
Semiconductor media	898.46	8476.6	10215.7	120.5
Parts and accessories suitable for use solely or principally for the machines of group 752	759.97	3915.9	7009.1	179.0
Polyethylene terephthalate	574.33	119.0	6062.5	5092.9
Medicaments containing antibiotics or derivatives thereof	542.1	5135.6	5999.1	116.8
Printed circuits	772.2	7935.8	5959.7	75.1
Diodes, transistors and similar semiconductor devices; photosensitive semiconductor devices; light-emitting diodes	776.3	4308.2	5512.1	127.9
Insecticides, rodenticides, fungicides, herbicides, anti-sprouting products, plant-growth regulators, etc.	591	1756.6	4603.5	262.1
Glycosides; glands or other organs and their extracts; antisera, vaccines and similar products	541.6	52485.6	4067.9	7.8
Electric sound or visual signaling apparatus	778.84	2935.3	3859.8	131.5

续表

Commodity	Code SITC Rev. 4	2022	2023	Growth Rate, %
Video-recording or reproducing apparatus	763.8	1857.3	2596.1	139.8
Bending, folding, straightening or flattening machines (including presses), numerically controlled	733.12	573.9	2275.1	396.4
Other, capable of connecting to an automatic data processing machine or to a network	751.95	2508.0	2115.3	84.3
Parts, n.e.s., and accessories suitable for use solely or principally with the machine tools of groups 731 and 733	735.9	797.0	1833.1	230.0
Other lathes, numerically controlled	731.35	—	1414.0	—
Synthetic organic colouring matter and colour lakes, and preparations based thereon	531	1655.8	1412.8	85.3
Machines which perform two or more of the functions of printing, copying or fascsimile transmission, capable of connecting to an automatic data processing machine or to a network	751.94	2336.9	1076.8	46.1

续表

Commodity	Code SITC Rev. 4	2022	2023	Growth Rate, %
Hormones, prostaglandins, thromboxanes and leukotrienes, natural or reproduced by synthesis; derivatives and structural analogues thereof, including chain modified polypeptides, used primarily as hormones	541.5	841.5	870.5	103.4

Note-Source: Compiled independently based on data from the National Bureau of Statistics of China as recorded in the World Integrated Trade Solution database of the World Bank. ①Commodities are sorted in descending order by export volume in 2023. In some instances, abbreviated names of goods are provided. For the full names of the commodities, please refer to the fourth revision of the *Standard International Trade Classification* (SITC Rev. 4). ②

Table 4-6 Export Sales of Major High-Tech Products from Belarus to Chinese Mainland (in thousands of USD).

Commodity	Code SITC Rev. 4	2022	2023	Growth Rate, %
Engines and motors, non-electric (other than those of groups 712, 713 and 718); parts, n.e.s., of these engines and motors (excluding 714.89 and 714.99)	714 (excluding 714.89, 714.99)	423.4	2392.0	565.0
Optical instruments and apparatus, n.e.s	871	1920.4	1571.3	81.8

---

① World Integrated Trade Solution (WITS) [Electronic resource]/World Bank. – Mode of access: https://wits.worldbank.org/. – Date of access: 25.09.2024.

② UN Standard international trade classification, Revision 4 (SITC Rev. 4) [Electronic resource]/United Nations Department of Economic and Social Affairs, Statistics Division. – Mode of access: https://unstats.un.org/unsd/trade/sitcrev4.htm. – Date of access: 25.09.2024.

续表

Commodity	Code SITC Rev. 4	2022	2023	Growth Rate, %
Measuring, checking, analyzing, and controlling instruments and apparatus, n. e. s. (excluding 874. 11 and 874. 2)	874 (excluding 874. 11, 874. 2)	1793. 1	1355. 0	75. 6
Optical media	898. 44	—	386. 0	—
Radioactive and related materials	525	—	141. 1	—
Boards, panels, consoles, desks, cabinets, and other bases, equipped with two or more apparatus of subgroup 772. 4 or 772. 5, for electrical control or the distribution of electricity	772. 61	101. 5	62. 1	61. 2
Semiconductor media	898. 46	83. 7	57. 9	69. 2
Parts and accessories suitable for use solely or principally for the machines of group 752	759. 97	—	32. 5	—
Diodes, transistors and similar semiconductor devices; photosensitive semiconductor devices; light-emitting diodes	776. 3	83. 9	18. 4	21. 9
Electronic integrated circuits	776. 4	73. 3	9. 0	12. 3
Optical fibres and optical fibre bundles and cables; sheets and plates of polarizing material; unmounted optical elements, n. e. s.	884. 19	88. 8	3. 4	3. 9

续表

Commodity	Code SITC Rev. 4	2022	2023	Growth Rate, %
Automatic data-processing machines and units thereof; magnetic or optical readers, machines for transcribing data onto data media in coded form and machines for processing such data, n. e. s.	752	6.3	3.3	52.5
Medicaments containing antibiotics or derivatives thereof	542.1	8.4	2.2	26.6
Electrical machines and apparatus, having individual functions, n. e. s.; parts thereof	778.7	319.5	2.2	0.7
Piezoelectric crystals, mounted; parts, n. e. s., of the electronic components of group 776	776.8	31.8	0.7	2.2
Telecommunications equipment, n. e. s., and parts, n. e. s., and accessories of apparatus falling within division 76 (excluding 764.93 and 764.99)	754 (excluding 764.93, 764.99)	4.1	0.5	12.2
Synthetic organic colouring matter and colour lakes, and preparations based thereon	531	—	0.1	—
Electrical capacitors, fixed, variable or adjustable (excluding 778.61, 778.66 and 778.69)	778.6 (excluding 778.61, 778.66, 778.69)	21.9	—	—

续表

Commodity	Code SITC Rev. 4	2022	2023	Growth Rate, %
Electrodiagnostic apparatus for medical, surgical, dental or veterinary purposes, and radiological apparatus	774	8.5	—	—
Photographic (other than cinematographic) cameras	881.11	0.2	—	—

Note-Source: Compiled independently based on data from the National Bureau of Statistics of China as recorded in the World Integrated Trade Solution database of the World Bank. ① Commodities are sorted in descending order by export volume in 2023. In some instances, abbreviated names of goods are provided. For the full names of the commodities, please refer to the fourth revision of the Standard International Trade Classification (SITC Rev. 4). ②

According to our estimates, Belarus and China possess immense potential in increasing mutual trade of high-tech goods, high-value-added products, and high-tech knowledge-intensive services, including telecommunications, computer, and information services, as well as services under the balance of payments item "royalties and license fees for the use of intellectual property." In particular, Belarusian resident enterprises have the capacity to supply China with the following high-tech products: pesticides, rodenticides, fungicides, herbicides, anti-sprouting products, plant growth regulators, disinfectants, and similar products, put up in forms or packings for retail sale or as preparations or articles (SITC Rev. 4 code – 591); glycosides; glands or other organs and their extracts; antisera, vaccines and similar products (541.6); optical fibre cables (773.18); microwave tubes (776.25); and other products.

---

① World Integrated Trade Solution (WITS) [Electronic resource]/World Bank. – Mode of access: https://wits.worldbank.org/. – Date of access: 25.09.2024.

② UN Standard international trade classification, Revision 4 (SITC Rev. 4) [Electronic resource]/United Nations Department of Economic and Social Affairs, Statistics Division. – Mode of access: https://unstats.un.org/unsd/trade/sitcrev4.htm. – Date of access: 25.09.2024.

VI. Cooperation in Science, Technology, and Innovation

In Article 8 of the *Joint Declaration on Establishing an All-Weather Comprehensive Strategic Partnership*, scientific and technological cooperation and collaboration in the field of information and communication technology, including cooperation within the framework of the "Digital Silk Road," have been identified as a top priority.① At the same time, in the aforementioned document, both China and Belarus expressed their willingness to increase financing for joint scientific and technological projects and expand the commercialization of innovative research and development as well as its practical application in production.

In August 2024, during a meeting with Premier Li Qiang of the State Council of the People's Republic of China, Belarusian President Alexander Lukashenko proposed that the large-scale introduction of Chinese technology into Belarus be established as a core medium-term task for both governments by 2030.② As part of the Chinese delegation's visit, both sides officially announced the launch of the China-Belarus Year of Scientific and Technological Innovation Cooperation (2024–2025), which will inject new impetus into the cooperative development in the field of scientific and technological innovation between the two countries. The *Action Plan for the China-Belarus Year of Scientific and Technological Innovation Cooperation* stipulates the implementation of joint scientific and technological projects, the creation and development of cooperation platforms for China and Belarus, and so on.

---

① 《中华人民共和国和白俄罗斯共和国关于建立全天候全面战略伙伴关系的联合声明》，中华人民共和国外交部，https：//www. mfa. gov. cn/zyxw/202209/t20220916_10766853. shtml。

② 《卢卡申科建议中国实现中国技术大量流入白俄罗斯》，Belarusian Telegraph Agency，https：//chn. belta. by/president/view/ – 28714 – 2024/。

Chapter 4 Developing Mutually Beneficial Economic Cooperation between China and Belarus in the Context of the Belt and Road Initiative

A total of 140 enterprises and institutions (59 from Belarus and 81 from China), including leading scientific centers, major technology companies, industry sectors, and their affiliated organizations from both countries, will participate in various activities under this plan. For instance, the plan outlines the development of cooperation in the information and communication sector, focusing on software development and the application of 5G/6G technologies. Chinese enterprises involved in this cooperation include ZTE, Huawei, and PhotonSpeak, as well as resident enterprises of the China-Belarus Great Stone Industrial Park and High-Tech Park, alongside Belarusian enterprises such as Beltelecom and Industrial Communication corporations.

Furthermore, the plan stipulates the establishment of a project office for the China Technology Transfer Center for SCO Member Countries in Minsk. This will help attract advanced foreign technologies to Belarus and facilitate the commercialization of projects developed by Belarusian enterprises and institutions overseas.

Simultaneously, the Ministry of Science and Technology of the People's Republic of China and the National Academy of Sciences of Belarus (NASB) will organize a science and technology project competition for the years 2025 – 2026. Within the framework of the competition, it is planned to select three large-scale joint projects in the fields of information and communication, advanced manufacturing, mechanical engineering, new materials, biotechnology, and medicine, with the aim of developing advanced technologies and establishing joint ventures or industrial technology centers based on these technologies.

As part of the official visit of Premier Li Qiang of the State Council of the People's Republic of China to Belarus, NASB and the Northwestern Polytechnical University of China signed a memorandum on the establishment of a NASB branch in China. The establishment of this branch will expand bilateral cooperation in areas such as aerospace technology, space science, optics, optoelectronics, microelectronics, high-end equipment manufacturing, composite materials, digital intelligence, biotechnology, pharmacology, and more. The following cooperation mechanisms have been established: exchanging high-level experts between China and Belarus, organizing training for high-quality scientific researchers, jointly cultivating master's and doctoral students, initiating joint research and development, facilitating the mutual introduction of advanced technologies and innovative achievements, and establishing joint laboratories within the framework of the Belt and Road Initiative.

Incidentally, in 2023, two joint research centers were established based on organizations affiliated with the NASB: 1) the China-Belarus International Joint Laboratory on Plasma Technology (founded by the China-Belarus High-Tech Aerospace Research and Development Center Co., Ltd. and the Leikov Institute of Heat and Mass Transfer); and 2) the Shandong Academy of Sciences and Belarus Research Center (founded by the Shandong Academy of Sciences and NASB).

At the same time, NASB is working with Chinese partners to fulfill the following export contracts: 1) development of monitoring systems and software (state-owned enterprise, Radio Technical Center); 2) development and manufacture of high-tech optical products (national scientific and production joint venture: Joint Stock Company of Optics, Optoelectronics, and Laser Technology, Stepanov Institute of Physics of NASB); 3) research on the bio-effectiveness of various agents for protecting crops from pests (Plant Protection Institute); 4) coating application, equipment installation, and commissioning services (Machine-Building Research Institute); 5) research and development of synthetic hydrocarbon and thin-film production technologies (Institute of Physical and Organic Chemistry); 6) microbiological analysis of samples and crop disease control services (national scientific and production joint venture: Chemical Synthesis and Biotechnology Joint Stock Company); 7) development of new material production technologies (Center for Materials Science and Practice Center); 8) development and manufacture of coating application systems (Institute of Physical Technology); and 9) educational services (University of NASB, Center of Studies of Belarusian Culture, Language and Literature, Institute of Philosophy, and Institute of Economics of NASB), among others.

VII. Conclusion

The all-weather comprehensive strategic partnership between China and Belarus has created vast opportunities for further developing mutually beneficial economic cooperation between the two countries in the context of implementing the Belt and Road Initiative. During the official visit to Belarus by the Chinese delegation led by Premier Li Qiang of the State Council of the People's Republic of China in August 2024, a package of strategically significant documents and agreements were signed. The implementation of these documents and agreements will further propel the development of bilateral cooperation, encompassing credit and investment cooperation, direct investment attraction, mutual trade in goods and services, cooperation in science and technology innovation, and humanitarian cooperation.

Meanwhile, we believe that promoting mutual investment in science, technology, and innovation can serve as the core driving force for the long-term development of mutually beneficial economic cooperation between China and Belarus. Feasible measures to facilitate such investment include:

1) Establishing a free trade zone for high-tech products within the framework of the Belt and Road Initiative, including a free trade zone for high-tech products between China and the Eurasian Economic Union;

2) Establishing an international investment promotion institution, the Eurasian Trade and Investment Bureau, with participation from China, countries of the Eurasian Economic Union, and other nations (this investment bureau could become a potent catalyst for global economic integration in the future);

3) Introduce mechanisms for attracting high-quality FDI into the activities of national investment promotion and facilitation agencies, and prioritize investment projects based on their expected contribution to achieving national sustainable development goals. The criteria for prioritizing investment projects are as follows: (a) projects with high technological content that contribute to innovation; (b) projects that help create high-quality jobs; (c) projects implemented in priority economic sectors; (d) projects that fill gaps in local value-added chains[①];

4) Reimburse Belarusian enterprises from their payable profit tax for expenses incurred from joint scientific and technological research and development, the introduction and dissemination of Chinese technology, the certification of Belarusian enterprises according to Chinese standards, the acquisition and renewal of patents in China, the organization of training for Belarusian workers in China, as well as the salaries of high-quality Chinese experts introduced, without being subject to the time limit for such tax deductions (tax credits).

5) Strengthen human capital through the following measures: a) promote FDI in skill-intensive sectors; b) develop training programs for skills upgrading and the application of new technologies based on the labor force demands of Chinese investors; c) provide funding for the training of scientific and engineering personnel in China; d) extend the legal framework for registering and hiring foreign workers, as well as the preferential policies on income tax and mandatory insurance premiums enjoyed in the China-Belarus Great Stone Industrial Park, to cover all high-quality Chinese experts employed by Belarusian resident enterprises; e) implement a policy to deduct and reimburse the training and education expenses incurred by Belarusian

---

① The new laws of FDI attraction: How to attract, measure and sustain quality FDI[Electronic resource]/OCO Global and WAIPA, p. 13, 39. – Mode of access: https://waipa.org/waipa-content/uploads/OCO-Global-WAIPA-Innovation-Report – 2023. pdf. – Date of access: 25. 09. 2024.

Chapter 4 Developing Mutually Beneficial Economic Cooperation between China and Belarus in the Context of the Belt and Road Initiative

citizens in Chinese organizations from the payable profit tax of enterprises, without being subject to the time limit for such tax deductions.

6) Expand bilateral cooperation in the field of venture capital and private equity through the following initiatives: a) assist Belarusian enterprises in accessing the Chinese venture capital and private equity markets (launch a special program to prepare startups for venture capital investment, introduce experienced mentors from different countries and economic sectors, and facilitate business connections between Belarusian enterprises and Chinese venture investors, business angel networks, financial institutions, crowdfunding platforms, accelerators, business incubators, and science and technology parks); b) promote the National Investment and Privatization Agency and other government agencies to attract Chinese venture capital and private equity capital into Belarus, including a full exemption from profit tax on profits earned by Chinese venture investors in Belarus.

Part II

"The Belt and Road" Initiative and the Friendly Cooperation between China and Belarus

Chapter 5   The Belt and Road Initiative in Belarus over the Past Decade: Progress and Prospects

Zhao Huirong [*]

Belarus, a "reliable voting base" of China in the United Nations, serves as a key partner in the Belt and Road Initiative. Over the past decade, the cooperation between China and Belarus in promoting the "five-pronged" approach has yielded significant results. Pioneering an all-weather comprehensive strategic partnership with China, Belarus has emerged as the hubfor the China-Europe Railway Express. The economic, trade, and financial cooperation between the two countries has seen remarked improvement, with educational, cultural and local exchanges thriving. The high-quality development of the Belt and Road Initiative between China and Belarus is driven by the congruence of diplomatic principles, the strategic guidance provided by the heads of state, the efficient policy coordination, and the shared similarities in traditional culture. Since the outbreak of the Ukraine Crisis, Belarus has suffered increased political isolation and economic sanctions from the West. This has led to a marked deterioration in the security

---

[*] Zhao Huirong, Professor, Director of the Ukraine Studies of the Institute of Russian, Eastern European and Central Asian Studies, CASS.

and investment climate, adversely affecting the cooperative endeavors between China and Belarus. At the same time, the intensifying geopolitical rivalries among major powers, which are unseen in a century, are exerting mounting pressure on China's economic growth and the advancement of the Belt and Road Initiative. Under such circumstances, in order to implement President Xi Jinping's important instructions on the Belt and Road Initiative and China-Belarus cooperation, China and Belarus should bolster their collaborative resolve, refine their cooperation mechanisms, broaden their cooperative areas, proactively explore new cooperative opportunities, deepen the scope of their cooperation and persistently drive the high-quality development of the Belt and Road Initiative.

Belarus is very friendly to China, being its first all-weather comprehensive strategic partner and a steadfast supporter, often referred to as China's "reliable voting base" in the United Nations. This enduring alliance has earned Belarus the affectionate nickname of China's "reliable brother", or colloquially, "brother". Chinese President Xi Jinping places a high premium on China-Belarus relations, having visited Belarus in 2010 and 2015 respectively, and engaging in multiple meetings with Belarusian President Lukashenko. During his meeting with Lukashenko in March 2023, President Xi stressed that "China highly appreciates Belarus's firm support for China's legitimate position on issues related to Taiwan, Xinjiang, Hong Kong and human rights". [1] Belarus serves as a pivotal hub for the China-Europe Railway Express, and is a proactive partner in the development of the Belt and Road. The Great Stone China-Belarus Industrial Park is a cooperative initiative personally championed by the heads of China and Belarus. It is also the largest overseas economic and trade cooperation zone in terms planned area, construction scale, and the depth of China's involvement in investment and

---

[1] "Xi Jinping Held Talks with Belarusian President Lukashenko", People's Daily, March 2, 2023. id = 1759167152633177119&wfr = spider&for = pc.

development. The two heads of state have jointly advocated for the transformation of the China-Belarus Industrial Park into a flagship project of the Belt and Road Initiative and a paragon of mutually beneficial cooperation between the two countries.

I . Progress Made in the Belt and Road Initiative in Belarus over the Past Decade.

The past decade has witnessed not only the robust progress of the Belt and Road Initiative, but also the rapid development of China-Belarus relations. The two countries have made remarkable achievements in high-level cooperation in various fields, including policy coordination, facilities connectivity, unimpeded trade, financial integration and people-to-people bonds.

(1) The strategic partnership between the two countries has been increasingly consolidated, and policy communication has been smooth and efficient.

China and Belarus had already established a good political foundation for their relationship before the Belt and Road Initiative was launched. In 2005, the bilateral ties between the two countries were elevated to a new level, with the joint statement signed on December 6 of that year declaring that "bilateral relations have embarked on a new phase of comprehensive development and strategic cooperation ".[①] In July 2013, during Belarusian President Lukashenko's state visit to China, the two countries decided to establish a comprehensive strategic partnership.

Following the announcement of the Belt and Road Initiative, Belarus promptly expressed its strong support for the initiative and its eagerness to

---

① China and Belarus issued a joint statement, https://www.mfa.gov.cn/web/gjhdq_676201/gj_676203/oz_678770/1206_678892/1207_678904/200512/t20051206_9330462.shtml.

participate. China and Belarus engaged in comprehensive policy communication, continuously fortifying strategic mutual trust, and propelling bilateral cooperation onto a fast track. On December 22, 2014, Zhong Shan, a negotiator of International Trade and Vice Minister of China's Ministry of Commerce, and Snopkov, Minister of Economy of Belarus, inked the Protocol on Cooperation between China's Ministry of Commerce and the Ministry of Economy of Belarus regarding the joint development of the Silk Road Economic Belt in Beijing. In September 2016, the two sides announced the establishment of a comprehensive strategic partnership characterized by mutual trust and win-win cooperation. Under the witness of the two heads of state, Xu Shaoshi, Director of the National Development and Reform Commission of China, and Zinovsky, Minister of Economy of Belarus, signed the *List of Measures for the Government of the People's Republic of China and the Government of Belarus to Jointly Advance the Belt and Road Initiative*. In September 2022, the two heads of state met in Samarkand, Uzbekistan, and declared an elevation of bilateral relations to an all-weather comprehensive strategic partnership. President Lukashenko made two visits to China in 2023, emerging as one of the first foreign leaders to visit China after the pandemic. On March 1, the two leaders signed the *Joint Statement of the People's Republic of China and the Republic of Belarus on Further Developing the All-weather Comprehensive Strategic Partnership in the New Era*, marking a historic leap in bilateral relations. The two sides also signed 40 cooperation documents in the fields of politics, economy and trade, finance, industry, agriculture, science and technology, sports, tourism, health, local governance and media.

In addition to policy communication, China and Belarus have engaged in intensive communication and collaboration within multilateral frameworks, including the United Nations Human Rights Council. China endorses Belarus's bid to join the Shanghai Cooperation Organization and to participate in the BRICS mechanism and the China-Central and Eastern Europe Countries

Chapter 5 The Belt and Road Initiative in Belarus over the Past Decade: Progress and Prospects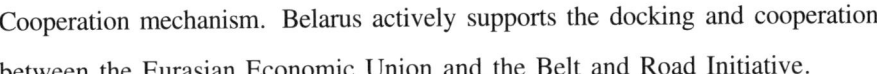

Cooperation mechanism. Belarus actively supports the docking and cooperation between the Eurasian Economic Union and the Belt and Road Initiative.

(2) Belarus serves as a pivotal hub for the China-Europe Railway Express.

The main framework of the Belt and Road Initiative comprises "six corridors, six roads, multiple countries, and multiple ports", with the New Eurasian Land Bridge holding a premier position among the "six corridors" and playing a pivotal role in fostering interconnectivity between Asia and Europe. Situated in the heart of Europe and boasting an advanced transport infrastructure, Belarus has evolved into a significant node for the New Eurasian Land Bridge. Over 85% of the China-Europe freight trains traverse Belarus, then proceeding to other European nations via Poland, Lithuania, and Latvia. Among them, there are more than 150 China-Europe freight trains passing through Belarus's largest container terminal, the Brest-North Container Terminal.①From 2015 to 2023, the China-Europe Railway Express witnessed a consistent and rapid growth of freight volume. In 2023, the number of China-Europe Railway Express freight trips reached 17,000, transporting 1.9 million TEUs, an increase of 6% and 18% respectively compared to the same period last year.②Following the full-scale escalation of the Ukraine crisis, neighboring European countries imposed restrictions on certain cross-border logistics channels in Belarus, prompting Belarus to seek more intensive transport and logistics cooperation with China. In 2022, Belarus dispatched 120,000 TEUs of goods to China by rail, a remarkable increase of 6.5 times

---

① Грузы идут в Китай и Европу. Железнодорожники показали работу контейнерного терминала Брест-Северный. https://www.belta.by/regions/view/gruzy-idut-v-kitaj-i-evropu-zheleznodorozhniki-pokazali-rabotu-kontejnernogo-terminala-brest-severnyj－582017－2023/.

② https://www.crexpress.cn/#/allTraffic; in 2023, the number of China-Europe Railway Express freight trips reached 17,000, securing country's major strategic achievements, https://baijiahao.baidu.com/s?id=1787664486791118940&wfr=spider&for=pc.

over the same period last year. The main commodities transported were timber, potash fertilizer and milk.① In 2023, Belarus dispatched over 1,500 freight trains to China, up 50% from a year ago.②

(3) Bilateral trade and investment cooperation have seen continuous improvement.

Since the launch of the Belt and Road Initiative a decade ago, the trade volume between China and Belarus has experienced sustained growth (as detailed in the table below). According to Belarusian statistics, in 2023, the trade volume between China and Belarus reached US $7.7 billion, representing 9.22% of Belarus's total foreign trade volume. During this period, Belarus's exports to China saw a 20% growth.③ Over 200 Belarusian enterprises have gained access to the Chinese market, contributing to the increasingly diversified trade structure between the two countries. Belarus is a significant supplier of potash fertilizers to China. In 2022, Belarus exported approximately US $928 million worth of potash fertilizers to China, which constituted half of its total exports to the country. Beyond potash, Belarus also exports a substantial amount of agricultural and food products to China. By the end of 2023, the cumulative sales of Belarusian products on Chinese e-commerce platforms had reached US $4.5 million.④ Belarus mainly imports

---

① "БЖД увеличила объем контейнерных перевозок белорусской продукции в Китай в 6,5 раза", https://www.belta.by/economics/view/bzhd-uvelichila-objem-kontejnernyh-perevozok-belorusskoj-produktsii-v-kitaj-v-65-raza-543388-2023?ysclid=ll3fu5b7ye433472242.

② БЖД в 2023 году увеличила объем экспортных контейнерных перевозок почти в 1,5 раза. https://www.alta.ru/logistics_news/107791/?ysclid=ls5utvxf78136557372.

③ Червяков: в 2023 году Беларусь и Китай установили рекордный товарооборот между странами, https://www.sb.by/articles/chervyakov-v-2023-godu-belarus-i-kitay-ustanovili-rekordnyy-tovarooborot-mezhdu-stranami.html; Цифры и факты: товарооборот Беларуси достиг 12-летнего максимума, https://economy.gov.by/ru/news-ru/view/tsifry-i-fakty-tovarooborot-belarusi-dostig-12-letnego-maksimuma-48693-2024/.

④ The 32nd Anniversary of the Establishment of Diplomatic Relations between Belarus and China, https://china.mfa.gov.by/zh/embassy/news/e85e9b750c1fe5f8.html.

electrical equipment, machinery, vehicles, and spare parts from China. In the first half of 2023, Belarus saw a remarkable year-on-year increase of 550% in imports of vehicles and spare parts from China, amounting to USD 860 million. ①

Table 5-1　Bilateral Trade Volume Between China and Belarus from 2013 to 2023 (in USD 100 million).

Year	2013	2014	2015	2016	2017	2018	2019	2020	2021	2022	2023
Trade volume	32.9	30.13	31.82	26.03	31.07	36.4	44.81	44.49	49.27	57.9	77
China exports	28.29	23.73	24.01	21.30	27.45	31.58	38.08	37.01	40.60	41.8	57.68
China imports	4.61	6.40	7.81	4.73	3.62	4.82	6.73	7.48	8.67	16.1	19.32

Source: State Statistical Committee of Belarus

Over the past decade, China's investment in Belarus has shown a significant upward trend, as illustrated in the table below. In 2022, China's investment in Belarus reached nearly USD 200 million, marking an impressive yea-on-year increase of nearly 80%. During this period, over 40 projects involving Chinese enterprises were successfully implemented. The momentum continued into 2023, with China investing approximately USD 55 million in Belarus during the first quarter. Currently, the two countries are working on 20 prospective plans. ② At present, there are nearly 100 Chinese-funded enterprises and more than 50 Chinese-funded projects in Belarus, predominantly located in Minsk city and Minsk region. Major Chinese investment projects in Belarus cover a wide range of sectors, including the

---

① Xie Xiaoyong, Chinese Ambassador to Belarus: China-Europe Railway Express Serves as a "Stabilizer" in Fostering the Expansion of Bilateral Trade between China and Belarus, https://baijiahao.baidu.com/s?id=1774830457832718289&wfr=spider&for=pc.

② China's Investment in Belarus Surged by nearly 80% in 2022, http://by.mofcom.gov.cn/article/jmxw/202306/20230603418301.shtml.

China-Belarus Industrial Park, the Geely Automobile Assembly Project, the Beijing Hotel, the "Swan" Residential Community Development Project and the Midea Group Household Appliances Assembly Project. Among them, the Geely Automobile Assembly, Hongqi Automobile Assembly, Midea Group Household Appliances Assembly, Chengdu Xinzhu Super Capacitor, and Weichai Engine have filled the industry gaps in Belarus. Chinese-funded enterprises have undertaken large-scale engineering projects in Belarus, which include the comprehensive development of the Slavs Potash Company's potassium mine; the establishment of a full-cycle high-tech agro-industrial complex; the development of the Shitoucheng Street Commercial Center; the general contracting project for nuclear power export and power grid interconnection; the renovation of three super-large cement plants. Furthermore, the International Center for Marine Science and Technology within the China-Shanghai Cooperation Organization Demonstration Zone for Local Economic and Trade Cooperation has entered into a strategic cooperation agreement with the National Academy of Sciences of Belarus, to establish the China-Belarus Marine New Photoelectric Technology Innovation Center. Currently, Belarus is vigorously seeking opportunities to enhance its cooperation with China across various sectors, including the medical and pharmaceutical industry, agricultural machinery, industrial modernization, transportation, logistics, and trade. This partnership is further solidified by the increasing presence of Belarusian food products in the Chinese market, which has spurred more dynamic investment activities from Belarusian entities in China. In 2023, Baikamen Biotechnology Co., Ltd., a company based in the China-Belarus Industrial Park, inked a cooperation agreement with the Slutsk Cheese Factory of Belarus. This strategic alliance aims to establish a joint venture in Shenyang, Liaoning Province, China. The venture will focus on producing dairy products tailored to the tastes and preferences of Chinese consumers.

Chapter 5 The Belt and Road Initiative in Belarus over the Past Decade: Progress and Prospects

Table 5-2 China's Direct Investment in Belarus from 2013 to 2022 (in USD 10, 000):

Year	2013	2014	2015	2016	2017	2018	2019	2020	2021	2022
Annual Flow	2,718	6,372	5,421	16,094	14,272	6,773	18,175	-815	4241	-4257
Year-end Stock	11,590	25,752	47,589	49,793	54,841	50,378	65,180	60,728	64,605	74,759

Source: Statistical Bulletin on China's Outward Direct Investment in 2016 and Statistical Bulletin on China's Outward Direct Investment in 2022, compiled by the Ministry of Commerce, National Bureau of Statistics, and State Administration of Foreign Exchange of the People's Republic of China

The China-Belarus Industrial Park represents China's largest investment initiative in Belarus. Located in Minsk region, Belarus, the park is near the Minsk International Airport, covering an area of about 117 square kilometers, with a planned development area of about 91.5 square kilometers. Under the supportive guidance of President Xi Jinping, the China-Belarus Industrial Park kicked off substantial development and construction in 2015. Thanks to the great importance attached by the governments of both countries, the park's infrastructure construction and investment attraction have advanced rapidly and smoothly. The first phase of the park, covering 8.5 square kilometers, has been completed, creating 515 hectares of land for commercial use. Despite the grave challenges posed by the COVID-19 pandemic and the escalating crisis in Ukraine, which resulted in the outflow of resident enterprises and talent from the park and temporary operational difficulties, the Park's construction and development has not ceased. In 2023, the park welcomed a total of 26 new companies, with a combined announced investment of US $123.9 million. This influx is expected to create 7,360 new jobs.[①]

[①] The 32nd Anniversary of the Establishment of Diplomatic Relations between Belarus and China, https://china.mfa.gov.by/zh/embassy/news/e85e9b750c1fe5f8.html.

(4) The two sides actively explore and innovate ways of financing.

Belarus has strong confidence in China's economy and the internationalization of the Renminbi (RMB). As early as 2007, Belarus adopted the RMB as an international reserve currency, the first country in Europe and the Commonwealth of Independent States (CIS) to do so.[①] On July 15, 2022, the Central Bank of Belarus further integrated the RMB into its currency basket, assigning it a significant weight of 10%. Under the China-Belarus Bilateral Local Currency Settlement Agreement, enterprises from both countries can use any currency permitted by their respective laws for transactions and settlements, including the local currencies of China and Belarus. Commercial banks such as Belarus Bank and Belarus Agricultural and Industrial Bank offer exchange services for both the RMB and Belarusian rubles (BYN). The joint statement issued by the heads of China and Belarus on March 1, 2023, emphasized the commitment of the two sides to practical financial cooperation based on market principles, autonomy, and the rule of law. It aims to expand the use of local currencies in bilateral trade and investment, encourage financial institutions to engage in active cooperation, enhance financial services, and thus promote the economic and trade development between the two countries. The National Bank of Belarus has declared a steady increase in the prominence of the RMB in Belarus's foreign trade sector. In the latter half of 2023, the trading volume of the Russian ruble and the RMB in the Belarusian foreign exchange market surpassed that of the US dollar and the euro.[②] Currently, Belarus is evaluating the feasibility of joining the RMB Cross-border Payment System (CIPS).

---

① Zhao Huirong: Belarus and the Belt and Road Initiative, Eurasian Economy, Issue 4, 2017.
② В Нацбанке заявили об усилении позиций юаня во внешней торговле Беларуси, https://www.belta.by/economics/view/v-natsbanke-zajavili-ob-usilenii-pozitsij-juanja-vo-vneshnej-torgovle-belarusi-611968-2024/?ysclid=lsb2sm4fc1931545.

(5) Exchanges and cooperation at local levels have progressed steadily, yielding significant outcomes in strengthening people-to-people ties.

Belarus is friendly to the Chinese people, and cultural exchanges between the two sides are becoming more frequent. On August 10, 2018, China and Belarus signed a groundbreaking agreement on mutual visa exemption for ordinary passport holders, marking Belarus as the first Eurasian country to establish such an agreement with China. Furthermore, the educational cooperation between the two countries has yielded remarkable fruits. In 2019, China and Belarus signed an agreement on the mutual recognition of higher education qualifications and degrees. In 2023, the China-Belarus University Alliance was formally established. By early 2024, the number of Chinese students pursuing their studies in Belarus had surpassed 9,000, positioning Belarus as the second most popular destination for Chinese students in the Russian-speaking region, following Russia. The "Chinese fever" in Belarus shows no signs of cooling down. China has established six Confucius Institutes and two Confucius Classrooms across the country to promote Chinese language. Additionally, 35 primary and secondary schools, along with 11 universities, have introduced Chinese language courses. 38 schools have offered interest-oriented Chinese classes, and Chinese has been recognized as one of the foreign language subjects in the national unified graduation and entrance examinations. In 2016, the Chinese Academy of Social Sciences and the Belarusian Academy of Sciences inked a cooperation agreement to establish the China-Belarus Development Analysis Center in respective countries. In addition to organizing regular academic forums in both Chinese and Belarusian languages, they have also translated and published a book, *Brief History of Belarus*. The China-Belarus Development Analysis Center at the Chinese Academy of Social Sciences has collaborated with the Belarusian Embassy in China and over 10 Belarusian research centers at Chinese universities. Together, they host annual academic seminars focusing on the situation in Belarus and the development of China-Belarus relations. Prestigious institutions such as Beijing International Studies University, Xi'an International Studies University, and Tianjin Foreign Studies University have introduced Belarusian language majors. Between 2016 and 2017, China and Belarus established cultural centers in each other's country, which held a series of special events such as "Tourism Year", "Education Year", "Culture Day", "Film Week", "Photo Exhibition", and "Stamp Issuance Ceremony" successively. In November 2023, the two sides signed an agreement on jointly shooting films.

Cooperation at local levels between China and Belarus is thriving. The period from 2020 to 2022 was dedicated to fostering local cooperation between the two countries. By early 2024, six regions of Belarus, including the capital city Minsk, had forged friendly relations with over 40 provinces and cities in China. Notable among these are the cooperation with Guangdong, Shandong, Shaanxi, Gansu and Heilongjiang provinces, as well as Beijing and Chongqing municipalities. The cooperation with Guangdong Province is seeing an expansion in scale. Since 2014, major players such as Huawei, ZTE, China Merchants Group, and the Guangdong Lighting Association, along with companies specializing in big data, new materials, and electronic communications, have set up operations in the China-Belarus Industrial Park. Shandong Province is particularly notable in the guidance of leading enterprises and the interaction with the park. On September 13, 2017, Weichai Group and Belarus Maz Group signed a cooperation agreement. In November 2018, during the 1st China International Import Expo, the China-Belarus Industrial Park and Jiaozhou City in Shandong Province signed a Memorandum of Cooperation. This agreement aimed to foster cooperation between the China-Belarus Industrial Park and the China-Shanghai Cooperation Organization Demonstration Zone for Local Economic and Trade Cooperation. In 2023, governors from the regions of Mogilev, Grodno, and Gomel in Belarus visited China in succession, to enhance local cooperation efforts.

II. Driving Force for China and Belarus to Jointly Build High-quality Belt and Road

Despite not sharing a border and being geographically distant, with significant differences in population, area, and economic scale, the two countries have managed to strengthen their ties and become "buddies" within the Belt and Road framework. This deepening cooperation is primarily attributed to the alignment of national interests, the congruence of diplomatic principles, the strategic guidance provided by the heads of state, the efficient policy coordination, and the shared similarities in traditional culture.

(1) Alignment of national interests

Belarus, a country that gained its independence after the dissolution of the Soviet Union, places a high premium on its independence, sovereignty, and territorial integrity. It has long been subjected to suppression and sanctions from Western countries due to its strategic alliance with Russia. In this context, China has unequivocally expressed its opposition to any form of external interference in Belarus' internal affairs, firmly supporting Belarus' endeavors to safeguard its national independence, sovereignty, security and development. China is confident that under President Lukashenko's leadership, Belarus will regain stability and social peace. China advocates for Belarus to pursue a development path that aligns with its national realities, wishes for the country's continued political stability and social peace, and is committed to offering assistance within its means to Belarus's economic and social development. At the 46th session of the United Nations Human Rights Council, the Chinese delegation cast a vote against the draft resolution concerning the human rights in Belarus around its 2020 presidential election, which was proposed by EU countries. In return, Belarus has consistently supported China on matters vital to its core interests, including issues related to Hong Kong, Taiwan, and Xinjiang, and has staunchly opposed any form of external interference in these areas. Furthermore, as developing countries, China and Belarus share a broad consensus on a range of international issues. They jointly advocate for the enhancement of the United Nations' central role in fostering a just international political and economic order. They also support the establishment of a multipolar international relations system that embraces the diversity of today's world and considers the interests of all countries in the world. President Lukashenko spoke highly of China's achievements in economic and social development, supported President Xi's initiatives for global development, global security, and global civilization, and expressed his willingness to work with China in building a community with a shared future for humanity.

Beyond the political realm, the alignment of interests between China and Belarus is also evident in the economic, trade, and anti-pandemic sectors, where mutual benefits and complementary strengths are achievable. Belarus boasts a robust industrial base, yet some enterprises are facing the urgent need for modernization due to outdated technology and waning product competitiveness. China, with its substantial investment capacity and technological edge in emerging industries, has partnered with Belarus to co-develop new technologies and products. This collaboration has opened new markets, fostering complementary advantages and joint development. China's commitment to genuine multilateralism and its vast domestic market present opportunities for Belarus to expand its exports and achieve economic diversification. After the outbreak of COVID-19, the Belarusian government provided convenient, friendly, and non-discriminatory support for Chinese citizens residing in Belarus. The two countries provided anti-epidemic supplies to each other and engaged in medical cooperation. China has also extended its assistance to Belarus on numerous occasions, including the funding of 15 social projects, such as international stadiums and swimming pools, and social housing, with a total investment of approximately RMB100 million.

Additionally, over 10 strategic projects have been launched in the China-Belarus Industrial Park, with a total value of RMB600 million. These initiatives have exerted a positive impact on the local communities.

(2) Congruence of diplomatic principles

Belarus pursues an independent and peace-loving foreign policy. The document *Basic Directions of the Domestic and Foreign Policy of Belarus* states that Belarus's comprehensive cooperation with foreign countries, international organizations, and interstate entities is based on universally recognized principles and norms of international law, and mutual respect for the interests of all members of the international community. ①Article 18 of the *Constitution of Belarus* states that "the foreign policy of the Republic of Belarus is based on the equality of States, the non-use of force or the threat of force, the inviolability of borders, the peaceful settlement of disputes, non-interference in internal affairs, and other generally recognized principles and rules of international law". ②China's foreign policy has long been guided by the Five Principles of Peaceful Coexistence, advocating for mutual respect for sovereignty and territorial integrity, mutual non-aggression, non-interference in each other's internal affairs, equality and mutual benefit, and peaceful coexistence. Former Deputy Prime Minister of Belarus, Tozik, noted that China has never treated Belarus as a subordinate, and Belarus has never played a secondary role. ③

(3) Diplomatic guidance of heads of state

The political systems of China and Belarus position their respective heads

---

① Основные направления внутренней и внешней политики Республики Беларусь, https://pravo.by/document/?guid=3871&p0=H10500060.

② Edited by A. A. Kovalenia, translated by Zhao Huirong, and reviewed by Wang Xianju: *A Brief History of Belarus*, Social Sciences Academic Press, 2016, p. 293.

③ Tozik Anatoly Afanasyevich et al., *Belarusians' Take on China*, World Affairs Press, 2014, pp. 7–8.

of state at the heart of diplomatic decision-making processes. President Xi Jinping attaches great importance to fostering China-Belarus relations, advocating for the correct concept of justice and interests, and promoting the philosophy of "amity, honesty, mutual benefit, and inclusiveness". He has consistently provided significant guidance on the joint development of the Belt and Road between the two countries. President Lukashenko highly values China's experience in government governance and economic development. In order to develop Sino-Belarusian relations, he issued two presidential decrees in 2015 and 2021, of which Presidential Decree No. 9 issued on December 9, 2021 requires all regions and Minsk city to attract no less than US＄150 million of Chinese direct investment by 2026 through cooperation at local levels.① The two heads of state enjoy a strong personal rapport and maintain regular, effective communication. Each of their meetings strategically charts the course for bilateral relations, significantly influencing and promoting cooperation between the two countries. The major cooperation mechanisms and projects between China and Belarus were basically established under the personal guidance and support of the two heads of state. A prime example is the China-Belarus Industrial Park, a strategic cooperation initiative launched in 2010 by then Vice President Xi Jinping and President Lukashenko. Following President Xi Jinping's directive to achieve tangible results within two years made during his visit to the park in 2015, the park has seen comprehensive infrastructure development and investment attraction. This has led to a rapid transformation of the park's landscape, with several prominent Chinese enterprises establishing a presence in the park in succession, thus laying a solid foundation for its future development.

---

① "О развитии двусторонних отношений Республики Беларусь с Китайской Народной Республикой", Директива № 9 от 3 декабря 2021 г., https://president.gov.by/ru/documents/direktiva-no-9-ot-3-dekabrya-2021-g.

(4) Efficient policy coordination

Under the auspices of the two heads of state, the executive bodies of both countries collaborate to ensure the seamless alignment of their strategies, plans, mechanisms and projects. The China-Belarus Intergovernmental Cooperation Committee plays a pivotal role in executing the leaders' consensus, establishing cooperative frameworks, devising cooperation plans, executing bilateral projects, and addressing any issues that arise during implementation. In 2014, China and Belarus established the Intergovernmental Cooperation Committee at the Vice Premier level, comprising six sub-committees and secretariats focused on economy and trade, science and technology, security, education, culture, and customs inspection and quarantine. This committee meets biennially and represents the most significant platform for policy communication and coordination between the two countries. Each session of the Intergovernmental Cooperation Committee results in a meeting summary and a suite of cooperation documents, which are then distributed to the relevant government bodies for implementation. This has become a sustained mechanism for bilateral cooperation.

(5) Shared similarity in traditional culture

The intricate and challenging geopolitical landscape, coupled with a history marked by periods of enslavement, has fostered a distinct survival culture among the Belarusian people. The most notable aspect of this culture is its inherent inclusiveness, which sets the Belarusian nation apart from other Slavic nations. Inclusion entails acknowledging and respecting diversity, embracing a stance of tolerance and equality regardless of whether others' values, opinions, or customs align with one's own. It involves affirming one's own culture while also recognizing, accepting, and assimilating the positive elements of other cultures. This aligns with the traditional Chinese values of equality, respect, and inclusiveness. China's traditional culture advocates universal love and non-aggression, benevolence and good neighbourliness. It holds that harmony is most precious and pursues harmony without uniformity. The ancient Chinese philosopher Confucius once said, "Do not impose on others what you yourself do not desire". Lao-Tzu, another sage, advised that both small and big countries should maintain humility to each other to earn trust, in other words, a small country should act with humility towards a big country, and vice versa.

Of course, information asymmetry may sometimes lead to cognitive differences. In this case, China and Belarus opt for candid dialogue, aiming to bridge cognitive gaps through communication and collaboration, thereby fostering deeper cooperation. For instance, Belarus initially viewed the Asian Infrastructure Investment Bank (AIIB) as irrelevant to its interests as a European nation. However, after consultations with China and thorough research, Belarus swiftly decided to join the AIIB. Another example is the China-Belarus Industrial Park, where Belarus initially set ambitious development targets. During the park's development, it became evident that these targets were challenging to meet in the short term. Through repeated discussions with the Chinese side, Belarus made several adjustments to align with the actual circumstances. To date, President Lukashenko has issued two presidential decrees on the advancement of China-Belarus relations and five on the industrial parks, significantly enhancing the effectiveness of bilateral cooperation. These decrees reflect a spirit of pragmatism, mutual tolerance, and progressivism in the relationship between China and Belarus.

III. Building the Belt and Road in Belarus

With a population of less than 10 million and a limited domestic market, Belarus has long been an attractive destination for Chinese enterprises primarily due to its stable political environment and its strategic location near the European Union and the Eurasian Economic Union markets. Since 2020, however, Belarus has faced a confluence of challenges that have significantly altered its domestic and international landscape. These include a political crisis, the COVID – 19 pandemic, the escalating conflict in Ukraine and increasing Western sanctions. These factors have had a profound impact on China's investment initiatives in Belarus and the bilateral economic partnership. In addition, geopolitical competition among the major powers has intensified to levels not seen in a century, hampering China's development. All of this adds considerable uncertainty to the joint development of the Belt and Road between China and Belarus.

(1) The stringent sanctions imposed by Western countries have decelerated the economic growth of Belarus.

The Belarusian economy has three main characteristics: Firstly, since the imposition of sanctions by Western countries in 1997, Belarus has faced challenges in securing funds, technology, and market access from international financial institutions and Western countries. Consequently, Belarus's foreign economic relations have been in a quasi-blocked state for a prolonged period, with the country increasingly relying on Russian financing, low-cost energy, transportation routes, and the Commonwealth of Independent States (CIS) market. Secondly, state-owned enterprises dominate the Belarusian economy, accounting for over 50 percent of its composition, with the government maintaining a significant role in economic planning and management. Thirdly, the Belarusian economy is export-oriented and raw material-based. The Belarusian economy is highly susceptible to external market conditions, with more than 60% of GDP generated by exports. Belarus is not only dependent on imports of energy and raw materials such as oil and gas but also on exports of potash fertilizers, food, and agricultural commodity-based products, as well as ferrous and non-ferrous metals. The prices of these commodities are primarily market-dependent.

Following the Ukraine Crisis, Western sanctions against Belarus intensified, leading to the proposal of excluding three Belarusian banks' from the SWIFT international payment system. Logistics channels through Ukraine, Poland, and Lithuania were restricted, increasing the cost of exporting potash fertilizers, agricultural products, and other commodities. Trade volumes with major trading partners, namely the European Union and Ukraine, plummeted, and some foreign capital was withdrawn. In 2022, Belarus's GDP (at current price) was BYN191.4 billion, or USD 73.056 billion, marking a 4.7% decrease from the previous year.① In 2023, the Belarusian economy experienced a moderate recovery, with GDP reaching BYN216.1 billion, a 3.9% increase over the same period last year.②

(2) The China-Belarus Industrial Park continues to encounter challenges in attracting investment, expanding markets, payments and management.

Firstly, western sanctions against Belarus and the cancellation of orders in European and American markets have caused some enterprises in the park to reduce their shares and investments, or even exit the park, thwarting plans to establish related industrial clusters. For instance, the sole third-party shareholder of China-Belarus Industrial Park Development Co., Ltd., holding 0.67% of the shares, withdrew from the park and abandoned the Eurasian Railway Gateway Project, a branch line project of the China-Europe Railway Express within the park.

Secondly, the China-Belarus Industrial Park covers an area approximately ten times larger than China's overseas economic and trade cooperation zones, and developing even half of it requires substantial investment. Since the completion of the first phase of infrastructure in 2019, the park has been

---

① GDP of Belarus Experienced a Year-on-year Decrease of 4.7% in 2022 http://by.mofcom.gov.cn/article/jmxw/202302/20230203382248.shtml.

② GDP of Belarus grew by 3.9% in 2023 http://by.mofcom.gov.cn/article/jmxw/202401/20240103469048.shtml.

facing financial pressure, hindering the commencement of the second phase. To date, the park's development remains largely dependent on government and enterprise investments, lacking a diversified financing system that could attract third-party funding, including from international financial institutions. Investments by some central and state-owned enterprises in the park are mainly financed by loans from state-owned banks, which are now entering their repayment periods. However, these enterprises have yet to turn a profit or are operating on low profit margins, adding to the financial pressure.

Thirdly, due to the weak supporting capacity of domestic industries in Belarus, the resident enterprises in the park need to purchase spare parts from other markets. Given the EU sanctions against Belarus, which have led to the closure or restriction of Belarus's external logistics channels and market access, the resident enterprises in the China-Belarus Industrial Park are facing challenges. They are unable to purchase equipment and spare parts from the EU or sell goods to the EU market, and must instead rely on the Eurasian Economic Union market. However, due to restrictions on Belarus's main banks' access to SWIFT, the process for enterprises to make cross-border bank payments is fraught with difficulties

Fourthly, the three-tier management structure of the China-Belarus Industrial Park, modeled after the Suzhou Industrial Park, includes a third-tier entity, China-Belarus Industrial Park Development Co., Ltd., which was initiated by China Engineering International Engineering Co., Ltd., the Minsk State Executive Committee of Belarus, and Horizon Company of Belarus, and was subsequently joined by China Machinery Industry Group Co., Ltd., China Merchants Group, Harbin Investment Group Co., Ltd., and the Minsk City Executive Committee, responsible for land development, investment attraction, and park management. The decision-making process within this structure is rather complex. As the park transitions from construction to operation, there is a need to further clarify the park's orientation and the direction of its industrial clusters, and to enhance management efficiency.

(3) The China's Belt and Road Initiative is facing mounting resistance.

The world is experiencing changes that are accelerating and unseen in a century, with the geopolitical competition among major powers intensifying. This has led to a significant increase in China's geopolitical and peripheral security pressure, and the external environment for economic development has become more challenging. Under the impact of the Ukraine Crisis, the global economic growth rate has slowed, energy and resource prices have risen, and inflation has increased, leading to a rise in the cost of China's imported energy and resources. Meanwhile, China's vulnerabilities in energy and food security have become increasingly pronounced, and domestic concerns like population dynamics, real estate, and local debt are challenging to address in the short term, further exacerbating economic growth pressure. Consequently, the international community is increasingly attentive to changes in China's capacity for outward investment and the sustainability of the Belt and Road Initiative. In 2022, China's economy grew by 3%. In 2023, China's GDP surpassed RMB126 trillion, up 5.2% year-on-year. China'soutward direct investment (ODI) of the entire industry reached RMB10418 1.05 billion, up 5.7%, of which the outward non-financial ODI amounting to RMB916.99 billion, up 16.7%. The non-financial ODI of Chinese enterprises in Belt and Road Initiative participating countries was RMB224.9 billion, up 28.4%.[①]

Ⅳ. The Future of the Belt and Road Initiative in Belarus

President Xi Jinping pointed out that, "The world today is beset with

---

① The ODI of the Entire Industry Saw a 5.7% Year-on-year Increase in 2023 http://ex.chinadaily.com.cn/exchange/partners/82/rss/channel/cn/columns/j3u3t6/stories/WS65c03802a31026469ab17851.html.

Chapter 5 The Belt and Road Initiative in Belarus over the Past Decade: Progress and Prospects

increasing uncertainty and instability, and China's development is facing both opportunities and challenges. It is imperative that we have an accurate understanding of the dynamics of the evolving international landscape. We must not only discern the developmental trends of China and the global community but also remain vigilant to the risks and challenges that lie ahead. We should be proactive and well-prepared to respond appropriately and effectively perform our work. At present and in the coming period, we must intensify our diplomatic efforts, execute our major diplomatic initiatives, enhance our awareness of potential risks, and firmly safeguard our national sovereignty, security, and development interests. The world is entering a new epoch marked by volatility and transformation.① We must enhance our awareness of latent problems, adhere to strategic thinking, remain mindful of potential dangers, and prepare for adversity, so that we can weather any storms or even tempestuous waves that may come our way". ②During his talks with President Lukashenko, President Xi stressed that the friendship between China and Belarus is unshakable. He called for the continuous strengthening of political trust between the two countries and the commitment of two sides to being steadfast friends and reliable partners. He also highlighted the importance of leveraging the Intergovernmental Cooperation Committee to broaden economic and trade cooperation, adding that the two sides should focus on constructing a successful China-Belarus Industrial Park, taking the joint building of the Belt and Road as the main task. These efforts will stimulate cooperation in building interconnectivity, including the construction of the China-Europe Railway Express. The two sides should strengthen medical and health cooperation, expand local partnerships, and foster vibrant

---

① XI JINPING, THE GOVERNANCE OF CHINA, Volume III, Beijing: Foreign Languages Press, 2020, p. 424.

② Xi Jinping: Hold High the Great Banner of Socialism with Chinese Characteristics and Strive in Unity to Build a Modern Socialist Country in All Respects-Report to the 20th National Congress of the Communist Party of China (October 16, 2022), Beijing: People's Publishing House, 2022, p. 26.

cultural exchanges to allow friendship to gain a firmer place in people's heart.① To promote the high-quality development of the Belt and Road Initiative in Belarus, China must adhere to the guiding principles of socialism with Chinese characteristics in the new era, thoroughly implement the President Xi's important directives regarding the Belt and Road Initiative and China-Belarus cooperation. China should take advantage of the favorable conditions for China-Belarus cooperation, promote a high level of openness to the outside world, and actively promote the "five-pronged" approach (policy consultation, trade promotion, infrastructure connectivity, financial cooperation and people-to-people exchanges), to steadily and effectively resolve risks and challenges through mutually beneficial cooperation.

Firstly, the peace and stability within the Belt and Road Initiative participating countries are crucial for fostering mutually beneficial cooperation. It is imperative to closely monitor and objectively assess the situation in Belarus. Economically, Belarus has implemented a series of economy stimulating measures and has broadened its economic cooperation with far arc countries (Asian, African, and Latin American nations). Russia's economic performance has exceeded expectations, providing the capacity to continue supporting the Belarusian economy, which is anticipated to maintain a recovery trajectory. The World Bank forecasts a GDP growth rate of 0.8% for Belarus in both 2024 and 2025.② Politically, facing the opposition abroad, illegal armed groups, and its own citizens, the Belarusian government has adopted a two-pronged strategy. On the one hand, it has initiated criminal proceedings against certain opposition leaders, bolstered border management, and taken a hard line against domestic terrorism, extremism, and illegal immigration. On the other hand, it has provided a legal pathway for

---

① "Xi Jinping Holds Talks with Belarusian President Lukashenko", *People's Daily*, March 2, 2023.

② The World Bank Lowered its Economic Growth Forecast for Belarus, http://by.mofcom.gov.cn/article/jmxw/202401/20240103469045.shtml.

Chapter 5 The Belt and Road Initiative in Belarus over the Past Decade: Progress and Prospects

Belarusians abroad to return home. In February 2023, Lukashenko signed a decree to establish a committee of 30 people, to which Belarusians who left the country because of the protests in 2020 could apply to return home. In the period from 2024 to 2025, Belarus will hold parliamentary, local, and presidential elections in succession. The opposition's influence is limited, and Lukashenko is likely to run for re-election and win. To ensure smooth electoral processes, Belarus will continue to strengthen security measures. The country is expected to maintain its current state of moderate security and stability in the short term.

Secondly, the governments of China and Belarus will continue to push forward the policy of jointly building the Belt and Road, so it is advisable to maintain confidence in China-Belarus cooperation and to strengthen strategic docking and policy communication. Currently, Belarus has shifted its diplomatic focus towards Russia, the Eurasian Economic Union, China, and the far arc countries, showing a more positive stance towards participating in Belt and Road Initiative. These are backed by two primary considerations: at the bilateral level, Belarus hopes to encourage continued Chinese investment and to expand its exports to China through interconnectivity and cooperation within the Belt and Road framework; at the multilateral level, Belarus seeks to proactively participate in shaping a more equitable international system, and position itself favorably while addressing its own challenges during the process. Belarus emphasizes that there is no internal conflict and it pursues a peaceful foreign policy. Additionally, its geographical advantages allow it to act as a bridge for dialogue and cooperation among different forces and mechanisms. The Belt and Road Initiative, the Shanghai Cooperation Organization (SCO), and the Eurasian Economic Union are all integration mechanisms that Belarus expects to benefit from their docking and integration. It has applied to join the SCO, voiced support for BRICS cooperation, and worked to promote the integration of the Belt and Road Initiative with the Eurasian Economic Union. It has also proposed a joint summit of the Eurasian

Economic Union, BRICS, and the SCO to expedite China-Belarus cooperation within the Belt and Road framework.

As a key driver of global economic growth, China will persist in promoting the high-quality development of the Belt and Road Initiative. The International Monetary Fund anticipates a 4.6% economic growth rate for China in 2024. Chinese enterprises still have strong interest and capacity to invest in Belarus and other participating countries. According to the report to the 20th National Congress of the Communist Party of China, China will continue to propel high-level openness to the outside world, steadily expand institutional opening-up, encompassing rules, regulations, management and standards, move faster to build China into a trader of quality, and promote the high-quality development of the Belt and Road. In October 10, 2023, the Information Office of the State Council released a white paper titled *The Belt and Road Initiative: A Key Pillar of the Global Community of Shared Future*. The Central Conference on Work Relating to Foreign Affairs, held on December 27 – 28, emphasized that through building the high-quality Belt and Road, China has developed the world's most extensive and largest international cooperation platform.[①]

Under such circumstances, China and Belarus should strengthen strategic docking and policy communication, and consider building a multi-level, multi-field and more efficient cooperation mechanism to expand cooperation in both scope and depth. On July 9, 2023, the fifth meeting of the China-Belarus Intergovernmental Cooperation Committee took place, resulting in the signing of plans for the development of all-weather comprehensive strategic partnership, as well as cooperation documents in the fields of economy, trade, culture, tourism, and environmental protection. Wang Wentao, Minister of

---

[①] Xinhua's Authoritative Overview │ Key Points of the Central Conference on Work Relating to Foreign Affairs http://www.xinhuanet.com/politics/20231230/c8fc43ebe2284b9793cd942e7ba509b6/c.html.

Commerce of China, stated that China and Belarus have decided to speed up negotiations on the China-Belarus Agreement on Trade in Services and Investment, strengthen cooperation in China-Europe Railway Express, and continuously deepen business cooperation between two countries at local levels. In the future, China and Belarus may explore the possibility of establishing sub-committees under the framework of the Intergovernmental Cooperation Committee. This would facilitate the implementation of plans and signed cooperation documents and expand bilateral cooperation in areas such as aviation, health care, agriculture, green economy, digital economy, and services trade.

Thirdly, the two sides can expand economic and trade cooperation by fostering digital e-commerce collaboration, streamlining the certification process, and establishing cooperation across the entire agricultural industry chain. In recent years, China's digital e-commerce has flourished, becoming a significant driver of economic growth. Digital e-commerce can offer a convenient and efficient platform for Belarusian commodities to penetrate the Chinese market, thereby playing a more pivotal role in China-Belarus trade. To boost bilateral trade, the State Administration of Import and Export Commodity Inspection of China and the Standardization, Metrology Certification Committee of the Ministry of Education and Science of Belarus should update the agreement on the quality assurance of import and export commodities in a timely manner. They should also expand the catalog of certified commodities to help small-and medium-sized enterprises from both countries obtain certification within their own countries. Given Belarus's ambition to increase the export of agricultural products to China and the vast potential of Chinese market, chambers of commerce and associations from both countries should actively serve as intermediaries to assist enterprises in establishing cooperative relationships. Enterprises can also establish a cooperative model that covers the entire agricultural industry chain through cooperation between upstream and downstream partners. This would allow

Belarusian agricultural products to better meet the demands of the Chinese market and consumers, from production and processing to packaging, transportation, and consumption. At the same time, it is important to recognize that Belarus is facing financing difficulties due to Western sanctions, which have weakened its external solvency. Consequently, the risk of continuing to provide substantial loans to Belarus is on the rise. Under such circumstances, Chinese government should establish and refine the management system for outward investment, update the bilateral investment guarantee agreements and other bilateral economic, trade, and investment cooperation documents in a timely manner, and build a risk prevention system for such investment. Chinese enterprises should enhance their risk awareness, strengthen communication with government and research institutions, and diligently conduct investment risk assessments and risk prevention and control.

Fourthly, the China-Belarus Industrial Park is a strategic, long-term, comprehensive, demonstrative, and arduous project, requiring both sides to maintain their strategic resolve and actively seek solutions to overcome challenges. The challenges faced by the China-Belarus Industrial Park are quite common among China's overseas economic and trade cooperation zones. These parks, often established through government initiatives, frequently face market resistance during subsequent development. Therefore, while emphasizing government guidance, political guarantee and policy support, it is crucial to continuously reinforce the market orientation and commercial attributes of the park. This involves meticulous top-level planning, including strategic positioning, development orientation, market analysis, identification of developers, assignment of responsibilities, institutional frameworks, and more. The development direction of overseas economic and trade cooperation zones is often restrained by the foreign party, with the pace of progress hinging on the internal dynamics of the foreign party. The foreign party retains rights over park planning, project approval, preferential policy formulation, law interpretation, and administrative jurisdiction. Thus, it is imperative to adhere to the principles of mutual consultation and collaboration, persuasion without preaching, guidance without dictation, cooperation without replacement, and support without monopoly.① Faced with a less favorable market environment, the China-Belarus Industrial Park should prioritize operational strategies, to provide convenience for the existing enterprises within the park to operate and earn, rather than rushing to expand the park scale. On June 1, 2023, President Lukashenko issued Presidential Decree No. 161, which proposed the development of innovative and traditional medicine and the production of pharmaceuticals, medical devices, and equipment within the China-Belarus Industrial Park. This presents an opportunity for China and Belarus to enhance medical cooperation and establish medical centers in Belarus that can serve as hubs for Eastern Europe and Eurasia. The extensive land area of the China-Belarus Industrial Park presents both challenges and advantages. To capitalize on its spatial advantages and highlight its attractiveness, the park should develop a comprehensive development plan to turn itself into a pearl on the Silk Road Economic Belt, serving as a crucial pillar in the strategic partnership between China and Belarus.

Fifthly, Chinese enterprises in Belarus should size up the situation, seek opportunities amidst challenges, turn crises into opportunities, and intensify cooperation with Belarus and other Eurasian countries. Although the escalating Ukraine crisis has posed numerous challenges to China's development, it has also presented opportunities. For instance, the all-round sanctions imposed by the West on Russia have prompted a strategic shift of Russia towards the East, accelerating bilateral cooperation with China in areas of energy and agriculture, as well as multilateral cooperation within frameworks like the SCO and BRICS countries. Meanwhile, Russia stance on China's cooperation with

---

① A Special Lecture Held by China Development Institute to Commemorate the Tenth Anniversary of the Belt and Road Initiative: Viewing the High-Quality Development of China's Overseas Parks through the Lens of the Sino-Belarus Industrial Park, presented by Hu Zheng http://www.cdi.org.cn/Article/Detail?Id = 19228.

Eurasian nations becomes more positive. Eurasian countries are increasingly keen to engage in economic cooperation with China, which creates favorable conditions for bilateral cooperation in finance, transportation, energy, and trade. A prime example is the China-Kyrgyzstan-Uzbekistan Railway Project, which has been put on the agenda after being discussed for over two decades. Moreover, since 2020, the Russia-Belarus union has intensified, with the two countries completing the majority of integration projects across 28 areas. This has facilitated mutual market access for Russian and Belarusian enterprises, providing a favorable environment for China-Belarus joint ventures to expand into the Russian and CIS markets. Currently, China leads the world in high-speed railway, power transmission and transformation, new-energy vehicles, photovoltaic, and intelligent manufacturing. Chinese enterprises can advance capacity cooperation with Belarus and other Eurasian countries in these areas and strategically position themselves in the Eurasian market. Furthermore, Western sanctions on Belarus have led some enterprises to withdraw from Belarus, disrupting Belarus's supply, industrial, and value chains. To respond to market changes, Chinese enterprises can timely diversify their product varieties, fill market gaps and increase market shares in Belarus.

Sixthly, due to the prolonged Western sanctions against Belarus, it is unlikely that transportation between Belarus and Europe will normalize in the near term. If the situation in Eastern Europe continues to deteriorate, transportation between Belarus and its neighbors, such as Poland, may be disrupted. Therefore, while continuing to utilize the New Eurasian Land Bridge, China must actively explore alternative transport routes, which run through Central Asia, the Caspian Sea, and the South Caucasus to the middle corridor in Europe. Additionally, the Chinese government should strengthen the overall planning and coordination of various domestic routes of China-Europe Railway Express, improve channel efficiency through route integration, reduce transport costs, and encourage the gradual reduction of local subsidies.

Finally, China and Belarus should draw on China's experience in jointly running schools with countries like Russia, Kazakhstan, and Uzbekistan. They should support established educational institutions in offering joint educational programs, promote exchanges and cooperation among enterprises, universities, and research institutes, and jointly set up language and vocational skills training centers. The aim is to cultivate versatile talents who are proficient in both Chinese and Belarusian languages and cultures and possess the professional skills needed for China-Belarus economic cooperation. Given that Russian and Belarusian are the official languages of Belarus, with Russian being widely used for communication, and the promotion of Belarusian being a long-term endeavor, Chinese educational institutions should set up programs based on practical needs. In terms of cultural exchanges, media from both countries should strengthen cooperation and cover local folk culture and traditions to enhance mutual understanding between the two peoples. In view of the growing interest in Chinese traditional culture, sports, and traditional Chinese medicine in Belarus, Chinese institutions can draw on the experience of the Zigong Lantern Festival in Sichuan Province and Suifenhe People's Hospital in Heilongjiang Province in providing medical and tourism services for Belarusian people, to promote sustainable people-to-people exchanges.

In summary, Belarus has played a significant supportive and exemplary role in advancing the Belt and Road Initiative, making China-Belarus relations a paragon for new types of state-to-state interactions. Despite the significant rise in uncertainties, instability, and unpredictability in China-Belarus cooperation, both countries are committed to jointly addressing risks and challenges. They are dedicated to promoting the high-quality development of the Belt and Road Initiative, indicating a promising cooperation prospect.

Chapter 6 Belarus and China: The Construction and Modernization of the Belt and Road Initiative

Elena. Anatolievna. Dostanko[*]
Nikita. Nikolayevich. Belenchenko

For the Republic of Belarus, relations with the People's Republic of China represent one of the priority areas of its foreign policy. This fact is best evidenced by two directives issued by the President of the Republic of Belarus, Alexander Grigoryevich Lukashenko: Directive No. 5 (dated August 31, 2015) and Directive No. 9 (dated December 3, 2021) titled "On Advancing Bilateral Relations between the Republic of Belarus and the People's Republic of China."

In 2013, Belarus and China signed a declaration on establishing a comprehensive strategic partnership. in 2016, the heads of state reached an agreement on fostering a China-Belarus comprehensive strategic partnership featuring mutual trust and win-win cooperation. In September 2022, China

---

[*] Elena. Anatolievna. Dostanko, Associate Professor, Dean of Department of International Relations, Belarusian State University Nikita. Nikolayevich. Belenchenko Head of the Center for International Studies, Department of International Relations, Belarusian State University.

Chapter 6　Belarus and China: The Construction and Modernization of the Belt and Road Initiative

and Belarus decided to upgrade their bilateral relations to an all-weather comprehensive strategic partnership.

Furthermore, the Republic of Belarus has steadfastly supported China's Belt and Road Initiative (BRI), serving as a pivotal point for the initiative in the region. This project seems to encompass not only economic partnerships but, most importantly, a profound philosophy of international cooperation, connectivity, trade, and prosperity.

The implementation of BRI necessitates the comprehensive development of cross-border transportation and logistics, energy, and telecommunications infrastructure. Additionally, it requires measures to coordinate macroeconomic policies, eliminate barriers in trade and investment, shift towards using domestic currencies for trade, and broaden the social foundation of inter-state relations through increased contacts among people of various countries. Essentially, BRI represents a multilateral and long-term strategy for China and the countries along the planned routes to jointly build a zone of joint development.

Ⅰ. The Genesis of the Belt and Road Initiative

The Silk Road, established in the 2nd century BCE and tracing its history back hundreds of years, served as the most significant platform for ancient China to expand its influence and strengthen economic and cultural ties with countries in Europe, Asia, and Africa. It also represented the embryonic form of the modern Chinese BRI. The Silk Road is believed to have originated in 138 BCE, when the Chinese envoy Zhang Qian, under the orders of Emperor Wu of the Han Dynasty, ventured beyond the Great Wall towards the West. Its development facilitated the establishment of economic ties between China and other Asian countries, making these trade routes a crucial component of China's economic development.

The end of the 20th century witnessed the increased interest of the international community in the Silk Road largely thanks to the implementation of China's reform and opening-up policy. In 1988, the United Nations Educational, Scientific and Cultural Organization (UNESCO) launched the "Integral Study of the Silk Roads: Roads of Dialogue" project, aiming to investigate the exchanges and interactions between Eastern and Western civilizations. Subsequently, at the 38th Session of the UNESCO World Heritage Committee in 2014, the Silk Road was added to the UNESCO World Heritage List, reaffirming the cultural and historical significance of these trade routes.

In September 2013, during his visit to Nazarbayev University in Kazakhstan, Chinese President Xi Jinping announced the launch of the Silk Road Economic Belt (SREB). In October of the same year, Xi Jinping put forward the idea of building the 21st-Century Maritime Silk Road in Indonesia. Subsequently, these two concepts were integrated and named BRI. By 2024, BRI had become a model of fruitful and successful international cooperation established by China.

Following the proposition of BRI, it underwent immediate conceptual and programmatic transformations, striving to adapt to the current international agenda and taking into account the geopolitical, trade, and economic changes along its planned routes. Consequently, BRI evolved into a significant and novel mechanism and phase. The main official objectives of BRI encompass five key points:

– Policy coordination;

– Connectivity of infrastructure and facilities;

– Unimpeded trade;

– Financial integration;

– Closer people-to-people ties.

Obviously, in the initial implementation stage of this initiative, economic areas for countries to interact within the framework of the initiative were prioritized. However, to date, a rethinking of its functional content has

Chapter 6　Belarus and China: The Construction and Modernization of the Belt and Road Initiative

become evident.

Strengthening political coordination among countries participating in BRI is linked to the holding of three Belt and Road Forums for International Cooperation (BRF). The first forum, held in 2017, summarized the mid-term outcomes of economic cooperation among countries and clearly articulated the desire of participating countries for political consultations and foreign policy coordination. In 2019, the second BRF was successfully held, with a substantial increase in the number of participating countries. In 2023, the third forum was held in Beijing, attracting representatives from 151 countries and 41 international organizations. The forum discussed the establishment of new cooperation mechanisms, with a focus on the need for unity among participating countries to overcome global challenges. The most significant aspect of the third forum was the clear stance expressed by the People's Republic of China on building a community with a shared future for mankind, and the elaboration of the rationale for the relationship between a community with a shared future for mankind and other Chinese initiatives, primarily BRI.

Over the past decade since its inception, the BRI has brought remarkable and profound changes to the world, marking a significant milestone in human history. The BRI, a long-term, cross-national, and systematic global project of the 21st century, has taken its first step on a lengthy journey. As advancing from this new starting point, the BRI will demonstrate greater creativity and vitality, becoming more open and creating new opportunities for China and the world.

The document titled "A Global Community of Shared Future: China's Proposals and Actions" released in September 2023, specifies the practical feasibility of the BRI and serves as the foundation for further advancing the fundamental idea of China's foreign policy—a community with a shared future for mankind.

Furthermore, the document titled "Vision and Actions for High-Quality Belt and Road Cooperation: Brighter Prospects for the Next Decade," released in November 2023, provides strategic guidance for the future development of the initiative. This can be seen as China's official appeal to the international community to strengthen existing relationships and attract new participants to join China's BRI.

II. China and Belarus within the Framework of BRI

The bilateral relations between the Republic of Belarus and the People's Republic of China are stable, with mutual trust between the two sides. Since the establishment of diplomatic relations on January 20, 1992, the two countries have steadfastly deepened bilateral cooperation in various aspects. China's global BRI is the catalyst for strengthening and diversifying China-Belarus relations, in which Belarus holds great expectations. As a country located at the intersection of trade routes between Asia and Europe, Belarus has become a fulcrum for China's implementation of BRI.

It is noteworthy that Belarus's participation in BRI has been formally incorporated into the "Joint Statement on Establishing an All-Weather Comprehensive Strategic Partnership between the Republic of Belarus and the People's Republic of China." This "Joint Statement" was jointly issued after the meeting between President Lukashenko and President Xi Jinping on September 15, 2022.

Belarus and China regard each other as strategic partners, as evidenced by the regular summits and numerous bilateral agreements they have signed, primarily in the political, humanitarian, credit, and investment fields.

The political partnership between Minsk and Beijing is built on the principles of mutual respect, support for sovereignty, and territorial integrity. The prospects for its development are promising, and one direction for further interaction may be strengthening multilateral diplomacy and coordinating positions within international organizations. Furthermore, Belarus and China can continue to deepen their cooperation in the areas of "smart" diplomacy and

Chapter 6　Belarus and China: The Construction and Modernization of the Belt and Road Initiative

digital security, which will enable them to more effectively address the challenges of the modern world. In the long run, this partnership could shift the balance of power in the region and strengthen Belarus's position as one of China's key allies in Europe.

In the economic and trade realm, it is essential to emphasize that economic interaction constitutes a primary direction in China-Belarus relations. Since 1992, trade volume between Belarus and China has increased by over 140 times, making China Belarus's second-largest trade partner. In 2022, bilateral trade reached a record high of USD 5.8 billion, with Belarusian exports to China surging by 76.5% to USD 1.6 billion. Dynamic data for this year indicate that Belarusian exports to China will increase by at least 20% by the end of the year.

The China-Belarus Great Stone Industrial Park has emerged as one of the landmark projects within the framework of economic cooperation. President Xi Jinping of the People's Republic of China has dubbed it the "Pearl of the Silk Road." Based on the best practices of China and Singapore in developing special integrated zones, a unique platform has been established where enterprises and countries collaborate to create comfortable working and living conditions for people.

Today, 115 enterprises from 18 countries around the world have registered in the park, and the investment projects implemented on its basis are fully aligned with the mission of developing high-tech industries for "tomorrow": electronics and telecommunications, mechanical engineering, new materials, biotechnology, pharmaceuticals, big data storage and processing, as well as scientific and technological research and development.

Given that the flow of goods along the "China-Europe-China" route within SREB to Europe is now one of the most economically attractive directions in the region, Belarus is actively participating in railway transportation operations along BRI.

In May 2017, at the Belt and Road Forum, the governments of Belarus and China signed an agreement on developing international cargo transportation and cooperating to implement the concept of constructing SREB. In April 2019, within the framework of the second forum, the "Agreement on International Road Transport of Passengers and Goods" was signed, and this agreement is currently being successfully implemented.

Joint efforts are being made to reduce regulatory barriers to the cross-border movement of goods and to upgrade infrastructure with foreign partners to develop transportation operations. Modern logistics centers are being established across Belarus, making the transportation of goods transiting through Belarus more attractive and efficient. The successful implementation of the "Development Program for the National Logistics System of Belarus" has made it possible to establish 29 such logistics centers in the country. The China-Belarus Great Stone Industrial Park is constructing the "Eurasian Railway Gateway" international logistics terminal, which will ensure the optimization of cargo transportation along this route.

Within the framework of China-Belarus cooperation and Belarus's participation in BRI, the aforementioned fields can be deemed as traditional or already "classical" areas. In the coming years, this interaction is likely to further deepen. A promising area could be high-tech development, where Belarus can serve as a platform for Chinese innovations to take root in Europe.

Based on current trends, besides the "classical" fields that have already become common interests, the most promising areas for Belarus's participation in BRI are as follows.

III. Green Silk Road

A prime example of Belarus's involvement in green energy development is the implementation of the Belarusian nuclear power plant project. It seems feasible to strengthen cooperation with China in this field, including through the exchange of experts and the organization of internships between the

Ministry of Energy of the Republic of Belarus and Belarusian State University. Belarusian State University serves as the primary training institution for professionals in "Nuclear Physics and Technology," "High-Energy Chemistry," and "Nuclear and Radiation Safety" for the Belarusian nuclear power plant. Furthermore, the "green" theme can be linked to ensuring the supply of high-quality food and overall food security, where Belarus employs the most modern and "clean" technologies.

IV. Health Silk Road

Firstly, in our current era, Belarus and China have been continuously strengthening their cooperation in the medical field, both in high-tech domains and in traditional Chinese medicine. The promotion of these areas in Belarus has received special support from China, which has been announced on various occasions. The presidential decree issued by President Lukashenko of the Republic of Belarus, aimed at developing innovative and traditional medicine as well as implementing pharmaceutical, medical equipment, and device production projects in the China-Belarus Great Stone Industrial Park, will undoubtedly greatly propel the development of the "Healthy Silk Road."

Secondly, in this context, enhancing sports exchanges within the framework of the BRI may be of great interest, particularly in the backdrop of the illegal policies adopted by the West and the International Olympic Committee towards Belarusian athletes.

Thirdly, since 2014, Belarus and China have regularly exchanged children's groups for vacations in resort areas of both countries. This not only provides a comfortable environment and atmosphere for leisure, exchange, and education for the children but also contributes to the formation of moral values in the new generation. In fact, this cooperation can be described as the "Silk Road of the Future."

V. Digital Silk Road

The key areas of Belarus's participation in implementing this initiative are the digital economy and trade, artificial intelligence, cloud technology and neural networks, and blockchain technology. Belarusian State University can make significant contributions to the creation of practical IT clusters within the "education-science-production" chain, as experts from the university are engaged in research in the aforementioned fields.

As a model of non-aligned integration, BRI is one of the key elements in building a global civilization. Its launch in 2013 was timely. It provides an opportunity for accelerated development for the majority of people worldwide, without any confrontational elements targeting any country, whether it be the European Union or the United States. On the contrary, it extends a hand of friendship to the West and offers opportunities for honest and equal cooperation.

Belarus's participation in BRI has emerged as a significant catalyst for deepening its relations with China. The relationship between China and Belarus exemplifies the thriving of a strategic partnership based on mutual benefit, respect, and the pursuit of stability and development. Systematic strategic cooperation in economic, political, cultural, and military fields has helped lay a solid foundation for further interaction, bringing the two countries closer together and creating new opportunities for their peoples.

The impact of BRI on the development of Belarus is immeasurable. This project has opened new horizons for economic growth and modernization and will help Belarus integrate into the global economy, establishing itself as a key transit hub between the East and the West. This interaction serves as a prime example of how strategic partnerships based on principles of trust and mutual benefit contribute to the establishment of a more equitable and balanced world order.

Chapter 6 Belarus and China: The Construction and Modernization of the Belt and Road Initiative

It is evident that Belarus and China have the potential for deeper and more productive cooperation, and the future of bilateral relations looks promising, especially in the context of changing global economic dynamics.

Chapter 7   Summit Diplomacy and China-Belarus Belt and Road Cooperation

Zhang Hong[*]

Summit diplomacy, in which heads of state or government participate directly in diplomatic practices, plays a special role in international politics and global economic cooperation[①]. In handling relations between countries, direct dialogue and trust between leaders help avoid misjudgments, enhance interaction efficiency, and quickly establish cooperative relationships in major decisions concerning the interests of both nations; reaching consensus among heads of state contributes to strengthening policy execution efficiency and stability. The author believes that in the field of China's diplomatic studies,

---

[*] Zhang Hong, Professor, the Institute of Russian, Eastern European & Central Asian Studies, CASS.

[①] Most scholars believe that summit diplomacy is an ancient phenomenon, not a product of the 20th century. Summit diplomacy in the modern sense refers to the diplomatic practice of the head of state. As a diplomatic practice, summit diplomacy is not only the highest-level personal diplomacy in which political leaders of big countries participate, but also the personal diplomacy in which political leaders of all countries and groups of countries (including national organizations in the process of national integration, such as the European Union) openly and directly participate in their official capacity to discuss and solve bilateral and multilateral relations and major international affairs, including bilateral and multilateral meetings. For details, see Pan Dechang: On Japan-Europe Summit Diplomacy, Foreign History Studies, Issue 1, 2002.

Chapter 7 Summit Diplomacy and China-Belarus Belt and Road Cooperation

head of state diplomacy and head of government diplomacy are conceptually highly consistent, both referring to diplomatic actions led by heads of state or heads of government, and representing the highest form of national diplomacy. Regarding the level of the "summit", some argue that "when diplomacy surpasses the ministerial level and reaches the highest level, it is considered summit diplomacy", and "the term 'summit' generally refers to the executive head, including the head of state and the head of government, but in certain specific cases, it can also include other officials higher than the ministerial level"[①]. Summit diplomacy is an important component of Chinese diplomacy. The Chinese Constitution stipulates that the President of the People's Republic of China holds a unique position in Chinese politics and plays a core leading role in diplomatic decision-making and diplomatic activities[②]. With the end of the Cold War, Chinese diplomacy gradually regained its vitality, actively participating in multilateral organizations and regional diplomatic activities. Chinese leaders increasingly took the forefront in diplomatic activities, and diplomatic forms gradually diversified and globalized. Since the 1990s, Chinese scholars have begun to pay attention to the study of "summit diplomacy", conducting in-depth analysis of summit diplomacy since the 1980s in China and publishing a large number of research results. Following the 19th National Congress of the Communist Party of China, with the establishment and implementation of Xi Jinping Thought on Diplomacy, summit diplomacy has further become an important content of

---

[①] R. P Baston: *Modern Diplomacy*, translated by Zhao Huaipu, World Affairs Press, 2002, P. 5.

[②] According to Article 81 of the *Amendment to the Constitution of People's Republic of China* adopted at the first meeting of the 13th National People's Congress on March 11, 2018: President of People's Republic of China represents People's Republic of China to conduct state affairs and accept foreign envoys; according to the NPC Standing Committee's decision, send and recall plenipotentiaries abroad, and ratify and abolish treaties and important agreements concluded with foreign countries. Quoted from the website of the National People's Congress, http://www.npc.gov.cn/npc/c505/201803/e87e5cd7c1ce46ef866f4ec8e2d709ea.shtml.

Chinese diplomatic research[①]. President Xi Jinping's summit diplomacy with Belarus has played a crucial role in bilateral economic cooperation between the two countries, providing a fresh case for studying China's summit diplomacy.

I. Characteristics of China's diplomacy for a new era and Summit Diplomacy

Since the 18th CPC National Congress, China has established a new generation of collective leadership of the CPC Central Committee with Xi Jinping at the core. President Xi Jinping, as the chief architect of the major-country diplomacy with Chinese characteristics for the new era, is the leading core of China's diplomacy for the new era. President Xi Jinping pointed out that diplomacy is the concentrated expression of national will, and that diplomatic power must be held by the Party Central Committee[②]. He put forward a series of new concepts, new propositions and new initiatives that are rich in Chinese characteristics, embody the spirit of the times and lead the trend of human development and progress, thus forming Xi Jinping thought on foreign affairs of socialism with Chinese characteristics in the new era, namely Xi Jinping Thought on Diplomacy.

[①] On June 22 – 23, 2018, the Central Conference on Foreign Affairs formally established the guiding position of Xi Jinping Thought on Diplomacy. Yang Jiechi, member of the Political Bureau of the Communist Party of China Central Committee and director of the Office of the Central Foreign Affairs Working Committee, pointed out in his concluding speech that the most important achievement of the conference was to establish the guiding position of Xi Jinping Thought on Diplomacy. Xi Jinping Thought on Diplomacy is an important part of Xi Jinping Thought on Socialism with Chinese Characteristics for a New Era, an important theoretical achievement of the CPC Central Committee with Comrade Xi Jinping at its core's thought of governing the country in the diplomatic field, and the fundamental guideline and action guide for China's diplomacy in the new era.

[②] Yang Jiechi: *Deepening Foreign Work in the New Era under the Guidance of Xi Jinping Thought on Diplomacy*, *Qiushi*, Issue 15, 2018.

Chapter 7 Summit Diplomacy and China-Belarus Belt and Road Cooperation

1. Emphasis on the Communist Party of China's leading position in diplomatic work

Since the founding of the People's Republic of China in 1949, the Constitution has vested the Communist Party of China (CPC) with the leadership of the country's foreign affairs. The General Secretary of the Party is at the same time primarily responsible for the country's major policies. At the Fourth Plenary Session of the First Session of the 12th National People's Congress in March 2013, Xi Jinping was elected President of the People's Republic of China and Chairman of the Central Military Commission of the People's Republic of China. In addition to assuming the leadership of the CPC and the central government, Xi Jinping has set up a series of leading groups for the overall management of the country's major policies since his tenure. In November 2013, the Third Plenary Session of the 18th CPC Central Committee deliberated and passed the Decision of the CCCPC on Some Major Issues Concerning Comprehensively Deepening the Reform. The Decision proposed that the central government set up a leading group for comprehensively deepening reform, which would be responsible for the overall design, coordination, overall promotion, and supervision of implementation of the reform. As of July 2015, the CPC Central Committee had set up as many as 22 leading groups of various types. These leading groups can be divided into six major categories: organization and personnel, the Central Coordination Group for Talent Work; propaganda, culture and education, the Central Leading Group for Propaganda and Ideology Work; politics and law, the Central Coordination Group for Tibet Work, the Central Coordination Group for Xinjiang Work; finance and economics, the Central Leading Group for Finance and Economics, the Central Leading Group for Rural Affairs; and foreign affairs, the Central Leading Group for Foreign Affairs (the Central Leading Group for National Security); party building, the Central Leading Group for Party Building, the Central Leading Group for Inspection, the

Central Leading Group for Mass Line Education and Practical Activity of the Central Party, etc. Among them, there are four leading groups under the direct leadership of President Xi Jinping, namely, the Central Leading Group for Comprehensively Deepening Reform, the Central Leading Group for Network Security and Informatization, the Central Leading Group for Finance and Economics, and the Central Leading Group for Foreign Affairs[①]. In March 2018, the Third Plenary Session of the 19th Central Committee of the Communist Party of China passed the Plan for Deepening Reform of Party and State Institutions, which reorganized the abovementioned four groups into working committees. General Secretary Xi Jinping particularly emphasized at the first meeting of the Central Leading Group for Foreign Affairs that it would adhere to safeguarding the authority of the CPC Central Committee as the overarching principle to strengthen the centralized and unified leadership of the CPC in foreign affairs[②]. Emphasis on the CPC's leadership in diplomacy is also reflected in the report of the 19th CPC National Congress, in which General Secretary Xi Jinping particularly emphasized: "The Party exercises overall leadership over all areas of endeavor in every part of the country." The establishment of the Central Leading Group for Foreign Affairs has institutionally established a unified leadership mechanism for China's foreign affairs and enhanced the coordination of foreign exchanges among different departments. General Secretary Xi Jinping has repeatedly emphasized the importance of maintaining the leadership authority of the Party Central Committee, adhering to the unity of foreign affairs, and underscoring the Party Central Committee's leadership of the country's foreign affairs. The improvement of the central leading group system has further strengthened the leadership of the CPC Central Committee in diplomatic work, unifying and

---

① Wang Shu: *The Central Committee Has Repeatedly Released the Signal of "Upgrading" the United Front Work This Year*, Beijing News, July 31, 2015.

② Yang Jiechi: *Deepening Foreign Work in the New Era under the Guidance of Xi Jinping Thought on Diplomacy*.

coordinating the inter-party diplomatic functions that used to belong to the CPC Central Committee and the foreign functions of various government departments under the State Council, such as the Ministry of Foreign Affairs, the Ministry of Commerce, the Development and Reform Commission, the Ministry of Culture, the Ministry of Education, the Ministry of Public Security and other government ministries, as well as public diplomacy, with an emphasis on the holistic, coordinated and strategic nature of diplomatic work.

2. Emphasis on maintaining the core consciousness in diplomatic work

After the 18th CPC National Congress and the Fourth Plenary Session of the First Session of the 12th National People's Congress, Xi Jinping's leading position in the Party and the country was established. On January 29th, 2016, at the Political Bureau of the CPC Central Committee Conference, Xi Jinping publicly proposed "strengthening our consciousness of the need to maintain political integrity, think in big-picture terms, follow the leadership core, and keep in alignment with the central Party leadership" for the first time[①]. The Sixth Plenary Session of the 18th CPC Central Committee put forward that all Party members must closely unite around the CPC Central Committee with Comrade Xi Jinping at its core, comprehensively and thoroughly implement the guiding principle of this plenary session, and have the awareness of the need to maintain political integrity, think in big-picture terms, follow the leadership core, and keep in alignment[②]. At the 19th National Congress of the Communist Party of China in 2017, "keeping firmly in mind the need to maintain political integrity, think in big-picture terms, uphold the leadership core, and keep in alignment, and firmly upholding the authority and centralized, unified leadership of the Central Committee with Comrade Xi

---

① *The Political Bureau of the CPC Central Committee Held a Meeting and Xi Jinping, General Secretary of the CCCPC Presided over the Meeting*, People's Daily, January 30, 2016.

② Xi Jinping: *The Governance of China* II, the Foreign Languages Press, 2017, p. 181.

Jinping at the core" were written into the Party Constitution, marking a new stage of the Party's self-supervision and self-governance and profoundly influencing the political pattern of China[①].

The core consciousness has elevated the importance of summit diplomacy to the strategic level. This has special significance for China's diplomacy in the new era, especially emphasizing Xi Jinping's core leadership position in diplomatic work. Naturally, President Xi Jinping's policy instructions on the Belt and Road Initiative have also become important contents of China's diplomatic work, and China's diplomatic work is carried out in an orderly manner around the strategic instructions of the national head.

Strengthening the core consciousness is also manifested in emphasizing implementation. General Secretary Xi Jinping has repeatedly emphasized that we should use "ten per cent of energy for planning and ninety for implementation". All departments and localities should, in accordance with the division of responsibilities, give play to their initiative and creativity, strengthen division of labor, cooperation and mutual coordination, and implement the Party Central Committee's major foreign policies, guidelines and decisions, and arrangements without compromise[②]. Adhering to absolute loyalty to the Party as the fundamental political requirement and the most important political discipline requires that diplomatic work always remains highly consistent with the Party Central Committee with Comrade Xi Jinping at the core in terms of ideology, politics and actions. In June 2015, the Central Committee of the Communist Party of China issued the *Regulations on the Work of Party Leadership Groups (Trial)*. This regulation has played an important role in promoting the institutionalization, standardization and routinization of the work of Party leadership groups. Subsequently, the Central

---

① Xi Jinping's Report on The 19th National Congress of the Communist Party of China, *People's Daily*, October 28, 2017.

② Yang Jiechi: *Deepening Foreign Work in the New Era under the Guidance of Xi Jinping Thought on Diplomacy*.

Chapter 7 Summit Diplomacy and China-Belarus Belt and Road Cooperation

Committee of the Communist Party of China has successively formulated and revised important intra-Party regulations such as *Several Guidelines on Intra-Party Political Life under the New Situation* and *Regulations on Intra-Party Supervision of the Communist Party of China*, and the *Party Constitution* was appropriately revised at the 19th National Congress of the Communist Party of China. In fact, the core consciousness is to emphasize Party discipline. In diplomatic work, it is emphasized that functional departments should not only respond actively to the major decisions of the leaders, but also implement and execute them resolutely and in a timely manner.

3. Xi Jinping Thought on Diplomacy promotes the development of China's summit diplomacy

The rise of summit diplomacy is also closely related to Xi Jinping Thought on Diplomacy. Since the 18th National Congress of the Communist Party of China, under the leadership of General Secretary Xi Jinping, in order to respond to the changes in both domestic and international situations, China's diplomatic thoughts have been innovating and developing continuously. From the Belt and Road Initiative to the Community with a Shared Future for Mankind, all reflect new changes in China's diplomacy.

General Secretary Xi Jinping's development of China's diplomatic thoughts is manifested in adhering to the principle of sincerity, real results, amity, and good faith, and taking the right approach to friendship and interests in Belt and Road cooperation. In the process of implementing Belt and Road cooperation, China should not only "go global" but also "invite in", and welcome developing countries to share China's development opportunities. On November 7, 2015, Xi Jinping delivered a speech at the National University of Singapore, emphasizing that China hopes that its own development and that of its neighbors will complement each other, and China welcomes its neighbors to board the fast train of China's development so that they can share more from China's development①.

Taking the right approach to friendship and interests is an excellent tradition of China's diplomacy. Especially in dealing with developing countries, China has always been committed to providing assistance within its capacity. Shortly after the founding of the People's Republic of China, despite its own economic difficulties, China still adhered to providing assistance within its capacity to the vast number of Third World countries in Asia, Africa and Latin America. After decades of reform and opening up, China's own economic strength has made great progress and its comprehensive national strength has been greatly enhanced. China is more actively carrying out foreign aid and assuming international responsibilities than before. In October 2013, at the first neighborhood diplomatic work symposium, General Secretary Xi Jinping emphasized that it is necessary to find the common and intersecting points of interests, take the right approach to friendship and interests, be principled, show friendship and moral integrity, and provide more assistance within our capacity to developing countries②. Xi Jinping emphasized: "For neighboring countries and developing countries, we must take the right approach to friendship and interests. Only by this way can we do a good job and reach people's hearts. For those neighboring and developing countries that have been friendly to China for a long time and have arduous development tasks themselves, we should give more consideration to their interests and not harm others to benefit ourselves or beggar-thy-neighbor."③

According to the China's Foreign Aid (2014) white paper, from 2010 to 2012, China's foreign aid amount was 893.4 billion yuan, approximately

---

① "Forging a Strong Partnership to Enhance Prosperity of Asia", *People's Daily*, 8 November, 2015.

② *Xi Jinping Delivered an Important Speech at the Symposium on Neighboring Diplomatic Work, Emphasizing: Striving for a Good Surrounding Environment for China's Development*, *People's Daily*, October 26, 2013.

③ *Wang Yi: Take the Right Approach to Friendship and Interests and Actively Play the Role of a Responsible Big Country*, published on *People's Daily*, September 10, 2013.

Chapter 7 Summit Diplomacy and China-Belarus Belt and Road Cooperation

equivalent to 137. 16 billion US dollars, with an average of 45. 72 billion US dollars per year. After the Belt and Road Initiative was proposed, in the cooperation with participating countries, China has combined economic cooperation and mutual benefits more closely, taking the right approach to friendship and interests as well as the development concept of win-win cooperation. According to Chinese government's public data statistics, from the proposal of the Belt and Road Initiative in 2013 to the end of 2016, China's foreign aid amount exceeded the sum of the ten years before 2013①.

In economic cooperation with participating countries, China not only adheres to market principles and conducts infrastructure and industrial cooperation in accordance with market laws and international economic norms, but also initiates many development assistance and livelihood projects for target countries. President Xi Jinping has repeatedly emphasized that "the Chinese Dream is a dream of peace, development, cooperation and win-win results. What we pursue is the well-being of the Chinese people as well as the common well-being of the peoples of all countries"②. Foreign Minister Wang Yi vividly pointed out that the Belt and Road Initiative is not China's "solo" but a "symphony" participated by all countries③. In May 2017, in his speech at the opening ceremony of the First Belt and Road Forum for International Cooperation, President Xi Jinping solemnly promised that the Chinese government would provide 2 billion yuan in emergency food aid to the countries along the Belt and Road; China would provide replenishment of $1 billion to the South-South Cooperation Assistance Fund to initiate the "China

---

① Hu Angang, Zhang Junyi and Gao Yuning: *Foreign Aid and National Soft Power: China's Present Situation and Countermeasures*, Journal of Wuhan University (Humanities Edition), Issue 3, 2017.

② *Xi Jinping Attended the Central Foreign Affairs Work Conference and Delivered an Important Speech*, People's Daily, November 29, 2014.

③ *Wang Yi: The Belt and Road Initiative is a Symphony for All Participating Countries*, published on Xinhuanet on February 2, 2015. http://news. xinhuanet. com/world/2015 - 02/03/c_1114226105. htm.

and United Nations 2030 Agenda for Sustainable Development Cooperation Initiative", and to support the implementation of 100 Happy Home Projects, 100 Anti-Poverty Projects, 100 Health Recovery Projects and other projects in the relevant countries; China would provide relevant international organizations with $1 billion to jointly promote the implementation of international cooperation projects benefiting the countries on the Belt and Road[①]. At the Boao Forum for Asia in April 2018, Xi Jinping said: "The BRI may be China's idea, but its opportunities and outcomes are going to benefit the world. China has no geopolitical calculations, seeks no exclusionary blocs and imposes no business deals on others… We can make the BRI the broadest platform for international cooperation in keeping with the trend of economic globalization and to the greater benefit of all our peoples."[②] This shows that the purpose of China's Belt and Road Initiative is to work together with a large number of participating countries to strive for a beautiful development vision, indicating that our initiative is not to kidnap the economic development of regional countries, but to provide China's solutions for the economic development of these countries, reflecting our new philosophy in development, righteousness and interests, security and global governance.

II. Summit Diplomacy and China-Belarus Cooperation

Since Belarus became independent, the political relations between China and Belarus have developed steadily. In September 2013, China proposed the initiative of building the Silk Road Economic Belt. Belarus seized the

---

[①] *Xi Jinping: Work Together to Promote the Belt and Road: Speech at the Opening Ceremony of the Belt and Road Forum for International Cooperation*, People's Daily, May 14, 2017.

[②] *Xi Jinping: Openness for Greater Prosperity, Innovation for a Better Future: Speech at the Opening of the Boao Forum for Asia Annual Conference*, People's Daily, April 11, 2018.

opportunity brought by the change in China's foreign policy and actively participated in the Belt and Road cooperation. Through the political promotion by President Xi Jinping and President Lukashenko, the relations between the two countries have entered a fast-track of development. In July 2013, China and Belarus announced the establishment of a comprehensive strategic partnership, opening up a new era for the development of bilateral relations. On May 10, 2015, the two sides signed the Treaty of Friendship and Cooperation between the People's Republic of China and the Republic of Belarus, laying a solid legal foundation for the further development of bilateral relations. The establishment of the comprehensive strategic partnership between China and Belarus has made the political mutual trust between the two countries reach an unprecedented height. The two sides not only have similar diplomatic stances but also have made significant breakthroughs in Belt and Road cooperation. In January 2014, the two governments announced the implementation of the Development Plan for China-Belarus Comprehensive Strategic Partnership (2014 – 2018) and established an inter-government cooperation committee at the vice-premier level. With the continuous progress of the China-Belarus Industrial Park project, the political mutual trust between the two countries has borne fruit in the economic and trade fields. Belarusian President Lukashenko said: China is a reliable partner and has always provided reliable support for Belarus, and we will treat China in the same way. Belarus is your friend[1]. During his visit to Beijing on April 25, 2019, President Lukashenko once again stressed that the relationship between the two countries is a sincere and reliable all-weather partnership[2].

---

[1] *Lukashenko Says China is a Reliable Partner of Belarus*, published on Xinhuanet on March 2, 2019. http://www.xinhuanet.com/world/2019 – 03/02/c_1124183887.htm.

[2] *Wang Qishan Meets Belarusian President Lukashenko*, published on Xinhuanet on April 26, 2019, http://www.xinhuanet.com/photo/2019 – 04/26/c_1124417574.htm.

1. President Xi Jinping attaches great importance to China-Belarus relations

Since the 18th National Congress of the Communist Party of China, Xi Jinping has made important speeches on relations with Belarus on multiple occasions, highly appraising Belarus's support for China's core interests and elevating the political positioning of China-Belarus relations to an unprecedented height. Xi Jinping pointed out that China and Belarus have a high level of mutual trust and fruitful cooperation results, and the China-Belarus relationship has a solid foundation and broad development prospects[①]. Xi Jinping emphasized that China regards Belarus as an important partner in jointly building the Belt and Road. The two sides firmly support each other on issues involving each other's core interests and major concerns, and the practical cooperation shows a good trend of all-round and multi-level development. The two countries maintain close cooperation on international and regional issues[②]. In May 2015, during President Xi Jinping's visit to Belarus, he highly appraised the strategic mutual trust between China and Belarus and Belarus's support for the Belt and Road construction. Xi Jinping emphasized that China regards Belarus as an important partner in jointly building the Belt and Road and appreciates Belarus's active participation. Over the past few years, China-Belarus cooperation in jointly building the Belt and Road has been fully launched, made multiple breakthroughs at many points, advanced in depth and achieved remarkable results[③]. President Xi Jinping's political evaluation has undoubtedly injected political confidence into the Chinese government and Chinese enterprises' investment in Belarus, and his statements and instructions on China-Belarus relations have become the

---

① *Xi Jinping Talks with Belarusian President Lukashenko: Announcing the Establishment of China-Belarus Comprehensive Strategic Partnership*, People's Daily, July 16, 2013.

② *Xi Jinping Meets Belarusian President Lukashenko*, People's Daily, May 17, 2017.

③ *Xi Jinping Meets Belarusian President Lukashenko*, People's Daily, May 16, 2017.

Chapter 7　Summit Diplomacy and China-Belarus Belt and Road Cooperation

strongest driving force for the development of the bilateral relations. In May 2015, during President Xi Jinping's visit to Belarus, he highly appraised the strategic mutual trust between China and Belarus and Belarus's support for the Belt and Road construction. Xi Jinping emphasized that China regards Belarus as an important partner in jointly building the Belt and Road and appreciates Belarus's active participation. Over the past few years, China-Belarus cooperation in jointly building the Belt and Road has been fully launched, made multiple breakthroughs at many points, advanced in depth and achieved remarkable results. President Xi Jinping's political evaluation has undoubtedly injected political confidence into the Chinese government and Chinese enterprises' investment in Belarus, and his statements and instructions on China-Belarus relations have become the strongest driving force for the development of the bilateral relations.

The China-Belarus Industrial Park "Great Stone" is the largest-scale and highest-level project currently under cooperation between the two countries. It is a measure for the two countries to innovate cooperation models, upgrade cooperation levels and promote industrial integration. In August 2012, the Chinese and Belarusian governments jointly decided and signed an agreement to establish the China-Belarus Industrial Park. The construction period of the park is about 30 years. The park will focus on electronics, biomedicine, fine chemicals, engineering and new materials, and its target markets are the Commonwealth of Independent States and the European Union. According to a presidential decree in Belarus, this park has the greatest tax exemption rights in the country. For example, the personal income tax on personal income received in the form of wages according to the labor contracts signed with the joint-venture management company and the income of park tenants is 9%. Three of the most important taxes, namely land tax, real estate tax and income tax, are exempted for park tenants. In addition, park tenants are exempt from customs duties on imported equipment from abroad, and at the same time enjoy preferential policies on material imports, customs duties and value-added tax payments. Investors can lease the land in the park for up to 99 years or purchase it as private property. The overall plan of the park and information about the interests and guarantees of park tenants will be made available to the public①.

The construction project of the China-Belarus Industrial Park is closely related to President Xi Jinping. Under the attention of President Xi Jinping, Chinese governments at all levels have given special support in terms of funds, technology and policies to the industrial park project, encouraging large state-owned enterprises and large-scale scientific and technological innovation-oriented enterprises to invest in the industrial park in the early stage, thus achieving good results in a short time. The project started in 2010 when Xi Jinping, then vice-president of China, visited Belarus. President Lukashenko expressed his hope to Xi Jinping that China would build an industrial park in Belarus. In September 2011, China and Belarus signed a cooperation agreement. In June 2014, after four years of preparation, the project entered the specific implementation stage. In May 2015, President Xi Jinping visited Belarus again and inspected the China-Belarus Industrial Park project under construction. He proposed that the construction of the China-Belarus Industrial Park should be taken as the focus of cooperation, the role of the inter-government coordination mechanism should be given play, and the future development of the park should be well planned to make the park project a pearl on the Silk Road Economic Belt and a model of mutually beneficial cooperation between the two sides②. In June 2018, when Xi Jinping met with President Lukashenko in Qingdao, he specifically mentioned the China-Belarus Industrial Park project. He proposed that the two sides should strengthen strategic coordination and policy communication, and deepen economic and

---

① *On China-Belarus Industrial Park*, published on the website of the Embassy of the Republic of Belarus in China, http://china.mfa.gov.by/zh/industrial_park/.

② *Xi Jinping: Building China-Belarus Industrial Park into a Model of Cooperation*, The Beijing News, May 12, 2015.

Chapter 7 Summit Diplomacy and China-Belarus Belt and Road Cooperation

trade and investment cooperation, so as to promote the construction of the China-Belarus Industrial Park, and ensure that relevant cooperation projects achieve due economic and social benefits[1]. As of December 2018, the park had attracted 42 enterprises from China, Belarus, Russia, the United States, Germany, Austria, Lithuania and Israel to settle in. The total contract investment of the enterprises in the park has reached 1.1 billion US dollars, of which Chinese enterprises had invested 630 million US dollars[2].

2. President Lukashenko promotes Belarus to become an active collaborator in the Belt and Road Initiative.

Belarus is a land-locked country in Eastern Europe with limited resources and a relatively small territory and population. Since gaining independence, Belarus has carried out political and economic reforms different from those in other former Soviet regions. It has implemented a gradual economic reform. By virtue of its special partnership with Russia, it has obtained Russia's cheap energy supply and commodity export markets, thus maintaining the stable development of its national economy. However, with the slowdown of Russia's economic growth in recent years, especially after the Ukraine crisis, the international energy prices have dropped sharply. The Belarusian economy, which has long relied on Russia's support, has fallen into trouble. The shrinking of external markets and the limitation of energy preferential scales have led to large-scale fluctuations in its financial market. The exchange rate of the Belarusian ruble has continued to depreciate, and the scale of sovereign debt has continuously reached new historical highs. In 2011 and 2012, the inflation rates were as high as 53.3% and 59.2% respectively, triggering social unrest. It dropped to 18.3% in 2013, but still remained at a

---

[1] *Xi Jinping Meets Belarusian President Lukashenko*, People's Daily, June 10, 2018.
[2] Lian Dan: *2018 is Like This: China-Belarus Industrial Park's Rapid Progress*, Economic Daily, January 20, 2019.

high level; in 2014 and 2015, the pressure was somewhat relieved, but the inflation rates were still 18.1% and 13.5% respectively, remaining high. The driving force for national economic growth disappeared, and the limited fiscal revenue could no longer continue to make up for the losses of large-scale and inefficient state-owned enterprises. It was necessary to find new development models and growth drivers. But there were few remaining options for external assistance. China's Belt and Road Initiative proposed in 2013 provided a new option for the economic diversification of Belarus, and Belarus became an active collaborator in this initiative.

Since the beginning of the 21st century, President Lukashenko has been very concerned about China's development and the market opportunities brought by China's opening up in the new era. He attaches particular importance to the experience that the Communist Party of China has gained in economic management and opening up. Lukashenko said, "China has made great progress and has become a world leader in many fields. We need to learn from China.①" President Lukashenko also said, "China provides loans and advanced technologies to the countries along the Belt and Road. In this process, China is very friendly. It will not impose its own interests on other countries or carry out trade expansion, which is unique in the world."② Kirill Rudy, the Belarusian Ambassador to China, frankly said that the Belt and Road Initiative has brought opportunities for the development of Belarus. Relying on the Belt and Road Initiative, Belarus has established closer connections with other countries in terms of commercial circulation, railway

---

① *Xi Jinping Will Help Belarus Copy the Miracle of China and Speed up the Construction of China-Belarus Industrial Park*, *China Daily*, May 8, 2015.
② *Interview: The Belt and Road Initiative will Create New Growth Points for the World Economy: Interview with Belarusian President Lukashenko*, published on Xinhuanet on May 4, 2017, http://www.xinhuanet.com//world/2017-05/04/c_1120920245.htm.

Chapter 7 Summit Diplomacy and China-Belarus Belt and Road Cooperation

facility construction and connection①. Jaroslav Romanchuk, vice-chairman of the Belarusian United Civic Party, also believes that Belarus should learn from China. He said that China's transition is a development miracle, and the construction of the industrial park will help Belarus benefit from China's development②.

During the four years of the implementation of the China-Belarus Industrial Park project, Chinese government departments, think tanks and large-scale enterprises have maintained close communication with their Belarusian counterparts and put forward a number of improvement suggestions. The two sides have coordinated in multiple aspects such as the tax policy, management mode, infrastructure and public services of the industrial park. Belarus has actively responded to China's suggestions. President Lukashenko has successively signed two presidential decrees, which, in the form of the highest legislation, stipulate the preferential policies enjoyed by the enterprises settled in the park in terms of tax, land and many other aspects, so as to attract enterprises to settle in the park. On May 19, 2017, President Lukashenko signed a new presidential decree regarding the development of the China-Belarus Industrial Park for the third time, providing better legal protection for relevant enterprises to settle in the industrial park. The new presidential decree further clarifies the powers and functions of the management committee of the China-Belarus Industrial Park. It stipulates that all Belarusian state organs must send staff to the industrial park according to the needs of the park management committee and provide one-stop services in the industrial park, which greatly facilitates the handling of various procedures for enterprises entering the park. The new presidential

---

① *Belarusian President: The Belt and Road Initiative is a New Mode of Cooperation between Countries*, published on China News Network on April 25, 2018, http://www.chinanews.com/gj/2018/04-25/8499360.shtml.

② *Interview: The Belt and Road Initiative will Create New Growth Points for the World Economy: Interview with Belarusian President Lukashenko.*

decree also stipulates that a free-trade area should be established in the industrial park, and a supervision, inspection and coordination mechanism for the park management committee over all units in the park should be established; relax the registration standards for enterprises entering the park, expand the basic implementation directions of relevant investment projects, and lower the investment license threshold that needs to be completed in the short term[1].

3. The common development concepts of China and Belarus have led to a rapid increase in political mutual trust and economic cooperation between the two sides, providing a favorable political environment for the Silk Road Economic Belt initiative to be implemented in Belarus.

President Xi Jinping and President Lukashenko have similar understandings on developing their own economies and achieving modernization. China's development path in the past 40 years of reform and opening up is a process of learning from and drawing on the economic management experience of developed Western countries, improving itself in the process of opening up, introducing, digesting and absorbing foreign high-tech and capital, and exploring a development path suitable for China's national conditions in the process of opening up. Under the leadership of the Communist Party of China, after decades of continuous exploration, China's national governance level has been continuously improved. In China's economic field, the method of individual experiments and gradual promotion has also been adopted. China adheres to the fundamental role of the public-owned economy in the national economy, and encourages the orderly development of private economy and multiple forms of ownership. China has realized the transformation from a

---

[1] See Wang Chao and Ye Tianle: *Research on the Development of China-Belarus Industrial Park under the Background of Belt and Road*, published in Academic Journal of Russian Studies, No. 6, 2019.

Chapter 7 Summit Diplomacy and China-Belarus Belt and Road Cooperation

planned economy to a socialist market economy, and achieved continuous high-speed growth of the total economic volume and a gradual improvement of the economic structure.

Belarusian President Lukashenko has his own understanding of the economic development path of Belarus. He said, "The Belarusian model has proven its feasibility, and our sovereignty has obtained a reliable socio-economic and legal foundation."[①] He also once said that Belarus adheres to an independent path, and this choice of path stems from the national conditions of Belarus. "We support our own enterprises and carry out modernization in a stable manner rather than simply changing ownership. Even Western countries admit that the Belarusian economy has achieved good growth."[②] At the beginning of its independence, Belarus once attempted radical privatization and liberalized economic reforms, which led to a rapid economic decline, a virulent inflation outbreak, and a sharp drop in people's living standards. After coming to power, Lukashenko changed the economic transformation mode and adopted a gradual economic reform. Taking the stabilization of people's living standards as the primary purpose of the reform, by giving play to the state's management function in the national economy, he stabilized the financial market, restored the operation of the industrial system, reversed the market chaos and high inflation at the beginning of independence, and achieved the stabilization of people's living standards. Over the past 20 years, Belarus has maintained a relatively stable political situation, the people's living standards have been steadily improved, and the national economy has quickly recovered to the level before the disintegration of the Soviet Union with a relatively high growth level.

China and Belarus have extensive consensus on national modernization

---

① Лукашенко: белорусская модель экономического развития успешна, БЕЛТА, https://naviny.by/rubrics/economic/2004/07/20/ic_news_113_251130.

② Белорусская модель доказала свою состоятельность-Лукашенко, БЕЛТА, https://www.belta.by/president/view/belorusskaja-model-dokazala-svoju-sostojatelnost-lukashenko-200078-2016/.

and adhere to independently choosing development concepts and paths according to their own national conditions. China and Belarus are willing to further exchange their respective development experiences, learn from each other, and share development opportunities and achievements. The common development concepts of China and Belarus have strengthened the political mutual trust and economic cooperation between the two sides, providing a favorable political environment for the Silk Road Economic Belt initiative to be implemented in Belarus. With the support of the two heads of state, the economic and trade cooperation between China and Belarus has been institutionalized, nationalized, and politicized. The Belarusian government has set a relatively high-level industrial orientation for the industrial park, focusing on high-tech industries. When President Lukashenko was interviewed by the media, he emphasized that "we will not build an 'assembly factory' here. High-tech products for tomorrow must be produced here, from development to production, and finally to market-oriented sales of specific products[①]." Senior officials in the economic departments of the two governments meet and communicate regularly, providing good policy support for the promotion of the industrial park project. Enterprises entering the China-Belarus Industrial Park have also shifted from investment at the national political level to market-oriented operations, and the enthusiasm for enterprise cooperation has been continuously increasing. On September 29, 2016, Xu Shaoshi, director of the National Development and Reform Commission of China, and Vladimir Zinovskiy, Minister of Economy of Belarus, on behalf of their respective governments, signed the *List of Measures for the People's Republic of China and the Government of Belarus to Jointly Promote the Belt and Road Initiative*. This list covers relevant measures or projects in areas such as transportation and logistics, trade and investment, finance, energy,

---

① Лукашенко о Китайско-белорусском индустриальном парке: мы не создаем здесь "парк отверток", https://news.tut.by/economics/357514.html?crnd=15773.

Chapter 7 Summit Diplomacy and China-Belarus Belt and Road Cooperation

information and communication, and people-to-people and cultural exchanges. It is conducive to strengthening policy coordination and industrial cooperation between the two countries. It is the first roadmap for promoting practical cooperation between China and Belarus within the framework of the Silk Road Economic Belt and also an important framework document guiding the practical cooperation between the two countries. With the support of China's National Development and Reform Commission, Ministry of Commerce, and Export-Import Bank of China, a number of high-tech enterprises in China with strong international marketing capabilities have come to the industrial park for inspection, helping Belarus improve and enhance the management level of the industrial park and providing intellectual support for relevant Belarusian departments. China not only provides advice and assistance to Belarus in terms of investment attraction, personnel training, and policy design but also offers various options in terms of funds and discusses with the Belarusian side the use of financing channels such as the Silk Road Fund and the China-Eurasia Economic Cooperation Fund.

Belarus's investment in China has been growing steadily. Belarus has relatively strong advantages in machinery manufacturing. Its investment projects in China include: the production project of agricultural machinery such as silage harvesters jointly-invested by Gomel Agricultural Machinery Company of Belarus in Harbin, the assembly projects of Minsk Tractor Works in Harbin and Yili, and the BELAZ-AVIC joint-venture enterprise, etc. [1] Besides the China-Belarus Industrial Park project, in recent years, the scale of China's investment in and financing for Belarus have been continuously expanding. The cooperation projects involve infrastructure such as energy, power, transportation, and communication, as well as production-capacity

---

[1] *China-Belarus Economic and Trade Cooperation Reaches a New Level*, published on People's Daily Online on January 26, 2014, http://finance.people.com.cn/n/2014/0126/c1004 - 24226798.html.

cooperation fields such as electronics, chemical industry, aerospace, etc. According to the statistics of the Ministry of Commerce of China, by the end of 2019, the non-financial direct investment of Chinese enterprises in Belarus exceeded 500 million US dollars[①]. The main investment projects of Chinese enterprises include: the joint-venture home appliance assembly and production project of Midea Group; the five-star Beijing Hotel project and the "Swan" residential community project invested and constructed by Beijing Uni-Construction Group; and the Geely Automobile assembly plant project[②]. With the loan support of China Development Bank, Export-Import Bank of China, China CITIC Bank and other Chinese financial institutions, enterprises on both sides have successfully implemented nearly 30 projects, with a loan scale of more than 6 billion US dollars: the renovation projects of Minsk No. 2 and No. 5 power plants, the expansion and renovation projects of Berezov Power Plant and Lukoml Power Plant, three cement plant production line projects, the Beijing Hotel project, the railway electrification renovation and M5 highway renovation projects implemented with Chinese loans have been completed; the China-Belarus Industrial Park, Slavkali Potash Fertilizer, Vitebsk Hydropower Station, the project of a pulp mill with an annual output of 400,000 tons and a coated white cardboard mill with an annual output of 200,000 tons, the Belarusian telecommunication network renovation project, the second-phase project of railway electrification and highway renovation, and the power transmission and transformation project have also been

---

① Ren Fei: *Investment Environment in Belarus and China-Belarus Investment Cooperation*, Economic Science Press, 2017, p. 96.

② The Geely automobile project is not located in the China-Belarus Industrial Park, but in the Borisov area of Minsk region in Belarus. The first-phase project of the factory started construction in August 2016 and was officially put into production and operation in November 2017, with an investment amount reaching 345 million US dollars. The Beijing Hotel project is located in Minsk city. It is invested, developed, constructed and operated by Beijing Uni-Construction Group. Beijing Uni-Construction Group has also participated in some other construction projects in Belarus and has accumulated a certain market popularity.

successfully launched and smoothly implemented. The implementation of these large-scale projects has led a number of powerful domestic enterprises to enter the Belarusian market, enhanced the economic connection between the two countries, and promoted the economic development and industrial transformation of Belarus.

With the concern of the two heads of state, government departments and local states/provinces of the two countries have accelerated the coordination, actively explored new models of high-tech industry investment and cooperation, and actively carried out investment promotion and project promotion activities, making local economic and trade cooperation a new growth point for the practical cooperation between the two countries. In May 2015, during President Xi Jinping's visit to Belarus, the two sides held a high-level meeting at the leadership level and also held the "China-Belarus Local Economic and Trade Cooperation Forum" with the theme of "New Opportunities, New Platforms". This was the highest-level and largest-scale economic and trade activity since the establishment of diplomatic relations between China and Belarus 23 years ago. The attendees included not only high-ranking officials of government functional departments, but also leaders and enterprises of large-scale central enterprises, large-scale high-tech enterprises in China and economically developed provinces. The Chinese senior officials who accompanied the visit were almost fully committed. Under the witness of the two heads of state, the two sides signed 25 agreements and documents, including inter-government agreements such as the Agreement on Economic and Technical Assistance between the Chinese and Belarusian Governments and the Agreement on Educational Cooperation, and many documents for developing local cooperation such as the Agreement on Friendly Relations between Zhejiang Province and Minsk Region. Many Chinese enterprises also signed agreements with the Belarusian side. For example, the Export-Import Bank of China signed an import-export credit agreement on three railway projects with the Belarusian Railway Company, and Sinochem

Group signed a memorandum of cooperation from 2015 to 2019 with the Belarusian Potash Company, with a total potash fertilizer procurement volume of about 4 million tons.

III. General Significance of China-Belarus Cooperation

"The most obvious feature of modern diplomacy is the increasingly enhanced role of personal diplomacy by heads of state or government."[①] In the modern nation-state system, the head of state is the leader of a country's diplomatic activities and also the highest-level diplomat. Diplomacy is an extension of domestic politics, and the design of a country's political system will inevitably affect the formulation, implementation and effectiveness of its foreign policy. The influence of the head of state in the domestic political system determines his or her diplomatic influence and executive ability. Summit diplomacy has always played an important role in New China's diplomacy, mainly due to the uniqueness of China's political system and diplomatic decision-making mechanism. With the continuous progress of China's reform and opening up, China's diplomacy has undergone multi-level and multi-directional transformations, and leader-level and head-of-state diplomacy has become more frequent.

Since the 18th National Congress of the Communist Party of China, the Central Party leadership with Comrade Xi Jinping at the core has strengthened the functions of the Central Foreign Affairs Work Leading Group and has successively held the first neighborhood diplomacy work symposium and the Central Foreign Affairs Work Conference since the founding of New China. General Secretary Xi Jinping has emphasized that upholding the leadership of the Communist Party of China and adhering to socialism with Chinese

---

① R. P. Baston: *Modern Diplomacy*, P. 5.

Chapter 7 Summit Diplomacy and China-Belarus Belt and Road Cooperation

characteristics are fundamental principles in foreign affairs work[①]. General Secretary Xi Jinping has put forward the major initiative of building the Silk Road Economic Belt and the 21st-Century Maritime Silk Road, combining China's development with the participating countries, and integrating the Chinese Dream with the dreams of the peoples of the countries along the routes, endowing the ancient Silk Road with brand-new connotations of the times and providing the world with a common prosperity and development plan full of oriental wisdom[②]. The concepts proposed by General Secretary Xi Jinping, such as building a new type of international relations, building a community with a shared future for mankind, taking the right approach to friendship and interests, promoting the Belt and Road Initiative, the neighborhood diplomacy principle of amity, sincerity, mutual benefit and inclusiveness, the Africa policy principle of sincerity, practical results, affinity and good faith, as well as the new visions in development, security, cooperation, civilization and global governance, have become the theoretical basis for China's summit diplomacy in the new era.

In the 21st century, China-Belarus relations have developed rapidly. Especially since the 18th National Congress of the Communist Party of China, Chinese leader Xi Jinping and President Lukashenko have attached great importance to the development of bilateral relations and have established good working relations and personal mutual trust. Good national and political relations provide strong political support for bilateral economic and trade cooperation. The special political, economic and diplomatic situations formed since Belarus became independent have promoted the role of summit

---

① Yang Jiechi: *Deeply Studying and Implementing General Secretary Xi Jinping Thought on Diplomacy and Constantly Writing a New Chapter in the Major Country Diplomacy of China*, Qiushi, Issue 14, 2017.

② Wang Yi: *Pioneering and Advancing under the Guidance of General Secretary Xi Jinping Thought on Diplomacy*, published on People's Daily Online on September 1, 2017, http://theory.people.com.cn/n1/2017/0901/c40531-29508376.html.

diplomacy to be amplified to a certain extent in China-Belarus relations. Thanks to the high-level political mutual trust between the leaders and governments of the two countries, China and Belarus have overcome the difficulties of long-distance space and mismatched industrial cooperation and are building the China-Belarus Industrial Park on the outskirts of Minsk, the capital of Belarus. After the Belt and Road Initiative was proposed, this project was incorporated into the framework of the Belt and Road Initiative, and the project has made rapid progress.

At the Central Foreign Affairs Work Conference in 2014, General Secretary Xi Jinping pointed out, "We should adhere to win-win cooperation and promote the establishment of a new type of international relations based on mutual benefit and cooperation." "Adhere to the win-win strategy of opening up, and reflect the concept of win-win cooperation in all aspects of foreign cooperation such as politics, economy, security and culture."[①] China-Belarus economic and trade cooperation under the Belt and Road Initiative has certain particularities, but the China-Belarus cooperation form under the Belt and Road Initiative embodies the cooperation concept of universal significance. Belarus does not belong to China's neighboring countries in China's diplomacy, nor is it a large country, and should be classified as a developing country. In developing relations with Belarus, China has always taking the right approach to friendship and interests and the principle of sincerity, practical results, affinity and good faith, to promote all-round cooperation between the two countries. Summit diplomacy and government-level diplomacy are consistent at the interest level, but there are differences at the implementation level, which have special significance for the quality of national relations and the efficiency of national exchanges. In normal national economic cooperation, investment and return should be roughly balanced.

---

① *Central Foreign Affairs Work Conference Held in Beijing*, *People's Daily*, November 30, 2014.

Chapter 7   Summit Diplomacy and China-Belarus Belt and Road Cooperation

Among the participating countries, countries like Belarus have a strong political will for cooperation, but due to being in a difficult economic transformation period, their own economic strength and market scale are limited. Under the framework of the Belt and Road Initiative, China's development of cooperation with them is more about giving more and taking less, or even only giving and not taking, that is, allowing them to hitchhike. Therefore, China-Belarus cooperation under the Belt and Road Initiative is based on market principles and international economic norms, and at the same time is far above general economic cooperation, and is a cooperation based on political mutual trust. China has established a comprehensive financial support system combining free aid, concessional loans, commercial loans and investment funds to support the infrastructure construction of the China-Belarus Industrial Park and the development of enterprises in the park, breaking the financial bottleneck faced by the park at the initial stage[1]. Thanks to the attention of the leaders of the two countries and also to the efficient national governance mechanisms of China and Belarus, the China-Belarus Industrial Park has overcome numerous difficulties such as funds, markets, technologies and policies from scratch and has gradually embarked on the virtuous track of independent development. With the strong support of the leaders of the two countries, the joint efforts of enterprises of the two countries, on the basis of adhering to institutional innovation and policy reform, and under the principle of market-based operation, the China-Belarus Industrial Park project has emerged from the shadow of Western doubts and is increasingly recognized by global investors.

We can also draw a conclusion from China-Belarus cooperation: Guiding according to the situation and differential cooperation forms are new features of

---

[1] *Building China-Belarus Industrial Park into a Pearl on the Belt and Road*, published in China Financial and Economic News website on May 15, 2018, http://www.cfen.com.cn/dzb/dzb/page_3/201805/t20180507_2886360.html.

the Belt and Road Initiative construction. The Belt and Road Initiative is by no means just a transportation and logistics corridor, but also a new model of global economic cooperation and an institutional innovation for China to participate in economic globalization[①]. The national conditions and development levels of the Belt and Road Initiative participating countries are different. They are facing some common development problems and at the same time there are also large regional and country-specific differences. In the process of implementing the Belt and Road Initiative, we also need to learn excellent concepts and ideas from our partners and continuously innovate cooperation models and fields. Only in this way can China's development opportunities be transformed into the world's development opportunities, and the world's opportunities be transformed into China's opportunities. By using "Chinese wisdom", reasonably proposing "Chinese solutions" and correctly using "Chinese strength", we can promote the positive interaction between China and the world and jointly build a community with a shared future for mankind. The cooperation experience between China and Belarus has proved that as long as we take mutual benefit and win-win results as the starting point and end point, combine the safeguarding of national interests with cooperation and development, and form a differentiated and multi-level economic cooperation model, it is possible to enhance the breadth and depth of regional economic cooperation and improve the quality and efficiency of bilateral economic cooperation.

The Belt and Road Initiative is the main line of development of China's diplomacy in the new era, affecting China's relations with the world and reflecting the latest achievements of China's diplomatic thoughts. China-Belarus cooperation under the Belt and Road Initiative cannot be separated from the support of Xi Jinping summit diplomacy. Summit diplomacy promotes

---

① Qu Song: *The Belt and Road is a New Model of Global Cooperation (Belt and Road High-end Interview)*, published in People's Daily on June 18, 2017.

economic cooperation, which is indeed special in form, but the spirit and principles of bilateral cooperation are universal. Chinese experience and the Chinese market may also create new Chinese opportunities and bring inspiration for other developing countries to participate in the Belt and Road Initiative. The Belt and Road Initiative is providing new model options for the modernization of the participating countries.

Chapter 8 The Five Principles of Peaceful Coexistence

——A Key Factor in the Development of Relations between the People's Republic of China and the Republic of Belarus

S. V. Viarheichyk*

The chapter examines the significance and role of the Five Principles of Peaceful Coexistence put forward in 1954 by Chinese Premier Zhou Enlai in the development of relations between the People's Republic of China and the Republic of Belarus. The informational and methodological foundation of this article is based on various official documents—bilateral intergovernmental agreements signed by heads of state to define relations between partner countries, along with the author's previous research findings. The scientific significance of this article lies in identifying the factors that contribute to strengthening the comprehensive strategic partnership between China and Belarus in the new era.

The year 2024 marks the 70th anniversary of the Five Principles of

---

* S. V. Viarheichyk, Analyst at the Belarusian Institute for Strategic Research, Ph. D. Candidate at the Faculty of International Relations, Belarusian State University.

Peaceful Coexistence[①]. Historically, the adoption of the Five Principles of Peaceful Coexistence fostered several significant trends that strengthened their role and importance in the modern international relations system.

Firstly, the Five Principles of Peaceful Coexistence greatly contributed to resolving border issues, normalizing relations between China and its neighbors, and subsequently reinforcing connections with other countries around the world.

Secondly, over time, the Five Principles of Peaceful Coexistence have not only become a guideline for interstate relations, but also a guiding principle for the Non-Aligned Movement and a symbol of unity among Global South countries in the post-colonial era.

Thirdly, the Five Principles of Peaceful Coexistence have formed the foundation of China's modern foreign policy, aiming to strengthen interaction and cooperation with other international participants, including the Republic of Belarus. Since the establishment of diplomatic relations in January 1992, the Five Principles of Peaceful Coexistence have remained the cornerstone of the political relationship between the two countries.

The first article of the Agreement on the Establishment of Diplomatic Relations between the People's Republic of China and the Republic of Belarus, signed on January 20, 1992, laid out the fundamental principles for developing "friendly and cooperative relations", including mutual respect for sovereignty and territorial integrity, mutual non-aggression, mutual non-

---

① Пять принципов мирного сосуществования были выдвинуты в 1954 году по инициативе премьера Госсовета КНР Чжоу Эньлая, премьер-министра Индии Джавахарлала Неру и премьер-министра Мьянмы У Ну. На Бандунгской конференции в Индонезии данные принципы были признаны и одобрены большинством стран Азии и Африки. Политическим итогом Бандугской конференции, состоявшейся с 18 по 24 апреля 1955 года по инициативе Индии, Индонезии, Бирмы (Мьянма), Пакистана и Шри-Ланки, стало объединение 29 стран Азии и Африки. Итоговый документ, включил в себя 10 принципов мирного сосуществования, среди которых- уважение прав человека, территориальной целостности, отказ от интервенции и вмешательства во внутренние дела.

interference in each other's internal affairs, equality and mutual benefit, and peaceful coexistence. This agreement is a fundamental bilateral document following China's recognition of the young Belarusian state on December 27, 1991. The Five Principles of Peaceful Coexistence underpin subsequent political documents and all other intergovernmental agreements signed between the Republic of Belarus and the People's Republic of China, including the Treaty of Friendship and Cooperation signed on May 10, 2015. ①

Adhering to the Five Principles of Peaceful Coexistence not only contributes to the development of all aspects of bilateral relations-political, trade, economic, scientific, technological, and humanitarian, but also contributes to the steady economic growth in both countries. In practice, the Five Principles have proven effective in resisting external political and economic pressure.

Thanks to China's consistent political support, the Republic of Belarus has achieved significant progress in national construction, socio-economic development, and improving the quality of people's lives since its independence, and plays an important role in the modern international relations system.

China and Belarus have consistently advocated for the establishment of a fair and just new international political and economic order. In their Joint Statement on Strengthening Comprehensive Cooperation in the 21st Century, both countries expressed a unified stance, calling for the shaping of the 21st-century international relations based on the United Nations Charter, universally recognized principles of international law, and the Five Principles of Peaceful Coexistence. The statement highlights the importance of upholding the

---

① Белорусско-китайские отношения в межгосударственных, межправительственных и межведомственных документах (1992 – 2022): сборник текстов оригинальных белорусско-китайских договоров, соглашений, меморандумов и протоколов/Министерство иностранных дел Республики Беларусь, Республиканский институт китаеведения им. Конфуция Белорусского государственного университета Минск. – : СтройМедиаПроект, 2022г.

principles of cultural diversity and pluralism. ①The principles outlined in this document directly echo those proposed by Premier Zhou Enlai of China in 1954 through the Five Principles of Peaceful Coexistence.

On the world stage, both sides consistently uphold the vision of a multipolar world order as an alternative to the Western model. This is in line with the interests of the vast majority of countries and peoples in the world and is conducive to maintaining peace and stability. In fact, this vision is rooted in respecting the unique characteristics and distinctiveness of each country.

In 2013, the two countries upgraded their bilateral relations to a "comprehensive strategic partnership", expanding the framework of interaction "to contribute to the cause of safeguarding and strengthening regional and global peace, stability and development". ②

The comprehensive strategic partnership between China and Belarus embodies the highest degree of cooperation, founded on a high level of political mutual trust and concern for each other's core interests. Its main content and "cornerstone" are mutual support on issues of national independence, sovereignty, territorial integrity, and national security.

In the "new" era of China's foreign policy, the principles of "peaceful coexistence" are reflected in the concept of building a community with a shared future for mankind, aiming to strengthen not only relations with neighboring countries, but also with distant countries and partners on other continents, including within the framework of international organizations. The vision of building a community with a shared future for mankind is actually based on the Five Principles of Peaceful Coexistence, and even shares a

---

① Белорусско-китайские отношения в межгосударственных, межправительственных и межведомственных документах (1992 – 2022) : сборник текстов оригинальных белорусско-китайских договоров, соглашений, меморандумов и протоколов/ Министерство иностранных дел Республики Беларусь, Республиканский институт китаеведения им. Конфуция Белорусского государственного университета Минск. – : СтройМедиаПроект, 2022г., стр. 13.

② Ibid., p. 28.

similar origin. Since it was officially proposed in 2015, this concept has grown from a Chinese initiative to an international consensus.

China has put forward its own vision for global development and security. The core principles of these initiatives, such as lasting peace, universal security, shared prosperity, openness and respect, are more important than ever in today's complex global environment and are key to prosperity and development of all countries around the world. ①

The joint statement signed by Belarusian President Alexander Lukashenko and Chinese President Xi Jinping after their meeting in 2016 emphasized the desire to develop an "all-weather friendship" and to "build a community with shared interests and a shared future". ② This strategy highlights mutual assistance and support, shared ethics and interests, and the joint effort to overcome various challenges. ③ By historical standards, the period of cooperation between the two countries is relatively short, and there are many similar examples. In China, there is gratitude and warm remembrance of the help Belarus provided to China in fighting the COVID-19 pandemic in 2020, even before the global outbreak. In turn, the Belarusian people appreciate the series of technical assistance projects provided by China, including the construction of social security housing and world-class sports facilities.

Over the 32 years since the establishment of diplomatic relations, China and Belarus have successfully upgraded their relations to the highest level-an

---

① О создании сообщества единой судьбы человечества: сборник статей Си Цзиньпина, Пекин. –: Чжунъян баньи чубаньшэ, 2021.

② Белорусско-китайские отношения в межгосударственных, межправительственных и межведомственных документах (1992 – 2022): сборник текстов оригинальных белорусско-китайских договоров, соглашений, меморандумов и протоколов/Министерство иностранных дел Республики Беларусь, Республиканский институт китаеведения им. Конфуция Белорусского государственного университета Минск. –: СтройМедиаПроект, 2022г., стр. 50.

③ Китай предложил миру новый путь: статья посла КНР Ли Хуэя в «Российской газете» [Электронный ресурс]. - Режим доступа: https://rg.ru/2019/04/23/chislo-storonnikov-koncepcii-soobshchestva-edinoj-sudby-v-mire-rastet.html. - Дата доступа: 19.06.2024.

Chapter 8　The Five Principles of Peaceful Coexistence

"all-weather" comprehensive strategic partnership[①].

In the global turmoil, features such as "ironclad brotherhood" and "all-weather partnership" carry special significance, meaning that their relationship remains unaffected by internal issues or external pressures. Regardless of changes in the international situation, the two countries maintain close ties in politics, economics, and security[②].

The Joint Statement on Further Developing the All-Weather Comprehensive Strategic Partnership in the New Era, signed in March 2023, also aligns with the basic principles of peaceful coexistence. The document underscores that there should be no double standards on issues of democracy and human rights, nor should they be used as pretexts to interfere in the internal affairs of other countries. It also expresses serious concern over attempts to limit the sovereign rights of other countries to independently determine their political, economic and social development directions, as recognized by the UN Charter. [③]

Adherence to the basic principles of peaceful coexistence has enabled China and Belarus-two countries of vastly different scales-to establish a "model" of equal cooperation.

The principles of peaceful coexistence are vividly reflected in multilateral cooperation formats such as the Shanghai Cooperation Organization (SCO)

---

① Совместная декларация Республики Беларусь и Китайской Народной Республики об установлении отношений всепогодного и всестороннего стратегического партнерства [Электронный ресурс]. – Режим доступа: https: //china. mfa. gov. by/ru/embassy/news/fb2937bef6398e2d. html. – Дата доступа: 19. 06. 2024.

② Вергейчик, С. В. Политика Китая в отношении Беларуси в межгосударственных документах (1992 – 2024 гг.) /С. В. Вергейчик//VII Республиканская школа молодого китаеведа: приоритетные направления исследования современного Китая и актуальные задачи формирования белорусской школы китаеведения: сб. ст. участников VII Республиканской шк. молодого китаеведа, Минск, 1 мар. 2024 г. /под ред. проф. А. А. Тозика. – Минск: Изд. центр БГУ, 2024г., стр. 87.

③ Совместное заявление Китайской Народной Республики и Республики Беларусь о дальнейшем развитии отношений всепогодного и всестороннего стратегического партнерства между двумя странами в новую эпоху [Электронный ресурс]. – Режим доступа: http: //russian. people. com. cn/n3/2023/0302/c31521 – 10214788. html. – Дата доступа: 19. 06. 2024.

and BRICS. To a large extent, it is due to this factor that an increasing number of countries seek to join these authoritative intergovernmental platforms, which play an increasingly important role in the multipolar world today.

In the spirit of unwavering support for its partners, China has openly and firmly supported Belarus' participation in regional integration. Therefore, with the support of China, Belarus gained the status of dialogue partner in the SCO in 2010, observer status in July 2015, and formal membership in the SCO in July 2024 (the corresponding resolution was made at the Astana Summit). During China's chairmanship of the Conference on Interaction and Confidence-Building Measures in Asia (CICA) in 2015, China supported Belarus' application for observer status, expressing a desire to strengthen cooperation and maintain regional peace and security. Belarus' participation in CICA's political mechanisms has opened more avenues for development and contact and provided opportunities to exchange views on hot issues on the international and regional agendas. In 2016, China supported Belarus's entry into the "16 + 1" multilateral interaction model.[①]

With China's support, Belarus applied to join the BRICS family in 2023. Belarus is already an active participant in the "BRICS +" dialogue format. It is expected that the expansion of this joint organization will attract even greater attention from countries committed to a multipolar world, fostering peaceful coexistence.

The principles of "peaceful coexistence" and the UN-centered world model form the foundation of China's Belt and Road Initiative. At the same time, China has expanded the basic principles for the Belt and Road Initiative in line with the spirit of the times. It emphasizes openness to cooperation, harmony and inclusiveness, respecting the choices of development paths and

---

[①] Вергейчик, С. В. Исторические условия и предпосылки участия Беларуси в формате сотрудничества Китай-ЦВЕ в качестве наблюдателя (2011 – 2016 гг.) /С. В. Вергейчик// Беларуская думка. – 2023. – №7. С. 48 – 55.

Chapter 8   The Five Principles of Peaceful Coexistence

models by different civilizations, fostering dialogues among civilizations, and pursuing shared prosperity by seeking common ground while preserving differences. Chinese President Xi Jinping first proposed the strategic initiative of building the "Silk Road Economic Belt" in September 2013, aiming to establish an innovative model of interaction and create a new order of regional cooperation.①

Belarus is one of the earliest supporters of the Initiative. In a world as fragile as today's, the initiative by the Chinese leader holds special value because it truly advocates for a new world order based on the fundamental development interests of all countries and regions.

President Xi Jinping's new concepts and initiatives on common development and security have found full recognition and support in Belarus. Minsk and Beijing continue to support each other while strengthening their friendship and strategic partnership, coordinating efforts to overcome obstacles②. China's reaffirmation of its "willingness to always be a reliable partner for Belarus and provide strong support"③ demonstrates the solid and promising outlook for even closer relations between the two countries.

Against the backdrop of a disrupted foundation of strategic stability and international security institutions, as well as the constantly changing situation on the European continent, the Five Principles of Peaceful Coexistence are more relevant to the region than ever before. After all, the world has never been closer to the threshold of nuclear escalation than it is now. Some

---

① Концепция создания экономического пояса шелкового пути и морского шелкового пути XXI века [Электронный ресурс]. - Режим доступа: https://ruchina.org/china-article/china/731.html. - Дата доступа: 19.06.2024.

② Поздравление Председателю Китайской Народной Республики Си Цзиньпину [Электронный ресурс]. - Режим доступа: https://president.gov.by/ru/events/pozdravlenie-predsedatelyu-kitayskoy-narodnoy-respubliki-si-czinpinu-1655216840. - Дата доступа: 19.06.2024.

③ 王毅会见白俄罗斯外长阿列伊尼克 (Ван И встретился с министром иностранных дел Беларуси С. Алейником) [Электронный ресурс]. - Режим доступа: https://www.fmprc.gov.cn/web/wjbzhd/202405/t20240521_11308233.shtml. - Дата доступа: 19.06.2024.

politicians even consider the possibility of a third world war.

In modern conditions, China has put forward its own vision in response to the historic question of "what kind of world to build and how to build it". In his keynote speech commemorating the 70th anniversary of the Five Principles of Peaceful Coexistence, President Xi Jinping emphasized that upholding the principle of sovereign equality is a main goal in building a community with a shared future for mankind. This means that all countries enjoy equal status in the international community, regardless of their size and weight. The Chinese leader refers to non-interference in the internal affairs of other countries as the "golden rule" of peaceful coexistence, avoiding the imposition of one's will and distancing from bloc confrontation as a mechanism for advancing the common interests of all countries.

In this context, reforming the global governance system as soon as possible is seen as an urgent task in world politics, with the Five Principles of Peaceful Coexistence as the basis for fostering healthy interstate relations. Dialogue, consensus, and the pursuit of compromise and mutual concession are necessary to advance the cooperative interaction of global participants. Leaders of all countries, on whom the fate of the world depends, should engage with each other with honesty and integrity. Security for all countries in the world must be equal and collective. Belarus, which faced severe tests during the Great Patriotic War, calls on other countries to approach the issue of maintaining peace with a sense of responsibility.

Therefore, the principles of peaceful coexistence have led the time. In the second half of the 20th century, when the Cold War escalated to the "fever pitch", the founding generation of the Five Principles of Peaceful Coexistence successfully preserved peace and defended sovereignty.

The Five Principles of Peaceful Coexistence constitute the political foundation for the development of bilateral relations between China and the Republic of Belarus, and for their interaction and cooperation within the frameworks of international organizations and intergovernmental associations.

This universal principle will remain vibrant in international relations for a long time, serving as a source of new constructive forms of interaction and cooperation between countries.

In this regard, the role of expert dialogue is growing, and sustained contact among decision-makers, scientists, and analysts will help raise mutual trust and understanding to acceptable levels and facilitate the development of new ideas and visions for "peaceful coexistence" in the future.

Chapter 9 The Potential of China-Belarus Cross-Regional Industrial Cooperation: A Case Study of the Automotive Industry

Zhang Yanlu[*]

Against the backdrop of economic globalization, China and Belarus have extensive prospects for cooperation in the automotive industry, driven by the imperatives of regional economic integration and the need for industrial transformation and upgrading. By examining and comparing the automotive industries of both countries, it is evident that China and Belarus possess distinct advantages and a high degree of complementarity. China boasts a vast market, a mature industrial chain, and a continuously improving capacity for innovation. Belarus excels in automotive manufacturing, technological expertise, and its strategic geographical location, particularly as a pivotal node in the Belt and Road Initiative, which confers a unique advantage for Eurasian cross-regional cooperation. Building on these insights, this paper delves into the potential and challenges of China-Belarus cooperation in the automotive

---

[*] Zhang Yanlu, Associate Professor, the Institute of Russian, Eastern Europe and Central Asia, CASS.

Chapter 9 The Potential of China-Belarus Cross-Regional Industrial Cooperation: A Case Study of the Automotive Industry

industry, proposing strategic recommendations such as policy coordination, technological innovation, joint investment, and brand alliance to foster a mutually beneficial industrial cooperation model. The findings indicate that by deepening cross-regional industrial cooperation, the two countries can achieve resource sharing, technology exchange and market expansion in the automotive industry, thereby catalyzing common economic growth of the two countries. This paper aims to offer decision-making insights for governments, enterprises, and stakeholders of both countries. It holds significant theoretical and practical value for advancing practical cooperation between China and Belarus, as well as for broader Eurasian cross-regional economic cooperation. As the Belt and Road Initiative continues to gain momentum, China-Belarus cross-regional industrial cooperation is emerging as a novel paradigm for international economic cooperation.

During Chinese Premier Li Qiang's visit to Belarus in August 2024, the joint communique signed by both governments reaffirmed their commitment to cooperation in various fields and outlined medium-term core objectives by 2030. These include sharing and learning from China's modernization experience, cooperating on the development of new quality productive forces. With the support of China, Belarus will promote scientific and technological innovation, expand into new industrial fields and promote the modernization of existing industries under an eco-friendly development philosophy. ①

This paper selects the automotive industry as its focus to explore the potential for cross-regional cooperation between China and Belarus, with the goal of establishing a practical path toward regional economic integration. In the greater context of globalization, cross-regional industrial cooperation has become a potent catalyst for economic development. It effectively promotes the process of regional economic integration by optimizing the allocation of

---

① Joint Communique of the Government of the People's Republic of China and the Government of the Republic of Belarus, Xinhua News Agency, August 23, 2024.

resources, promoting technology transfer and innovation, and integrating the markets. Within the framework of international agreements like the Lisbon Treaty and the Paris Agreement, this cooperation model has been further endowed with new missions, namely, focusing on environmental protection and social justice alongside economic growth to achieve sustainable development.

At the same time, it is also of great significance to study the potential of China-Belarus cooperation in the automotive industry for the construction of new international relations. China, as the world's largest automotive market, not only offers a substantial consumer base and a comprehensive industrial chain but also demonstrates robust innovation capacity in the electrification, intellectualization, and connectivity of the automotive industry, presenting dual opportunities in technology and market for industrial cooperation with Belarus. Belarus, a key country along the Belt and Road route, has laid a solid foundation for bilateral cooperation through its well-established expertise in automotive manufacturing. Belarus's advantageous geographical location as a vital transportation hub connecting Europe and Asia, facilitates the international circulation of automobiles and related products. By deepening industrial cooperation, China and Belarus can achieve resource sharing, promote the upgrading and transformation of the automotive industry, and enhance the exchange and dissemination of technological innovation, thereby bolstering their positions in the global automotive industry chain.

This paper endeavors to identify the potential directions and breakthrough points for cross-regional cooperation between China and Belarus by meticulously examining the development status of the automotive industry and comparing the strengths of both sides. It proposes relevant cooperation strategies and recommendations to foster a mutually beneficial and win-win situation in the automotive industry and to build a community with a shared future for mankind. Practical case studies of China and Belarus are provided to substantiate these findings.

Chapter 9 The Potential of China-Belarus Cross-Regional Industrial Cooperation: A Case Study of the Automotive Industry

I. Research Basis

Theoretically, the global value chain theory and regional economic integration theory provide a foundational analytical framework for studying cross-regional cooperation between China and Belarus in the automotive industry, offering theoretical underpinnings for the implementation of related cooperation initiatives.

(1) Global value chain theory

Economist Michael Porter introduced the global value chain theory in 1985, offering a robust analytical framework for dissecting the global production process. Initially, Porter's value chain theory viewed enterprises as an ensemble of activities, each contributing to the value creation process through design, production, marketing, distribution, and after-sales services.[①] The global value chain (GVC) theory extends this theory internationally, focusing not only on corporate competitiveness but also on the flow of final products, with an emphasis on cross-border task transfer and the value added by these tasks.[②]

The evolution of GVC theory has gone through multiple phases, beginning with an analysis of commodity chains and governance structures within global trade, particularly in labor-intensive and high-tech sectors. Researchers then shifted their focus to the phenomena of organizational fragmentation and spatial decentralization within GVCs, examining how these dispersed activities could be integrated through cross-border trade and investment networks. In recent years, research on global value chains has

---

[①] Llorente I., Odriozola M. D., Baraibar-Diez E., "Global Value Chains", In: Idowu S., Schmidpeter R., Capaldi N. and eds, *Encyclopedia of Sustainable Management*, Springer, 2022, https://doi.org/10.1007/978-3-030-02006-4_1127-1.

[②] Ibid.

shifted focus from specific commodities to connecting value chains that integrate spatially dispersed production activities. ①

A pivotal contribution of GVC theory is the classification of GVC governance structures proposed by scholars such as Gereffi. G. ② This classification is based on the complexity and codifiability of transactions, as well as the capability foundation within the supply chain. Building on this, scholars like Coe N. M. and Yeung H. W. C. further developed the concept into global production networks (GPNs) concept, highlighting the complexity and networked nature of production activities and the resultant uneven development across regions and countries. ③

The automotive industry is a prime example of highly complex global collaborative production. For this industry, GVC theory is particularly relevant. Automotive production encompasses numerous links, including design, R&D, component manufacturing, assembly, sales, and after-sales service. Different countries and regions play different roles within the industrial chain based on their comparative and competitive advantages. For instance, developed countries often concentrate on R&D, design, and the production of high-end components, while developing countries engage more in low-value-added assembly and manufacturing. However, this division of

---

① See above: Kano L., Tsang E. W. K., Yeung H. Wc., "Global value chains: A review of the multi-disciplinary literature", *J Int Bus Stud*, vol. 51, 2020, https://doi.org/10.1057/s41267-020-00304-2.

② Gereffi, G., "The organization of buyer-driven global commodity chains: How U. S. retailers shape overseas production networks". In G. Gereffi and M. Korzeniewicz (Eds.), *Commodity chains and global capitalism*, 1994, pp. 95 – 122; Gereffi G., "International trade and industrial upgrading in the apparel commodity chain" in *Journal of International Economics*, 1999, vol. 48 (1): pp. 37 – 70; Gereffi G., Global value chains and development: Redefining the contours of 21st century capitalism, Cambridge: Cambridge University Press, 2018; Gereffi G., "Global value chains and international development policy: Bringing firms, networks and policy-engaged scholarship back", in *Journal of International Business Policy*, 2019, vol. 2 (3): pp. 195 – 210.

③ Coe N. M., Yeung H. W. C., *Global production networks: Theorizing economic development in an interconnected world*. Oxford: Oxford University Press, 2015; Coe N. M., Yeung H. W. C., "Global production networks: Mapping recent conceptual developments", in *Journal of Economic Geography*, vol. 19 (4), 2019, pp. 775 – 801.

Chapter 9 The Potential of China-Belarus Cross-Regional Industrial Cooperation: A Case Study of the Automotive Industry

labor is in flux as technology advances and the industry evolves. Emerging market economies, like China, are rapidly moving up the value chain, showing significant strength not just in manufacturing but also in innovation and high-end links.

For China and Belarus, GVC theory provides both a theoretical framework and a practical roadmap for their cooperation in the automotive industry. The two countries can achieve complementary cooperation in different links of the automotive value chain. China can utilize its vast market, comprehensive industrial chain, and innovative edge in new energy and smart vehicle to synergize with Belarus's technological expertise and production capabilities. Conversely, Belarus can capitalize on its traditional automotive manufacturing expertise and its strategic location as a Eurasian transportation hub to facilitate the penetration of Chinese automotive products into Russian, European, and Central Asian markets. Additionally, attracting Chinese investment can catalyze the modernization of Belarus's automotive and related industries.

Therefore, within the greater context of globalization, cross-regional cooperation guided by GVC theory can significantly enhance the competitiveness of the automotive industries in China and Belarus. Such cooperation also stimulates technology transfer, industrial upgrading, and market expansion, reinforcing the process of regional economic integration. By coordinating policies, innovating technologically, cooperating in investments, and forming brand alliances, China and Belarus can establish a more efficient and interconnected cooperation network within the global automotive industry. This approach can address the challenges posed by globalization and promote sustainable economic development, leading to mutual benefit and a win-win situation for both economies, as well as contributing to the broader prosperity and stability of the global economy.

(2) **Regional economic integration theory**

The regional economic integration theory provides another important theoretical basis for the study of cross-regional cooperation. It explores how countries and regions can cooperate to reduce trade barriers, improve market efficiency, and achieve deep economic integration through common policies and regulations.① As a theory for studying economic integration between countries or regions through cooperation, it has evolved since the mid – 20th century and ultimately became an important tool for analyzing and guiding international economic cooperation.② Early theories about regional economic integrity focused on the static effects of trade liberalization and economic cooperation, such as customs union and free-trade zone theories. In the 1990s, the new economic geography school, represented by Paul Krugman, emphasized the geographical concentration of economic activities and the strengthening of inter-regional economic ties.③ In the early 21st century, the theory of new regionalism emerged, highlighting the social, cultural, and political dimensions of regional integration and the role of regional policies in promoting regional development.④ In recent years, scholars have proposed that regional integration serves as a development strategy for emerging economies, necessitating strong joint institutions and political resolve to safeguard the interests of less advanced countries.⑤

The regional economic integration theory offers strategic insights into China-Belarus cross-regional industrial cooperation. Firstly, by establishing free trade zones or customs unions, the two countries can reduce trade costs and improve the mobility of goods and services, which will directly stimulate

---

① Zhu Lan, Wang Yong, Li Xiaojian, "Research on Regional Economic Integration from the Perspective of New Structural Economics: A Case Study of Ningbo's Integration into the Yangtze River Delta", *Economic Science*, 2020, Issue 5, pp. 6 – 18.

② Ibid.

③ Krugman P., "Increasing Returns and Economic Geography", in: *Journal of Political Economy*, vol. 99 (3), 1991, pp. 483 – 499.

④ Stiglitz J. E., Greenwald B., *Towards a New Paradigm in Monetary Economics*, Cambridge: Cambridge University Press, 2003.

⑤ O'Brien R., Williams M., *Global Political Economy: Evolution and Dynamics*, London: Palgrave Macmillan, 2016.

Chapter 9 The Potential of China-Belarus Cross-Regional Industrial Cooperation: A Case Study of the Automotive Industry

the trade flows of the automotive industry, including the import and export of automotive parts. Secondly, a common market can promote the free flow of various elements such as capital, technology, and skilled labor. This would assist Chinese enterprises in investing and establishing manufacturing facilities in Belarus, draw advanced technology transfer from Belarus to China, and expedite the technological upgrading of the automotive industry in both countries. Thirdly, an economic alliance can foster more profound policy coordination, including alignment in standardization, intellectual property rights protection, and industrial policies, thus creating favorable conditions for the integration of the automotive industry chain. A typical example is the China-Belarus Industrial Park, which has become a model of regional economic integration in practice. It has attracted numerous enterprises from both countries with its preferential policies, complete infrastructure, and comprehensive services, serving as a showcase of cooperative efforts between the two countries. The Park's success underscores the practical efficacy of the regional economic integration theory, as it fosters not only bilateral trade but also mutual investment and industrial transfer, thereby bolstering economic relations between the two countries.

In a word, the regional economic integration theory offers theoretical underpinnings for analyzing and fostering cross-regional cooperation in the automotive industry between China and Belarus. By implementing a range of regional economic integration measures, the two countries can intensify their cooperation in the automotive industry, leverage their complementary strengths, and collectively address the challenges brought by globalization. This would promote regional economic prosperity and development, and offer valuable practical experience for building a community of a shared future for humanity and advancing global governance reforms.

II. Comparative Analysis of the Automotive Industry between China and Belarus

(1) Overview of the development of the automotive industry in China

Since the establishment of the first automobile manufacturing plant, China's automotive industry has evolved through four distinct phases: initial, growth, comprehensive development and transformation and upgrading. The initial phase of China's automotive industry spanned from 1953 to 1977, during which the first Jiefang truck was produced in 1956, followed by the Dongfeng sedan and the inaugural Chinese luxury sedan, Hongqi, in 1958. With the onset of reform and opening up, the industry entered a growth phase from 1978 to 1999. This phase was marked by the establishment of the first Sino-foreign joint venture, Shanghai Volkswagen Automobile Co., Ltd., in 1984, a collaboration between Shanghai Automobile and Valkswagen. This was followed by other joint ventures such as FAW Volkswagen and Dongfeng Citroën.[①]

Following China's accession to the World Trade Organization in 2000, the country's automotive industry experienced a decade of comprehensive growth. In 2009, China surpassed the United States in both automotive production and sales, becoming the world's largest automotive market.[②] Since 2010, the industry, characterized by ongoing market expansion and the swift emergence of domestic brands, has entered a phase of transformation and upgrading, with a focus on electrification, intellectualization, and connectivity. In 2023, China's automotive industry sustained its growth trajectory. Notably,

---

① Kuwada: "Chinese Automotive over the Past 70 Years | Five Key Nodes that Have Changed the Course of the History", Access time: October 1, 2024. https://new.qq.com/rain/a/20230725A07EBO00.

② Automotive Industry Research Report for 2024, https://m.21jingji.com/article/20240725/herald/928eab4ea1027676a17c44fd096a69b6.html, Access time: October 1, 2024.

Chapter 9 The Potential of China-Belarus Cross-Regional Industrial Cooperation: A Case Study of the Automotive Industry

the new energy vehicles have seen rapid development, buoyed by supportive national policies, with the production and sales volumes surging by over 50% annually, becoming the primary engine of growth for the entire industry. As a result, China has firmly established itself as the world's largest market for new energy vehicles. The industry has also achieved significant technological breakthroughs, with hybrid engine thermal efficiency exceeding 45% and the realization of small-scale production of hybrid solid-liquid power batteries with an energy density of 360Wh/kg. Additionally, the industry has seen the popularization of high-power charging technology and an expansion in the application of heat-treatment free integrated die-casting technology for aluminum alloys. In recent years, China's automotive industry chain has extended from vehicle manufacturing to include upstream and downstream sectors, with breakthroughs in key areas such as new energy batteries and on-board chips.[①]

In general, China's automotive industry has achieved significant milestones over the past few decades, evolving from the initial phase of technology introduction and imitation to its current prominence in independent R&D and innovation. This evolution exemplifies the path of industrial upgrading within the framework of global value chain theory. China has gradually transformed from a major automotive consumer into the world's largest automotive market, boasting not only an extensive consumer base but also a comprehensive industrial chain that spans from parts manufacturing to whole-vehicle manufacturing. Chinese automakers, such as Geely, BYD, and Great Wall, have enhanced their product competitiveness through a process of technology introduction, digestion, absorption, and independent innovation, particularly in the field of new energy vehicles. The government's policy support, including subsidies, infrastructure development, and incentives for clean energy vehicles, has created a favorable market environment for

---

① Ibid.

domestic automobile manufacturers. The government also actively promotes industry opening up and international cooperation, offering policy space for cooperation between China and Belarus in the automotive industry. Admittedly, China's automotive industry is also facing fierce international competition and challenges. Global auto giants such as Tesla, Volkswagen and Toyota, as well as emerging electric vehicle manufacturers, are competing for market share. In this context, Chinese automakers are constantly enhancing their core competitiveness in electric vehicle technology, intelligent connected vehicle technology, and green manufacturing technology. They are also actively seeking overseas markets, particularly participating countries, to achieve a global presence.

In cooperation with Belarus, China can leverage its market advantages and industrial chain integrity to provide extensive market access for Belarusian automakers. At the same time, China can help Belarus improve its automotive manufacturing capacity and modernize its industrial chain through technology transfer and capital import. This cooperation mode will not only assist Belarus in upgrading its automotive industry but also further consolidate China's position in the global automotive industry, achieving mutual benefit and win-win outcomes for both countries. Under the guidance of global value chain theory, China and Belarus can explore synergies in automotive design, R&D, manufacturing, and sales, and jointly address the changes and challenges of the global automotive industry.

(2) Overview of the development of the automotive industry in Belarus

Historically, countries like Belarus, which center their structural policies on the establishment of "super plants", have seen the machine manufacturing

Chapter 9 The Potential of China-Belarus Cross-Regional Industrial Cooperation: A Case Study of the Automotive Industry

complex as a cornerstone of their economic development.① The automotive industry, as a key component of machine manufacturing, has played a significant role in Belarus's industrial history and has been one of the main pillars and driving forces of the national economy.

The origin of the automotive industry in Belarus can be traced back to the end of the 19th century, with the establishment of the first batch plants in major cities such as Minsk, Bobruisk, Vitebsk, and Lida. Post World War Ⅱ, the Soviet government established an automobile plant and a tractor plant in the Byelorussian Soviet Socialist Republic.② The first MAZ – 205 dump trucks were produced in 1947, with a series of tractors following in 1950. By the 1980s, Belarus had become one of the Soviet Union's most industrially productive republics, with the Minsk Automobile Plant alone manufacturing 40,000 trucks annually in 1990. Supporting plants related to automobile and tractor production were established in cities like Borisov, Osipovich, Smorgon, and Rudensk.③ However, the collapse of the Soviet Union severely impacted Belarus' automotive industry. Despite timely efforts to restructure the industrial chain and build external contact networks, it was not until 2000 that industrial production levels returned to those of 1990, with a steady increase in production scale observed since 2005.④

Currently, Belarus specializes in the manufacturing of trucks, buses,

---

① Солодовников С. Ю., Новая структурная политика и изменение институциональной динамики наноиндустрии, в Ресурсы Европейского Севера. Технологии и экономика освоения, 2018г., № 1 (11), стр. 5 – 10.

② Машиностроение Беларуси, http: //factories. by/news/mashinostroenie-belarusi? ysclid = m1vkboq62803459150, Access time: October 2, 2024.

③ Автомобильная промышленность Белоруссии, https: //ru. wikipedia. org/wiki/%D0%90%D0%B2%D1%82%D0%BE%D0%BC%D0%BE%D0%B1%D0%B8%D0%BB%D1%8C%D0%BD%D0%B0%D1%8F_%D0%BF%D1%80%D0%BE%D0%BC%D1%8B%D1%88%D0%BB%D0%B5%D0%BD%D0%BD%D0%BE%D1%81%D1%82%D1%8C_%D0%91%D0%B5%D0%BB%D0%BE%D1%80%D1%83%D1%81%D1%81%D0%B8%D0%B8, Access time: October 10, 2024.

④ Машиностроение Беларуси, http: //factories. by/news/mashinostroenie-belarusi? ysclid = m1vkboq62803459150, Access time: October 2, 2024.

special-purpose vehicles, and agricultural machinery. It has accumulated extensive experience and advanced technology in the production of heavy-duty vehicles, buses, and military equipment. Among them, the mining dump trucks and combine harvesters manufactured in Belarus capture 30% and 17% of the international market sharers respectively.[①] Since the Soviet era, the Belarusian automotive industry has been recognized for its stable production capacity and technical prowess, positioning the country as a significant producer in Eastern Europe and home to several globally renowned manufacturers. A prime example is the Minsk Automobile Plant (MAZ), a leading automobile manufacturer in Belarus, with an international reputation for its MAZ brand trucks. Known for their high capacity, durability and ability to adapt to harsh environments, these trucks are widely used in the logistics and transportation industries worldwide. Belarus Automobile Plant (BelAZ) specializes in the production of heavy-deputy mining equipment and special-purpose vehicles, standing as one of the world's largest manufacturers of mining dump trucks. Additionally, the Minsk Tractor Plant ranks as the world's eighth-largest manufacturer of wheeled tractors. Overall, the automotive industry in Belarus boasts a solid foundation and a relatively comprehensive industrial chain, encompassing critical processes such as stamping, welding, painting, and assembly, as well as a network of spare parts suppliers.

---

① Ibid.

Chapter 9 The Potential of China-Belarus Cross-Regional Industrial Cooperation: A Case Study of the Automotive Industry

Table 9 – 1 List of Major Automakers in Belarus

Name	Location	Time of establishment	Nature	Main business	Remarks
Mogilev Automobile Plant (МоАЗ)	Mogilev city	1935	State-owned	Quarrying and mining vehicles, special-purpose vehicles	Incorporated into Belarus Automobile Plant in 1919
Minsk Automobile Plant (ОАО МАЗ)	Minsk city	1944	State-owned	Trucks, buses, trolleybuses, trailer equipment	
Belarusian Automobile Plant (ОАО БелАЗ)	Zhojino city	1948	State-owned	Mining dump trucks, special-purpose vehicles	
Minsk Wheel Tractor Plant (МЗКТ)	Minsk city	1954	State-owned	Wheeled vehicles, tractors, special-purpose vehicles	Becoming independent from Minsk Automobile Plant in 1919
Belarusian Transport and Logistics Company (УКХ БКМ)	Minsk city	1973	State-owned	Trolleybuses, electric buses, tram cars	

续表

Name	Location	Time of establishment	Nature	Main business	Remarks
Neman Automobile Assembly Plant	Lida city	1984	State-owned	Large-and small-capacity buses	Incorporated into the Minsk Wheel Tractor Plant in 2015
Brest Automobile Plant (ОАО Брестман)	Brest city	1986	State-owned	Commercial vehicles	A subsidiary of Minsk Automobile Plant before becoming an automobile assembly plant in 2018.
Unison Co., Ltd (ЗАО Юнисон)	Minsk district	1996	Joint venture	Modification of light-duty vehicles and commercial vehicles	
MAZ-MAN Open Joint Stock Company (СП МАЗ-МАН)	Minsk city	1997	Joint venture	Trucks and special-purpose vehicles	Joint venture between Belarus and Germany
SZAO BelGee Co., Ltd (СЗАО БелДжи)	Minsk region	2011	Joint venture	Geely and BelGeep light-duty vehicles	Designed annual output of 120,000 vehicles

However, faced with the challenges of global competition and technological innovation, the Belarusian automotive industry has also revealed several issues that it needs to address. Firstly, the product range is relatively limited, with a primary focus on heavy-duty and special-purpose vehicles, and a lack of in-depth development in passenger cars. Secondly, technological innovation, particularly in electric and smart vehicles, has been slow, creating a gap with international advanced level. Additionally, the industry's international reach is limited, with markets concentrated in the former Soviet Union and some developing countries, resulting in minimal global market penetration.

In response, the Belarusian government has implemented measures to modernize and upgrade the automotive industry, including attracting foreign investment, promoting technological innovation, and encouraging international cooperation. A notable example is the establishment of Geely (Belarus) Automobile Co., Ltd., which has not only enhanced Belarus's automotive manufacturing capabilities but also introduced advanced management practices and market development strategies to the Belarusian automotive industry. The Belarusian automotive industry, with its traditional strengths and robust manufacturing base, holds a significant and undeniable position in heavy-deputy and special-purpose vehicle manufacturing. However, faced with the challenges of globalization and technological advancement, Belarus needs to cooperate with China and other countries to integrate advanced technology and management practices. This is essential for the country to undergo technological innovation and broaden its market reach into emerging fields like new energy and intelligent connected vehicles. Through cross-regional industrial cooperation with China, Belarus aims to transform and upgrade its automotive industry, thereby increasing its global competitiveness.

(3) Analysis of comparative advantages of the automotive industry between China and Belarus

The automotive industries of both countries are well-developed, laying a solid foundation for this bilateral cooperation. They havedemonstrated profound potential and comparative advantages in key areas such as technological complementarity, market potential, policy support, and infrastructure development.

Firstly, technological complementarity serves as a robust foundation for China-Belarus cooperation in the automotive industry. China possesses significant innovative capabilities and technological strengths in the cutting-edge domains of automotive electronics, new energy vehicles, and intelligent connected vehicles. Belarus has valuable experience in conventional vehicle manufacturing, particularly in heavy-duty and special-purpose vehicle manufacturing. The technological synergy between the two countries has not only enhanced the added value of the whole industrial chain, but also promoted technology transfer and the sharing of innovation achievements. A prime example is the establishment of Geely (Belarus) Automobile Co., Ltd., which signifies the optimal integration of China's new energy vehicle technology with Belarus's automotive manufacturing expertise. This partnership not only elevates the technical standards of Belarusian automotive products but also creates new growth opportunities for Chinese brands in the global marketplace.

Secondly, the huge market potential acts as a key driving force for deepening the bilateral cooperation. As the world's largest automotive market, China boasts substantial consumption potential and market demand. Belarus, with its central Eurasian location, has become a pivotal bridge linking European and Asian markets. Through close cooperation, both countries can share market resources and jointly tap into the vast potential of European and Central Asian markets. Chinese enterprises' active engagement in Belarus not only facilitates the entry of Belarusian automotive products into the Chinese market but also offers a convenient gateway for Chinese automotive brands to expand into Russian, European, and Central Asian markets, capitalizing on Belarus's strategic geographical location.

Thirdly, policy support provides a solid foundation for the cooperation between the two countries. The Chinese government's open policy toward the automotive industry and its supportive stance on the Belt and Road Initiative have created a favorable policy environment for the bilateral cooperation. The Belarusian government has also encouraged industrial cooperation with China by providing low-interest loans, tax incentives and market promotion supports. Moreover, the establishment of the China-Belarus Industrial Park provides a platform with preferential policies and superior infrastructure, effectively accelerating the implementation of industrial transfer and cooperation initiatives.

Lastly, infrastructure development is instrumental in intensifying the cooperation between China and Belarus. The opening of the China-Belarus Railway Express has not only fortified logistical connections between the two countries but also significantly reduced transportation costs, facilitating the movement of automobiles and spare parts. With Belarus's accession to the Shanghai Cooperation Organization, cooperation in transportation, communication, and other infrastructure sectors is set to be further strengthened, laying a solid foundation for the deep integration and sustainable development of the automotive industry.

In summary, China-Belarus cooperation in the automotive industry is well-founded and brimming with potential. By leveraging complementary technologies, tapping into market potential, strengthening policy support, and improving infrastructure, the two countries are poised to achieve deeper cooperation in the automotive industry. This cooperation will not only invigorate the economic growth of both countries, but also provide invaluable practical examples and experiences for the integration and innovation within the global automotive industry. As cooperation deepens, China and Belarus are set to unlock broader prospects in the automotive industry, jointly forging a new chapter of mutual benefit and win-win outcomes.

III. Potential and Obstacles of China-Belarus Cooperation in the Automotive Industry

In today's rapidly evolving global landscape, globalization has become an imperative as much as a trend. It fosters economic cooperation and cultural exchange among diverse countries and regions, ushering in unprecedented opportunities for development. Against this backdrop, China-Belarus cooperation in the automotive industry is emerging as a new highlight of the economic cooperation between the two countries. Such cooperation will not only drive common economic prosperity, but also play a pivotal role in the transformation of the global automotive industry, demonstrating significant potential. However, the path to the cooperation is never without challenges. Although the cooperation between China and Belarus holds broad promise, it will inevitably encounter obstacles that require joint efforts to overcome.

(1) Potential for cross-regional cooperation in the automotive industry

In the era of globalization, China-Belarus cooperation in the automotive industry has demonstrated substantial potential. It not only bolsters the common economic prosperity of both countries but also significantly influences the transformation of the global automotive industry. This potential is embodied in several key areas:

1. It opens up more possibilities for technological innovation in automotive manufacturing. As the core driving force behind the cooperation, technological innovation is pivotal in propelling collaborative efforts within the automotive industry. China has established a leading position in new energy vehicles, intelligent connected vehicles, and green manufacturing

Chapter 9　The Potential of China-Belarus Cross-Regional Industrial Cooperation: A Case Study of the Automotive Industry

technologies, which together have promised to reduce environmental impact while enhancing vehicle performance and efficiency. Concurrently, Belarus boasts extensive experience in traditional automotive manufacturing, particularly in heavy-duty and special-purpose vehicle manufacturing. Through technological exchanges and joint R&D initiatives, the two countries can collaboratively drive innovation in the automotive industry, especially in the areas of electrification, intellectualization, and connectivity. This synergy will not only enhance the technological content of automotive products from both countries but also secure a competitive edge in the global automotive industry, collectively shaping the future trajectory of the industry.

2. Market integration and blending not only diminish rivalry within the common market but also bolster the competitive edge in international markets, acting as a direct catalyst for the cooperation between China and Belarus in automotive industry. China's vast automobile consumption market presents significant growth potential for the global automotive industry, while Belarus's strategic geographical location as a natural gateway between Europe and Asia lays the foundation for market integration between the two countries. Through cooperation in market access, brand alliances, and the expansion of sales channels, Chinese brands can penetrate the former Soviet Union and European markets with greater ease. Belarusian automotive products can leverage China's market network to achieve global market expansion. This market integration will not only provide new growth opportunities for the automotive industries of both countries, but also enhance the global visibility and competitiveness of their brands.

3. The ongoing strengthening of policy coordination offers a solid guarantee for China-Belarus cooperation in the automotive industry. China's Belt and Road Initiative provides strategic direction for China-Belarus cooperation, aiming to boost infrastructure development, increase trade and investment, and enhance connectivity among the participating countries. Meanwhile, the Belarusian government's openness and its proactive measures to promote

import substitution and export reorientation in response to sanctions have cultivated a favorable environment for this cooperation. The two sides can reduce institutional barriers to cooperation and foster the optimal allocation of resources by deepening policy dialogue. This includes aligning on standards setting, intellectual property protection, and industrial policies, and jointly participating in the development of the international automotive standards system. Such policy coordination not only ensures a stable policy environment for the cooperation between the two countries in the automotive industry but also encourages broader mutual benefit and win-win outcomes.

4. Infrastructure sharing and interconnection have laid a solid material foundation for the cooperation between the two countries. The opening of the China-Europe Railway Express and the ongoing improvement of Belarus's infrastructure have brought the two countries closer in terms of logistics. This not only ensures the efficient transportation of automobiles and spare parts and reduces logistics costs but also paves the way for potential production and assembly cooperation in the future. Infrastructure sharing not only enhances the operational efficiency of the automotive industries in both countries but also promotes cooperation between the two countries in supply chain management, logistics, and distribution, thereby strengthening the global competitiveness of the automotive industries in both countries.

In conclusion, China and Belarus possess significant potential for cooperation in the automotive industry. This cooperation will not only enhance the competitiveness of their respective industries but also enable effective cooperation during the transformation of the global automotive industry. Furthermore, it will promote regional economic integration and contribute to building a community of a shared future for mankind. As cooperation continues to deepen, the complementary strengths of China and Belarus in the automotive industry will be further leveraged, forming an industrial cooperation model that is mutually beneficial and win-win. This cooperation will not only foster the common development of both economies and deliver

Chapter 9　The Potential of China-Belarus Cross-Regional Industrial Cooperation: A Case Study of the Automotive Industry

tangible benefits to their peoples but also provide a new practical example for the integration and innovation of the global automotive industry, demonstrating the broad prospects and profound impact of the collaborative efforts between China and Belarus.

(2) Challenges in the China-Belarus cooperation in the automotive industry

Despite the promising future of China-Belarus cooperation in the automotive industry, several challenges must be acknowledged and addressed by both sides:

1. Market adaptability and supply chain stability: When entering the Belarusian market, Chinese brands must learn about and adapt to the local market demands and consumer preferences. This involves not only product design and functionality, but also pricing strategies and marketing approaches. Currently, there is still large room for Chinese brands to improve visibility and influence in Belarus, which can be achieved through effective branding and marketing efforts. Furthermore, the global supply chain, affected by factors like natural disasters, political conflicts, and economic instability, can disrupt the supply of raw materials and production processes within the automotive industry. Therefore, maintaining supply chain stability is crucial for the cooperation between the two countries, requiring collaborative efforts to optimize supply chain management and mitigate potential risks.

2. Industrial and market protection policies and competitive pressures: As a result of Belarusian government's policy adjustments, Chinese enterprises may encounter protective measures imposed by the government, such as increased scrap tax rates on imported vehicles. This could potentially raise the export costs for Chinese cars and affect their competitiveness. Additionally, the Belarusian government's support for the local automotive brand BELGEE, through policies and market protection, may present barriers to market access for Chinese automotive brands. Moreover, as other global automotive brands

are also actively expanding in the Belarusian market, Chinese brands will face fiercer market competition in the future. This requires Chinese automotive enterprises to make continuous improvements in product quality, technological innovation, and brand influence, to maintain their competitive edge.

3. Technology transfer, localized production and after-sales service guarantee: While emphasizing the importance of cooperation with China, the Belarusian government underscored the need for localized automobile production. This means that Chinese automotive enterprises need to invest more in technology transfer, localized production, and supply chain management to cater to local market demands. Moreover, to bolster consumer confidence in Chinese brand automobiles, Chinese brands must enhance their after-sales service and maintenance systems in the Belarusian market. This involves establishing more service outlets, providing professional repair services and spare parts supply, and developing effective customer care programs.

4. Changes in the international political and economic environment: The unpredictability of the global political and economic landscape, including changes in trade policies and economic sanctions, may impact the economic and trade cooperation between China and Belarus, particularly in the automotive industry. Therefore, it is crucial for both sides to closely monitor international developments and formulate flexible coping strategies.

5. Technological innovation and sustainable development: The automotive industry's shift towards electrification and intellectualization, presents new challenges for the cooperation between China and Belarus in the industry. Both sides need to continue to explore and invest in technological innovation and sustainable development to adapt to the development trend of the industry and meet the market demand for environmentally friendly and efficient vehicles.

In summary, the cooperation between the two countries is ripe with opportunities, and is also confronted with challenges. Only through strengthened communication, deepened cooperation, continuous innovation,

Chapter 9 The Potential of China-Belarus Cross-Regional Industrial Cooperation: A Case Study of the Automotive Industry

and adaptability to market changes can these challenges be overcome, leading to mutually beneficial and win-win cooperation.

IV. Strategic Suggestions for China-Belarus Cooperation in the Automotive Industry

In the era of globalization, cooperation opportunities in the automotive industry between China and Belarus have become increasingly prominent, with deep integration and mutual benefit emerging as significant driving forces for economic development. To fully harness this potential, the following strategic recommendations are proposed to foster closer cooperation between the two countries and ensure common prosperity.

(1) The two governments should strengthen communication and coordination at the policy level and jointly formulate a long-term strategy for cooperation in the automotive industry. This includes participating in the establishment of the international automotive standards system; promoting mutual recognition of technical standards and inspection and certification; and facilitating the international trade of automotive products. Additionally, it is crucial to optimize the investment environment, streamline administrative procedures, and lower the threshold of enterprise cooperation. Securing support from the World Trade Organization (WTO), the International Organization of Motor Vehicle Manufacturers (OICA), and other international bodies can enhance the global impact and provide a robust policy foundation and favorable external environment for the cooperation between the two countries.

(2) Encouraging enterprises from both countries to form R&D alliances and collaborate on R&D of key technologies such as new energy and intelligent connected vehicles. Establishing joint R&D funds to support cutting-edge innovation projects like autonomous driving, battery technology and charging infrastructure, will accelerate the commercial application of scientific and

technological achievements. Technology transfer and patent sharing will expedite the transformation of scientific and technological achievements, thereby bolstering the core competitiveness of the automotive industry in both countries.

(3) Further deepening industrial-capacity cooperation and strengthening investment planning. Encouraging Chinese enterprises to establish automotive manufacturing bases in Belarus is a strategic move to leverage Belarus's cost advantages and its strategic location as a Eurasian transport hub to reach broader European markets. It is also advisable to encourage Belarusian enterprises to participate in the production of key components within China's new energy automotive industry chain. This would enable capacity sharing and synergy, thereby enhancing the overall industry's competitiveness through an extended and complementary industry chain.

(4) Promoting the alliance of automobile brands of the two countries to enhance their international influence. A joint brand marketing strategy involving the creation of a 'Made in China and Belarus' brand image may be developed to attract global consumers. Additionally, international automotive exhibitions may be held at the China-Belarus Industrial Park to increase the popularity and expand the market reach of their automotive products.

(5) Supporting exchanges between universities and research institutes of the two countries in automotive engineering education and scientific research, as well as training automotive industry talents with an international perspective. Promoting collaboration between educational institutions and enterprises, and establishing joint training centers, will facilitate the transfer of technical knowledge and management experience for the upgrading of the automotive industry, and ensure a talent pool essential for the long-term development of the automotive industry in both countries.

(6) Encouraging financial institutions to innovate products and services and provide customized financial solutions for the cooperation in the automotive industry between the two countries. Special funds may be

Chapter 9 The Potential of China-Belarus Cross-Regional Industrial Cooperation: A Case Study of the Automotive Industry

established tooffer low-interest loans and risk guarantees for China-Belarus industrial cooperation projects, so as to mitigate investment risk of enterprises. Additionally, securing financial support from multilateral development banks and international financial institutions can provide a stable funding source for bilateral cooperation in the automotive industry.

(7) Promoting the establishment of an independent quality control standards system and mutual recognition of relevant standards. Efforts should be made to establish a mutual recognition system for automotive product standards between the two countries to ensure product quality, safety, and the elimination of trade barriers. Establishing joint inspection and certification agencies can enhance product competitiveness in the international market and facilitate international trade of automotive products between China and Belarus.

(8) Promoting the construction of infrastructure and logistics networks to improve the transport efficiency of China-Europe Railway Express, optimize logistics routes, and reduce transportation costs. Enhancing the connectivity of highway, railway, and aviation transportation networks between China and Belarus can create an efficient Eurasian logistics channel, laying the groundwork for convenient transportation and improving the overall operational efficiency of the automotive industry.

By implementing the aforementioned policies and measures, China and Belarus can leverage their complementary advantages in the automotive industry, share the benefits of technological progress, and jointly address the challenges posed by globalization. This will foster sustainable development for both economies and offer new practical examples for the innovation and integration of the global automotive industry, thereby contributing to the building of a community with a shared future for mankind and the reform of the global governance system. The cooperation between the two countries will also serve as a global cooperation model for the automotive industry, offering valuable experience and inspiration for other countries.

V. Conclusion

Amidst the ongoing advancement of the Belt and Road initiative, the China-Belarus cooperation in the automotive industry is vibrant and full of potential. The natural complementarity between the two countries in automotive manufacturing technology, precision parts production, and new energy vehicles lays a solid foundation for deepening bilateral cooperation.

The global value chain theory reveals that China and Belarus can achieve a grand mission of resource sharing, technology transfer, and market integration across all key links of the automotive industry chain, thus enhancing competitiveness and injecting new momentum into the development of the global automotive industry. The regional economic integration theory establishes the long-term goals and implementation pathways for China-Belarus cooperation in the automotive industry. From free trade zones to customs unions, and then to economic unions, deepening cooperation will lead to deep economic integration between the two countries.

Technological innovation and joint R&D are key drivers of this cooperation. China's leading position in new energy and intelligent connected vehicles, coupled with Belarus's extensive experience in traditional automotive manufacturing, will boost the innovation and upgrading of the automotive industry and define the direction of industrial change. Market integration strategies adeptly combine China's vast market potential with Belarus's geographical advantages, maximizing mutual benefits through brand alliances and joint global market expansion.

Furthermore, policy coordination, industrial-capacity cooperation, and financial services will provide solid support the cooperation in the automotive industry between the two countries. These measures, which include optimizing the investment environment and reducing transaction costs, will help build a mutually beneficial and win-win industrial cooperation model. They will also promote the transformation and upgrading of the automotive industry in both countries and set a new example for Eurasian and global economic cooperation. As cooperation deepens, China and Belarus will form a closer partnership in the automotive industry and beyond, contributing positively to the building of a community with a shared future for mankind and jointly writing a new chapter in global industrial cooperation.

Chapter 10 The Eurasian Economic Union and the Belt and Road Initiative: A Platform for Multilateral Economic and Trade Cooperation Between China and Belarus

Vertinskaya Tatyana Sergeevna[*]
Abramchuk Nina Alexandrovna[**]

Against the backdrop of a volatile global economic situation and the pressure of Western sanctions, the Republic of Belarus is faced with the task of finding new markets for its products, restructuring its logistical routes, and ensuring stable socioeconomic development. Therefore, enhancing economic cooperation between Belarus and China can not only be considered as a guarantee of Belarus' national economic security but also as a means to keep a stable situation for Belarus in the global economy. This is related to China's

---

[*] PhD in Economics, Associate Professor Head of the Center of World Economy The Institute of Economics of the National Academy of Sciences of Belarus.
[**] Head of the Section of Foreign Trade The Institute of Economics of the National Academy of Sciences of Belarus Minsk, Republic of Belarus.

Chapter 10   The Eurasian Economic Union and the Belt and Road Initiative: A Platform for Multilateral Economic and Trade Cooperation Between China and Belarus

consistent and sustainable economic development, as well as its increasing international influence and prestige in modern politics and world economic relations.

The People's Republic of China and the Republic of Belarus have reached a high level of cooperation, and the potential for Eurasian integration has been fully realized in the process of deepening economic interaction between the two countries. At the same time, the prospects for economic and trade cooperation between China and Belarus on the platforms of the Eurasian Economic Union (EAEU) and the Belt and Road Initiative are contingent on a number of prerequisites.

First, the Belt and Road Initiative is concerned with the economies of the member countries of the Eurasian Integration Area (the Belarus-Russia Union, the Eurasian Economic Union, and the Commonwealth of Independent States), in which Belarus participates. The institutional framework developed in the Eurasian Integration Area creates more opportunities for cooperation between Belarus and China in the framework of the Belt and Road Initiative and in the framework of multilateral cooperation among EAEU countries.

Second, the global economic situation is turbulent and uncertain, with slowing economic growth and increased volatility in the commodity and stock markets. The external economic environment remains uncertain, and long-standing political and economic conflicts are becoming more intense. This has resulted in increased pressure from the European Union and the United States in terms of sanctions, posing new economic and social risks, challenges, and threats to Belarus and the EAEU countries. To some extent, it presents new challenges and threats to China. It is clear that in today's international environment, there is an increasing need for constructive interaction and mutual support among countries through integration associations.

Third, Policy's China's contemporary foreign economic Policy's core is to create new economic growth points by actively participating in supranational and transnational integration bodies in accordance with the principles of multipolarity, peaceful development, coordination, and political dialogue. In line with this policy, China is actively engaging with EAEU members not only bilaterally, but also through regional associations.

Fourth, as a hub platform for China's Belt and Road Initiative, the China-Belarus Great Stone Industrial Park, with activities primarily aimed at the large Eurasian market, can serve as a link for strengthening economic interaction and cooperation between China, Belarus, and EAEU member countries.

Fifth, the convergence of economic interests is a significant integration factor for the countries involved. It includes: solving key import substitution issues related to the sanctions war with the Western bloc; establishing bilateral and multilateral cooperation relationships through the establishment of joint industrial, agricultural, and other enterprises; establishing a new regional and global logistics system independent of the West, ensuring further comprehensive development of the EAEU; creating an alternative payment system based on proprietary digital technology and guaranteeing settlement in national currencies; and fostering collaboration in science, education, culture, sports, and other humanities.

At the same time, it is critical to consider factors that may limit Belarus and China's economic cooperation within the frameworks of the EAEU and the Belt and Road Initiative.

Multilateral economic interaction and cooperation forms introduce competition risks between countries, particularly those of the Republic of Belarus, Russia, and other EAEU countries on the Chinese market. Different social and economic development models, as well as varying levels of trade and economic relations development between countries, have complicated the coordination and unified mechanism of management actions aimed at implementing joint economic projects between countries.

All of this necessitates the resolution of a scientific problem: investigating the existing potential for multilateral cooperation and developing practical

Chapter 10 The Eurasian Economic Union and the Belt and Road Initiative: A Platform for Multilateral Economic and Trade Cooperation Between China and Belarus

measures for the development of entirely new forms of trade and economic relations between Belarus and China.

I. Methodological Bases of Comparative Assessment of the Export Potential of the EAEU Member Countries to the Chinese Commodity Market

In the context of the operation of the EAEU, promising areas of trade cooperation between Belarus and China are identified by comparing Belarus' export potential on the Chinese market to that of other EAEU member countries on the Chinese market.

The proposed methodology is based on the assumption that trade between two countries is positively correlated with the level of demand and supply of goods and negatively correlated with trade restrictions in the form of tariffs and geographical distance at the time of the sale of goods[①].

As a result, it is assumed that the potential export volume of a specific commodity directly depends on its supply from EAEU member countries, its demand in China, and the favorable terms of trade for it provided by China to the relevant EAEU member countries. The potential export volume of commodity k from the jth EAEU member country to China ($PExp_{EAEUj\_CHNk}$) can be expressed as follows:

$$PExp_{EAEUj\_CHNk} = Supply_{EAEUjk} * Demand_{EAEUjCHNk} * T_{EAEUj\_CHN}, \quad (1)$$

Where $PExp_{EAEUj\_CHN k}$ – the potential export volume of commodity k from the jth EAEU member country to China;

$Supply_{EAEUj k}$ – the supply volume of export commodity k from the jth EAEU member country;

---

① 1. Decreux, Y., Spies, J. Export Potential Assessments-a methodology to identify export opportunities for developing countries. [Electronic resource]. – URL: https://exportpotential.intracen.org/media/1089/epa-methodology_141216.pdf (дата обращения 01.10.2024).

$Demand_{EAEUj\_CHN\,k}$ – China's demand for the export commodity *k* of the *j*th EAEU member country;

T_{EAEUj_CHN} – the ease of conducting trade between the *j*th EAEU member country and China.

The supply volume k of export goods from the *j*th EAEU member country ($Supply_{EAEUj\,k}$) is calculated using commodity *k*'s current export volume. The calculation process also considers the country's expected economic growth over the next five years, as well as its tariff advantage in the trade of commodity k in comparison to other exporters of this commodity (2).

$$Supply_{EAEUjk} = ProjectedS_{EAEUjk} * GTA_{EAEUjk}, \qquad (2)$$

Where

$$ProjectedS_{EAEUjk} = \frac{exp_{EAEUjk} * \Delta GDP_{EAEUj}}{\sum (exp_{EAEUjk} * \Delta GDP_{EAEUj})};$$

$$GTA_{EAEUjk} = \left(\frac{1 + avtariff_k}{1 + avtariff_{EAEUjk}}\right)^{\sigma_k},$$

Where exp_{EAEUjk} – the average value of total exports of commodity k of the *j*th EAEU member country in the last three-year reporting period;

ΔGDP_{EAEUj} – the difference between the predicted GDP growth rate of the *j*th EAEU member country and the actual GDP growth rate of the *j*th EAEU member country in the previous reporting year;

imp_{EAEUjk} – the average value of total imports of commodity k from the *j*th EAEU member country in the last three-year reporting period;

$avtariff_k$ – the weighted average import tariff applicable to trade in commodity k;

$avtariff_{EAEUjk}$ – the weighted average import tariff applicable to trade in commodity k of the *j*th EAEU member country;

$\sigma_k > 0$ – the coefficient of price elasticity of commodity *k*.

To calculate China's demand for export product *k* from the *j*th EAEU member country ($Demand_{EAEUj\_CHNk}$), the following factors must be considered: the country's expected population growth rate and GDP per capita growth rate over the next five years; The country's tariff advantage in trade in product *k* compared to other exporters of this product to China; and the average transportation distance of commodity *k* delivered to the country (3):

$$Demand_{EAEUj\_CHNk} = ProjectedIM_{CHNk} * MTA_{EAEUj\_CHNk} * Dist_{EAEUj\_CHNk}, \quad (3)$$

Where

$$ProjectedIM_{CHNk} = imp_{CHNk} * \left(\frac{\Delta GDP_{CHN}}{\Delta Pop_{CHN}}\right)^{e_{imp\,CHN}^{GDP\,CHN}} * \Delta Pop_{CHN};$$

$$MTA_{EAEUj\_CHNk} = \left(\frac{1 + avtariff_{CHNk}}{1 + avtariff_{EAEUj\_CHNk}}\right)^{\sigma_k};$$

$$Dist_{EAEUj\_CHNk} = e^{-|logavdist_{CHNk} - logdist_{EAEUj\_CHN}|},$$

Where imp_{CHNk} – the average value of the total imports of commodity k into China during the last five-year reporting period;

ΔGDP_{CHN} – the difference between the predicted value of China's GDP growth rate and the actual value of China's GDP growth rate in the previous reporting year;

ΔPop_{CHN} – the difference between the predicted value of China's population growth rate and the actual value of China's population growth rate in the previous reporting year;

$e_{imp\,CHN}^{GDP}$ – the elasticity of import demand corresponding to China's GDP per capita;

$avtariff_{CHNk}$ – the weighted average import tariff applied by China on trade in commodity *k*;

$avtariff_{EAEUj\_CHNk}$ – the weighted average import tariff applied by China to the *j*th EAEU member country on trade in commodity *k*;

$dist_{EAEUj\_CHN}$ – the transportation distance of goods exported from the *j*th EAEU member country to China;

$avdist_{CHNk}$ – the average transportation distance of commodity k imported by China.

The calculation of the trade coefficient between the *j*th EAEU member country and China is based on the actual export volume of the *j*th EAEU member country to the Chinese market. The calculation process also considers its hypothetical trade potential, assuming that the *jth* EAEU member country's share in the Chinese market corresponds to its average share in the global market (4):

$$T_{EAEUj\_CHN} = \frac{exp_{EAEUj\_CHN}}{\sum_{k}(Supply_{EAEUjk} * Demand_{CHNk})}. \quad (4)$$

The statistical basis for calculation is: Trade Statistics. International Trade Centre, World Trade Organization and the United Nations Conference on Trade and Development[1]; foreign trade statistics of the EAEU member countries[2]; foreign trade statistics of the Republic of Belarus[3]; and China's import tariffs[4].

The application of the aforementioned statistical basis allows each EAEU member country to identify the commodities with the highest export potential on the Chinese market at the six-digit code level of the EAEU's unified Commodity Nomenclature of Foreign Economic Activity.

The products of the Republic of Armenia with the highest export potential to the Chinese market are as follows (top ten products):

Alcoholic tinctures prepared by distillation of wine or grape juice;

Rolled aluminum foil with a thickness not exceeding 0.2 mm, without backing;

---

[1] 2. Trade statistics. International Trade Centre World Trade Organization and the United Nations Conference on Trade and Development [Electronic resource]. – URL: https://www.trademap.org/Index.aspx (дата обращения 01.10.2024).

[2] 3. Статистика ЕАЭС. Сайт Евразийской экономической комиссии. [Электронный ресурс]. – URL: http://www.eurasiancommission.org/ru/act/integr_i_makroec/dep_stat/union_stat/Pages/default.aspx (дата обращения 01.10.2024).

[3] 4. Статистика внешней торговли Республики Беларусь. Сайт Национального статистического комитета Республики Беларусь. [Электронный ресурс]. – URL: http://www.belstat.gov.by/ofitsialnaya-statistika/makroekonomika-i-okruzhayushchaya-sreda/vneshnyaya-torgovlya_2/ (дата обращения 01.10.2024).

[4] 5. Customs Tariffs [Electronic resource]. – URL: https://www.macmap.org/en/query/customs-duties (дата обращения 01.10.2024).

Chapter 10 The Eurasian Economic Union and the Belt and Road Initiative: A Platform for Multilateral Economic and Trade Cooperation Between China and Belarus

Other non-industrial diamonds, unset or not mounted diamonds;

Women's or girls' coats, half-coats, sleeveless jackets, jackets, windbreakers, winter jackets, and similar products made of synthetic fibers;

Electric energy;

Other wines; Grape juice whose fermentation is prevented or stopped by the addition of alcohol to containers not exceeding 2 liters in capacity;

Men's or boys' coats, half-coats, sleeveless jackets, jackets, windbreakers, winter jackets, and similar products made of synthetic fibers, except those of heading 6203;

Other articles of precious metal jewelry and their ornaments, whether or not plated, clad or unclad with precious metal;

Ferro-molybdenum;

and retail pharmaceutical products;

The products of the Republic of Belarus with the highest export potential to the Chinese market include:

Potassium fertilizers;

Longitudinally sawn timber;

Rapeseed oil;

Minerals or chemical fertilizers containing three nutrients: nitrogen, phosphorus, and potassium;

Boneless, frozen beef and mutton;

Unbleached (soda or sulfate) chemical wood pulp made from coniferous trees (except soluble varieties);

Polyamide -6, -11, -12, -6.6, -6.9, -6.10, or 6.12;

Polyethylene in primary form having a specific gravity of less than 0.94;

Particle board;

and lubricating oil additives containing crude oil or oil products extracted from asphaltite;

The products of the Russian Federation with the highest export potential to the Chinese market include:

Cathodes and cathode segments made of refined copper or crude copper;

Sawn/split, cut/peeled coniferous wood;

Other whole, frozen fish products;

Potassium fertilizers;

Fresh or chilled, dried, salted, smoked or brined crabs;

Semi-finished products of iron or non-alloy steel, with a carbon content of less than 0.25% and a rectangular cross-section;

Non-alloy crude nickel;

Unprocessed conifers;

Frozen codfish;

and semi-finished products of iron or non-forged steel, with a carbon content of less than 0.25% and a rectangular cross-section;

The products of the Republic of Kazakhstan with the highest export potential to the Chinese market include:

Cathodes and cathode segments made of refined copper or crude copper;

Natural uranium and its compounds; Alloys, dispersions (including metal ceramics), ceramic products, and mixtures containing natural uranium or its compounds;

Ferrochromium with a carbon content exceeding 4%;

Non-alloy crude zinc with a grade of 99.99% or above;

Crushed or uncrushed flaxseeds;

Barley;

Semi-finished products of iron or non-alloy steel, with a carbon content of less than 0.25% and a rectangular cross-section;

Non-alloy crude aluminum;

Aluminum oxide other than synthetic corundum;

and crude copper and copper anodes for electrolytic refining;

The products of the Kyrgyz Republic with the highest export potential to the Chinese market include:

Other semi-processed forms of gold not used for coinage;

Chapter 10 The Eurasian Economic Union and the Belt and Road Initiative: A Platform for Multilateral Economic and Trade Cooperation Between China and Belarus

Non-tempered glass;

Tanned leather or leather casings of bovine hide;

Aluminum scrap;

Uncombed cotton fibers;

Alcoholic tinctures prepared by distillation of wine or grape juice;

Common dry beans;

Black metal scrap;

Dried fruits;

Bread, flour, and confectionery.

By applying the standard "the higher the export potential, the better the export prospects," Belarus' export potential to the Chinese market can be compared to that of other EAEU member countries to the target market. This can help determine the competitiveness of Belarus' most promising export goods on the Chinese market within the framework of the EAEU.

If Belarusian products are listed among the top 30 products with the highest export potential to the Chinese market of any other EAEU member country, they will be highly competitive in the Chinese market within the framework of the EAEU. Otherwise, these products have relatively low competitiveness on the Chinese market.

As a result, Belarus has promising export prospects in the following areas for the Chinese market:

Areas of intense competition with other EAEU member countries (competitors): Potassium fertilizers (Russia); longitudinally sawn timber (Russia); Rapeseed oil (Russia and Kazakhstan); Minerals or chemical fertilizers containing three nutrients: nitrogen, phosphorus, and potassium (Russia); Unbleached (soda or sulfate) chemical wood pulp made from coniferous trees (except soluble varieties) (Russia); Retail packaged pharmaceutical products (Russia); Unprocessed wood (Russia); Cream (Kazakhstan, Russia, and Kyrgyzstan); Semi-finished products made of iron or non-alloy steel (Russia and Kazakhstan);

Areas of less intense competition with other EAEU member countries (*competitors*) (reduced based on the level of prospects): Other cut, boneless frozen beef and mutton; Polyamide - 6, - 11, - 12, - 6.6, - 6.9, -6.10, or 6.12; Polyethylene in primary form having a specific gravity of less than 0.94; Particle board; Lubricating oil additives containing crude oil or oil products extracted from asphaltite, etc. Concentrated and unconcentrated milk and cream; Parts and accessories for liquid crystal devices; Wood products; Crude copper and zinc-based alloys; Fruits and nuts; Cosmetics; Wooden furniture; Iron or non-alloy steel bars; Salt; Frozen poultry meat and its offal; Whey; Electrical conductors; Accessories for pipes, boilers, tanks, vats, casks, or similar containers; And rapeseed cake and other solid waste.

As a result, despite the presence of similar commodity items in the export baskets of EAEU member countries, the Republic of Belarus retains the opportunity to expand its commodity exports to the Chinese market.

II. Directions to Improve the Potential of Economic and Trade Cooperation Between China and Belarus on the Platforms of the EAEU and the Belt and Road Initiative

To put the proposed forms of cooperation between China and Belarus into practice, appropriate management and economic organizational security measures must be implemented. For the cooperation mechanisms that promote economic and trade cooperation between China and Belarus on the platforms of the EAEU and the Belt and Road Initiative, the authors believe that the most important areas of cooperation are as follows:

1) Develop a specialized information analysis database based on digital technology. The system is intended to ensure targeted, systematic tracking, collection, accumulation, analysis, and evaluation of statistical data on the

Chapter 10 The Eurasian Economic Union and the Belt and Road Initiative: A Platform for Multilateral Economic and Trade Cooperation Between China and Belarus

status and current changes in foreign strategies of China and the EAEU countries, as well as market access conditions in partner countries.

To this end, it is necessary to establish a joint committee (EAEU-China) to monitor working conditions and develop recommendations for further development of the activities of joint industrial companies on the territory of the EAEU, as well as to hold regular expert dialogues to deepen interaction and cooperation among the region's economic entities.

2) Organizational measures to increase the volume of mutual trade in goods between China and Belarus:

Develop Belarusian manufacturers' industrial and regional distribution networks in Chinese regional markets where demand for Belarusian products is increasing, and expand their functions in gathering information on market volume, major trends and prices of various goods, current product quality requirements, and so on.

Use declared methods of organizing import and export of goods more widely, particularly for Belarusian woodworking products, chemical products, food and agricultural raw materials, ferrous and nonferrous metals, machinery, and equipment.

Create opportunities for Belarusian manufacturers to work directly with Chinese chambers of commerce, associations, and enterprises to procure the necessary technical equipment from China.

Establish laboratories and certification centers on the territory of Belarus to certify whether Belarusian products meet Chinese standards and issue certificates of conformity for exporting such products to China.

Introduce sales requirements for exporting certain types of woodworking products through electronic exchanges.

Ensure the implementation of the Memorandum of Understanding on bilateral e-commerce cooperation, actively pursue digital economy cooperation, and promote e-commerce development.

Allow the China-Belarus Intergovernmental Cooperation Committee to play its full coordinating role in promoting the deepening of China-Belarus trade cooperation.

3) In the field of financial support for economic and trade cooperation, suggestions are as follows:

Create specialized joint cross-regional export financing, credit, and insurance schemes to support small and medium-sized export enterprises in China and Belarus, as well as to raise awareness of export stimulation tools among small and medium-sized enterprises.

Belarusian commercial entities should use new financial products to support their exports to China, such as leasing, factoring, pre-export loans, and overseas project financing.

Establish mechanisms for using domestic currency in the mutual settlement of foreign trade transactions to reduce sanction risks.

Attract funding from the Silk Road Fund, the China-Eurasia Fund, the China-Belarus Investment Fund, and other institutions to carry out joint development projects in priority areas such as infrastructure, transportation, energy, industry, and information communication, with a focus on developing mutual exports.

Create a legal foundation that will allow Belarusian financial institutions to collaborate extensively with the China Development Bank and the Export-Import Bank of China on a comprehensive basis.

4) Provide transport and logistics support for the development of economic and trade relations between China and Belarus in the form of multilateral cooperation on the platforms of the EAEU and the Belt and Road Initiative, including in the following areas[①]:

Define and develop transportation infrastructure within the "China-

---

① Новые форматы белорусско-китайского экономического сотрудничества как фактор обеспечения национальной безопасности/Т. С. Вертинская и др.; науч. ред. Т. С. Вертинская; Нац. акад. навук Беларуси, Ин-т экономики. – Минск: Беларуская навука, 2024. –432 с.

Chapter 10 The Eurasian Economic Union and the Belt and Road Initiative: A Platform for Multilateral Economic and Trade Cooperation Between China and Belarus

EAEU" cooperation framework in the normative legal documents prepared by the EAEU, and make it one of the key areas for Eurasian integration.

Accelerate the construction of joint investment projects related to transportation infrastructure development within the "China-EAEU" cooperation framework, ensuring "door-to-door" delivery of goods.

Improve cargo turnover prediction tools when planning measures for transportation infrastructure development, as there is a gap between actual capacity and design capacity in the process of developing promising new joint investment projects.

Study the feasibility of establishing a unified system for analyzing and controlling risks in the construction of transportation infrastructure in cooperation areas of the "China-EAEU" within the framework of the EAEU (similar to the system of risk control used by the customs agencies of the EAEU).

Create transportation, logistics, and distribution centers within the framework of the EAEU to provide full-cycle modern logistics services, primarily focusing on the transit of goods from China to EU countries.

Establish a unified platform for "China-Western Europe" full logistics information.

Improve customs clearance procedures along the "China-Western Europe" transportation routes and increase cargo throughput at customs checkpoints by coordinating and creating unified customs workflows. Reduce the number of transportation permits for import and export businesses.

Develop cooperation between China and Belarus, a EAEU member country, in the digitalization of logistics and customs services, coordinate various systems, and carry out joint digital development projects between China and the EAEU.

5) Strengthen economic cooperation between China and Belarus on the basis of science and technology park structures[①]:

Based on the establishment of the China-EAEU Industrial Park Alliance, strengthen economic interaction in the field of innovation in various regions of the two countries and exchange best practices, or Belarus could join the Science and Technology Park Alliance and the Silk Road High-Tech Park Alliance (SRSPA).

Identify pilot regions with high technological potential as innovative growth points and locomotives of interregional innovation linkages as part of China and Belarus' socioeconomic policy alignment efforts. On this basis, create new models of regional innovation cooperation, such as those based on science and technology park structures.

Ensure that potential investors from China are constantly promoted and informed about the benefits and opportunities for economic activity in Belarusian free economic zones and technology parks.

Ensure the implementation of agreements to establish the China-Belarus International Technology Transfer Center and three strategic cooperation agreements between Belarus and China's innovative infrastructure entities.

Make full use of the capabilities of the China-Belarus Great Stone Industrial Park to organize targeted innovative proposals from young Belarusian and Chinese scientists, implement start-up projects, and disseminate the experience in developing professional science and technology park structures.

Develop standards for joint China-Belarus industrial parks (science and technology parks), including unified requirements and document lists for industrial park establishment, while taking into account existing differences in

---

① Гао Юань Концептуальные основы развития Китайско_Белорусского индустриального парка «Великий камень» как центра роста белорусской экономики/Юань Гао, под науч. ред. Т. С. Вертинской; Институт экономики НАН Беларуси. – Минск: Право и экономика, 2022. – 140 с. (Серия «мировая экономика»).

Chapter 10 The Eurasian Economic Union and the Belt and Road Initiative: A Platform for Multilateral Economic and Trade Cooperation Between China and Belarus

the types and operating mechanisms of science and technology parks in Belarus and China.

Develop and implement a series of measures to ensure that Belarusian economic entities are prepared to interact and collaborate closely with resident enterprises in industrial parks in various Chinese provinces, as well as participate in industrial and technology park activities as resident enterprises in the future.

6) In the process of scientific and technological cooperation between China and Belarus in the context of Eurasian integration and the Belt and Road Initiative, further efforts are required in the following areas:

Coordinate efforts between Chinese and Belarusian government agencies to promote the mobility of innovative talent across borders and regions.

Organize international exchanges and internships for Chinese and Belarusian scientists, and sign cooperation agreements between leading Belarusian scientific and educational institutions and Chinese organizations that are most actively involved in the creation and registration of intellectual property rights.

Establish more project consortia, future frontier research centers, scientific and practical centers, joint laboratories, and other forms of joint ventures to implement unique scientific and technological projects and verify them under existing production conditions.

Belarus and Russia, as co-executors of Chinese initiatives, work together to implement them within the framework of scientific and technological programs and projects outlined in the Belt and Road participating countries' international cooperation forms.

Take the mutually beneficial digital cooperation of the "China-EAEU" to the next level, including the platform of the China-Belarus Great Stone Industrial Park.

The implementation of the above measures will contribute to the creation of a new model for the future development of economic and trade cooperation between China and Belarus.

Chapter 11 Push for High-quality Development of China-Belarus Industrial Park through High-level Open Cooperation

Wang Chao[*]

A natural hub connecting the European and Asian continents, Belarus plays a pivotal part in the Belt and Road Initiative collaboration in the Eurasian region. The China-Belarus Industrial Park is a signature project of cooperation between the two countries, offering a platform for building a community of shared future for mankind. It is currently the largest overseas economic and trade cooperation zone China has ever invested in, in terms of planned area, development and construction scale as well as the level of cooperation. The project, championed by state leaders of both countries, has won extensive government support from both sides, with two major state-owned enterprises, China Machinery Industry Group Co., Ltd. and China Merchants Group, leading its development and operation. Committed to building the Park into an

---

[*] Wang Chao, Assistance Professor, the Institute of Russian, Eastern Europe and Central Asia, CASS.

Chapter 11 Push for High-quality Development of China-Belarus Industrial Park through High-level Open Cooperation

industrial city with a global vision that is friendly to ecology, mankind, industrial development and innovation, the two governments have provided clear-cut plans and directions for its construction and development, focusing their efforts on building a cooperation platform for production capacity and an economic and trade cooperation platform. It has become a new model for open collaboration among countries in the world. In spite of the fast-changing world situation and various external risks and challenges, the governments of Belarus and China have made concerted efforts to create new opportunities out of the crisis and breaking new ground amid changes. The major performance indicators of the China-Belarus Industrial Park have increased from a year before. It was a hard-won achievement and the root cause for the growth lies in the full implementation by both Chinese and Belarusian governments of the global security initiative proposed by President Xi Jinping. Aiming for high-level, sustainable and beneficial-to-all development in their strategy, China and Belarus have worked together to deepen economic cooperation while maintaining the overall situation of peaceful development, leading China-Belarus Industrial Park through winds and waves and ushering it into a new development stage.

I. Development Status quo of China-Belarus Industrial Park

Though China and Belarus are geographically far apart and the conditions for industrial cooperation are not favorable enough, the two countries have managed to build the China-Belarus Industrial Park in the suburbs of Minsk, the capital of Belarus. After nearly a decade of development, the construction of the China-Belarus Industrial Park[1] has achieved a series of results.

At present, first-phase infrastructure construction of the Park, covering

---

[1] Zhang Hong: "Xi Jinping's Summit Diplomacy and the Belt and Road Cooperation between China and Belarus", in *Russian Studies*, No. 1, 2020.

an area of 8.5 square kilometers, has been fully completed, with full availability of water, drainage, electricity, road, communication, gas, heat and level land as required by construction standards. The main performance indicators have increased significantly in the first quarter of 2024 compared to the same period in 2023. The total industrial output value of resident enterprises in the Park rose by 57% year-on-year, reaching 198 million Belarusian rubles; The sales revenue of goods, projects, and services increased by 27% year-on-year, reaching 282.6 million Belarusian rubles, of which the foreign sales revenue outside of the Republic of Belarus increased by 71% year-on-year, reaching 109.6 million Belarusian rubles. The overall net profit of resident enterprises in the Park reached 15.3 million Belarusian rubles[①]. A total of 134 enterprises from 13 countries have settled in the Park, including 58 Chinese enterprises, with an agreed investment totaling 1.47 billion US dollars, hiring a total of 3008 employees. The aggregate export value of products from these resident enterprises stands at 97.6 million US dollars. By far, mechanical manufacturing has become the most active industrial cluster in the Park, with nine out of 20 related resident enterprises under construction already in operation. Joined by Weichai, Shaanxi Fast, and Zoomlion and other heavyweight companies, the Park has set up factories that are able to produce ecological-grade internal combustion engines up to Euro V and Euro VI norms as well as six-speed, nine-speed, 12 speed, and 16 speed transmissions for medium and large vehicles.

The development of the China-Belarus Industrial Park has not only benefited from its unique geological position and complete infrastructure construction, but also from the preferential policies at the state level in Belarus. Take taxation for example, enterprises entering the Park will be

---

① Национальный статистический комитет Республики Беларусь. Валовой внутренний продукт и валовая добавленная стоимость по основным видам экономической деятельности в 2023 г. https://www.belstat.gov.by/ofitsialnaya-statistika/ssrd-mvf_2/natsionalnaya-stranitsa-svodnyh-dannyh/vvp-rasschitannyi-metodom-ispolzovaniya-dohodov/2023 – god/.

Chapter 11 Push for High-quality Development of China-Belarus Industrial Park through High-level Open Cooperation

exempted from paying profit tax for the first 10 years, and the tax afterward shall be levied in half until June 5, 2062. Resident enterprises in the Park will also be fully or partially exempted from paying land tax, real estate tax, environmental compensation fees, quality certificate fees for construction products and raw materials within the park area. In terms of investment costs, the land leasing price of the Park (for a lease period of up to 99 years) is 30 US dollars per square meter, and if purchased privately, it is 40 US dollars per square meter. The leasing price of standard factory buildings is 4 – 4.5 US dollars per square meter, and that of offices is 17.51 – 26.38 US dollars per square meter. The natural gas price in the Park is 0.51 Belarusian rubles per cubic meter, electricity 0.26 Belarusian rubles per kilowatt hour, water 2.01 Belarusian rubles per cubic meter, and drainage (sewage) costs 2.01 Belarusian rubles per cubic meter[①]. At present, the park management committee offers "one-stop" government service to handle relevant procedures regarding enterprise registration, including corporate project registration, land transfer, construction permits, and project acceptance. At the same time, an official website in Chinese, Russian, and English has been set up to provide comprehensive information to the outside world, providing multilingual services to enterprises from around the world seeking consultancy or understanding of the Park. (see Table 1)

Most importantly, Belarus has issued three presidential decrees (Presidential Decree No. 166 of 2017, Presidential Decree No. 215 of 2021, and Presidential Decree No. 161 of 2023), the highest of its kind in Belarus, to push for rapid, healthy, and high-quality development of the industrial park. Presidential Decree No. 215 of the Republic of Belarus on Amending Several Presidential Decrees, issued on June 11, 2021, provided further regulatory optimization regarding the main structure of the Park, responsibility

---

① This part of data is sourced from the website of the Great Stone China-Belarus Industrial Park, https://www.zbgyy.cn/cn/zcjd/list_29.aspx.

and authority of the management committee of the Park, land relations, construction activities, taxation and accounting, tax accounting, labor relations, entry and exit administration, customs, medical care, advertising, and other areas. Among them, the main body of the Park has included two types of entities that will carry out investment projects in the Park. One is the entities carrying out innovation activities in the Park, and the other is resident enterprises of the Park that implement major investment projects. Further preferential adjustments have also been made in terms of land relations. According to the new presidential decree, if the construction of underground pipelines (natural gas pipelines, oil pipelines, transmission lines, communication and other pipelines) takes no more than one and half year, there is no need to apply for cadastral documents required for the pre-approval procedures for land use. Construction of this type can be carried out based on the technical condition documents issued by the development company and land users, which shall significantly cut the initial investment costs of resident enterprises[①]. In addition, adjustments have been made with regard to relevant legal systems, investment environment, higher autonomy of the management committee, and the scope of operations. On June 1, 2023, President Lukashenko signed a new Presidential Decree (Presidential Decree No. 161) on the China-Belarus Industrial Park, which places greater emphasis on building market competitiveness and encourages the expansion of characteristic industries by drawing on the best practices of China and other countries. For example, the presidential decree requires modifying the registration procedures for foreign investment in providing medical services in the Park. The Park has also further loosened restrictions on drugs, medical devices, treatment methods, etc. With the inclusion of medical services provided in the Park into the scope of voluntary medical insurance in Belarus, actually promoting the

---

① "Presidential Decree of the Republic of Belarus on Amending Several Presidential Decrees of the Republic of Belarus," https://www.zbgyy.cn/uploadfil es/2021/06/20210617181341280.pdf.

Chapter 11 Push for High-quality Development of China-Belarus Industrial Park through High-level Open Cooperation

popularization and use of traditional Chinese medicine preparations in Belarus. As a result, bioactive food additives registered and produced in China can be sold in Belarus after completing relevant procedures in accordance with the new program.

Table 11－1 Leasing and Sales of Commercial Properties in the China Belarus Industrial Park

Item	Serial No.	Construction area/square meter	Leasable area/Square meter	Accrued leasable area/square meter	Remaining leasable area/square meter	Rental sales ratio
Standardized general factory building	A1	7 695.4	7 151.22	7 151.22	0	100
	A2	10 808.2	9 151.98	9 151.98	0	100
	A3	10 707.1	8 956.90	8 956.90	0	100
	A4	6 411.4	6 411.40	6 411.40 (for sale)	0	100
	B1	5 524.7	5 524.70	450	5 074.70	8
	B2	10 825.3	9 570.80	0	9 570.80	0
	B3	10 817.5	9 524.80	2 719.50	6 805.30	71.44
	B4	10 851.2	9 601.90	7 897.80	1 704.10	82.25
	B5	10 874	9 611.80	4 502.40	5 109.40	46.84
	B11	5 494	5 494	5 494	0	100
comprehensive Office Building, Science and Technology Innovation Center (built with assistance)	—	21 927.85	21 927.85	9 905.05	12 022.83	45.13
Residential buildings (built with assistance)	—	13 470.5	156	136	20	87

Source: 2022 Report for China-Belarus Instruction Park released by China-Belarus Instruction Park Co., Ltd. China-Belarus Instruction Park in March 2003.

With regards to the impact of the international environment, the global economic situation is far from optimistic and the division of world economic growth has intensified further as the economic growth rate of developed economies slows down while that of emerging markets and developing economies remains stable. The International Monetary Fund (IMF) predicts that the economic growth rate of emerging markets and developing economies will be around 4% in the next five years, at least 2 percentage points higher than that of developed economies. Affected by the external environment, the China-Belarus Industrial Park is having difficulties in attracting investment, with a decreasing number of enterprises entering the Park and increased competition in the international market. Some enterprises are challenged by rising operating costs, poor financing and payment channels, and logistics obstacles. In spite of mounting pressure, however, the China-Belarus Industrial Park has still achieved remarkable results through unremitting efforts. According to data released by the National Statistical Committee of the Republic of Belarus[1], in 2023, the total industrial output value of resident enterprises in the Park surged by 56.1% year-on-year, reaching 744.5 million Belarusian rubles, and the net profit nearly doubled year-on-year, reaching 69.2 million Belarusian rubles. The foreign direct investment (excluding commodity, projects, and service debts) stood at 28.7 million US dollars, representing an increase of 99.1% year-on-year. Resident enterprises paid taxes, fees, and other expenses of 148.9 million Russian rubles, an increase of 79.2% compared to 2022. As of the end of 2023, a total of 120 resident enterprises from 14 countries have settled in the Park, 26 of which were newly registered, employing 2719 people. The export value of products from these resident enterprises was 135.8 million US dollars, up 5.6% from a year before. The enterprises settled in the Park are from a wide range of fields such

---

[1] Ключевые показатели деятельности «Великого камня» за 2023 год. https://industrialpark.by/novosti/2024/klyuchevye-pokazateli-deyatelnosti-velikogo-kamnya-za-2023-god/.

Chapter 11 Push for High-quality Development of China-Belarus Industrial Park through High-level Open Cooperation

as logistics, e-commerce, fine chemicals, pharmaceuticals, biotechnology, instrumentation, and research and development, with a total agreed investment of 1.44 billion US dollars.

In terms of self-improvement, the sanctions imposed by Western countries on Belarus have not only seriously hindered healthy development of the Belarusian economy, but also created a series of difficulties and challenges for the production and daily life of the China-Belarus Industrial Park. In order to wipe out or mitigate the impact of such sanctions, the governments of China and Belarus as well as the Park itself have taken a series of measures. For example, the Belarusian government has given top priority to maintaining peace. On March 17, 2022, during a visit to the China-Belarus Industrial Park, Alexander Wolfowitz, Secretary of State of the Security Council of the Republic of Belarus had in-depth exchanges with the person in charge of the Park on security issues of neighboring countries, stressing that maintaining regional peace and developing economy are the most important tasks at present. He also said that the China-Belarus Industrial Park serves as an important economic and trade cooperation platform between China and Belarus. The development of the Park would give an boost to the economic development of Belarus and play a role in consolidating bilateral relations and maintaining regional peace. At the same time, the industrial park has also made efforts to ensure production, optimize operations, and establish risk prevention and control mechanisms. The Park has made contacts with several domestic institutions and organizations such as the China Association of Small and Medium Enterprises and the International Land Port of Gansu (Lanzhou), and has signed a series of cooperation framework agreements following a string of exchanges and interactions, aiming to improve its risk-resisting ability by expanding cooperation partners and channels. Besides, the China-Belarus Industrial Park has actively introduced local enterprises to help overcome difficulties. On May 11, 2022, the AF Comprehensive Logistics Company settled in the Park to provide all-round logistics cloud system services for enterprises in the Park with an eye to help logistics enterprises in the Park and Belarus, greatly alleviating the pressure of material transportation in the Park. In June 2023, China signed an official contract to assist in the construction of the second residential building in the China-Belarus Industrial Park. For example, China would support high-quality Belarusian products to enter China market. In July the same year, the First Deputy Prime Minister of Belarus Snopkov visited China to promote bilateral cooperation between China and Belarus. During the visit, a resident enterprise from the Park, Baikaman Biotechnology Co., Ltd., entered into a cooperation agreement with the Slutsk Cheese Joint Plant from Belarus to establish a joint venture in Shenyang, Liaoning Province, which will produce dairy products that cater to the tastes and preferences of Chinese consumers.

In addition, efforts have been made to improve the Park itself while ensuring production and operation. The China-Belarus Industrial Park has launched a series of training sessions and competition events to enhance employees skills and work efficiency. For example, there have been training sessions on the docking standards and "one-stop" service issues between the two countries. In the very beginning, the Belarusian side believed the so-called "one-stop" service was just about opening a service site and having staff handle related business procedures on behalf of them in a way similar to intermediary services. It was not until after the training that the staff on the Belarusian side came to understood the point of "one-stop" service. In spite of the deteriorating market environment, the Park has always pursued ecology-friendly development, striving to meet the "carbon peak" and "carbon neutrality" requirements and taking measures to protect local forests and green land in its attempt to build a new sustainable and ecological industrial city. The Park has obtained the ISO environmental management system certification and re-certification from several international standardization organizations for consecutive years. As one of the most important projects that China has invested in overseas, the Park has actively assumed its social responsibilities

Chapter 11 Push for High-quality Development of China-Belarus Industrial Park through High-level Open Cooperation

through various forms of activities. Apart from sponsoring technological translation competitions and taking part in regional business promotion events, economic forums and academic sessions, it has received research delegations from governments, businesses, research institutes, and local universities, contributing to bilateral economic and cultural exchanges and cooperation between China and Belarus while enhancing regional influence.

II. Major concerns about China-Belarus Industrial Park

After nearly a decade of development, the China-Belarus Industrial Park has seen good results, achieving construction goals as expected during the period of rapid development from 2015 to 2020. The international situation has undergone profound changes since 2020, posing significant challenges for the construction of the Park. However, both China and Belarus have risen to the difficulties and made steady progress. A look at the world's top industrial parks will reveal a fact that they are all located in countries and regions with highly developed market systems. Their precise industrial positioning, implementation of preferential policies, and comprehensive supporting services all represent models of world-class management and operation. Meanwhile, a peaceful and stable economic environment is also one of the core factors for the rapid development of industrial parks. Since the outbreak of the COVID-19 epidemic, the world has undergone changes unseen in a century and now at an even faster rate. The international relations in Eurasia have seen profound adjustment, resulting in increasing difficulties in tapping into the Eurasian Economic Union market and the EU market as planned. Continuous sanctions by the European and American countries on Belarus has led to the biggest challenge for the China-Belarus Industrial Park since its establishment, which can be viewed from two aspects: Belarus itself and the external international environment.

(1) Factors of Belarus

The high-quality development of the China-Belarus Industrial Park is impossible without an advanced and mature business environment that is up to international market requirements. However, it must be acknowledged that there exists some factors that have to some extent constrained the high-quality development of the China Belarus Industrial Park.

First of all, the peripheral environment surrounding Belarus is complicated. As the Belarusian market is narrow in itself, the China-Belarus Industrial Park has set its eyes on two major regions-the European Union and the Eurasian Economic Union-from the very beginning, which may explain why the surrounding market environment is so crucial to its development. In 2020, the COVID – 19 broke out and soon become a global pandemic, dealing a heavy blow to the regional security situation. The EU countries imposed sanctions on Belarus, followed by a slowdown in the development of the Eurasian Economic Union. As a result, the political and security environment around Belarus deteriorated, and the economic environment fell into depression. In its foreign relations, the Belarusian government has chosen to stand firmly by Russia, which has led to hostility from European and American countries. Amide this complex security environment, the development of the China-Belarus Industrial Park was inevitably affected. Now it will be even harder to expand into the European market and International investors will be more cautious about investing in the Park.

Secondly, market flexibility is absent in Belarusian economic system. Since its independence, Belarus has been exploring the path of economic transition and has formed the so-called socialist market economy system of its own after more than 30 years' efforts. In reality, however, there is still a heavy presence of planned economy, marked by low economic efficiency and lack of international competitiveness in its products. Due to resource and energy shortages, Belarus relies heavily on external markets and Russia for

Chapter 11 Push for High-quality Development of China-Belarus Industrial Park through High-level Open Cooperation

energy supply to drive its economic development, leaving itself vulnerable to international market price fluctuations. As the world situation continues to deteriorate, the Belarusian economy was severely impacted due to the slump in international oil prices and the slowdown in Russian economy. During a visit to Belarus in 2015, President Xi Jinping proposed bilateral cooperation under the Belt and Road Initiative, creating a historical opportunity for Belarus. The two countries decided to jointly build the China-Belarus Industrial Park, through which the Belarusian side hoped to develop cutting-edge technological industries to get the country out of economic difficulties through all-round cooperation with China. However, a lack of market flexibility in Belarusian economic system is putting increasing pressure on investors.

(2) Sustained sanctions on Belarus by the United States and the West

The Western countries began to impose sanctions on Belarus in 2006 and have since kept upgrading them. In 2021, the European Union imposed another round of sanctions on Belarus, citing the emergency landing of European flights in Belarus and the border refugee crisis. The sanctions include banning export of any communication equipment, military-cum-civilian-use materials and technologies that may be used for "surveillance activities" to Belarus, prohibiting EU investors from trading Belarusian securities or purchasing short-term bonds, requiring the European Investment Bank to stop issuing new loans to Belarus, and restricting trade in petroleum related products, potassium fertilizers, and tobacco products with Belarus. In early 2022, the European Union enacted further sanctions on Belarus citing its support for Russia's special military operation against Ukraine, prohibiting the export of Belarusian timber, steel, potassium fertilizer and other products to EU countries. In 2024, the US and the West once again escalate their sanctions against Belarus. In June the same year, the European Council implemented a new package of sanctions against Belarus, which expanded restrictions to road transportation, including trailers and semi-trailers registered in Belarus. The EU is prohibited from importing gold, diamonds, helium, coal and mineral products, crude oil, as well as military-civilian-dual-use products and technologies from Belarus. In addition, restrictive measures were taken against 28 individuals, citing their significant role in the ongoing internal repression and human rights violations in Belarus. By far, the EU has imposed sanctions on 261 individuals and 37 organizations in Belarus. In August the same year, it was announced from a statement released by the US Treasury Department that the US would impose a new round of sanctions on 19 individuals and 14 entities in Belarus on the grounds that these targets supported Russia's military operations by producing and transporting military supplies. The US Treasury Department also imposed sanctions on a "luxury plane" used by Belarusian President Lukashenko.

The increasing sanctions imposed by Western countries have seriously hindered the normal social economic development of Belarus. The relationship between the China-Belarus Industrial Park and Belarus is like that between lips and teeth. If the lips are gone, the teeth will feel cold. The crippling sanctions imposed by Western countries on Belarus will inevitably slow down the construction progress and affect the production and operation of residents enterprises in the Park in the following aspects.

First, it's difficult to come up with an alternative solution for digital trading platforms. Under Western sanctions, most Belarusian financial enterprises have been removed from the Society for Worldwide Interbank Financial Telecommunication (SWIFT) international settlement system. Without a digital trading platform, financial institutions in Belarus are unable to effectively complete international financial settlement transactions, causing difficulties in foreign exchange settlement for the industrial park. Due to the absence of a complete industrial system, enterprises settling in the Park usually have to work with other European enterprises to meet their needs for raw materials and equipment. The problem with financial settlement threatens to disrupt supply or constitute a default on the part of resident enterprises due to

Chapter 11 Push for High-quality Development of China-Belarus Industrial Park through High-level Open Cooperation

their failure to make payment within the contract period. And there is also the pressure on fund restoration. Some Western digital trading platforms have stopped providing services in Belarus, greatly reducing the ability of resident enterprises to participate in international trade. The lack of digital trading platforms has also made it impossible for the Park to obtain international market information, promote or sell products. In the end, it may lose the customers from international markets. In the face of the above situation, Belarus has managed to develop its own electronic trading platform system. As an alternative solution, the import electronic trading platform based on the country's economic characteristics went into operation in May 2022. The electronic platform is operated by the Belarusian Universal Commodity Exchange, recording a total transaction volume of 545000 Belarusian rubles on the day of its launch. Although it has to some extent made up for the absence of digital trading platforms with a new window, after nearly two years of actual operation and use, it seemed it has failed to deliver expected results. Therefore, constrained by poor digital technology development and a small domestic market, it is hard to fill the huge gap caused by the withdrawal of Western digital trading platforms from Belarus in the short term.

Secondly, fluctuations in exchange rate have narrowed, but the overall downward trend is hard to be reversed. Since March 2022, the exchange rate of the Belarusian ruble against the US dollar has plummeted and kept falling in 2023. Though it has gone upward a little in the first half of 2004, the overall downward trend remained for the whole 2022. In 2023, the exchange rate of the Belarusian ruble against the US dollar continued to decline. There was a short rebound in the first half of 2024, but the overall downward trend is difficult to be reversed. Given that enterprises in the China-Belarus Industrial Park usually settle their debts and loans in US dollar and operating income in Belarusian ruble, the slump in the exchange rate of the Belarusian ruble against the US dollar slump has led to a sharp rise in their debts and external payment costs. Apart from increasing uncertainties in Belarus' economic and social development, huge exchange rate fluctuations also added to investment risks of enterprises in the China-Belarus Industrial Park, causing negative impacts on the development of the Park. On one hand, domestic enterprises in Belarus have become less enthusiastic in investing in the Park; On the other hand, the depreciation of the Belarusian ruble has taken a toll on the revenues of existing enterprises in the Park, making it difficult for them to increase investment with their own funds. In order to stabilize the exchange rate at home, the Belarusian government used foreign exchange reserves to stabilize the value of the Belarusian ruble. Starting from March 2022, Belarus has cut its official foreign exchange reserves by a large margin, from \$3.993 billion in January to \$2.996 billion in June, greatly weakening the government's ability to repay foreign debts. The Belarusian government also increased deposit interest rates to prevent capital outflows, which led to a decrease in consumption and investment demand. In 2023, the Belarusian government improved relevant mechanisms and rescue measures, which have produced some results. As of December 2023, Belarus' foreign exchange reserves stood at approximately 8.127 billion US dollars, and its external debt was 36.6 billion US dollars, down by 2.9 billion US dollars year-on-year[①].

Thirdly, inflation is stabilizing, but there is still ample room for improvement. In the first three quarters of 2022, the inflation rate of Belarus soared to 15.9%, 17.6%, and 17.4% respectively. The nominal accrued average wages of Belarusian employees increased slightly in 2022, but the actual disposable income of residents decreased by 3.6% year-on-year. Concerned about high-fetching inflation, the Belarusian government issued laws to contain price increase, stipulating that the annual price increase of domestic goods shall not exceed 30%, which will expand to all commodity price increases. The price limit policy in 2022 has severely impacted business

---

① *A Brief Overview of Belarus' Economic Operations for* 2023 was provided by the Economic and Commercial Department of Chinese Embassy in the Republic of Belarus.

Chapter 11 Push for High-quality Development of China-Belarus Industrial Park through High-level Open Cooperation

operators in Belarus, especially product suppliers who may stop operation or discontinue supply in the event that the sales price is inadequate to deliver target profits or maintain operating costs. Under such circumstances, the China-Belarus Industrial Park had to change supplies or supply channels frequently in order to maintain normal production and operation, thus increasing the operating costs and difficulty in ensuring production for resident enterprises. The Belarusian government unveiled a series of market regulation policies, gradually bringing inflation to a stable level in 2003. The average monthly nominal wage grew to 1902 Belarusian rubles (approximately 634 US dollars), representing a year-on-year increase of 16.7%. In December of that year, the consumer price index was 5.8%, as against the annual index of 5.1%. In 2023, there was 4.14 million employed people in Belarus, and the employment rate of working-age population reached 84%. In the fourth quarter, the unemployment rate was 3.5%. The Belarusian government's intervention has influenced market performance, but the potential of the market itself has not been fully unleashed, and the room for improvement is still ample.

Fourth, disrupted logistics have led to a shortage in production and construction supply, slowing down the construction of the China-Belarus Industrial Park. As a result of mutual trade embargo measures between the European Union and Belarus, the freight volume of goods between Belarus and EU countries fell sharply in 2022. According to the State Border Committee of the Republic of Belarus, nearly 1300 trucks were detained at the Belarus EU border in December 2022 alone. Only 30% of trucks entering Belarus from Lithuania are allowed to pass, and only three of the six border crossings between Belarus and Poland are in operation. In 2024, logistics at the border between Poland and Belarus will be blocked, increasing the risk for the China-Europe Railway Express in the Poland section as the three border crossing remaining in operation in 2022 are also likely to be cut off. As is well known, many production sectors in Belarus rely heavily on imported raw materials, technologies, and equipment. Due to limited domestic market capacity, over 60% of its GDP[①] needs to be achieved through imports. A strong dependence on imported products and blocked import channels have left the domestic market vulnerable to external market fluctuations. As far as the China-Belarus Industrial Park is concerned, both infrastructure construction and corporate production and operation rely heavily on imports, which requires a developed logistics system. Now the logistics woes in Belarus are damaging the construction of the industrial park as well as the import and export of products. Although the first-phase infrastructure construction has been completed, the second phase is likely to be delayed as poor logistics have made it difficult to let raw materials and machinery into the Park, which is bound to hinder the future high-quality development of enterprises in the Park.

Fifth, while the Eurasian market is limited, we are also losing ground in the EU market. As the world situation worsens, the development of the Eurasian Economic Union has been slow in recent years. In particular, it is very difficult to achieve practical results in the economic field. While the domestic market of Belarus is tiny in itself, the economic markets of the rest Eurasian Economic Union countries are similarly small, except for Kazakhstan and Russia. Kazakhstan is far away from Belarus, so Russia becomes practically the only real market for Belarus. Besides, the European Union has been imposing economic sanctions on Belarus since 2006, and the current sanction measures against Belarus were upgraded versions based on the EU Council Regulation (EC) No 765/2006 of May 18, 2006. Ukraine Crisis broke out in 2022, and after that the European Union enacted further restrictions on Belarusian goods, expanding the scope of sanctions to all

---

① Page 25 of the "*Guidelines for Foreign Investment in Belarus* (2021 *Edition*)" released by the Institute of International Trade and Economic Cooperation of the Ministry of Commerce, the Economic and Commercial Department of the Chinese Embassy in the Republic of Belarus, and Department of Outward Investment and Economic Cooperation of the Ministry of Commerce, http://fec.mofcom.gov.cn/.

Chapter 11   Push for High-quality Development of China-Belarus Industrial Park through High-level Open Cooperation

products produced in Belarus, including those produced by joint ventures between Belarus and other countries. Restricted by these sanctions. Many enterprises in the China-Belarus Industrial Park lost large market shares in Europe and the United States. Take the EU restrictions on timber and timber-related products, cement and cement-related products, black metals and their products, and new inflatable rubber tires produced in Belarus, such products will be banned by the EU under the following circumstances: "(1). If such goods originate from Belarus or are exported from Belarus to the EU directly or indirectly; (2). If such goods are purchased directly or indirectly from Belarus; (3). Transportation of goods originating exported from Belarus to any other country; (4). Provision of technical assistance, brokerage, financing or financial assistance directly or indirectly, including financial derivatives and insurance and reinsurance related to these prohibitions[1]. According to data from the National Statistical Commission of Belarus, the country's foreign trade volume fell by 6% year-on-year to 76.9 billion US dollars in 2022, of which the export goods amounted to 38.3 billion US dollars, down by 4.2%[2] year-on-year as a result of EU sanctions. The foreign trade trend of Belarus picked up a bit in 2023, mainly due to Russia's strong support for its market. Data from the National Statistical Committee of the Republic of Belarus shows that the total foreign trade volume of Belarus rose 6.8% year-on-year to reach 95.26 billion US dollars in 2023, of which the export volume increased by 2.1% year-on-year to reach 47.87 billion US dollars, and imports grew to 47.39 billion US dollars, recording a year-on-year increase of 12.1%. The total trade volume of goods stood at 81.09 billion US dollars, and that of services reached 14.17 billion US dollars. Belarusian economy is significantly influenced by external factors. For Russia,

---

[1] Постоянное представительство Беларуси при ЕС. Санкции ЕС в отношении Беларуси. https://belgium.mfa.gov.by/ru/exportby/eu_sanctions/.

[2] Внешняя торговля Республики Беларусь, 2022. https://www.belstat.gov.by/ofitsialnaya-statistika/publications/izdania/public_brochures/index_57413/.

which is also under Western economic sanctions, Belarus is more of a political and military partner than an economic collaborator. This kind of relationship may fall short of sustaining healthy and long economic growth. In the light of current situation, Belarus will further expand its economic cooperation with China while maintaining the Russian market, seeking to cooperate with domestic industry chambers of commerce and associations in China through Chinese enterprises settled in the China-Belarus Industrial Park. By far, more than 40 large Belarusian enterprises have established cooperative relationships with Chinese enterprises on more than 190 commodity projects. For enterprises in the China-Belarus Industrial Park, such cooperation can effectively transfer the operational pressure caused by the shrinking commodity sales market and partly met domestic market needs in Belarus. However, it must be acknowledged that European and American countries remain best trading partners for enterprises in the Park, in terms of either market scale or spending power. How to ensure profit growth after losing the European and American markets under economic sanctions remains the biggest challenge that is waiting for the China-Belarus Industrial Park to solve in the future.

III. Recommendations for Promoting High-quality Development of the China-Belarus Industrial Park

Under the strategic guidance of state leaders, the bilateral relations between China and Belarus have been kept at a high level, with pragmatic cooperation advancing steadily amid effective international cooperation and construction of the China Belarus Industrial Park progressing steadily in a sustainable manner. In the face of increasing complexities in international situation, China and Belarus will follow the agreement between the Presidents and stay committed to peaceful development and open cooperation in pursuit of mutual benefits and win-win results, working together to take the high-quality

Chapter 11 Push for High-quality Development of China-Belarus Industrial Park through High-level Open Cooperation

development of the China-Belarus industry to a new level.

First, grasp the broad situation and continue to deepen economic cooperation. As the world undergoes profound changes unseen in a century, competition among major powers will grow more intense, regional contradictions more prominent, and factional division more obvious. Belarus, placed in a sensitive position in Eurasian geopolitical relations, is an important balancer in the Eurasian region and also a staunch political supporter of our country.

We must actively implement the global security initiative proposed by President Xi Jinping and strive to maintain world peace. It is difficult to advance the construction of the China-Belarus Industrial Park without a stable political environment. We must always adhere to the all-weather comprehensive strategic partnership between China and Belarus, and maintain our belief in the ability to build the China-Belarus Industrial Park. First, we must increase worldwide publicity, establish models in the Park, and do our best to manage public opinions and prevent risks in this regard; Second, we must explore new ways of cooperation while seeking new growth points and stepping up digital cooperation; Third, we must encourage cooperation with third-party markets and deepen cooperation with multi-lateral organizations. Efforts must be made to attract enterprises from more countries to settle in the China-Belarus Industrial Park and build it into an open regional economic and trade cooperation platform to better unleash economic vitality and leverage market advantages.

Second, seize the historical opportunity and step up cooperation among small and medium-sized enterprises. Since 2022, Belarus has revved up its support for small and medium-sized enterprises in an effort to push for their rapid growth and achieve import substitution in the long term to tackle the current crisis. The implementation of this policy has achieved some results. At the same time, as a result of the blockade by the United States and the West against Belarus, there has been a vacuum in that market and technological cooperation between Western countries and Belarus, forcing the Belarusian government to seek new international partners and expand new international markets, which also opened a window for further high-quality cooperation between China and Belarus. If the two countries can seize the opportunity and make good use of their capital and technological advantages to fully tap into the local market and expand cooperation with local enterprises when all Western markets are closed, we can not only help reduce the impact of Western sanctions, but also gain more policy support from Belarus and assist domestic enterprises in Belarus to overcome difficulties. At present, the China-Belarus Industrial Park is mainly led by large state-owned enterprises, leaving plenty of room for cooperation among small and medium-sized enterprises. The Belarusian side should make further efforts to integrate resources and create a more favorable business environment to encourage and support small and promising cooperation projects with development potential. In particular, an investment and financing system that serves the development of small and medium-sized enterprises has to be set up to provide a good business environment for their development.

Third, inspire innovation and regional cooperation to promote the development of advantageous industries. First, it is necessary to increase cooperation in digital technology and reduce financial market risks. Among all sectors in Belarusian economy, the service industry is the fastest and most effective to achieve digital transformation. Since China has some advantages in rapidly developing digital economy and related industries, the two countries are well aligned to work together in the field of digital technology, which is also urgently needed in Belarus to advance import substitution policies through development of small and medium-sized enterprises. The China-Belarus Industrial Park should expand cooperation with Belarus in both scope and depth in digital technology, fully leveraging the advantages of Chinese enterprises to give a lift to Belarus' digital technology. This is extremely important for Belarus, which is traditionally weak in terms of industrial

Chapter 11 Push for High-quality Development of China-Belarus Industrial Park through High-level Open Cooperation

foundation and urgently needs to achieve import substitution. At the same time, it may also help lay a solid foundation for the high-quality development of the China-Belarus Industrial Park. Second, work has to be done to step up cooperation in the field of healthcare, including medical technology, biotechnology, and cooperation in traditional Chinese medicine. Belarus has a sound basic medical care system, while our country has world-class medical technologies and the traditional Chinese medicine is gradually gaining international clout amid increasing acceptance by the international community. Third, regional cooperation has to be placed at the core. Belarus is a small country with a tiny population, whereas China is a big country with a huge population, resulting in significant difference in terms of resource endowments. If we follow the international practice of country-on-country cooperation, which values equivalence, then promoting high-quality and efficient cooperation is not a rational choice. Instead, if we choose to strengthen regional cooperation, such as the cooperation between Belarus and the Guangdong Hong Kong Macao Greater Bay Area, or the West regions of China, we will be more focused and therefore more efficient. At present, Belarus has entered into cooperation with Guangdong Province, Heilongjiang Province, Gansu Province and other regions, which has proved fruitful.

Fourth, expand logistics channels and markets to ensure supply. Affected by international situation, logistics between Belarus and EU countries have been disrupted. Expanding logistics channels, markets and supply channels, and increasing and utilizing the transportation capacity of China Europe freight trains remain important tasks at present. The China Europe freight train has strong transportation capacity with a high level of stability. So, the China-Belarus Industrial Park can increase its presence along the railway line of the China Europe freight train, making full of the resource advantages of countries along the line to develop supporting industries and expand the supply channels of raw materials and equipment. It can also minimize political risks and cross-border business difficulties, and help the China-Belarus Industrial Park break into new consumer markets, thereby digesting the excess production capacity caused by the loss of European and American markets and ensuring that enterprises in the Park can achieve profit growth without cutting down on production capacity. The Belarusian side should focus on the overall situation and take the initiative to explore the possibility of establishing a large-scale logistics and warehousing park within the Park with a railway connecting the Park and the outside world, or even promoting the use of the Park as a transfer station of the China-Europe Railway Express to other countries and regions. Besides, Belarus has already joined the Shanghai Cooperation Organization, which has achieved positive results in economic cooperation among its member states, so we should fully leverage the advantages. Committed to building a new platform for international cooperation under the Belt and Road Initiative, the SCO Demonstration Zone has made huge efforts to advance the construction of the economic corridor of the New Eurasian Land Bridge and maritime cooperation through international logistics expansion, modern trade, two-way investment, business travel and cultural exchanges. Some of the SCO member states are from the Eurasian Economic Union, and the China Belarus Industrial Park and the Shanghai Cooperation Organization Demonstration Zone has worked together in international logistics and economic and trade exchanges. In 2023, the two sides held an exchange activity with success, signaling the entry into a new stage of "platform linkage" between the two and promising a broader market and ampler room for bilateral cooperation on the new platform, which has also created a good opportunity for the future development of the China-Belarus Industrial Park.

IV. Conclusion

The world is experiencing profound changes unseen in a century, and now such changes are speeding up, leading to a sharp rise in global uncertainty, instability and insecurity. The continuity of international

Chapter 11 Push for High-quality Development of China-Belarus Industrial Park through High-level Open Cooperation

turbulence is bound to cause a huge impact on Belarus and the China-Belarus Industrial Park, which, instead of being temporary, will last for a while. Therefore, when the cold winter comes, fending off the chill should be the priority. Above all, we need to maintain a positive attitude, rising up to the challenge in a fearless manner. In the meantime, we must seek progress while maintaining stability, and the latter should precede the former. We should not strive for progress blindfold, let alone performance. Most importantly, we must have faith in our firm belief that all difficulties are temporary. We should see that China and Belarus have progressed ahead steadily along the road of mutual benefit and trust against the severe international situation. Serving as a bond and platform for bilateral cooperation, the China-Belarus Industrial Park will play an active and important role in deepening the all-weather comprehensive partnership between the two countries, driving healthy and rapid development of regional economy and maintaining regional peace and safety.

Part III

"The Belt and Road" Initiative and the Modernization Development of China

Chapter 12　China's Excise Tax Reform: Economic Effect and Fiscal Effect

Lou Feng[*]

　　As a main tax in China, excise tax plays an important role in increasing fiscal revenue and regulating the economic development of the country. During the "14th Five-Year Plan" period, priorities of China's tax reform include adjusting and improving the collection scope and rate of excise tax, moving the tax collection to a later stage and steadily assigning it to local governments. Based on the national input-output table for 2020 and additional data, this chapter develops a multi-sector fiscal and tax CGE model that distinguishes between central and local governments. It simulates and analyzes the economic and fiscal effects of various excise tax reform schemes, focusing on the adjustment of the tax collection scope, moving the tax collection to a later stage and tax revenue sharing between central and local governments. The results show that all of the three proposed excise tax reform schemes have a negative impact on real GDP, investment, output, imports and exports, albeit with a small variation. Further, each of the three schemes enhances the

---

* Lou Feng, Professor, Director of Economic Forecasting and Analysis Research Division, the Institute of Quantitative & Technological Economics, CASS.

overall fiscal revenue of local governments. Finally, to maximize the economic and fiscal effects of excise tax reform, it is recommended to promptly increase the tax rates for tobacco and alcohol goods, move the tax collection stage to a later stage and promote the the excise tax revenue ownership reform in a coordinated manner. At the same time, it is crucial to develop a coordinated mechanism for the balanced distribution of excise tax revenue among regions.

Ⅰ. Introduction

With the full implementation of the policy of "replacing business tax with value-added tax (VAT)", the business tax is being phased out, resulting in the loss of a major revenue-generating tax for local governments. This, combined with ongoing tax cuts and fee reductions, has significantly decreased local government revenue, exacerbating the existing imbalance between the financial resources and administrative responsibilities. Against this backdrop, in 2019, the State Council introduced a *Plan to Reform the Revenue Distribution between Central and Local Governments Following Substantial Tax Cuts and Fee Reductions*, emphasizing the need to "move the collection of excise tax to a later stage and steadily assign it local governments, to expand local revenue sources". The *Recommendations of the Central Committee of the Communist Party of China on the Formulation of the Fourteenth Five-Year Plan for National Economic and Social Development and the Long-term Goals for the Year* 2035, issued at the Fifth Plenary Session of the 19th Central Committee in 2020, reiterated the need to "adjust and improve the collection scope and rate of excise tax, move the tax collection to a later stage, and steadily assign it to local governments". The report to the 20th Party Congress in 2022 pointed out that "to build a modern socialist country in all respects, we must, first and foremost, pursue high-quality development". Excise tax reform, as a key element of China's future tax reform, is expected to achieve further breakthroughs in promoting high-quality development of the country.

Heavily impacted by the COVID – 19 pandemic, the market has experienced a prolonged downturn. To invigorate market resources and stimulate the vitality of market participants, China has implemented massive tax cuts and fee reductions. In the mean time, to rapidly enhance market vitality and stabilize market confidence, various new infrastructure projects have been launched, which has revived the economy but at the same time, increased the financial burden of local governments. In 2022, local general public budget expenditures reached 22,503.9 billion yuan, while local general public budget revenues stood at 10,881.8 billion yuan. The gap between local fiscal revenues and expenditures is becoming increasingly severe and needs to be addressed urgently. Given the challenges in collecting real estate tax under current circumstances, optimizing and improving the existing tax categories is crucial. Central documents have repeatedly emphasized the need for continuous optimization and improvement of the excise tax system structure, making the promotion of excise tax reform an important task in China's finance and taxation sector for the future.

II. Literature Review

This paper analyzes the impact of excise tax system reform from the perspectives of economic and fiscal effects. In the following paragraphs, a brief literature review will be conducted from these two dimensions.

The economic effect of excise taxis reform is the response of consumers' consumption behavior and producers' production behavior to the adjustments of the current excise tax system, which has a series of impact on both the macro and micro economies through intermediate variables such as price or income. Regarding the economic effect of excise tax reform, there are analyses that focus on single-product excise tax reforms. For instance, Lai

Mingyong et al. argue that the collection of fuel taxes at the production stage is more detrimental to the economy, while collection at the retail stage is less so, and collection at the wholesale stage falls in between.① Yin Yinpin et al. argue that increasing the excise tax rate for refined oil has a significant short-term suppressive effect on the supply of refined oil, but the long-term effect is less pronounced.② Further research shows that the reform of refined oil excise tax has minimal impact on China's macro economy.③ However, it can, to a certain extent, address China's energy and environmental challenges and promote the transformation and upgrading of the country's energy industry.④ Su Guocan et al. believe that the reform of excise tax rates and collection stage for tobacco, alcohol and refined oil will help to correct negative externalities.⑤ Zhu Jun et al. argue that a 'horizontal' change in the excise tax rate for high-end consumer goods has no significant effect on GDP, while a higher excise tax on electricity significantly negatively impacts GDP. Moreover, with the tobacco excise tax revenue remaining unchanged, eliminating the excise tax at the wholesale stage and increasing the excise tax at the production stage have little effect on GDP.⑥ Furthermore, several

---

① Lai Mingyong, Xiao Hao, Chen Wen, Zhu Shujin, "Dynamic General Equilibrium Analysis and Policy Choices for Fuel Tax Collection at Different Stages", in *The Journal of World Economy*, 2008, (11): 65–76.
② Yin Yinpin, Zhang Ying, Meng Yingying, "The Supply and Demand Effects of Refined Oil Excise Tax Reform", in *Taxation Research*, 2015, (04): 36–42.
③ Yang Detian, Wang Danzhou, "Construction and Application of a Tax CGE Model Based on China's Refined Oil Market: A Case Study of the Impact of Rising Refined Oil Excise Tax Rates on China's Economy", in *Taxation and Economics*, 2016, (04): 88–95; Jiang Dongsheng, "Analysis of Tax Strategies for Automobile Energy Conservation and Emission Reduction—Starting from the Adjustment of Automobile Excise Tax", in *Economics and Management*, 2009, 23 (03): 79–82.
④ Huang Chunyuan, "An Empirical Study on the Economic Effects of Excise Tax on Refined Oil", in *Taxation Research*, 2017, (07): 101–106.
⑤ Su Guocan, Tong Jinzhi, Huang Kelong, "Analysis of China's Reform of Excise Tax Rates and Taxation Stage and Its Effect on Welfare—A Case Study of Tobacco, Alcohol and Refined Oil", in *Public Finance Research*, 2016, (09): 19–29.
⑥ Zhu Jun, Zou Taolue, Zhang Jingting, "The Economic Effects and Policy Options of China's Future Excise Tax Reform", in *Economic and Management Review*, 2022, 38 (03): 67–75.

Chapter 12 China's Excise Tax Reform: Economic Effect and Fiscal Effect

scholars have conducted comprehensive analyses of excise tax reform. For instance, Wang Hui et al. have observed that an increase in the excise tax rate leads to a decline in overall consumer demand among rural residents, while it results in an increase for urban residents[1] Khieu and Nguyen argue that enhancing the minimum and maximum progressive tax rates can mitigate wealth and consumption disparities in the long term.[2] Nakajima and Takahashi believe that excise tax provides an inadequate safeguard against risks.[3] Li Sheng has examined the economic effect of excise tax, finding that it has a constraining effect on consumption, which limits the tax's overall utility, while its industry regulatory effect and income distribution functions are not markedly evident.[4]

Financial resources, which represent the disposable financial funds a government possesses over a specific period to fulfill its public duties, are the final result of financial resource allocation.[5] The fiscal effect of excise tax refers to an array of impact on fiscal revenues and expenditures of local governments following excise tax reform. Most research on the fiscal effect of excise tax reform focuses on the impact of changing excise tax to a local tax. The research results show that changing excise tax to a local tax could the boost fiscal revenue of local governments, alleviate the local fiscal pressure,

---

[1] Wang Hui, Zhang Shunming, Zhou Rui, Wang Yanyi, "Analysis of Personal Income Tax and Excise Tax Policies: A CGE Perspective", in *Systems Engineering Theory and Practice*, 2016, 36 (01): 27 – 43.

[2] Khieu H, Van Nguyen T, "Progressive consumption tax, minimum consumption, and inequality", in *Economics Letters*, 2020, 197: 109653.

[3] Nakajima T, Takahashi S, "The effectiveness of consumption taxes and transfers as insurance against idiosyncratic risk", in *Journal of Money, Credit and Banking*, 2020, 52 (2 – 3): 505 – 530.

[4] Li Sheng, "A Study on the Economic Effects of Excise Tax", in *Fiscal Science*, 2022, (05): 98 – 108.

[5] Cadre Education Center, Ministry of Finance, "Research on Modern Intergovernmental Fiscal Relations" in *Economic Science Press*, 2017.

and①reduce regional financial disparities.② Moreover, assuming that excise tax is changed to a local tax, Jiang Yunyun and Zhong Yuanyuan have studied the impact of excise tax reform across different industries on local government revenue. Their findings suggest that excise tax reform should be tailored to the specific circumstances of various tax items, with the appropriate selection of collection principles and revenue ownership.③ Additionally, some scholars have analyzed the fiscal effect of excise tax reform from the perspective of tax collection stage. The findings suggest that to enhance the excise tax's role in bridging the gap between local fiscal revenues and expenditures, it is essential to move the tax collection to a later wholesales and retail stage.④ This would prevent tax revenue shortfalls arising from regional production capacity disparities and potential destructive competition over excise tax among regions.⑤

In conclusion, the existing literature provides a theoretical basis for subsequent research, and offers valuable insights into research approaches and

---

① Jacobs J P A M, Ligthart J E, Vrijburg H. "Consumption tax competition among governments: Evidence from the United States", in *International Tax and Public Finance*, 2010, 17: 271-294; Kimura S., "Goals and reforms of current Japanese local tax system", in *Hitotsubashi journal of law and politics*, 2015, 43: 17-48.

② Meng Yingying, "Prospects for Excise Tax Reform Through the Reconstruction of Local Main Tax Categories", in *Economic Review Journal*, 2016, (08): 105-109; Tang Ming, Lu Rui, "The Policy Effect and Sharing Scheme Design of Local Excise Tax Reform—Based on Numerical Simulation", in *Finance and Trade Research*, 2020, 31 (06): 68-84.

③ Jiang Yunyun, Zhong Yuanyuan, "The Impact of Excise Tax Revenue Ownership on the Balance of Local Fiscal Revenue", in *Taxation Research*, 2018, (07): 35-41.

④ Gao Peiyong, Wang Dehua, "Assessment of the Current Fiscal and Taxation System Reform: 2013.11-2016.10 (Part I)", in *Finance & Trade Economics*, 2016, (11): 5-17; Gao Peiyong, Wang Dehua, "Assessment of the Current Fiscal and Taxation System Reform: 2013.11-2016.10 (Part II)", in *Finance & Trade Economics* 2016, (12): 5-16; Gu Cheng, Zhou Zijian, Liu Zeyu, "Rethinking Excise Tax Reform", in *Subnational Fiscal Research*, 2020, (02): 24-28+37; Yang Xiaomei, Tang Jinping, Wang Youxing, "Excise Tax Reform and Local Fiscal Balance: An Analysis from the Dual Perspectives of Moving the Tax Collection to a Later Stage and Adjusting the Revenue Division", in *Fiscal Research*, 2020, (10): 89-101.

⑤ Mao Xiaojun, "Excise Tax Reform: Institutional Basis and Risk Prevention", in *Subnational Fiscal Research*, 2020, (02): 29-37.

Chapter 12 China's Excise Tax Reform: Economic Effect and Fiscal Effect

analytical methods for this paper. Prior research on excise tax reform was mainly focused on qualitative analysis, with less emphasis on quantitative analysis of the reform. On the one hand, it may be because before "replacing business tax with value-added tax", the main local taxes still existed. On the other hand, as a significant portion of local government revenues, land transfer funds accounted for a larger share of local fiscal revenue, resulting in minimal financial pressure on local governments, and consequently, excise tax did not garner their attention. Although quantitative analyses of excise tax reform have been progressively enriched in recent years, there is a scarcity of studies that integrate the economic and fiscal effects of excise tax reform within a general equilibrium framework, which is necessary to provide robust policy guidance for such reform. In light of this, and utilizing the latest input-output table for 2020 and other national economic data, this paper constructs a fiscal and tax CGE model for China, which distinguishes between the central government and the local governments in 31 provinces, autonomous regions, and municipalities. It also incorporates a module designed to measure the fiscal balance of local governments, to simulate and analyze the economic and fiscal effects under three different excise tax reform schemes.

Compared to existing literature, the marginal contributions of this paper are as follows: Firstly, using the latest national input-output table for 2020, along with other national economic data such as tax revenues from various industries and categories, this paper constructs a multi-sectoral fiscal and tax CGE model, which distinguishes between the central government and local governments in 31 provinces, districts, and municipalities, and it designs three excise tax reform schemes to predict and simulate future reforms; Secondly, through numerical simulation, this paper quantitatively analyzes the impact of excise tax reform on macroeconomic indicators such as GDP and imports and exports. Additionally, by categorizing residents according to their income levels, it provides a quantitative analysis of the structural impact of different excise tax reform schemes on various resident groups; Thirdly, by integrating the fiscal balance module into the fiscal and tax CGE model and merging provinces, districts, and municipalities based on geographical regions, this paper further analyzes how excise tax reform impacts the fiscal balance of local governments in different regions.

III. Analysis of the Excise Tax Mechanism

In accordance with the national 14th Five-Year Plan, a reform model that "adjusts and improves the collection scope and rate of excise tax, moves the tax collection to a later stage and steadily assigns it to local governments" is proposed. As shown in Figure 12 – 1, with the collection stage and the tax base and system remaining unchanged, higher excise taxes on tobacco, alcohol, and luxury goods result in increased fiscal revenue for the central government. Furthermore, increasing the excise tax rates on tobacco, alcohol, and luxury goods will also elevate the market prices of these commodities, subsequently affecting the macroeconomy through price channels.

With the tax system remaining unchanged, when the excise tax collection is moved from the production stage to the retail stage, the tax base in the retail stage is larger than that in the production stage. This leads to increased excise tax revenue for the central government. As the central government will make transfer payments to local governments, this can result in additional transfer payments to local governments. As the revenues of local government increase, their pressure from their fiscal revenue and expenditure imbalance will be alleviated. Moreover, moving the collection of excise tax to a later stage will lead to changes in excise tax in the place of production and consumption of taxable goods, VAT based on excise tax, and local additional tax revenue based on excise tax and VAT. This will result in a horizontal redistribution of

Chapter 12 China's Excise Tax Reform: Economic Effect and Fiscal Effect

inter-regional financial resources, with "visible" financial inflows or outflows.① Additionally, moving the collection of excise tax to a later stage will have a series of impact on the macro economy through the price channel in the commodity market.

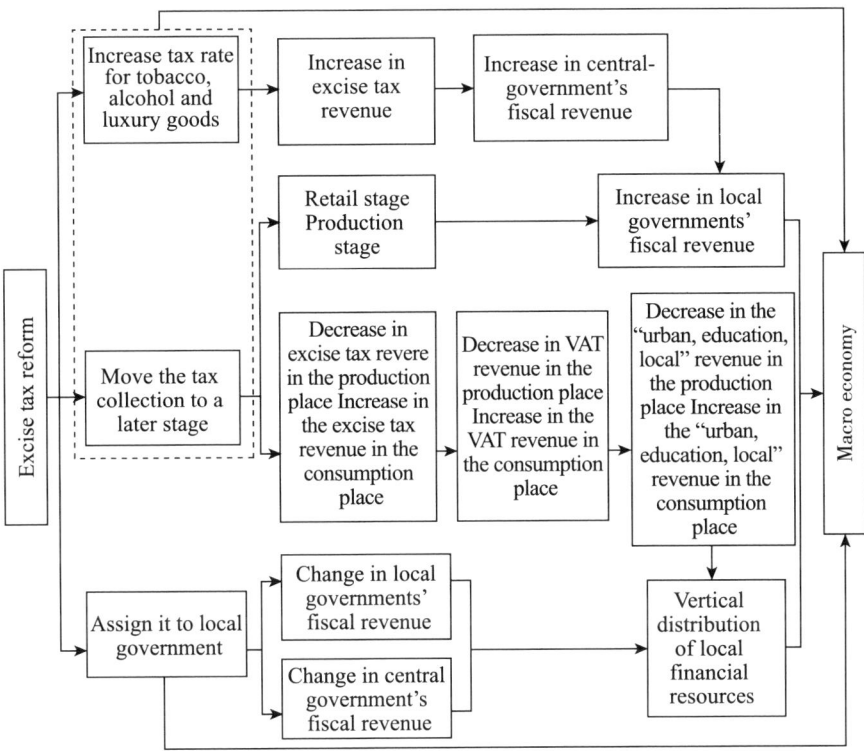

Figure 12 – 1　Excise Tax Reform Mechanism②

Currently, there are two predominant views on the excise tax reform: changing excise tax into a central-local shared tax, and making it a local tax. As for the first view, changing the excise tax into a central-local shared tax can ensure stability in the central financial structure during the early stages of

---

①　Tang Ming, Ling Huixin, "Research on the Fiscal Effect of Excise Tax Decentralization and Revenue Sharing Optimization Strategy—Based on Numerical Simulation Analysis", in *Journal of Central University of Finance and Economics*, 2022, (02): 13 – 26.

②　The "urban, education, and local" in Figure 1 refer to the urban maintenance and construction tax, education surcharge, and local education surcharge.

excise tax reform, and it can effectively alleviate local financial pressures. As for the second view, although theoretically making the excise tax a local tax might increase local government revenues, considering the practicalities of collection and management, it may lead to a horizontal redistribution of local financial resources. Additionally, changes in the fiscal revenues of central and local governments will influence their expenditure behavior to varying degrees, thereby affecting the macro economy's operation through the multiplier effect of government spending.

IV. Theoretical Models and Data Sources

The CGE model is built on the general equilibrium theory and is primarily utilized to simulate and analyze the specific impacts of policy changes within the economic system. The CGE model is a crucial instrument for policy simulation analysis as it can account for both the input-output relationships between different sectors and the interaction mechanism within the entire economy, reflecting the significant characteristics of the economic system within the model framework.

(Ⅰ) CGE model

The fiscal and tax CGE model in this paper is constructed and further expanded based on the analysis of the excise tax mechanism outlined in Part Ⅲ: (1) Although the focus of this paper is to analyze the economic and fiscal effects of excise tax reform, in order to avoid the potential aggregated impact of other taxes on the model, the model includes not only the excise tax but also 17 other types of taxes, such as VAT, corporate income tax, personal income tax, and tariffs; (2) Residents are categorized based on income levels into five rural resident groups (rural low-income, rural lower-middle-income, rural middle-income, rural upper-middle-income, and rural high-income groups) and five urban resident groups (urban low-income, urban lower-

Chapter 12 China's Excise Tax Reform: Economic Effect and Fiscal Effect

middle-income, urban middle-income, urban middle-high income and urban high-income groups), including the income and expenditure characteristics of all resident groups; In addition, the model distinguishes between central government and local governments in 31 provinces, autonomous regions, and municipalities, with local governments merged according to broader geographical regions. (3) As previously introduced, the economic effect of excise tax refers to the series of impact that excise tax reform has on both the macro and micro economies. To reflect the economic effect of excise tax reform, this paper focuses on indicators such as GDP, output, imports, exports, welfare levels, residents' income, and consumption. The fiscal revenue and consumption expenditure indicators for central and local governments, as well as the coefficient of variation, are selected to reflect changes in the fiscal effect on governments before and after the excise tax reform.

1. Production and excise tax

In the fiscal and tax CGE model constructed in this paper, the price is tax-exclusive, hence the tax-inclusive price is the tax-exclusive price plus all applicable taxes. In the first layer of nested functions, the added value QKL_i and intermediate inputs $QINT_i$ are further combined into total output QX_i in the form of a CES function, as shown in Equation (1), where λ_i^{qx} is the scale parameter of the CES function, and ρ_i^{qx} is the substitution elasticity parameter between the added value and intermediate inputs for sector i. β_{kli} and β_{ndi} are the share parameters of the added value and intermediate inputs for the sector i respectively. In the second layer of the model's nested function, labor QL_i and capital QK_i are combined into the added value QKL_i in the form of a CES function, as shown in Equation (2), where λ_i^{kl} is the scale parameter of the CES function, and ρ_i^{kl} is the substitution elasticity parameter between labor and capital for sector i. β_{li} and β_{ki} are the share parameters of labor and capital for sector i respectively.

$$QX_i = \lambda_i^{qx} (\beta_{kli} QKL_i^{-\rho_i^{qx}} + \beta_{ndi} QINT_i^{-\rho_i^{qx}})^{-\frac{1}{\rho_i^{qx}}} \tag{1}$$

$$QKL_i = \lambda_i^{kl}(\beta_{ki}QK_i^{-\rho_i^{kl}} + \beta_{li}QL_i^{-\rho_i^{kl}})^{-\frac{1}{\rho_i^{kl}}} \tag{2}$$

According to the flow direction, output is divided into domestic use QD_i and exports QE_i in the form of a CET function, with specific functional forms as shown in Equations (3) and (4), where λ_{exi} is the scale parameter of the CET function; xid_i and xie_i are the domestic use share and export share of sector i respectively. σ_i^{ex} is the substitution elasticity between domestic use and exports. PX_i, PD_i and PE_i are the output price, domestic sales price, and export price of product i respectively. $rexct_i$ is the actual effective rate of excise tax on commodity i, and $\sum_{k}^{12} rt_{ki}$ represents the actual effective rate of indirect taxes other than excise tax, including resource tax, urban maintenance and construction tax, real estate tax, stamp duty, urban land use tax, land VAT, vehicle purchase tax, vehicle and vessel tax, farmland occupation tax, deed tax, environmental protection tax, and other indirect taxes.

$$QD_i = \lambda_{exi}^{\sigma_i^{ex}-1}(xid_i \times (1 + rexct_i + \sum_{k}^{12} rt_{ki}) \times \frac{PX_i}{PD_i})^{\sigma_i^{ex}} \times QX_i \tag{3}$$

$$QE_i = \lambda_{exi}^{\sigma_i^{ex}-1}(xie_i \times (1 + rexct_i + \sum_{k}^{12} rt_{ki}) \times \frac{PX_i}{PE_i})^{\sigma_i^{ex}} \times QX_i \tag{4}$$

2. Residents' income and expenditure

In the fiscal CGE model constructed in this paper, the Extended Linear Expenditure System (ELES) demand function is used to describe the consumption behavior of residents. The ELES demand function divides residents' consumption into two parts: basic demand to meet fundamental living needs, which does not change with fluctuations in consumer income, and additional demand, which represents the portion available for redistribution after accounting for basic needs. In this paper, residents are categorized into five rural resident groups and five urban resident groups based on their income levels. Income TYH_h includes labor compensation YHL_h, capital income YHK_h, transfer payments from central government $transcgth_h$, and transfer payments from local governments $translgth_h^{lgov}$, as shown in

Equation (5). After deducting personal income tax $gihtax_h$ and savings sh_h from resident income, the remainder is used for consumption, as shown in Equation (6). Where HD_{ih} represents the consumption of commodity h by residents of group i, $\overline{HD_{ih}}$ is the basic demand for commodity h by residents of group i, and $conh_{ih}$ represents the consumption coefficient of commodity h by residents of group i. The economic effect of excise tax reform on residents is mainly reflected in two aspects. Firstly, excise tax reform affects the income and expenditure of residents through price transmission by influencing commodity prices in the market. Secondly, the excise tax reform affects government fiscal revenue, which is closely related to its expenditure behavior, and ultimately affects the income and expenditure of residents through the government transfer payments to residents.

$$TYH_h = YHL_h + YHK_h + transcgth_h + \sum_{lgov} translgth_h^{lgov} \qquad (5)$$

$$PQ_i \times HD_{ih} = PQ_i \times \overline{HD_{ih}} + conh_{ih} \times (TYH_h - gihtax_h - sh_h - PQ_i \times \overline{HD_{ih}}) \qquad (6)$$

3. Government revenue and expenditure

In the fiscal and tax CGE model constructed in this paper, the government is divided into central and local governments, with local governments further divided into governments in 31 provinces, autonomous regions, and municipalities. According to the ownership of tax revenues, different types of tax revenues are included in the revenue equations of central and local governments, as shown in Equations (7) and (8), which can be used to analyze the impact of excise tax reform on government fiscal revenue. Government expenditure includes not only government consumption expenditure but also government transfer payments. Specifically, it includes transfer payments from the central and local governments to various resident groups, transfer payments from the central government to local governments, and transfer payments from local governments to the central government, as shown in Equations (9) and (10). Equations (7) to (10) not only intuitively reflect the changes in fiscal revenue before and after the excise tax reform for central and local governments but also reflect changes in their expenditure behavior, thereby characterizing fiscal effect on governments before and after the excise tax reform.

$$\begin{aligned}
TYCG = {} & rgvatcg \times \sum_{I} gvat_i + rgexctcg \times \sum_{I} gexct_i + rgietcg \times gietax \\
& + rgrestrtcg \times \sum_{i} grestrt_i + rgumctcg \times \sum_{i} gumct_i + rgclutcg \times \sum_{i} gclut_i \\
& + rgstamptcg \times \sum_{i} gstampt_i + rglvitcg \times \sum_{i} glvit_i + rgflastcg \times \sum_{i} gflast_i \\
& + rgststcg \times \sum_{i} gstat_i + rgvptcg \times \sum_{i} gvpt_i + rgclotcg \times \sum_{i} gclot_i \\
& + rgdeedtcg \times \sum_{i} gdeedt_i + rgeptcg \times \sum_{i} gept_i + rgoitcg \times \sum_{i} goit_i \\
& + rtarifftcg \times \sum_{i} tariff_i + rgihtcg \times \sum_{h} gihtax_h + \sum_{lgov} handltcg_{lgov}
\end{aligned}$$

(7)

$$\begin{aligned}
TYLG_{lgov} = {} & rgvatlg_{lgov} \times \sum_{I} gvat_i + rgexctlg_{lgov} \times \sum_{I} gexct_i + rgietlg_{lgov} \times gietax \\
& + rgrestrtlg_{lgov} \times \sum_{i} grestrt_i + rgumctlg_{lgov} \times \sum_{i} gumct_i + rgclutlg_{lgov} \times \sum_{i} gclut_i \\
& + rgstamptlg_{lgov} \times \sum_{i} gstampt_i + rglvitlg_{lgov} \times \sum_{i} glvit_i + rgflastlg_{lgov} \times \sum_{i} gflast_i \\
& + rgststlg_{lgov} \times \sum_{i} gstat_i + rgvptlg_{lgov} \times \sum_{i} gvpt_i + rgclotlg_{lgov} \times \sum_{i} gclot_i \\
& + rgdeedtlg_{lgov} \times \sum_{i} gdeedt_i + rgeptlg_{lgov} \times \sum_{i} gept_i + rgoitlg_{lgov} \times \sum_{i} goit_i \\
& + rtarifftlg \times \sum_{i} tariff_i + rgihtlg_{lgov} \times \sum_{h} gihtax_h + \sum_{lgov} allocactlg_{lgov}
\end{aligned}$$

(8)

Where, $TYCG$ represents the revenue of the central government, and $TYLG_{lgov}$ represents the revenue of local governments in provinces, autonomous regions, and municipalities. $gvat_i$, $gexct_i$, $gietax$, $grestrt_i$, $gumct_i$, $gclut_i$,

Chapter 12 China's Excise Tax Reform: Economic Effect and Fiscal Effect

$gstampt_i$, $glvit_i$, $gflast_i$, $gstat_i$, $gvpt_i$, $gclot_i$, $gdeedt_i$, $gept_i$, $goit_i$, $tariff_i$ and $gihtax$ represent VAT, excise tax, corporate income tax, resource tax, urban maintenance and construction tax, property tax, stamp tax, urban land use tax, land VAT, vehicle purchase tax, vehicle and vessel tax, farmland occupation tax, deed tax, environmental protection tax, other taxes, customs duties, and personal income tax, respectively. The coefficients before each tax category represent the share parameters of central tax, local tax, or central-local shared tax. $handltcg_{lgov}$ represents transfer payments from the central government to local governments, and $allocactlg_{lgov}$ represents transfer payments from local governments in provinces, autonomous regions, and municipalities to the central government.

$$PQ_i \times CGD_i = concg_i \times (TYCG - \sum_h transcgth_h - \sum_{lgov} allocactlg_{lgov} - scg) \quad (9)$$

$$PQ_i \times LGD_i^{lgov} = conlg_i^{lgov} \times (TYLG_{lgov} - \sum_h translgth_h^{lgov} - \sum_{lgov} handltcg_{lgov} - slg_{lgov}) \quad (10)$$

Where, PQ_i is the domestic price of commodity i, CGD_i and LGD_i^{lgov} are the consumptions of commodity i by the central and local governments, respectively. $transcgth_h$ and $translgth_h^{lgov}$ are the transfer payments to residents from the central and local governments in all provinces, autonomous regions, and municipalities, respectively. scg and slg_{lgov} are the savings of the central government and local governments in all provinces, autonomous regions, and municipalities, respectively. $concg_i$ and $conlg_i^{lgov}$ are the consumption coefficients of the central government and local governments in provinces, autonomous regions, and municipalities for commodity i, respectively.

4. Fiscal balance

Fiscal balance is a critical indicator to measure the stability of the fiscal and tax systems of local governments. Various methods are employed by scholars to measure fiscal balance, including the Gini coefficient, Theil index and coefficient of variation. Based on the characteristics of data and model presented here, this paper utilizes the coefficient of variation to describe the change in the fiscal balance of local governments before and after the excise tax reform, and uses it as an additional indicator to measure the change in fiscal effect on governments before and after the reform. The coefficient of variation is the ratio of the standard deviation to the mean of a dataset, which mitigates the influence caused by different data metrics used. A smaller coefficient of variation indicates more balanced financial resources, and vice versa.

According to the definition of the coefficient of variation, its calculation formula is as follows:

$$CV_{lgov} = \frac{SD_{lgov}}{MN_{lgov}} \times 100\% \qquad (11)$$

Where, SD_{lgov} represents the standard deviation of local government fiscal revenue, and MN_{lgov} represents the mean value of local government fiscal revenue.

(Ⅱ) **Data and parameters**

Based on the latest national input and output table for 2020 released by the National Bureau of Statistics, combined with tax data such as excise tax and the income and expenditure data of residents from the China Tax Yearbook (2021), this paper constructs a Social Accounting Matrix (SAM) for the year 2020, and adopts the balanced SAM as the dataset for the fiscal and tax CGE model. The SAM table can comprehensively and accurately depict the economic cycle process in which production creates income, income leads to demand, and demand leads to production within the economic system. It clearly reproduces the economic and social structure of a country or region in a specific year. The SAM table constructed in this paper includes 10 accounts: activities, commodities, factors, residents, enterprises, government, taxes, investment and savings, inventory changes, and foreign countries. The activity sector is divided into 19 categories. Since the model assumes that an activity produces only one commodity, there are 19 corresponding commodities, with factors divided into labor and capital. Residents are divided into five rural and five urban categories. The government is divided into the central government and local governments, with the latter further divided into governments in 31 provinces, autonomous regions, and municipalities. In addition to excise tax, the tax account also includes the remaining 16 taxes under the current tax system.

The fiscal and tax CGE model parameters constructed in this paper primarily derive from two sources: one is SAM table under the baseline scenario, based on which the parameters are obtained through model calibration, such as share parameters, scale parameters, effective rates of various taxes, and consumption coefficients of governments or residents; the other is relevant domestic and international literature, the estimates in which are directly used, such as the substitution elasticity in the CES function and that in the CET function.

(Ⅲ) **Design of policy simulation schemes**

In accordance with the 14th Five-Year Plan, which proposes to "adjust and improve the collection scope and rate of excise tax, move the tax collection to a later stage, and steadily assigns it to local governments", this paper designs the following three policy simulation schemes:

Policy Simulation Scheme 1: In reality, the price elasticity of tobacco and alcohol consumer goods is low, and manufacturers have strong bargaining power, so the likelihood of reducing the ex-factory price of such goods is small as a result of the adjustment of the excise tax collection stage. Moreover, to better guide consumers towards healthier consumption, this paper increases the excise tax rate for tobacco and alcohol consumer goods by 10% from the original basis based on the research of Zhu Jun (2022). At the same time, considering the moving of the tax collection to a later stage, the excise tax rate in the wholesale and retail stage is set to increase by 10% from the original basis.

Policy Simulation Scheme 2: Regarding the excise tax revenue ownership reform, both academia and the industry suggest that excise tax should be changed from a central tax to a central-local shared tax. However, there is no final conclusion on the distribution ratio of excise tax revenue between the central and local governments. Considering that excise tax is an indirect tax, and noting the 'five-five sharing' ratio of VAT between the central and local governments—where the central government shares 50% of VAT revenue, and local governments share 50% of VAT revenue—this paper proposes a similar model for excise tax. Specifically, it suggests that the central government should share 50% of the excise tax revenue, while local governments should share the remaining 50%. Given the inclusion of local governments in the 31 provinces, autonomous regions, and municipalities in the fiscal and tax CGE model, this paper further divides the 50% share of the total excise tax revenue allocable to local governments. The specific sharing ratio is determined based on the proportion of excise tax revenue generated within each province, autonomous region, and municipality, as detailed in the Table of Central Government Tax Revenue by Region and Type of Tax for the Year 2020.

Policy Simulation Scheme 3: Impacted by the COVID – 19 pandemic, the conflict between Russia and Ukraine, which has led to increased global energy prices, and the introduction of the chip bill by the United States, the global economy is now in a downturn. Although China's domestic economy is improving, there is still a significant gap between the economic growth rate and the potential economic growth rate. At this stage, it is not considered appropriate to advance the excise tax reform. However, given the severe fiscal revenue and expenditure gap faced by local governments, this paper assumes that the central government will use excise tax revenue to increase transfer payments to local governments under the current excise tax system, to alleviate

Chapter 12 China's Excise Tax Reform: Economic Effect and Fiscal Effect

the financial pressure of local governments. Specifically, the proportion of subsidy received by governments in provinces, districts, and municipalities in the total central subsidy, as reported in the "China Financial Yearbook" for 2020, is used to determine the proportion of the central government's transfer payments to local governments in Scheme 3.

V. Results and Analysis

(Ⅰ) Impact on macro economy

Table 12 – 1 shows that under the three policy simulation schemes, excise tax reform has a negative impact on macroeconomic indicators, albeit with a small variation. Specifically, under Policy Simulation Scheme 1, the increase in the excise tax rate for tobacco and alcohol consumer goods, and at the wholesale and retail stage directly leads to an increase in domestic commodity sales prices. This, in turn, affects the entire macro economy through the price formation mechanism, resulting in a 0.1040% decrease in investment and a 0.0437% decrease in output. The sales price of domestic commodities also affects import and export prices through the price mechanism, thus affecting the import and export of commodities. This leads to a 0.1091% decrease in imports, a 0.0945% decrease in exports, and ultimately a 0.0035% decrease in real GDP, along with a decrease of 10.62993 billion yuan in residents' welfare. Under Policy Simulation Scheme 2, after excise tax is changed from a central tax to a central-local shared tax, although the overall fiscal revenue of local governments increases, the fiscal revenue of the central government decreases. The change in government revenue directly affects the expenditure behavior of central government, which then impacts the entire macro economy. This results in a 0.3145% decrease in investment, a 0.0540% decrease in output, a 0.0963% decrease in imports, a 0.0833% decrease in exports, and ultimately a 0.0047% decrease in real GDP. However, from the perspective of the change in residents' welfare, residents' welfare increases by

20.86057 billion yuan. This may be because, after excise tax is changed to a central-local shared tax, the overall fiscal revenue of local governments increases, leading to an increase in transfer payments from local governments to residents. Although the central government also makes transfer payments to residents, the reduction in central government revenue will somewhat reduce these payments. However, due to the fact that the proportion of transfer payments from the central government to residents is low, and it is the local governments that play a major role in making such payments, the social welfare level of residents is eventually enhanced. Under Policy Simulation Scheme 3, the increase in transfer payments from the central government to local governments will directly affect the revenue and expenditure behavior of governments at central and local levels, and ultimately impact the entire macro economy. This results in a 0.1346% decrease in investment, a 0.0763% decrease in output, a 0.0881% decrease in imports, and a 0.0762% decrease in exports, culminating in a 0.0014% drop in real GDP. Compared to Scheme 2, Scheme 3 experiences a smaller decrease in real GDP, and resident welfare increases by 181.84909 billion yuan. It is evident that compared to changing excise tax to a central-local shared tax, using excise tax revenue as a transfer payment from the central government to local governments has a better effect. The possible reason is that, under the current excise tax collection mechanism, the excise tax revenue is merely considered an additional transfer payment from the central government to local governments. This does not directly affect the sales price in the commodity market, but only expands the local government's fiscal revenue. As a result, the impact on GDP is relatively weak. This shows that during an economic downturn, the central government's increased transfer payments to local governments can not only effectively alleviate the resistance to economic growth but also improve the welfare and future consumption expectations of residents, playing a significant role in promoting overall macroeconomic development. Furthermore, if excise tax revenue is directly transferred to residents, it may have a greater effect on improving the social welfare of residents. This also validates the efforts to encourage increased transfer payments to residents, especially middle and low-income groups, during the epidemic prevention and control period①.

Table 12 – 1 Impact of Excise Tax Reform on Macroeconomic Indicators (unit: %, 100 million yuan)

	Real GDP	Investment	Output	Import	Export	Residents' welfare
Scheme 1	– 0.0035	– 0.1040	– 0.0437	– 0.1091	– 0.0945	– 106.2993
Scheme 2	– 0.0047	– 0.3145	– 0.0540	– 0.0963	– 0.0833	208.6057
Scheme 3	– 0.0014	– 0.1346	– 0.0763	– 0.0881	– 0.0762	1818.4909

(Ⅱ) **Impact on residents' income and consumption**

In the fiscal and tax CGE model presented in the paper, the income determination equation for rural and urban residents is simplified, meaning that the income change range for rural and urban residents of different income levels remains the same despite the policy change. However, this will not significantly impact the simulation results. Under Policy Simulation Scheme 1, in terms of income, there is a decrease of 0.0533% for rural residents, 0.0560% for urban residents, and 0.0555% for the nation as a whole. In terms of expenditure, the overall expenditure of rural residents shows a U-shaped change, while that of urban residents shows an inverted U-shaped change. In particular, the overall expenditure of rural residents decreases by 0.0269%, that of urban residents by 0.0279%, and that of the nation as a whole by 0.0277%. This is primarily due to the fact that, under Policy Simulation Scheme 1, the increase in excise tax rates for tobacco and alcohol consumer goods and at the wholesale and retail stage leads to varied responses among residents of different income levels. This variation is attributed to price stickiness and the diverse consumption preferences of residents, who show

---

① Given the limited length and focus of this article, the direct transfer of excise tax revenue to residents is not detailed further here.

distinct behavioral patterns when faced with the same policy adjustments.

Under Policy Simulation Scheme 2, in terms of income, there is an increase of 0.0670% for rural residents, 0.0631% for urban residents, and 0.0638% for the nation as a whole. In terms of expenditure, both rural and urban resident expenditure sees an increase, with the growth rate becoming more pronounced as income levels rise. Overall, the expenditure of rural residents rises by 0.0501%, that of urban residents by 0.0555%, and of the nation as a whole by 0.0543%. This is mainly because, under Policy Simulation Scheme 2, reforming directly the existing excise tax system to change the excise tax to a central-local shared tax from a central tax expands local government revenue. This, to a certain extent, results in an increase in transfer payments to residents. Due to China's unique urban-rural dual structure and the varying consumption preferences of residents, there are differences in consumption expenditure among residents of different income levels.

Under Policy Simulation Scheme 3, in terms of income, there is an increase of 0.6505% for rural residents, 0.5981% for urban residents, and 0.6078% for the nation as a whole. In terms of expenditure, the expenditure of both rural and urban residents increase to varying degrees, significantly surpassing that under scheme 2. Overall, the expenditure of rural residents increases by 0.4590%, that of urban residents by 0.4775%, and that of the nation as a whole by 0.4736%. This is largely because, under Policy Simulation Scheme 3, the current excise tax revenue is treated as an additional transfer payment from the central government to local governments, which directly increases local government fiscal revenue. This, to a certain extent, leads to an increase in transfer payments to residents, consequently, higher residents' income. The increase in residents' income in turn results in an increase in consumption expenditure. However, due to the differing consumption preferences of residents of various income levels, the consumption expenditure among these groups also varies.

Chapter 12 China's Excise Tax Reform: Economic Effect and Fiscal Effect

**Table 12-2 Impact of Excise Tax Reform on Residents'
Income and Expenditure (Unit: %)**

	Revenue			Expenditure		
	Scheme 1	Scheme 2	Scheme 3	Scheme 1	Scheme 2	Scheme 3
Rural low-income households	-0.0533	0.0670	0.6505	-0.0257	0.0399	0.3771
Rural low-and middle-income households	-0.0533	0.0670	0.6505	-0.0264	0.0438	0.4078
Rural middle-income households	-0.0533	0.0670	0.6505	-0.0274	0.0476	0.4400
Rural middle-and high-income households	-0.0533	0.0670	0.6505	-0.0279	0.0515	0.4714
Rural high-income households	-0.0533	0.0670	0.6505	-0.0265	0.0558	0.5032
Urban low-income households	-0.0560	0.0631	0.5981	-0.0278	0.0469	0.4098
Urban low-and middle-income households	-0.0560	0.0631	0.5981	-0.0271	0.0502	0.4352
Urban middle-income households	-0.0560	0.0631	0.5981	-0.0273	0.0536	0.4620
Urban middle-and high-income households	-0.0560	0.0631	0.5981	-0.0279	0.0566	0.4865
Urban high-income households	-0.0560	0.0631	0.5981	-0.0285	0.0593	0.5089
Rural residents	-0.0533	0.0670	0.6505	-0.0269	0.0501	0.4590
Urban residents	-0.0560	0.0631	0.5981	-0.0279	0.0555	0.4775
The entire population	-0.0555	0.0638	0.6078	-0.0277	0.0543	0.4736

(Ⅲ) Impact on government revenue and consumption

As shown in Table 12 – 3, under Policy Simulation Scheme 1, the increase in the excise tax (as a central tax) rate for tobacco and alcohol goods and at the wholesale and retail stage, results in a 0.5791% increase in central government revenue. It spurs growth in consumption expenditure, with central government consumption up by 0.6417%. It also boosts central government revenue, resulting in higher transfer payments to local governments. This is reflected in the varying degree of revenue increases for local governments in provinces, autonomous regions, and municipalities, averaging an overall increase of 0.2695%. This also directly results in an overall increase of 0.3026% in local government expenditure. Under Policy Simulation Scheme 2, the change of excise tax from a central tax to a central-local shared tax causes a significant drop of 5.4271% in central government revenue, leading to a decrease of 5.4214% in consumption expenditure. For local governments, the majority see an increase in revenue, despite a minority experiencing a decrease in both revenue and consumption expenditure. Overall, local government revenue increases by 0.8204%, and consumption expenditure increases by 1.2421%. The possible reason for the decrease in revenue for some local governments is that, although the change to a central-local shared tax increases local government revenue, if the central government's revenue decreases, its transfer payments to local governments, which constitute a significant part of local government revenue, will decrease as well. Since consumption expenditure and revenue are closely related, the local government consumption expenditure will also see a decline. This suggests that when formulating economic policies, it is essential to consider not only the changes in one indicator but also to view the macro economy as a whole and to take into account all economic indicators comprehensively. Under Policy Simulation Scheme 3, with the central government's revenue basically remaining unchanged, excise tax revenue is used to expand transfer

Chapter 12 China's Excise Tax Reform: Economic Effect and Fiscal Effect

payments to local governments. As a result, the revenue of local governments in various provinces, districts, and cities increases significantly, as does their consumption expenditure, which increases by 6.9939%. As the central government increases transfer payments to local governments without increasing its revenue, its consumption expenditure decreases by 95.1259%.

Table 12-3 Impact on Government Revenue and Expenditure (Unit: %)

	Revenue			Expenditure		
	Scheme 1	Scheme 2	Scheme 3	Scheme 1	Scheme 2	Scheme 3
Beijing	0.0358	0.7430	2.6777	0.1026	0.7899	2.7827
Tianjin	0.1237	5.5175	4.5157	0.1898	5.5751	4.6770
Hebei	0.3240	-0.3593	8.5999	0.3885	-0.3175	8.6860
Shanxi	0.2972	-2.2630	8.0836	0.3694	-2.2190	8.2036
Inner Mongolia	0.3485	-1.8487	9.1133	0.4171	-1.7979	9.2837
Liaoning	0.3207	2.0363	9.2715	0.4003	2.0962	9.4485
Jilin	0.4197	0.2763	10.6260	0.4872	0.3312	10.7993
Heilongjiang	0.4632	-2.0668	11.5406	0.5386	-2.0126	11.7090
Shanghai	0.0100	6.3143	2.1561	0.0714	6.3724	2.3141
Jiangsu	0.0603	2.5885	3.1358	0.1275	2.6405	3.2797
Zhejiang	0.0335	3.3192	2.7762	0.0972	3.3670	2.8865
Anhui	0.3309	-0.0318	8.7968	0.4014	0.0251	8.9936
Fujian	0.1911	1.6486	6.3534	0.2533	1.6961	6.5048
Jiangxi	0.3342	-0.7594	8.8644	0.4045	-0.7085	9.0174
Shandong	0.1836	1.7111	6.0629	0.2583	1.7542	6.1354
Henan	0.3477	-0.7873	9.0874	0.4116	-0.7340	9.2687
Hubei	0.3930	0.6235	10.0854	0.4625	0.6740	10.2479
Hunan	0.3594	1.5847	9.3437	0.4354	1.6385	9.5197
Guangdong	0.0275	3.1793	2.8303	0.0925	3.2247	2.9037
Guangxi	0.4177	-0.9129	10.5946	0.4853	-0.8616	10.7589

续表

	Revenue			Expenditure		
	Scheme 1	Scheme 2	Scheme 3	Scheme 1	Scheme 2	Scheme 3
Hainan	0.3363	-0.2866	8.8976	0.4071	-0.2281	9.0768
Chongqing	0.3159	-0.8683	8.4421	0.3874	-0.8131	8.5761
Sichuan	0.3544	-1.0350	9.2632	0.4255	-0.9856	9.4096
Guizhou	0.4097	0.3790	10.4351	0.4840	0.4293	10.5863
Yunnan	0.4062	3.3644	10.3645	0.4793	3.4189	10.5402
Tibet	0.5321	-4.9467	13.0137	0.6058	-4.9035	13.1211
Shaanxi	0.3295	0.6294	8.7498	0.3989	0.6825	8.9211
Gansu	0.4703	-0.8784	11.7098	0.5422	-0.8266	11.8921
Qinghai	0.4941	-4.0176	12.2058	0.5644	-3.9824	12.2341
Ningxia	0.4395	-1.1934	11.0513	0.5127	-1.1394	11.2264
Xinjiang	0.4430	-1.6222	11.1127	0.5173	-1.5790	11.2142
Central Government	0.5791	-5.4271	0.1423	0.6417	-5.4214	-95.1259
Local government	0.2695	0.8204	7.5901	0.3026	1.2421	6.9939

(Ⅳ) **Impact on the local fiscal balance**

It can be seen from Table 12-4 that, compared to the baseline scenario under Policy Simulation Scheme 1, the variation coefficient among provinces, municipalities, and regions is slightly reduced, with the exception of a slight increase in central regions. This suggests that increasing excise tax rates for tobacco and alcohol goods and at the wholesale and retail stages could help narrow the revenue gap for local governments, benefiting local fiscal balance, albeit with a minor effect. This is primarily because, with the existing excise tax base remaining unchanged, merely adjusting the tax rates cannot significantly increase the government revenue. Consequently, its effect on

Chapter 12 China's Excise Tax Reform: Economic Effect and Fiscal Effect

fiscal balance is limited. Under Policy Simulation Scheme 2, the variation coefficient among provinces, municipalities, and regions increases markedly. Changing excise tax to a central-local shared tax can improve the revenue of local governments and alleviate their financial pressure. However, the changes in the variation coefficient indicate that the reform is not conducive to fiscal balance among regions. This is primarily because, despite an overall increase in local government fiscal revenue from the tax reform, significant differences in production structures and economic development levels among regions, coupled with varying excise tax collection and management practices, make it difficult to achieve fiscal balance among regions. The fiscal imbalance among regions under Scheme 2 is more pronounced, indicating significant impact of regional production structures and economic development levels on fiscal balance. Under Policy Simulation Scheme 3, the central government uses excise tax revenue to expand transfer payments to local governments. This approach significantly reduces the variation coefficient among provinces, municipalities, and regions, indicating that the scheme is beneficial for promoting fiscal balance among local governments. Within regions, the variation coefficient of the central region is higher than the baseline, suggesting that this scheme is not conducive to the fiscal balance of local governments in the central region, but plays a positive role in the fiscal balance of local governments in the eastern, western, and northeastern regions. Additionally, it is observed that the variation coefficient gap between provinces, municipalities, and regions is small, but significant within regions themselves. For instance, the eastern region has the highest variation coefficient, indicating a more pronounced fiscal imbalance among local governments in the eastern region. In contrast, the northeastern region has the lowest variation coefficient, indicating a relatively balanced distribution of financial resources among local governments in the northeastern region. This reflects the rapid economic development in the eastern region, where the inter-regional financial gap is also large. At the same time, it indicates that the financial gap between governments in Northeast China is small, possibly due to the region's overall slow economic development.

Table 12-4 Impact on Local Fiscal Balance[①]

	Among provinces, autonomous regions and municipalities	Among regions	Within regions			
			East	Central	The West	Northeast
Baseline scenario	46.9693	46.5582	48.1969	22.0193	46.7149	17.2082
Scheme 1	46.8700	46.4739	48.1532	22.0356	46.6851	17.1897
Scheme 2	48.0769	47.3946	48.5081	22.4261	47.3380	17.4117
Scheme 3	45.1769	44.9997	47.4056	22.3195	46.1517	17.0444

VI. Conclusions and Recommendations

Excise tax reform is a crucial part of modernizing China's fiscal and taxation system. It involves reforming the tax system and structure, with a focus on determining tax revenue ownership and reforming local fiscal revenue systems. The ultimate goal is to optimize the current fiscal and tax distribution pattern. By constructing a fiscal and tax CGE model that reflects the characteristics of China's excise tax reform, this paper has studied and analyzed the economic and fiscal effects of excise tax reform under three policy schemes. In terms of economic effect, the results indicate that under all three policy schemes, there is a negative impact on real GDP, investment, output, imports, and exports, albeit with a small variation. From the

---

① The eastern region includes Hebei, Beijing, Tianjin, Shandong, Jiangsu, Shanghai, Zhejiang, Fujian, Guangdong and Hainan; The central region includes Shanxi, Henan, Anhui, Hubei, Jiangxi and Hunan; The western region includes Chongqing, Sichuan, Shaanxi, Yunnan, Guizhou, Guangxi, Gansu, Qinghai, Ningxia, Tibet, Xinjiang and Inner Mongolia; Northeast China includes Heilongjiang, Liaoning and Jilin.

Chapter 12 China's Excise Tax Reform: Economic Effect and Fiscal Effect

perspective of residents, except for Scheme 1, the income of residents under Scheme 2 and Scheme 3 increases to varying degrees, leading to improved consumption expenditure and social welfare of residents. This is primarily due to the growth of local government revenue, and consequently increased transfer payments to residents.

In terms of fiscal effect, the results show that the overall revenue and expenditure of local governments increase to varying degrees under the three policy schemes, although the impact mechanisms differ. Under Scheme 1, the increase is mainly due to the rise in central government revenue, which indirectly leads to an increase in the revenue of local governments. Under Scheme 2, the increase is mainly due to the direct increase in the revenue of local governments following the change of excise tax to a central-local shared tax. Under Scheme 3, the increase is mainly due to the rise in the central government's transfer payment to local governments, which leads to an increase in revenue of local governments. For the central government, the revenue and consumption expenditurediffer significantly under the three schemes, likely due to the following two reasons: firstly, changes in excise tax rates and adjustments to revenue ownership affect central government revenue; secondly, policy adjustments lead to changes in transfer payments from the central government to local governments and residents, as well as the transfer payments from local governments to the central government. From the perspective of local fiscal balance, Scheme 1 has little impact, Scheme 2 does not promote balance, and Scheme 3 promotes fiscal balance. When comparing the fiscal balance indicators within regions, it is clear that the local fiscal balance varies considerably. The possible reason for this is that when the fiscal balance is calculated at the provincial, regional and municipal levels, the impact is balanced out. However, when the 31 provinces, autonomous regions and municipalities are grouped into eastern, central, western and north-eastern regions, the impact becomes pronounced. Based on the above conclusions, the following policy recommendations are proposed:

(1) Timely increase the excise tax rate for tobacco and alcohol goods and move the tax collection to a later stage.

Under the current situation, directly raising the excise tax rate for tobacco and alcohol goods may increase the burden on manufacturers or consumers, which is not conducive to stimulating market vitality and sustained economic recovery. However, the experience of excise tax reform in developed countries suggest that appropriately raising the excise tax rate for tobacco and alcohol goods can help adjust residents' consumption habits, guide them towards healthier and greener lifestyles, and increase government tax revenue, thereby filling the fiscal gap. In addition, moving the collection of excise tax to a later stage and enhancing the tax base can not only regulate the operation of market economy, but also improve the government revenue. This also aligns with the development principles of the socialist market economy and is an essential aspect of "Chinese-style modernization".

(2) Promote the reform of the ownership of excise tax revenue in an overall and coordinated manner

The key to improving local tax reform lies in the rational arrangement of the relationship between central leadership and local autonomy to achieve a relatively balanced state. The relationship between central leadership and local autonomy represents a balance of opposites. When central leadership is strong, local governments may experience reduced autonomy, which can affect their enthusiasm and diminish their governance capacity and effectiveness. If local autonomy becomes stronger, it may result in intense competition among local governments, which can impact the central government's capacity for overall planning and the overall social development. Given the gradually declining share of land transfer funds in local fiscal revenue, and the economic impact of the pandemic and the Russia-Ukraine conflict, local government finances are facing significant challenges. Timely changing the excise tax from a central tax to a central-local shared tax could not only help fill the local fiscal gap but also potentially generate spillover effects that promote economic development. It is important to strike a balance between central leadership and local autonomy, and between local fiscal power and administrative authority.

(3) Establish a coordinated mechanism for the balanced distribution of excise tax revenue among regions

Given the different development levels of provinces, autonomous regions, and municipalities, and the significant differences in the scale of commodity production and consumption, the advancement of excise tax reform is bound to disrupt the existing relativefiscal balance among regions, potentially leading to new regional fiscal imbalance. Therefore, in advancing excise tax reform, attention should be paid not only to the adjustment of excise tax revenue between production and consumption regions but also to the possible reduction of fiscal revenue in some regions after the reform. From the perspective of local government fiscal balance, the central government can consider allocating a proportion of revenue contributed by local governments to supplement transfer payments to regions where local financial interests are damaged or fiscal revenue is reduced after the excise tax reform, thereby alleviating the local fiscal imbalance.

Chapter 13 China's Successful Experience in Rural Poverty Reduction: From Widespread Poverty to Common Prosperity

Han Keqing[*]

Since the founding of New China in 1949, especially since the reform and opening up, through land reform, poverty alleviation, and the establishment of social security system, the issue of rural poverty has been effectively alleviated, and the absolute poverty in rural areas under the current standard has been eliminated. Specifically, the land reform changed the economic production methods and organizational structures in rural areas, helped realize the transition from the collective economy to market-oriented reform, stimulated farmers' enthusiasm for production, and fundamentally changed the generally poor situation in rural areas. The poverty alleviation strategy has completely changed the backward situation of rural poverty-stricken areas and the poor population, marking a poverty reduction path with unique Chinese characteristics. The social security system has gradually

---

[*] Han Keqing, Professor, Director of Party Leadership and National Governance Research Department, the National Academy of Chinese Modernization, CASS.

Chapter 13 China's Successful Experience in Rural Poverty Reduction: From Widespread Poverty to Common Prosperity

narrowed the urban-rural gap, ensured farmers' civil rights, and addressed farmers' needs for basic living, old-age care, medical treatment, and other aspects. China's successful experience in poverty elimination can be summarized as follows: reform and development serve as the fundamental paths; policy innovation provides the institutional guarantee, national mobilization and social participation serve as the sources of strength, fairness and justice serve as the guiding values, and socialism with Chinese characteristics is the defining feature. After the situation of absolute and general poverty in rural areas has been fundamentally alleviated, we should coordinate the urban-rural social security systems, and actively develop the rural medical and health undertakings, so as to comprehensively realize rural revitalization.

I. Widespread Rural Poverty in the Early Years of New China

It is generally recognized that social assistance is an important institutional arrangement for poverty eradication. Briefly, the significance of social assistance means that the state or the general public provides relief and support to those in need of assistance, that is, the society as a whole helps those who are unfortunate andlack production capacity, or assists those who have production capacity but are unfortunately in distress for a while. Its aim is to provide the minimum protection in economic life or ensure income security for specific individuals in society. Therefore, the targets of social assistance refer to those who are unable or have lost their labor income due to natural and man-made causes, as well as those whose income is insufficient to support themselves despite being able to work.[1] As a concept first introduced in the

---

[1] Jiang Liangyan, *The Theory and Practice of Social Assistance*, Taiwan Guiguan Book Co., Ltd. 1990, pp. 1 – 4.

Beveridge Report, the United Kingdom uses "social assistance" to encompass means-tested social security policies, particularly three benefits: income support, family credit, and housing benefit.① Many countries around the world generally adopt social security policies to meet the basic needs of the impoverished groups, thereby establishing what is called a safety net.

As China has experienced a long history of agricultural civilization, agriculture, rural areas, and farmers are the roots of Chinese society. In traditional rural societies, land played an important role in providing economic security. Since people rely on land for a living, they regarded agriculture as the foundation and viewed the concept of "Sheji" (the state), which is composed of food, clothing, and housing of "land and people", as the basis of people's self-governance.②After the founding of the People's Republic of China, the traditional agricultural society began to transition toward industrialization and urbanization.

Poverty is a pathological phenomenon in society as a whole. In modern times, Chinese society was long in a state of war and famine. After the founding of New China, confronted with the social reality of accumulated poverty and weakness, the State promoted economic development and social transformation through the planned economy model, accelerated socialist modernization construction, and began to form a relatively complete industrial system. The comprehensive national strength was greatly enhanced, some cutting-edge technologies were developed by leaps and bounds, and the people's living needs and health levels were greatly improved. During the first Five-Year Plan period from 1953 to 1957, through socialist transformation, farmers embarked on the road of mutual assistance and cooperation, which promoted the smooth development of agricultural production. The total

---

① Carol Walker, 1993, *Managing Poverty: The Limits of Social Assistance*, Routledge, P. 2.
② Nagano Akira, *A Study of China's Land System*, translated by Qiang Wo, China University of Political Science and Law Press, 2004 edition, p. 1.

Chapter 13 China's Successful Experience in Rural Poverty Reduction:
From Widespread Poverty to Common Prosperity

agricultural output value in 1957 increased by 85.3% compared with 27.18 billion yuan in 1949, with an average annual growth rate of 8%. ①However, during the subsequent Great Leap Forward and People's Commune Movement, the development orientation of emphasizing industry over agriculture, the blindly rash and premature strategy, and the emphasis on class struggle as the only driving force for historical progress were adopted, which further solidified the urban-rural dual structure in Chinese society, seriously damaged the national economy, and political struggles severely restricted economic and social development. During the Great Cultural Revolution, the national economy and institutional development suffered serious damage, and the situation of widespread poverty in rural areas was not fundamentally changed. At the same time, with the establishment of the household registration system, the strict urban-rural dichotomy of the planned economy gradually took shape.

II. From Household Contract Responsibility System to Land Security

After the reform and opening up, with China's economic development significantly improved, the situation of widespread poverty was gradually alleviated. However, the problem of regional poverty, particularly rural poverty, remained relatively prominent. To summarize, the problem of poverty in China was characterized by regionalization in the east, central and western parts of the country, as well as by urban-rural dichotomy. In terms of regionalization, China's poor population was mainly concentrated in the central and western regions; in terms of dualization, China's poor population was mainly concentrated in rural areas.

---

① Ministry of Agriculture, Animal Husbandry and Fisheries of the People's Republic of China: "Thirty-five Years of Agriculture in New China", in *Glorious Achievements* (upper volume), People's Publishing House, 1984 edition, p.111.

The reform and opening up has injected unprecedented vitality into Chinese society. The Third Plenary Session of the Eleventh Central Committee, held in 1978, centred on shifting the focus of the Party's work to socialist modernization, and building socialism with Chinese characteristics became the basic national development strategy. With the implementation and popularization of the household contract responsibility system and the encouragement of specialized production of rural laborers' family sideline occupations, farmers' production enthusiasm, grain output and agricultural productivity increased dramatically. As a result of the rural reforms, national output of major agricultural products increased significantly, creating a miracle in agricultural production. For example, grain output grew from 304.765 million tons in 1978 to 407.305 million tons in 1984, cotton output grew from 2.167 million tons in 1978 to 6.258 million tons in 1984, oil-bearing crops output grew from 5.218 million tons in 1978 to 11.910 million tons in 1984, tea production grew from 268,000 tons in 1978 tea production increased from 268,000 tons in 1978 to 414,000 tons in 1984, and fruit production increased from 6.570 million tons in 1978 to 9.845 million tons in 1984.[①] Conversely, the household contract responsibility system also contributed to the dissolution of the organizational structure of people's communes, production brigade, and production unit, facilitating a shift from a collective to an individual economy, which significantly impacted basic education, health care and public services. With the advancement of rural land reform, the rural social assistance and welfare system formed during the planned economy tended to disintegrate, and the function of social security in rural poverty reduction gradually disappeared.

With the progress of rural land reform, the pace of urban reform also picked up momentum. From the 1980s, by encouraging the development of

---

① National Bureau of Statistics, Department of Comprehensive Statistics on the National Economy, ed., *Compilation of Statistical Data on Fifty-five Years of New China*, China Statistics Press, 2005 edition, p.45.

Chapter 13 China's Successful Experience in Rural Poverty Reduction: From Widespread Poverty to Common Prosperity

private enterprises and implementing the reform of the labor contract system internally, and by attracting foreign investment and expanding the import and export trade externally, the commodity economy and the free market began to be reactivated in China. In 1993, the Third Plenary Session of the 14th CPC Central Committee adopted the Resolution of the CPC Central Committee on Several Issues Concerning the Establishment of a Socialist Market Economic System, which proposed the overall framework for the establishment of a socialist market economic system, so that the market would play a fundamental role in resource allocation under the state's macroeconomic control. In addition, the State further transformed the operational mechanisms of state-owned enterprises and established a modern enterprise system aligned with the requirements of a market economy, characterized with clear property rights, well-defined rights and responsibilities, separation of government and enterprises, and scientific management.

Over the course of more than two decades of development, the country's economic foundation became stronger, and the standard of living and material conditions of the population improved greatly. According to data from the National Bureau of Statistics, China's gross domestic product (GDP) increased from 362.41 billion yuan in 1978 to 105,172.3 billion yuan in 2002, GDP per capita grew from 379 yuan in 1978 to 8,214 yuan in 2002; the average monetary wage of employees nationwide increased from 615 yuan per person per year in 1978 to 12,422 yuan; the disposable income of urban households increased from 343.4 yuan per person per year in 1978 to 7,702.8 yuan in 2002, the per capita net income of rural households increased from 133.6 yuan per person per year in 1978 to 2,475.6 yuan in 2002; the balance of urban and rural residents' savings deposits increased from 21.06 billion yuan in 1978 to 86,910.6 billion yuan in 2002; and the per capita savings deposit balance increased from 22 yuan in 1978 to 6,764 yuan in 2002. ①After joining the World Trade Organization (WTO), China's GDP growth rate remained above 10 per cent for many consecutive years, marking a remarkable period of rapid economic development.

Notably, driven by land reform and market-oriented transformation, the strict urban-rural dual household registration system of the planned economy began to loosen. A large number of migrant workers flowed from rural areas to cities, becoming an important force in alleviating rural poverty and promoting urban economic development. Undoubtedly, the rural land reform and the household contract responsibility system made a great contribution to changing the situation of widespread poverty in rural China, and land security, to a certain extent, served as a substitute for institutionalized social security. However, with the generalization of the household contract responsibility system and the development of urban economic reform, the potential of land security has largely been exhausted. Some scholars have argued that land security is not only a relatively primitive form of security, but also a low level of security. Land security is associated with a low standard of living and thus shows its value. As people's standard of living rises, the role of land security gradually diminishes. Land security, the last form of security, has thus been "diminished", i.e., the actual capacity of land security is gradually declining in relation to the risks of life, and land security is more deeply embedded in people's beliefs and emotional attachments.② Since the reform and opening up, social mobility between rural and urban areas has become more and more frequent. A large number of rural surplus laborers have begun to work in cities, forming the phenomenon of "migrant labor tide". The rural social

---

① National Bureau of Statistics, Department of Comprehensive Statistics on the National Economy, ed., *Compilation of Statistical Data on Fifty-five Years of New China*, China Statistics Press, 2005 edition, pp. 8, 9, 34, 35.

② Liang Hong: "Research on the Role of Land Security for Rural Families in Southern Jiangsu Province", in *Chinese Journal of Population Science*, No. 5, 2000.

Chapter 13　China's Successful Experience in Rural Poverty Reduction: From Widespread Poverty to Common Prosperity

stratum structure has also been further differentiated, and the boundaries between the rich and the poor groups have become more and more obvious. As the economic development in the central and western regions lags behind that in the eastern coastal areas, the rural poverty problem in the central and western regions is more prominent. Therefore, the establishment of a social security system that is organically connected with the urban social security system is conducive to the urbanization of rural surplus labor, the elimination of urban-rural barriers, and the change of the current situation of farmers' part-time transfer. In addition, social security replacing family security and land security can reduce family burdens, alleviate rural poverty, increase farmers' welfare, and maintain social stability. [1]

In fact, land security serves as an indirect form of security. The economic (production) function of land cannot be used to replace the social security function for farmers. Meanwhile, economic activities are often risky. With the progress of the economy and society and the improvement of farmers' living standards, the internal demands of rural community members are also constantly rising. Compared with "cash-based" social security, land security is inadequate to meet needs of rural residents in terms of education, medical care, etc. Strictly speaking, land security is a very general concept. The exertion of its social security function can only be achieved indirectly through social policies regarding land, and it does not have the function of direct social security. [2] The rural cooperative medical care system and the rural five guarantees system, which were formed during the period of the planned economy, have been paralyzed or disintegrated due to the lack of collective economic support. Poverty resulting from illness and disability has become a common phenomenon in rural societies since the land reform. Especially for

---

[1] Wang Guojun, "Brief Analysis of the Relationship among Rural Family Security, Land Security and Social Security", in *Academic Journal of Zhongzhou*, No. 1, 2004.
[2] Han Keqing, "Can Land Carry Farmers' Social Security?", in *Academia Bimestris*, No. 5, 2004.

peasants in land-poor areas and for the elderly, the young, the sick, the disabled, and the widowed, the concept of land security has long become an illusory, serving as a fig leaf for the lack of rural social security systems.

III. From Rural Development-Driven Poverty Alleviation to Winning the Battle against Poverty

As two important institutional arrangements in the field of rural anti-poverty, the relationship between social assistance and development-driven poverty alleviation is not only a problem to be solved at the practical level, but also a research topic that has always attracted the attention of the academic community. Although the policy targets of the two systems overlap to a certain extent, they are significant differences in terms of policy objectives, operating mechanisms and policy characteristics.[①] Generally speaking, the social assistance system focuses on ensuring the basic livelihood needs of rural poor households; development-driven poverty alleviation not only aims to help the poverty-stricken populations get out of poverty, but also promotes the economic and social development of rural poverty-stricken and backward areas, with the policy implications of community development or social development.

The rural development-driven poverty alleviation strategy began in the 1980s. Basing on the reality of rural poverty, it aims to eliminate regional poverty through regional economic development, mainly through relief-based development-driven poverty alleviation-oriented poverty alleviation. To this end, the state has established a special deliberative and coordinating body-the

---

[①] Liu Baochen and Han Keqing, "Split and Integration of China's Anti-Poverty Policies: Reflections on Social Assistance and Development-driven Poverty Alleviation", in *Social Sciences in Guangdong*, No. 6, 2016.

Chapter 13　China's Successful Experience in Rural Poverty Reduction: From Widespread Poverty to Common Prosperity

Office of the Leading Group for Development-driven poverty alleviation of the State Council, which is specifically responsible for the organization and coordination of rural development-driven poverty alleviation, and implemented a series of medium and long-term poverty alleviation plans. In 1986, the Rural Development Research Center of the State Council proposed that an annual per capita income of 120 yuan and an annual per capita self-produced ration of 200 kilograms be used as the criteria for poor counties. When formulating the Priority Poverty Alleviation Program (1994 – 2000) in 1994, the criteria for national poor counties were readjusted. It was stipulated that all counties with an annual per capita net income lower than 400 yuan in 1992 would be included in the scope of national poor-county support, and the former national poor counties with an annual per capita net income higher than 700 yuan were all excluded from the scope of national support. According to this standard, the Priority Poverty Alleviation Program (1994 – 2000) identified a total of 592 national poor counties, distributed in 27 provinces, municipalities and autonomous regions.[①] In 2010, the rural poverty standard was adjusted to 2,300 yuan per person per year, and based on the 2010 poverty standard, China's 2016 rural poverty population in China was 43.350 million people, and the incidence rate of poverty was 4.5%.[②] In 2018, the rural poverty population was 16.6 million people, and the poverty incidence rate was 1.7%.[③]

After the 18th National Congress of the Communist Party of China, China regarded targeted poverty alleviation and winning the battle against poverty as important strategicinitiatives and policy mobilizations. In 2015, the

---

[①] Sun Guangde and Dong Keyong, *Introduction to Social Security (Fifth Edition)*, China Renmin University Press, 2016 edition, p.256.
[②] National Bureau of Statistics of the People's Republic of China, *China Statistical Yearbook (2017)*, China Statistics Press, 2017 edition, p.196.
[③] Office of Household Survey, National Bureau of Statistics, *China Rural Poverty Monitoring Report – 2019*, China Statistics Press, 2019 edition, p.296.

Resolution of the Central Committee of the Communist Party of China and the State Council on Winning the Battle Against Poverty proposed that targeted poverty alleviation be used as the basic strategies, adhere to the mutual promotion of development-driven poverty alleviation and economic and social development, adhere to the close integration of precise assistance and the development of poverty-stricken areas with special difficulties, adhere to equal emphasis on development-driven poverty alleviation and ecological protection, and adhere to the effective connection between development-driven poverty alleviation and social security. General Secretary Xi Jinping emphasized that ending poverty, improving people's well-being and realizing common prosperity are the fundamental goals of socialism and an important mission of CPC.① Targeted poverty alleviation involves refined management of resources and support, ensuring that resources are effectively allocated to poverty-stricken areas and their beneficiaries.② Within this broader context, poverty alleviation became a leading political task. Through measures such as assistance to registered poor households, industrial poverty alleviation, micro-credit, relocation programs, and village-based assistance, the goal of poverty alleviation was to achieve Two Assurances and Three Guarantees for rural poor people, that is, no worry about food and clothing, and guaranteed access to compulsory education, basic medical services and housing safety.

After years of efforts, the income level of residents in poverty-stricken areas increased significantly, and the infrastructure in these areas improved continuously. According to statistics, calculated by the poverty standard of 200 yuan per person per year determined in 1984, the rural poor population decreased from 250 million in 1978 to 14.79 million in 2007, and the rural poverty incidence rate dropped from 30.7% in 1978 to 1.6% in 2007, and all

---

① *Decision on Winning the Battle Against Poverty*, People's Publishing House, 2015, p. 1.
② Xi Jinping, "*Speech at A National Conference to Review the Fight Against Poverty and Commend Individuals and Groups Involved*", People's Publishing House, 2021, pp. 15 – 16.

Chapter 13 China's Successful Experience in Rural Poverty Reduction:
From Widespread Poverty to Common Prosperity

were lifted out of poverty after 2008. If calculated by the poverty standard of 2,300 yuan per person per year determined in 2010, the rural poor population decreased from 770.39 million in 1978 to 16.60 million in 2018, and the rural poverty incidence rate dropped from 97.5% in 1978 to 1.7% in 2018.[①] By 2020, a comprehensive victory was won in the battle against poverty. All 98.99 million rural poor people under the current standard have been lifted out of poverty, all 832 poverty-stricken counties shook off poverty, all 128,000 poverty-stricken villages were removed from the list, and overall regional poverty was eradicated. Lifting all rural poor people out of poverty made a crucial contribution to achieving the goal of building a moderately prosperous society in all respects. Areas that have been the target of poverty alleviation efforts have made significant progress in economic and social development, undergone dramatic and historic changes overall. In impoverished areas, the pace of development has sped up significantly, economic strength has consistently grown, and infrastructure has developed by leaps and bounds. Meanwhile, great progress has been made with social programs, and problems that have historically made it hard for people in these areas to get around, attend school, receive medical attention, access safe drinking water and electricity, and communicate with the world have finally been resolved.[②]

On the whole, since the launch of reform and opening up in the late 1970s, China has lifted 770 million rural poor out of poverty according to current standards, and contributed to more than 70 percent of global poverty reduction during this period according to the World Bank's international poverty line. It should be highlighted that even with global poverty remaining severe and polarization between rich and poor increasing in certain countries, China has achieved the poverty reduction target of the UN's 2030 Agenda for

---

① Office of Household Survey, National Bureau of Statistics, *China Rural Poverty Monitoring Report – 2019*, China Statistics Press, 2019 edition, p. 296.

② Xi Jinping, *Speech at a National Conference to Review the Fight Against Poverty and Commend Individuals and Groups Involved*, Poeple's Publishing House, 2021, p. 6.

Sustainable Development 10 years ahead of schedule.[①] It can be said that China has set an example and made significant contributions to the cause of global poverty reduction.

IV. Reconstruction and Development of China's Rural Social Security System

With the deepening of China's reform, opening-up and social transformation, profound changes have taken place in rural society. Cao Guigeng proposed that China's rural areas are undergoing a profound social, economic and cultural transformation, and that in this profound social transformation stage, the current rural old-age security system with family security as the mainstay has begun to face challenges, and the establishment of a new rural old-age social security system has become a practical need.[②] Li Shoujing and Qiu Zeqi believe that improving and perfecting the rural social security system is an inherent requirement of the socialist system, a requirement for the development of the socialist planned commodity economy, a requirement for deepening the rural system reform, and an inevitable requirement for the change of rural residents' lifestyles and the rise of demand levels.[③] The formulation and implementation of social security policies are important measures to resolve social contradictions, maintain social stability and improve the quality of national life. Against such an institutional background, paying attention to rural social security issues is of extremely important theoretical and practical value.

[①] Xi Jinping, *Speech at a National Conference to Review the Fight Against Poverty and Commend Individuals and Groups Involved*, People's Publishing House, 2021, p. 9.

[②] Cao Guigeng, "Current Realistic Basis and Functional Analysis of Social Security for the Elderly in China's Rural Areas", in *Sociological Studies*, No. 2, 1991.

[③] Li Shoujing and Qiu Zeqi, "An Overview of Social Security in Rural China", in *Sociological Studies*, No. 5, 1990.

Chapter 13 China's Successful Experience in Rural Poverty Reduction: From Widespread Poverty to Common Prosperity

In the planned economy era, the rural social assistance network relied mainly on the "Five Guarantees System"[①] and the social relief system under the collective economy. After the implementation of the household contract responsibility system, the "Five Guarantees System" tended to collapse with the collapse of the collective economy. In January 1994, the State Council promulgated the *Regulations on the Rural Five Guarantees of Subsistence*, legalizing this system. However, in relation to the large and impoverished rural population, a single system design is inadequate to serve as the last line of security for rural society.

Just as the delivery of a newborn baby is always accompanied by pain, the market-oriented reform of China's social security system has faced significant challenges. . Since the market-oriented reforms, the State has focused on building a social security system adapted to the socialist market economy. To effectively address the problem of new forms of urban poverty, the Minimum Subsistence Guarantee System for Urban Residents came into being. On September 28, 1999, the State Council promulgated the *Regulations on the Minimum Subsistence Guarantee for Urban Residents*, which were formally implemented on October 1 of that year. On the basis of the successful operation of the urban minimum subsistence guarantee system, the State Council issued the *Circular on the Establishment of a Minimum Subsistence Guarantee System for Rural Areas Nationwide* in 2007. This marked the formal establishment of the rural minimum subsistence guarantee system. The rural minimum subsistence guarantee system covers rural residents whose annual per capita net household income is less than the local minimum subsistence allowances standard, mainly those who are in perennial difficulty due to

---

[①] The rural "Five Guarantees System" was established during the period of agricultural cooperation, and is a social relief system in China for the elderly, the disabled and orphans who have no legal support obligations, no ability to work to maintain a normal life, and no guaranteed normal financial resources. The "Five Guarantees" refer to guaranteed food, clothing, fuel, education and burial, with the later addition of guaranteed housing and medical care.

illness, disability, old age and infirmity, loss of the ability to work, and poor living conditions. The number of people covered by the rural low-income guarantee system rose from 35.663 million in 2007 to a maximum of 53.880 million in 2013, and then to 34.554 million in 2019.[①] Currently, the proportion of rural low-income insurance recipients to the total rural population is around 6% – 8.0%. This is shown in Table 13 – 1. Practice has proved that the minimum subsistence guarantee system for urban and rural residents has played a crucial role as a safety net in safeguarding the rights and interests of residents, guaranteeing their basic livelihood security, and curbing the continued expansion of the size of the poverty population.

Table 13 – 1　Coverage of China's rural minimum subsistence security (2007 – 2019)

Year	Rural minimum subsistence security population	Total rural population (10,000)	Coverage (%)
2007	3,566.30	71,496	4.99
2008	4,305.50	70,399	6.12
2009	4,760.00	68,938	6.90
2010	5,214.00	67,113	7.77
2011	5,305.70	65,656	8.08
2012	5,344.50	64,222	8.32
2013	5,388.00	62,961	8.56
2014	5,207.20	61,866	8.42
2015	4,903.60	60,346	8.13
2016	4,586.50	58,973	7.78
2017	4,045.20	57,661	7.02
2018	3,519.08	56,401	6.24

---

① Ministry of Civil Affairs of the People's Republic of China, *China Civil Affairs Statistical Yearbook* 2019, China Statistics Press, 2019 edition, pp.55, 57.

续表

Year	Rural minimum subsistence security population	Total rural population (10,000)	Coverage (%)
2019	3,455.40	55,162	6.26

Source: *China Statistical Yearbook* 2020, p. 31; *China Civil Affairs Statistical Yearbook* 2019, pp. 55, 57.

Note: According to the 2019 *Statistical Bulletin on the Development of Civil Affairs*, by the end of 2019, there were a total of 5,249,000 households and 8,609,000 people under the urban minimum income guarantee nationwide. There were 18,923,000 households and 34,554,000 people under rural minimum income guarantee nationwide. Official website of the Ministry of Civil Affairs (http://images3.mca.gov.cn/www2017/file/202009/1601261242921.pdf), February 26, 2021.

In addition to the social assistance system represented by the subsistence allowances scheme, the construction and development of a comprehensive social security system to solve the problems of rural residents in terms of old-age pension and medical care is an important element of the long-term anti-poverty strategy in rural areas. China is an ancient civilization with a strong humanistic tradition, and concepts such as "raising children for old age" are deeply rooted in the minds of rural society, where the family approach to old-age care has an irreplaceable place. In addition to the social assistance system represented by the minimum subsistence guarantee, solving the problems of rural residents such as old-age support and medical care through the construction and development of the overall social security system is an important part of the long-term rural anti-poverty mechanism. China is an ancient civilized country with a strong human relations tradition. Concepts such as "raising children for old age" are deeply rooted in rural society, and the family-based old-age support method has an irreplaceable position in rural areas. However, with the implementation of the family planning policy, the aging population is increasing day by day. Simply relying on family-based old-age support can no longer meet the needs of rural social development for the security of the elderly. The combination of institutionalized old-age security and family-based old-age support is an effective way to solve the rural old-age support problem. In 1991, the Ministry of Civil Affairs formulated the *Basic*

Plan for County-level Rural Social Old-Age Endowment Insurance, which established some basic principles for the rural social endowment insurance system: First, starting from the actual situation of the relatively low rural productivity level, aiming at ensuring the basic living of the elderly, and starting with a low standard; second, adhering to the principle that individuals pay the main part of the funds, collective subsidies are supplementary, and the state gives policy support; third, adhering to self-help as the main method and mutual assistance as the supplementary method; fourth, adhering to the combination of social endowment insurance and family-based old-age support; fifth, adhering to the direction of integrating the social endowment insurance systems for all kinds of people in rural areas such as farming, working, and doing business; sixth, adhering to the principle of gradually developing from point to area. By the end of 1998, 2,123 counties across the country and 65% of the townships had carried out rural social endowment insurance. The number of participants reached 80.25 million, the annual insurance fund collection was 3.14 billion yuan, the expenditure was 540 million yuan, and the cumulative insurance fund was 16.62 billion yuan.[1] Subsequently, the new rural endowment insurance system was established, and important progress was made in the rural basic endowment insurance system. In 2014, the basic old-age insurance for rural and non-working urban residents was established through the merger of the new rural social endowment insurance, which began to be piloted in 2009, and the urban social endowment insurance for urban residents, which began to be piloted in 2011. The coverage targets are urban and rural residents over 16 years old (excluding students) who are not covered by the above two systems. The individual payment standards are set at 12 levels: 100 yuan, 200 yuan, 300 yuan, 400 yuan, 500 yuan, 600 yuan, 700 yuan, 800 yuan, 900 yuan, 1,000 yuan, 1,500 yuan, and 2,000 yuan per

---

[1] Chen Jiagui ed., *Report on the Development of Social Security in China* (1997 – 2001), Social Sciences Academic Press (China), 2001 edition, p.252.

Chapter 13　China's Successful Experience in Rural Poverty Reduction: From Widespread Poverty to Common Prosperity

year. The payments are counted into the individual accounts. Those who meet the national regulations can receive the basic pension and the individual account pension on a monthly basis. After the establishment of the basic endowment insurance system for urban and rural residents, the number of participants increased year by year. From 72.7733 million participants in the new rural endowment insurance in 2009 with a participation rate of 10.17%, after 10 years of development, the number of participants in the basic old-age insurance for rural and non-working urban residents reached 532.66 million in 2019, and the participation rate was as high as 81.85%, as shown in Table 2. At the same time, the individual payment standards and pension benefit levels of the basic old-age insurance for rural and non-working urban residents have been continuously improved, which has alleviated the economic burden of farmers' old-age support in terms of the system.

Table 13-2　Coverage of China's basic old-age insurance for rural and non-working urban residents (2010-2019)

Year	Insured population	Population that should be insured nationwide (10,000)	Participation rate (%)
2009	7,277.33	71,536.15	10.17
2010	10,276.80	70,889.66	14.50
2011	33,182.00	70,314.22	47.19
2012	48,369.50	69,582.02	69.51
2013	49,750.10	68,985.80	72.12
2014	50,107.50	68,311.83	73.35
2015	50,472.20	67,650.86	74.61
2016	50,847.10	67,071.39	75.81
2017	51,255.00	66,310.74	77.30
2018	52,391.70	65,622.17	79.84

续表

Year	Insured population	Population that should be insured nationwide (10,000)	Participation rate (%)
2019	53,266.00	65,078.43	81.85

Source: *China Statistical Yearbook* 2020, pp. 33, 105, 678, 679, 784; *China Statistical Yearbook* 2015, p. 111; *China Statistical Yearbook* 2010, pp. 96, 117, 756, 757.

Note 1: The insured population is calculated by subtracting the number of persons aged 0 – 14, the number of students enrolled in universities and colleges, the number of postgraduate students, the number of people working in institutions and the number of urban workers from the total population of the country. Due to the lack of data on the number of people in government agencies and public institutions, it is estimated to be 38.697 million according to relevant information, and the data of other years are calculated according to this data.

Note 2: In 2009, the number of basic old-age insurance for rural and non-working urban residents is equivalent to the number of people enrolled in the new rural insurance.

During the planned economy era, the state actively promoted the rural cooperative medical system, established "health stations" and trained a large number of "barefoot doctors", which greatly improved the medical and health conditions in rural areas and raised the health level of rural residents. According to statistics, in 1980, about 90% of administrative villages (production brigades) in rural areas across the country had implemented the cooperative medical system, becoming one of the three pillars of China's medical security system.[1] Following the reform, the rural cooperative medical system was in danger of disintegration. According to the survey in 1985, the proportion of administrative villages implementing the cooperative medical system in the whole country dropped sharply from 90% in the past to 5%. The statistics in 1989 showed that the administrative villages that continued to adhere to the cooperative medical system accounted for only 4.8% of the whole country.[2] Under these circumstances, difficulties in accessing medical care became a common problem for the vast majority of rural residents, and

---

[1] Wang Yanzhong, *Labor and Social Security Issues in China*, Economy & Management Publishing House, 2004, p.314.

[2] Gu Tao et al.: "Analysis of Related Issues in Rural Medical Insurance System and Policy Recommendations", in *China Health Economics*, No. 4, 1998.

Chapter 13 China's Successful Experience in Rural Poverty Reduction: From Widespread Poverty to Common Prosperity

poverty due to illness became a common phenomenon in rural society. In 2003, the *General Office of the State Council issued the Circular of the General Office of the State Council Transmitting the Opinions of the Ministry of Health and Other Departments on the Establishment of a New Type of Cooperative Medical Care System for Rural Areas*, and the new type of cooperative medical care system for rural areas was subsequently implemented. Subsequently, the new rural cooperative medical care system was established, providing institutional guarantees to safeguard the health of farmers and eliminate the risk in accessing medical care. In addition, rural medical insurance for serious illnesses, long-term care insurance and other related systems have been implemented on a pilot basis in a number of places, and have achieved positive policy results. In 2016, the basic medical insurance for rural and non-working residents was formed by the merger of the new type of rural cooperative medical insurance, which had been piloted since 2003, and the basic medical insurance for non-working urban residents, which had been piloted since 2007, to cover all urban and rural residents other than those who should be enrolled in the basic medical insurance for employees, and adopts a financing method mainly combining individual contributions and government subsidies, and encourages collectives, units or other social and economic organizations to give support or assistance. Data show that, after more than a decade of development, the number of people participating in the basic medical insurance for rural and non-working residents increased from 42. 911 million in 2007, with a participation rate of only 4. 5%, to 1024. 827 million in 2019, with a participation rate of more than 100%. This is shown in Table 13 – 3.

Table 13-3 Coverage of China's basic medical insurance for rural and non-working residents (2007-2019)

Year	Insured population	Population that should be insured nationwide (10,000)	Participation rate (%)
2007	4,291.10	95,301.90	4.50
2008	11,826.00	94,680.00	12.49
2009	18,209.60	93,973.11	19.38
2010	19,528.30	93,148.66	20.96
2011	22,116.10	92,478.22	23.91
2012	27,155.70	91,869.02	29.56
2013	29,629.40	91,314.80	32.45
2014	31,450.90	90,869.83	34.61
2015	37,688.50	90,365.86	41.71
2016	44,860.00	90,079.39	49.80
2017	87,358.70	89,658.74	97.43
2018	102,777.80	89,145.17	115.29
2019	102,482.70	88,570.43	115.71

Source: *China Statistical Yearbook* 2020, pp. 33, 678, 679, 785; *China Statistical Yearbook* 2015, p.111; *China Statistical Yearbook* 2010, p.117.

Note 1: The population who should be insured is obtained by subtracting the number of regular undergraduate and junior college students on campus, the number of postgraduate students on campus, the number of people in government agencies and public institutions, and the number of urban employees on the job from the total national population. Due to the lack of data on the number of people in government agencies and public institutions, it is estimated to be 38.697 million according to relevant information, and the data of other years are calculated according to this data.

Note 2: There may be several reasons why the medical insurance participation rate exceeds 100%: one is duplicate participation, the second is that the deceased have not been excluded from the number of participants, and the third is the existence of statistical errors.

On the one hand, the construction of the rural social security system has made great achievements: the basiclivelihoods of impoverished rural population and vulnerable groups has been ensured, and the problems of difficult and expensive medical treatment have been partially alleviated. Traditional concepts and security methods such as "raising children for old age", family-based support, and land-based security have gradually been

Chapter 13 China's Successful Experience in Rural Poverty Reduction: From Widespread Poverty to Common Prosperity

connected with the modern social security system, and the State and society are playing an increasingly important role in old-age care, medical treatment, disability assistance, orphan care, housing, education and other aspects related to people's lives. On the other hand, in the construction of the rural social security system, there are also problems such as still-narrow coverage, low level security, large urban-rural gap, and limited sources of social security funds.[①] Therefore, improving the rural social security system is still a long-term and arduous task.

V. Experience and Future Development of China's Rural Poverty Reduction

By analyzing rural poverty reduction policies since the establishment of New China, one observes that the household contract responsibility system has transformed the modes of rural economic production and organization, realized the transition from the collective economy to market-oriented reform, stimulated farmers' motivation and productivity, and fundamentally changed the widespread poverty in rural areas. The poverty alleviation strategy has completely changed the backward situation in rural poverty-stricken areas and among the impoverished populations, leading China to a poverty reduction road with unique Chinese characteristics. The social security system has gradually narrowed the urban-rural gap, ensured farmers' civil rights and interests, and met farmers' basic livelihood, old-age care, medical treatment and other needs.

The Fourth Plenary Session of the 19th CPC Central Committee stated that, in the 70 years since the founding of New China, the Party has led the people to achieve the unprecedented miracles of rapid economic growth and

---

[①] Li Yingsheng, "Reform of the Rural Social Security System: Current Situation and Way Forward", in *Studies on Socialism with Chinese Characteristics*, No. 4, 2013.

long-term social stability, and that the Chinese nation has ushered in a great leap from standing up, to becoming rich, to becoming strong. The miracle of rapid economic development and long-term social stability are a striking testament to Chinese society's transformation from poverty to common prosperity, as well as to the Party and the Government's leadership in creating a happier and better life for the people. In summary, China's successful experience in rural poverty reduction can be summarized in the following points.

Firstly, reform and development are the fundamental path to poverty eradication. The successful path of poverty reduction in China shows that "development is the absolute principle". Only with economic and social development can we truly escape poverty and eventually overcome it. Without reform and opening up, market-oriented reforms, good policies to enrich the people, and long-term economic growth and social development, it is just a pipe dream to talk about improving people's livelihoods and eradicating poverty. Therefore, further deepening reform and opening up, promoting economic development and social harmony and stability are the fundamental pathway to eradicating poverty.

Secondly, policy innovationserves as the institutional guarantee for poverty eradication. In the process of reform and development, the Party and the Government, in response to external environmental changes, have continuously pursued policy innovations that effectively addressed the crisis of survival and livelihood among the impoverished population. Through precise policy implementation, the poverty alleviation campaign has completely changed the backward appearance of poverty-stricken areas. The social security system, represented by the minimum subsistence guarantee, has effectively functioned as a social stabilizer by meeting the requirements of back-up support, dense-network building, and mechanism construction, thereby establishing a sustainable framework for poverty elimination.

Thirdly, national mobilization and social participation are a source of

Chapter 13 China's Successful Experience in Rural Poverty Reduction: From Widespread Poverty to Common Prosperity

strength for poverty eradication. The successful experience of rural poverty reduction in China also shows that improving the social governance system with Party committee's leadership, the government's responsibility, social coordination, public participation, and legal protection is a powerful source of strength for winning the battle against poverty. Whether it is the implementation of the strategy of targeted poverty alleviation or the promotion of the social security system, top-down national mobilization and public financial support are indispensable on the one hand, and the broad participation of social forces on the other.

Fourthly, fairness and justice are the value guidelines for poverty alleviation. Justice is the primary value of society, and the goal of economic and social development is universal benefit rather than polarization. The purpose of poverty alleviation is to narrow the income gap and achieve common prosperity for all. . Whether it is the targeted poverty alleviation strategy for poverty elimination or the social security system for poverty elimination, they both firmly focus on the people's most concerned, direct, and practical interests of the people, embodying the social values of fairness and justice through the redistribution of national income.

Fifthly, socialism with Chinese characteristics is China's national feature for poverty elimination. Socialism with Chinese characteristicsrepresents the fundamental direction of China's development and progress. A defining feature of China's poverty reduction path is adhering to socialism with Chinese characteristics, which is different from Western or other capitalist countries. The road of socialism with Chinese characteristics is the sole route to realize national modernization and create a better life for the people. The essential difference between China's poverty reduction efforts and those of Western societies lies in its adherence to the leadership of the Communist Party of China, the people-centered approach, and the core socialist value system. Poverty elimination is an inevitable choice for socialism with Chinese characteristics, because poverty is not socialism. China's poverty reduction path is the path of development-driven poverty alleviation with Chinese characteristics, the path to building a moderately prosperous society in all respects, and the path to the great rejuvenation of the Chinese nation.

In summary, whether it is from rural land reform to the establishment of a market-oriented economy, from rural development-driven poverty alleviation to the poverty alleviation campaign, or the coordinated urban-rural social security system, all reflect the CPC's guiding philosophy of "building itself for the public good and exercising power for the people" and the basic value guidelines for building a just, prosperous, and civilized socialist country. On the contrary, if social security is merely regarded as "residual" welfare, and it is believed that the function of social security is not to distribute social wealth and that the government has no responsibility to build an equal-wealth and fair society.[①] Then the so-called "social safety net" will no longer be safe.

The 20th CPC National Congress report has drawn a grand blueprint for realizing the great rejuvenation of the Chinese nation by means of Chinese modernization, with common prosperity being a prominent feature of Chinese modernization. In the process of Chinese-style modernization, the integrated development of urban and rural areas is an essential component. The report of the Third Plenary Session of the Twentieth CPC Central Committee pointed out that it is necessary to improve the mechanism for preventing the return of poverty on a regular basis by covering the rural population, and to establish a system for providing assistance to low-income people in rural areas and underdeveloped areas on a stratified and classified basis; to improve the mechanism for the long-term management of the assets formed by state inputs in the fight against poverty; and to make use of the experience gained from the project "Green Rural Revival Program" to improve the long-term mechanism for promoting the all-round rural revitalization. Therefore, after the situation of

---

① Huang Hong, *The Expectation of "Poverty-Free": An Analysis of Poverty in Hong Kong*, Chung Hwa Book Co. (HK) LTD., 2013, p. 332.

Chapter 13 China's Successful Experience in Rural Poverty Reduction: From Widespread Poverty to Common Prosperity

absolute poverty and widespread poverty in rural areas has been fundamentally alleviated, how to move from national mobilization to normalized institutional construction, how to utilize the long-term mechanism of social security, prevent the poor population from relapsing into poverty, and effectively meet the ever-increasing material and cultural living needs of rural residents have become important issues for rural social development in the future. To this end, the urban-rural social security systems should be integrated, the rural medical and health undertakings should be actively developed, and rural revitalization should be fully realized.

Firstly, the social security system across urban and rural areas should be integrated. With the successful implementation of the urban minimum subsistence guarantee system, it has become increasingly urgent to establish a social security system that integrates urban and rural areas. In recent years, the State has gradually established a number of rural social security systems, and a social security system that integrates urban and rural areas has been established. The basic old-age insurance for rural and non-working urban residents and basic medical insurance for rural and non-working residents are functioning effectively, and the integration of urban and rural minimum subsistence insurance already having been realized in some economically developed areas. There is an urgent need to develop rural old-age care services, and a system of urban and rural old-age care services should be established gradually, primarily based on home care, supplemented by institutional care, and supported by community services. . Giving full play to the primary role of home-based old-age care, fostering socialized and market-oriented rural old-age service organizations, and advocating diversified community-based old-age service methods such as mutual assistance in old-age care, so as to satisfy the basic needs of the elderly in rural areas in terms of meals, care, and medical care, are important elements of the future rural social security system construction.

Secondly, rural medical care should be actively developed. Falling into poverty or relapsing into poverty due to illness has long been a well-known issue and recurring problem. Although the basic medical insurance for rural and non-working residents and serious illness insurance systems have been established, and the medical assistance system for poor families is also playing an important role in institutional effectiveness, the lack of medical and medical care resources in rural areas and the problem of "difficult and expensive access to medical care" are still a prominent problem and an indisputable fact. In response to these challenges, the Central No. 1 Document, *Guideline of the Central Committee of the Communist Party of China and the State Council on Comprehensively Advancing Rural Vitalization and Accelerating the Modernization of Agriculture and Rural Areas* proposes to comprehensively advance the building of healthy countryside.[①] In the future rural areas, the standardization construction and health management of village-level clinics will be continuously improved, the medical service capabilities of township-level health centers will be enhanced, health services for key populations such as women, children, the elderly, and the disabled will be strengthened, the unified basic medical insurance for rural and non-working residents will be improved, and the medical insurance and assistance systems for serious illnesses will be perfected, so as to fundamentally relieve farmers' worries about "falling into poverty or relapsing into poverty caused by illness".

Thirdly, the comprehensiverural revitalization should be achieved. The long-term solution to rural poverty and backwardness lies in the urban-rural integration. For this purpose, the State has put forward a rural revitalization strategy and established the National Administration for Rural Revitalization to effectively link poverty eradication and rural revitalization. First, we should increase the construction of rural infrastructure and welfare institutions. From

---

① *The Guideline of the Central Committee of the Communist Party of China and the State Council on Comprehensively Advancing Rural Revitalization and Accelerating the Modernization of Agriculture and Rural Areas*, People's Publishing House, 2021.

the perspective of old-age security, social welfare institutions and community old-age facilities are the basic requirements for the operation of the system and the delivery of services. From the perspective of medical security, township-level health centers and village-level clinics are prerequisites for the operation of rural health care and the medical insurance system. The equipment and facilities required for the construction of rural public cultural service systems, such as cable television and direct-broadcast satellites, are also essential infrastructure support for carrying out mass cultural activities. In addition, rural dilapidated house renovation, popularization of compulsory education, high-school education and even vocational education, smooth village-level roads, safe drinking water, and power supply are not only fundamental aspects of rural revitalization but also the foundation for rural economic and social development. Second, we need to upgrade rural grass-roots organizations and information infrastructure. Both village-level administrative institutions and grassroots organizations, as well as Internet information technology and the construction of public service information platforms, are technical conditions to meet rural revitalization under the institutional goal of urban-rural integration. Third, we must provide professional talent support and human capital investment. Rural social development requires specialized personnel support, such as rural doctors, elderly caregivers and IT specialists. Therefore, complete talent, equipment, and facility construction are inherent in rural revitalization and rural future development. In addition, education is the fundamental way to eradicate the roots of poverty and prevent the inter-generational transmission of poverty, so it is necessary to improve rural cultural and education level and to strengthen investment in human capital, so as to fundamentally narrow the urban-rural gap, build a beautiful countryside, and ultimately achieve the strategic goal of agricultural and rural modernization.

Chapter 14　Chinese Modernization Offers New Opportunities for Human Modernization

Ma Feng[*]

When it comes to modernization and the paths to achieve it, many people naturally equate it with "Westernization". This may be closely related to the fact that modernization first emerged in Europe, adopted the capitalist system, and formed the path of western modernization. Although modernization and industrialization first appeared and were completed earliest in the West, this does not necessarily mean that there is only one model for human modernization, only one single-path, and that the system of modernization in human society has only one version of the western capitalist modernization system. In fact, this is a theoretical and discursive fallacy shaped by Western-centrism and the theory of Western superiority and other Western discursive hegemonies. It is also a manifestation of the Western modernization discursive hegemony presented by the capitalist modernization knowledge system constructed on the basis of capitalist modernization practice.

---

[*] Ma Feng, Associate professor, National Academy of Chinese Modernization, CASS.

Chapter 14　Chinese Modernization Offers New Opportunities for Human Modernization

I. Chinese modernization presents a new vision for human modernization

From the perspective of historical materialism, in the historical dimension of human modernization, western modernization has undoubtedly played a huge role in promoting the development of human society, driving the progress of social productive forces, and strengthening global economic connections. However, people can also clearly see that throughout the entire process of western capitalist modernization, it has always been accompanied by endless disasters to human society. Whether it was the Enclosure Movement of "sheep devouring men", the slave trade, or the cruel and bloody colonial plunder, all indicate that wherever capitalist modernization expanded, it brought aggressive wars, cruel exploitation, and barbaric colonization. Even in modern society, it has always been difficult for western modernization to solve its inherent development problems and dilemmas. Centering on capital, polarization, the expansion of materialism, and external expansion and plunder have become the distinct essence and characteristics of western modernization. Due to the deep-seated contradictions in the system, capitalist civilization will inevitably lead to a development crisis in capitalist society. The biggest drawback of western modernization is that it is centered on capital rather than on the people, and pursues the maximization of capital interests rather than serving the interests of the vast majority of people.

In contrast, the Chinese path to modernization led by the Communist Party of China with the Chinese people adheres to being people-centered. It has not only created two rare miracles in the world—rapid economic development and long-term social stability, but also solved many problems in human social development. Abandoning the old paths of western modernization, which features centering on capital, polarization, the expansion of materialism, and external expansion and plunder, Chinese modernization has expanded the ways for developing countries to move towards modernization and providing a Chinese solution for humanity's exploration of better social systems. Chinese modernization adheres to the principle that development is for the people, development depends on the people, and the fruits of development are shared by the people. It requires not only great material wealth but also great spiritual wealth, and is self-confident and self-strengthening in ideology and culture. It is a modernization in which material civilization and spiritual civilization are coordinated. Chinese modernization adheres to respecting nature, conforming to nature, and protecting nature, promoting harmonious coexistence between man and nature, which is essentially different from western modernization that has experienced a stage of wanton plunder of natural resources and malignant destruction of the ecological environment since modern times. Chinese modernization adheres to the path of peaceful development. On the one hand, it adheres to independence, self-reliance, and develops and grows itself by relying on the hard work, innovation, and creation of all the people. It realizes national development by combining the stimulation of endogenous motivation and the peaceful use of external resources. On the other hand, it does not oppress other ethnic groups or plunder the resources and wealth of other countries in any form. Instead, it provides support and assistance to developing countries as much as possible and strives to make greater contributions to human peace and development.

The world today is undergoing faster changes unseen in a century, and has entered a new period of turbulence and transformation. Against this background, the Third Plenary Session of the Twentieth Central Committee of the Communist Party of China (CPC) emphasized that Chinese modernization is a modernization of peaceful development. China's realization of modernization represents the growth of the forces for world peace and development. We act out the concept of common, comprehensive, cooperative and sustainable security, and adhere to resolving disputes through dialogue, bridging differences through consultation, and promoting security through

Chapter 14 Chinese Modernization Offers New Opportunities for Human Modernization

cooperation. We are firmly pursuing high-standard institutional opening-up, providing new opportunities for world development with the new achievements of Chinese modernization, and providing inexhaustible impetus for the progress of human civilization. Chinese modernization has broken the myth that there is only one path of western capitalist modernization and that modernization only be achieved in a western capitalist way. It shows a new vision of human modernization civilization, creates a form of human civilization, and points out the glorious prospect of the modernization development of human society.

II. Chinese modernization offers new opportunities for the development of human society

Chinese modernization development is an important part of human development and progress and an inevitable trend in the forward evolution of history. China is a growing force for peace and a strengthening factor for stability in today's world. Chinese modernization offers new opportunities for the development of human society.

1. Chinese modernization stimulates vitality and adds momentum, providing new opportunities for countries around the world to deepen mutually beneficial cooperation and achieve common development.

The new blueprint for China's reform and opening-up drawn up at the Third Plenary Session of the 20th Central Committee of the Communist Party of China has sent a strong signal to the world that in the new era, China will unswervingly hold high the banner of reform and opening-up. The plenary session proposed more than 300 important reform measures, which will continuously stimulate vitality and add impetus to Chinese modernization drive on its own path and will provide more new opportunities for the development of China and also other countries. In the first half of 2024, China's economic macro-indicators generally maintained a trend of stable progress: China's GDP exceeded 60 trillion yuan, with a year-on-year growth rate of 5%; the secondary and tertiary industries grew by 5.8% and 4.6% respectively year-on-year, contributing 43.6% and 52.6% respectively to economic growth; the contribution rates of final consumption expenditure, gross capital formation, and net exports of goods and services for economic growth were 60.5%, 25.6% and 13.9% respectively; the total value of goods imports and exports reached 21.2 trillion yuan, hitting a new high in the same period in history; the per-capita disposable income of national residents increased by 5.3% in real terms year-on-year.① Openness is a distinct feature of Chinese modernization. In the first half of 2024, China's import and export volume exceeded 21 trillion yuan for the first time, with a year-on-year growth rate of 6.1%, and the growth rates of some indicators reached double digits. China newly established 26,870 foreign-invested enterprises, with a year-on-year growth rate of 14.2%, and the actually-used foreign investment in the manufacturing industry increased by 2.4% compared with the same period last year. China has maintained its position as the world's largest goods trading nation for seven consecutive years, with its international market shares of exports and imports ranking first and second in the world for 15 consecutive years, and its outbound investment has ranked among the top three in the world for 11 consecutive years, with capital flowing to 155 countries and regions around the world.② From promoting high-quality Belt and Road cooperation to building international economic and trade cooperation platforms such as the China International Import Expo, China International Fair for Trade in Services, and China International Consumer Products Expo, a series of major measures to expand high-level opening-up have enabled China's

---

① Source: Foreign Ministry spokesperson's remarks at the regular press conference on July 16, 2024, https://www.mfa.gov.cn/web/fyrbt_673021/202407/t20240716_11454700.shtml.

② Source: Foreign Ministry spokesperson's remarks at the regular press conference on July 19, 2024, https://www.mfa.gov.cn/web/fyrbt_673021/202407/t20240719_11456798.shtml.

Chapter 14 Chinese Modernization Offers New Opportunities for Human Modernization

development to benefit the international community. By adhering to deepening reform and expanding opening-up, China makes its large market become a great opportunity for the world, continuously promotes Chinese modernization in the process of reform and opening-up, and injects strong impetus into world modernization with Chinese modernization.

Since China surpassed Japan to become the world's second-largest economy in 2009, its GDP has ranked second in the world steadily, and the proportion of China's GDP in the world economy has been rising year by year. From 2013 to 2015, China's average annual GDP growth rate was 7.3%, far higher than the world's average level of 2.4% (World Bank data) during the same period. From 2013 to 2015, China's average contribution rate to world economic growth was about 26%.① From 2013 to 2021, China's average annual GDP growth rate was 6.6%, higher than the average growth levels of 2.6% for the world and 3.7% for developing economies during the same period. In 2021, China's GDP exceeded 110 trillion yuan, reaching 114.4 trillion yuan. Calculated at constant prices, it was 1.8 times that of 2012. China's share in the global economy has been rising steadily, and its international influence has been increasing.② In the early years of New China, China's economic aggregate accounted for a very small proportion of the world. By 1978, it was only 1.7%, ranking 10th in the world. Since the reform and opening-up, China's economy has maintained rapid growth and has become an important engine and a stabilizing force for world economic growth. In 2023, the proportion of China's economic aggregate in the world

---

① National Bureau of Statistics: *Significant Improvement of International Status and Significant Enhancement of International Influence: An International Comparison of China's Economic and Social Development since the 18th National Congress*, https://www.stats.gov.cn/sj/sjjd/202302/t20230202_1896998.html.

② National Bureau of Statistics: *New Philosophy Leads New Development, New Era Creates New Situations: One of the Series of Reports on Economic and Social Development Achievements Since the 18th National Congress of the Communist Party of China*, https://www.stats.gov.cn/xxgk/jd/sjjd2020/202209/t20220913_1888196.html.

has risen to about 17%. From 1979 to 2023, China's average annual contribution rate to world economic growth was 24.8%, ranking first in the world.[①] China has become not only a major trading partner for many countries but also a major source of investment for many countries, especially developing countries. As a major country with the most complete industrial chain, supply chain, complete industrial system and industrial categories in the world today, China has become a major supplier of commodities to many countries in the world. It helps developing countries buy high-quality commodities that meet the needs of their own people at extremely favorable prices, and breaks the unequal international goods trade system established by Western countries. It is of great significance to form the scissors difference in the international division of labor. Moreover, the supply of Chinese goods with high quality and low price also helps the world combat inflation, reduces the living cost expenditure of low-and middle-income groups in developing countries, and improves their quality of life. Moreover, it is both consistent and obvious to all that China promotes the common development of the world with its own development, which is of great international significance for promoting the cause of human progress. African Union Commission Chairman Moussa Faki Mahamat said, "For more than half a century, China has been firmly supporting Africa's struggles against colonialism, imperialism and racial discrimination. It has provided valuable assistance to African countries in various fields such as infrastructure, health, energy, industry and security. It has also been the first to support the African Union in joining the G20. The African side highly appreciates and sincerely thanks China for this."[②]

[①] National Bureau of Statistics: *Seventy-five Years of Long-term Struggle, Continuing to Move Forward and Create More Glories: One of the Series of Reports on Economic and Social Development Achievements in New China in 75 Years*, https://www.stats.gov.cn/sj/sjjd/202409/t20240909_1956313.html.

[②] *Xi Jinping Meets with Moussa Faki Mahamat, Chairperson of the African Union Commission*, People's Daily, September 4, 2024.

Chapter 14 Chinese Modernization Offers New Opportunities for Human Modernization

2. Chinese modernization leads the future with innovation and injects strong impetus into the world economic development.

The 2024 World Artificial Intelligence Conference & High-Level Meeting on Global AI Governance exhibited many applications of Chinese large-scale models. These applications fully demonstrated the future prospects of innovative technologies empowering all industries. In recent years, China-made products and technologies full of innovative wisdom have enriched the international market supply, contributing to the global economic green transformation and the development of emerging industries. The "2024 Technology Pioneers" list released by the World Economic Forum has 11 Chinese enterprises, ranking second in the world in terms of quantity. Among the latest batch of 153 "lighthouse factories" globally, 62 Chinese enterprises are included, including high-tech enterprises in photovoltaic, new-energy vehicles, etc., ranking first in the world in terms of quantity.[1] Moreover, China has carried out green energy project cooperation with more than 100 countries and regions, creating vivid examples of innovative technologies facilitating green development. The innovative development of new quality productive forces led by Chinese modernization is becoming the main driving force for promoting the independent development of developing countries. Facing the major opportunities of the new round of scientific and technological revolution and industrial transformation, the "two-way rush" of innovation cooperation between China and other countries brings new increments to global development.

In today's era, the tide of the scientific and technological revolution led by the fourth industrial revolution has already begun. In the first three

---

[1] Source: Foreign Ministry spokesperson's remarks at the regular press conference on July 11, 2024. Ministry of Foreign Affairs, https://www.fmprc.gov.cn/web/fyrbt_673021/202407/t20240711_11452358.shtml.

industrial revolutions, developing countries were actually in a very passive historical position. The West, which first carried out the industrial revolution, did not make good use of the achievements of the industrial revolution to benefit all mankind, but instead caused the human tragedies of early capitalist colonial expansion. The fourth industrial revolution led by new quality productive forces as an advanced productive force quality state is an industrial revolution that countries in the Global South can independently control and participate in, and realize catching up with the times and accelerating overtaking. Regarding the solution of the development imbalance problem in the Global South and the promotion of the re-industrialization process in relevant countries, the development of China's new quality productive forces plays a huge leading and promoting role. At the Third Plenary Session of the 20th CPC Central Committee, a blueprint for the development of new quality productive forces in China was drawn, which would accelerate China's innovative development. The *Resolution of the Central Committee of the Communist Party of China on Further Deepening Reform Comprehensively to Advance Chinese Modernization* adopted at the plenary session pointed out "building systems and mechanisms for supporting all-round innovation" and "improving the institutions and mechanisms for fostering new quality productive forces in line with local conditions" and that "We will work to facilitate revolutionary breakthroughs in technology, innovative allocation of production factors, in-depth industrial transformation and upgrading, and the optimal combination of laborers, means of labor, and subjects of labor as well as their renewal and upgrading. All this will give rise to new industries, new business models, and new growth drivers and promote the development of productive forces that are characterized by high technology, high performance, and high quality."[①] Alexander Lomanov, Deputy Director of

---

[①] *The Resolution of the Central Committee of the Communist Party of China on Further Deepening Reform Comprehensively to Advance Chinese Modernization*, *People's Daily*, July 22, 2024.

Chapter 14 Chinese Modernization Offers New Opportunities for Human Modernization

the Institute of World Economy and International Relations of the Russian Academy of Sciences, believes that "'innovation' is also one of the key words of the Third Plenary Session of the 20th Central Committee of the Communist Party of China. China attaches great importance to innovative development and adheres to innovation as the first driving force for development. Facing the major trends in the development of world science and technology and industries, China is accelerating the cultivation of new quality productive forces, and industries and enterprises reaching the international advanced level are emerging in an endless stream. This will provide a continuous source of vitality for China's development and also make more contributions from China to boost the world economy."[①] The *Joint Communique of the Government of the People's Republic of China and the Government of the Republic of Belarus* released on August 23 stated that "the two sides have decided that by 2030, the core mid-term tasks of the two governments are to share and learn from the experiences and achievements of Chinese modernization construction and cooperate in the development of new quality productive forces. With the support of China, Belarus will promote scientific and technological innovation, expand new industrial fields and promote the modernization of existing industries, follow the concepts of ecological priority and green development, and adapt to the new trends in world production relations."[②]

3. Chinese modernizationcontinues to make new contributions to the harmonious development of humanity and nature.

Chinese modernization adheres to sustainable development and the principles of giving top priority to conservation, protection and natural

---

① Alexander Lomanov: *China Will Release More Open-cooperation Dividends*, People's Daily, September 24, 2024.

② Ministry of Foreign Affairs: *Joint Communique of the Government of the People's Republic of China and the Government of the Republic of Belarus*, https://www.mfa.gov.cn/web/zyxw/202408/t20240823_11478503.shtml.

restoration. It is necessary to firmly establish and practice the concept that lucid waters and lush mountains are invaluable assets, accelerate the green transformation of the development model, enhance the diversity, stability and sustainability of the ecosystem, and actively and steadily promote the peaking of carbon emissions and carbon neutrality. Take desertification prevention and control as an example. China's efforts have accelerated the global pace towards a cleaner and more beautiful world. China has taken the lead in the world in achieving zero growth in land degradation and has seen a "double reduction" in the areas of desertified and sandy land, making important contributions to the global goal of achieving zero growth in land degradation by 2030. China's forest coverage rate and forest stock volume have maintained "double growth" for 40 consecutive years. It is the country with the largest increase in global forest resources and the largest area of artificial afforestation, contributing one-fourth of the world's newly-added green area. Moreover, through mechanisms such as the Forum on China-Africa Cooperation and the China-Arab States Cooperation Forum, China has actively coordinated with the Great Green Wall and the Green Middle East initiatives. The China-Mongolia Desertification Prevention and Control Cooperation Center, which was inaugurated in Mongolia in 2013, is helping Mongolia to carry out the Planting One Billion Trees plan. China is making new and continuous contributions to building a beautiful homeland where humanity and nature coexist in harmony together with the rest of the world.[①] At present, China's green development approaches and lifestyles are gradually taking shape. Since the 11th Five-Year Plan, the overall energy consumption per unit of GDP has shown a downward trend, with a cumulative decrease of 43.8% and an average annual decrease of 3.1%. The energy processing and conversion efficiency has increased from

---

① Source: Foreign Ministry spokesperson's remarks at the regular press conference on June 17, 2024. Ministry of Foreign Affairs, https://www.fmprc.gov.cn/web/fyrbt_673021/202406/t20240617_11437274.shtml.

Chapter 14   Chinese Modernization Offers New Opportunities for Human Modernization

69.5% in 1980 to 73.2% in 2022, an increase of 3.7 percentage points. During the 13th Five-Year Plan period, China became the country with the largest number of new-energy vehicles in the world. In 2020, the number of new-energy vehicles in possession reached 4.92 million, accounting for 1.8% of the total number of automobiles. Compared with 2015, the number in possession and the proportion increased by 7.4 times and 1.4 percentage points respectively. Since the 14th Five-Year Plan period, the number of new-energy vehicles in possession has increased rapidly. In 2023, the number of new-energy vehicles in possession reached 20.41 million, 3.1 times more than that at the end of the 13th Five-Year Plan period, accounting for 6.1% of the total number of automobiles, 4.3 percentage points higher than that at the end of the 13th Five-Year Plan period. This has made a historic contribution to global green emission reduction and carbon reduction. [1]

4. Chinese modernization not only benefits the Chinese people, but also promotes global common development and contributes to the world's poverty reduction efforts.

Even when China was still in a relatively backward state, it actively participated in international poverty-reduction undertakings and South-South cooperation, making its own contributions to global poverty reduction and the progress of human civilization. "Since the founding of New China more than 70 years ago, China has provided various forms of assistance to over 160 countries and international organizations in Asia, Africa, Latin America and the Caribbean, Oceania, and Europe, reduced and exempted debts of relevant countries, and provided assistance for the vast number of developing countries

---

[1] National Bureau of Statistics: *Continuous Improvement of Ecological Environment Quality, Comprehensively Promoting the Construction of Beautiful China: One of the Series of Reports on Economic and Social Development Achievements in New China in 75 Years*, https://www.stats.gov.cn/sj/sjjd/202409/t20240918_1956560.html.

to achieve the Millennium Development Goals."① The Tanzania-Zambia Railway, which has made an impact on Africa and the world, is not only a symbol of the over – 70 – decade friendly relations between China and Africa, but also a witness to the shared future of the Chinese and African peoples and a hallmark of South-South cooperation. In an era when China itself still faced development difficulties, it resolutely decided to invest in the construction of this railway, providing firm support for developing countries in their struggle for national independence and liberation and in promoting economic and social development. "More than 50,000 Chinese engineering and technical personnel went to Africa, and 69 young engineering and technical personnel sacrificed their precious lives."② Today, this railway has become a new model for China and Africa to build a community with a shared future. China's development is characterized by sharing and win-win results. In international poverty-reduction undertakings, China has always been an active participant and contributor. While seeking its own development and progress, it promotes people all over the world to live a better life together. This is a true portrayal of China's promotion of international poverty-reduction cooperation and its contributions to global poverty-reduction undertakings.

By expanding its independent opening-up and unilateral opening-up to the least-developed countries, China enlarges the "cake" of opening-up and extends the list of cooperation. It promotes common global opening-up through its own opening-up, and supports capacity-building in developing countries through international development cooperation. Adhering to the concept of "teaching one to fish", China effectively helps developing countries cultivate their own economic development capacity and promotes common global

---

① The State Council Information Office of the People's Republic of China: *Poverty Alleviation: China's Experience and Contribution*, Beijing: People's Publishing House, 2021, p.62.
② Ministry of Foreign Affairs: *Wang Yi Talks about the Precious Features of China-Africa Cooperation and the Consensus that the International Community Should Reach on Africa-related Cooperation*, https://www.mfa.gov.cn/wjbzhd/202409/t20240906_11486165.shtml.

development through its own development. In the process of China-Africa cooperation in jointly achieving modernization, helping Africa reduce poverty is an important aspect. In the poverty reduction and agricultural development program, China has launched 47 poverty-reduction and agricultural projects, trained nearly 9,000 agricultural talents, and promoted more than 300 advanced and applicable technologies, benefiting more than 1 million small-scale farmers in Africa. China's hybrid rice has increased the average rice yield in many African countries from 2 tons per hectare to 7.5 tons. The rice-based poverty-reduction demonstration villages established by Chinese experts have made it a reality that "everyone has food and savings". The agricultural cooperation parks and agricultural product processing factories established by Chinese enterprises have greatly increased the added value of local agricultural products. The "green channel" for African agricultural products to enter China established by China has enabled a large number of high-quality African agricultural products to enter China.① The 2024 Summit of the Forum on China-Africa Cooperation will surely make new contributions to China and Africa's joint efforts in achieving modernization and helping Africa's poverty-reduction cause.

5. The Belt and Road Initiative promotes global shared development.

In the 75 years since the founding of New China, China has achieved a historic transformation from the periphery of the world system to approaching the center of the world stage. During this historic transformation, China has always been an important participant, builder, and contributor to the international system and the world development cause. "Especially since the 18th National Congress of the Communist Party of China, high-quality Belt

---

① Source: Foreign Ministry spokesperson's remarks at the regular press conference on August 26, 2024. Ministry of Foreign Affairs, https://www.mfa.gov.cn/web/fyrbt_673021/202408/t20240826_11479642.shtml.

and Road cooperation has become a highly popular international public good and cooperation platform; building a community with a shared future for mankind has developed from a Chinese initiative into an international consensus, and the Global Development Initiative, the Global Security Initiative, and the Global Civilization Initiative have elicited extensive resonance, further enhancing China's international influence, appeal, and power of shaping."[1] Since the Belt and Road Initiative was proposed more than a decade ago, it has become a highly popular international public good in the international community and a new choice to help developing countries achieve modernization. The proposal and implementation of the Belt and Road Initiative have effectively promoted the global development cause, enabling people of various countries to gain tangible benefits. It has played an irreplaceable role in infrastructure construction, industrialization, improvement of people's life quality, and enhancement of the independent development capabilities of developing countries. "Over the past decade or so, China has joined hands with all parties to promote the Belt and Road Initiative to take root and thrive, making it an open, inclusive, mutually beneficial, win-win, and highly popular international public good and cooperation platform." Moreover, "Over the past decade or so, the cooperation results of the Belt and Road Initiative have been full of highlights. It has not only enabled people in participating countries to travel conveniently and goods to flow smoothly, but also brought tangible benefits and a sense of happiness to local people. China has signed Belt and Road cooperation documents with more than 150 countries and more than 30 international organizations. Last year, the volume of goods trade between China and participating countries reached 19.5 trillion yuan, an increase of 2.8%, accounting for 46.6% of China's total import and export

---

[1] National Bureau of Statistics: *Seventy-five Years of Long-term Struggle, Continuing to Move Forward and Create More Glories: One of the Series of Reports on Economic and Social Development Achievements in New China in 75 Years*, https://www.stats.gov.cn/sj/sjjd/202409/t20240909_1956313.html.

volume, both the scale and proportion reaching the highest levels since the initiative was proposed."①

III. Chinese modernization continuously contributes to global development through its own development

Against the backdrop of the world undergoing faster changes unseen in a century and the lingering aftershocks of the 2008 international financial crisis, the development gap on a global scale has not been narrowed but gradually widened. Moreover, since the rise of the populist wave represented by Donald Trump in 2016 in developed countries, the irresponsible macro-policies and anti-globalization policies they have pursued have caused economic turmoil worldwide and the rupture of development bonds, bringing new development difficulties and bottlenecks to developing countries that are already in an unfavorable position.

In the context of the current volatile world situation and greater uncertainties faced by the global economy, China continues to provide stable impetus for the world economy and bring innovative momentum to global development in the complex international environment. China remains an important engine for global economic growth. In the first half of this year, China's GDP grew by 5.0% year-on-year. China's economic growth rate ranks among the top among the world's major economies. Craig Allen, President of the US-China Business Council, said that in 2024, China will contribute about 30% of global GDP growth, and this situation is expected to continue in 2025

---

① Source: Foreign Ministry spokesperson's remarks at the regular press conference on July 18, 2024. Ministry of Foreign Affairs, https://www.mfa.gov.cn/web/fyrbt_673021/202407/t20240718_11456253.shtml.

and 2026.① Chinese modernization is a broad road for China to build a strong nation and rejuvenate the Chinese nation, and it is also the only way for China to seek human progress and a commonwealth for all mankind. China has always closely linked its own destiny with that of the peoples of all countries, and strived to provide new opportunities for world development and new impetus for humanity's exploration of the modernization path with new achievements in Chinese modernization.

The Third Plenary Session of the 20th CPC Central Committee has drawn a blueprint for further comprehensively deepening reform to promote Chinese modernization. It pointed out "Chinese modernization is the modernization of peaceful development. In foreign relations, China remains firmly committed to pursuing an independent foreign policy of peace and is dedicated to promoting a human community with a shared future. Holding dear humanity's shared values, we will pursue the Global Development Initiative, the Global Security Initiative, and the Global Civilization Initiative and call for an equal and orderly multipolar world and universally beneficial and inclusive economic globalization."② As China further comprehensively deepens reform and releases the dividends of its systems, and forms high-level systems and mechanisms for opening-up, China will create more opportunities from China and more development dividends for the development of the world. This reflects China's "showcasing its great-power responsibility in the global economic transformation".③ Many national leaders participating in the 2024 Beijing Summit of the Forum on China-Africa Cooperation are highly concerned about the development opportunities released by the Third Plenary

---

① Xinhua News Agency: *Variables and Changes: Analysis of the Current World Economic Situation*, http://www.news.cn/world/20240822/72a6d5814a484b11a06ad9a935728028/c.html.

② *The Resolution of the Central Committee of the Communist Party of China on Further Deepening Reform Comprehensively to Advance Chinese Modernization*, People's Daily, July 22, 2024.

③ [Brazil] Ronnie Lins: *Demonstrating Great-power Responsibilities in the Global Economic Transformation*, China Social Sciences Network, https://www.cssn.cn/skgz/bwyc/202409/t20240918_5777891.shtml.

Chapter 14 Chinese Modernization Offers New Opportunities for Human Modernization

Session of the 20th CPC Central Committee in China's further comprehensive deepening of reform, the promotion of Chinese modernization, and China-Africa cooperation and South-South cooperation. Zimbabwean President Mnangagwa said, "The series of important reform measures introduced at the Third Plenary Session of the 20th Central Committee of the Communist Party of China will not only further enhance the well-being of the Chinese people, but also have a significant impact on the future of the Global South and even all of humanity."① This also indicates that on the journey towards basically achieving modernization by 2035, new cooperation potential and momentum will be continuously released in the new achievements of Chinese modernization development. Wang Yi, Special Representative of President Xi Jinping, a member of the Political Bureau of the Central Committee of the Communist Party of China and Minister for Foreign Affairs of the People's Republic of China, delivered a speech at the United Nations Future Summit, pointing out: "Today's China is unswervingly promoting the great cause of building a strong nation and national rejuvenation in all-round ways with Chinese modernization, which will provide new opportunities for world peace and development. We are willing to work hand in hand with all countries in the world to build a community with a shared future for mankind and create a more peaceful and beautiful tomorrow."② Through China's reform, development and the construction of Chinese modernization, China will provide more abundant development experiences and strength, help developing countries achieve modernization, jointly win a new future for the development of the Global South, and make new contributions to the cause of human modernization.

---

① *Xi Jinping Holds Talks with President Emmerson Mnangagwa of Zimbabwe*, People's Daily, September 4, 2024.

② Wang Yi: *Grasp the Common Destiny and Create a Better Future: Speech at the United Nations Future Summit*, Ministry of Foreign Affairs, https://www.mfa.gov.cn/web/wjbzhd/202409/t20240924_11495533.shtml.

Chapter 15 Chinese Women's Education: Development in the Process of Chinese Modernization

Lu Yujing[*]

Chinese modernization has made new contributions to mankind's quest for modernization and effectively promoted the process of globalization. Women are participants and contributors to Chinese modernization, and the development of Chinese women's career in the new era is in sync with the pulse of the times and resonates with the guiding principles of the Chinese modernization. Reviewing the changes in the development of women's education in China over the past century and exploring the problems that still exist in women's education and employment, we can better look to the future, break down gender differences and create a better future.

Ⅰ. Introduction

Ancient China experienced a long period of patriarchal society, when women basically did not receive education, thus most are illiterate. In the 19th

---

[*] Lu Yujing, Professsor of School of Foreign Languages and Literatures, Lanzhou University.

Chapter 15 Chinese Women's Education: Development in the Process of Chinese Modernization

century when links between East and West increased and more women were educated in schools or missionary girls' schools. It was not until the 20th century that girls' schools were established, mainly in Jiangsu, Shanghai and other economically, culturally and transportation-developed areas, but the number of schools was still not large①. After the 1911 Revolution, women's education had great progress due to the legal confirmation of women's right to education and the progress of social concepts, as well as the strong demand of women's right on equal education. During that period, social unrest and unbalanced development impeded the development of women's education. By 1949, the female illiteracy rate was as high as 90%②. Since the founding of new China, women's education has been on the right track and developed rapidly. In particular, over the past 40 years of reform and development, women's education has been fully developed, especially in higher education. At present, it can be said that Chinese women have completely equal rights with men in education, reaching a new height. The development of Chinese women's education has also led to the corresponding development of women's employment and the increase of women's income, thus promoting the improvement of women's social status. Chinese women have been fully involved in all aspects of society, politics, economy and science, and profoundly changed the Chinese society. The development course of Chinese women's education will be shown below by detailed statistical data. Used in

---

① M. L. Duan, "The Development of Women's Education in Modern China", in *Journal of Inner Mongolia Normal University (Philosophy and Social Sciences Edition)*, 2007 (S1): 171 – 172. X. L. Deng, "Western Missionaries and Modern Chinese Women's Education", in *Reform and Opening up*, 2011 (02): 175 – 176.

② Z. Liu, "The Promotion of Women's Education in China since the Founding of the People's Republic of China", in *Journal of Fujian Socialist College*, 2012 (01): 117 – 121. Z. W. Zhang, "Overview of Chinese Women's Literacy Education", in *China Adult Education*, 1995 (09): 19.

this article are based on data from the Chinese women's social status report[①], the Chinese women's development report[②], the Chinese women's development outline[③], news reports and a variety of research materials[④]. As data sources at different stages may come from multiple literature and some statistics are done on demographic data, so the source of data will not be specified in the following data analysis. When different statistical data appear, official release data will be used.

II. Chinese Women's Education: History and Development

Development of female education can be reflected by indicators such as female illiteracy rate, girls' enrollment rate, the number of girls in school and

---

① Research Group. Chinese Women's Social status survey preliminary Analysis report, "Women's Social Status in China" in *Collection of Women's Studies*, 1992 (1): 4; The Second Chinese Women's Social Status Survey Research Group, "Report on the Main data of the Second Phase sampling Survey of Chinese women's social status", in *Collection of Women's Studies*, 2001 (5): 9; The Third Chinese Women's Social Status Investigation Team, "Main Data report of the Third Chinese Women's Social Status Survey", in *Collection of Women's Studies*, 2011 (6): 11; The Fourth Chinese Women's Social Status Survey Office, "Main data of the 4th Chinese Women's Social Status Survey". February 2022.

② J. L. Wang, *Chinese Women's Development Report*, Social Sciences Academic Press, 2006.

③ National Bureau of Statistics, *The Final Statistical Monitoring Report of the Program for the Development of Chinese Women (2011 – 2020)*, December 2021.

④ D. Y. Lin, "Progress and achievements of Chinese women's Education in the 70 Years of New China", in China Women's Games, 2019 (09): 42 – 45; K. L. Shi, Y. Sh. Liu, "Chinese women's education and social status in the New Era: Based on the Data of the 3rd Chinese Women's Social status Survey", in *China Women's Sports*, 2014 (05): 25 – 27 + 24; Zh. Y. Ren, "The Increase of female participation rate in all levels of education", in *China Women's Journal*, 2008 – 10 – 20 (A01); L. Han, B. B. Shen, *Journal of China Women's University*, 2008 (02): 37 – 41; X. M. Sun, *Journal of China Women's University*, 2005 (04): 10 – 13; X. H. Huang, History and Existing Problems of Women's Higher Education in China, Fujian Normal University, 2004; Y. Wei, "The New development of Women's Education in China", in *Collection of Women's Studies*, 2000 (03): 9 – 10; G. Guo, "The Development and Countermeasures of women's education", in *Educational Research*, 1995 (09): 43 – 47; Ch. Wang, "Status Quo and Prospect of Women's Education in China", in *Education Guide*, 1995 (05): 7; Q. L. Meng, "Analysis on the regional differences of Chinese women's educational level", in *Population and Family Planning*, 1994 (02): 35 – 38.

Chapter 15 Chinese Women's Education: Development in the Process of Chinese Modernization

the average number of female education years. The proportion of female students in each educational stage reflects the situation that female students receive education, compared with male students, and to some extent represents the importance that a society attaches to female students.

In the early years of the People's Republic of China, only a limited number of Chinese women was receiving education. In 1949, 90% of Chinese women were illiterate. It decreased to 32% by 1990. Figure 1 shows the proportion of illiterate women over the age of 15 in China. As can be seen, the illiteracy rate among Chinese women had been reduced to 4.1 percent by 2020. This is a great achievement, showing that more than 95 percent of Chinese women can read and write, completely changing the situation from ancient China where women in the patriarchal society almost did not receive much formal education.

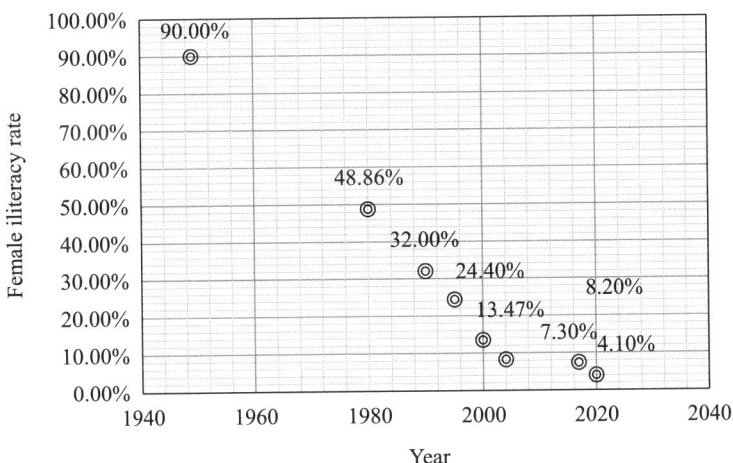

Figure 15 – 1 **Female illiteracy rate in China**

The reduction of illiteracy rate among women is mainly the result of vigorously increasinggirls' school enrollment rate since 1949. Figure 15 – 2 shows the change of the rate of school-age girls in China. As can be seen from the figure, the enrollment rate of girls rocketed in the first 30 years after 1949. By 1986, girl enrollment rate had reached 93.6%. This fundamentally changed the situation that women were discriminated against, and it became a social consensus that women should receive formal education. By 2017, 99.9% of girls were able to attend school and receive proper education, completely changing the traditional perception.

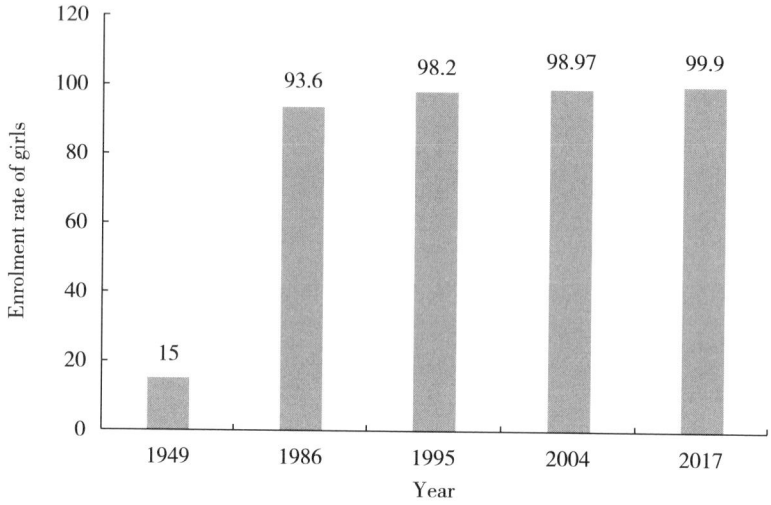

Figure 15 – 2　Enrollment rate of school – age girls in China (unit: %)

The proportion of girls in primary school reflects the degree of women's access to basic education compared with that of men. Figure 15 – 3 shows the historical change of the proportion of girls in primary schools in China in the past 70 years. As can be seen from the figure, the proportion of girls in primary schools in the early years after 1949 was only 23%, indicating the existence of serious gender discrimination in education. By the 1980s, girls accounted for more than 45 percent of primary school students, indicating that women's education level has been greatly improved. Since 2000, the proportion has been more than 46%, indicating that girls' access to primary education is basically the same as that of men. The little difference of a few percentage here may due to the difference in the gender ratio between boys and girls.

Chapter 15 Chinese Women's Education: Development in the Process of Chinese Modernization

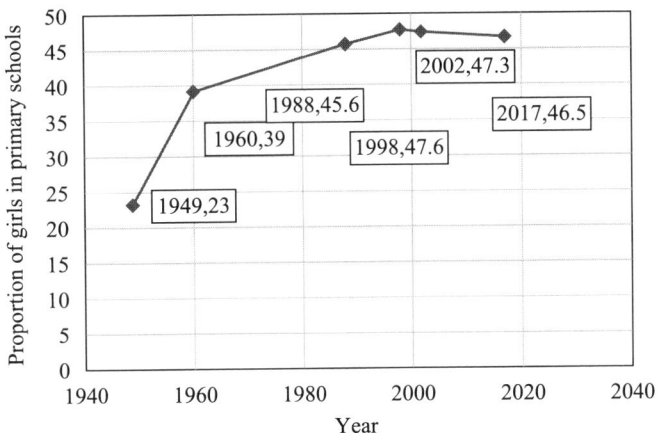

Figure 15 – 3　Proportion of girls in Primary Schools in China (unit: %)

Whether girls continue higher levels of education after primary education can be reflected in the proportion of girls in general secondary schools and the proportion of girls in tertiary institutions. In 2002, the proportion of girls in regular middle schools in China reached 46.7%, while by 2020, it is 50.4%. Figure 15 – 4 shows the change of the proportion of female students in universities and colleges in China. As can be seen from the figure, the proportion was only 19.8% in the early years of the People's Republic of China, and 24.1% in 1978. During this period, the number of female students receiving education was relatively small, accounting for less than a quarter of that of male students. Since China's reform and opening up, especially since 2000, the level of Chinese women higher education has increased significantly, accounting for more than 52% of the total in 2015. This fully shows that "women hold up half of the sky" has become a fact. Chinese women have completely changed their destiny and came to the era of intellectual women.

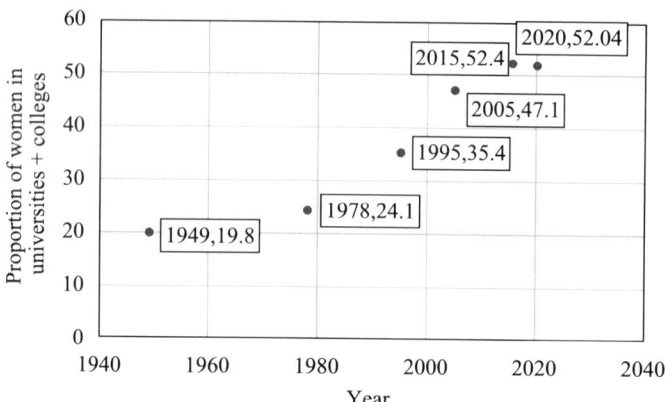

Figure 15 – 4　Proportion of female students in Chinese universities and colleges (unit: %)

Figure 15 – 5 shows the change on the average years of Chinese women education, which depicts the education level of women in a country as a whole. In 1980, the average length of schooling for Chinese women was 4.2 years, indicating that most of them had only primary school education at that time. In 2000, the average length of schooling was 7.07 years, which means most girls receive junior secondary education. By 2020, it is 9.59 years (9.66 years for males), indicating that the majority of females complete high school. By 2020, the average number of years of schooling for women aged 18 – 24 was 12.81. Such improvement of the average education level of Chinese women has promoted the overall level of the labor force and promoted the overall economic and social development.

Chapter 15　Chinese Women's Education: Development in the Process of Chinese Modernization

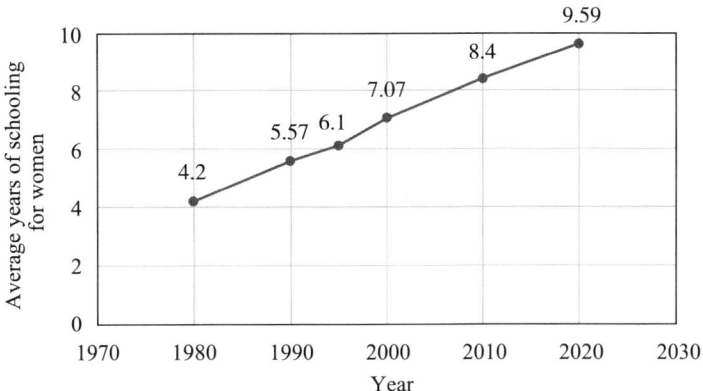

Figure 15 – 5　Average years of education for Chinese women (unit: years)

As the number of Chinese women receiving higher education increases, so does the number of Chinese women enrolled in advanced degree studies. Figure 6 shows the change of the proportion of female students in master's degree programs in China. As can be seen from the graph, the proportion of female postgraduate students has increased from 26% in 1993 to 54. 98% in 2020. After the reform and opening up, the number of girls receiving high-level education has taken a substantive leap, and has surpassed the number of men. While we can say girls are more diligent than boys in their studies, the jump is also a reflection of society's recognition and inclusiveness. Chinese women have come to the era of receiving higher and high quality education.

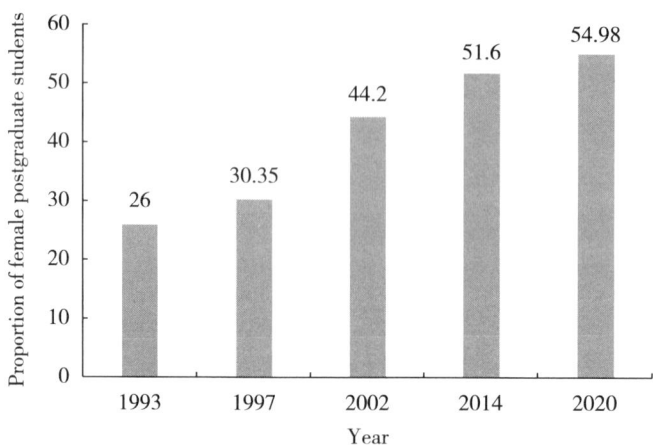

Figure 15-6 Proportion of female postgraduate students in China (unit: %)

III. Female Education in China: Future Prospects

The rising of Chinese women's education promoted Chinese women's participation in society. Figure 15-7 shows the change of female employment in China. As can be seen from it, the number of women employed was about 170 million in 1978, 290 million in 1990 and 340 million in 2010. This is the result of social and economic development since 1978, which has increased the employment opportunities, and the result of the increase of female education level to obtain more employment opportunities. Figure 15-8 shows urban female employment in China, which can better reflect the situation of female employment in urban areas. While there is urban employment reduction caused by the restructuring of state-owned enterprises in the 1990s, the number of female urban employment grew rapidly after 2000, which also proves that the improvement of female education increases female employment opportunities.

Chapter 15 Chinese Women's Education: Development in the Process of Chinese Modernization

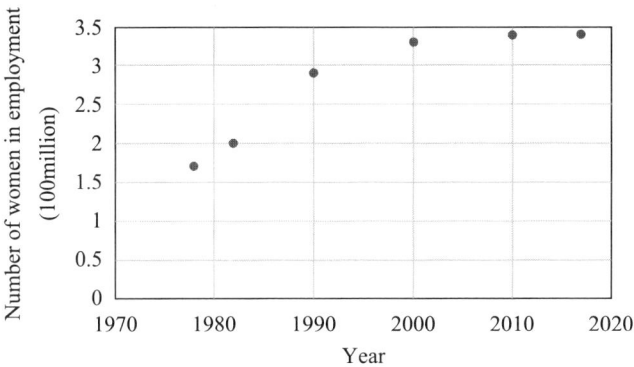

Figure 15 – 7 Number of women employed in China (unit: 100 million)

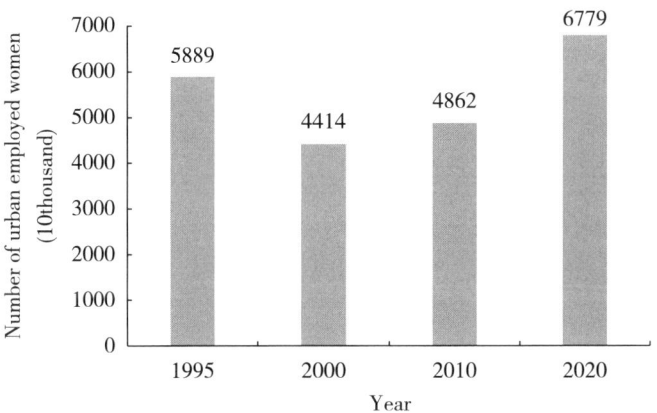

Figure 15 – 8 Number of women employed in urban areas in China

The number of female professionals in public economic enterprises and institutions can reflect the high quality of female employment. The number of female skilled workers in the public sector was 12.7 million in 2010, 14.58 million in 2015 and 15.29 million in 2017. This shows that with the increase in the number of women receiving higher education, female professional and technical personnel are also increasing rapidly. By 2017, women accounted for 48.6% of professionals, indicating that women are on a par with men in the field of technology.

Although the proportion of women among Chinese college students has increased from 24.1% in 1978 to 52.04% in 2020 (Figure 15 – 4), the proportion of Chinese women receiving higher education is still low. By 2020, 18.0% of Chinese women had received college education or higher, only 1.6% higher than that of men. Among women aged 18 – 24, the proportion was 50.9%. Compared with the US higher education rate of 35% (2018), there is still a lot of room for growth. In the United States, 72% of high school girls enrolled in college in 2008, and in Sweden, more than 50% of women enrolled in higher education in 2020. The comparison shows that the proportion of women receiving higher education in China is still not high, and there is still large space for development.

Female college students in China will have a large increase in the future. Figure 15 – 9 shows the change of the number of female college students in China from 2004 to 2020. The data being basically conform to linear growth. Linear estimation is done to predict the number of female college students in the next 13 years, as is shown in Table 15 – 1. It is predicted that the number of female college students in China will reach 26.197 million in 2033.

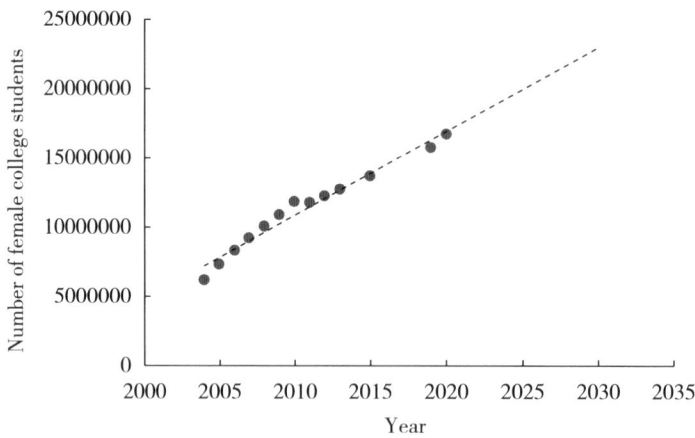

Figure 15 – 9 Number of female college students

Chapter 15 Chinese Women's Education: Development in the Process of Chinese Modernization

Table 15-1 Number and forecast of female college students in China (Unit: person)

Year	Number of female college students	Year	Prediction of the number of female college students
2004	6220763.04	2021	16799639.45
2005	7352844.70	2022	17582804.48
2006	8356884.75	2023	18365969.50
2007	9258606.21	2024	19149134.53
2008	10076830.15	2025	19932299.55
2009	10914159.47	2026	20715464.58
2010	11859498.69	2027	21498629.61
2011	11805708.89	2028	22281794.63
2012	12277013.78	2029	23064959.66
2013	12769807.63	2030	23848124.69
2015	13704066.00	2031	24631289.71
2019	15776082.12	2032	25414454.74
2020	16755030.00	2033	26197619.77

Presently 13.1% of U.S. adults have a master's degree, or doctoral degree. To narrow the gap, there is plenty room for Chinese women to receive high-level higher education and achieve rapid development in the future.

IV. Women's Education in China: Problems and Countermeasures

Since 1949, women's education in China has made great progress and remarkable achievements, but there are still problems.

The traditional preference for sons over daughters leads to the lower average number of years of schooling for women than for men (9.59 years for women while 9.66 years for men in 2020), and the illiteracy rate for women higher than the average (4.10% for women and 2.9% for the total). The average length of schooling for women in rural western China is only 7.44 years which shows that in rural areas of China, the traditional preference for boys leads to lack of attention to female education when parents are willing to spend more resources on boys. But in Chinese cities, especially big ones, that problem no longer exists. Social economy development and parents' education level improvement will change this situation in the near future.

There is still a gap in higher education and high-level degree education between Chinese female education and developed countries. Although women make up more than 52% of college students in China, the number of women who have received higher education is still low, accounting for 18% of the female population, far lower than the rate of more than 50% in developed countries. This shows that China's higher education, especially female higher education, still need development. In 2020, the proportion of female postgraduate students in China was 50.9%, more than that of male students, but the total number was only 1,599,000, which is relatively small compared with the whole female population and has large room for development. At present, the number of female doctoral students in China accounts for 43.23% of doctoral students, there is large space as well, considering the total number of female population.

With the increase of years of education and the improvement of education level for women, problems have arisen accordingly. As women's education age increases, age of marriage is delayed and fewer children are born. It also delays the age of employment, marriage and childbearing. Rising levels of education have also changed the concept of Chinese women's child-rearing, seeking fewer but better child-rearing strategies. What happened in the early developed countries, especially in east Asian cultural circle, where the concept of marriage and child-rearing is more traditional, where children born out of wedlock and children raised by single parents are not recognized by the society, is happening in China at present. The phenomenon of fewer children caused by the extension of education is more serious. Solution to this problem

Chapter 15　Chinese Women's Education: Development in the Process of Chinese Modernization

is likely to be a long-term process, requiring cooperation at all levels of society. Adjusting the education stage of college students and graduate students to implement supporting measures for marriage, such as flexible academic system, change in centralized dormitory management and other measures can be used as improvement strategies. Legislation and social recognition of the legality of children out of wedlock, increased living allowances and maternity care for women in university and postgraduate education may help to ameliorate the situation.

As women become more educated, another problem is the rural-urban gender imbalance. At present, men in rural areas find it difficult to find a wife, while women in big cities find it difficult to find a husband. Female rural college graduates tend to seek jobs and homes in big cities, resulting in rural young men facing the mentioned challenge. This is a temporary problem in the urbanization development to be solved gradually with social economy development.

In response to the above issues, women's federations at all levels, universities, government departments, and research institutions have been discussing, in various forms, such as academic papers[1] and seminars[2], from multidisciplinary perspectives, the missions and tasks, challenges and problems, and solutions to be undertaken in the process of promoting China's modernization and development from a variety of perspectives.

---

[1] Cao Wen, "On the Development of Women's Career under the Perspective of Chinese Modernization", in *China Women's Movement,* 2024 (04).

[2] Xiamen University, Annual Conference on "Chinese Modernization and Women's Development" Successfully Held, https://xdfnjd.xmu.edu.cn/2022/1229/c2450a467350/page.htm. 2022-12-29. *China Women's Daily*, "Promoting Women's Integration into the Globalization Process under the Perspective of Chinese Modernization", 2023-03-13. China Women's Net, "How to achieve high-quality development of women's career in the process of Chinese-style modernization", https://www.cnwomen.com.cn/2023/11/28/99352804.html. 2023-11-28. Shanghai Women Theory Symposium—"Women-Education-Future-Women's Development and Mission in the Process of Chinese Modernization" Theme Lecture held at Tongji University. https://news.tongji.edu.cn/info/1003/86322.htm, 2024-01-16.

V. Conclusion

In short, Chinese female education has experienced the embryonic stage after 1911, the vigorous development after 1949 and achieved remarkable achievements. Chinese women have gone through the rapid elimination of illiteracy in the early days of the founding of the People's Republic of China, the universal primary education In the 1960s and 1970s, the universal middle school education after the reform and opening-up, and the vigorous development of higher education in the 21st century. Women's education in China has achieved gender equality and moved towards "half the sky" in a real sense.

Part IV

"The Belt and Road" Initiative and the Modernization Development of Belarus

Chapter 16 Family Policies in the Context of Social Development in the Republic of Belarus

Lazarevich. Natalya[*]

Social policy is a complex and multifaceted phenomenon within the social and political life. It encompasses a series of measures implemented by the country to improve the quality of life for social groups. It is a research field covering issues related to history, economy, politics, social laws, and sociology. The goal of social policy is to maintain social welfare and a stable living environment. The principles of social policy are grounded in social justice, social responsibility, social partnership, social security, and continuity. These principles are established based on the socio-economic development plan of the Republic of Belarus. [①]

The social policies related to family are part of the country's domestic social policies. Family policy is a relatively independent part of social policy,

---

[*] Lazarevich. Natalya, Associate Professor, Chief Researcher, Department of Social Ecology and Bioethics, Institute of Philosophy, National Academy of Sciences of Belarus.

[①] Программа социально-экономического развития Беларуси на 2021 – 2025 годы. [Электронный ресурс]. Режим доступа: https://president.gov.by/ru/events/utverzhdena-programma-socialno-ekonomicheskogo-razvitiya-belarusi-na – 2021 – 2025 – gody/. Дата обращения: 29. 07. 2022 г.

which has an impact on families as a social institution and individuals as carriers of family roles. It aims to optimize social development by coordinating interests and regulating the relations between the country and families, as well as the various connections that influence the relationships within families. Therefore, building a "happy family" has been declared one of the priorities of the family policies of the Republic of Belarus.

The concept of family policy began to be used in international political and academic discourse in the late 1970s[①]. The term "family policy" in the Soviet Union only started appearing in domestic scientific literature and public news discussions in the 1980s[②]. In official documents, the term was first used in 1989 during the formulation of the "Family Policy of the Soviet Union for the 1990s" plan.[③]

Historically, when studying family policy as a factor of state social responsibility, three major development stages during the Soviet period have been identified. "Each of these stages had varying impacts on internal family relationships and family structure", reflecting different degrees of state responsibility: the "Post-Revolution" model, the "Stalin" model, and the "Soviet Social" model.[④]

The first period spans from 1917 to the mid – 1920s. During these years following the October Revolution, family issues became a subject of political struggle and one of the most significant ideological and legal discourses. The motto "Destroy the old world and build a new one" included the

---

① Цинченко Г. М. Политика в отношении семьи в первые годы советской власти/Г. М. Цинченко//Вестник Нижегородского университета им. Н. И. Лобачевского. Серия: Социальные науки. 2015. № 1 (37). С. 174 – 182, с. 175.

② Ершов, В. А. Право социального обеспечения учеб. пособие. /В. А. Ершов, И. А. Толмачев—М.: ГроссМедиа, 2008. 510 с, с175.

③ Ершов, В. А. Право социального обеспечения учеб. пособие. /В. А. Ершов, И. А. Толмачев—М.: ГроссМедиа, 2008. 510 с, с. 12.

④ Носкова А. В. Эволюция государственной семейной политики в России: от советских к современным моделям/А. В. Носкова//М.: Вестник МГИМО Университета. 2013. Вып. 6 (33). С. 155 – 159, с 155 – 159.

deconstruction of the traditional family, which was replaced by the socialist "cell of society"—the "free union of free individuals."①. Family morals were constructed on principles that emphasized the liberation from ecclesiastical influence, the prioritization of individual sexual freedom over familial relationships, the right to free reproductive choice (including women's rights to abortion), and the principle of gender equality in both private and public spheres. All these principles found the legal foundation in the first "family" decrees and laws enacted by the Soviet regime. The state assumed the role of protecting mothers and children, thereby becoming, to some extent, a mediator in marital relations and the relationships between children and parents. In the first decade after the October Revolution, the state's active intervention in private life and its efforts to eradicate centuries-old family traditions created sharp contradictions between "traditional" and "modern" values, reflected in the areas of marriage, childbirth, and the forms of spousal and gender relationships.

The second period spans from the mid–1920s to 1953. During these years, there was a shift in the understanding of what kind of family the socialist society required. The core of family policy during this period focused on institutionally strengthening the family and returning to traditional family values and norms of marital behavior. This shift in family policy was primarily driven by demographic needs, particularly the need for population reproduction. The massive loss of life during wartime caused a significant drop in birth rates. Between the 1926 and 1959 censuses, the average number of children per woman (total fertility rate) dropped from approximately 6.8 to 2.8, a reduction of four children. ②

As a result, official documents such as the *Decree on the Prohibition of*

---

① Александра Коллонтай. Социальные Основы Женского Вопроса (Знание, 1909) 431 с, с. 219.

② Вишневский А. Особенности российской рождаемости/А. Вишневский//Население и общество. 2006. № 100 С. 34–50.

Abortions, the Improvement of Material Aid to Women in Childbirth, the Establishment of State Assistance to Parents of Large Families, and the Extension of the Network of Lying-in Homes, Nursery schools and Kindergartens, the Tightening-up of Criminal Punishment for the Non-payment of Alimony, and on Certain Modifications in Divorce Legislation in 1936 by the Council of People's Commissars and the Central Executive Committee of the USSR were issued. Likewise, the *Order on Increasing State Aid to Pregnant Women, Mothers with Many Children and Single Mothers, Strengthening the Protection of Motherhood and Childhood* in 1944 by the Presidium of the Supreme Soviet of the USSR further reflected this shift. The introduction of honorary titles such as "Mother Heroine," as well as the establishment of the "Order of Maternal Glory" and the "Maternity Medal," clearly illustrated another facet of Soviet family policy and the state's new approach to public assistance for families with children.

Thus, the 1936 decree introduced the state allowance for the first time: "for those having six children, an annual allowance of 2,000 rubles for five years for each subsequent child from the day of its birth, and for mothers having ten children one State allowance of 5,000 rubles on the birth of each subsequent child and an annual allowance of 3,000 rubles for a period of four years following the child's first birthday."[①] In 1944, a system of monthly child allowances for large families was introduced, which remained in place until 1991. Families became eligible for monthly allowances starting from the birth of their fourth child[②]. These measures, combined with other factors, produced a positive demographic effect. Between 1935 – 1939 and 1948 – 1953, birth rates increased, and the natural population growth curve began to

---

① Постановление ЦИК СССР N 65, СНК СССР N 1134 от 27.06.1936. [Электронный ресурс]. Режим доступа: www.libussr.ru. Дата обращения: 31.07.2022.

② Багдасарян, В. Э. К вопросу о формировании теории демографической вариативности как новой объяснительной модели демографических процессов/. Э. Багдасарян. [Электронный ресурс]. Режим доступа: search.rsl.ru. Дата обращения: 31.06.2022, с. 90.

rise.

In addition to demographic concerns, gender issues also became a key focus of family policy. With the state's industrialization efforts, women increasingly participated in social production, creating an urgent need to address the provision of public assistance to mothers to help them balance employment with child-rearing responsibilities. The development of preschool and extracurricular childcare infrastructure became one of the central tasks and achievements of the Soviet Union in the social sphere. Investments in early childhood education facilitated the transition to the modern dual-income family model.

The third period spans from 1953 until the dissolution of the Soviet Union in 1991. From the mid – 1950s to the 1960s, family relations underwent another wave of liberalization①. The right to abortion for women was reinstated (through legislation passed in 1955), and divorce procedures were significantly simplified. Alongside other socio-economic factors, the liberalization of family relations further stimulated changes in the marriage and reproductive behaviors of Soviet citizens. In the 1960s, birth rates steadily declined once again, while divorce rates sharply increased. By the early 1970s, the total fertility rate in the Russian Soviet Federative Socialist Republic had fallen below 2.1, reaching the level necessary for simple replacement②. Small families with one or two children became the norm. As a result, the conflict between the population needs of society and individual reproductive preferences became apparent. To alleviate this tension, the country's leadership intensified state support measures for families with

---

① Жиляева С. К. Максимова А. А. Особенности реализации семейно-правовой политики в завершающий период существования советской государственности (70 – е – 1991 год). /С. К. Жиляева А. А. Максимова//Юристъ Правоведъ. —2018. —Вып. 2 (85). —С. 21 – 26.

② От Российской империи до современности. Как менялась численность населения страны. [Электронный ресурс]. Режим доступа: Дата обращения: 10.06.2022.

children in the early 1980s.①

During the 1960s to 1980s, gender strategy remained a priority in family policy②. For instance, the *Fundamentals of Legislation of the USSR and the Union Republics on Marriage and the Family* in 1968 established "Equality of the man and woman in family relations" and declared that "the state protects family, motherhood is protected and encouraged by the state."

In the modern development phase of family policy in the Republic of Belarus, the focus is primarily on population policy③. Supporting fertility has become a key element of family policy. The main objectives of national family policy are to improve the socio-economic living conditions of families, help them fulfill their reproductive, economic, and educational roles, strengthen the moral foundation of families, and enhance the family's status within society. State support for families is one of the core areas of national social policy and a fundamental aspect of ensuring population security.

According to the 2019 census data, the Republic of Belarus has over 2.691 million families, including 1.2 million families raising minor children, with more than 8 million people involved in family relationships, accounting for 86% of the national population.④

The state has significant influence in fulfilling its functions through national legislation, the state budget, and the tax and customs systems. There are a total of 11 benefits related to childbirth and child-rearing: free food for children under two years old, free medication for all children under three,

---

① Постановление ЦК КПСС, Совмина СССР от 22.01.1981 N 235. [Электронный ресурс]. Режим доступа: www.libussr.ru. Дата обращения: 11.07.2022.

② Чвыкалов В. В. Гендерная политика советского государства в социальной сфере в целях защиты прав женщин/В. В. Чвыкалов//Юристъ-Правоведъ. —2011. —Вып. 3. —С. 74 – 79.

③ Семейная политика в Республике Беларусь. [Электронный ресурс]. Режим доступа: https://belarusfacts.by/ru/belarus/politics/domestic_policy/social_policy/дата доступа: 01.12.2021/.

④ Итоги переписи населения Республики Беларусь 2019 года. [Электронный ресурс]. Режим доступа: https://www.belstat.gov.by/ofitsialnaya-statistika/makroekonomika-i-okruzhayushchaya-sreda/perepis-naseleniya/perepis-naseleniya – 2019/. Дата доступа: 05.11.2022.

Chapter 16　Family Policies in the Context of Social Development in the Republic of Belarus

state investments to improve housing conditions for large families, and discounted (or free) meals in educational institutions, among others.

An effective legal and welfare system for families with children has been established in the country. This includes allowances related to childbirth and child-rearing, free meals for children during their first two years of life, and various forms of state-targeted social assistance. Additionally, one-time allowances are provided for the birth of two or more children, alongside protective measures in the areas of pensions, labor, taxes, and housing legislation.

Childcare allowances for children under the age of three are set at 35 – 40% of the national average monthly income. These allowances are paid throughout the entire childcare period before the child turns three (including when the person responsible for the childcare is working outside the home). The benefits are universal, granted regardless of income level, insurance contributions, or employment status. The amount of the one-time allowance is as follows: for the birth of the first child, it is ten times the minimum subsistence budget per capita; for the birth of the second and subsequent children, it is fourteen times the minimum subsistence budget per capita. Additionally, local governments provide extra financial support for families with two or more children, and the legal protections and welfare system for families with children continue to be refined. In 2015, a large-scale social welfare initiative called the "Family Capital" program was introduced, offering a one-time non-cash benefit of $10,000 to families upon the birth or adoption of a third or subsequent child. [1]

In the global ranking of countries that encourage childbirth, Belarus ranks

---

[1]　Указ от 9 декабря 2014 года № 572 «О дополнительных мерах государственной поддержки семей, воспитывающих детей».

25th out of 179 countries①, the highest among countries of Commonwealth of Independence States. Besides material support, legal protections for families raising children are provided in labor, tax, and pension legislation.

Efforts to improve the family planning system include the development and implementation of a national family planning model, which established family planning services and healthcare departments. These measures have reinforced positive birth rate trends, ensuring an increase in the total fertility rate from 1.72 in 2015 to 1.75 in 2020.②

Social and religious organizations play a vital role in promoting family values and enhancing the status of the family. All the measures taken aim to raise birth rates. It is believed that these incentives have contributed to a recent rise in fertility, with an increase in the number of second and third children being born.

Social responsibility is a moral principle that emphasizes considering not only the interests of individuals or organizations making decisions but also the welfare of society as a whole in the decision-making process[17]③. It is a complex, collective category involving moral, legal, philosophical, and ethical-psychological aspects, studied from various perspectives. At the core of national social responsibility lies family-related social policies. The state's social responsibility toward families involves comprehensive public oversight to ensure the timely and complete fulfillment of its social obligations. This includes providing allowances related to childbirth and child-rearing, offering

---

① В ежегодном рейтинге стран, благоприятных для материнства, Беларусь находится на 25 месте. [Электронный ресурс]. Режим доступа: https://www.tvr.by/news/obshchestvo/v_reytinge_blagopriyatnykh_stran_dlya_materinstva_belarus_zanimaet_25_mesto/. БТ новости 13.10.2020. Дата доступа: 05.11.2022.

② Семейная политика в Республике Беларусь. [Электронный ресурс]. Режим доступа: https://belarusfacts.by/ru/belarus/politics/domestic_policy/social_policy/дата доступа: 01.12.2021/.

③ Зульфугарзаде Т. Э. Основы социального государства и гражданского общества: учебник для студентов учреждений высш. проф. образования. /Т. Э. Зульфугарзаде. М.: Академия, 2012. С 133—135.

Chapter 16 Family Policies in the Context of Social Development in the Republic of Belarus

free meals for children during the first two years of life, and delivering other targeted forms of national social assistance. These measures also involve one-time maternity payments and legislative protections in areas such as pensions, labor, taxation, and housing.

The objectives of national social policy are to support families with children and strengthen the family institution. Based on this goal, state policies aim to improve the forms of social protection for families with children and safeguard their health. To address this challenge, systems for early detection and dynamic monitoring of children's health disorders have been developed to reduce chronic diseases and lower disability rates. This includes expanding and equipping networks of early intervention and monitoring departments. The system requires timely and effective diagnosis of congenital and hereditary diseases, as well as comprehensive screening for pregnant women.

In the field of preschool education, the focus is on meeting families' demands for educational services, including paid services. A network of multifunctional preschool educational institutions of various ownership forms is expanding. Improvements in the educational process are being made based on the continuity between preschool and general secondary education, along with efforts to enhance teacher qualification levels. In the general secondary education system, the network of educational institutions continues to be optimized, with updates to educational content and teaching methods. Modern teaching tools, including information technology, are being introduced to general secondary education institutions.

Developing inclusive education (*Translator's note: Inclusive education is a new educational philosophy and process proposed in a declaration passed at the World Congress on Special Needs Education, held in Salamanca, Spain, on June 10, 1994. As an educational thought, inclusive education embraces all students, opposes discrimination and exclusion, promotes active participation, emphasizes collective cooperation, and meets diverse needs. It is an educational approach without exclusion, discrimination, or classification.*)

will become one of the key directions. To this end, the policy mandates the establishment of a network of educational institutions that implement inclusive education, with core educational institutions that adopt inclusive teaching and learning models, as well as resource centers within special education institutions. By 2020, 80% of children with physical and mental disabilities were covered by inclusive education. The current task is to increase the number of educational institutions capable of providing such forms of education.

All current measures to support young families will be maintained, including preferential housing construction. The family support mechanism includes establishing family capital, providing material assistance to families with multiple children, and offering a wide range of social services.

A major component of national family policy is to reinforce family values by developing an informational environment that shapes a positive image of families with children in society. This includes measures aimed at enhancing family prestige and ensuring family well-being. To this end, unified promotional events have been organized on themes such as family and childhood, responsible parenthood, and equal participation of parents in child-rearing. National appraisal activities have also been held under themes like "Year of the Family," "Strong Families are Strong Power," "Our Children," "Together for Life," and "I Devote Myself to My Children."

The core of social responsibility within the family lies in the social behavioral norms of its members. Family social responsibility is manifested in various ways, including providing as much care as possible, creating a positive psychological atmosphere at home, conducting moral education for children, and fostering a sense of solidarity and responsibility among family members across generations. Families need to implement educational practices that cultivate awareness among members of their responsibility to engage in behaviors beneficial to both the family and society, as well as educate them about accountability for actions that violate social norms.

Modern social policy is implemented in the context of transitioning to a new technological revolution and shifting social values (cultural, economic, familial, demographic, and environmental). The optimization factors of social policy in the realms of family policy and family social responsibility include a culture of rational, responsible behavior and motivations for establishing family values. This social policy is actively developed through cooperation between social and family education institutions, with participation from various levels of government.

Chapter 17　Principles of Youth Policy in the Republic of Belarus under New Challenges

N. E. Zaharova[*]

Nowadays, youth around the world represent a large and rapidly growing social group. Young people are involved in almost everything that happens in the modern world. In the Republic of Belarus, there are 2 million people aged between 14 and 30, accounting for more than 21% of the total population[①]. Modern Belarusian youth can be considered one of the problematic groups in society, as they are undergoing internal changes and the complexity of their interactions and relationships with all elements of social, political, and other societal structures is constantly increasing. Youth issues are not independent, but organically intertwined with the development of society itself. Over the past decade, the continued deterioration of socio-economic conditions, mental instability, socio-cultural transformation, and the consideration of the characteristics and needs of various regions of the country in the national youth

---

[*] N. E. Zaharova, Institute of Philosophy, National Academy of Sciences of Belarus.

[①] Численность населения на 1 января 2020 г. В Республике Беларусь. Национальный статистический комитет – [Электронный ресурс]. – Режим доступа: https://www.belstat.gov.by/ofitsialnaya-statistika/publications/izdania/public_bulletin/index_16754/. – Дата доступа: 12.02.2021.

Chapter 17 Principles of Youth Policy in the Republic of Belarus under New Challenges

policy have all contributed to this situation.

There are established methodologies, classification systems, and a wealth of empirical knowledge for the study of youth issues. Leading scientific approaches are reflected in concepts from philosophy, culture, sociology, social psychology, and pedagogy, covering issues such as personality formation issues in the context of cultural development, studies of social mobility and stratification (P. Sorokin); the causes of dysfunction of cultural systems and the breakdown of social norms (E. Durkheim, R. Merton); functional order theory as a way of adapting to social systems (T. Parsons); the social determinants of collective behavior and theories of social control of deviant behavior (N. Smelzer); ideas for explaining the dynamics of cultural norms and deviant behavior (P. Worsley); and the explanation of deviant behavior as a stabilizing factor in deviant youth groups (K. Erickson).

Since the tasks of social security and sustainable development are closely related to the qualities of youth, creating a range of conditions for personal development becomes particularly important. The parameters of the socio-cultural space involve cooperation, joint actions, and interactive collaboration, which occur when all participants in social, cultural, and educational activities actively engage.① The role of small social groups is becoming increasingly significant within larger societal processes. The inner world of individuals is not only shaped by the general material, political, and social relations of the entire society, but also heavily influenced by the specific conditions, value systems, traditions, and rules present in these small groups. Therefore, for example, in urban environments, where different cultures are mixed and intertwined without rigid formalized structures, informal and unregulated social relationships dominate. Within these relationships, there exists a wide variety of communication forms and complex, multi-layered systems of connections,

---

① Маркарян, Э. С. Теория культуры и современная наука/Э. С. Маркарян. М.,: Наука, 1983. 311 с, 4.

which not only influence the nature and content of urban educational institutions but also shape the conditions for the personal formation and development of young people living in this space. It is no surprise that many authors believe the younger generation is actively shaping its own society. ①

On one hand, the social and cultural creativity of different groups and classes, especially among the youth, has significantly increased. Young people are actively participating in the development of civil society institutions. Through the growth of youth associations, movements, clubs, and organizations, the scope of cultural initiatives is expanding. Young people are beginning to play an increasingly important role in the economic, political, and cultural life of society, developing their own alternative cultures, forming new lifestyles and ways of thinking, and becoming familiar with the ever-changing social space. At the same time, they are showing psychological readiness to accept changes taking place in all spheres of life. ②

On the other hand, changes, which are not always conceptually reasonable, have led to a series of adverse social conditions and psychological health issues among Belarusian youth, who, against their will, find themselves victims of the past and sacrifices of ongoing (or failed) social, political, and economic transformations. In the context of all these social changes, young people have become a socially vulnerable group. Their social and occupational status is declining, with an increasing proportion of youth belonging to lower and marginalized groups. A large proportion of young people are engaged in non-professional work, about 20% of young people have no opportunity to improve their skills, and 30% have no actual wages or career advancement. The sharp material polarization within the youth environment has led to the development of individualism in its most extreme

---

① Налимов, В. В. В поисках иных смыслов/В. В. Налимов. М.: Центр гуманитарных инициатив, 2013. –464 с, 4.

② Ядов, В. А. Саморегуляция и прогнозирование социального поведения личности: Диспозиционная концепция. 2 – е изд. —М.: ЦСПиМ, 2013. —376 с.

Chapter 17 Principles of Youth Policy in the Republic of Belarus under New Challenges

forms. Conventional views and outdated ideas are being shattered, and legal and moral nihilism as well as individualism are on the rise. Catastrophic types of consciousness are becoming more common (I. M. Ilyinsky), and the philosophy of survival "here and now" is gaining favor①.

The conflicts and confrontations between generations are intensifying, and these conflicts and confrontations go beyond the realms of family and daily life and enter the political and national spheres. Youth often serve as the breeding ground for social conflicts. ②

There are multiple explanations for this. The transformation of values, norms, and behaviors in youth subcultures is due to the crisis state of Belarusian society. Significant changes in social existence have led to the loss of socialization, social cohesion, and moral and spiritual self-determination in culture. With a large part of the population in difficult circumstances—40% of families struggling on the brink of survival—interaction between generations has become highly challenging. Institutions of socialization (family, school, mass media, public associations, etc.) are fragmented, and they operate under unequal conditions when it comes to influencing society. They sometimes function as competing or entirely unrelated structures. ③. The social space available for individuals to realize their self-worth is also shrinking. The shrinking of the infrastructure for socio-cultural activities has turned the leisure sector into a zone for the formation of youth subcultures with antisocial and illegal orientations, and into a space for the negative transformation of leisure communities④. In today's unstable environment, the existing concept of social

---

① Ядов, В. А. Саморегуляция и прогнозирование социального поведения личности: Диспозиционная концепция. 2 - е изд. —М.: ЦСПиМ, 2013. —376 с. Рубинштейн, С. Л. Основы общей психологии/С. Л. Рубинштейн. - СПб.: Питер, 2015. - 705 с.

② Налимов, В. В. В поисках иных смыслов/В. В. Налимов. М.: Центр гуманитарных инициатив, 2013. - 464 с.

③ Налимов, В. В. В поисках иных смыслов/В. В. Налимов. М.: Центр гуманитарных инициатив, 2013. - 464 с.

④ Кон, И. С. Психология ранней юности. —М.: Просвещение, 1989. —256 с, с70.

integration does not always produce the expected results. There is a need to develop new models of youth social integration to ensure that youth policies unleash their reproductive, innovative, and transformative potential.

Overall, when studying social strategies in the fields of labor, employment, population, and public administration, threats and challenges predominantly come to the forefront, driven by social information trends, the emergence of artificial intelligence technology, and the sixth technological revolution as a new stage of civilizational development. Typically, new things are seen as threats rather than opportunities, depending on the understanding and interpretation of the past. Experts are now defining the era of the fourth industrial revolution, the fourth wave of urbanization, or the sixth technological revolution. The process of applying artificial intelligence and labor automation is advancing. The digitization of public communication enables universal surveillance, guarantees transparency for citizens and the state, and puts an end to all privacy. Various changes are also taking place in the realms of demographics, family life and family value systems, and moral norms (new ethics), as well as in the production and consumption patterns created in urban life and the industrial age. Overall, this historical period can be called the age of post-scarcity economy. The development of post-industrial society and post-scarcity economy has given rise to the emergence of post-labor economic life, where humans are increasingly less involved in labor. In the near future, human labor may primarily involve producing robots, and subsequently, using robots to produce other robots.

The information network in post-industrial society has greatly changed the younger generation's understanding of communication, social interactions, connection, levels of subjectivity, and welfare. When a person's sense of self is less dependent on income, the importance of economic reality may take a back seat. However, having just food is not enough. Humans are inherently social beings, requiring not only work but also socially recognized work. Economic creativity, as a stimulus for employment, is very popular among young people.

This term has different meanings, sometimes negative (as in the case of new ethics). R. Florida stated that the main component of the modern post-labor economy is the service economy, that is, what people can provide to others in terms of entertainment, services, education, culture, etc[1]. If we set aside the incidental connotations, one thing is obvious: it is a consumption economy and a service economy. Whoever makes this indispensable becomes the driver of economic growth. The operation of the service economy and the creative industry involves communication, interaction, and personal engagement, which is particularly appealing to young people. If the creative economy increases its share in social production, it will actively attract young people to enter the creative industry, and young people are an unconditional economic resource that cities and urban clusters compete for.

The phenomenon of labor migration has become more apparent. Labor migration occurs both domestically and internationally. However, even external immigrants (residing abroad) are no longer one-way tickets, but have a pendulum-like nature. People shuttle back and forth frequently. This is facilitated by information exchange, various services, new adaptability, various technologies that help overcome language barriers, etc. The largest and most enduring labor migration trend in Belarus is the movement of people from rural areas to cities and from small towns to large cities. Large cities and urban clusters are a characteristic of the country. Overall, Belarus transformed into an urbanized country in the last three decades of the 20th century. The total population of the Republic of Belarus is now 9.456 million, of which 7.22

---

[1] Флорида, Р. Креативный класс. Люди, которые создают будущее/Ричард Флорида. / Пер с англ. – М.: Издательство: Манн, Иванов и Фербер, 2016. 384 с.

million are urban residents.①

In a survey sponsored by the Friedrich-Ebert-Stiftung (FES) targeting Generation Z youth, when asked about the purpose of leaving, the top response was "to find a new job", and the second was "hoping to live in a different culture". If the former is about employment, then the latter is about seeking a more diverse cultural environment, which means that spiritual and material needs are intertwined in a unique way here. A survey conducted by the Institute of Sociology of the National Academy of Sciences of Belarus among young scientists showed that about 25% of young people (aged 22 to 35) wish to work abroad and receive funding because science is not valued in their country②. Political reasons are an important feature of both external and internal labor migration motives. These political reasons manifest in various forms. They feel insecure, see no prospects, dislike the authorities, and dislike what they are doing. People are paying attention to how government agencies communicate with the public. The new generation of consumers and employees have grown up in a digital environment, and they are accustomed to seeking opinions, providing choices, customization, providing more diverse options, and quick response. When young respondents were asked about their needs and values, their top priority was security, including self-esteem and protection from personal insults. The second priority was the realization and development of their self-worth. No matter where these ideas come from, young people have these similarities. Therefore, we can talk about the political factors influencing labor and employment. When analyzing the modern immigration process, it is important to understand the non-finality of the immigration

---

① Доля городского населения Беларуси возрастет к 2030 году до 80%. Официальный сайт Республики Беларусь. [Электронный ресурс]. – Режим доступа: https://www.belarus.by/ru/press-center/press-release/dolja-gorodskogo-naselenija-belarusi-vozrastet-k – 2030 – godu-do – 80_i_0000018657.html. Дата доступа: 04.03.2021.

② Ворошень, О. Г. Особенности миграционных установок молодых ученых академического сектора науки/О. Г. Ворошень//Социологический альманах. Выпуск 9. – Минск: Беларуская навука, 2018. – С. 377 – 385, c383.

process. People will not leave for a long time or leave forever, and migration itself has become easier. Many people are planning to return when they believe the socio-political situation has changed. After all, the primary issue with migration is the loss of social connections and social status. If social capital does not return to zero, it will suffer from significant inflation.

The population migration from rural areas and small towns to domestic large cities has led to population concentration in the capital, Minsk, and in regional capitals located near the borders with the European Union and the Russian Federation. Urban attributes that reflect lifestyle characteristics will not disappear. If agricultural production technology itself changes with the development of information, what is needed is not people engaged in farming or weeding, but precise management of agriculture and the production process of agricultural products. In such a scenario, agriculture will not be affected by the outflow of young population.

What can countries do to make cities attractive regardless of population size? The process of population flowing to large cities is quite objective. The pendulum-like migration phenomenon within the country has been mitigated to some extent by the localization of labor force, which has been well demonstrated during the COVID – 19 pandemic. Creating new employment opportunities related to the creative economy can make cities and smaller areas attractive places to live. Active participation in the life of towns or villages, sense of belonging, positive civic awareness, and discussing the social needs of local life can well connect people with their hometowns and stimulate the development of local creative industries.

For youth employment policies, it is important to recognize that jobs left for humans rather than robots are becoming increasingly unified. Generally speaking, in industrial societies, there are few available professions. You can be a worker, farmer, police officer, soldier, engineer, teacher, doctor. There is a small group of scientists and artistic creators. Now there are new types of occupations that seemed to have no compensation 20 years ago. Inclusion is not charity, but the source of growth. Diversity is precisely the ontological principle of the new social reality. Anything that cannot be automated must be personalized, and "people" and personalization are becoming increasingly valuable. They cannot be replaced by machines, scripts, or programs. When thinking about what kind of person to become in the future, young people should ask themselves: Can robots or automated machines do it? That's why you can't dream of becoming a truck driver and expect to rely on driving as a future source of income. This profession will disappear, just like the entire profession cluster has already disappeared, as self-driving cars will become a reality in the near future.

In manufacturing, competition with artificial intelligence may result in failure because AI will more efficiently perform monotonous tasks. However, the jobs that can gain new value are those in service-oriented professions. Human involvement, human care, and human hands are the golden job positions of the new era. Everything related to children and their learning, education, therapy, entertainment, and travel; and everything related to the elderly (their leisure, health, fashion, and the consumption of the silver economy), are growth areas. Those fields where personalization is being developed are the highly needed sectors of the future. Indeed, there is a trend that the more a country invests in education, the more people are motivated to leave that country and go to a place where they can earn more money with that education. But this doesn't mean that investment in education is not necessary. Compared to unskilled labor, education is always a means of obtaining higher-paying jobs.

The second trend accompanying informatization is virtual life, social communication, social networking, freedom of opinion, freedom of self-expression, and freedom of speech. A remarkable monument to human free labor is Wikipedia. For over a decade, everyone has used it, sometimes to verify information. Despite some ambiguities and the opportunity to edit articles, teaching and scientific life would be impossible without it. The second

Chapter 17   Principles of Youth Policy in the Republic of Belarus under New Challenges

such public labor monument is YouTube. Its content demonstrates that there are so many people willing to work without compensation. They want to speak freely, create, and showcase their work without any compensation. It is the "sharing economy" – people don't own, they share. Uber, car sharing, bartering, and food sharing are all markers of the "sharing economy". If fixed workplaces and lifestyles disappear, owning a home may lose its meaning. It is possible that in the future, people will provide more services to others. While they may be materially poorer than we are today, they could be happier, and their quality of life may be higher.

 The attempt to guarantee a basic income as a more reasonable alternative to welfare monetization is the basis for experiments conducted in Finland and the Netherlands in 2016 – 2017 and in Germany in 2019. The truth is that many of our perceptions of poverty have inherited the paternalistic Victorian notion that the poor are poor because of their depravity. They must be controlled, regulated, and punished. However, an experiment conducted in Finland showed that the basic income of the poor was not spent on indulgences, but on food, children, medical care, etc., just like the affluent class. At the same time, their social well-being and self-assessment of health have improved significantly. People sought and found higher-paying jobs, which is why they don't have to worry about the threat of immediately falling into poverty.

 The effect of material incentives is declining. Data from British sociologists shows that the work motivation of the "baby boomer" generation (born after World War II) is not wages, but medical insurance or pension. The "Generation X" born in the 1980s is more interested in high income. Millennials—the "Generation Z"—also value salary, but the motivating effect of money is diminishing. Young people are less willing to take on heavier burdens just to make big money. Commodities are becoming cheaper, and the value of health is surpassing the value of achieving status. For "Generation Z", self-actualization, leisure, and free time have become top life priorities.

Finding a place where you can make money using your hobbies is a very realistic after-work strategy.

Predicting the future, including the future of society, and adjusting social policies, is becoming increasingly difficult because the future is no longer a simple regression. There are too many factors that must be considered, which will affect the social spheres and demands, including the needs of young people for education, employment, and leisure, as well as the associated values of labor, and the structure and function of spiritual production.

Chapter 18 The Modernization in Social Perspective: The Higher Education for Social Development

Dzmitry. Smaliakou [*]

Modernization is one of the key directions of global development and national sustainability improving the overall standards of living, reducing poverty, the lack of healthcare, and poor infrastructure, providing wider access to basic necessities including new job opportunities. Modernization also is a particular path to the global economy, that makes developing countries more sustainable by resolving problems in climate change, urbanization, or environmental degradation. Much more important that it promotes social and political stability affecting particularly to the worldview or life-style of each individual in society.

The social development is equally important for modernization and refers to the improvement of people's well-being, including healthcare, education, and social welfare in means of inequality, or social exclusion. It also fosters

---

[*] Dzmitry. Smaliakou, Senior Research fellow, Sino-Belarusian research Centre of Philosophy and Culture, Institute of Philosophy of National Academy of Science of Belarus and Lingnan Normal University.

social solidarity and responsibility, which are essential for building strong and successful communities.

Higher education as a consistent engine of social development plays crucial role in the successful modernization, transforming so-called "traditional way of life" to the modern life-style in different dimensions including economy, policy, social structures, and particularly in means of culture and social values. Higher education provides individuals with the knowledge, skills, and competencies necessary to create and run responsible communities that actively cooperate and collaborate with same-level communities around the globe.

Today, the global modernization process faces many challenges, including hunger, terrorism, the COVID – 19 pandemic, and the threat of a new world war. All these concerns are widely transmitted, and many voices claim that we are living in the most dangerous and unpredictable time in history. However, the current period is arguably the most crucial in means of global destruction, but particularly essential for the future development of human civilization.

Over the last 100 years the concept of modernization has significantly evolved. At the beginning of 20th century it was primarily understood in close correlation to the concepts of industrialization and Western lifestyle, that usually mean particularly Christian religion. Nowadays the concept completely rethought and primarily devoted to the social development. Institutionally that shift was reflected in the establishment of international development organizations such as UN or the World Bank.

In the second part of 20th century the concept of modernization has been criticized as pure economic paradigm primary in means of criticism of colonialism and in framework of decolonisation processes. A. Frank[1] argued

---

[1] Frank, Andrew Gunder, "Mexico: the Janus faces of twentieth-century bourgeois revolution", *Monthly Review*, 14, 7, 1962, pp. 370.

Chapter 18 The Modernization in Social Perspective: The Higher Education for Social Development

that the global focus on economic growth and Western-style institutions ignored the historical and cultural richness of many regions. In response to these criticisms, the concept of modernization began to shift towards a more culturally sensitive approach. The Post-modern critics of modernization was provided by A. Sen[1] and M. Nussbaum[2], who emphasized the importance of social development, and A. Escobar[3], who continued to criticize Eurocentrism and economy-centrism of modernization.

Particularly on the background of decolonization there has been emerged new ideas and social approaches concerning modernization. W. W. Rostow, in his "Stages of Economic Growth"[4] argued that modernization is a linear process that can be divided into five stages, with each stage representing a higher level of economic development and every society could move through these stages by adopting modern technologies and institutions. The critics of Rostow's theory have pointed out that it does not take into account the social and cultural factors affecting modernization meanwhile the social policy in education, gender equality and medical care could be even more essential for modernization then pure economic growth.

D. Harvey[5] argued that modernization is not a linear process but rather a set of contradictory and uneven processes that needs more sustainable forms of development. S. Pasternak[6] provided a critical analysis of modernization theory

---

[1] Sen A, *Development as Freedom*, New York: Alfred Knopf; 1999.

[2] Nussbaum, M. "Justice et développement humain", *Travail, genre et sociétés*, 2007, 17, 5 – 20. https://doi.org/10.3917/tgs.017.0005.

[3] Escobar, A. *Latin America at a Crossroads: Alternative Modernizations, Postliberalism, or Postdevelopment?*//http://sidint.net/docs/EscobarPaper.pdf.

[4] Rostow, W., *Stages of Economic Growth*//, https://doi.org/10.1111/j.1468-0289.1959.tb01829.x.

[5] Harvey, D., *The Urbanization of Capital: Studies in the History and Theory of Capitalist Urbanization*, Baltimore: Johns Hopkins University Press. 1985. Pp. xvii, 239.

[6] Pasternak, S. "Assimilation and Partition: How Settler Colonialism and Racial Capitalism Co-produce the Borders of Indigenous Economies", in *South Atlantic Quarterly*, April 2020119 (2): 301 – 324. DOI: 10.1215/00382876 – 8177771.

in the framework of colonial legacy, arguing that it was used as a tool of oppression of many local societies. N. Postero① explored the relationship between modernization and indigenous movements in Bolivia and emphasized that modernization is not a understood as neutral process, but rather a tool of colonialism. K. Teaiwa② criticized the use of modernization theory in colonization of Pacific Islands. The same decolonizing approach has been used by A. Mazrui③ arguing that the process of decolonization in Africa was often hindered by the legacy of colonialism in means of neocolonialism.

The modernization under the Chinese understanding of it in many ways grounded on the post-modern paradigm of decolonization critics of modernization and refers to the combinative approach to modernization that China has pursued since the late 1970s combining economic renovation with cultural sustainability. Another key feature of modernization with Chinese characteristics is to promote Chinese culture and values as a means of building national unity and promoting social stability. The recent 10 years the modernization became one of the main directions of the China's world-view policy and particularly in the framework of One belt, One road initiative. Zhu Zhiqun④ examined the One Belt One Road initiative in the context of China's larger modernization drive and argued that it is a part of a larger strategy to modernize China's economy and infrastructure, and that it has the potential to benefit both China and the participating countries.

However, for many experts, decolonization is something that happened in the 20th century, but we continue to live in its aftermath, as the process has entirely transformed the way of life that humanity has known for thousands of

---

① Postero, N., *The Indigenous State: Race, Politics, and Performance in Plurinational Bolivia*, University of California Press, 2017. 242 p.
② Teaiwa, K., *Sweat and Salt Water: Selected Works*, University of Hawaii Press. 2021. 290 p.
③ Ali A. Mazrui papers, Bentley Historical Library, University of Michigan.
④ Zhu, Zhiqun. China's AIIB and 'One Belt One Road': ambitions and challenges, //https://chinadialogue.net/en/business/8231 – china-s-aiib-and-one-belt-one-road-ambitions-and-challenges/.

Chapter 18 The Modernization in Social Perspective: The Higher Education for Social Development

years. The technological advancements of the last few centuries, which were once considered revolutionary, have led to significant changes in human life. It seems that we are on the threshold of a technological transition, including green technology, transport and manufacturing automation, biohacking, and quantum computing.

In the same time the global world built on trading cooperation and labour division is fading away. However, it does not imply the end of global connectivity. Instead of citing numerous examples of technological advancements and innovations, it is important to note that the need for global cooperation in terms of resources, geography, and economics will soon become obsolete. Rather, the world will be connected in other ways, intellectually and spiritually.

With new technological innovations connecting the world like never before, the exchange of knowledge and ideas is becoming increasingly vital. This exchange, which prioritizes human-to-human interaction, holds great promise for global progress but also poses significant challenges for underdeveloped regions around the world. It is evident that the establishment of a solid foundation of social development, security, services, and hygiene is a prerequisite for effective global cooperation. These are fundamental needs that must be met before any meaningful partnerships can be formed.

In recent years, global challenges such as the COVID – 19 pandemic, the return of the Taliban in Afghanistan, and the ongoing conflict in Ukraine not only challenged the sustainability of cooperation for participating countries of BRI, but also have highlighted the importance of a safe and comfortable life. It has become increasingly clear that being healthy, wealthy, and educated is better than being poor and suffering. This sentiment echoes the views of the 19th-century German philosopher, Arthur Schopenhauer[1]. His ideas were unclear and incomprehensible for Europeans raised by a medieval

---

[1] Schopenhauer, A., *World as Will & Idea*, Everyman Paperbacks; Abridged edition, 1995.

or early modern European worldview built on Christian maxims oriented on suffering.

Nowadays, the value of a comfortable life has been expanded beyond the field of individual wellbeing, incorporating the collective goals of civilization development. Unfortunately, there is still many locations and social orders trying to diminish the value of human life, persuading that it is not so much important compare to military greatness of particular ruler or ruling class. However, "geopolitics," "national interests," and "zones of influence" are echo of ressentiment-the historical pain of colonialism that affects both ex-centres and ex-peripheries.

The problem of ressentiment has been the subject of intense philosophical inquiry, explored by 19th-century thinkers such as Soren Kierkegaard and Friedrich Nietzsche. Ressentiment emerges when individuals or groups feel powerless and perceive to possess power or privilege, seeking revenge rather than to strive for development. For instance, the concepts of "Global South" or the "Unipolar World" referring not to social or technological modernization discourse but particularly to ressentiment and revenge.

Much more important for developing countries is the unevenness of the social and technological gap to developed regions of the world. New technologies may reduce consumer attitude in international interactions, but falling demand for cheap labour and natural resources can isolate them. Global world will focus not on consumer attitude but spiritual or intellectual communication. However, undeveloped countries could not provide the respond ion that demand.

Developing regions are less oriented to reallocate spending towards the social sector is associated with the uncertainty of benefits. Increased attention to ensuring social governance indicates a lack of stability in power. In these conditions, the local population can pose a direct threat to national development, and the state seeks to isolate it from decision-making, therefore impossible to develop the social sector including higher education.

Chapter 18 The Modernization in Social Perspective: The Higher Education for Social Development

Into these conditions the developed countries will be getting more concerned with their own agenda, interests, social goals and spiritual needs. The regions with underdeveloped social structures, especially those did not invest to social sector, are regarded to be intellectually and institutionally weak and, therefore undermanned for interaction. Following the global technology shift, there will not only be a wealth disparity between developed and developing nations, but also a socio-technological gap particularly in essential socioeconomic ecosystem to support innovations.

The past few years have witnessed the incredible speed with which modern technologies can respond to global challenges. New space communication infrastructure, the rapid adoption of AI technology in all facets of human life, and the automation of manufacturing processes have enabled swift responses to pressing issues. However, it is important to acknowledge that the benefits of such progress will only be enjoyed by those who possess the capacity to communicate and interact. In this regard it is important to recognize that the paradigm of human-to-human interaction is evolving rapidly. In the near future, people will no longer be recognized as instruments for production or sources of wealth. This represents a fundamental shift away from the utilitarian mind-set that has long dominated our thinking and towards a more human-cantered approach that places the well-being and fulfilment of individuals at the centre of our economic and social systems.

Throughout history, humanity has been organized into hierarchical structures of power, with empires and kingdoms dominating the political landscape. However, in the latter half of the twentieth century, a new paradigm emerged-one of global cooperation between republics. Enabled by rapid advancements in technology, this paradigm emphasizes the importance of education and creativity and is characterized by the growth of communities that communicate and collaborate with one another, expanding the sphere of people-to-people services, including tourism, education, sport or entertainment. Only those communities that possess the capacity to provide and adapt to the new infrastructure of dialog and communication will be able to reap the benefits thereof.

Also, this situation signifies a transformative shift in our conception of humanism. Despite the unprecedented level of comfort and security that this new world may bring, any threat to its existence will be dealt with swiftly and decisively. In this regard, the concept of humanism may undergo significant transformation, perhaps even losing its roots in the evolution from the Renaissance through the Enlightenment and to Post-modernity. Throughout history, human societies have often competed for power, resources, and influence. From the empires of the past to the ideological battles of the 20th century, the quest for dominance has been a driving force behind many of the world's conflicts. However, with the advent of a globalized and interconnected world, the dynamics of competition are ready to finish. As developed communities become increasingly self-sufficient and less reliant on external support, loyalty, or attendance, the traditional paradigm of conquest is losing its relevance.

As we move towards a future of increased global connectivity and technological advancement, it is important to consider the role of human-to-human interactions in shaping our societies. While technology, trade, and transport are certainly important components of global cooperation, it is through cultural exchange, education, sport, and other forms of leisure that we build meaningful connections with others. Higher education, in particular, will play a critical role in equipping society with communication and interaction abilities[1]. As we strive towards social modernization, it is crucial to prioritize the development of strong and responsible communities that seeks to interact and communicate with other responsible communities.

---

[1] Смоляков, Д. А. Интернационализация высшего образования: теория, практика, перспективы/Д. А. Смоляков; НАН Беларуси, Ин-т философии. – Минск: Беларус. навука, 2020. – 223 с.

Chapter 18 The Modernization in Social Perspective: The Higher Education for Social Development

Over the past few decades, there have been significant expansion of higher education access, with more people than ever before enrolling in tertiary institutions. According to the UNESCO there have been significant achievements in global higher education and the quality assurance to ensure higher education institutions meet international standards of excellence. Such kind of projects as The Bologna Process became a great example of a successful effort to improve quality in higher education.

The recent 30 years there has been the growth of international collaboration in higher education. This has taken many forms, from student and faculty mobility to joint research projects and academic partnerships that has helped to create a more diverse and interconnected global community of scholars, and has facilitated the exchange of knowledge globally. The developing countries made a great boost in higher education, making significant progress in expanding access to higher education, improving the quality of education, and enhancing international collaboration. As a result, more students from developing countries than ever before are now enrolling in higher education institutions.

Higher education can play a critical role in contributing to social development both globally and in developing countries by assisting to acquire the knowledge and skills necessary to live and enjoy benefits of modern infrastructure in means of accessibility, integrity and usability. Particularly for the developing countries it is necessary to diversify their economies and move towards more knowledge-based industries by driving research and innovation, which can contribute to social and economic development.

In developing countries, higher education can be particularly important for social development. By expanding access to higher education, developing countries can help to address issues such as poverty, inequality, and unemployment, this system also assists to build the capacity of local institutions and support the development of responsible society and communities by creating more inclusive, prosperous, and sustainable social space in modern social and environmental infrastructure.

In the coming years, higher education will be crucial in determining the modernization process as a global social development. Investing in these areas will assist in maintaining a responsible society, while a lack of responsibility will lead such communities to isolation. Ultimately, at the moment, the responsibility regarding social organization and decision-making is a kind of national or individual choice, but in the near future, the decision to join a global community or to be isolated will become a sort of a terrible sentence that will be difficult to reverse. In this regard social development has to be the key focus of modernization process and the higher education should be understood as a key direction for investing the future successful and prosperous future for all. Cultivating responsible and decision-making community modernization provide more space for direct and successful communication between communities around the globe and in the same time it provides more social space for effective cooperation globally and nationally locating new directions and spaces for cultural, intellectual and labour development in the context of technological and informational boost that we will experience in nearly future.

Chapter 19　Population Processes in the Context of Social Dynamics: Global and National Perspectives

Sereda. Julia[*]

The multifaceted transformation of social order and its characteristics at the current stage of social development are reflected in the evident dynamic interactions of many factors (socio-economic, political, technological, post-pandemic, migration, etc.). For this reason, population issues have become more prominent. It is necessary to mention an important point: in the last century, analysts and experts in the field of population studies emphasized the phenomenon of the population crisis, which was usually interpreted either as a phenomenon of global overpopulation or, conversely, as a phenomenon of population decline that requires control and regulation by regions and countries. In the reality of our times, population dynamics are, first of all, globally unsustainable and increasingly dependent on long-term and medium-term socio-economic, political, and migration conditions. Moreover, within this thematic category, it should be noted that one of the greatest factors

---

[*] Sereda. Julia, Researcher, Institute of Philosophy, National Academy of Sciences of Belarus.

leading to changes in global population trends is the COVID – 19 pandemic. Due to its irreparable consequences, population processes, their structural elements, and national and regional regulatory mechanisms are jointly forming in new ways and are in a state of increasing uncertainty of "natural imbalance" between birth rates and mortality rates.

In fact, current population dynamics are presented in the most general form, without clear boundaries and without being divided into the aforementioned two processes: overpopulation and population decline. On the one hand, it must be understood that the cycles and speeds of population trajectories vary depending on the region and the level of national development. According to the United Nations' programs and framework documents in the field of population, most countries in the world can be classified according to the following criteria: income inequality, accessibility of education and medical services, improvement of overall welfare, levels of migration and employment[①]. On the other hand, due to multifaceted changes in economic, technological, and social fields, modern society as a whole is objectively participating in a new "demographic transition" process—this is the so-called major trend of today's population reality. The latter is a demographic transition with uncertain temporal iterations; it disrupts the sustainability of social systems, forcing them to readjust and seek opportunities to adapt their key structures to demographic changes and their consequences.

Conceptually, the general theory of demographic transition (the theory of the first demographic transition) was developed by demographer Frank Notestein. Its foundation is the interpretation of the historical replacement of population reproduction models as a reflection of the relationship between biological birth and death rates and the level of socio-economic development in specific regions. According to this theory, the historical path of a region can

---

① "Shifting Demographics", The United Nations. https://www.un.org/en/un75/shifting-demographics.

Chapter 19 Population Processes in the Context of Social Dynamics: Global and National Perspectives

be roughly divided into four stages, each with its own main signs and factors. Later, researchers in population dynamics, R. Lesthaeghe and Dirk van de Kaa, proposed a supplementary hypothesis of the "second demographic transition." This hypothesis focuses on the fact that birth rates are already in an uncontrollable downward trend, declining to levels that cannot offset population decline and basic population reproduction in terms of percentages. In any case, the theory of demographic transition reflects the complex reasons for changes in the new correlations between people's quality of life, life expectancy, opportunities for professional and personal self-realization, value standard paradigms, and attitudes toward family status, child-rearing, and the number of children. It should be pointed out that "the starting point of demographic transition is a significant increase in society's efficiency in controlling external mortality factors (accidents, injuries and poisoning, infectious and parasitic diseases, etc.), leading to a deep restructuring of the causes of death, changes in the order of extinction, and a huge increase in life expectancy."[①]Later, the theory of demographic transition was supplemented with some new aspects, which also explains why population processes are increasingly receiving high attention as a social dynamic phenomenon. In this regard, considering the social transformations of the early 2000s, Researcher D. Coleman suggested incorporating the migration process as an important phenomenon of a global nature into the theory of population modernization. Its impact must be considered when formulating national policies, not only to solve demographic problems but also to develop socio-economic development plans.

It can now be confirmed that the population system needs to actively adapt to new social realities. Like other systems, it inevitably faces risks and multifaceted problems arising in its operation process. Certainly, the population reality is changing, and the new characteristics exhibited by its

---

① Вишневский, А. Г. Демографический переход. –://bigenc. ru/economics/text/1946892.

basic features and trends require stepping out of the conditionally set "population background" category. Changes in the population situation are not a direct threat to the world's entire population, but under the conditions of specific regions and countries' operations, this issue reveals its crisis and complexity. This is largely due to the formation of new population trends and the search for stabilizing measures to control these trends. Demographic phenomena have inter-state characteristics that can further specify and complicate the development features of countries or regions and become resources for improving or worsening situations. Therefore, for example, "population changes may lead to overpopulation, or conversely, to population decline; changes in population administration and geographical location may lead to excessive urbanization and consequent depopulation of rural areas; changes in population structure in terms of gender, age, ethnic composition, marital status may further lead to corresponding imbalances in the population structure."[①]

If we attempt to systematize population trends, then within the scope of this research work, one of the key population determinants is the shift in the age structure of the population, a decline in infant mortality, but at the same time, a decline in birth rates.

Today's changes in reproductive behavior are becoming increasingly apparent to society and are increasingly prominent for the socio-economic development of individual regions and countries. Therefore, lower birth rates make it impossible for certain regions of the world to achieve simple population reproduction. Thus, on the one hand, it can be determined that the process of global population decline has begun. On the other hand, according to expert predictions and analysis, it is expected that by 2050, population

---

① Sidorenko, A. "Demographic transition and «demographic security» in post-Soviet countries", in *Population and Economics*, 2019. № 3 (3): 1 – 22. – https://doi.org/10.3897/popecon.3.e47236.

Chapter 19　Population Processes in the Context of Social Dynamics: Global and National Perspectives

growth will only occur in Asia and Southern Africa. Specifically, the countries that will experience growth include: India, Nigeria, Pakistan, the Democratic Republic of the Congo, Ethiopia, Tanzania, and Indonesia.①

European countries have different characteristics; here, the total fertility rate (indicating how many children a woman may give birth to during her entire reproductive period) is 1.4.②In this case, it should be considered that to keep the population at the current level, the total fertility rate must be at least 2. Based on empirical research results, we can draw the conclusion that the number of children born in this region is insufficient to replace the existing population. In the long term, this trend is expanding and will accelerate the process of population decline across the entire European continent. According to the latest statistical tables, Bulgaria (1.8) and France (1.8) have consistently high fertility rates, while Spain (1.1), Italy (1.2), and Poland (1.2) have the lowest fertility rates.③It should be understood that the obtained reproductive health indicators and the actual number of births together reflect people's choices based on their subjective motivations, reproductive intentions, and the realities of the social systems they are in. In fact, if we try to systematically summarize and analyze the research data obtained, we will agree with the statement: "The significant decline in birth rates indicates that reproductive behavior depends not only on biological factors but also on the organization of social structures. Moreover, the dominant maternal ideology replaces subjectivity and the diversity of experiences with its mythologized image of the 'good mother': not everyone born from a female body wants to become a mother, not everyone who gives birth to children takes care of them, and not all mothers are biological mothers."④Furthermore, when this choice is

---

　　① World Population Data Sheet. – https://2023 – wpds. prb. org.
　　② World Population Data Sheet. – https://2023 – wpds. prb. org/europe/.
　　③ Там же.
　　④ Шадрина, А. Дорогие дети: сокращение рождаемости и рост «цены» материнства в XXI веке. – М.: Новое литературное обозрение, 2017. С. 24.

influenced by socio-economic obstacles that people face when desiring to have a certain number of children, in such cases, population policy measures implemented with national support must be symmetrical to meet these needs.

As for Belarus, according to data from the National Statistical Committee of the Republic of Belarus, in recent years, the population of Belarus has shown a significant downward trend. As of January 1, 2023, its total population was 9,200,617 people, and the population of the capital, Minsk, has also remained at less than 2 million residents since 2021.① If we compare the obtained data with 2022, we can find that the population decreased by more than 50,000 people. According to experts, this negative dynamic is related to global trends in population processes, among which the decline in birth rates, intensified migration flows, and the inertial impact of the COVID-19 pandemic are particularly prominent. The data provided in Table 19–1 allows us to perform a comparative analysis of the overall population indicators and, on this basis, draw the conclusion that the number of residents in Belarus has not increased. Furthermore, according to the estimated data provided in the latest "Statistical Yearbook of the Republic of Belarus" published in 2019, the average population decline in the coming years is not expected to exceed 40,000 people per year.

Table 19–1　Comparative Population Size Indicators for Belarusian Regions and Minsk City Between 2022 and 2023②

Region	Total Population in 2022 (thousand)	Total Population in 2023 (thousand)
Brest Region	1 324.0	1 315.4
Vitebsk Region	1 103.8	1 091.9
Gomel Region	1 357.9	1 347.5
Grodno Region	1 006.6	998.6

---

① 2023 Statistical Yearbook of the Republic of Belarus.
② Там же.

Chapter 19 Population Processes in the Context of Social Dynamics: Global and National Perspectives

续表

Region	Total Population in 2022 (thousand)	Total Population in 2023 (thousand)
Minsk City	1 996.6	1 995.5
Minsk Region	1 465.8	1 462.0
Mogilev Region	1 000.8	989.7

Therefore, according to existing data, in terms of relative indicators, the total permanent population of Belarus has seen the most significant decline. Nationwide, the decrease in the total population is more than double the estimated natural population decrease.

It must also be noted that the trend of declining fertility rates should not be defined solely as negative or crisis-oriented. In many respects, it contributes to increased investment in human capital. Small families are often more willing to invest more in each child's healthcare and education, and these investments help achieve sustainable and inclusive economic growth in the long run. Moreover, women raising children may gradually gain more career development opportunities and economic conditions, as they can devote more energy and time to education (upgrading skills, changing professions) and paid (non-domestic) work. The latter provides women with opportunities to reverse the trend of the double burden on women, which is inevitably related to the ongoing social and economic devaluation of maternal labor (raising and caring for children). The excessively high standards of the ideal "good" mother have not lost their place in public consciousness and are actively propagated through various institutions, from the so-called "maternal happiness" discourse spread through the media to the active and often imposed encouragement by medical institutions for women to become the "right" kind of mother. Meanwhile, the other side of motherhood, associated with economic hardship and social and psychological problems, is not being elucidated. However, when linking market mechanisms with caregiving work, it becomes apparent that the discourse of "maternal happiness" excludes millions of people whose labor is uncompensated or lacks social security from the traditional economy. Simply put, mothers and nannies perform the same caregiving functions. But the former does it out of love, while the latter is compensated for work. The nanny's working hours are explicitly regulated, and if she works in the "formal labor market," her services count towards years of service, which under different social systems may mean varying contributions to future pensions.

At the same time, mothers may not necessarily receive guaranteed rest when caring for children, and it does not count towards years of service; it is not considered work at all because caring for others is considered a physiological need of women.①

Most importantly, it should be noted that the institution of motherhood and child-rearing itself is undergoing significant changes. We are talking about the increasingly apparent "child-centrism," not manifested in the number of children but in the extremely high quality of the child-rearing process itself, i. e., the model of motherhood itself is transforming, while the scope of maternal responsibilities (including prenatal responsibilities) is expanding. In other words, a notion is forming that emphasizes the need for "both parents' care," emotional involvement, abundant maternal/paternal love, and harmonious parental relationships.

In summary, we can say that the decline in birth rates and the increase in the proportion of small families are key indicators of a reprioritization of various tasks and goals that individuals need to accomplish within their own life strategies. This is a systemic shift aimed at re-examining the economic and social needs of the population based on fundamental criteria: from the minimal necessities of life to the value of human capital, its potential, and the demand for an ever-increasing level of material well-being. In this context, what

---

① Шадрина, А. Дорогие дети: сокращение рождаемости и рост «цены» материнства в XXI веке. – М.: Новое литературное обозрение, 2017. С. 9 – 10.

Chapter 19 Population Processes in the Context of Social Dynamics: Global and National Perspectives

constitutes a good job becomes apparent. For modern individuals, such a job can be metaphorically described as the literal "ideal job," which brings not only material satisfaction but also spiritual fulfillment and personal development. This gives life meaning and provides opportunities to realize individual potential, brings benefits (to oneself, the community and society), and fulfills one's value as a person. That is to say, today, when we talk about employment, we must consider this shift in beliefs and motivations of potential workers: work is not for survival but for personal value realization, self-expression, and to excel in what one considers important. In other words, utilitarian thinking and technocratic hostility toward personal value and autonomy are catalysts for a fundamental shift in the value standard paradigm of modern society.

But it should also be noted that the decline in fertility rates cannot be unequivocally interpreted as an indicator of a sharp global population decrease, because this process occurs simultaneously with increased life expectancy and a growing proportion of the elderly population. In this case, we can agree with the argument recently published by philosopher M. Mayatsky, who suggests that in the near future, in 20 – 30 years, different generations will exist simultaneously: "Not only will their experiences differ, both intergenerationally and individually, but each person will go through different individual paradigms. The era when one could speak of an individual type born, living, and dying is gone forever. People today, especially tomorrow, will experience not only age-related stages of individual development but also several types of individualization. By 2050, one might say, the pace of 'phylogeny' will catch up with 'ontogeny', and changes in individualization patterns will surpass the 'natural' growth of the individual. By 2050, the biological age of the generation whose average life expectancy will have increased by [. . .] years will almost stand still, while technological and other milestone social changes will be frequent and radical. "①In this context, one of the most fundamental causes of demographic instability is the increasing proportion of the elderly population and the resulting population pressure on the working-age population.

In general, we can say that population aging is mainly viewed as a global population process that affects the development of social systems in multiple ways, seemingly becoming one of the driving factors in the formation and development of unfavorable, crisis-like socioeconomic conditions. Currently, the proportion of the elderly population does not exceed 15%, but it is expected that by 2050, this proportion will increase on average to 25%, and in some rapidly aging European countries, this percentage may quickly rise to 35%. ②The trend of significant population aging began forming decades ago, and it is expected that most countries in the world will face a negative natural balance, with perhaps only Norway and Sweden as exceptions. From a demographic perspective, some Eastern European countries are particularly vulnerable to population decline; these countries, in addition to a negative natural balance, also exhibit increased emigration, which in turn accelerates the reduction in population size. According to the 2023 World Population Yearbook, the most aging regions in the world are Western and Southern Europe, where 21% of the population is aged 65 and over. ③

In Belarus, according to data provided in analytical reports by the United Nations Population Fund, the distribution of population indicators by age in 2023 is as follows: the main group aged 15 to 64—65.3%; children—16.8%; and those aged 65 and over—17.8%. ④Today, many countries around

---

① Маяцкий, М. А может быть, все будет наоборот (и поразному) //Ратгауз, М. Россия 2050. Утопии и прогнозы. – М. : Новое издательство, 2021. – C. 219 – 230.

② The Global Aging Institute [Electronic resource]. – https://www.globalaginginstitute.org/about-gai/about-global-aging.html.

③ World Population Data Sheet. https://www.prb.org/articles/highlights-from-the-2023-world-population-data-sheet/.

④ United Nations Population Fund. https://www.unfpa.org/data/world-population/BY.

Chapter 19　Population Processes in the Context of Social Dynamics: Global and National Perspectives

the world have recognized the importance of this population factor and are striving to find successful ways to cope with population aging. In 2002, the WHO proposed the Active Aging framework strategy. ①Initiatives in this area increasingly involve the concept of developing societies that cater to all age groups. That is, while focusing on national population policies, new approaches should be adopted to view the elderly as actively integrated members of society. After all, older people are no longer an absolute minority and are successfully enjoying the so-called longevity dividend. Solutions in this field are also directly related to how an "aging society" can maintain a decent standard of living for the elderly without significantly increasing the economic costs and responsibilities of the working-age population.

As for Belarusian society, the issue of population aging prompted the adoption at the national level in 2020 of the National Strategy of the Republic of Belarus "Active Longevity – 2030", which outlines priority areas and action frameworks in this context. This initiative is a major social direction for developing Belarusian society, formulated within the framework of implementing the National Program "People's Health and Demographic Safety of the Republic of Belarus for 2016 – 2020". The main goals to be achieved by this national program involve two demographic issues: stabilizing the population size and increasing life expectancy. ②

The main goal of the approved document "Active Longevity – 2030" is "to establish an inclusive society for people of all ages by systematically adjusting national and social mechanisms to adapt to population aging, thereby creating conditions for the fullest and most effective utilization of the potential

---

① World Health Organization. Active Ageing-A Policy Framework. A contribution of the World Health Organization to the Second United Nations World Assembly on Ageing, Madrid, Spain, April 2002. Geneva, Switzerland: World Health Organization. – 60 pp.

② Государственная программа «Здоровье народа и демографическая безопасность Республики Беларусь» на 2016 – 2020 годы. http://www.government.by/upload/docs/filecdf0f8a76b95e004. PDF.

of elderly citizens and sustainably improving their quality of life."[①] Work under this strategic framework should proceed according to established principles, which include the following main tasks:

(1) Coordinating the joint efforts of the state, society, and family to ensure the fullest and most effective inclusion of the elderly in all spheres of social life;

(2) Respecting the rights and legitimate interests of the elderly in all areas of social life and adhering to gender equality;

(3) Involving the elderly in decision-making processes at all levels of government;

(4) Ensuring that elderly people in both urban and rural areas enjoy equal rights in all areas of life;

(5) Maintaining intergenerational solidarity to maximize the potential of the elderly;

(6) Considering the interests, needs, and capabilities of the elderly while developing society.[②]

Therefore, as part of global processes, Belarusian society must take seriously the characteristics of such issues and develop appropriate preventive measures to regulate them. The scope of this strategy is initially declarative and broad, effectively covering all areas of society, from improving working conditions for the elderly, creating comfortable income levels, providing lifelong learning opportunities, to creating infrastructure and conditions adapted to the needs of the elderly for healthy living and active longevity. The analytical approach to potential threats of global aging focuses on changing paradigms of cultural, ethical, and socio-anthropological attitudes toward the elderly. The main idea is to conceptually and theoretically rethink all stages of

---

① Национальная стратегия «Активное долголетие – 2030». – https://etalonline.by/novosti/korotko-o-vazhnom/natsionalnaya-strategiya-aktivnoe-dolgoletie – 2030/.

② Там же.

Chapter 19 Population Processes in the Context of Social Dynamics: Global and National Perspectives

human life and overcome outdated notions that neglect old age and stigmatize the older generation.

Some researchers draw attention to various social determinants related to society's interaction with the elderly, involving not only economic aspects (excluding the elderly from economic exchanges) but also sociocultural and psychological aspects (limiting interactions with relatives and adult children; narrowing social relationships; age discrimination, etc.). [1] Aging does not always equate to frailty, incapacity, helplessness, and passive inactivity; it includes periods of maximizing personal potential, realizing new opportunities, and stages of improving the quality of life.

Within the framework of this article, it is also necessary to note an important global determinant in the demographic field: the intensification of migration processes and changes in established regional migration corridors. In this regard, we will outline the following points based on current facts.

According to the "World Migration Report 2022," the vast majority of people continue to live in the country where they were born; only one in every 30 residents is a migrant. [2] However, the current global assessment of world population movements and migration shows that the total number of international migrants has increased over the past fifty years. According to the final statistical indicators for 2020, there were approximately 281 million international migrants globally, accounting for 3.6% of the world's population. Overall, the number of people living outside their birth country in 2020 was 128 million more than in 1990 and more than three times the number estimated in 1970. [3] Regarding countries of origin, Asian nations (India, China, Bangladesh, Pakistan, the Philippines, and Afghanistan), as well as

---

[1] From exclusion to inclusion in old age: A global challenge/Ed. by N. Scharf, N. C. Keating. – Bristol, UK: Polity Press, 2012. – 192 p.

[2] World Migration Report 2022. – https://publications.iom.int/books/world-migration-report – 2022.

[3] Там же.

Mexico and Russia, top the list. In global migration waves, the Gulf region is particularly prominent. It ranks first in receiving migrants due to favorable long-term investment policies pursued by countries like the United Arab Emirates, Saudi Arabia, and Qatar. For example, in the past three years, international migrant workers in the UAE accounted for 88% of the country's total population.①

The uncontrolled intensification of migration waves directly or indirectly affects the basic socioeconomic conditions of host countries because populations arriving for various reasons do not automatically integrate into the existing living conditions. They must go through not only a stage of legal regularization but also a stage of social integration. On the other hand, migrants can also make significant contributions to the socio-economic development of their country of origin, for example, by sending remittances to their families. According to current expert evaluations, in the United States, migrants contribute significantly to innovation and entrepreneurial activities.②

A problem in this field is that national policies regarding migrant legalization are often inflexible and insufficiently responsive to factors related to migrants' social, cultural, and linguistic backgrounds. In addition, for example, from another perspective related to the departure of populations from their home countries, it should be noted that due to the so-called aging of the labor market, the migration of the younger generation of skilled workers will lead to imbalances in the economic system.③ Additionally, the uncontrolled waves of migration between different groups have fueled the formation of certain problematic trends: illegal immigration, negative migration growth, or

---

① Там же.

② World Migration Report 2022. – https://publications.iom.int/books/world-migration-report-2022.

③ Каслс, С., Хаас, де Х., Миллер, М. Век миграции: международное движение населения в современном мире. – Перевод с английского под научной редакцией В. С. Малахова. – Издательский дом «Дело» РАНХиГС, 2022. – 512 с.

Chapter 19 Population Processes in the Context of Social Dynamics: Global and National Perspectives

conversely, excessive influx of immigrants. In this regard, it is necessary to recognize that a nation's immigration policy must objectively strive to create conditions for safe migration while taking into account the following points: "First, the recruitment of temporary migrant workers almost always leads to at least some of the migrants settling permanently. Second, the characteristics of future ethnic groups will be influenced by actions taken during the early stages of immigration. Policies that fail to confront the reality of immigration contribute to the marginalization of migrant communities, the formation of minority groups, and the rise of racism. Third, to cope with the challenges of settling in a new society, migrants and their descendants need to establish their own associations, social networks, as well as their own languages and cultures. Fourth, the best way to prevent marginalization and social conflict is to grant permanent immigrants full rights in all areas of society. This means making citizenship easy to obtain, even if it leads to dual citizenship.[1] In summary, we can conclude that modern trends in population movement and migration are directly linked to the economic, social, and cultural spheres, meaning that after considering the above factors, the logistical work aimed at creating an optimal balance becomes more complex. Migrants serve as an additional driving force for stabilizing all major social sectors, supporting and improving their prospects (their potential is not limited to just labor).

In this context, we can agree with the views of international migration experts S. Castles, H. de Haas, and M. J. Miller, who state that multi-ethnic nations are characterized by close involvement in population movement and migration and will, therefore, inevitably face the formation of new social groups." As a factor of transformation that modern societies are currently experiencing, this serves as a necessary starting point for any meaningful deliberation on desirable public policy. In this domain (as in others), the key to developing effective policies lies in understanding the causes and dynamics

---

[1] Там же. С. 412.

of international migration. Policies based on misunderstandings or mere wishful thinking are almost destined to fail. Therefore, if countries decide to accept foreign workers, they must, from the outset, provide legal settlement rights for the portion of immigrants who will almost certainly remain permanently."①

Consequently, the issue of population migration and movement is not merely a general background concern, but due to its massive scale, it is bringing significant adjustments to the functioning of modern societies, particularly those at the center of migration waves and corridors.

Overall, after studying the major population trends, it becomes necessary to address potential demographic stabilization issues within the scope of national social (family) policies. In light of the aforementioned decisive factors, such as fertility rates, population reproduction, and aging, we can conclude that there is a need to establish a multi-layered strategic framework, develop a comprehensive approach, and implement this approach flexibly and in multiple stages. On the one hand, population policy is the targeted influence of the national system on ongoing (already identified) population processes. On the other hand, it should be recognized that the population domain should not be one subject to strict and direct regulation. In fact, if we summarize the existing expert materials, it can be reasonably pointed out that "attempts to reverse demographic transition, including through stimulating birth rates, today seem rather hopeless.

The sustainable development and security of nations will not rely on efforts to restore a lost state but on successful adaptation measures to internal and external changes, including population changes."②

---

① Каслс, С., Хаас, де Х., Миллер, М. Век миграции: международное движение населения в современном мире. – Перевод с английского под научной редакцией В. С. Малахова. – Издательский дом «Дело» РАНХиГС, 2022. – С. 445–446.

② Sidorenko, A., "Demographic transition and demographic security in post-Soviet countries", in *Population and Economics*, 2019. № 3 (3): 1–22. – https://doi.org/10.3897/popecon.3.e47236.

Chapter 19 Population Processes in the Context of Social Dynamics: Global and National Perspectives

In management practices and strategic planning, including the case of Belarus, the global experience of formulating, refining, and socially applying various population programs has been referenced. These programs help narrow the gap between the approximate fertility rate and the actual fertility rate. Thus, a key part of comparative analysis in this field is international population programs, aimed at collecting, monitoring, targeted analysis, and statistical processing of data reflecting current population processes, as well as analyzing population data source systems, measuring the intensity of population trends, global and regional population movements, and their impact on population conditions. Among the most important existing programs aimed at comprehensively studying, monitoring, and collecting data on populations and migration are:

1) United Nations Population Fund;

2) United Nations Population Division;

3) UNFPA Regional Programme for Population Sustainability;

4) World Health Organization;

6) Population advisory offices;

5) National population dynamics research centers (statistical centers).

If we summarize various policy documents in the field of population, the measures being formulated and implemented can be broadly divided into three main categories:

1. Economic measures—these can include cash benefits for children, tax considerations based on the number of children, various social benefits, and forms of state support for families with children;

2. Administrative and legal measures—these belong to legislative actions, such as bans on terminating pregnancies, the free sale of contraceptives, as well as laws aimed at clarifying the rights of mothers and fathers, and the rights of minor children in cases of divorce or guardianship decisions;

3. Measures related to socio-psychological and cultural values—for example, constructing a social ideal of population growth that aligns with

national development interests, and efforts to overcome outdated negative stereotypes within society, resisting stigmatization and offensive practices related to views on reproductive behaviors and parenting models, while also highlighting the role of mothers and fathers in cultural representation.

In Belarus, the main goals of population policy are achieved through the activities of national government bodies and specialized social institutions. It is worth noting that the foundation for developing the basic standards for family policy implementation is the formulation of guidelines for symmetrical measures aimed at balancing the quantitative and qualitative parameters of the reproduction of the country's population. The concept of "demographic safety" should be emphasized separately. According to Article 1 of the Law of the Republic of Belarus of January 4, 2002 No. 80 – Z about demographic safety of the Republic of Belarus, the legal definition of demographic safety is— "condition of security of social and economic development of the state and society from demographic threats under which development of the Republic of Belarus according to its national demographic interests is provided."[①] The document also outlines one of the most important areas of population regulation—preventing an imbalance in the population burden, that is, maintaining the optimal ratio between the working-age population and the non-working-age population. This is a key issue, reflecting the priority of the nation's demographic interests.

In conclusion, it can be said that, in the context of comprehensive measures and tools to address population changes, national family policy must increasingly shift towards supporting not only working mothers but also working fathers, thereby incorporating principles of gender balance and equality into the mainstream of family, reproductive, and work-life balance. Thus, it can be noted that the most balanced state is one where "mothers and

---

① Концепция национальной безопасности Республики Беларусь. – https://etalonline.by/document/?regnum = p31000575.

Chapter 19 Population Processes in the Context of Social Dynamics: Global and National Perspectives

children are not isolated from the rest of society; on the contrary, they engage in social interactions. This requires other adults to join in the work related to caregiving and the socialization of children. "①

It must be acknowledged that today it is necessary to completely eliminate any manifestations of a paternalistic family policy model, in which the state takes on most of the responsibility related to childbirth and child-rearing, providing support and assistance only to mothers. Fathers are symbolically excluded from parental responsibilities, and any involvement by men in the care of children or relatives is often regarded by society and the state as insignificant or not fitting the masculine role. The labor associated with childbirth and child-rearing, which mothers perform, has stubbornly been regarded as "invisible" and uncountable labor, viewed as a special caregiving activity that demands unconditional acceptance of the mother's "parental" role. This trend persists today, and overcoming it in many ways will not only allow for realignment in the field of population policy but will also create opportunities to foster a more complete and humane attitude in public perception toward those who provide care. Because in the vast majority of cases, "those responsible for caregiving find it difficult to combine caregiving with personal work, face career advancement limitations, lack opportunities for leisure and self-fulfillment, and suffer from burnout syndrome. "②

Based on the above population trends, another key aspect of public family policy should be implementing corresponding measures to promote longer and healthier working lives for people, enhancing the productive potential of the elderly by increasing social benefits. In this regard, today we should begin rethinking the national and societal attitudes towards the elderly. It is necessary to abandon the narrow view of people reaching retirement age

---

① Шадрина, А. Дорогие дети: сокращение рождаемости и рост «цены» материнства в XXI веке. – М. : Новое литературное обозрение, 2017. С. 262.

② Здравомыслова, Е. А. Мужчины и женщины: старение в оптике гендерного подхода// Социодиггер. 2022. Май – Июнь. – Т. 3. Выпуск 5 – 6 (18) : Старые люди-новые тренды. – С. 18.

as mere dependents who have lost their agency and voice in society, and instead recognize the active role they play in societal functioning. In this respect, we can agree with researcher P. Ivanov, who argues that "there is a deeply ingrained stereotype that in old age, you need to take care of yourself and your health rather than focus on public interests, despite the fact that the elderly are at the core of local social movements, as they have the time resources to devote to organizing public work."[①] Among other things, the increase in the median age of the population will affect caregiving roles for the elderly and lead to changes in family structures, with grandparents often outnumbering grandchildren. Economically, maintaining adequate savings and investment levels has become a pressing issue as a large portion of the population reaches retirement age.

Overall, the international community is now gravely concerned with finding solutions related to population issues. For example, in 2021, the United Nations Population Fund announced the launch of an intergovernmental initiative called the Decade of Population Sustainability Plan, aimed at taking measures to develop positive comprehensive actions that help countries adapt to the rapidly changing demographic landscape and mitigate its potential negative impacts. The main issues selected for focus include gender balance in child-rearing, programs aimed at increasing and maintaining reproductive health for citizens (lasting on average until age 45), and creating more flexible systems to address the needs of families with children.

Therefore, we can conclude that the degree of instability in population factors is continually increasing, presenting new challenges on the global agenda and requiring appropriate adjustments to the sustainable development goals in various regions of the world. Several new issues have emerged in the

---

① Иванов, П. В. Старшие как субъект развития малых территорий: способные менять и меняться//Социодиггер. 2022. Май-Июнь. – Т. 3. Выпуск 5 – 6 (18): Старые люди-новые тренды. – С. 58.

field of current population conditions, which not only relate to socio-economic order (declining labor potential, increasing pension system burdens, regulation of migration waves, etc.) but are also directly connected to the paradigm of value standards. Thus, one can agree with the viewpoint that "creating a 'population balance' means improving human capital by enhancing measures in education and healthcare while the birth rate declines. Therefore, the goal of public policy is not to control population size but to develop human resources to ensure that all citizens enjoy the highest possible standard of living."[1]

Overall, it should be noted that understanding the changes in population size and conducting interdisciplinary analysis of new population trends linked to global socio-economic transformations (such as changes in the age structure of the population), the shifts in population size and composition after the COVID-19 pandemic, changes in reproductive behavior patterns, population aging, and the intensification of migration processes (both external and internal), allows us to comprehend a rapidly changing world and plan for the foreseeable future. Of course, the demographic stabilization process is directly related to the multi-layered development of social policies, primarily reflecting national population priorities and interests. The main reasons for demographic instability are declining birth rates and the exacerbation of population aging, as the natural decline of the world's population is not offset by natural increases. This emerging trend of increasing smaller families must be seen as a conscious reproductive choice made in the context of rapidly changing socio-economic and political environments. The functioning of the parental social system is primarily linked to the characteristics of population processes and their interaction with dynamic socio-economic indicators. In conclusion, the intensity of the relationship between social systems and population factors is manifested in the transformations of professional labor, socio-economic and

---

[1] Sidorenko, A. Demographic transition and «demographic security» in post-Soviet countries// Population and Economics, 2019. № 3 (3): 1–22. – https://doi.org/10.3897/popecon.3.e47236.

cultural customs, and the overall age structure of the population.

A socio-philosophical reflection on modern population processes as primary processes enables us to explain their fundamental determinants, which not only alter global social dynamic indicators but also drive the various significant and contradictory changes emerging at the national and regional levels. In this respect, long-term population development forecast models should shift to those that are primarily socially oriented, i. e., focused on individual subjective forms. In the process of optimizing population policy and ensuring its adaptation to new challenges, this requires greater attention to the new characteristics of population behavior, as these are directly linked to gender-oriented approaches, improving the quality of life for families with children, improving working and professional conditions, increasing opportunities for parental self-fulfillment, fostering opportunities for the social integration of elderly grandparents, and promoting ideas that realize the potential of the "longevity dividend."

Finally, it must be concluded that the growing uncertainty and global instability factors greatly blur the "actual planning horizon" in the context of demographic safety. The regularity of long-term scenario planning for population system development can be refined in some way: from planned development models to intensive transformation models, i. e., implementing thorough changes. Overall, the process of population reproduction is directly related to the operational characteristics of social sectors and institutions, the existence of certain social relations, the development and actual implementation of social mobility programs, and the formation of specific social norms at different historical stages.

Therefore, to establish a sustainable population reproduction model, it must be acknowledged that due to large-scale population changes, the trajectory of future world population growth may be within a relatively narrow range, particularly in the medium and short term. In this respect, when formulating national regulatory strategies in the population field, it is important to clarify what new priorities in population policy will be, as these may be most critical for the sustainable and inclusive development of society in the near future. Societies must be able to harness the potential of global aging while maximizing the positive impacts of changes in reproductive behavior and the intensification of migration processes.

Chapter 20 Characteristics of Information Policy Construction in the Context of Modern Challenges

E. V. Kuznetsova[*]

The shocks in recent years, including the COVID – 19 pandemic, racial and domestic armed conflicts, and financial and economic issues, have demonstrated the importance of tools like information policy that can influence public consciousness. Modern people have to identify a massive flow of information every day, but given that this flow is entirely controllable, it can be used to provide necessary information to the public, shape certain public opinions, and set a specific vector for the development of society. Traditionally, information policy has two goals: completeness of information reporting and accuracy or honesty of information reporting (E. P. Prokhorov, M. S. Vershinin, E. V. Karaseva, E. G. Dyakova, G. G. Pocheptsov, M. Castels, J. Galbraith). Any social entity can act as an agent of communicative action to achieve these goals. However, our focus now turns to the activities of the media, as information policy falls within the professional interests of journalists.

---

[*] E. V. Kuznetsova, the Institute of Philosophy of the National Academy of Sciences of Belarus.

Chapter 20 Characteristics of Information Policy Construction in the Context of Modern Challenges

The study of the media was initially conducted within the framework of sociology. However, over time, new theories began to emerge, and an entire field dedicated to the study of mass communication started to take shape. The evolution of research into the interaction between the media and its audience has progressed as follows: initially, there was a belief in the direct, immediate, and effective influence of the media on human behavior (from the early 20th century to the 1930s). This view gradually shifted towards recognizing the complexity and multi-stage nature of this process (mid – 20th century) and the increasing demassification of the audience, which began to affect the activities of the mass media itself, with this influence growing increasingly pronounced (from the late 20th century to the early 21st century).

Currently, the mechanisms through which the media influence individual and public consciousness are based on multiple different theories. American researcher J. Blumler views individuals as active information filters. Once a person identifies their needs, they seek to satisfy these needs in various ways, including through the media. Mass communication influences how people perceive various issues. This influence is exerted through the so-called "majority": the majority expresses their views openly, while the minority may withhold their true opinions due to fear of social exclusion. Consequently, when some topics enter the realm of widespread public discussion while others do not, a "spiral of silence" occurs. The media reflects the prevailing views in society and communicates these views to the audience in appropriate ways. [1]

American journalist and political commentator W. Lippmann developed one of the theories regarding the influence of mass communication-the "agenda-setting" theory. His theory is based on the difference between what we think and what we truly think. The former is related to knowledge, while the latter to preferences and tendencies. This concept suggests that mass media

---

[1] Blumler J., *The Uses of Mass Communicaion*, Beverly Hills, 1974. –224c, c. 172.

can significantly influence the level of cognition (knowledge) without affecting preferences. For example, if we consider the "agenda-setting" of the media during the 2022 US congressional elections, we will notice that the issues that are emphasized by the media formed the "agenda" of the voters. In other words, the issues that voters considered most or least important reflected the media's portrayal rather than the actual political agenda. Consequently, media coverage of certain people and organizations sparks public interest in them. ①

V. V. Nikitaev explores the sociocultural significance of newspapers, magazines, radio, and television. The first prerequisite and condition for journalism emerges when the dynamics of certain realms (economic, political, cultural) start to rely on the communication of news, specifically the information that helps to "understand" the events. Under these circumstances, news evolves into a social institution-a special procedural form with its own independent meaning and existence, separate from the content that "flows" through it (as events and articles continually change). The second prerequisite arises when the symbolic resources of traditional public spaces for integration and management become exhausted. This happens when there is a need to attract public attention and foster understanding. One of the characteristics of news is its publicity, or "information dissemination" (dissemination serves as both the condition and result of information consumption, while information production serves as both the condition and result of dissemination). In other words, "news" and "interest" are in a reciprocal relationship: on the one hand, people (the audience) tend to regard information that they consider or perceive as relevant to themselves as news; On the other hand, the production of news is driven not only by the interests of the audience, but also by the real interests of politically and economically positioned communities, groups, and individuals, especially since the late 19th century when news became a mass

---

① Lippmann Y. , *Public Opinion*, N. Y. , 1989, p. 215, c. 43.

Chapter 20   Characteristics of Information Policy Construction in the Context of Modern Challenges

media phenomenon. Thus, individuals communicate with the world (society) through or within the mass media. ①

Over the years, mass media has been attributed with various functions. According to scholars, before the 1940s, media typically had three primary functions: information and news function, propaganda function, and organizational function. However, in the latter half of the 20th century, when the media underwent transformation and began to manifest in visual and auditory forms win art, education, and science, it needed to be positioned as a translator of sociocultural values. Therefore, mass media also took on educational and commercial functions, as we are referring to advertising here. G. Lasswell pointed out three additional new functions of the media, which can be described as social control, integration, and educational functions based on their nature. Obviously, at the beginning of the 21st century, it is essential to recognize that the media is becoming a tool for cross-cultural communication. ②

When discussing the development of the media from the late 20th century to the early 21st century, it is crucial to highlight the significant changes brought about by the advent of digital processes. In the 21st century, electronic media has taken a dominant role in mass communication. In an information society, any media phenomenon occurs in a complex social context closely related to political, economic, and sociocultural processes. The main characteristic of the new media culture is the dissemination through the internet and satellite TV, leading to a remarkable increase in the number of channels as demassification replaces massification. "At the end of the 20th century, a new future was born in Europe and the United States—an electronic highway with 500 channels, offering unlimited interactivity and a consumer-controlled

---

① Никитаев В. В. Пресса и журналистика в рамках культуры/В. В. Никитаев//Вопросы философии. – 1998. – № 2. – С. 17 – 38, с. 20.

② Lasswell, H. D., *Propaganda and Communication in World History*, Honlulu: Univ. Pressot Hawaii, 1980. – 561 p, с. 204.

universe. This future is filled with hope and choices." However, not all the predictions by researchers in this field sound so optimistic. The information society will bring its inherent problems and contradictions. In this regard, the approach of the American futurist E. Toffler seems particularly intriguing. ①

In his view, one of the main characteristics of the information society is unpredictability. Unexpected changes occur simultaneously in different directions of social development, affecting both society as a whole and the fate of individuals. These changes, in one way or another, are reflected in the interpretation provided by mass communication. From a technological and sociocultural perspective, predictions about the future are closely related to what is currently happening in the development of mass media.

The second characteristic of media in the information age is "editing" or "mosaic". The process of constantly switching channels and scrolling footage demonstrates the fragmentation of contemporary audience's cultural experiences. Increasingly, the process of watching a complete program is replaced by "zapping", creating the effect of simultaneously viewing multiple programs. To a large extent, this suggests that modern audiences are no longer able to perceive the semantic integrity of content. Instead, they form many fragments in their consciousness, thus forming a kind of fragmented cultural experience collage. The use of videos allows segments that the viewer is not interested in but occupy a place in the communication chain to be easily deleted. In other words, modern audiences only deal with excerpted content. Therefore, these excerpts serve as the "framework" or "frame" for the formation of social consciousness (using I. Hoffman's terminology). The framework provides the audience with a fragment (text, visual) that already contains a certain meaning, and the audience (viewers, listeners) should

---

① Шепинская, Е. Н. Телевидение как форма культуры/Е. Н. Шепинская//Массовая культура на рубеже веков. Сб. статей. – М. – СПб: ДБ, 2005. – С. 12 – 125, с. 77; Wright, Ch. Mass Communication/Ch. Wright//A Sociological Perspective. – N. Y.: 1988. – 235p, с. 113; Тоффлер, Э. Третья волна/Э. Тоффлер. – М.: АСТ, 2002. – 606 с, с. 187.

Chapter 20 Characteristics of Information Policy Construction in the Context of Modern Challenges

"capture" it so that they can later reproduce it in their own understanding during any action and behavior.

The next issue brought about by mass media is the problem of speed, or the fleeting nature of information. We reject the values of the past, deny the life experiences of previous generations, and disregard traditional values. At the same time, humans require a certain degree of adaptability to engage in positive activities and unleash their creative potential. Completely rejecting or ignoring past values may lead to adaptability issues for modern individuals and raise doubts about their ability to survive in a new civilizational environment.

Another prominent contradiction of media in the new era is its exclusive reliance on visual elements. If intellectual thinking relied on symbols in the I. Gutenberg Galaxy era, now it relies on images. Sometimes, the impact of these images is quite aggressive, leaving no space for critical thinking, analysis, or reflection, immersing the subject in a state of passive perception.

The latest information technology and mass media have intensified the personal identity crisis. On one hand, the virtual world allows individuals to feel like the person they wish to be. On the other hand, since we are talking about a kind of social game, there is a danger of generating fake identities. P. S. Gurevich mentioned the concept of "zero" identity, while R. Musil introduced the concept of a "man without qualities" -an individual with underdeveloped consciousness and psyche. This is not a coincidence. Just as the media constructs the subject's "virtual" identity, it also creates artificial, synthetic values imposed by mass cultural patterns, rather than genuine spiritual values. [1][2]

---

[1] Гуревич, П. С. Проблема идентичности человека в философской антропологии/П. С. Гуревич//Человек в поисках идентичности. Вопросы социальной теории. Научный альманах. - 2010. - Т. IV. - С. 63-87.

[2] Музиль, Р. Человек без свойств/Р. Музиль. - М. : Азбука, 2015. - 1088 с.

When discussing the contradictory impact of media on society, one cannot ignore the so-called information psychological warfare, whose main methods usually involve "filling" false information or "fake news", manipulating facts, and blocking unwanted information. The analysis and interpretation of certain events by mass media may cause structural changes in an individual's worldviews and sometimes lead to disruptive changes in consciousness. In this context, another danger is related to the fact that the media leads to the process of population demarcation, resulting in a phenomenon of disorientation in the media sphere. In this case, we are talking about media as a propaganda tool.[①]

It must be acknowledged that mass media is a factor that determines many processes in modern society. Mass media defines the structure of knowledge, standardizes principles of human perception of space and time, reconstructs education, and organizes the flow of capital. Through the media, the audience can access spiritual values and acquire a wealth of political and economic knowledge. Mass media can serve as a reference point for the audience in the vast information space, helping individuals quickly and timely form their own views on events happening around the world. However, the educational and social regulatory functions of the media no longer play a role in the use of propaganda techniques and skillful methods, lacking objective evaluation of the situation, and the media sphere has become quite homogenized. In this context, citizens' demand for accurate and complete information is not being met, leading to intensified polarization of social interests. But at the same time, it is necessary to bear in mind that mass media is only a product of the activities of newspaper writers, internet publication authors, and television program producers, guided by their ideological attitudes. Therefore, whether

---

① Кузнецова, Е. В. Структура коммуникативного процесса в современном гуманитарном знании. Место и роль средств массовой информации/Е. В. Кузнецова//Веснік Беларускага дзяржаўнага ўніверсітэта культуры і мастацтву. –2022. –№3 (45). – С. 19–25, с. 22.

we are dealing with propaganda or low-quality news, the audience's task is to be able to critically understand the reality shaped by the mass media. The task of the mass media itself is to strive to achieve the goals of information policy, that is, to most fully and truthfully reflect the various ongoing processes.

Chapter 21 Sociological Aspect: Digital Literacy of Belarusian Romani: Pathway for Social Opportunity and Equality

Natalia. Kutuzova[*], Alesya. Solovey[**]

I. Digital Divide in the Context of SDGs and Vulnerable Groups

The digital divide is a significant barrier to sustainable development and social justice. Within the framework of the Sustainable Development Goals (SDGs) established by the UN, access to information and communication technologies has become increasingly relevant. The SDGs include 17 goals aimed at addressing global issues such as poverty, inequality, and climate

---

[*] Natalia. Kutuzova, Associate Professor, Head of Department for Globalization, Integration Research and Socio-Cultural Cooperation of Institute of Philosophy of National Academy of Sciences of Belarus.

[**] Alesya. Solovey, Researcher of the Institute of Sociology of the National Academy of Sciences of Belarus.

change. The importance of digital technologies for achieving these goals cannot be overstated: education (SDG 4) – access to online education and resources is key to improving knowledge and skills. However, millions of people, especially in remote and vulnerable regions, are still deprived of this access. So economic growth (SDG 8) is important too: digital technologies create new opportunities for business and employment. Without access to the internet and digital skills, individuals cannot participate in the digital economy, exacerbating poverty and inequality.

Overcoming the digital divide is not just a technological challenge; it is also a matter of social justice. It is crucial to ensure access to digital resources for all population groups, including women and girls: around the world, women often have less access to technologies, limiting their opportunities in education and business, national minorities and migrants-groups may face additional barriers, such as linguistic and (or) cultural obstacles. Development of digital infrastructure, Internet accessibility, diversity of devices and electronic services, including services using artificial intelligence-these are the main trends for many countries of the world, including Belarus.

However, vulnerable groups with low levels of digital literacy and stereotypes regarding the use of digital services exist in every country. The Roma population is such a group in European countries and in Belarus. Many Roma live in remote and marginalized areas where reliable internet is lacking. For example, in Bulgaria and Romania, a significant portion of the Roma population resides in rural areas where connectivity is considerably poorer. High levels of poverty among the Roma make it difficult to purchase necessary devices such as smartphones and computers. The low level of education among Roma leads to a lack of digital literacy. According to a

European Union study①, Roma have the highest illiteracy rates compared to other ethnic groups. Many Roma speak dialects, and the lack of content in their languages on the internet limits access to information. It should be noted that Roma are not a very popular research focus due to the difficulty of accessing Roma communities and problems with information verification. However, some studies on the digital divide of the Roma people were conducted in Romania (2018), Hungary (2020), Slovakia (2021). All of them showed that the low level of digital skills and the lack of devices among Roma hinder access to educational resources, various services and effective employment.

This article presents some results of the study of digital literacy and accessibility of digital infrastructure of the Roma population of Belarus②.

II. A Statistical Portrayal of the Belarusian Romani

The 1999 census revealed 9,927 people who called themselves Roma (ni) in Belarus. Under the 2009 census, the Romani population shrank to 7,079 people③. The 2019 census data demonstrates an even more significant decline, 6848 Romani④. Overall, Roma people comprise about 0.1 per cent

---

① Morgan Selander, Emily Walter, "Lack of Educational Opportunities for the Roma People in Eastern Europe", https://ballardbrief.byu.edu/issue-briefs/lack-of-educational-opportunities-for-the-roma-people-in-eastern-europe#: ~ : text = In% 20a% 20study% 20of% 20the, non% 2DRoma% 20living% 20close% 20by. &text = Another% 20study% 20across% 20western% 20and, Roma% 20people%20are%20completely%20illiterate.

② This study was an initiative, carried out in 2023 with the help of the public association "Belarusian Roma Diaspora".

③ Ethnic composition and citizenship//National Statistical Committee of the Republic of Belarus (Belstat) [Electronic resource, in Russian]. – Access mode: http://belstat.gov.by/perepis-naseleniya/perepis-naseleniya – 2009 – goda/vyhodnye-reglamentnye-tablitsy/natsionalnyi-sostav-naseleniya-grazhdanstvo/.

④ Statistical bulletin "Overall population and its breakdown by age, sex, marital status, level of education, ethnicity, language, and sources of livelihood in the Republic of Belarus" – Minsk, 2020 – 55 p., in Russian – P. 31.

of the total population of Belarus. Belarusian Romani believe that the population census data undershoot the actual number since many Romani have indicated themselves as Russians during the census. According to Roma leaders, there are about 10,000 Romani in Belarus. Belarusian Romani unevenly spread through Belarusian regions (oblasts): 1748 Romani in Gomel Region, 1601 in Minsk City, 573 in Minsk Region, 1231 in Vitebsk Region, 512 in Grodno Region, 904 in Brest Region, and 279 in Mogilev Region[1].

The available statistics reveal intense population dynamics, as while only 573 Romani lived in Minsk in 2009, the city hosted 1601 Romani in 2019. Belarusian Romani are predominantly (70 per cent) urban. Similarly, 70 per cent of the Romani consider Romani their native language and speak it at home. Roma people also indicated Belarusian and Russian as native languages[2]. Roma people comprise 57 per cent of working-age individuals, while 28 per cent are younger than working age and 14.7 per cent are older than that[3]. The number of under-age Romani is much higher than in other significant nationalities of Belarus (18.9 per cent for Belarusians, 15.5 per cent for Poles, 9.1 per cent for Russians, and 16.2 per cent for Armenians), indicating more children in Roma families.

Romani's education level is still an acute problem, but a positive trend is visible. The 2009 population census showed no more than 2 per cent have higher education, while the 2019 census recorded an increase and already 8 per cent with higher education. The number of Romani with secondary

---

[1] Statistical bulletin "Ethnic composition of the population of the Republic of Belarus" – Minsk, 2020 – 26 p., in Russian – P. 7.

[2] Statistical bulletin "Overall population and its breakdown by age, sex, marital status, level of education, ethnicity, language, and sources of livelihood in the Republic of Belarus" – Minsk, 2020 – 55 p., in Russian – P. 37.

[3] Statistical bulletin "Ethnic composition of the population of the Republic of Belarus" – Minsk, 2020 – 26 p., in Russian – P. 17.

specialized and vocational education remained at 17 – 18 per cent[①]. In 2009, about 80 per cent of Roma children enrolled in secondary and primary education, while most completed only the basic school course. In 2019, the number of children (10 – 14 years old) and youth (15 – 19 years old) almost coincided with the number of schoolers and students in the secondary specialized and vocational training systems. Belarusian Romani can thus well-nigh claim to achieve the full involvement of their children, adolescents and youth in formal education.

III. Features of the Study

The survey studying the digital literacy of Romani in Belarus took place from February 22 to March 16, 2023. It covered 286 respondents, where the sampling error and the confidence interval did not exceed 4.7 per cent at a confidence level of 90 per cent. The sociological questionnaire included five thematic blocks, reflecting the subject-problem field of the study. The questionnaire's sixth block concerned the socio-demographic characteristics for subsequent analysis of the influence of socio-demographic factors on Romani's digital competencies. We assessed differences between any two samples of interest to us (such as by sex or age) using Fisher's nonparametric statistical test (F).

To obtain additional information of a qualitative nature, the second method of research was sociological interviews. Our interviewees were 24 people, including 14 women and ten men. Methodological triangulation (a combination of quantitative and qualitative research methods) increases the reliability of the data obtained and the validity of the conclusions regarding the subject-problem field.

---

① Statistical bulletin "Ethnic composition of the population of the Republic of Belarus" – Minsk, 2020 – 26 p., in Russian – P. 25.

Chapter 21 Sociological Aspect: Digital Literacy of Belarusian Romani: Pathway for Social Opportunity and Equality

IV. Socio-demographic Portrait of Respondents

The sample consisted of 54.5 per cent women and 45.5 per cent men. We grouped our respondents by age into the intervals of "up to 16 – 17 years old" (29.7 per cent), "18 – 29 years old" (27.6 per cent), "30 – 39 years old" (17.1 per cent), "40 – 49 years old" (15.7 per cent), and "50 – 59 years old" (9.8 per cent). Their social statuses included "worker" (42.3 per cent), "housewife" (12.6 per cent), "pensioner" (11.9 per cent), "schooler" and "student" (8.7 per cent), "individual entrepreneur" (8.0 per cent), "unemployed or "temporarily unemployed" (7.3 per cent), "specialist" and "employee" (3.8 per cent), "military man", "law enforcer" or "officer of the Ministry for Emergencies" (1.0 per cent), "manager" (0.3 per cent), and "other" (3.8 per cent). In terms of their educational level, most respondents reported on their "basic/8 – 9 years" – (64.0 per cent), every fifth (18.2 per cent) indicated "complete secondary/10 – 11 years", while fewer Romani indicated "secondary specialized/technical college" (7.3 per cent), vocational technical/vocational school/professional lyceum" (5.9 per cent), and "complete higher education/university" (4.5 per cent). More than half of the respondents (56.3 per cent) were married. One in four (22.7 per cent) was officially "single" / "not married", of whom 6.6 per cent were in an unregistered marriage, 6.3 per cent were divorced, and 8.0 per cent were widowed. Herewith, 34.6 per cents of respondents permanently resided in a district town, 22.0 per cent resided in a non-central town or urban-type settlement, 20.6 dwelled in a regional city, and 14.3 per cent in Minsk, while the remaining 8.4 per cent called a rural settlement (such as an agrogorodok) their home. A lion's share of respondents (44.4 per cent) shared the roof with their parents and older relatives, while more than half (55.6 per cent) still lived independently.

We preferably selected our respondents from those Romani who knew how to use the Internet, which revealed itself when our respondents filled out an initial Google questionnaire. The proportion of those who did not have these skills was insignificant, and other activists helped them fill out the Google questionnaire.

V. Digital Consumption

Under our survey, the vast majority (96.2 per cent) of the Romani we interviewed owned a mobile phone or smartphone. Slightly fewer (84.6 per cent) Romani had a TV. Only one in three (33.6 per cent) owned a PC/laptop/tablet. 16.4 per cent of respondents had a radio receiver as a separate device, and 6.3 per cent of the Romani had a photo camera as a dedicated, stand-alone device.

Most Romani under study could always use a mobile phone/smartphone (95.1 per cent) and watch TV (83.6 per cent). Every fourth (24.5 per cent) Romani could always use a computer/laptop/tablet, and every fifth (20.6 per cent) respondent could listen to a stand-alone radio whenever they wanted. Only 7.0 per cent of respondents could use a photo camera as a separate device when required. There were no statistically significant differences between the genders regarding their access to the media devices. However, we found corresponding statistically significant age-related variations ($\rho < 0.01$, $\rho < 0.001$). Those under the age of 18 were the fewest (68.2 per cent) who had uninterrupted access to a TV, then the 18 – 29 – aged Romani ensued (88.6 per cent), then (83.7 per cent) the 30 – 39 – year-olds. 93.3 per cent of the Romani at 40 – 49 and 100 per cent at 50 – 59 were unencumbered TV viewers. Quite the reverse, fewer ("only" 75.0 per cent) Romani at 50 – 59 were mobile phone/smartphone operators, followed by the "under 18" age group (98.8 per cent). At the 18 – 29 interval, mobile phone consumption rose to the top 100 per cent, then declined to 95.9 per cent at 30 – 39 and finally to 91.1 per cent for the 40 – 49 – year-olds. Where turning to a PC/

Chapter 21 Sociological Aspect: Digital Literacy of Belarusian Romani: Pathway for Social Opportunity and Equality

laptop/tablet was concerned, the least likely (7.1 per cent) to do this were respondents in their 50 – 59, succeeded by 28.2 per cent of the "under 18", 30.4 per cent in their 18 – 29, 20.4 per cent in 30 – 39, and finally 22.2 per cent of the 40 – 49 – year-olds. A photo camera as a separate device was not within the ambit either within 40 – 49 years or 50 – 59 age intervals, not even for their single representative. It was still accessible to 8.2 per cent under 18, 11.4 per cent within 18 – 29, and 8.2 per cent of 30 – 39 – year-olds. There are no age differences in access to the radio if necessary.

Studying the frequency of use of this or another media device is necessary for assessing the population's digital literacy. It determines the access to the devices per se and their complementary skills and abilities.

Empirically, we single out two leading (most frequently used) media devices for Romani. Most respondents (70.3 per cent) used a mobile phone/smartphone several times daily, and one in four (25.2 per cent) almost every day. A larger half of the respondents (48.6 per cent) watched TV repeatedly daily, and a smaller half (43.7 per cent) nearly every day. 36.7 per cent of the Romani used a PC/laptop/tablet or a radio (as a separate device) quite often, such as several times a day (15.7 per cent) and almost every day (21.0 per cent). One in four (22.7 per cent) used a photo camera with varying frequency, such as several times a day (9.8 per cent) or almost every day (12.9 per cent).

According to Respondent 1 (male, 41 y. o.), "A TV should be in every family. It is customary for us to buy a TV with a large screen to indicate prosperity in the family. How often do we watch? We gather with the whole family at the table (lunch, dinner) and watch. Most of the time, we watch the news."

Respondent 2 (female, 32 y. o.): "I use a tablet. I mainly use applications for job searches, helping other women and reading the news. Often, when we meet with other women, we open an online educational platform and watch videos on how to open a business, find a job, and dress properly (stylist's advice). I want a laptop but don't have enough money to buy it. I'm trying to save up the necessary amount. I don't know how to use it, but can I go to courses and learn?!"

Among those who never use any media devices, more than half do not use a stand-alone photo camera (69.2 per cent) and a separate radio receiver (55.6 per cent). Another significant proportion of respondents (42.7 per cent) never uses a PC/laptop/tablet.

VI. Digital Skills

To assess respondents' digital skills and abilities, we asked, "Which of the following can you do yourself?" The answers that we received highlighted the top three:

- Using copy tools to duplicate or move information (64.3 per cent).
- Transferring files between a computer and other devices (46.2 per cent).
- Sending emails with attachments (37.4 per cent).

26.6 per cent of respondents can connect and install new devices. Every eighth respondent (12.2 per cent) noted a skill of "software search, download, installation and configuration." Smaller shares of respondents indicated the skills of "using basic arithmetic formulas in spreadsheets" (7.0 per cent), "creating electronic presentations using software" (5.2 per cent), and "writing a computer program using programming languages" (1.4 per cent).

We found statistically significant differences between a particular skill and the gender of the respondent. The proportion of women was higher among those who could independently use copying tools to duplicate or move information (69.9 per cent of women versus 57.7 of men, $\varphi * emp = 2.141$; $\rho < 0.02$).

Not a single person at the age of 50 – 59 years could use basic arithmetic formulas in spreadsheets, nor search, download, install and configure the software. 30 – 39 – and 50 – 59 – year-olds did not know how to create electronic presentations using software. From 30 to 59, people did not know how to write a computer program using programming languages.

The average timings Romani spent on the Internet differed in only one indicator. The share of Internet users for less than 1 hour over weekdays was much higher. The rest of the averaged indicators were almost the same for weekdays and weekends.

Answering the question "How did you learn to use the Internet?" almost half of the respondents (47.8 per cent) ticked "independently". Children instructed every third respondent (29.9 per cent). Other options were distributed as follows: friends taught 11.2 per cents of respondents, school teachers taught 5.2 per cent, brothers or sisters trained 2.2 per cent, parents oriented 1.5 per cent, instructors at special courses prepared 0, 7 per cent, and colleagues at work introduced the 0.4 per cent. The remaining 1.1 per cent opted for "other", including "grandchildren", "I do not have access to the Internet", and "I do not know how."

Respondent 3 (female, 44 y. o.) said: "Children taught me how to use the Internet and smartphones. My son and daughter are schoolchildren. They easily grasp where to find something or where to go. I often make mistakes, but it's not scary. The kids always help me."

Our analysis of Internet activities in the first place revealed reading the news (89.2 per cent), then using search engines (79.9 per cent), posting photos and video (63.4 per cent), downloading and listening to online audio or video, managing online bank accounts (42.2 per cent), and ordering goods or services in online stores (39.2 per cent). A significant proportion were looking for jobs and uploading resumes (36.6 per cent), using email (36.2 per cent), and e-paying for goods or services (35.8 per cent). Every third (29.1 per cent) played online games. Only one in seven (13.8 per cent) downloaded/updated software and submitted electronic applications to public authorities. The least (8.6 per cent) used cloud services.

Respondent 4 (female, 25 y. o.) said: "Last year, we learned to fill out and submit an electronic tax declaration. It was complicated and even scary. But going to the tax office is even scarier, as I definitely wouldn't understand much there. Most likely, no one would want to help me there either. At some point, I suffered a little at home with filling it out, sent the declaration, and everything turned out well, even better than I thought. It has proved itself not scary at all."

A particular share of respondents would like to learn how to use email (28.7 per cent) and look for jobs, including posting e-resumes (28.0 per cent). Almost every fourth wanted to know how to order goods or services in online stores (27.2 per cent), do their internet banking (26.9 per cent), and pay online for goods or services (26.5 per cent). Every fourth would like to learn to appeal to the authorities online (24.3 per cent) and download and update software (23.1 per cent). One in five lacked such skills as using cloud services and creating webpages: 21.6 per cent and 19.4 per cent, respectively. Every seventh would like to learn how to download and listen to online audio or video (14.6 per cent) and publicise their photos and video (13.4 per cent).

Respondent 5 (female, 31 y. o.): "I have a small business. I am self-employed and offer advisory services. My main advertising channel is Instagram. I know that many of our Roma girls work, have their businesses and pay a lot to specialists for promotion on Instagram and social networks. I am learning this now, but it takes time to maintain an account, good photos, and texts without errors (laughs), but I have problems with this. However, I am trying and learning, and you will see how attractive my account will become."

Our comparative analysis using the Fisher test showed statistically significant differences between Internet activities and gender. The proportion of women was higher among those who posted their photos (69.1 per cent women versus 56.3 per cent men, $\varphi * emp = 2.165$; $\rho < 0.02$).

Respondent 6 (male, 45 y. o.) said: "I am against my daughter running a website or blog. Why should a woman post her photos online? Someone can ill-use them. We must protect our women and daughters from this."

The share of women (47.7 per cent) was also higher than the share of men (35.3 per cent) among those doing internet banking ($\varphi * emp = 2.046$; $\rho < 0.03$), among those ordering goods or services in online stores: (47.7 per cent women versus 28.6 per cent men ($\varphi * emp = 3.220$; $\rho < 0.001$), and paying online for goods or services (42.3 per cent versus 27.7 per cent, $\varphi * emp = 2.494$; $\rho < 0.01$). However, the proportion of men is higher among those using cloud services (11.8 per cent men versus 6.0 per cent women, $\varphi * emp = 1.656$; $\rho < 0.05$).

Respondent 7 (male, 35 y. o.): "I have a family[that I support by that] I sell cars. How could you do this without e-banking nowadays?! My wife is a housewife. Of course, managing a bank account is no women's business, and she understands better in cooking. But I use e-banking to pay and transfer money to cards for children. It is very convenient."

Every third respondent under 18 would like to learn how to download and update software, almost every fourth (27.7 per cent) would like to use cloud services, every fifth (18.1 per cent) wanted to know how to create webpages, every sixth (16.9 per cent) felt like appealing to governmental bodies from a safe distance (online), every seventh (14.5 per cent) wished to send emails and practice online shopping as well as paying for goods or services likewise online.

Within 18 – 29 years, every third (29.5 per cent) was eager to find a job online and upload resumes to the same effect, practically every fourth (26.9 per cent) wanted to send emails, every fourth (24.4 per cent) would like to be into online shopping (ordering of goods/services) and banking, one in five (19.2 per cent) had their interest in creating webpages and online paying for goods or services.

In the 30 – 39 age group, 42.6 per cent was interested in using email, 38.3 per cent in online banking, 36.2 per cent in online payment for goods and services, and 34.0 per cent in online purchasing, job search and resume uploading. Every fourth was for online appeals to the authorities (25.5 per cent) and downloading or listening to online audio or video (23.4 per cent). Every fifth was for posting their photos and video (21.3 per cent), using cloud services (21.3 per cent) and downloading and updating software (19.1 per cent).

Between 40 and 49 years, more than half would like to learn, job search and posting resumes (52.4 per cent) and online paying (50.0 per cent). 47.6 per cent wanted online shopping (ordering goods or services), online appeals to government bodies and services, 45.2 per cent to use email, and 38.1 per cent online banking. Every third wanted to download or listen to online audio or video (31.0 per cent) and post photos and videos (28.6 per cent). Every fourth wanted to create webpages (26.2 per cent) and download and update software (23.8 per cent). Every fifth (19.0 per cent) wanted to use cloud services.

The 50 – 59 age group was least interested in reading the news (5.6 per cent) and playing online games (11.1 per cent). These people were still interested in the remaining online activities.

Respondent 8 (male, 52 y.o.): "Electronic appeals to government agencies and even to the police is what we need to learn. That is a sphere without discrimination. I did write and send appeals. The computer will not understand whether you are Romani or someone else by the colour of your eyes and hair. And there will always be answers to online appeals since citizens' online appeals are under control."

More than half of our respondents knew what fake news (63.3 per cent) and computer viruses (55.9 per cent) were. Half of them (50.3 per cent) knew about network addiction, and almost half (44.4 per cent) could keep up the ball regarding compromising evidence. Every third was aware of plagiarism

(31.5 per cent) and information wars (29.0 per cent). Every sixth 16.1 per cent) heard about the information-assisted manipulation of consciousness and behavior, and every seventh (15.0 per cent) was not a greenhorn regarding cyberbullying. However, more than half of respondents did not have a clue about cyberbullying (66.4 per cent) and consciousness manipulation (58.4 per cent). Many respondents (42.0 per cent) were not aware of the notion of plagiarism. One in three (29.4 per cent) had no idea about information wars.

VII. Digital Security

Deleting the web browser history reigned supreme among the data security skills (57.3 per cent). The second was adjusting the accessibility of one's information on social networks for various user groups (46.2 per cent). Almost one in four (27.6 per cent) could manipulate the accessibility settings of their accounts on social networks. Every fourth (25.2 per cent) could clean the computer from unneeded files. Every fifth (21.0 per cent) could scan the computer for viruses. Every seventh (14.7 per cent) knew to back up their computer files. Every eighth (12.2 per cent) could apply parental control on a computer. The least of respondents could detect information fishing on the Internet (8.0 per cent), determine the confidentiality of the data transfer via the Internet (5.9 per cent), and create multiple user accounts for one computer (5.9 per cent). One in three proved unable to do any of the above to ensure the security of their data in the media space. There were no statistically significant gender-specific differences regarding data security skills.

Most respondents with specific data security skills were in the age groups under 18 and 18 – 29 years old, and the least secure were 50 – 59 – year-olds. 40 – 49 – year-old knew how to make backup copies of their computer files and apply parental control on a computer. Among 50 – 59 – year-olds, every fourth knew how to obliterate the web browser history; their small proportion knew how to change personal passwords on a computer and in online services and could detect information fishing on the Internet.

Respondent 9 (female, 28 y. o.): "I once wanted to sell my children's stuff they no longer need through one popular online platform and didn't notice running into a scammers' copy of this platform, entered my bank card number, and that's it. My money has disappeared. I contacted the bank, but what could they do? I voluntarily shared the card number and pin code. It was my fault. I did not understand that that was a scam site. I will be more careful next time or ask my husband to keep his eye and double-check after me."

Respondent 10 (male, 47 y. o.): "The Internet is dangerous for children. I do not give my daughter a tablet and a phone. I want to keep my daughters clean. There is a lot of dirt on the Internet and many bad things. I control all my daughter's activities on the Internet. How to study online? And why should they learn online in the first place? Let them study at school. If it is necessary, if she wants, let her go to some courses. Learning online is the way to bad things."

Nearly half of the Roma respondents noted that no one could access their digital devices (46.9 per cent) as well as accounts in social networks, managers, and Internet banking (47.2 per cent) without special permission. However, every third noted that the husband/wife had access to personal digital devices (for 29.4 per cent of respondents) and accounts in social networks, managers, and Internet banking (28.0 per cent).

Respondent 11 (female, 32 y. o.): "My husband and I have phones, but I have a push-button, and he has a modern smartphone. I use my husband's phone to access my Facebook account. I don't have any secrets. Our children also access the Internet from my husband's phone. What's wrong with that? We trust each other and control the children."

VIII. Stereotypes

Most families encouraged their members (our respondents) to use media devices, which was the case for 82.2 per cent of our respondents (including 81.5 per cent of men and 82.7 per cent of women). At the same time, 17.8 per cent (18.5 per cent of men and 17.3 per cent of women) indicated that their families did not encourage the use of devices.

One of our intents was to study gender biases (stereotypes) regarding competencies, intellectual abilities and creativity, and educational and professional attitudes of men and women. As a corollary, we examined the extent of agreement with gender stereotypes, acting as a demotivating factor to digital competencies and digital literacy. Most (60.5 per cent) Romani did not admit any prejudices (stereotypes) that women and girls' digital competence or digital literacy were inferior to those of men and boys.

Respondent 12 (male, 33 y. o): "My daughter participated in a blogging training program. I was against it, but she liked the classes, as she has always dreamed of becoming an actress or a journalist. As for me, she had better successfully marry a rich person or engage in more money-making professions. I am against stuffing a girl's brain with stage dreams or, God forbid, with this fancy programming. She could not learn it anyway, so why waste time."

Spouses-respondents 13 (female, 28 y. o.) and 14 (male, 35 y. o.): "Our daughter participated in online training. Well, for the duration of the training, we left her younger sister with her. What was wrong with that?! Well, it interfered a little [with her training], but it was okay, as the task of the older girls has been to help around the house and look after younger sisters. Her training did not suffer a lot. This training is nonsense, and she needs to focus on women's household chores or choose a female profession."

IX. Digital Divide

To verify the reality of the digital divide among the Romani under study, we compared them with the broader population of Belarus using standard indicators of digital literacy. Table 21 – 1 shows the proportion of respondents with specific digital skills among the Belarus population and the Romani under review.

Table 21 – 1 – Digital skills (in per cent)

Digital Skills	Population of Belarus①	Romani (according to sample survey)
Duplicate and move information	38.9	64.3
Files transfer among a computer and other devices	39.3	46.2
Send emails with attachments	34.3	37.4
Use basic arithmetic formulas in spreadsheets	18.0	7.0
Search for, download, install and configure software	20.1	12.2
Connect and install new devices	17.7	26.6
Use software to create electronic presentations	10.3	5.2
Use programming languages to write computer programs	1.3	1.4

Since young people under 30 dominated numerically among the Roma group under study, we could not claim to record a digital gap between the country's larger population and the Romani in such skills as "information duplicating and moving," "file transferring among a computer and other devices," "sending emails with attachments," and "connecting and installing new devices." We recorded significant differences in such skills as "using basic arithmetic formulas in spreadsheets," "searching for, downloading, installing and configuring software," and "using software to create electronic presentations." The proportion of Romani with these skills was next lower order compared to the population of Belarus.

---

① International Telecommunication Union[Electronic resource]: The ITU ICT SDG indicators. – Mode of access: https://www.itu.int/en/ITU-D/Statistics/Pages/SDGs-ITU-ICT-indicators.aspx. – Date of access: 19.04.2023.

85.1 per cent of the population of Belarus used the Internet.① Our selective study showed that 93.7 per cent of the Romani used the Internet, implying a relatively higher proportion than Belarus's overall population, which is a high share that does not confirm the digital divide for the Romani. The share of Romani who did not use the Internet was 6.3 per cent. However, the respondents in the study filled out a Google questionnaire, thus revealing that the vast majority were using the Internet. At the same time, Roma activists (other Roma, their children) helped fill out the questionnaire to those 6.3 per cent of non-users of the Internet.

There was no significant difference in access to mobile communications among the country's population and representatives of the studied Roma group. However, there was a substantial difference in the use of personal computers (see Table 21 – 2).

Table 21 – 2. – Use of personal computers and access to media devices (in per cent)

Personal computers	Population of Belarus	Romani (according to sample survey)
Use of cellular communication services	97.9	—
Have access to a mobile phone/smartphone when needed	No data	95.1
Use a personal computer	73.2	—
Have access to a PC/laptop/tablet if necessary	No data	24.5

Table 21 – 3 shows profiles of the purpose of using the Internet by the Romani under study and the population of Belarus.

As Table 21 – 3 testifies, a significant gap in the use of the Internet between the Roma ethnic group and the broader population of Belarus

---

① Informatsionnoye obshchestvo v Respublike Belarus [Information society in Belarus]: Statistical book – 2021 – p. 81.

concerned "information search", "sending and receiving emails", "playing computer games", "online banking", "interacting with public administration bodies and state organisations", and "education".

Table 21-3. Purposes of accessing the Internet (in per cent)

Purposes	Population of Belarus①	Romani (according to sample survey)
Information search	92.6	79.9
Communicating on social networks	83.6	84.7
Reading online newspapers and journals	63.1	89.2
Sending and receiving emails	62.6	36.2
Playing computer games	49.8	29.1
Online banking	49.7	42.2
Purchasing or ordering goods and services	40.5	39.2
Interacting with public administration bodies and state organisations	27.8	13.8
Education	21.3	12.2

Thus, a comparative analysis of the leading indicators of digital literacy, including the use of the Internet, the purposes of its use, and digital skills, has found no digital divide regarding access to the Internet and mobile communications and specific digital skills and objectives of accessing the Internet. Differences in some digital skills and Internet access objectives confirm the most apparent disparities in digital literacy.

X. Conclusions

First, the study showed that the most popular device among the Romani was a smartphone (95 per cent), and about 20 per cent used a tablet.

---

① Informatsionnoye obshchestvo v Respublike Belarus [Information society in Belarus]: Statistical book – 2021 – p.86.

Chapter 21 Sociological Aspect: Digital Literacy of Belarusian Romani: Pathway for Social Opportunity and Equality

Second, the analysis of Romani's Internet activities revealed reading the news (89.2 per cent), followed by the use of search engines (79.9 per cent), uploading photos and videos (63.4 per cent), downloading or listening to online audio or video (62.3 per cent), online personal banking (42.2 per cent), and buying or ordering goods or services in online stores (39.2 per cent). A significant proportion of respondents looked for jobs and posted resumes (36.6 per cent), used email (36.2 per cent), and paid for goods or services (35.8 per cent). Every third played online games (29.1 per cent). Only one in seven downloaded and updated software and submitted online pleas to the authorities (13.8 per cent). A few respondents were involved in online education (12.2 per cent). The least of our respondents used cloud services (8.6 per cent).

Third, among the Internet skills that respondents would like to master were online accounting, text editing, revealing hidden information, creating and placing ads, reading the news and social networks, creating presentations, creating accounts, and trading on online exchanges.

Fourth, the Romani felt data security and digital privacy as important. Yet, one in three noted that their husband/wife/other relative could access their media device or online account. In particular, 29.4 per cent admitted that relatives had access to their digital devices without special permission, and 28.0 per cent confirmed that relatives could access their social networks, messengers, and online banking accounts.

Fifth, most respondents agreed with the gender stereotype "a woman's primary purpose is her family and children" (61.5 per cent). 38.5 per cent did not agree with that.

Sixth, we found no digital gap in Internet use between Roma respondents and the broader population of Belarus.

Seventh, we found significant differentiation in the use of the Internet by the Roma ethnic group relative to the broader population, manifesting itself in different preferential purposes of its use, such as email, online banking, petitioning with the authorities, and online education.

As the results of the study showed, the situation of Belarusian Romani is far from ideal, but at the same time it is quite good, but requires further work to overcome marginalization. The research team formulated several recommendations for the public association "Belarusian Roma Diaspora". Firstly, since the most popular device for Romani was a smartphone (95 per cent), they require training in Android OS and its applications. Secondly, to increase digital literacy and close the digital divide, we recommend paying attention to the following areas: training in digital security skills, especially for women and adolescents; online education and related platforms (Get Course, Zoom, Moodle, etc.); continuing education in online entrepreneurship and marketing; training in online banking, e-tax declaration, online petitioning the authorities and using public electronic services. Thirdly, to offset gender stereotypes, we advise while carrying out professional orientation work with schoolchildren, especially with girls, highlight IT and related specialities (e-marketing, web journalism, web finances); information campaigning among adolescents and their parents, increasing their interest in IT professions.

Chapter 22 Open Science and Society: Issues about Community Engagement in Research (A Case Study in Biomedical Research)

Sokolchik. Valeriya[*]

Ⅰ. Introduction

Open science represents a new paradigm for scientific knowledge development, advocating for unrestricted social access to research outcomes, methodologies and tools. It is also perceived as a socio-cultural movement striving to disseminate scientific research outcomes, including publications, data, physical samples and software, to all sectors of society, from enthusiasts to professionals[①]. The *UNESCO Recommendation on Open Science* defines "open science" as an inclusive architecture of movements and practices that

---

[*] Sokolchik. Valeriya, Associate Professor, Institute of Philosophy, National Academy of Sciences of Belarus.

[①] Tennant J., et al (2020), "Foundations for Open Scholarship Strategy Development", MetaArXiv. Available at: http://doi: 10.31222/osf.io/b4v8p. S2CID 159417649. DOI: 10.31222/osf.io/b4v8p. S2CID 159417649.

aims to achieve open use, access and reuse of scientific knowledge in many languages by all, to enhance scientific cooperation and information-sharing for the benefit of science and society, and to open the creation, assessment, and dissemination processes of scientific knowledge to social actors beyond the traditional scientific community[①].

Open science covers all scientific disciplines and is built on the pillars of open scientific knowledge, open scientific infrastructure, broad scientific (and non-scientific) communication, open participation of social actors and open dialogue with other knowledge systems. The open science paradigm can be seen as a revolutionary shift of the post-non-classical science to new knowledge—from institutionally closed knowledge to socially owned knowledge that is freely disseminated and accessible to all, based on modern humanistic values and values of life in all its forms.

The emergence of this new scientific paradigm is rooted not only in social emotions but also in ideas of renowned philosophers, scientific methodologists, and sociologists (ideas of representatives of the post-positivist philosophical tradition-K. Popper, T. Kuhn, I. Lakatos; R. Merton'sideas on the open society[②], V. S. Stepin's ideas in his book Methodology of Science, etc.)[③] The mid – 20th century saw discussions about the value of societally accessible knowledge (theory and experience), the aspiration for formation of collective knowledge (rather than "obsession" over exclusive ownership rights), social involvement in idea generation and result dissemination, and free access to publications (and other scientific works), within the framework of philosophy and sociology, all of which were precursors to today's open

---

① Рекомендации ЮНЕСКО по открытой науке (2021). Available at: https://unesdoc.unesco.org/ark:/48223/pf0000374837_rus.

② Merton, Robert K. (1973) "The Normative Structure of Science", in Merton, Robert K. (ed.), *The Sociology of Science: Theoretical and Empirical Investigations,* Chicago: University of Chicago Press, pp. 267–278.

③ Степин В. С. (2021) Теоретическое знание: структура, историческая эволюция. Беларуская навука, 2021 – 539с.

Chapter 22 Open Science and Society: Issues about Community Engagement in Research (A Case Study in Biomedical Research)

science paradigm.

The fundamental goal of open science is to engage individuals and communities in scientific research and to apply artificial intelligence (AI) as the primary tool for knowledge creation and dissemination. Hence, the potential of open science is closely tied to the AI application prospects, with the ethical boundaries and humanistic guidelines of AI in social development also shaping our understanding of open science concepts[1].

For biomedical knowledge, the adoption of the open science paradigm is especially crucial, largely due to the ongoing medicalization of society[2]. When examining traditional social concerns about biomedical science, researchers should focus on its practical applications in clinical medicine (e. g., gynecology, transplantation and surgery). However, it's important to remember that the initial phase of practical healthcare research also addresses fundamental biological issues, such as cytogenetic and immunological studies, bioinformatics and stem cell research (studies carried out under both in vitro and in vivo laboratory conditions). Public health in psychology, sociology and education and social health are equally important in modern research, which focuses on individuals, examining their psychological, emotional, intellectual states, skills, abilities and reactions to social processes[3]. Consequently, modern biomedical knowledge significantly overlaps with socially oriented knowledge, extending beyond health practice itself.

Thanks to medical science and innovative medical technologies,

---

[1] Sokolchik V. N., Razuvanov A. I., "Hierarchy of Ethical Principles for the use of Artificial Intelligence in Medicine and Healthcare", *Journal of Digital Economy Research*, 2023; 1 (4): 48 – 84. Available at: https://doi.org/10.24833/14511791 – 2023 – 4 – 48 – 84.

[2] Михель Д. В (2011). Медикализация как социальный феномен. Вестник СГТУ. 2011; 4 (60), вып. 2: с. 256 – 263.

[3] International Ethical Guidelines for Health-related Research Involving Humans (2016). Prepared by the Council for International Organizations of Medical Sciences (CIOMS) in collaboration with the World Health Organization (WHO). Available at: https://cioms.ch/wp-content/uploads/2017/01/WEB-CIOMS-EthicalGuidelines.pdf.

individuals can now exert control over their own lives and the fate of humanity, with some part of the "lever" in the hands of medical professionals[①]. Medicalization is characterized by the integration of social and political issues with medicine practice[②], which was most evident during the COVID-19 pandemic, where healthcare was central to addressing nearly all aspects of social life and development. In the midst of the COVID-19 pandemic, the social attention to biomedical knowledge as a mandatory minimum social orientation increased significantly, and the exchange of ideas, opinions, treatments and vaccination strategies became a critical process, not merely a function of idle curiosity. The pandemic has vividly demonstrated the critical importance for both scientists and society to engage in the exchange of scientific knowledge, especially in critical areas of concern.

Therefore, modern scientific knowledge, underpinned by the open science paradigm, serves as guidance for scientists and research teams to maintain ongoing interaction with society[③]. This interaction is essential, primarily because scientific knowledge exists to serve society, improve human life and protect the environment. Secondly, modern science cannot lock itself within its own "insular" realm, but must address values, issues and problems that hold significance for 21st-century society. In modern science, it is the public interest and needs that direct the trajectory of scientific research, with extensive community engagement in research emerging as a potent instrument of socially oriented science.

---

① Тищенко П. Д. (2001) Биовласть в эпоху биотехнологий. М.: ИФ РАН, 2001 –178с.

② Sokolchik V. N., Medicalization of society: consequences and risks. Proceedings of the International Scientific Conference "Topical Issues of Science and Education" vol. 2 – RS Global S. Z. O. O., Warsaw, Poland, 2017. – p.52 – 56.

③ Сокольчик В. Н (2023). Открытая наука как новая парадигма научных исследований: проблемы и перспективы (на примере биомедицинских исследований). Труды БГТУ. Серия 6: История, философия. 2023. №1 (269), с. 163 – 169.

Chapter 22　Open Science and Society: Issues about Community Engagement in Research (A Case Study in Biomedical Research)

Ⅱ. Main Content

Social engagement is a process where social groups initiate research, identify key socially oriented issues within the field, and involve pertinent communities in shaping the research agenda. This is achieved through ongoing interaction with research participants, knowledge acquisition through discussion (including intermediate discussion), knowledge dissemination within society, and the subsequent application of scientific data acquired in scientific research①.

Engaging the community in the research of biomedical knowledge is crucial, as this directly impacts the immediate interests of pertinent individuals and social groups. Bioethics or biomedical ethics②is widely employed here to develop suitable mechanisms and models for science-society interaction, which includes preventing bias and discrimination against research participants and related social groups and upholding individual autonomy in research participation and/or data usage. This approach aims to meet the ethical standards for research, which are overseen and democratically assessed by social representatives③.

Although various terms are used in the English and Russian literature to describe the involvement of social representatives in research, each term has its own application characteristics. Common terms for social participation in scientific research include "crowdsourcing" and "community engagement",

---

① Распространение и использование данных в открытой науке может быть обозначено термином «data visitation» (посещение данных).

② Хельсинкская декларация Всемирной Медицинской Ассоциации «Этические принципы проведения медицинских исследований с участием людей в качестве субъектов исследования» (1964 – 2013). Available at: http://info.medic.today/load/wma1/1 – 1 – 0 – 3.

③ World Medical Association, "World Medical Association Declaration of Helsinki: Ethical Principles for Medical Research Involving Human Subjects", *JAMA*. 2013; 310 (20): 2191 – 2194. doi: 10.1001/jama. 2013. 281053.

which highlight different facets of the relationship between social representatives and scientific research within the open science paradigm.

Ⅲ. Crowdsourcing and Community Engagement

The *concept of crowdsourcing* was initially introduced by Jeff Howe in one of his articles in 2006①. Within five years thereafter, it expanded beyond commercial applications to scientific research. In the articles by Van Niekerk and his colleagues②, crowdsourcing is described as a mechanism that leverages the collective intelligence of non-experts and online communities to solve problems or produce outcomes. The authors wrote that "social innovation initiatives (crowdsourcing) aim to address health issues in a sustainable manner, thereby boosting the potential of these systems"③. The World Health Organization (WHO) guidelines on crowdsourcing and community engagement④ in health research define two types of crowdsourcing: one involving direct engagement of research subjects (targeting specific individuals related to particular projects); and the other involving community engagement in the research process to achieve social benefits (targeting various social groups related to the issues at hand).

Community engagement, (hereinafter abbreviated as "CE") is a concept that is, to a small extent, production algorithm-oriented, and to a greater extent, social-oriented. It emphasizes engagement not as individuals but as

---

① Howe J. (2006) Crowdsourcing: A Definition. Available at: http://crowdsourcing.typepad.com/cs/2006/06/crowdsourcing_a.html.

② Van Niekerk et al. (2020) Crowdsourcing to identify social innovation initiatives in health in low-and middle-income countries. Infectious Diseases of Poverty 9: 138. Available at: https://doi.org/10.1186/s40249-020-00751-x.

③ Van Niekerk et al. (2020) (см. 15).

④ Crowdsourcing in health and health research: a practical guide (WHO, 2018). Available at https://socialinnovationinhealth.org/wp-content/uploads/2019/02/Guide _ Crowdsourcing-in-Health-Health-Research_2018.pdf.

Chapter 22　Open Science and Society: Issues about Community Engagement in Research (A Case Study in Biomedical Research)

representatives of a relevant group or community. In English literature, the term "community" is often defined as a group of people sharing common traits or interests, along with connections, trust, cohesion and social relations[①]. In this context, community representatives serve as the "carrier" of the collective ideas, values, aspirations, plans, hopes, fears and mindsets of the group they represent. They are devoid of the individualistic and utilitarian characteristics of specific individuals, who are focused on solving their own problems, sometimes selfish, and do not always have a clear mission (for instance, an individual X engaging in biomedical research may be interested only in the financial rewards of his/her participation, without understanding the implications and prospects of the research for the health and quality of life at large. In contrast, the relevant community understands the situation, not focusing on immediate benefits, but recognizing the interests and values of a specific group).

Such communities—formal and informal groups and associations that are relevant to the issues under discussion, can represent people with diverse religious, political or professional backgrounds. In general terms, CE in open science research is "a critical process of involving social groups impacted, either directly or indirectly, by research outcomes or related issues"[②]. CE is pivotal in preventing discrimination, safeguarding the autonomy of research subjects, ensuring transparency in data collection and analysis, disseminating research outcomes, and addressing potential inequality in healthcare delivery.

[①] MacQueen, et al., "What is community? An evidence-based definition for participatory public health", *American Journal of Public Health*, 91 (12), 1929 – 1938. Available at: https://doi.org/10.2105/ajph.91.12.1929.

[②] Valerya Sokolchik, Sarymsakova Bakhyt, Kudaibergenova Tamara, Sahakyan H. Gagik and Muradyan Mariam, "The Social Model for Research Ethics Committees Regarding to Engaging Communities in Health Research in Eastern Europe and Central Asian Countries (Based on Tb-Related Research)", *Clinical Trials and Case Studies*, 3 (1); DOI: 10.31579/2835 – 835X/045. Available at: https://clinicsearchonline.org/article/the-social-model-for-research-ethics-committees-regarding-to---engaging-communities-in-health-research-in-eastern-europe-and-central-asian-countries-based-on-tb-related-research.

It also ensures that the research respects the cultural nuances of participants, upholds the community standards and addresses the community's evolving needs[①].

In 2022, the author participated in the World Health Organization (WHO) international scientific project "Mapping Ethics Committee (IEC/IRB) Practices for Engaging Communities in Health Research in Eastern Europe and Central Asian countries: Social Innovative Models for Implementation and Transferring the Results of TB-related Research" (in short "CE – 2022")[②]. Interviews with experts in all fields, including healthcare experts and patients from CE – 2022 participating countries found that there was a noted disparity in the understanding of CE, and the goals, tasks, methods, techniques and obstacles existing in CE research. Almost all experts (more than 50 from Armenia, Belarus, Kazakhstan, and Kyrgyzstan) acknowledged the significance of CE in biomedical research but had differing views on the specifics of who to engage, how, and to what end. Representatives from international organizations pointed out that the purpose of CE was to incorporate relevant social groups in the initial assessment or (control groups and core groups) selection process. Physicians saw CE as a means to identify and meet the needs of patients and the medical community, and a standard procedure not requiring further discussion or oversight. Interestingly, the value of CE is often recognized in non-national (international) research, but is sometimes deemed unnecessary or unreasonable in nationally initiated research initiatives, particularly by national health organizations, due to resource allocation concerns[③].

---

① Han, HR., Xu, A., Mendez, K. J. W. et al. (2021) Exploring community engaged research experiences and preferences: a multi-level qualitative investigation. Res Involv Engagem 7, 19 (2021). Avaliable at: https://doi.org/10.1186/s40900 – 021 – 00261 – 6.

② Valerya Sokolchik, Sarymsakova Bakhyt, Kudaibergenova Tamara, Sahakyan H. Gagik and Muradyan Mariam, (2023) (см. прим. 19).

③ Valerya Sokolchik, Sarymsakova Bakhyt, Kudaibergenova Tamara, Sahakyan H. Gagik and Muradyan Mariam, (2023) (См. прим. 19).

Chapter 22 Open Science and Society: Issues about Community Engagement in Research (A Case Study in Biomedical Research)

The stance of CIS experts underscores a paternalistic attitude among national medical authorities, who presume that health-related decisions (in biomedical research) by national institutions are beyond reproach, pre-emptively validated, and in tune with public sentiment, thus obviating the need for a bioethics-oriented strategy in research. However, this perspective is fundamentally flawed. Within the open science paradigm, humanistic guidance and public oversight are essential components of all biomedical research, whichdirectly affect human life, well-being, public health and the prosperity of the country. The denial of bioethical standards and research models suggests a deviation from the values of post-nonclassical science and a disregard for the people and society that form the foundation of scientific endeavor[①].

Obstacles and barriers to CE in biomedical research. The development of modern strategies for CE in scientific research, particularly in the biomedical field, is hampered by social obstacles and barriers. These barriers are not only connected to social and scientific issues, but also stem from a deficiency in ethical support for scientific (biological) knowledge. There is an urgent need for the establishment and enforcement of modern research ethics models, and open scientific standards, as well as the development of ethical and legal support mechanisms for scientific research.

The stagnation in CE strategy (and the entire open science paradigm) development can be attributed to the violation or inadequate implementation ofthe biomedical ethical principles in research[②]. Namely:

—The principle of autonomy (low awareness and cognition among patients and research subjects, deliberate information concealment, confidentiality breaches, and informed consent and ethnics violations, etc.);

[①] Добровольное информированное согласие (2022) /научный редактор А. Г. Чучалин, Е. Г. Гребенщикова. М.: Вече, 2022. 288с.

[②] Beauchamp T. L., Childress J. F., *Principles of Biomedical Ethics*, NewYork: Oxford University Press, 1994.

—The principle of fairness (e. g., difficulties in reaching key populations[①], and stigmatization of patients with socially hazardous disease);

—The principle of beneficence (e. g., reluctance or inability of national and non-national organizations to collaborate on biomedical research, especially on socially hazardous diseases that are taboos for publicity and discussion).

—The principle of non-maleficence (e. g., constant failure to utilize available rapid detection kits or other equipment or devices provided by international institutions; inadequate efforts of health bureau; lack of feedback between researchers and society).

Of course, violations of the biomedical ethical principles in biomedical research are muchextensive. Moreover, each society (or country) faces its own challenges, related to economic and political factors, the development and organization of the health system, the status of research ethics and bioethics, and the activities of research ethics committees.

Interviews with experts and study of CE across various countries showed that the primary obstacles to CE in research span economic, political, legal, social, and cultural dimensions, in addition to researcher training gaps. This includes a paucity of ethical and legal expertise in biomedical research and a limited grasp of the open science paradigm.

The economic and political barriers to conducting biomedical research in line with open science principles are linked to insufficient funding for national research projects and the inability (reluctance) to engage with international research organizations. Given that a significant portion of biomedical research in post-Soviet countries, particularly research on globally prevalent diseases, relies on funding from the international foundation, there is an imperative for

---

① Например, при изучении туберкулеза значительная часть носителей этого заболевания-заключенные, доступ к ним как к заинтересованной группе и как к субъектам исследования значительно затруднен.

Chapter 22 Open Science and Society: Issues about Community Engagement in Research (A Case Study in Biomedical Research)

ongoing interactions between national and international organizations (and budgets). This is essential to prevent research initiatives from being prematurely halted due to political discord. Furthermore, it has been noted that connections between national and international scientific projects are either absent or very weak, resulting in a de facto absence of dissemination of national research outcomes[①].

CE – 2022 experts interviewed also pointed out legal and sociocultural barriers to CE in scientific research. According to them, *legal barriers* are attributed to the inadequacy of legislation and law enforcement (especially standards on information confidentiality, informed consent, and patient database specification) in biomedical research. *Sociocultural barriers* are noted as the most challenging to overcome by experts. Despite extensive educational efforts, the public often stigmatizes, openly or implicitly individuals with certain diseases, especially infectious diseases. For instance, social prejudices against tuberculosis, HIV, hepatitis, and similar conditions are deeply ingrained and hard to remove. Engaging these communities in research is sometimes perceived as a threat to the security of society and its members. This, coupled with a lack of medical knowledge, fosters discrimination and stigmatization against these communities, effectively excluding them from engaging in research discussions and outcome dissemination.

Experts also said that the CE is most challenging in the research of socially hazardous diseases. In addition to societal stigma, there is also discrimination from the immediate environment and even family members due to lack of understanding of disease conditions and symptoms (for instance,

---

① Б. Е. Сарымсакова, Т. А. Кудайбергенова, В. Н. Сокольчик (2022). Роль этических комитетов в вовлечении сообществ в исследования по туберкулезу-Интеллектуальная культура Беларуси: проблемы интерпретации философского наследия и современные задачи гуманитарного знания: материалы Шестой междунар. науч. конф. (17 – 18 ноября 2022 г., г. Минск). В 2 т. Т. 2/Ин-т философии НАН Беларуси; редкол. А. А. Лазаревич (пред.) [и др.]. – Минск: Четыре четверти, с. 262 – 266.

tuberculosis patients often face discrimination and hostility from neighbors, colleagues, and relatives, as fear of infection often overwhelms empathy and rationality)[①].

Gender barriers to CE in research also exist in traditional societies. Women, for instance, may be more inclined to conceal their illnesses due to social prejudice and are thus less likely to engage in research during the formation and outcome discussion stages.[②]

CE in research is further hampered by the failure in social communication throughout the research process. This is evident in the lack of interaction between national research institutions, between attending physicians and researchers, and between national and international health organizations.

Moreover, experts indicated that a lack of understanding of open science and research ethics, ignorance of or disregard for guidelines and recommendations on the socio-cultural, ethical, and legal nuances of biomedical research, and insufficient involvement of members of ethics committees in reviewing scientific research all pose significant barriers to CE in research.

Thus, alongside objective challenges such as politics, economy, law, and social culture, there are numerous "subjective" reasons that impede CE in scientific research in modern society, including,

——Firstly, researchers are not fully prepared to implement the open science paradigm and its components effectively. The author believes that it is crucial to incorporate discussions on open science into scientific discourse and set up special courses on open science and scientific ethics for young scientists, including master's students, Ph. D. candidates and Ph. D. students;

---

① Valerya Sokolchik, Sarymsakova Bakhyt, Kudaibergenova Tamara, Sahakyan H. Gagik and Muradyan Mariam, (2023). См. прим. 19.
② Flicker, S., Travers, R., Guta, A., McDonald, S., & Meagher, A., "Ethical dilemmas in community-based participatory research: Recommendations for institutional review boards", *Journal of Empirical Research on Human Research Ethics*, 2018, 13 (5), 580 – 591. Available at: https://doi.org/10.1177/1556264618783086.

Chapter 22 Open Science and Society: Issues about Community Engagement in Research (A Case Study in Biomedical Research)

—Secondly, a perfunctory approach to CE in research is linked to the absence of ethical and legal guidance, protocols and a dearth of practical experience in the issues under study[①]. This in turn necessitates the involvement of bioethicists, research ethics experts and legal scholars in collaborative, interdisciplinary initiatives, including biomedical professionals, philosophers, bioethicists, sociologists, psychologists and others. It should also be noted that existing international recommendations on CE in research should not only be disseminated but also tailored to the national cultural context in which biomedical research is conducted[②].

—Thirdly, a culture of debate and discussion on the best practices in domestic and international CE in research has yet to be established, which hinders the evolution of research practices. The absence of such discussion negatively affects research teams and community representatives, who lack both the opportunities (platforms) and the skills to articulate and justify their perspectives and ideas. A potential solution is the creation of permanent discussion platforms, both physical and virtual, on biomedical research issues that include all stakeholders, along with mandatory training for researchers to enhance their debate, argumentation and related skills.

—Lastly, the Ethics Committee[③] (hereafter abbreviated as "EC") can serve as a vital advisory and regulatory body for a wide range of research-related ethics issues, particularly regarding CE in research. By law, EC is independent, knowledgeable, inclusive of diverse community representatives, and is well-positioned to disseminate ideas about open science. However, to

---

① Questa K. et al. (2020), "Community engagement interventions for communicable disease control in low-and lower-middle-income countries: evidence from a review of systematic reviews", *International Journal for Equity in Health*. 2020, Dec; 19 (1), p. 1 – 20.

② International Ethical Guidelines for Health-related Research Involving Humans. Prepared by the Council for International Organizations of Medical Sciences (CIOMS) in collaboration with the World Health Organization (WHO, 2016). Available at: https://cioms.ch/wp-content/uploads/2017/01/WEB-CIOMS-EthicalGuidelines.pdf.

③ В разных странах обозначаются по-разному-НЭК, REC, RIB и др.

realize these goals, EC members must receive adequate training①, and the EC's composition and status must align with regulatory standards and significant international recommendations on biomedical research ethics. Furthermore, a social system for discussing and sharing best practices in biomedical research among EC members must be established②.

Of equal importance, EC must expand its expertise to encompass all scientific domains related to the study of humans and nature.

III. EC Activity Model for Evaluating CE in Biomedical Research

Within the framework of the CE – 2022 project, a step-by-step model for EC to assess CE in biomedical research has been crafted. This model recognizes that the collective strength of all research stakeholders—researchers, subjects, relevant communities, etc. —must be harnessed to ensure research is effective, practically oriented, and aligned with humanistic principles③.

EC must be able to disclose the research in which the community is engaged, while overseeing the CE process throughout all research stages, including the interpretation and dissemination of outcomes. In such "open" research, ethical issues are further complicated, because the used to be clearly-defined roles of research subjects now become ambiguous—they evolve into both active participants and team members. To shape research objectives,

---

① Flicker, S., Travers, R., Guta, A., McDonald, S., & Meagher, A., "Ethical dilemmas in community-based participatory research: Recommendations for institutional review boards", *Journal of Empirical Research on Human Research Ethics*, 2028, 13 (5), 580 – 591. Available at: https://doi.org/10.1177/1556264618783086.

② Сокольчик, В. Н. Роль этических комитетов в обеспечении прав человека при проведении биомедицинских исследований и испытаний в Республике Беларусь-Труды БГТУ, сер. 6 №1, 2021 – с. 146 – 150.

③ Б. Е. Сарымсакова, Т. А. Кудайбергенова, В. Н. Сокольчик (2022) См. прим. 26.

Chapter 22　Open Science and Society: Issues about Community Engagement in Research (A Case Study in Biomedical Research)

methodologies, hypotheses, etc., they not only agree to participate but also contribute their knowledge and ideas①. In addition, EC should take special action to protect the interests of the communities involved at every stage of the research and to offer ethical support for them. To achieve these objectives, EC must develop its own strategy for research ethics review, as well as corresponding standard operating procedures② and recommendations③.

EC activity model for evaluating CE in research is comprised of several sequential steps, as outlined in:

The first step is for EC to determine the purpose or goal of CE, and who should be engaged, whose interests will be represented and safeguarded, and the community's specific economic, political, and social conditions, norms, values, and survival trends as a social group, along with its (community's) perspectives on the engagement. To complete this step, EC must have a clear understanding of the community, including how the community perceives EC and whether it is clear about the benefits and implications of such engagement.

The second step is to determine whether the community is truly engaged in the research or whether the engagement is just a "one-off" attempt for collective discussions at different stages of the project. During this phase, it's crucial to recognize that CE is a systematic process, meaning the community is a steadfast partner throughout the research, from raising research questions and selecting methods to analyzing, interpreting, and disseminating results④.

The third step involves assessing the extent, boundaries, and legitimacy of CE at various stages of the research. Generally, non-research teams are not required in stages that involve highly technical operations, calculations, or

---

① Green, L. W., & Mercer, S. L., "Can public health researchers and agencies reconcile the push from funding bodies and the pull from communities?", *American Journal of Public Health,* 2001, 91 (12), 1926–1929. Available at: https://doi.org/10.2105/ajph.91.12.1926.

② СОП-стандартная операциональная процедура.

③ Code of Practice for Research. Promoting good practice and preventing misconduct (2023). Ukrio, Version No.: 3.0, 16.06.2023. DOI: https://doi.org/10.37672/UKRIO.2023.04.

④ Б. Е. Сарымсакова, Т. А. Кудайбергенова, В. Н. Сокольчик (2022). См прим. 26.

result formulation.

The fourth step entails determining the degree of ethical and consultative support necessary for CE, examining whether every research stage should be evaluated from this perspective, and ensuring that relevant communities (and their representatives) are actively involved throughout the research process. At this stage, it is also crucial to determine whether the ethical dimensions of all research stages need to be analyzed, and EC must define the scope of ethical support for collaborative research.

The fifth step is for EC to provide due consultation and supervisory assistance to researchers and research subjects, as well as participating communities. For instance, EC can oversee and require researchers to demonstrate their engagement with the community at all research stages, if applicable, and whether the proposed research plan and design incorporate such interactions. CE may involve forming partnerships with social organizations, holding community meetings, setting up focus groups, and regularly updating the community on the research's progress, depending on the issue being researched.

In general, EC must play a pivotal role in attracting and directly implementing CE, so as to oversee the research process, advise researchers and contribute to the creation of scientifically sound knowledge that is both humanistically oriented and ethically grounded. By encouraging CE in research, EC not only promotes the advancement of open science but also protects significant scientific endeavors that align with social values and interests.

IV. Experience of Belarus

In summary, the issues discussed in this article are all resulted from a lack of understanding of the open science paradigm, incomplete involvement of researchers in modern research practices, absence of established strategies

Chapter 22 Open Science and Society: Issues about Community Engagement in Research (A Case Study in Biomedical Research)

for CE in scientific research, and insufficient dissemination of scientific knowledge through crowdsourcing, which are also prevalent in Belarusian society. However, these have been extensively discussed in the biomedicine community, which recognizes the importance of disseminating biomedical knowledge within communities, and encourages CE in research development and implementation.

Milestones in implementing the open science model, especially in the context of CE, include interdisciplinary public discussions, conferences, and educational initiatives launched by the Institute of Philosophy of the Academy of Sciences, the Belarusian Institute of Postgraduate Medical Education, and the National Bioethics Center at "Belarusian State Medical University"[①].

These activities are carried out through specific initiatives, including training and seminars, interdisciplinary conferences and roundtables, active utilization of learning platforms, online educational resources, organization of student events and competitions on bioethical issues, and collaboration with young scientists.

Traditionally effective educational strategies in open science include organizing training sessions and collaboration with young scientists, a practice developed during the period from 2017 to 2023, on issues concerning biomedical ethics and the open science paradigm. In addition to designing mandatory courses on philosophy and scientific methodology for all master's and doctoral students to study hot issues of open science within classrooms, educational strategies must also incorporate non-traditional practices, such as discussions, training, and seminars. Thus, within the framework of the "Bioethics University" project, initiated by the National Bioethics Center of the Belarusian State Medical University and sponsored by UNESCO in 2022, an online course titled "Fundamentals of Biomedical Ethics" was made available on the Belarusian Institute of Postgraduate Medical Education's e-

---

① https://bioethics.bsmu.by/.

learning platform for those interested. The curriculum included courses on biomedical ethics and the practices of biomedical research within the open science framework. Graduation ceremony was held by the "Bioethics University" to summarize the training outcomes and confer training certificates①.

Workshops and webinars on open science have become established practices in engaging young scientists in Belarus. Examples include the 2019 Young Scientist Training "Good Practices in Biomedical Research" (held jointly with WHO)②; 2021 International Webinar "Public Debate in Biomedical Fields"③; Roundtable of the National Bioethics Center of the Belarusian State Medical University on Social Awareness and Community Engagement within the Framework of the 2020 – 2023 Symposium on Medical Anthropology and Bioethics (in Moscow)④; 2023 Young Scientist Online Science Symposium "Hot Issues in Ethical Paper Review"⑤; Scientific Workshops and Webinars on Open Science⑥ and the Application of Artificial Intelligence in Open Science; Long-term online multidisciplinary discussions⑦ and publication of a methodological manual for young scientists facilitated by

---

① https://bioethics. bsmu. by/news/on-december – 10 – a-forum-with-international-participation-bioethical-university-was-held-at-the-hotel-belarus – (minsk).
② https://bioethics. bsmu. by/news/training-for-young-scientists-the-proper-practice-of-biomedical-research.
③ https://bioethics. bsmu. by/news/international-online-webinar-public-debates-in-the-field-of-biomedicine.
④ Адамович А. Ю., Сокольчик В. Н. (2022) Круглый стол «Доступ к медицинским ресурсам в период пандемии COVOD – 19» и обсуждаемые проблемы, Медицинская антропология и биоэтика, № 1 (23), 2022. DOI: https://doi. org/10. 33876/2224 – 9680/2022 – 1 – 23/02; https://www. youtube. com/watch?v = ZFQLWzh_p0c.
⑤ https://m. youtube. com/live/ShTIjV – 42Y0?feature = share&fbclid = IwAR1BUEaW6ASEcd-zbTgMexyAHQIFklvTmQKqNkbzStk2xVxacxpmbcWXwPI#bottom-sheet.
⑥ https://bioethics. bsmu. by/news/nau4 – 2023.
⑦ https://www. youtube. com/@ bioethics9637.

Chapter 22 Open Science and Society: Issues about Community Engagement in Research (A Case Study in Biomedical Research)

the National Bioethics Center of the Belarusian State Medical University[①]

It is crucial to maintain a comprehensive collaboration with young scientists in open science and biomedical ethics—ethical support of open science is not only a prerequisite for its existence but also a guarantee for its humanistic orientation. This collaboration should span from papers and methodological manuals to specialized training, creating an environment conducive to discussing issues and overseeing the application of ethical standards in biomedical research. The advancement of scientific knowledge, including the open science paradigm, necessitates that researchers not only grasp the ethical principles and standards of modern science but also apply them judiciously in practice. This approach protects individuals by focusing not only on objective scientific knowledge but also on people's worldview and their trust in scientific knowledge and researchers.

The college student competition "Bioethics for Everyone" held in the Republic of Belarus in 2018 represents an important initiative in bioethics education for Belarusian society, particularly for young students. Bioethics Committee of the Republic of Belarus[②]. This competition saw representatives (of diverse majors) from 20 universities across the Republic of Belarus, participating and presenting their perspectives on bioethical issues through 160 papers, 140 posters, and 27 videos. The competition sparked the interest of young students in open scientific issues within the fields of bioethics and biomedicine. In their papers on specific biomedicine topics, students discussed ethical issues concerning assisted reproductive technologies, abortion, organ and tissue transplantation, social attitudes towards individuals with disabilities, the evolution of palliative care in the country, attitude towards individuals with

---

① Голобородько Н. В., Сокольчик В. Н., Александров А. А. Рекомендации по получению информированного согласия на участие в научном исследовании: учеб. – метод. пособиеМинск: БелМАПО, 2020. – 36 с. ; Сокольчик В. Н., Сидоренко И. Н. Философия и методология науки. Введение (лекции) – Минск, БелМАПО, 2022 – 230 с.

② https://vimeo.com/channels/bioethicscompetition2108.

socially hazardous diseases (such as HIV and tuberculosis) and mental disorders. They also touched on the topics of ethical support for euthanasia, medical research and clinical trials. Students offered innovative insights into traditional dilemmas and proposed creative solutions in their papers. Most importantly, each participant felt a sense of "inclusion" in the bioethical discourse, and a sense of being an integral part of an interdisciplinary dialogue. This dialogue formed the foundation for bioethical support of scientific biomedicine, with a respect for human, social, and life values.

Despitedifferences in the reach within Belarusian society and the implementation methods, all the aforementioned practices aim to accomplish the critical task of engaging various social groups, especially young people, in raising, discussing and addressing issues related to open science. In terms of biomedical research, educating society on bioethics has become an essential factor for CE. It enables individuals not only to gain knowledge about significant issues (health concerns and healthcare strategies) that affect nearly everyone but also to participate in discussion and problem-solving related to open science. This has a significant impact on people's ethnical orientation, perception of humanitarian value and social orientation.

While considerable progress has been made within the open science paradigm to facilitate education and its popularization processes in our society, it is essential to acknowledge the existing shortcomings and explore the prospects for addressing key issues in the development of open science in Belarus.

Firstly, we must develop a clear and thoughtful step-by-step strategy to promote the understanding of the nature and methods of open science among the Belarusian people. To achieve the above objectives, it is necessary to:

—Introduce introductory courses on open science and bioethics for all university programs, with advanced courses on bioethics for students and young scientists in the fields of humanities and natural sciences;

—Develop long-term initiatives to promote scientific and bioethics knowledge, including conferences, forums, competitions and master classes within ministries, scientific academies, and universities;

—Establish bioethics centers within specialized universities, scientific academies, research institutes and major medical facilities to coordinate bioethics education and engage social representatives in critical bioethics discussions;

—Establish a system for continuous training of EC members and their involvement in discussion of hot issues related to the ethical support of open science;

—Expand the practice of EC into all scientific areas related to human and natural research;

—Develop research and policy frameworks in collaboration with scientific research organizations, their subdivisions, associations of young scientists and academies of sciences, to ensure long-term engagement of social (community) representatives in the design, execution, discussion, and dissemination of research outcomes.

V. Conclusion

The author believes that discussing the establishment of an open scientific paradigm, particularly in the biomedical field is incomplete without considering community (social) engagement in scientific research and the educational trends in social (researcher) bioethics. Only by relying on a civilized society and engaging it in scientific endeavors can we shape modern scientific research that prioritizes not only new discoveries but also the protection and advancement of humanity, society and nature.

Currently, it is crucial to focus on the national model for the advancement of the open science paradigm and to implement strategies that engage society in research. Although a worldview is emerging about the value of science for the society as a whole (not just for the members of an "exclusive" scientific community) and its accessibility to the public, and scientific projects are carried out with the involvement of representatives of society (as research participants, taxpayers funding scientific projects, and individuals applying scientific knowledge), in everyday practice, domestic science tends to be institutionally and cognitively segregated from wider segments of society. To change this situation, we should clearly understand the new role and vision of science, learn about the education and development of the scientific community, conduct extensive public education, collaborate with young scientists and disseminate scientific knowledge in society (through popular science publications in the media, lectures and discussions on hot topics about modern scientific discoveries, cooperation with social networks-organizing focus groups and associations, meetings with great scientists and inventors, etc.). At present, it is very important to adopt strategies that not only facilitate the spread of knowledge but also clarify its humanistic orientation and social value.

In order to form an open science paradigm in society, it is necessary to:

—Determine the country's open science policy, and promote the involvement of scientists through educational initiatives, promoting the participation of various social groups in scientific projects, establishing and registering open research databases, and bolstering scientific popularization efforts;

—Organize open science education for the general public, including scientists;

—Actively foster international collaboration in open science and encourage the establishment of relevant international platforms, projects, and committees;

—Proactively involve researchers, scientists, sponsors, experts (e. g., medical professionals in the biomedical field), community representatives (e. g., patients), politicians, and all stakeholders with social influence in the advancement of open science in accordance with the open science principles;

—Implement mandatory training and education for young scientists on the principles of the open science paradigm, to deepen their understanding;

Chapter 22　Open Science and Society: Issues about Community Engagement in Research (A Case Study in Biomedical Research)

——Fully play the role of EC in advocating open science principles during the scientific research review process, including the formation of dedicated committees focused on research ethics and open science issues across various academic fields;

——When reviewing and approving scientific projects, EC (or other scientific project review bodies) must carefully consider the application of AI in research based on the above recommendations, guided by the open science paradigm, with a focus on the protection of human rights and nature.

To conclude, the formation of the open science paradigm is inseparable from social engagement in the scientific knowledge development and dissemination processes. There is an urgent need today for substantialeducational efforts, the crafting of pertinent policies by scientific institutions, and the establishment of a sophisticated EC system. The new scientific development paradigm will facilitate close interaction between science and society, offering vital humanistic impetus and endowing modern scientific knowledge with significant value to society as a whole.

Chapter 23 Ethical Basis for Socio-ecological Evaluation of Natural Environmental Quality

Alexander. Chervinkiy[*]

This chapter analyzes the ethical basis for development of ecological culture within the theoretical and practical framework of social environment management, reveals the correlation between the evaluation results of natural environmental quality and the subjective perception of ecological conditions, and proposes ethical priorities in the ecological evaluation of natural environmental quality.

Ⅰ. Introduction

This chapter primarily aims at identifying the role and regulatory capacity of ecological ethics in the comprehensive evaluation of the quality of natural habitation of humans. This issue becomes urgent given that ecological

---

[*] Alexander. Chervinkiy, Associate Doctor of Sciences in Philosophy, Institute of Philosophy of the National Academy of Sciences of Belarus.

Chapter 23 Ethical Basis for Socio-ecological Evaluation of Natural Environmental Quality

environmental evaluations are not carried out according to a self-contained normative design logic. Instead, they mark the beginning of the natural transformation process, with its final result signifying substantial changes in the composition of the evaluated biological system. Even a neutral program for aesthetic evaluation of natural systems implies the future artificial transformation: changing the natural landscape to build sanatoriums and health complexes, establishing exploratory ecological and educational structures, etc. In this regard, the evaluation of social environment should always be considered as the initial phase of future artificial transformation. This understanding of the regulatory role that ethical assumptions play in optimizing social-natural interaction and collaboration is widespread and appears to be the most inspiring methodological exploration for researchers dedicated to investigating the bioethical solution to social environmental issues.

II. Issue of Ethical Basis for Socio-ecological Evaluation

The evaluation program has been developed to clarify the methods of offering normative explanations for the issue. And it is important to exclude the approach that relies on the explanation of social-natural interaction and collaboration from the evaluation program, which is called "contemplation" in philosophical methodology. In our example, the contemplation method directly ignores the nature of social-natural interaction and collaboration, or overlooks the normative human initiative in its natural habitation. The contemplation method is based on the passive perception of objective reality. In social ecology, it is customary to focus on idealized normative descriptions of the external and "visual" aspects of natural objects, understanding these objects as established objective realities, untouched and unaltered by human intervention. In this explanation, humans serve as the cornerstone of comprehensive evaluation, existing in a somewhat abstract sense and possessing an inherent ability to refrain from consuming the material value of nature. Owing to this capacity, they can transcend a utilitarian and pragmatic perception of the quality of natural habitation.

From a philosophical standpoint, it could be argued that this candid assumption constrains the evaluation of a biocommunity to merely gauging the quality of the natural system by its current state, unjustifiably overlooking its inherent structure and functions. The argument method of the ethical standard in social ecology is philosophically flawed, rendering it indefensible. A compelling argument for this conclusion is the appeal for the real behavior and practices of Russian forest artists such as I. Turgenev, M. Prishvin, and S. Aksakov in their natural habitation. These composers are devotees of natural beauty, and also passionate hunters. In this qualitative presence, they are always ready to kill wild animals and capture injured birds and beasts, believing that such human behavior in the natural environment is completely natural. In this instance, the literary portrayal of contemplation is awkwardly juxtaposed with the acceptance of the harsh realities of human activities like hunting, fishing, and logging in social-natural interactions. Meanwhile, questioning the sincerity of the authors, who both experience and actively champion the emotional joy derived from the natural beauty, is unwarranted. At a minimum, they demonstrate a misapprehension of harsh realities inherent in the material and pragmatic aspects of managing social natural resource utilization. A gap exists between the aesthetic (actually contemplative) and ethical aspects of social-natural interactions, that is, influenced by their mutual conceptual alienation.

A strange case described in L. N. Tolstoy's autobiography can serve as convincing evidence for the above argument of the flawed contemplation methodology.① During his usual evening walk, the writer instinctively slapped

---

① Л. Н. Толстой, "Записки христианина", Дневники 1881 – 1887, Полное Собрание Сочинений, Том 49, с. 186.

Chapter 23 Ethical Basis for Socio-ecological Evaluation of Natural Environmental Quality

a mosquito that settled on his cheek. This case is peculiar, considering it unfolded at the moment when the author of the philosophical-ethical concept of "non-resistance to evil" outlined its basic assumption to his associates. Immediately, someone pointed out that his deliberate act of taking a life embodied a tit-for-tat strategy, thereby contravening the fundamental assumption of this concept. In essence, practical experience demonstrates that ethics founded on passive contemplation aren't entirely ineffective, but they are, at a minimum, functionally constrained. This case is peculiar given that the blood of humans, and even of any warm-blooded animal, is a fundamental requirement for the reproduction of female mosquitoes. Therefore, satisfying this crucial requirement for predatory insects transcends the ethical constructs of society, and cannot be interpreted through the lens of "right and wrong" as defined within the normative framework of social-natural interactions. The blood-sucking behavior of mosquitoes, along with the predatory actions of other wild animals, should be considered natural and studied outside the scope of ethical evaluation.

However, this conclusion has not resolved the ethical dilemma in the environmental evaluation of the social-natural relationship system, and it only represents a stage in the search for an ethical basis in environmental management practices. Humans are biological and social organisms, and they are also carnivorous creatures. Therefore, the possibility of establishing any normative criteria to evaluate their activities, impact and outcomes in the natural environment remains a contentious issue. The moral requirement system must be constructed taking into account the fact that in the practice of social-natural interaction, humans exist as consumers. In turn, Tolstoy in his essay elucidated the solution to the issue; that is, the conduct of social relationships is not allowed to be guided by speculative thinking, and ethics must be regulated based on the realities of daily practice.

In the concept of social and ecological environment, the practical approach assumes that the participants in the active management of natural resource utilization play the following roles: a) the determining factor of the evaluation program; b) the entity responsible for establishing normative definitions of habitation quality; c) the actual regulator involved in determining the prioritized evaluation vector. In this case, it should be remembered that the magnitude of the changes in the natural environmental structure to be evaluated is not significant. However, it is essential to provide a normative description of the human interventions that affect the natural metabolic processes.

It can be concluded that the contemplation method without consideration of active social and natural resource utilization management practices cannot have any priority in establishing the normative definition of the status of natural systems, and therefore does not help justify ethics for comprehensive evaluation of socio-ecological environment. [1]

In our example, recognizing the priority of natural transformation practices over the contemplation method seems to be the cornerstone for normative interpretation and evaluation of the quality of natural habitation, as well as for establishing an ecological-cultural foundation.

In theory, this issue is related to the study of ecological and environmental ethics. It stands as one of the most pressing concerns in the realm of social natural resource utilization management theory, yet it remains among the least examined topics. An individual who owns contemporary production resources occupies a role within the social and ecological nexus that establishes them as a key driver of worldwide transformations on the planet's surface. Consequently, ecological environmental ethics, as demonstrated through their development and reasoning, particularly in the most effective approach to impacting the natural environment, serve as a significant measure

---

[1] Вагнер, И. В. Экологическая этика как гуманитарный компонент экологического образования//Вестник МГГУ им. М. А. Шолохова Серия «Педагогика и психология» №2, – М.: 2008. – 121 с, с. 213.

Chapter 23 Ethical Basis for Socio-ecological Evaluation of Natural Environmental Quality

of professional sophistication.

Based on the basic components of ecological culture, the concept of ecological literacy is traditionally understood as the knowledge about the basic patterns of biosphere system development and its functional connections with society, coupled with the ability to utilize this knowledge in management of social natural resources. Its practical application warrants particular emphasis.

Ecological literacy indicates that theoretical descriptions of the natural systems around humans should account for the most economically significant ecosystems and those crucial for maintaining normal living conditions for humans. ①The primary criterion for this division may be indirect indicators that reflect the connection between society and nature. Hence, differentiated methods for analyzing the management of industrial utilization of natural resources, including the selection of the main operational parameters of natural resources as raw material sources, are conditions for environmentally friendly and socially efficient enterprise management. These methods are more justifiable because modern production process inevitably impacts natural habitation, and the priority choices in social-natural interactions are significantly constrained by economic feasibility. The purpose of understanding the situation is to recognize not only the dual nature of humans as the subject of social-natural interactions, but also the dual nature of the object itself, namely the surrounding natural elements. The duality of the natural environment largely transcends the purview of traditional science that acknowledges or denies the diversity of functions in complex organized objects, and has not yet been classified as a scientific issue. ②If from the

---

① Урсул, А. Д. Проблема безопасности в контексте ноосферологии/Высокие технологии в структуре устойчивого развития: проблема соответствия ноосферным ценностям/Широканов Д. И., Урсул А. Д., Буслова М. К. [и др.]; Институт философии НАН Беларуси. – Минск: Право и экономика, 2009. –201 с.

② Карако, П. С. Социальная экология: экологическое сознание/П. С. Карако-Минск: Экоперспектива, 2011. –216 с.

perspective of humans, the biosocial duality is an established object of theoretical-methodological explanation and is currently a topic of interest for natural sciences (mainly medicine and biology), the duality of the object itself, i. e. the structural and functional diversity nature of the surrounding ecosystem throughout human existence, or typically the technosphere and nature itself, is based on the concept of the priority of subject duality over object duality. In this sense, the social-biological essence of humans is linked to the particularity of social and natural relationship when correspondence exists between the biological attribute of the subject and the natural elements of the environment, and between the social characteristics of the subject and the artificial and man-made aspects. From this perspective, the examination of the natural environment around humans involves theoretical characterizations of social consumption of the biosphere, achieved through the technological expansion of habitation.

In order to comprehensively evaluate the structure of the human natural environment, it is essential to pinpoint the key elements vital for everyday living. Obviously, the criteria for dividing these natural elements hinge on the degree of indirectness of the social-natural connection and the affected object, specifically the level of social demand for the affected natural components. Therefore, for example, intentional pollution of forests and lakes, despite their significant aesthetic value, does not fall within the nexus of nutrition, society and nature, nor will it entail the socio-economic repercussions that can arise from poisoning in water systems, including sources of drinking water. Therefore, different criteria must be applied to evaluate the human impact on these water systems, each with its own social significance. Meanwhile, in the evaluation process, the main ethical priorities should adhere to medical and biological standards that reflect the normal living conditions of humans in the natural environment. Other criteria, such as aesthetic and biogeological factors, should be interpreted as derived primary and secondary indicators of environmental quality.

Chapter 23　Ethical Basis for Socio-ecological Evaluation of Natural Environmental Quality

This method, grounded in the principle of a hierarchical structure of objective quality characteristics, can be used as an adequate theoretical basis for description of the state of social-natural relationships in practice.

A person's ethical position is mirrored in his or her actual attitude towards the natural environment, and the development of this moral stance necessitates a certain emotional atmosphere in society. This implies that in addition to targeted media publicity, direct and focused training of both current and emerging leaders is also needed. In this respect, it seems effective to incorporate an ecological examination into the examination process for candidates for scientific and technological workers. This examination should be designed through optimal integration of the information about global social-natural conflicts with the "local materials" that mirror the ecological conditions.[①] In such instances, a candidate must not only exhibit broad erudition but also prove their thorough understanding of how industrial, agricultural, military, and similar facilities under their charge affect environmental quality. It is equally important to comprehend the opportunities for the recovery of various biological systems within one's jurisdiction. In areas under extreme environmental conditions, it is especially important to meet this condition, ensuring that the environmental quality concerns do not exacerbate the consequences of accidents stemming from rudimentary technical interventions in the framework of natural systems.

Overcoming ecological nihilism amid environmental deterioration suggests that with the social development, the conceptual mechanism of social ecology will inevitably be applied in new domains. This includes providing thorough scientific descriptions in both traditional human activities and emerging, less-explored areas of social-natural interactions.

---

① Андреев, М. Д. Экологическая культура как основа гармонизации отношений между обществом и природой//Успехи современного естествознания. – М., 2009. – № 7 – С. 143 – 145.

III. Conclusions

The research determines the role and primary regulatory capacity of ethics in the comprehensive ecological evaluation of the environmental quality of modern human habitation. The main conclusions drawn are as follows:

• The comprehensive ecological environment evaluation with ethical basis is closely related to the introduction of the optimal natural resource utilization management mechanism in social practice, which promotes the optimization of the functional relationship in the "social-natural" system based on the normative method of social-natural development;

• The development of ecological environment culture is related to the natural environment quality protection. Traditionally, natural environment quality is understood as a state of natural environment where the normal development conditions of organisms are maintained, the biosphere system integrity is protected, and the optimal natural resource utilization management is guaranteed;

• The explosive and "revolutionary" positioning of ecological environment becomes typical under extreme ecological environment conditions, with almost no necessary information basis, and the prospects for development of ecological environment ethics are bleak;

• The optimal ecological environmental conditions appear to be "evolutionary", which indicates the progressive understanding of the genetic affinity between humans and the natural environment. This is a priority in the development of ecological environment ethics.

The conceptual description of the potential regulatory power of ethics in the ecological evaluation of natural environment quality aims to promote the development of corresponding strategies, thus transitioning to eco-friendly ways of social-natural resource utilization management.